Frank Degler

Aisthetische Reduktionen

Quellen und Forschungen
zur Literatur- und Kulturgeschichte

Begründet als
Quellen und Forschungen
zur Sprach- und Kulturgeschichte
der germanischen Völker

von
Bernhard Ten Brink und
Wilhelm Scherer

Herausgegeben von
Ernst Osterkamp und
Werner Röcke

24 (258)

Walter de Gruyter · Berlin · New York
2003

Aisthetische Reduktionen

Analysen zu Patrick Süskinds
‚Der Kontrabaß', ‚Das Parfum' und ‚Rossini'

von

Frank Degler

Walter de Gruyter · Berlin · New York
2003

∞ Gedruckt auf säurefreiem Papier,
das die US-ANSI-Norm über Haltbarkeit erfüllt.

ISBN 3-11-017759-5
ISSN 0946-9419

Bibliografische Information Der Deutschen Bibliothek

Die Deutsche Bibliothek verzeichnet diese Publikation in der Deutschen Nationalbibliografie; detaillierte bibliografische Daten sind im Internet über http://dnb.ddb.de abrufbar.

© Copyright 2003 by Walter de Gruyter GmbH & Co. KG, D-10785 Berlin

Dieses Werk einschließlich aller seiner Teile ist urheberrechtlich geschützt. Jede Verwertung außerhalb der engen Grenzen des Urheberrechtsgesetzes ist ohne Zustimmung des Verlages unzulässig und strafbar. Das gilt insbesondere für Vervielfältigungen, Übersetzungen, Mikroverfilmungen und die Einspeicherung und Verarbeitung in elektronischen Systemen.

Printed in Germany
Einbandgestaltung: Sigurd Wendland, Berlin

Inhaltsverzeichnis

I. **Vorlauf** 1
    1. Ästhetische Seduktion 2
    2. Aisthetische Reduktion 10

II. **Der Kontrabaß** 17
    1. Produktion 17
    2. Rezeption 25
    3. Melodien 31
    3.1 Faktizität 31
    3.2 Das 'Jetzt' des Sprechens 34
    3.3 Fiktionalität 39
    3.4 Ewigkeitsfiktionen 43
        a) 'Der Mythos von Sisyphos' 47
        b) 'Geschlossene Gesellschaft' 50
        c) 'Die Macht der Gewohnheit' 52
    4. Akkorde 56
    4.1 Innen und Außen 56
    4.2 Das Panoptikum 60
    4.3 Der weibliche Körper 65
    4.4 Die Verführung 69

III. **Die Weiblichkeit des Raumes** 75
    1. Die Urmuschel 79

2. Das Schachbrett 82
3. Die Tiefe 83
4. Die Bleibe 87
5. Der See 94

IV. Das Parfum 99

1. Produktion 101
1.1 Textsicherung 101
1.2 Repräsentation 110
1.3 Entstehung 117
2. Rezeption 122
2.1 Literatur-Kritik 122
a) Literatur-Debatte 136
b) Literatur-Muster 143
2.2 Literatur-Didaktik 148
2.3 Literatur-Wissenschaft 158
3. Verdunsten 173
3.1 Erzähltempo 174
3.2 Erzähler-Zeit 178
3.3 Erzähler-Wissen 181
3.4 Geruchsgeschichte 185
3.5 Geruchsrealismus 190
3.6 Gedächtnismetaphorik 198
4. Vermischen 207
4.1 Geruchsdichte 208
4.2 Der Duft der Frauen 215
4.3 Duftzirkulation 224
4.4 Geruchsmasken 232

4.5 Doppelgänger 244
4.6 Das Ende der Gerüche 255

V. **Mediengeschichten** 263
   1. Frau (von) Welt 264
   2. Die alte Tante 273

VI. **Rossini** 282
   1. Produktion 283
   2. Rezeption 299
   3. Wechselspiel 313
      3.1 Anwesende Abwesenheit 314
      3.2 Inszenierter Biographismus 319
      3.3 Menschen im Lokal 326
      3.4 Der MacGuffin 334
   4. Zusammenspiel 337
      4.1 Theatermetapher 337
      4.2 Die soufflierte Rede 341
      4.3 Figurenpsychologie 347
      4.4 Intermedialität 355

VII. **Schluß** 365

VIII. **Bibliographie** 370
   1. Primärtexte (von Patrick Süskind) 370
   2. Weitere Primärtexte 371
   3. Lexika / Nachschlagewerke 375
   4. Sekundärtexte (zu Patrick Süskind) 376
   5. Weitere Sekundärtexte 380

I. Vorlauf

Die vorliegende Monographie über die ästhetischen Strategien der Texte Patrick Süskinds gliedert sich in vier größere Abschnitte: In einem theoretischen Vorlauf wird versucht, eine einheitliche Beobachtungsperspektive für die folgenden drei Abschnitte zu finden, die dann primär der Einzelanalyse der Texte 'Der Kontrabaß', 'Das Parfum' und 'Rossini' gewidmet sind. Zwischen diesen Untersuchungen sind Exkurse eingeschoben - im ersten wird die Gruppe der kleineren Prosatexte und im zweiten die Drehbücher zu Fernsehserien fokussiert. Der jeweilige Forschungsstand wird direkt vor dem entsprechenden Analysekapitel (auch als Einleitung in die Problemstellungen) abgehandelt. Damit wird die erste Untersuchung vorgelegt, in der das bisherige Gesamtwerk von Patrick Süskind vollständig in den Blick genommen wird.

Es soll insbesondere analysiert werden, durch welche ästhetischen Strategien es vor allem den Texten Patrick Süskinds gelungen ist, wieder ein stimmiges Konzept von Narration in der deutschsprachigen Gegenwartsliteratur zu etablieren. Die Arbeitshypothese lautet: eines der wirksamsten poetischen Verfahren, das die Rückkehr zu den erzählerischen Potentialen der Literatur ermöglicht hat, besteht in der Wiedergabe des Geschehens aus der Perspektive von Figuren, die ihre Umwelt sinnlich stark defizitär wahrnehmen. In der Prosa ab den achtziger Jahren ist eine deutliche Häufung dieser Strategie zu beobachten - für die hier der Begriff 'aisthetische Reduktion' eingeführt werden soll.

'Aisthetische Reduktion' wird bestimmt als eine narrativ funktionalisierte Beschränkung des Wahrnehmungsapparates auf eines der menschlichen Sinnesorgane, durch die es möglich wird, die Komplexität der Welt von der Seite ihrer Wahrnehmbarkeit her auf ein binäres Schema zu reduzieren. Zum Beispiel ist im Fall von 'Das Parfum' die leitende Differenz 'Riechbares' vs. 'Nicht-Riechbares' - was die Hauptfigur Grenouille über ihre Welt weiß, war zuvor in ihrer Nase. Beobachtungsleistungen werden von den sie leitenden Differenzen determiniert. Das berühmte Beispiel der Systemtheorie hierfür ist die Zecke, für die sich die Komplexität ihrer Umwelt auf die Opposition 'Blut' vs. 'Nicht-Blut' reduziert. Wenn Literatur die Welt aus der Perspektive einer solchen 'Zecke' beobachtet, kann sie deren aisthetische Reduktion nutzen, um ein wieder kontrollierbares Geschehen zu entwerfen.

Es scheint kein Zufall zu sein, daß mit Patrick Süskind ein erfolgreicher Theater- und Drehbuchautor diese Form der poetischen Umstellung vom Sinn auf die Sinne geleistet hat - sind doch Drehbücher schon als Genre den harten Bedingungen der Sag- und Sichtbarkeit unterworfen. Das Drehbuch wird geschrieben für sinnlich auf Hören und Sehen eingeschränkte Apparate; phono- und photographische Signale im Medium Schrift zu speichern, ist daher alles, was einem Drehbuch erlaubt ist. Damit wirkt das Dispositiv aus Kamera und Mikrophon im Bereich der technischen Apparatur ebenso wie der sinnliche Filter des aisthetisch reduzierten Helden im Bereich der literarischen Figuration.

Während die Analyse von 'Der Kontrabaß' und 'Das Parfum' besonders die Folge für die Darstellung fokussiert, wenn Realität auf einen Sinnlichkeitsbereich reduziert wird, soll bei der Untersuchung von 'Rossini' eher in den Blick kommen, wie die dargestellten Medien durch ihr technisches Funktionieren das Handeln der Figuren bestimmen. Hier sind Effekte aisthetischer Reduktion zu beobachten, die nicht durch den sinnlichen Defekt einer Figur ausgelöst werden, sondern durch die medialen Dispositive, in denen die Figuren eingebunden sind. Diese Form der medial bzw. aisthetisch reduzierten Komplexität als Möglichkeitsbedingung für eine Wiederkehr des Erzählens soll exemplarisch an den Texten Patrick Süskinds ausgeführt werden; womit auch ein Beitrag geleistet werden soll, in bezug auf diesen Gegenwartsautor eine Lücke der Forschung zu schließen.

1. Ästhetische Seduktion

Im folgenden sollen zwei Grundzüge von Patrick Süskinds Texten dargestellt werden, die mit der Grund dafür sind, daß sein Werk einen so prägenden Einfluß auf die deutschsprachige Gegenwartsliteratur hat. Zum einen ist dies die Strukturierung der Texte als eine ästhetische Verführung zur Lektüre jenseits der Unterscheidung in E- und U-Literatur. Diese Rückkehr des Narrativen hat zweitens eine Verschiebung der komplexitätsreduzierenden Mechanismen auf die Wahrnehmung der Zentralfiguren zur Voraussetzung. Erst auf der Basis einer von Patrick Süskinds Texten mitgeprägten Doppelstrategie, 'ästhetische Seduktion' plus 'aisthetische Reduktion', ist das zu beobachtende 'come-back' der deutschsprachigen Gegenwartsliteratur überhaupt denkbar geworden, d.h. ihre Rückkehr in das Bewußtsein einer breiteren Öffentlichkeit etwa seit dem Literaturherbst 1999:

"Der Augenblick ist günstig wie selten zuvor: Nachdem nahezu 20 Jahre lang in der erzählenden deutschen Literatur wenig Bewegung, wenig Schwung war - mit einer Handvoll Ausnahmen wie Patrick Süskind und Bernhard Schlink - zeigt sich bei einer Reihe jüngerer deutscher Autoren [..] ein vitales Interesse am Erzählen, an guten Geschichten und wacher Weltwahrnehmung."[1]

Für den Zusammenhang dieser Arbeit ist insbesondere die eingeschobene Ergänzung von Belang, mit der Volker Hage daran erinnert, daß es auch in den achtziger und neunziger Jahren deutschsprachige AutorInnen mit ausgeprägter Erzählfreude gegeben hat. Er führt mit Patrick Süskind den zumindest erfolgreichsten Vertreter dieser Tendenz an, der aber ebenfalls ein gutes Beispiel für den von Hage diagnostizierten Rückzug der Schreibenden aus dem öffentlichen Leben ist, den er als Charakter- und Unterscheidungsmerkmal der 'mittleren' Generation (nach den '68ern' und vor den '89ern') bestimmt; ein Hinweis, der anläßlich der Verleihung des Nobelpreises für Literatur an den 'öffentlichen' Dichter Günter Grass angebracht war:

"Mit dem Roman 'Das Parfum' (1985) [..] gelang dem 1949 geborenen Patrick Süskind als erstem deutschen Autor der Nachkriegsgeneration ein großer internationaler Bucherfolg, der nicht nur an den der 'Blechtrommel' heranreicht, sondern ihn inzwischen glatt überrundet hat: Während der Roman des Nobelpreisträgers eine Weltauflage von rund vier Millionen aufweisen kann, verkaufte sich 'Das Parfum' bis heute [Oktober 1999] - in weniger Jahren - weltweit gut zehn Millionen Mal. Bezeichnend für das Zeitklima: 'Das Parfum' erschien bei Diogenes in Zürich, nachdem mehrere etablierte Literaturverlage in Deutschland das Manuskript abgelehnt hatten. Dass dieser Longseller ungleich erfolgreicher ist als Grass' Roman, ist nur wenig bekannt [..]."[2]

Einerseits fällt auf, wie selbstverständlich Patrick Süskinds Name ins Spiel gebracht wird, wenn es darum geht, relevante oder typische Autoren der achtziger Jahre zu nennen; andererseits zeigt sich, wie stark Süskind mit seinem einzigen Roman identifiziert wird, obwohl sich sein bisheriges Gesamtwerk gerade durch die Vielfalt der bedienten Genres und Gattungen auszeichnet: Von Patrick Süskind sind ein *Drama* ('Der Kontrabaß' (Kon:)[3], ein *Roman* ('Das Parfum' (Par:)[4], eine *Novelle* ('Die Taube'

---

[1] Hage, Volker: Die Enkel kommen. In: Der Spiegel (41) 1999, S. 244.
[2] Hage (1999): S. 252.
[3] Süskind, Patrick: Der Kontrabaß. Zürich 1984. (Künftig im Text mit oben genanntem Kürzel zitiert.)
[4] Süskind, Patrick: Das Parfum. Die Geschichte eines Mörders. Zürich 1985.

(Tau:)[5]) und einige kleinere Prosatexte zugänglich, die Patrick Süskind *'Geschichten'* nennt, die sich aber wiederum als präzise Erfüllung definierbarer Gattungen präsentieren: die *phantastische Erzählung* ('Das Vermächtnis des Maître Mussard' (Mus:)[6]), die *Kurzgeschichte* ('Ein Kampf' (Kam:)[7]), die *Parabel* ('Der Zwang zur Tiefe' (Tie:)[8]) und die *Erzählung* ('Die Geschichte von Herrn Sommer' (Som:)[9]). Darüber hinaus liegen drei (zusammen mit Helmut Dietl verfaßte) *Drehbücher* vor ('Monaco Franze' (Mon:)[10], 'Kir Royal' (Kir:)[11], 'Rossini' (Ros:)[12]; zumindest vier größere *Essays* ('Ist der Stenz ein Matscho?' (Ste:)[13], 'Amnesie in litteris' (Amn:)[14], 'Deutschland, eine Midlife-crisis' (Deu:)[15], 'Film ist Krieg, mein Freund! Über einige Schwierigkeiten beim Drehbuchschreiben' (Dreh:)[16]) und eine längere *Rezension* ('Romantiker im Irrenhaus. Über Wolf Wondratscheks 'Kelly-Briefe' und die Literaturkritik'[17]) - wobei die Vollständigkeit, mit der die verschiedenen Textsorten abgedeckt sind, schon fast an einen geplanten Durchlauf denken läßt. Dabei verdient es gerade auch unter dem Fokus der Medienkonkurrenz einige Beachtung, wie überaus wirksam und virtuos Süskind sowohl über die narrativen Strategien der Epik (Roman, Erzählung, Novelle), als auch über die Techniken der Dramatik verfügt. Letzteres wird gerne ignoriert, trotz Süskinds großer Erfolge als Autor für die Bühne ('Der Kontrabaß' ist eines der meistgespielten deutschsprachigen Theaterstücke), für den Film ('Rossini' war *die* deutsche 'Komödie' der Jahres 1997) und auch für das Fernsehen (die beiden Serien 'Monaco Franze' und 'Kir Royal' zählen zu den Großereignissen im deutschen Fernsehen der achtziger Jahre).

Patrick Süskind kann daher mit einiger Berechtigung zu den am meisten unterschätzten epischen UND dramatischen Autoren der deutsch-

---

[5] Süskind, Patrick: Die Taube. Zürich 1987.
[6] Süskind, Patrick: Das Vermächtnis des Maître Mussard. In: Süskind, Patrick: Drei Geschichten und eine Betrachtung. Zürich 1995, S. 55 ff.
[7] Süskind, Patrick: Ein Kampf. In: Süskind (1995): S. 20 ff.
[8] Süskind, Patrick: Der Zwang zur Tiefe. In: Süskind (1995): S. 9 ff.
[9] Süskind, Patrick: Die Geschichte von Herrn Sommer. Zürich 1991.
[10] Dietl, Helmut / Süskind, Patrick: Monaco Franze. Der ewige Stenz. Hamburg 1983.
[11] Dietl, Helmut / Süskind, Patrick: Kir Royal. Aus dem Leben eines Klatschreporters. Hamburg 1986.
[12] Dietl, Helmut / Süskind, Patrick: Rossini oder die mörderische Frage, wer mit wem schlief. Zürich 1997.
[13] Süskind, Patrick: Ist der Stenz ein Matscho? In: Mon: S. 251 ff.
[14] Süskind, Patrick: Amnesie in litteris. In: Süskind (1995): S.. 111 ff.
[15] Süskind, Patrick: Deutschland, eine Midlife-crisis. In: Der Spiegel (38) 1990, S. 116 ff.
[16] Süskind, Patrick: 'Film ist Krieg, mein Freund!' Über einige Schwierigkeiten beim Drehbuchschreiben. In: Ros: S. 199 ff.
[17] Süskind, Patrick: Romantiker im Irrenhaus. In: Der Spiegel (32) 1998, S. 162 ff.

sprachigen Gegenwartsliteratur gezählt werden, denn meist wird sein Werk in unzulässiger Weise auf 'Das Parfum' reduziert. Diese Verkürzung hat zur Folge, daß Süskinds einziger Roman leicht als ein 'Glückstreffer' erscheinen könnte. Soll aber die Kontinuität von Süskinds Textproduktion dargestellt werden, dürfen neben den anderen Werken besonders die Drehbücher nicht umgangen werden, obwohl diese wiederum die wohl am meisten unterschätzte literarische Gattung ist und Süskind seine Drehbücher auch eher als Ausflüge in die Trivialität und "Massenunterhaltung"[18] zur Last gelegt werden.

Der Kernvorwurf mit dem die Abwertung vorgenommen wird, richtet sich zumeist gegen die Konzentration der Texte auf ihren narrativen Gehalt, was als reine 'Unterhaltung' abqualifiziert wird. Dagegen soll hier Umberto Eco zitiert werden, der sich (obwohl nicht speziell auf Drehbücher bezogen) gegen den autoritären Gestus dieser Argumentation wehrt, indem er für eine erzählerische Unterhaltung die geistesgeschichtliche Autorität schlechthin ins Feld führt. Er sei

> "als großer Bewunderer der Poetik des Aristoteles [..] immer der Ansicht gewesen, daß ein Roman auch und vor allem durch seine Handlung unterhalten soll."[19]

Die Konzentration auf die Handlung wird von Eco explizit in Opposition zum modernen Roman gesetzt, für den eine immer größere Distanz zum dramatischen Handlungsverlauf, zum Plot als verbindliche Norm eingefordert wurde. Auch Niklas Luhmann zufolge habe sich 'Dichtung', d.h. literarische Kunstwerke, immer mehr vom Erzählen zurückgezogen:

> "Der Roman verläßt denn auch als Kunstform um die Mitte des 19. Jahrhunderts [..] das Gebiet der Unterhaltung und überläßt es - den Massenmedien."[20]

Diese Unterscheidung Luhmanns in künstlerisch ambitionierte Romanliteratur (nicht-unterhaltsam) und Literatur im System Massenmedium (unterhaltsam) ist allerdings problematisch; denn auch Luhmann spricht davon, daß ebenfalls der moderne Roman "selbst deutlich ein Erzeugnis der auf Publikumswirkung berechneten Massenmedien"[21] sei. Es läßt sich auch die weiterreichende These vertreten, daß der Roman (neben Zeitung und Kalender) zu den ersten technologisch reproduzierten Massenmedien[22] überhaupt gehört.[23]

---

18 Matzkowski, Bernd: Erläuterungen zu: Patrick Süskind, Das Parfum. Hollfeld 1994, S. 12.
19 Eco, Umberto: Nachschrift zum 'Namen der Rose'. München 1984, S. 70.
20 Luhmann, Niklas: Die Realität der Massenmedien. Opladen 1996², S. 107.
21 Luhmann (1996): S. 103.
22 Vgl. Luhmanns Definition Massenmedien: "Alle Einrichtungen der Gesellschaft [..], die

Luhmann dagegen hält die Einstufung von ('wirklicher') Literatur in das System Kunst für so selbstverständlich, daß er sie an dieser Stelle nicht weiter diskutiert. Richtig dagegen scheint sein Hinweis darauf zu sein, daß ab Mitte des 19. Jahrhunderts das literarische System im deutschsprachigen Raum Selbstreferenz immer stärker als Kennzeichen für künstlerischen Wert interpretiert hat und Fremdreferenz immer mehr als Verdachtsmoment auf Trivialität interpretiert wurde. Daß gerade für die deutsche Literatur der Graben zwischen E und U als sehr tief angesehen werden muß, scheint konsensfähig zu sein.

In der vorliegenden Arbeit soll von dem Grundsatz ausgegangen werden, daß weder die Textsorte 'Drehbuch', noch die für sie konstitutiven ästhetischen Strategien als solche abgewertet werden können. Da bestimmte narrative Muster des Drehbuchs bei Süskind auch in den Prosatexten verwendet werden, wird es daher eine wichtige Untersuchungsperspektive dieser Arbeit sein müssen, diesen Bedingungszusammenhang zwischen den narrativen Strategien von 'Drehbuch' und 'Epik' zu thematisieren:

Als weitergehende These könnte formuliert werden, daß es gerade die Techniken des Mediums Film sind, die als produktivierende Beschränkung dem literarischen Schreiben auferlegt werden. Ein Drehbuch muß - soll es als solches erkenn- und verwertbar sein - Sichtbares und Sagbares schriftlich festhalten. Für unaussprechliche Gedanken ist in einem Drehbuch kein Platz, da Gedanken kaum visuell abbildbar sind und daher zum 'Ausgleich' wenigstens sagbar sein müssen.[24] Zwar gibt es Filme, in denen nicht (oder doch sehr wenig) gesprochen wird, das Drehbuch beschreibt aber dann zumindest die Bilder, die gefilmt werden sollen und die aneinandergeschnitten eine Geschichte erzählen. Würde nicht einmal mehr eine Bilderfolge beschrieben, läge kein Drehbuch im engeren Sinne mehr vor, denn diese müssen bei den Lesenden immer auch die visuelle Vorstellung einer möglichen Welt produzieren. Weil aber durch die medialen Bedingungen des Genres der Zwang zur Verfilmbarkeit besteht, ist in Film und Drehbuch nur das real, was audiovisuell abbildbar ist. Gedanken, Motive und Handlungen müssen im Außen der Bilder und Töne realisiert sein.

Die präsentische Struktur des (für das Kamera-Auge) beschriebenen Bildes und des (für das Film-Mikrophon) gesprochenen Wortes ersetzt als funktionale Ästhetik des Drehbuchs "den Erzähler, den raunenden

---

sich zur Verbreitung von Kommunikation technischer Mittel der Vervielfältigung bedienen." (Luhmann (1996): S. 10.)

[23] Vgl. Merten, Klaus: Evolution der Kommunikation. In: Merten, Klaus / u.a. (Hgg.): Die Wirklichkeit der Medien. Opladen 1994, S. 141 ff.

[24] Vgl. Greiner, Ulrich: Das Unsagbare am Rande des Unsäglichen. In: Akzente (3) 1997, S. 213 ff.

Beschwörer des Imperfekts."²⁵ Diese sehr direkte Form der Bedeutungskonstitution kann als ein Vorteil des literarischen Genres 'Drehbuch' gesehen werden. Es zeichnet sich durch einen sehr hohen Grad von 'Unmittelbarkeit' aus, denn alles was beschrieben wird, soll und muß bei professionellen wie auch bei 'normalen' Lesenden jeweils das klar bezeichnete Bild einer bestimmten Szenerie aufrufen:

> "Film ist dumm, wie ein gescheiter Mensch einmal gesagt hat. Das bedeutet keinesfalls, daß Film ein künstlerisch minderwertiges Ausdrucksmittel sei, und noch weniger bedeutet es, daß man sich erlauben könnte, selber dumm zu sein, um einen Film zu konzipieren. Im Gegenteil, man muß gescheit sein, so gescheit und intelligent und raffiniert, wie nur irgend möglich, um in der dummen und dabei so unvergleichlich einleuchtenden Sprache des Films eine Geschichte erzählen zu können." (Dreh: 231 f.)

Meist jedoch werden Drehbücher in hohem Maße der literarischen Trivialität verdächtigt. Und es ist Patrick Süskind höchstselbst, der in aller Drastik (und Dreistigkeit, weil ironischerweise im Nachwort zu seinem eigenen, sogar in Buchform erschienenen Drehbuch) die folgende These formuliert:

> "Drehbücher [haben] keinen literarischen Wert und sind stilistisch von größter Bescheidenheit, ja Banalität, müssen es sogar sein." (Dreh: 231)

Als den Grund für diese Minderwertigkeit führt Süskind an, das Drehbuch müsse sich nach der "Primitivsyntax des Films" (Dreh: 231) richten; daher gebe es auch im Drehbuch / im Film kein 'Vielleicht', sondern nur "die ordinäre binäre Option zwischen ja und nein [..]. Tertium non datur." (Dreh: 245) Dies erfordere einen so hohen Grad an semantischer Eindeutigkeit des Schreibens, daß die Gattung 'Drehbuch' a priori für literarisch Hochstehendes untauglich sei. Hier trifft sich Süskinds (kritisch / ironische) Argumentation mit Joan Kristin Bleichers Untersuchung zur Rolle der Autoren im deutschen Nachkriegsfernsehen (wobei sich ihre Thesen auch auf das Kino anwenden lassen), in der sie die Gründe der häufig zu beobachtenden Abneigung vieler SchriftstellerInnen, Drehbücher für das Fernsehen zu schreiben, analysiert:

> "Der als Kriterium für literarische Qualität gewerteten Mehrdeutigkeit von Romanen und Erzählungen steht im Fernsehspiel die Forderung nach einer spezifischen Stringenz der Handlungs- und Personenentwicklung gegenüber. Das Medium Fernsehen erfordert somit eine Schreibweise, die der eigenen

---

25 Mann, Thomas: Der Zauberberg. Roman. Erster Band. In: ders.: Werke. Taschenbuchausgabe in zwölf Bänden. Band 4. Frankfurt 1967, S. 5. (Vgl. "*Reiter:* [..] ich spinn' doch nicht und schmeiß dem Jakob die Millionen nach, dieser Prosadiva, dieser hysterischen! Großmeister des raunenden Imperfekts!" (Ros: 126))

literarischen Tradition mit der Bevorzugung vielschichtiger Bedeutung widerspricht."[26]

Mit anderen Worten gesagt; das Schreiben von Drehbüchern erfordert die Umstellung der ästhetischen Codes von der Vieldeutigkeit der Ambiguität zur Eindeutigkeit der Binarität.[27] Dieser Wandel findet formal und inhaltlich aber auch auf der sprachlichen Ebene statt. Hieraus ergibt sich die paradoxe Situation, daß Filme aufgrund ihrer spezifischen medialen Bedingungen einerseits zwar weniger geeignet scheinen, sprachlichen bzw. semantischen Überschuß zu produzieren,[28] und daß ihnen dieser Mangel an Tiefe beständig vorgeworfen wird, daß es aber andererseits gerade die geforderte Eindeutigkeit (im Formalen wie im Inhaltlichen) des Schreibens zu sein scheint, die sich narrativ produktivierend auf das Schreiben für den Film ausgewirkt hat.

Dabei darf nicht übersehen werden, daß im Normalfall nicht durch das Filmen eine Geschichte erfunden wird, sondern umgekehrt eine schon zuvor erfundene und im Drehbuch aufgezeichnete Geschichte verfilmt wird. Im Hinblick auf die narrativen Energien des Kinofilms in den letzten einhundert Jahren[29] folgt daraus, daß mit der Gattung 'Drehbuch' eine Textsorte vorliegt, in der es offenbar möglich ist (allen Unwägbarkeiten des Erzählens zum Trotz), Narrative zu entfalten, die sich nicht nur in der Auslotung der Mehrdeutigkeiten der dazu verwendeten sprachlichen Zeichen erschöpfen (und der dadurch entstehenden Leiden eines schreibenden Ich). Als eine weitere These kann daher formuliert werden, daß die beim Drehbuch medial bedingte Umstellung von Ambiguität auf Binarität für die erzählende Prosa den Übergang von der Authentizität zur Narrativität ermöglicht:

"Mag das Authentizitätspostulat auch den einen oder anderen Berufsdichter von der spontanen Lust am Fabulieren abgehalten haben - das Publikum hat deshalb nicht aufgehört, an Geschichten Gefallen zu finden [..]. Wenn ihm die deutsche Kunstliteratur der Gegenwart nichts Rechtes zu erzählen hatte, so gab es ja auch noch die Unterhaltungsliteratur, die nur um desto ungenierter zu fabulieren wußte; es gab die erzählende Literatur der Vergangenheit, von

---

26 Bleicher, Joan Kristin: Anmerkung zur Rolle der Autoren. In: Werner Faulstich (Hg.): Geschichte des Fernsehens in der BRD. Band 5. München 1994, S. 28.
27 Obwohl sich an den medialen Interferenz nur zeigen läßt, daß Werturteile auch im System Literatur kontingent sind, verleitet der Verlust von Ambiguität offensichtlich zu Abwertungsreflexen. Ein Grund könnte der im modernistischen Kunstverständnis verankerter Mythos vom semantischen Überschuß sein.
28 So bestehe nach Luhmann die Differenz zwischen Kunst und Massenmedien darin, daß im Gegensatz zur trivialen Unterhaltung "Kunstwerke [..] eine hinreichende Ambiguität, eine Mehrzahl möglicher Lesarten aufweisen" müssen. (Luhmann (1996): S. 41.)
29 Zur Rolle der Autoren im frühen Kino; vgl. Kasten, Jürgen: Film schreiben. Wien 1990, S. 26 ff.

Wieland bis zu Thomas Mann, vom Film mit seinen immer neuen Kinogeschichten ganz zu schweigen."[30]

Diese Diagnose Willems muß um das Verdachtsmoment erweitert werden, daß die Konzentration der erzählerischen Bemühungen in der Unterhaltungsliteratur und im Film (d.h. im Drehbuch) weder zufällig ist, noch mit den institutionellen, ökonomischen Zwängen der Kulturindustrie restlos erklärt werden kann. Statt dessen scheint es so, daß in den narrativ dominierten Bereichen der Gegenwartsliteratur die binären Codes des Films erfolgreich adaptiert werden. Dadurch wird es möglich, von sprachphilosophischen Fragen nach den Repräsentations-Voraussetzungen weitestgehend 'unbehelligt' zu bleiben und statt dessen mit Hilfe der repräsentationalen Kraft der Schrift Geschichten zu erzählen. Diese literarische Konzentration auf die medialen Aspekte von Kommunikation und Wahrnehmung diagnostiziert auch Stefan Scherer:

> "In der jüngeren Gegenwartsliteratur läßt sich die Verschiebung der Aufmerksamkeit auf eine Anthropologie der medial konstituierten Sinne Mitte der 80er Jahre feststellen."[31]

In Anlehnung an Albrecht Koschorkes mediologische Überlegungen wird ein Modell der sekundären Präsenz-Erzeugung entwickelt, dessen Kernthese darin besteht, daß durch den Anschluß von Literatur an andere mediale Apparaturen, Effekte virtueller Wahrnehmung auf der Seite der Rezipierenden erzeugt würden. Dabei bleibt aber noch die Frage unbeantwortet, durch welche spezifisch literarischen Techniken diese Sinnlichkeitsmomente produziert werden. Die in der vorliegenden Arbeit vertretene These lautet, daß in den Texten eine binäre Strukturierung der Figuren-Wahrnehmung stattfindet, die aus dem Genre des Drehbuchs übernommen wurde. Was im Dispositiv 'Film-Drehbuch' die Kamera und das Mikrophon erzwingen, wird in der Literatur durch die Reduktion der aisthetischen Disposition der Helden geleistet: eine radikale Reduktion der Welt-Komplexität auf der Wahrnehmungsseite, wodurch wieder Erzählungen möglich werden, die von dieser Komplexität handeln.

---

30 Willems, Gottfried: Die postmoderne Rekonstruktion des Erzählens und der Kriminalroman. Über den Darstellungsstil von Patrick Süskinds Das Parfum. In: Düsing, Wolfgang (Hg.): Experimente mit dem Kriminalroman. Frankfurt 1993, S. 226.
31 Scherer, Stefan: Mediologische Narration. Sinnliche Gewißheit und erzählte Medientheorie in Prosatexten der 90er Jahre. In: Wiesinger, Peter (Hg.): Akten des X. Internationalen Germanistenkongresses Wien 2000. Band 7. Gegenwartsliteratur. Bern 2002, S. 114.

2. Aisthetische Reduktion

Neben der medialen Reduktion muß der Mechanismus der aisthetischen Reduktion beschrieben werden, der für eine beobachtbare Tendenz der achtziger Jahre[32] mitverantwortlich zu sein scheint; nämlich den Erfolg von solchen Romanen, denen gemeinsam war,

> "daß sie auf eben jene Weise Geschichten erzählten, die immer wieder als ästhetisch überholt gekennzeichnet worden ist und die in reiner Form vor allem noch in den Unterhaltungsgenres zu finden war, und daß man ihnen dennoch weder die Modernität noch die ästhetische Qualität von vorneherein hätte absprechen können."[33]

Für eines der poetischen Verfahren, das die Rückkehr zu den narrativen Potentialen der Sprache ermöglicht, soll hier der Begriff der 'aisthetischen Reduktion' eingeführt werden: In der erzählenden Prosa der achtziger und neunziger Jahre ist die signifikante Häufung einer bestimmten ästhetischen Strategie zu bemerken. Deren zentrales Strukturmoment besteht darin, eine Figur in den Mittelpunkt zu stellen, deren Wahrnehmungsapparat sich ganz auf einen Bereich von Sinnlichkeit konzentriert. Aus dieser Grundvoraussetzung ergibt sich eine verstärkte Eindeutigkeit des Schreibens, das den Strukturen des filmischen Schreibens ähnelt.

Patrick Süskind hat mit Jean Baptiste Grenouille einen Prototyp dieser Figurengestaltung präsentiert - sein übermenschliches Riechvermögen bei eigener Geruchlosigkeit bildet dabei die narrative Axiomatik, aus der sich die Romanhandlung entwickelt. Durch diese Beschränkung des Wahrnehmungsapparates auf eines der menschlichen Sinnesorgane wird es ermöglicht, die Komplexität der Welt von der Seite ihrer Wahrnehmbarkeit her auf einen binären Code zu reduzieren - im Falle von 'Das Parfum' auf die (Grenouille) leitende Differenz: 'Riechbares' vs. 'Nicht-Riechbares'. Das verursacht zwar die - im Roman auch immer wieder betonte - Schwierigkeit, daß "unsere Sprache [..] nicht zur Beschreibung der riechbaren Welt" (Par: 160) tauge; denn es bestünden "groteske Mißverhältnisse zwischen dem Reichtum der geruchlich wahrgenommenen Welt und der Armut der Sprache." (Par: 34) Aber es sind erzählbare Schwierigkeiten; Probleme, die eine Figur innerhalb einer Szenerie bewältigen kann oder an denen sie scheitern muß. Stan Nadolny hat in einem Essay das problematische Verhältnis von Weltkomplexität und Narration als eine Relation beschrieben,

---

[32] Als Beispiele nennt Willems: Gabriel García Márquez mit 'Hundert Jahre Einsamkeit' (1967, dt. 1970), Umberto Eco mit 'Der Name der Rose' (1980, dt. 1982) und 'Das Geisterhaus' (1982, dt. 1984) von Isabel Allende; die alle zeitlich vor Süskinds 'Das Parfum' (1985) liegen.
[33] Willems (1993): S. 226 f.

in der sich die Chaotik der wachsenden Varietäten in Roman und Leben gegenseitig aufheben müssen:

> "Für einen Roman ist das Rettende nicht, daß der Sieg des Helden sicher, sondern daß er auf legitime Weise gefährdet ist. Und was für den Helden gilt, trifft auch auf den Roman selbst zu: Die Gefährdung ist das Rettende, sobald sie zum Teil der Geschichte wird."[34]

Dieses Erzählen der Gefährdung wird der - oft mit großer Geste inszenierten - Abkehr vom Narrativ gegenübergestellt. An die Stelle einer zu erfindenden Handlung trete dann die schriftliche Reflexion darüber, daß nicht nur das Ende des eigenen Romans gekommen sei, sondern "großzügigerweise"[35] wird meist gleich der Tod des Romans als Gattung verkündet. Gegenüber dieser Reflexions-Prosa will Nadolny die Möglichkeiten zur Narration aufzeigen, die sich auch dann noch ergeben, wenn der Autor oder die Autorin den Fehler begangen hätten, "die Geschichte nicht ins achtzehnte Jahrhundert zu verlegen,"[36] sondern in der überkomplexen Gegenwart spielen zu lassen. Deren Zustand kann damit charakterisiert werden, daß das System Gesellschaft einen Grad der Ausdifferenzierung erreicht hat, der mit 'anything goes' beschrieben werden kann.[37] Die ausdifferenzierte Gesellschaft wird von Nadolny dahingehend gekennzeichnet, daß auf sie als Gesamtsystem keine adäquate Reaktion mehr möglich ist. Er illustriert seine Überlegungen am 'Schicksal' eines Romanhelden, dessen Charakter als "selbstbewußt-simpel"[38] angelegt worden sei; denn von solchen (Anti-)Helden "geht Hoffnung aus, sie verleihen Halt in einer immer komplizierter, immer chaotischer werdenden Welt [..]."[39] Weil aber eine solche Konstruktion in höchstem Maße davon bedroht sei, zu einer naiven, d.h. in sträflichem Ausmaß unterkomplexen Darstellung der Welt zu geraten, trete die beschriebene Gefährdung des gesamten Projekts ein. Dann aber erweise sich der Roman selbst als ein dynamisches System und zeige so etwas wie Selbstbehauptungswillen:

---

[34] Nadolny, Stan: Roman oder Leben. In: Wittstock, Uwe (Hg.): Roman oder Leben. Postmoderne in der deutschen Literatur. Leipzig 1994, S. 230.
[35] Nadolny (1994): S. 228.
[36] Nadolny (1994): S. 226.
[37] Nadolnys Gedankengang kann in der Form weitergeführt werden, daß das Schlagwort des 'anything goes', das oft zur Charakterisierung sogenannter 'postmoderner' Literatur verwendet wurde, gerade in seiner Umkehrung zutrifft: Der postmoderne Roman wäre dann nicht die treibende Kraft, sondern die Reaktion auf einen gesellschaftlichen Zustand, der mit 'anything goes' adäquat beschrieben werden könnte.
[38] Nadolny (1994): S. 226.
[39] Nadolny (1994): S. 226.

"Etwa folgende neue Konstruktionsidee: Die simplen Helden, die Vereinfacher, sie sind ja gar nicht erfolglos oder zum Scheitern verurteilt, im Gegenteil, sie behaupten sich nur allzusehr! Sie liegen schrecklich falsch, gehen aber nicht unter, sondern werden, wenn der erste Charme ihrer Selbstsicherheit ihnen den Zugang zur Macht eröffnet hat, Unterdrücker und Zerstörer der erfolgreichsten Art [..]. Der Roman wandelt seine Grundaussagen, um zu überleben."[40]

Einem ähnlichen Produktionsprozeß könnte auch 'Das Parfum' zu verdanken sein, von dem kolportiert wird, daß es aus einer Kurzgeschichte entstanden sei, die "unversehens zu etwas Größerem"[41] wuchs. Süskinds Roman liegt zwar die Konstruktionsidee eines aisthetischen Vereinfachers zugrunde, folgt aber sonst den Entwicklungslinien, die Nadolny vorgezeichnet hat. Die Komplexitätsreduktion nicht erst bei der Interpretation der wahrgenommenen Welt, sondern schon bei der Wahrnehmung selbst ansetzen zu lassen, hat über die Errettung der 'erzählbaren Wirklichkeit' hinaus zur Folge, daß schon das (beschriebene) Wahrnehmen der Welt als solches in seiner ungewöhnlichen Perspektive interessant sein kann, zumindest wenn für den Roman ein ausreichend vernachlässigtes Sinnesorgan ausgewählt wurde - eine erzählerische Strategie, der auch Stan Nadolny in 'Die Entdeckung der Langsamkeit' (1983) gefolgt ist, indem er mit John Franklin eine Figur erschaffen hat, die bewegte Objekte nur bis zu einer sehr geringen Geschwindigkeit wahrzunehmen in der Lage ist.

Das für erzählende Literatur ja immer bestehende Problem, "wie eine Wahrnehmung in Sprache zu konvertieren sei",[42] bevor sie kommuniziert werden kann, wird in den Texten der aisthetischen Reduktion derart entschärft, daß der Bereich des Wahrzunehmenden extrem verknappt wird. War in 'Das Parfum' nur das Olfaktorische relevant, so steht in Marcel Beyers 'Flughunde' (1996) und Robert Schneiders 'Schlafes Bruder' (1992) die akustische Wahrnehmung im Zentrum:

"Es ist ja nicht von der Hand zu weisen, daß der Autor von 'Schlafes Bruder' 'Das Parfum' gelesen haben muß, das ist ganz klar. Sigrid Löffler sagt in einer Rezension: Dort sei das Geruchsmonster, hier das Gehörmonster. Auch in der Weise, wie der Roman erzählt wird, von der Wiege bis zur Bahre, gibt es auch klare Parallelen."[43]

Stan Nadolnys 'Selim oder die Gabe der Rede' (1990), Christoph Ransmayrs 'Die letzte Welt' (1988)[44] und Klaus Modicks 'Das Blau der Karoli-

---
40 Nadolny (1994): S. 229.
41 Kampa, Daniel / Kälin, Armin C. (Hgg.): Diogenes Autoren Album. Zürich 1996, S. 286.
42 Hörisch, Jochen: Ende der Vorstellung. Die Poesie der Medien. Frankfurt 1999, S. 32.
43 Schneider, Robert / Kruse, Bernhard Arnold: Interview mit Robert Schneider. In: Der Deutschunterricht (2) 1996, S. 99.
44 Vgl. Steinig, Swenta: Postmoderne Phantasien über Macht und Ohnmacht der Kunst.

nen' (1986) fokussieren die Lesefähigkeit und die semiotischen Interpretationsgaben ihrer Helden. Die Hauptfiguren in Nikolaj Frobenius 'Der Anatom' (dt. 1998) und Andrew Millers 'Die Gabe des Schmerzes' (dt. 1998) zeichnen sich dadurch aus, daß beide vollständig gegen Schmerzen unempfindlich sind. In Christoph Ransmayrs 'Morbus Kitahara' (1995) wird die aisthetische Reduktion sehr direkt durch die langsame Erblindung des Helden, dessen Gesichtsfeld sich immer mehr reduziert, dargestellt, während sich das 'Gesichts'-feld von Christa Wolfs 'Kassandra' (1983) temporal ausdehnt. Und in seiner vierbändigen 'Trilogie der Entgeisterung' entwickelt Robert Menasse ein geschichtsphilosophisches Modell, das in Umkehrung Hegels eine immer weiter schwindende Komplexität der Welterkenntnis diagnostiziert: 'Sinnliche Gewißheit' (1988) lautet sowohl der Titel des ersten Bandes der Trilogie, als auch die Überschrift des ersten Kapitels von Hegels 'Phänomenologie des Geistes', in der zum Ausgangspunkt des Denkens genommen wird, was nach Menasse / Leo Singer dann wieder zum katastrophischen Endpunkt der Geschichte wird. Die Romane 'Selige Zeiten, brüchige Welt' (1991) und 'Schubumkehr' (1995) entwickeln diesen Entwurf in der Fiktionalität weiter, aber Menasse hat mit der 'Phänomenologie der Entgeisterung. Geschichte des verschwindenden Wissens' (1995) zudem noch das Buch seiner Romanfigur in der 'Realität' vorgelegt.

Für den Zusammenhang dieser Arbeit ist von besonderem Interesse, daß die genannten Texte die von ihnen erzählte Welt in einer stark beschränkten Weise aisthetisch präsentieren und daß sie darin der Gattung des Drehbuchs ähnlich sind. Sie erzeugen spezifische Formen der Selektion, die beim Film von den Apparaturen - Kamera und Mikrophon - besetzt werden. In den Romanen wird die Wahrnehmungsmaschinerie zwar in die Handlungsebene der Texte implementiert, aber auch von dieser Systemstelle aus funktionieren die wahrnehmungsgestörten Helden als Komplexität reduzierende Filter: Zum Beispiel wird in 'Das Parfum' darauf hingewiesen, daß mit den Begriffen 'Gott' oder 'Moral' nichts Riechendes bezeichnet werde. Deshalb sei es Grenouille "schleierhaft" (Par: 33), was damit gemeint sein soll, und der Text hat für das Folgende legitimiert, auf weiterreichende Reflexionen über Religion und Moralphilosophie im Frankreich des 18. Jahrhunderts zu verzichten. Damit wird zwar sicherlich eine Möglichkeit ausgelassen, sozialgeschichtliche Konstellationen zu analysieren, es ergibt sich aber im Gegenzug die Chance, überhaupt noch eine Geschichte zu erzählen, ohne sich in der Überkomplexität der historischen Prozesse im vorrevolutionären Frankreich zu verwik-

---

Vergleichende Betrachtung von Süskinds *Parfum* und Ransmayrs *Letzte Welt*. In: literatur für leser (1) 1997, S. 37 ff.

keln. Die Frage nach der Authentizität des Dargestellten muß (auch wenn dies vielfach nicht gesehen wird[45]) ersetzt werden durch die Frage nach seinem narrativen Potential. Auch Nikolaus Förster diagnostiziert diese Umstellung der Literatur von der Authentizität zur Narrativität. Förster zufolge geht durch diese neuen Strategien des Erzählens zugleich die literarische Epoche der deutschen Nachkriegsliteratur zu Ende:

> "Zwar erscheint es auf den ersten Blick durchaus plausibel, die Hinwendung zur sogenannten Neuen Subjektivität in den 70er Jahren als eine Zäsur zeitgenössischer Literatur zu beschreiben, die politisierte Literatur der 60er Jahre auf diese Weise von der autobiographischen der 70er zu trennen. Bezieht man beide Schreibweisen jedoch auf ein modernistisches Verlangen nach Authentizität [..] so handelt es sich um zwei verschiedene Spielarten dokumentarischer Literatur."[46]

Während die neue Subjektivität vermittels authentischer Erzählfiguren noch einen (wenn auch offensiv nicht-objektiven) Repräsentationsanspruch erheben konnte, lassen sich die Texte der aisthetischen Reduktion nicht mehr in Kategorien der Mimesis beschreiben. Es sind poetische Konstruktionen von Handlungswelten, deren narrativ erforderliche Komplexitätsreduktion nicht nur durch eine radikal subjektive Sichtweise zu leisten ist, sondern die sich Mechanismen stark verkürzter Wahrnehmungen bedienen müssen, die aber nicht mehr als eine authentische Darstellung von subjektiver Erfahrung gelesen werden können. Auch Förster identifiziert das Bemühen um Authentizität (bzw. die Abkehr von diesem 'Projekt') als das zentrale Differenzkriterium, nach dem sich die deutschsprachige Literatur nach 1945 unterscheiden lasse:

> "Nicht das Jahr 1968 oder die frühen 70er Jahre sondern der Beginn der 80er Jahre erscheint dann als Zäsur, die einen Übergang zu neuen Schreibweisen markiert. Aus dieser Perspektive ist nicht die Wiederkehr des *Erzählers* der entscheidende Schritt, der etwas Neues markiert, sondern die Wiederkehr des *Erzählens*, das in seiner scheinbaren Naivität jeglichen Anspruch auf Authentizität von vorneherein zurückweist und statt dessen seinen Konstruktionscharakter deutlich zur Schau stellt."[47]

Für dieses ostentative Ausstellen der eigenen Gemachtheit (als integraler Bestandteil der ästhetischen Strategien eines Textes) hat Patricia Waugh den Begriff "metafiction"[48] geprägt. Als Charakteristikum gegenwärtigen

---
[45] Vgl. die Kritik von Matts, 'Das Parfum' erinnere "stark an einen Kostümfilm [..]." (Matt, Beatrice von: Das Scheusal als Romanheld. In: NZZ (13. 5. 1985), S. 43.
[46] Förster, Nikolaus: Die Wiederkehr des Erzählens. Darmstadt 1999, S. 5.
[47] Förster (1999): S. 5.
[48] Waugh, Patricia: Metafiction. London / New York 1984, S. 2. (Vgl. Vogt, Jochen: Aspekte erzählender Prosa. Opladen 1998⁸, S. 26.)

Schreibens trete die 'Metafiktion' an die Stelle der illusionistischen Schreibweisen, die den Eindruck eines sich - möglichst ungefiltert - schriftlich offenbarenden Ichs zum Ziel hatten. In der vorliegenden Arbeit soll nachgewiesen werden, daß ein wirksames Verfahren dieser Metafiktionalität die aisthetische Reduktion darstellt, durch das ein poetischer Filter erzeugt wird, der den erzählten Welten 'vorgeschaltet' werden kann und in einer ähnlichen Weise funktioniert, wie das Schreiben von Drehbüchern, die ebenfalls immer auf die audiovisuellen Filter (Kamera / Mikrophon) bezogen werden. Diese Strategie ist aber immer im Gegensatz zu den Mechanismen trivialen 'Illusionismus' zu sehen, wie sie im belletristischen Roman wirksam werden. Dort wird die Gemachtheit des Textes ja eben gerade nicht ausgestellt, sondern verschleiert, während ein zentrales Moment im Werk von Patrick Süskind im spielerischen Wechsel von metafiktionalen und fiktionalen, desillusionistischen und illusionistischen Elementen der Inszenierung liegt. Es ist ein zentrales Kennzeichen postmoderner Kunst, daß sie spielerisch mit den vorgefundenen Form- und Stilinventaren umgeht; für die Literatur kennzeichnend ist eine Strategie mehrfachcodierter Texte, die insbesondere für die Einordnung von 'Das Parfum' ein relevantes Kriterium ist. Der sogenannte postmoderne Roman wird als dezentralisiertes Gebilde bestimmbar, das den Lesenden eine Karte eröffnet, die sie auf verschiedenen Wegen durchlaufen können. Gerade dieser Aspekt der Einbeziehung der Lesenden durch den Text, den sich diese selbstverantwortlich rekonstruieren müssen und dürfen, wird auch von Hanns-Josef Ortheil ins Zentrum seiner Bestimmung von postmodernen Schreibstrategien gestellt:

> "Die postmoderne Literatur ist die Literatur des kybernetischen Zeitalters. Sie verabschiedet nicht die ästhetischen Projekte der Moderne, sondern verfügt über diese als Modelle, die in die Spiele höherer Ordnungen überführt werden können. Dabei treten an die Stelle vom Autor oder Erzähler ausgewiesener Weltbilder Strukturen, die dem Leser die entscheidende Arbeit zumuten. Der Leser wird zum intellektuellen Komplizen des Autors, das zentrale Medium der Komplizenschaft ist der Roman, als Vergewisserung über die noch möglichen Spielarten, der Welt zu begegnen."[49]

Die Struktur, aufgrund derer den Lesenden der entscheidende Arbeitsanteil erwächst, ist die Mehrfachcodierung der Texte. Die zitierten und neu arrangierten Codes bilden allerdings kein synthetisiertes Ganzes mehr, das als Kopie eines vorgängigen Sinngefüges entziffert werden könnte. Andreas Böhn hat auf die (markierte) Grenze als eine basale Möglichkeits-

---

[49] Ortheil, Hanns-Josef: Was ist postmoderne Literatur? In: Wittstock, Uwe (Hg.): Roman oder Leben. Leipzig 1994, S. 126.

bedingung des Zitats hingewiesen und dies auf den Bereich des Code-Zitats übertragen:

> "Die Differenz zwischen Zitat und Nicht-Zitat wird dann, neben Möglichkeiten expliziter Kennzeichnung, durch die Differenz der Codes markiert."[50]

Aus dieser Perspektive läßt sich die Mehrfachcodierung von Texten als eine notwendige Folge des Versuchs bestimmen, einen Code abzubilden. Fokussiert man die Differenz zwischen Gebrauch und Abbildung, wird deutlich, daß ein Code allein nicht abgebildet, sondern nur gebraucht werden kann. Zur Abbildung eines Codes ist also mindestens ein zweiter nötig, der die Differenz zwischen Gebrauch und Abbildung markiert. Es bedarf immer eines Standpunkts außerhalb des Codes, um auf diesen zu verweisen. Die Aporie dieser Konstruktion liegt darin, daß man das System erst verlassen müßte, um es auf Möglichkeiten untersuchen zu können, durch die man ihm entrinnen kann. Der Standpunkt außerhalb eines Codes erzwingt die Perspektive vom Innen eines anderen Codes. Selbst wenn diskursive Formationen lediglich einer Deskription (und nicht gleich einer Subversion) ausgesetzt werden sollen, muß ein weiterer Code verwendet werden. Die Erwähnung, die kein Gebrauch sein will, bedarf eines mehrfach codierten Textes, der eine Differenz zwischen dem Eigenen und dem Anderen sichtbar macht. Die ironische Komponente der postmodernen Texte besteht darin, daß ihr Prozeßcharakter als offenes System angelegt ist, in dem es keine Unterscheidung von richtiger und falscher Interpretation mehr gibt. Statt innerhalb der auf Ambiguität angelegten Texte eine Sinnrestriktion auf zweiter Ebene vorzunehmen, kehren sie das Spiel um: Auf der ersten Lektüreebene scheinen sie einer direkten Repräsentationsästhetik verpflichtet, die keine Zweideutigkeiten kennt; aber sie überführen diese mehr und mehr in ein flottierendes Spiel von Sinnexplosionen. Sie verlangen statt dessen eine Lektürehaltung, die auf ihre Spielangebote eingeht, ohne sie zu ernst zu nehmen:

> "[..] wir werden Roman spielen können, wie man Schach spielt, mit absoluter Fairneß, und wieder eine Beziehung herstellen zwischen dem Schriftsteller, der sich der Mechanismen, die er verwendet, voll bewußt ist, und dem Leser, der das Spiel mitspielt, weil er dessen Regeln kennt und weiß, daß man ihn nicht mehr an der Nase herumführen kann."[51]

---

[50] Böhn, Andreas: Das Formzitat. Berlin 2001, S. 16.
[51] Calvino, Italo: Der Roman als Schauspiel. In: ders.: Kybernetik und Gespenster. München 1984, S. 49.

II. Der Kontrabaß

Mit Patrick Süskinds 'Der Kontrabaß' kommt hier als erster Gegenstand ein Sprech- und Spieltext in den Blick, der eine aisthetisch auf das Akustische reduzierte Welt-'sicht' präsentiert. Während 'Das Parfum' über eine olfaktorische und 'Rossini' über eine audio-visuelle Reduktion funktionieren, ist die Leitdifferenz dieses Theaterstücks 'Hören' vs. 'Nicht-Hören'. Das folgende Kapitel macht es sich zur Aufgabe, nach einer Klärung grundlegender philologischer Daten, den Text hinsichtlich der Auswirkungen zu untersuchen, die seine aisthetische Verfaßtheit auf die Grundkategorien Zeitlichkeit und Räumlichkeit hat. Dabei wird erstens nachzuweisen sein, daß eine aisthetische Reduktion auf das Akustische stattfindet und zweitens, daß sie den narrativen und dramatischen Charakter des Textes prägt. Hinsichtlich der noch wenig aufgearbeiteten Textgrundlage bei Patrick Süskind im allgemeinen und bei 'Der Kontrabaß' im besonderen ist es notwendig, zunächst eine basale Sicherung des Faktenbestands zu leisten. Erst nach einer Klärung von Entstehungsprozeß und Rezeptionsverlauf ist eine weitergehende Interpretation des Inhalts sinnvoll. Hierbei ist aber anzumerken, daß vor allem unter dem Punkt 'Rezeption' schon eine erste Annäherung an den Text zu leisten sein wird - in der Auseinandersetzung mit den dargestellten Positionen.

1. Produktion

Im folgenden soll aufgezeigt werden, daß 'Der Kontrabaß' zwar primär akustisch codiert ist und es durchaus möglich ist, daß der Text als Hörspiel konzipiert wurde, daß es aber trotzdem sinnvoll und gerechtfertigt ist, die übliche Gattungszuweisung 'Theaterstück' beizubehalten. Einer Werkstattnotiz Patrick Süskinds zufolge ist 'Der Kontrabaß' "im Sommer 1980"[1] entstanden. Etwa ein Jahr später, am 22. September 1981, wurde der Text von Nikolaus Paryla, der Regie führte und die Solorolle des Kontrabassisten spielte, uraufgeführt. Dieser Inszenierung am Münchner Cuvilliés Theater lag eine gekürzte Textfassung zugrunde, die offensicht-

---

[1] Süskind, Patrick: n.n. (Biographische Notiz). In: Theater / heute (11) 1981, S. 42.

lich nicht die Zustimmung Patrick Süskinds fand, denn der Autor distanzierte sich

> "[..] zunächst von der Aufführung, weil eklatanterweise alle irgend anstößigeren Formulierungen des sich in Rage redenden Kontrabassisten (zum Beispiel über die Musik und das Dritte Reich) zugunsten dessen, was sich ein blindlings 'ungetrübtes Theatervergnügen' nennt, gestrichen wurden."[2]

Noch etwas drastischer liest sich Joachim Kaisers Darstellung der Vorgänge in seiner Premierenkritik in der Süddeutschen Zeitung:

> "Patrick Süskind, der Autor, verbeugte sich nicht. Offenbar wollte er sich mit dieser Uraufführung seines Textes nicht identifizieren. Zu deutsch: er schmollte."[3]

Zwar gibt auch Kaiser zu, daß die Inszenierung der Vorlage nicht gerecht wurde; er mahnt aber an, daß sich der Autor schon zu einem früheren Zeitpunkt hätte wehren sollen:

> "Denn man kann ja vom Publikum [..] nicht verlangen, daß es jenen Text von Patrick Süskind kennt, der nicht zur Sprache kam."[4]

Dem kann nur zugestimmt werden, lag doch 'Der Kontrabaß' zum Zeitpunkt der Uraufführung noch gar nicht gedruckt vor. Erst einen Monat später wurde die Textfassung in der Zeitschrift 'Theater / heute'[5] vollständig publiziert. Nochmals in nicht-selbständiger Form abgedruckt wurde das Stück dann über zehn Jahre später vom Suhrkamp Verlag in "Spectaculum 56. Fünf moderne Theaterstücke."[6] Beide Veröffentlichungsorte signalisieren schon in ihrem Titel, daß die jeweiligen Herausgebenden 'Der Kontrabaß' als ein Theaterstück einstufen.

Dagegen trägt die 1984 bei Diogenes erschienene Buchversion[7] des Stückes, ebenso wie die 1996 erschienene Taschenbuchausgabe,[8] keine Gattungsbezeichnung. (Im Übrigen sind die Hardcover- und die Taschenbuch-Ausgabe bis in die Druckfehler identisch; z.B.: "[..] die Hoffnung, daß ich ich [sic!] dereinst aufsteige [..]." (Kon: 50)) Zumindest in der Taschenbuchausgabe wird aber indirekt auf das Theater verwiesen, denn der Innentitel verzeichnet neben den Entstehungsdaten auch Ort und Zeit der theatralischen Uraufführung:

---

2   von Becker, Peter: Von Kaldewey bis Kontrabaß. In: Theater / heute (11) 1981, S. 5.
3   Kaiser, Joachim: Musikerwitze - oder Schwank ohne Sarah. In: Süddeutsche Zeitung (24. 9. 1981), S. 13.
4   Kaiser (1981): S. 13.
5   Süskind, Patrick: Der Kontrabaß. In: Theater / heute (11) 1981, S. 42 ff.
6   Süskind, Patrick: Der Kontrabaß. In: Spectaculum 56. Frankfurt 1993, S. 259 ff.
7   Süskind, Patrick: Der Kontrabaß. Zürich 1984.
8   Süskind, Patrick: Der Kontrabaß. Zürich 1996.

"Das Stück entstand 1980 / und wurde am 22. September 1981 / mit Nikolaus Paryla als / Regisseur und Darsteller des Kontrabassisten / im Cuvilliéstheater in München / uraufgeführt."[9]

Weiterhin muß berücksichtigt werden, daß der Text innerhalb des Theaterdispositivs extrem erfolgreich ist - zum Beispiel war 'Der Kontrabaß' "in der Spielzeit 1984/85 mit 522 Aufführungen und 25 Inszenierungen der meistgespielte Text"[10] auf deutschen Bühnen und zählte auch noch nach zehn Jahren zu den erfolgreichsten deutschsprachigen Stücken. Daher kann festgehalten werden, daß es sich bei 'Der Kontrabaß' um einen Text handelt, der als Theaterstück wirksam geworden ist und der daher auch im folgenden als ein solches behandelt wird.

An dieser Einstufung ändern auch die in den Rezensionen der Uraufführung vorgebrachten Hinweise nichts, daß 'Der Kontrabaß' "vom Hörspiel zum Bühnenstück erhoben"[11] worden sei, bzw. daß Paryla "einen Hörspieltext in ein Gesten-Sammelsurium [erst] übersetzen"[12] habe müssen. An diesen Äußerungen irritiert insbesondere, daß sie einen Text darüber abzuwerten suchen, daß sie ihn in die Nähe einer als minderwertig empfundenen Textsorte stellen; bzw. diese Kritik abwehren, indem sie ihn vor der Nähe dieser Textsorte zu schützen suchen - statt deren Minderwertigkeit anzuzweifeln. Zu zeigen, daß der Text kein Hörspiel sei, erweist sich als kompliziert, weil der theatralische Charakter keinesfalls offensichtlich ist:

"Wer Augen zum Lesen und Phantasie zum Denken hat, wird dies offensichtlich theatralische Debütstück nicht zwabernd anerkennend am Schluß doch in die Ablage 'Hörspieltexte' bugsieren, wie das die Münchner Premierenkritiken ein bißchen leichtfertig, und weil's den 'Kontrabaß' demnächst tatsächlich auch als Hörspiel mit Walter Schmiedinger [sic!] gibt, versucht haben."[13]

Es existiert tatsächlich eine Hörspielfassung von 'Der Kontrabaß' mit Walter Schmidinger als Sprecher des Bassisten. Die Erstausstrahlung des Hörspiels durch den Westdeutschen Rundfunk unter dem Titel 'Monolog für Kontrabaß' datiert auf den 11. 10. 1981[14] und liegt damit zeitlich einen

---

9   n.n.: (Editorische Notiz) In: Süskind, Patrick: Der Kontrabaß. Zürich 1996, S. 4. (nicht paginiert)
10 n.n.: Artikel: 'Süskind, Patrick - deutscher Schriftsteller.' In: Munzinger-Archiv / Internationales Biographisches Archiv 2/95. Auch der Diogenes Verlag wirbt auf dem Klappentext der Taschenbuch-Ausgabe von 'Der Kontrabaß': "Seit Jahren das meistgespielte Stück auf den deutschsprachigen Bühnen, übersetzt in siebzehn Sprachen."
11 Borngässer, Rose-Marie: Ein Beamter will fliegen. In: Die Welt (24. 9. 1981), S. 23.
12 Kaiser (1981): S. 13.
13 von Becker (1981): S. 5.
14 Franke nennt das Datum 19. 6. 1981, was aber nach Auskuft des WDR das Aufnahme-

Monat nach der theatralischen Uraufführung; während die Aufnahme des Hörspiels am 19. 6. 1981, also ein Vierteljahr früher, stattgefunden hat. Diese Aufzeichnung wurde 1995 als Hörspielkassette von 'Der HörVerlag' veröffentlicht und ist noch erhältlich.[15]

Es muß also festgehalten werden, daß 'Der Kontrabaß' zwar zuerst in Form des gesprochenen Wortes bearbeitet wurde, in die öffentliche literarische Kommunikation aber in Form des Theaterstücks eingetreten ist: Dies gilt unabhängig davon, ob es tatsächlich der Fall ist, daß das Stück "ursprünglich als Hörspiel konzipiert"[16] worden sei, wie allgemein behauptet wird, obwohl nicht zu eruieren ist, woher diese angebliche Information über die Intention des Autors stammt.

Sommer 1980	Schriftlicher Text
Juni 1981	Aufzeichnung der Hörspielfassung (WDR)
September 1981	Uraufführung (gekürzte) Theaterfassung (Cuvilliés Theater, München)
Oktober 1981	Ursendung der Hörspielfassung (WDR)
November 1981	Erstveröffentlichung der Druckfassung ('Theater / heute')
1984	Buchfassung (Diogenes)
1993	Zweiter Abdruck in einer Zeitschrift (Spectaculum 56)
1995	Veröffentlichung der Hörspielfassung als Hör-Buch (DerHörVerlag)
1996	Taschenbuch-Ausgabe (detebe)
1998	Abdruck in Lektürehilfe (Buchners Schulbibliothek der Moderne, 5)

In den Äußerungen zu 'Der Kontrabaß' spricht Patrick Süskind konsequent von das "Stück",[17] was die Frage nach Sprech- oder Spiel-Stück nicht zu klären hilft. Doch auch ohne das zweifelhafte Konstrukt einer Autorintention bemühen zu müssen, kann die These vertreten werden, daß die inhaltliche und formale Struktur des vorliegenden Textes einer Fokussierung auf den Sinnlichkeitsbereich der Akustik durchaus entgegenkommt. Gilt der Erfolg beim Theaterstück als Argument für die theatralische Struktur eines Textes, dann muß die Tatsache, daß eine Hörspielversion nicht nur einmalig gesendet wurde, sondern als Hör-Buch publi-

---

datum ist. (Franke, Eckhard: 'Patrick Süskind'. In: Arnold, Heinz Ludwig (Hg.): 42. Nlg. / Kritisches Lexikon zur Gegenwartsliteratur - KLG (Stand 8/92), S. A.)
15 Patrick Süskind. Der Kontrabaß. (Regie: Friedhelm Ortmann. Sprecher: Walter Schmidinger. Produktion: WDR Köln, 1981) Der HörVerlag GmbH, Stuttgart 1995.
16 Dunstmair, Susanne: Artikel 'Patrick Süskind'. In: Moser, Dietz-Rüdiger (Hg.): Neues Handbuch der deutschsprachigen Gegenwartsliteratur seit 1945. München 1993, S. 1068. / Praktisch im gleichen Wortlaut: Macherhammer (1989): S. 5.
17 Süskind: n.n. (1981): S. 42.

ziert wurde und immer noch erhältlich ist, als Hinweis gewertet werden, daß der Text über eine funktionierende auditive Codierung verfügt. Schon die ersten Sätze stellen das Geräusch, den Klang und die Stimme ins Zentrum:

" *Zimmer. Eine Schallplatte wird gespielt, die Zweite Sinfonie von Brahms. Jemand summt mit. Schritte, die sich entfernen, wiederkommen. Eine Flasche wird geöffnet, der Jemand schenkt sich Bier ein.*" (Kon: 7)

Eine Lektüre dieser 'Bühnen'-Anweisung aus der wechselnden Perspektive von Theaterregie / Tontechnik verdeutlicht, daß es sich bei dieser Passage um sehr präzise Anweisungen für die Umsetzung des Textes als Hörspiel handelt, während die Requisite und das Bühnenbild äußerst mager instruiert werden. Besonders deutlich wird der Hörspielcharakter an der folgenden Passage:

" *Jemand summt mit. Schritte, die sich entfernen, wiederkommen.* [..] *der Jemand schenkt sich Bier ein.*" (Kon: 7)

Übertragen auf das Dispositiv des Theaterraumes (mit Guckkastenbühne) verwickelt sich die Regie schnell in Ungereimtheiten. Wenn die Zuschauenden in der Lage sein sollen, das leise Summen einer Stimme zu hören, würde dies bedeuten, daß der Schauspieler ganz vorne an der Rampe stehen müßte. Unterstützt wird diese räumliche Vorstellung dadurch, daß sich entfernende Schritte darauf verweisen, daß zuvor eine Person räumlich nahe war. Nun wird aber durch die Verwendungsweise von 'Jemand' deutlich gemacht, daß die Person, deren Schritte zu hören sind, noch anonym sein soll, obwohl sie doch deutlich sichtbar und exponiert zu sehen gewesen sein müßte.

Im Gegensatz dazu verursachen die Anweisungen in bezug auf eine akustische Aufnahmeapparatur keinerlei Schwierigkeiten: Das hörbare Summen suggeriert die Nähe einer Person zum Mikrophon. Da aber nur ein Summen zu vernehmen ist, bleibt die Person noch anonym. Dies steht sowohl in Einklang zu den sich entfernenden und wiederkehrenden Schritten des 'Jemand', als auch zum gut hörbaren Einschenk-Geräusch; denn erst kurz darauf meldet sich der schon zu hörende 'Jemand' selbst zu Wort und wird zum sprechenden 'Ich' des Hörspiels. Ebenso ist die Tatsache, daß das erste Wort des Textes 'Zimmer' lautet, erst dann sinnvoll zu interpretieren, wenn sie als Information an die Tontechnik gelesen wird. Durch bestimmte Hall- und Echoeffekte soll hier offenbar ein akustischer Raumeindruck erzeugt werden, der mit 'Zimmer' adäquat beschrieben ist. Daß diese Basisinformation über die Eigenschaften des

Klangraums, in dem das Stück gesprochen werden soll, an erster Stelle steht, ist dann ohne weiteres nachvollziehbar.

Wird 'Zimmer' dagegen als Anweisung zur visuellen Ausgestaltung des Bühnenraums gelesen, ist die Beschreibung nicht sonderlich präzise. Auch wenn die weiteren Regieanweisungen mit einbezogen werden, bleibt doch das 'Zimmer' im wesentlichen ein akustischer Raum, schallisoliert, mit einigen wenigen Gegenständen ausgestattet, die sich vor allem durch ihren akustischen Wiedererkennungswert auszeichnen. Aus den Regieanweisungen läßt sich folgendes Requisiten-Inventar erschließen: Fünf verschiedene Schallplatten / Plattenspieler (Kon: 7, 31, 52, [70] 76, 95); (+ Tonarm (Kon: 7)); (Bier-)Flasche / Glas (Kon: 7, 70); schallisoliertes Fenster / Straßenlärm (Kon: 26f / 87f); und schließlich Kontrabaß / Bogen (Kon: 15-18, 29-31, 50); (+ der Baß alleine (Kon: 29, 69, 84)). Hinzu kommen Korbstuhl / Sessel (Kon: 15, 48, 63, 69, 84, 94) und die Kleidung des Kontrabassisten (Kon: 90), sowie die zuschlagende Haustür (Kon: 96) und die (durch Klopfen hörbare) Zimmerdecke (Kon: 30) und der (durch die Schritte hörbare) Zimmerboden (Kon: 7, 26, 63, 70, 76, 87, 90, 96).

Gerade an letzterem läßt sich zeigen, daß es Grenzfälle gibt, für die kaum entschieden werden kann (und muß), ob es nun noch der Boden des Zimmers ist, der als akustisch erschließbares Requisit zu bezeichnen ist oder ob eher eine akustisch identifizierbare Handlung vorliegt. Gleiches könnte auch für das Einschenken, Trinken, Musizieren und so fort angemerkt werden. Spannender für die Frage nach der akustischen Codierung des Textes sind aber diejenigen Aktionen des Kontrabassisten, die nicht akustisch umzusetzen sind:

"Jedenfalls könnte ich da theoretisch so hoch spielen, daß man's nicht mehr hört. Moment ...

Er spielt einen unhörbar hohen Ton.

... Hören Sie? Das hören Sie nicht mehr. Sehen Sie!" (Kon: 18)

Hier wird die Geste des Spielens auch bei nur Zuhörenden dadurch erzeugt, daß das Spiel von einer Ankündigung und einem Kommentar eingerahmt wird. Die Handlung, die in der entstehenden Pause stattfinden soll, muß ergänzt werden. Ähnlich wird bei den zum Teil unklaren Geräuschen verfahren, zu denen in Form der Monologe immer die entsprechende Interpretationshilfe geliefert wird:

"Ich darf einen Schluck trinken.

Er trinkt einen Schluck Bier." (Kon: 12)

Ebenso inszenieren Sequenzen wie

"   *Er steht auf, stolpert im Weggehen über den Kontrabaß und brüllt.*
... Ja Kruzifix paß doch auf! Immer im Weg um, der Depp! - Können Sie mir sagen, wieso ein Mann [..] mit einem Instrument zusammenlebt, daß [sic!][18] ihn permanent nur behindert?!" (Kon: 69)

und

"Ich muß mich jetzt umziehen.
       Er entfernt sich, holt seine Kleider, spricht, während er sich anzieht, weiter." (Kon: 90)

eine gesprochene Interpretation der Handlungen, die vor allem dann sinnvoll ist, wenn diese nicht auf der Bühne sichtbar sind, sondern nur als Geräusche zu hören. Darüber hinaus werden aber auch Anweisungen gegeben, die weder akustisch noch visuell eindeutig umzusetzen sind, sondern indirekt durch eine bestimmte Art zu spielen / sprechen angedeutet werden: "*Er überlegt.*" (Kon: 43); "*Er [..] schöpft Kraft.*" (Kon: 60); "*Er [..] denkt nach [..].*" (Kon: 63), "*Er beruhigt sich.*" (Kon: 93)

Für die Frage nach der akustischen und visuellen Codierung des Textes ist der wohl interessanteste Fall die sexuelle Phantasie des Kontrabassisten an seinem Instrument, die zwar von ihm selbst ausführlich kommentiert wird, dann aber zusätzlich noch durch eine Regieanweisung ergänzt wird:

"... ein bißchen schwer zum Vorstellen jetzt - und mit rechts von außen herum mit dem Bogen, so, unten, und dann so und so und so ...
       Er fuhrwerkt mit wirren Griffen auf dem Kontrabaß herum, läßt dann davon ab, setzt sich erschöpft in seinen Sessel und schenkt Bier nach.
...
... Ich bin Handwerker. Innerlich bin ich Handwerker. Musiker bin ich nicht." (Kon: 84)

Gerade die zusätzliche Aposiopese[19] nach der Regieanweisung verstärkt den komischen Effekt der Szene - zumindest in der schriftlichen Version. Als Regieanweisung sind die drei Punkte Platzhalter für eine vollständige Haltungsänderung des Sprechers / Spielers, die noch vor dem Hinweis, in Wirklichkeit ein Handwerker zu sein, stattfinden soll. Die '...' funktionieren wie ein musikalisches Pausenzeichen, eine Möglichkeit für den Protagonisten, die Fassung wiederzufinden. Gerade hierdurch wird aber der

---

18 Dieser Rechtschreib- / Druckfehler findet sich in allen Veröffentlichungen des Textes.
19 Sowohl in der Textversion in 'Theater / heute' (S. 51), als auch in Spectaculum 56 (S. 286) fehlt diese Zwischenzeile nach der Regieanweisung mit den drei zusätzlichen Auslassungspunkten.

komische Effekt des entlarvenden 'Ich bin Handwerker' noch verstärkt; denn statt von den gerade vorgeführten schwitzigen, sexuellen Ersatzhandlungen am Kontrabaß abzulenken, führt die Äußerung auf den Bereich des Sexuellen zurück, indem die (sonst vielleicht sogar übersehbaren) onanistischen Konnotationen von 'Handwerker' betont werden. Die Punkte können hierbei als die Markierung der Beziehung des Witzes zum Unterbewußten gelesen werden,[20] in der genau das Latente wieder manifest wird, das doch gerade verdeckt werden sollte.

Es scheint keinesfalls ein Zufall zu sein, daß gerade beim Thema der Onanie deutlich wird, daß die Markierungen des Textes schriftliche sind: Daß zwischen Sperma und Tinte, zwischen Schweiß und Tränen eine merkwürdige Affinität und Substitutionsbeziehung besteht, hat Albrecht Koschorke überzeugend nachgewiesen.[21] Die 'Pausenzeichen' gehören dem Bereich der Schriftlichkeit an, ob sie nun als Spielanweisung oder als 'Notenschrift' zu lesen sind. Die Tinte hat in beiden Fällen das Sperma substituiert und diesen Prozeß mit einer Markierung reiner Differenz "..." bezeichnet. Die Tiefe der sexuellen Latenz ist daher weder hörbar noch sichtbar, sie kann nur gelesen werden. Soll also entschieden werden, ob 'Der Kontrabaß' als Hörspiel-Stück oder Theater-Stück eingestuft wird, kann mit einiger Berechtigung daran erinnert werden, daß es sich zunächst einmal um ein Schrift-Stück handelt. Dieser Hinweis ist um so relevanter angesichts der Tatsache, daß sowohl das Hörspiel als auch die Bühnenversion der Druckversion zeitlich vorausgegangen sind, denn selbstverständlich war die Vorlage für Druck, Radio und Theater ein schriftlicher Text. Obwohl aber Buch, Hörspiel und Bühnenstück mediale Sekundärprodukte gegenüber dem schriftlichen Text sind, muß festgehalten werden, daß die soziale Wirksamkeit von 'Der Kontrabaß' nicht von einigen handgeschriebenen Manuskriptblättern erzeugt wurde, sondern von der kombinierten Vervielfältigung durch das "Typographeum"[22] und die Theater.

An 'Der Kontrabaß' kann gezeigt werden, wie unsicher die (meist für unproblematisch gehaltene) Einheitlichkeit eines Textes ist, insbesondere über die Grenzen der medialen Transformationen hinweg: Erst unter der Voraussetzung, daß eine der jetzt zugänglichen Druckversionen des Stücks zugrunde gelegt wird, kann rückwirkend formuliert werden, daß für das im Oktober 1981 gesendete Hörspiel nur in etwa die Hälfte des

---

[20] Freud, Siegmund: Der Witz und seine Beziehung zum Unterbewußten. (1905) In: Siegmund Freud: Studienausgabe. Band IV. Hgg. von: Mitscherlich, Alexander / u. a. Frankfurt 1982, S. 149 ff.
[21] Koschorke, Albrecht: Alphabetisation und Empfindsamkeit. In: Schings, Hans-Jürgen (Hg.): Der ganze Mensch. Anthropologie und Literatur im 18. Jahrhundert. DFG-Symposion 1992. Stuttgart 1994, S. 605 ff.
[22] Gieseke, Michael: Der Buchdruck in der frühen Neuzeit. Frankfurt 1991, S. 23 ff.

(veröffentlichten) Textes verwendet wurde. Im Gegensatz zu den offenbar der 'political correctness' geschuldeten Kürzungen der Uraufführung, kann für die beim Hörspiel vorgenommenen Streichungen keine inhaltliche Systematik ausgemacht werden. Statt dessen wird hier das mediale Dispositiv 'Radio', mit der für Hörspiele üblichen einen Stunde Sendezeit, überdeutlich wirksam.

2. Rezeption

Weder das Radio mit der Sendeform 'Hörspiel' noch die Speicherform 'Hörbuch' haben (zur Zeit) die kulturelle Relevanz, als daß sie sich gegen das Theaterdispositiv durchsetzen könnten. Obwohl die Einstufung als Hörspiel das Argument der zeitlichen Vorgängigkeit und das Argument einer akustischen Codierung des Textes für sich hat, kann festgehalten werden, daß sich die Einstufung von 'Der Kontrabaß' als Bühnenmonolog durchgesetzt hat.[23]

'Der Kontrabaß' wurde nicht nur auf der (sekundären) Produktionsseite als Bühnenstück behandelt, sondern auch die Rezeption des Textes (in Form von Rezensionen u.ä.) beschränkt sich fast ausschließlich auf die verschiedenen Inszenierungen der Vorlage an Theatern. Im folgenden Kapitel wird daher insbesondere auf zwei Besprechungen der Uraufführung des Stücks in München eingegangen - und auf den Kommentar zum Erstabdruck in 'Theater / heute' kurz darauf, der auch deshalb geboten war, weil die Münchner Bearbeitung des Stücks vor allem von der Textseite her bemängelt wurde. Des weiteren wurden als Beispiele für die weitere feuilletonistische Karriere des Stücks zwei Besprechungen einer Frankfurter Inszenierung aus dem Jahr 1986 ausgewählt. Die Besprechungen können zum einen inhaltlich als besonders repräsentativ gelten und sie sind aufgrund ihres Erscheinungsortes in überregionalen Tageszeitungen (F.A.Z. und Frankfurter Rundschau) leicht auffindbar und daher von einer recht großen Wirksamkeit. Nicht nur bei der Hörspiel-[24] sondern auch bei der Theater-Version der Uraufführung von 'Der Kontrabaß' sind Kürzungen am Text vorgenommen worden; Kaisers Bericht über die

---

[23] Zur didaktischen Aufarbeitung des Stücks vgl.. Krischel, Volker: Erläuterungen zu: Partick Süskind, Der Kontrabaß. Hollfeld 2002. / Wilcezek, Reinhard: Eine tragikomische Orchesterstudie. Patrick Süskinds 'Kontrabaß' im Unterricht. In: Literatur im Unterricht (1) 2000, S. 79 ff.

[24] Wie weit solche Veränderungen gehen können, läßt sich durch eine Aufzählung der für die Hörspielfassung gestrichenen Passagen zeigen: Über ein Drittel (!) des Textes wurde gekürzt.

offensichtlich verärgerten Reaktionen des Autors wurde hier bereits zitiert. Wie der Autor selbst mußte Kaiser spätestens beim Verfassen der Rezension über Kenntnisse der originalen Textvorlage verfügen - was ihn überhaupt erst in die Lage versetzte, das Verhalten des Autors zu deuten. Das 'normale' Publikum der Uraufführung mußte dagegen der Ansicht sein, das Gesehene / das Gehörte berechtigterweise für die gespielte Fassung des Stücks 'Der Kontrabaß' halten zu dürfen.[25] Weder zum Zeitpunkt der Ausstrahlung als Hörspiel noch zum Zeitpunkt der Uraufführung ist der Text als öffentliches Wissen verfügbar, und daher ist es, wie Joachim Kaiser richtig formuliert hat, nicht erwartbar, daß ein Publikum den Text kennt, "der nicht zur Sprache kam."[26] Von Süskind selbst liegt ebenfalls eine Äußerung vor, die auf diese (leidvolle) Erfahrung als Radio- oder Bühnenautor beziehbar ist:

> "Nun will ich nicht behaupten, daß ein Theaterautor oder Komponist der Uraufführung seines Werkes mit stoischer Gelassenheit entgegensieht. Aber er weiß doch immerhin, oder kann darauf hoffen, daß im Falle eines Desasters das letzte Wort noch nicht gesprochen ist. Es wird wahrscheinlich andere Aufführungen geben. Es kann theoretisch unendlich viele Realisationen desselben Stücks, derselben Partitur geben [..]. Das Werk kann, wie man so sagt, 'seinen Weg machen'. Nicht so das Drehbuch." (Dreh: 247)

Der Hinweis auf den Bereich des Drehbuchs ist auch insofern von besonderem Interesse, weil bei einem Film die auf der Leinwand gezeigten Bilder und die gesprochenen Dialoge selbstverständlich als 'der Film' angesehen werden. In den meisten Fällen liegt ja das Drehbuch, an dem gemessen werden könnte, wie textgetreu inszeniert wurde, gar nicht gedruckt vor. Im Gegensatz zu Hörspiel und Theaterstück wird dies aber offenbar nicht einmal als ein Mangel empfunden, obwohl sich bei der Gattung 'Drehbuch' in der Regel die Eingriffe in den Text als viel fundamentaler erweisen dürften, als die für das Theater üblichen Bearbeitungen von Dramentexten. Im Fall der Uraufführung von 'Der Kontrabaß' wird zwar die entstandene Text-version und -interpretation abgelehnt, die Qualität der Vorlage bei dieser Gelegenheit aber besonders hervorgehoben:

> "Dieses Stück, in dem der 'Kontrabaß' als Metapher für die Erstarrung des Geistes wie des Herzens steht, bleibt, zumindest in dieser Inszenierung, überwiegend schwach geschwätzig, beliebig [..] und rutscht ab in schiere Karikatur.

---

[25] Ebenso die Lesenden, die bis zum Erscheinen eines historisch-kritischen Lesartenapparates dazu berechtigt sind, die gedruckte Version für eine (nur in Sonderfällen fehlerhafte) Wiedergabe des von Patrick Süskind verfaßten Manu- / Typoskripts 'Der Kontrabaß' zu halten.
[26] Kaiser (1981): S. 13.

Das Stück selber ist intelligenter. Ja, man kann getrost behaupten, daß es [..] in der Urfassung weitaus einprägsamer, eindringlicher gewesen ist."[27]

In ganz ähnlicher Weise wertet auch Joachim Kaiser die Inszenierung ab, um dann aber das Original zu loben. So habe Süskind den Kontrabassisten als

"einen autodidaktisch hochgebildeten, etwas verworrenen Musiker komponiert, [..] der über Goethes Pantheismus seltsam kluge Sachen sagt, [..] der eine Mischung aus verbiestertem Privatgelehrten und entmutigtem Orchester-Tutti-Handwerker ist."[28]

Gleichzeitig sei der Text aber stellenweise überformuliert und mache einen zu sehr gewollten Eindruck; hake etwa 'kapitel'-weise die Instrumentengeschichte des Kontrabasses und seiner Rolle in der Orchestermusik ab.[29] Der für diese Arbeit interessanteste Punkt an Kaisers Kritik liegt in der Behauptung, die von ihm ausgemachten theatralischen Mängel würden verursacht, weil Süskind nicht nur Theaterstücke, sondern auch für Radio, Film und Fernsehen schreibe:

"Leider sind die Schwächen dieses nachdenklichen und im einzelnen klugen Textes gerade nicht sogenannte *Schwächen,* sondern eher jene billigen, virtuosen Geschicktheiten, wie sie sich bei geübten Fernseh-Autoren, guten Drehbuchschreibern nur zu leicht, zu widerstandslos einschleichen."[30]

Wer die schriftlichen Vorlagen von AV-Produktionen verfaßt, verderbe sich auf Dauer den Stil und tendiert nach Kaisers Auffassung dazu, ästhetische Lösungen für erzählerische Probleme zu verwenden, die zwar nicht als (handwerkliche) Schwäche bezeichnet werden können, also nicht einem schriftstellerischen Unvermögen anzulasten sind - die aber gleichwohl verdächtig sind. Hier soll die These vertreten werden, daß die etwas unreflektierte Kritik Kaisers insofern einen richtigen Ansatzpunkt beinhaltet, da es tatsächlich eine Affinität zwischen dem Schreiben von Drehbüchern und bestimmten ästhetischen Strategien zu verzeichnen gilt; wie schon angekündigt, werden diese in der vorliegenden Arbeit unter dem Begriff 'aisthetische Reduktion' gefaßt: Die interne Fokussierung auf bestimmte Sinnlichkeitsbereiche, denen Texte für A- und AV-Medien unterliegen, instruiert eine Ästhetik, die sich selbst nochmals aisthetisch beschränkt. In 'Der Kontrabaß' etwa ist der Sinnlichkeitsbereich stark auf das Feld der Akustik begrenzt. Was der Text damit ostentativ ausstellt, ist seine Umstellung auf Beobachtungen von Beobachtenden. Nicht das

---

27 Brongässer (1981): S. 23
28 Kaiser (1981): S. 13.
29 Vgl. Salmen, Walter (Hg.): Kontrabaß und Baßfunktion. Innsbruck 1986.
30 Kaiser (1981): S. 13.

gestische oder musikalische Spiel wird präsentiert, sondern die (in diesem Falle: Selbst-) Beobachtungen des Bassisten: Sowohl die theoretischen als auch die ästhetischen Texte der Postmoderne

> "schalten, um im systemtheoretischen Jargon zu reden, auf Second-order-observation um: Sie beobachten nicht nur [..], sondern sie beobachten Beobachtungen, etwa die Beobachtung von Licht- / Schatten-, Wahrnehmung- / Kommunikation- oder Sprache- / Literatursprache-Differenzen."[31]

Die leitenden Differenzen in 'Der Kontrabaß', deren Beobachtung beobachtet wird, entstammen fast sämtlich dem Bereich der Akustik: 'hohe' vs. 'tiefe', 'laute' vs. 'leise', 'schöne' vs. 'unschöne Töne'; 'Stille' vs. 'Lärm'; 'Baß' vs. 'Sopran'; 'Hörbar' vs. 'Sichtbar' sind die Pole, zwischen denen die "Spannung von hier und dort" (Kon: 14) erzeugt wird. Aufgrund dieser Zentrierung des Textes auf das Akustische ist es möglich, diese Differenzen narrativ zu produktivieren. Die Kritik Joachim Kaisers ist dabei wenigstens in dem Punkt bedenkenswert, daß er auf den intermedialen Zusammenhang verweist, der zwischen 'Der Kontrabaß' und dem Genre des Drehbuchs besteht; wenn er ihn auch zum Anlaß nimmt für den Versuch, den Text künstlerisch abzuwerten. Im Gegensatz dazu bespricht Peter von Becker (bei der Erstveröffentlichung des Textes in 'Theater / heute') das Stück kurz, aber lobend und gibt Hinweise auf die intertextuelle Verortung des Stoffes. Das Drama sei

> "so schön und voller eigener Einfälle, daß mich überhaupt nicht die Wiedererkennungseffekte und die Vergleichszwang-Reize gestört haben. Da ist wenig gewonnen, wenn man auch weiß, daß die Geschichte en miniature bereits in Georg Kreißlers Lied vom Triangelspieler steckt, daß die schwitzige Rabiatheit solcher Kleinbürgertype noch tiefer in Qualtingers Herrn Karl erfaßt sein mag und die Musik-Monomanie natürlich bereits Thomas Bernhard aufs Theater gebracht hat: nicht zufällig erklingt ja auch hier am Ende das Forellenquintett."[32]

Patrick Süskinds Texte wurden also schon vor 'Das Parfum' in einem starken intertextuellen Feld gesehen. Zumindest auf Thomas Bernhards 'Die Macht der Gewohnheit' zu verweisen, gehört zu den Standardanmerkungen, wenn 'Der Kontrabaß' besprochen wird. Ebenso berechtigt ist der (auch bei Kaiser zu findende) Hinweis auf das Gedicht 'Das Triangel' von Georg Kreisler:

> "Wenn Sie einmal in die Oper gehen / und sich das Orchester dort besehen, / vielleicht sehen Sie im fernsten Eck, / zwischen Tür und Angel, / einen

---

[31] Hörisch (1999): S. 73.
[32] von Becker (1981): S. 5.

Mann, der spielt ein Instrument, / genannt Triangel./ Wenn Sie diesen Mann betrachten, denken Sie an mich, / denn der Triangelspieler, der bin ich."[33]

Es könnte die These vertreten werden, daß gerade die ungestörte Konzentration von Beckers auf den Text des Stückes ("Die Uraufführung [..] konnte ich nicht sehen."[34]), zur Treffsicherheit bei seiner positiven Einschätzung der zukünftigen Karriere des Stückes beigetragen hat:

> "Nachspielen, weiter ausprobieren. Denn: Uraufführungen allein machen machen noch keine Saison [..]."[35]

Tatsächlich ist 'Der Kontrabaß' als Theaterstück in den folgenden Spielzeiten derartig erfolgreich geworden,[36] daß es nicht mehr sinnvoll wäre, hier alle Rezensionen eventueller Neu-Inszenierungen anführen zu wollen.[37] Neben den besprochenen Kritiken der Uraufführung seien hier statt dessen exemplarisch zwei Besprechungen einer Inszenierung am Frankfurter Kammerspiel (13. 3. 1986) genannt, die in überregionalen Tageszeitungen veröffentlicht wurden und von deren längerfristiger Wirksamkeit daher ausgegangen werden kann.[38] Heike Kühn betont in der Frankfurter Rundschau ebenfalls das intertextuelle Spannungsfeld, in dem das Stück stehe. Anders aber als etwa Thomas Manns Figur des Adrian Leverkühn könne sich der Kontrabassist nicht in die genialischen Regionen des Geistig-Reinen aufschwingen:

> "Fernab dieser (Musik-)Sphären der geistvollen Kunstzölibatäre lebt unfreiwillig einsam ein Junggeselle, dem die Musik trotz aller Reinheit körperlich übel mitspielt."[39]

Mit Fingerspitzen, deren Hornhaut Schmerzen wie Gefühle verhindere, mit Schlafstörungen und sexuell frustriert sitzt der Bassist in der Einsamkeit eines schalltoten Raums und sinniert über seine hoffnungslose Liebe zur Sopranistin, deren Gesang ihm wollüstige (Alp-)Träume bereitet. Das unförmige Instrument mit dem riesigen Klang-Körper fungiere dabei als Gegenpol, ein "Kasten voller dunkler Töne",[40] dem sich der Kontrabassist

---

33 Kreisler, Georg: Die alten bösen Lieder. Wien 1989, S. 18 ff.
34 von Becker (1981): S. 5.
35 von Becker (1981): S. 5.
36 Vgl. Deutscher Bühnenverein (Hg.): Wer spielte was? Werkstatistik 1990 / 91. Köln 1991, S. 230 ff.
37 "Es gibt wohl kaum eine deutsche Bühne, an der Süskinds 'Kontrabaß' seit der Münchner Uraufführung 1981 *nicht* inszeniert worden wäre." (Franke (1992): S. 2.)
38 So wurde etwa die Rezension von Heike Kühn nochmals als begleitendes Material zu 'Der Kontrabaß' gedruckt: Kühn, Heike: Orchestergrab. In: Spectaculum 56. Fünf moderne Theaterstücke. Frankfurt 1993, S. 308 ff.
39 Kühn, Heike: Orchestergrab. In: FR (14. 3. 1986), S. 25.
40 Kühn (1986): S. 25.

ausgeliefert habe. Er ähnle in seiner manischen Fixierung auf die Musik zwar dem Zirkuspersonal Bernhards,[41] die (bedeutungsstiftende) Differenz liege aber darin, daß

> "der Kontrabassist die Einübung in das Vollkommene aufgegeben [habe]. Verbeamtet streicht er sich im Staatsorchester 'mit dem Bogen in den Tod hinein', mit 'Sicherheit'."[42]

Einen anderen Akzent setzt Adolf Fink in der F.A.Z. Das herausragende Merkmal des Stücks sei insbesondere darin zu sehen,

> "daß es einen normalen Vorgang umkehrt: Nicht ein Musiker spielt auf einem Instrument, sondern der Kontrabaß bringt einen Menschen selbst zum Klingen."[43]

'Der Kontrabaß' wird so in eine gewisse Nähe zum Motiv der verkehrten Welt gesetzt. Eine Interpretation, die sich noch stützen ließe durch den Hinweis darauf, daß es das Stück verstehe, "im Heiteren das Traurige, im Vergnüglichen das Ernste"[44] aufzuzeigen. Am Rande sei hier erwähnt, daß auch Reclams Schauspielführer dieser Interpretation folgt:

> "Das vielgespielte Einpersonenstück 'Der Kontrabaß' [..] zeigt einen Musiker nicht als Meister, sondern als tragikomisches Opfer seines überdimensionalen Instruments."[45]

Fink führt weiter aus, daß in dem Drama gewissermaßen die Lebensmelodie des Kontrabassisten zur Aufführung gebracht werde, indem sich der Musiker Gedanken über seine Existenz mache, die er "zu einem imaginären, im Theater freilich real vorhandenen Publikum spricht [..]."[46] Wird der Hinweis Finks auf das inszenatorische Dispositiv[47] des Stücks ernst genommen, zeigt sich deutlich, daß der Text durch den Monolog des 'Helden' eine Temporalität produziert, deren paradoxe Struktur sich in der Aufführungssituation widerspiegelt.

---

[41] "CARIBALDI / Wenn es nur einmal / nur ein einziges Mal gelänge / das Forellenquintett / zu Ende zu bringen / ein einziges Mal eine perfekte Musik
JONGLEUR / Ein Kunstwerk / Herr Caribaldi"
(Bernhard, Thomas: Die Macht der Gewohnheit. In: ders.: Stücke 1. Frankfurt 1988, S. 263.)
[42] Kühn (1986): S. 25.
[43] Fink, Adolf: Das Instrument spielt einen Menschen. In: FAZ (14. 3. 1986), S. 47.
[44] Fink (1986): S. 47.
[45] Kienzle, Siegfried / u.a. (Hgg.): Reclams Schauspielführer. Stuttgart 1986[17], S. 945f.
[46] Fink (1986): S. 47.
[47] Dispositiv soll hier und im folgenden verstanden werden als eine räumlich-logische Anordnung von Technik und Körpern; an solchen Architekturen lassen sich aber immer auch Machtverhältnisse ablesen.

3. Melodien

Nicht mehr zur Rezeptionsgeschichte im eigentlichen Sinn ist der 'tragische Skandal' um den Bassisten Gerd Reinke zu rechnen, der im folgenden dargestellt werden soll. Relevant für die Analyse von 'Der Kontrabaß' ist diese Anekdote deshalb, weil hier eine Verwischung von Fakt und Fiktion stattgefunden hat, die nicht nur für den 'realen' sondern auch für den 'fiktiven' Kontrabassisten ein zentrales Handlungsmoment darstellt. Daraus resultieren Störungen der temporalen Ordnungsvorstellungen, die sich als ein gesichertes Verhältnis von Vor- und Nachzeitigkeit im Sinne chronologischer Abläufe darstellen lassen.

Besonders deutlich sichtbar werden diese Unbestimmtheiten an der temporalen Struktur des Monodrams, die sich erst im 'Jetzt' des Bühnen-Sprechens scheinbar fixieren läßt. Aus diesen grundsätzlichen Überlegungen zur Figur der Wiederholung im Texttheater und ihrer Funktion als 'Fiktionalitätsstabilisator' ergeben sich weitere Möglichkeiten zur intertextuellen Verortung des Stücks:

Einerseits stellt der Kontrabassist sein Wissen um Akustisches und Musikalisches exzessiv zur Schau - wodurch eine Art faktischer 'Anbindung' an die Sphäre nicht-fiktionalen Wissens entsteht und damit zugleich an die Texte, in denen dieses Wissen verzeichnet ist. Zweitens stellt das Drama Motive und Konstellationen nach, in denen Literatur ihr Wissen über Macht und Tod strukturell gespeichert hat. Durch die ausgestellte Geste der Wiederholung bleibt dieses literarische Wissen aber auf den Geltungsbereich der Fiktionalität eingeschränkt, es wird 'nur' auf Texte verwiesen und nicht auf Realität. Diese intertextuelle Struktur soll am Sisyphos-Stoff, an Sartres 'Geschlossene Gesellschaft' und an Bernhards 'Macht der Gewohnheit' nachgezeichnet werden. Ins Zentrum der Aufmerksamkeit wird dabei vor allem die temporale Funktionalisierung der Texte gestellt werden, die sich in allen drei Fällen (inhaltlich wie auch formal) produktiv auf die Zeitlichkeit von 'Der Kontrabaß' abbilden läßt.

3.1 Faktizität

In 'Der Kontrabaß' interferieren die Zeitebenen der Zukünftigkeit (die wiederholte Ankündigung, 'nachher' zu schreien), die Gegenwärtigkeit des Bühnengeschehens und die Vergangenheit einer erzählten Lebensgeschichte. Die allabendliche Vorstellung wird in ihrer aporetischen Temporalität dekuvriert. Der Skandal muß auf der Bühne ein zukünftiges Ereignis bleiben, wenn die Aufführung weitergehen soll.

Der Realismus des Stückes liegt gerade in diesem versprochenen Ver-Sprechen bzw. -Schreien, das seine Macht aber nur aus der Erhaltung seiner Zukünftigkeit bezieht und damit seiner Eigenschaft, immer wieder neu angekündigt werden zu können. Würde das Versprechen eingelöst, ereignete sich der Schrei als Gegenwart und nicht als Zukunft, dann wäre der Wunsch durch seine Erfüllung zu Tode gekommen. Genau diese Dimension hat aber Süskinds Theaterstück durch eine Affäre hinzugewonnen, in der sich der Realismus des Dramas mit unheimlicher Deutlichkeit unter Beweis stellen konnte: Der Berliner Kontrabassist Gerd Reinke hat am 30. Mai 1997 in Tel Aviv, wo er mit dem Orchester der Deutschen Oper ein Gastspiel geben sollte, eine Hotelrechnung nicht mit seinem Namen, sondern mit 'Adolf Hitler' unterzeichnet.

> "Kurz vor 1 Uhr bat er den Barkeeper, den fälligen Betrag auf sein Zimmer zu buchen, 0:52 Uhr weist die Quittung als Belegzeit aus. Und dann folgt Reinke einer Augenblickslaune, für die er bis heute [November 1997] keine schlüssige Erklärung hat: Er nahm einen Kugelschreiber und setzte in die Rubrik 'Name' ein gut lesbares 'Adolf Hitler'."[48]

Die Folgen dieser geschmacklosen Unterschrift waren nicht nur ein mittlerer politischer Skandal, sondern ebenso die soziale und berufliche Ächtung des Kontrabassisten, dem kurz darauf auch seine Anstellung als Orchestermusiker gekündigt wurde. Trotz dieser ganz 'handfesten' Auswirkungen für die Person 'Gerd Reinke' fällt es schwer, den Vorfall (dessen Schilderung sich wie die Kurzfassung einer Novelle liest) noch als Teil der Wirklichkeit wahrzunehmen. Aber gerade die Irrealität des tatsächlichen Geschehens unterstützt paradoxerweise den Realismus des von Patrick Süskind erfundenen dramatischen Charakters. (Am Rande sei vermerkt, daß der Kontrabassist im Text namenlos bleibt; daß jedoch der Name "Adolf Hitler" einmal erwähnt wird. (Kon: 61)) Es scheint fast als hätten narrative Muster die Kontrolle über tatsächlich Handelnde übernommen, was in modifizierter Form auch eine mögliche Erklärung für die ungewöhnliche Entgleisung liefert. 'Der Spiegel' zitiert den Schweizer Psychoanalytiker Peter Schneider:

> " 'Je prätentiöser und weihevoller eine Situation, desto näher ist der Fauxpas.' [..] Der infantile Drang zur Tabuverletzung steigt mit dem Aufwand der moralischen Inszenierung."[49]

Auch in 'Der Kontrabaß' wird zunächst ausführlich geschildert, wie außerordentlich weihevoll die Stimmung kurz vor dem Beginn eines Festspielabends sei. Und es ist genau dieser erhabene "Moment, wo die Oper zum

---
[48] Fleischhauer, Jan: 'Ich bin mir selbst ein Rätsel'. In: Der Spiegel (45) 1997, S. 85.
[49] Fleischhauer (1997): S. 93.

Universum wird" (Kon: 81), den der Bassist mit seinem Schrei zerstören möchte. Vor allem aber die Schilderung eines Gastspiels in Frankreich könnte als literarischer (Vor-) Entwurf einer psychologischen Konstellation in Hinblick auf die realen Ereignisse gelesen werden:

> "Letzten Sommer waren wir mit der gesamten Staatsoper in Orange, Südfrankreich, Festspiele. Extra Vorstellung von Siegfried, bitte sich das vorzustellen: Im Amphitheater von Orange [..] tobt das germanische Göttervolk, schnaubt der Lindwurm, flegelt Siegfried über die Bühne, grob, fett, 'boche', wie die Franzosen sagen ... [..] Und hinterher - wissen Sie was wir hinterhergemacht haben? Wir alle vom Orchester? Besoffen haben wir uns, wie die Proleten haben wir uns aufgeführt, gegrölt bis drei Uhr nachts, voll boche, die Polizei hat kommen müssen, wir waren so verzweifelt." (Kon: 44 f.)

Nun sollte in Israel zwar nicht gerade Wagner gespielt werden, aber auf dem Programm stand "eben nicht nur Mozarts 'Zauberflöte', sondern auch die Förderung von Frieden und Völkerverständigung."[50] Süskinds Prognose scheint also zuzutreffen, daß von der vorgeschriebenen political correctness und der nationalen Repräsentationsrolle gestreßte Orchestermusiker gefährdet sein könnten, sich daneben zu benehmen.

> "Es wäre nie dagewesen. [..] Mein Leben würde sich entscheidend ändern. Es wäre ein Einschitt in meine Biographie. [..] Das wäre den Schrei wert. Und ich würde fliegen ... fliegen ... wie ein Intendant." (Kon: 94)

Da sich der reale Kontrabassist aber gegen seine Kündigung gewehrt hat, wurden die Zweifel des Publikums gegenüber der fiktionalen Gestalt bestätigt und so die Wahrscheinlichkeits- und Glaubwürdigkeitswerte der Fiktion erhöht, denn es ist ja der Text selbst, der die latente Ebene dieses Zweifels schafft:

> "Es ist zum Verzweifeln. Ja natürlich, ich kann kündigen. Freilich. Ich kann hingehen und kann sagen: Ich kündige. Es wäre ungewöhnlich. Es haben noch nicht viele gemacht. Aber ich könnte es machen, es wäre legal. Dann wär ich frei ... Ja und dann!? Was mach ich dann? Dann steh ich auf der Straße ... Es ist zum Verzweifeln. Man verelendet. So - oder so ..." (Kon: 93)

Es können also nicht nur literarische Fiktionen realistischer sein, als zunächst angenommen, sondern auch die Wirklichkeit fiktionaler, als befürchtet. Und als ob die Verwirrung nicht schon groß genug wäre, hat Friedrich C. Delius mit 'Die Flatterzunge'[51] die Affaire wieder re-fiktionalisiert: In enger und publicity-trächtiger Anlehnung an die skandalösen Real-Ereignisse und Süskinds fiktionalen Entwurf des Geschehens wird

---
[50] Fleischhauer (1997): S. 93.
[51] Delius, Friedrich Christian: Die Flatterzunge. Reinbek 1999.

die Lebensgeschichte eines Posaunisten erzählt, der sich ebenfalls um Stellung und Ansehen bringt, indem er in einem Hotel in Tel Aviv eine Rechnung mit 'Adolf Hitler' unterschreibt. Der Text rekonstruiert die Ereignisse in Form eines Tagebuchs, das auf Anraten des Anwalts im Hinblick auf eine spätere arbeits-gerichtliche Verhandlung verfaßt wird. Auch Friedrich C. Delius scheint ein Musiker wahrscheinlicher, der sich gegen die Kündigung juristisch zur Wehr setzt; der aber trotzdem sein Tagebuch mit dem Satz beendet:

"Ich unterwerfe mich nur akustischen Gesetzen."[52]

Aber auch schon 'Der Kontrabaß' präfiguriert die Absurdität einer allabendlichen Theatervorstellung, in der die Handlung eines selbstvernichtenden Schreis zwar angekündigt - aber nie vollzogen wird. Dies ist absurderweise realistischer als das tatsächliche Handeln eines realen Kontrabassisten oder seines fiktionalen Posaunisten-Doubles. Während der reale Bassist gehandelt hat, wohl ohne es zuvor gewünscht zu haben,[53] hütet sich der erfundene Bassist vor einer Überschreitung der Grenze zwischen Wunsch und Handeln. Erst mit dem Skandal um Gerd Reinke ist der Schrei Gegenwart geworden und durch Friedrich C. Delius wieder in die A-Temporalität der Literatur rücküberführt worden. Im Gegensatz dazu erscheint für das Dispositiv Theater die Wiederholungsschleife einer allabendlichen Ankündigung, 'nachher' zu schreien, vergleichsweise realistisch, obwohl oder weil das Theaterpublikum weiß, daß der Kontrabassist nur dann jeden Abend eine Vorstellung geben kann, wenn es (auch im fiktionalen Raum) immer nur bei der Ankündigung des Schreis bleibt. Das Stück kann aus dieser Perspektive als Darstellung der Absurdität einer sozialen Existenz in der Wiederkehr des Immergleichen gelesen werden; eine existentiale Struktur, die sich insbesondere im Vergleich mit den Texten Camus' und Sartres als fundamental erweisen wird.

3.2 Das 'Jetzt' des Sprechens

Im folgenden Kapitel soll der temporale Gegensatz zwischen dem akustischen 'Jetzt' und dem schriftlichen Charakter geliehener Töne untersucht werden. Die paradoxe Zeitlichkeit eines immer nur versprochenen Ver-Sprechens spiegelt die orchestrale Organisationsstruktur wider, unter der der Bassist leidet. Als Teil des Ensembles untersteht er der Führung durch den jeweiligen Dirigenten und ist als Musiker auf eine möglichst exakte

---

[52] Delius (1999): S. 142.
[53] Den vom Spiegel befragten Zeugen zufolge ist Gerd Reinke keinesfalls ein Antisemit.

Wiedergabe der vorgelegten Noten verpflichtet. Diesem Wiederholen schon festgehaltener Töne will der Bassist ein performatives 'Jetzt' entgegenhalten, wodurch er mit einem Schlag außerhalb des orchestralen Machtdispositivs stehen würde. Das Orchester wird vom Kontrabassisten glaubhaft als ein Abbild der menschlichen Gesellschaft schlechthin entworfen. Und der strafende Blick des allmächtigen GMD hält (als Stellvertreter alttestamentarischer Göttlichkeit) verläßlich davon ab, auch nur durch eine absichtlich falsch gespielte Note die Aufmerksamkeit der Geliebten zu erregen:

> "Ich hab mir überlegt, wenn ich jetzt etwas tue, wenn ich ihre Aufmerksamkeit errege ... [..] Aber dann hab ich es gelassen. Es sagt sich alles leichter, als es sich tut. Und Sie kennen unsern GMD nicht, der fühlt sich von einem falschen Ton persönlich beleidigt." (Kon: 78)

Aber nicht nur im erzählten Geschehen, sondern auch auf der jeweiligen Bühne wird der Darsteller des Bassisten dem disziplinierenden, panoptischen System einer totalen Überwachung ausgesetzt. Die orchestrale und die theatralische Körperanordnung spiegeln sich gegenseitig. Als Bühnenstück entwirft der Text den Zwang zum inszenatorischen Dispositiv eines sich Hier und Jetzt präsentierenden Körpers, einer gegenwärtig zu hörenden Stimme und der unvermittelt sichtbaren Gesten. Der szenische Entwurf von 'Der Kontrabaß', mit der (fast schon zu) starken Betonung[54] der Guckkastenbühne als Gestaltungselement, ermöglicht die Konzentration auf den spezifischen Theaterreiz

> "eine feudale, verausgabende, anachronistische, körperreale, in Echtzeit statthabende Veranstaltung zu sein. Der Zauber von Frank-Castorf- oder Leander-Haussmann-Inszenierungen liegt wohl auch darin, militant auf den Anachronismus des Theaters zu setzen."[55]

Das Sprechen wird zu einem gerade statthabenden performativen Akt, der als Bühnenmonolog nicht mehr den Kriterien von Wahrheit und Lüge unterworfen werden kann, weil er als ein unzugängliches Jetzt!-Ereignis präsentiert wird.[56] Falls Photo- und Phono-Graphie deshalb nicht lügen können, weil sie immer nur das zeigen, was sie zeigen, also "brav das

---

54 Vgl. Stadelmaier, Gerhard: Größtes Vergnügen am Leiden. In: Stuttgarter Zeitung (2. 1. 1984), S. 11.
   Hier wird die übliche Aufführungspraxis, das (reale) Publikum vom Bassisten direkt ansprechen zu lassen, statt die Künstlichkeit der im Geiste imaginierten Zuhörerschaft zu betonen, von Stadelmaier völlig zu Recht kritisiert.
55 Hörisch, Jochen: Die Vorzüge der Gegenwartsliteratur. In: Köhler, Andrea / Moritz, Rainer (Hgg.): Maulhelden und Königskinder. Leipzig 1998, S. 229 f.
56 Vgl. Derrida; Jacques: Am Nullpunkt der Verrücktheit - Jetzt die Architektur. In: Welsch, Wolfgang (Hg.): Wege aus der Moderne. Weinheim 1988, S. 215f.

Reale"⁵⁷ speichern, ereignet sich auch das Geschehen / das Gesprochene auf der Theaterbühne als reine Präsentation und ist als eine solche nicht negierbar. In dieser aisthetischen Disposition liegt auch die spezifische ästhetische Qualität des Dramatischen:

> "Denn beide, das Theater wie der Film, danken ihre Attraktivität dem Umstand, daß sie Wahrnehmung nicht (wie Lyrik oder Prosa) in Kommunikation verwandeln müssen - was eine hochheikle, weil Systemgrenzen zwischen Wahrnehmung und Kommunikation systematisch erodierende Angelegenheit ist."⁵⁸

Erst in diesem Zwischenraum, auf der Differenzstelle zwischen Wahrnehmung und Kommunikation entsteht die Möglichkeit zur Lüge im innermedialen Sinn. Die Textsorte, die in bezug auf Photographien und Karten das Lügen erst ermöglicht, heißt nicht zufällig oft Legende. Die Kommentierung einer zu zeigenden Bildsequenz erfordert aber, gerade wenn sie (überzeugend) verfälschen will, eine gewisse Vorbereitungszeit - live zu lügen ist so schwer möglich, daß es dafür einer eigene Kunstform bedarf, der Zauberei. Noch größer ist die benötigte Zeit, wenn nicht erst im Verhältnis 'Bilder - Kommentar' gelogen wird, sondern wenn die Bilder selbst manipuliert werden sollen. Daher habe das Fernsehen eine eigentümliche

> "Evidenz, die auf die realzeitliche Gleichzeitigkeit des Filmens (nicht natürlich: des Sendens und Empfangens) zurückzuführen ist und sich darin von der schriftlichen Fixierung von Texten unterscheidet. Für die Manipulation des gesamten Materials hat das Fernsehen buchstäblich 'keine Zeit'."⁵⁹

Im Unterschied zum Senden in Echtzeit (durch die live-geschaltete Kamera) ist das inszenierte Sprechen in Echtzeit (auf der Bühne) ein vollständig manipuliertes.⁶⁰ Es bedient sich der 'fremden' Wörter eines zuvor schriftlich fixierten Textes, bringt diese zur Sprache. Diese Kombination aus Schreiben und Sprechen verfügt über sehr viel Zeit und ist damit zur Manipulation von Realität hochgradig geeignet. Sie ist in einem solchen Ausmaß unzuverlässig, daß es sich das Theater erlauben kann, diesen Zusammenhang eher noch zu betonen, statt zu verschleiern zu suchen, daß sein Sprechen ein geliehenes ist: Foucaults Analyse des Satzes 'Ich lüge' führt auf diese temporale Problematik zurück. Die Schwierigkeiten,

---

57 Hörisch (1999): S. 81.
58 Hörisch (1998): S. 229.
59 Luhmann (1996): S. 79. Die Digitalisierung hat die für Manipulationen notwendige Zeit so sehr verkürzt, daß sie auch Live-Sendungen zur Verfügung steht: / Vgl. Pitrowski, Christa: Täuschende Technik. Kritik an virtueller Werbung in den USA. In: NZZ (25. 2. 2000), S. 49.
60 Selbst nachträgliche Manipulationen verunsichern: Vgl. Winkels, Hubert: Nur über ihre Leiche. Michael Chrichtons Com-tech-Thriller. In: ders.: Leselust und Bildermacht. Köln 1997, S. 257 ff.

die mit dem Satz 'Ich lüge' entstehen, resultierten nicht so sehr aus der Logik, sondern sind

> "vielmehr die Folge einer einfachen Tatsache: das sprechende Subjekt ist dasselbe wie das, von dem gesprochen wird. Sobald ich aber einfach sage 'Ich spreche', bin ich von keiner dieser Gefahren bedroht. Die beiden sich in der einen Aussage verbergenden Urteile ('Ich spreche' und 'Ich sage, daß ich spreche') beeinträchtigen einander in keiner Weise."[61]

Objekt- und Meta-Satz bilden das zweiwertige, abgeschlossene System eines reinen Sprechereignisses, das sich der "Herrschaft der Repräsentation"[62] entzogen hat und daher nicht mehr gezwungen ist, "Diskurs und Mitteilung eines Sinns [zu sein], sondern Ausbreitung der Sprache in ihrem rohen Sein, Entfaltung reiner Äußerlichkeit [..]."[63] Es wäre eine legitime Erweiterung, wenn dem Satz 'Ich spreche' die deiktische Zeitadverbiale 'jetzt' hinzugefügt wird: 'Ich spreche jetzt.' Die Bedeutung des Satzes würde nicht geändert, sondern nur in einem entscheidenden Punkt verdeutlicht. Das 'jetzt' macht die sonst in der Zeitform des Verbs verborgene Gegenwärtigkeit explizit, die implizit aber immer mitgedacht werden muß, wenn der Satz auf ein gegenwärtig anwesendes (sprechendes) Ich verweisen soll.

> "Moment ... gleich ... - Jetzt! Hören Sie das? Da! Jetzt! Hören Sie's? Gleich kommt's nochmal, die gleiche Passage, Moment. Jetzt! Jetzt hören Sie's!" (Kon: 7)

Zwar ist der Bassist während dieser Sätze auf der Bühne noch nicht anwesend, durch die auffällige Häufung deiktischer Zeitadverbialen (vier 'jetzt', zwei 'gleich' und zwei 'Moment') wird aber gleich mit den ersten Sätzen von 'Der Kontrabaß' die präsentische und präsentatorische Struktur des Stücks betont. Es ist zwar durch das Bühnenszenario markiert, daß sich das deiktische 'Jetzt' auf einen Zeitpunkt bezieht, der außerhalb des momentanen theatralischen Geschehens liegt.[64] Auf der Bühne ist das vom Schauspieler aktualisierte 'Jetzt', als ein Aussprechen von Geschriebenem, tatsächlich zu einer deiktischen Zeitadverbiale funktionalisiert worden, denn der Schriftspeicher wird durch den Tonspeicher der Schallplatte in eine Logik der sich verdoppelnden und damit selbst-aufhebenden Zeit-Interferenz eingebunden. Die Verfügbarkeit der zweiten Sinfonie

---

61 Foucault (1974): S. 54.
62 Foucault (1974): S. 56.
63 Foucault (1974): S. 55.
64 Wann dieser Moment wäre, kann aber nicht angegeben werden: Das Jetzt changiert zwischen den verschiedenen Zeitpunkten der ersten Niederschrift, der unterschiedlichen Leseakte oder den Bühnenereignissen.

von Brahms auf dem Tonträger, d.h. der Schallplatte, ermöglicht die bruchlose sprachliche Koordination der verschiedenen Zeitebenen:

"Jetzt! Jetzt hören Sie's! Die Bässe meine ich. Die Kontrabässe ...
Er legt den Tonarm von der Platte. Ende der Musik.
Das <u>bin</u> ich. Beziehungsweise wir. Die Kollegen und ich. [..] Zweite von Brahms, es <u>ist</u> schon beeindruckend. In dem Fall <u>waren</u> wir zu sechst. [..] Insgesamt <u>sind</u> wir acht." (Kon: 8) [Hervorh. FD]

Die Tempora Präsens und Präteritum können hier bruchlos nebeneinander stehen, weil der Text eine Bühnensituation entwirft, in der das 'ich bin' des vergegenwärtigten Vergangenheitsmoments dem 'es ist' der gegenwärtigen Bühnenpräsenz gegenübersteht und das 'wir waren' des konkreten orchestralen Ereignisses dem 'wir sind' der orchestralen Struktur entgegengesetzt wird.[65] An dieser temporalen Interferenz kann die Struktur des szenischen Entwurfs als 'Second-order-observation' verdeutlicht werden. Die Zuschauenden beobachten einen sich selbst beim Musizieren beobachtenden (d.h. hier sich selbst zuhörenden) Musiker. Interessant ist hieran vor allem, daß es erst durch den Tonträger auf der Bühne (plus Platten-, Kassetten- oder CD-Spieler) möglich wird, eine solche Struktur szenisch umzusetzen. Die Trennung von Ton und Körper ermöglicht eine fundamental veränderte akustische Selbstwahrnehmung, deren zentrales Moment eine zeitliche Verschiebung ist.

Die Urszene dieser akustischen Verzögerung liefern die Metamorphosen Ovids: Während Narcissus den visuellen Aspekt der Selbstreflexion mythologisch faßt, verkörpert die Nymphe Echo die akustische Reflexion. Ihre (durch göttlichen Fluch erzeugte) Disposition ist es, den Anderen / dem Anderen eine Form von lautlicher Selbstbeobachtung zu ermöglichen, nämlich das eigene Sprechen zeitlich verzögert nochmals wahrzunehmen und so eine Rückkehr der eigenen Stimme als etwas Fremdes zu erfahren.[66] Weder der aktive Part der Spiegelnden noch die passive Rolle des Gespiegelten sind im Mythos gefahrlos; sowohl das Akustische als auch das Visuelle sind Sphären, die traumatisches Potential bereithalten. Erst aufgrund der übersetzten Phoné, die zur Grammé der Wachs- / Vinyl-Scheibe[67] verwandelt wurde, ist es dramaturgisch möglich geworden, die vergangenen Konzerte auf der Bühne von Anfang bis Ende

---

[65] Die Kontingenz des 'Bühnen-Jetzt', neutralisiert als verdoppelte Kontingenz, das 'Speichermedium-Jetzt'. / Vgl. das von Nadolny zitierte "Ashby's Law of Requisite Variety" (Nadolny (1994), S. 229.), das besagt, daß die Instabilität eines Systems nur durch eine weitere Instabilität neutralisiert werden könne.

[66] Vgl. Publius Ovidius Naso: Metamorphosen. (Drittes Buch; V. 339 ff.) Übers. von: Erich Rösch. München 1990, S. 88 ff.

gegenwärtig zu halten. Denn der Kontrabassist tritt nicht nur mit einer Häufung deiktischer Zeitadverbialen auf die Bühne, sondern auch noch seine letzten Sätze verweisen über das 'Jetzt' der Bühne hinaus:

"... Und ich gehe jetzt. Ich geh jetzt in die Oper und schrei. Wenn ich mich trau. Sie können es ja morgen in der Zeitung lesen. Auf Wiederschaun!" (Kon: 96) [Hervorh. FD]

3.3 Fiktionalität

Weil das Sprechen des Bassisten ein fiktionales ist, repräsentiert es nichts bzw. kündigt es nicht eine wirkliche Handlung an. Den Zuschauenden ist bekannt, daß sie sich in einem Theater befinden; oder sie haben zuvor das Stück gelesen; oder sie werfen doch einen Blick in die Zeitung und müssen in den meisten Fällen zur Kenntnis nehmen, daß an den Abenden zuvor weder eine Festspielpremiere von 'Rheingold' stattgefunden hat noch ein Kontrabassist einen Skandal ausgelöst hat. Gerade deshalb verdeutlicht der Fall Reinke in bezug auf 'Der Kontrabaß', wie schnell der Fiktionalitätsstatus von kognitiven Dissonanzen bedroht werden kann. Zu denken wäre etwa an die Verwirrung eines Publikums, das nach einer Vorstellung von 'Der Kontrabaß' in einem Berliner Theater, in der Boulevard-Presse des nächsten Tages lesen muß, daß ein Kontrabassist der Staatsoper tatsächlich einen Skandal ausgelöst habe.

Zwar scheinen solche Dinge als ernsthafte Optionen immer außerhalb akzeptabler Wahrscheinlichkeiten zu liegen, trotzdem zeigt die Mediengeschichte, wie schnell die Rahmung einbrechen kann, die Fiktionen als solche ausweist: Das Hörspiel 'Krieg der Welten' (am 30. 10. 1938) von Orson Welles ist zwar nicht das einzige aber wohl das in dieser Hinsicht bekannteste Medien-Ereignis.[68] In jüngster Zeit hat 'The Blair Witch Project' (USA, 1999) durch dieses Konzept der Vermischung von Realität und Fiktion im Film Furore gemacht. Trotzdem muß betont werden, daß es ein zentrales Anliegen des Systems Massenmedien ist, die Differenz von Fakten und Fiktionen aufrechtzuerhalten, denn es muß immer deutlich markiert sein, wann die kommunizierte Information als handlungsrelevant für die Realität gelten soll:

"Bei Informationen, die im Modus der Nachrichten [..] angeboten werden, wird vorausgesetzt und geglaubt, daß sie zutreffen, daß sie wahr sind. [..]

---

[67] Zum Motiv der Scheibe als Welt, Oblate, Münze, CD oder LP; vgl. Hörisch (1999): S. 18 ff.
[68] Vgl. Faulstich, Werner: Jeff Wayne: 'The War of the Worlds'. Tübingen 1983, S. 21 ff.

[Falschmeldungen] bleiben Einzelereignisse; denn anderenfalls würde die Besonderheit dieses Programmbereichs Nachrichten und Berichte zusammenbrechen."[69]

Vor diesem Hintergrund wird die Kenntnis des Textes vor dem Theaterbesuch um so relevanter für die Unterscheidung von Fakt und Fiktion. Aufgrund der temporalen Vorgängigkeit ist der Status des Bühnengeschehens als Fiktion gesichert, unabhängig von dessen präsentatorischer Struktur: eine zufällige Reihung von Wörtern und Sätzen ist bei der Länge des Stücks nicht mehr möglich. Weil aber das Vorliegen des Textes ein zentrales Kriterium ist, um die Rahmung eines Bühnengeschehens als Fiktion zu sichern, muß nochmals betont werden, daß der Text zumindest bei der Uraufführung nicht gedruckt vorlag. Andererseits sei daran erinnert, daß es extrem selten der Fall ist, daß noch vor der Präsentation eines Films sein Drehbuch als textuelle Vorlage zugänglich wäre. Harald Schmidt entwickelt im Vorwort zum Drehbuch von 'Late Show' folgende Überlegungen: In einer direkten Anrede der Lesenden versucht er die Motive zu analysieren, die dem käuflichen Erwerb des Drehbuchs zugrunde gelegen haben mögen und bestimmt die temporalen Nutzungsbedingungen:

"Sie wollen [..] entweder durch vorherige Lektüre das Erlebnis des Kinobesuchs intensivieren [..], oder Sie wollen den Zustand der Glückseligkeit, in welchem Sie aus dem Lichtspielhaus taumeln, durch anschließende Nachbearbeitung im milden Schein der Leselampe ins Unendliche verlängern. Vielleicht aber wollen Sie, und das wäre sicher der Idealzustand, während der Vorstellung mitlesen."[70]

Der ernstzunehmende Kern an Schmidts Ausführungen liegt darin, daß es für Drehbücher (im Gegensatz zum Dramentext) tatsächlich keinen legitimierten Zeitpunkt der Lektüre gibt; zumindest ist im cinematographischen Dispositiv (außerhalb 'professioneller' Lektüren) weder eine Zeit vorgesehen, noch steht dem Lesen ein 'offizieller' Raum zur Verfügung. Der Grund mag darin zu finden sein, daß durch die vorherige Lektüre das Gesehene seinen Status in dem Sinn verändert, daß es nicht mehr als präsentisches Jetzt-Ereignis, sondern als Wiederholung von etwas Gelesenem erlebt wird. Damit wird ein Film als die Inszenierung eines ihm vorgängigen Textes erlebbar, die er immer schon gewesen ist, und damit zu einer von vielen verschiedenen Möglichkeiten, wie das Drehbuch filmisch hätte umgesetzt werden können.

---

[69] Luhmann (1996): S. 56.
[70] Schmidt, Harald: Vorwort. In: Dietl, Helmut / Mueller, Christoph: Late Show. München 1999, S. 5.

Schmidt geht in seinen Ausführungen offensichtlich davon aus, daß auch für die Lesenden die Lektüre eines Drehbuchs etwas Ungewöhnliches ist. Wäre der Text zu 'Late Show' in der üblichen Form cinematographischer Sekundärverwertung - als Roman zum Film - präsentiert worden, würden seine einführenden Bemerkungen an die (ungeübte) Leserschaft (mit Tips und Hinweisen zur Nutzung) keinen Sinn machen, auch keinen komischen:

> "Wer zum ersten Mal ein Drehbuch liest, sollte in folgendes Geheimnis eingeweiht werden: Beim Film lernen Schauspieler einen Text, den ein anderer geschrieben hat, auswendig und tun dann beim Spielen so, als würde er ihnen gerade einfallen."[71]

Der Kinofilm verliert durch die Kenntnis des Drehbuchs seinen 'monolithischen' Charakter, wird in seiner Gemachtheit sichtbar und in die temporale Differenz der Fiktion gesetzt: Der illusionistische Echtzeiteffekt geht verloren, wenn das Sprechen des Stars seine Nachzeitigkeit gegenüber einer textuellen Vorlage präsent hält. Daran kann einem auf simulative Illusion ausgelegten Kino-Dispositiv nicht gelegen sein: Nach Luhmann lohne bei unterhaltsamen Kommunikationsangeboten im System Massenmedien

> "keine zweite Lektüre; oder sie lohnt sich nur, wenn der Leser sich nun auf die Bewunderung des artistischen Geschicks oder wenn der Filmseher sich auf die Darstellungsleistungen konzentrieren will. Man darf, wenn es spannend und unterhaltsam sein soll, nicht schon vorweg wissen, wie der Text zu lesen oder die Geschichte zu verstehen ist. Man will immer neu unterhalten werden."[72]

Das Drehbuch stört systematisch diese ('nur' unterhaltsame) Konzentration der Beobachtung auf die Information und lenkt sie auf die Mitteilung bzw. die Differenz zwischen Information und Mitteilung: In Analogie zur Medium / Form-Differenz, wie sie Paech für das Verhältnis Photographie - Film beschreibt,[73] könnte vom Drehbuch als einem Medium gesprochen werden, das sich im Kino audiovisuell ausformt. Der Film ist unter der Voraussetzung, daß der Drehbuchtext bekannt ist, nicht mehr nur das (unsichtbare) Medium einer Informationsmenge, sondern kann als formierte Mitteilung beobachtet werden.

Das Verhältnis von Textvorlage und Bühnenereignis kann als die intermediale Entsprechung von Oktavio Paz' Frage nach den inter-textuellen

---

[71] Schmidt (1999): S. 5 f.
[72] Luhmann (1996): S. 105.
[73] Zur Analyse intermedialer Transformation; vgl. Paech, Joachim: Intermedialität. In: Helbig, Jörg (Hg.): Intermedialität. Theorie und Praxis eines interdisziplinären Forschungsgebiets. Berlin 1998, S. 14 ff.

Grundlagen von Literatur gelesen werden: "[..] wer spricht in mir, wenn ich spreche?"[74] Das zeitlich Vorgängige wird präsentiert und präsentiert selbst wieder zeitlich vorgängiges Material: die Bühne setzt sich in ein Verhältnis der Nachzeitigkeit zum 'zitierten' Text. Auf der Seite der Zuschauenden macht die Lektüre der Textvorlage eines sprachlichen Ereignisses (unabhängig innerhalb welchen Dispositivs es sich realisiert - Bühne oder Kino) seine Fiktionalität deutlich. Das Sprechen ist uneigentlich; die Vorgängigkeit der Grammé sichert der Phoné den Status der Performanz und damit die Freiheit des Inhalts, wobei andererseits aber das Sprachereignis seinen Charakter der Unmittelbarkeit verliert. Hier sei an Artauds Kritik am Text-Theater erinnert, das einen festgelegten Mono- oder Dialog auf der Bühne sprechen läßt:[75]

> "Jedenfalls beeile ich mich zu sagen, und zwar auf der Stelle, daß ein Theater, das die Inszenierung und Realisation, das heißt alles, was es an spezifisch Theatereigenem besitzt, dem Text unterordnet, ein Idiotentheater ist, ein Verrückten-, Invertierten-, Grammatiker- und Zuckerbäckertheater, ein antipoetisches, ein Positivistentheater, das heißt ein abendländisches."[76]

Aufgrund seiner kulturellen Verortung in einem textuell-theatralischen Dispositiv wird die Bühne in die rauschvermindernde Temporalstruktur der Wiederholung gesetzt und durch die so ermöglichte distanzierte Rezeptionshaltung entschärft. Auch in Harald Schmidts Ausführungen basiert der Witz auf der kulturellen Fallhöhe zwischen einer deutschen Kino-Komödie und dem deutschen Groß- und Gesamtkunstwerk 'Bayreuth'. Gegenüber Wagner-Opern wird eine vorherige Kenntnisnahme des Textes erwartet und erwünscht, d.h. die Zuschauenden werden zur Distanznahme durch Wiedererkennen herausgefordert - eine temporale Struktur, die der massenmedialen Unterhaltung nicht zugemutet wird. An dieser Zeitstruktur läßt sich ein Index kultureller Bedeutungszuweisung erstellen, der etwa in der Äußerung Volker Hages über einen anderen Text Süskinds zum Ausdruck kommt: 'Das Parfum' sei

> "kein Buch jedenfalls, das man in der Hoffnung ein zweites Mal lesen würde, ihm noch tiefere Geheimnisse entlocken zu können."[77]

---

[74] Zitiert nach: Strauß, Botho: Paare, Passanten. München 1981, S. 103. (Vgl. Hoesterey, Ingeborg: Verschlungene Schriftzeichen. Intertextualität von Literatur und Kunst in der Moderne / Postmoderne. Frankfurt 1988, S. 166.)

[75] Artauds Schicksal ist ein trauriger Beleg für die Risiken, die die Vermischungen von Bühnen- und Realgeschehen birgt. / Vgl. Kapralik, Elena: Antonin Artaud. 1896 - 1948. Leben und Werk des Schauspielers, Dichters und Regisseurs. München 1977.

[76] Artaud, Antonin: Das Theater und sein Double. Die Inszenierung und die Metaphysik. In: Artaud, Antonin: Das Theater und sein Double. Frankfurt 1979, S. 43.

3.4 Ewigkeitsfiktionen

Sowohl 'Das Parfum' als auch 'Der Kontrabaß' nutzen auf der Ebene der intertextuellen Konzeption die temporalen Mechanismen des Zitats, um die kulturell wertsteigernde Markierung von Distanz zu inszenieren: der Text verwendet eine Vielzahl kultureller Anspielungen und Verweiskontexte, die das rein Präsentatorische der Bühne aufheben - denn wie beim Berichten kann auch beim Zitieren nur das schon Vergangene verwendet werden. Interessanterweise liegt dabei der intertextuelle Fokus des Stückes besonders auf Texten, die nicht nur temporale Strukturen zum Thema haben, sondern darüber hinaus ebenfalls Höllen- bzw. Jenseits-Szenarien entwerfen, deren Bestrafungscharakter besonders auf ihrer zeitlichen Erstreckung beruht.

Hier sei nochmals kurz erwähnt, daß von Karl Hotz eine Lektürehilfe zu 'Der Kontrabaß' vorliegt, in der einerseits der Text nochmals vollständig abgedruckt wird[78] und die andererseits eine Reihe von Texten und Textausschnitten präsentiert, durch die das intertextuelle Feld gebildet wird, in dem 'Der Kontrabaß' zu verorten ist. Hotz spricht etwas unscharf davon, daß das Stück in "Kontexte"[79] eingeordnet werden müsse, worauf sich seine 'Interpretation' dann auch im wesentlichen beschränkt:

"Es macht die Bedeutung und den Bühnenerfolg des KONTRABASS aus, daß er beim Leser und Zuschauer die verschiedensten Bezüge erstehen läßt: Sowohl assoziative, lebensweltliche [..] wie text- und werkübergreifende Bezüge (Referenzen) zu anderen verwandten oder fremden Texten."[80]

Darüber hinaus werden folgende Texte (bzw. längere Zitate daraus) kommentarlos abgedruckt: Thomas Bernhard: Der Stimmenimitator; ders.: Ereignisse; Ror Wolf: Nachrichten aus der bewohnten Welt; Ernst Jandl: Kleines Konzert; Ulrich Holbein: Taub; Hermann Burger: Der Orchesterdiener; Georg Kreisler: Donna Bianca und Don Pedro; Helmut Qualtinger: Der Herr Karl; Karl Valentin: Das Clownduett oder die verrückten Notenständer.[81] An dieser von Hotz nicht weiter kommentierten und daher etwas unbefriedigenden Auflistung eventuell vorbildlicher Textpassagen wird deutlich, daß das Konzept der Intertextualität erst dann sinnvoll verwendet werden kann, wenn es in seiner jeweiligen Struktur funk-

---

[77] Hage, Volker: Einleitung. Zur deutschen Literatur 1985. In: Hage, Volker (Hg.): Deutsche Literatur 1985. Ein Jahresrückblick. Stuttgart 1986, S. 10.
[78] Süskind, Patrick: Der Kontrabaß. In: Hotz, Karl: Patrick Süskind. Der Kontrabaß. Texte und Interpretationen. Bamberg 1998, S. 5 ff.
[79] Hotz (1998): S. 48.
[80] Hotz (1998): S. 48.
[81] Hotz (1998): S. 49-67.

tional bestimmt wird, z.B. im Sinne einer Suspendierung des Authentizitätspostulats wie dies Willems beschreibt[82] - oder aber gerade im Gegenteil, als Produktion einer 'Realismus-Geste', wie Franke die musikalischen Sachverweise in 'Der Kontrabaß' funktional bestimmt:

> "Ähnlich wie in 'Kontrabaß' bleibt Süskind auch hier einer Art handwerklichem Ethos seiner Zentralfigur verpflichtet; so kenntnisreich und beiläufig wie der Instrumentalist in die Welt des Kontrabasses einführt - Kompositionsgeschichte, Musiziertechniken, Instrumentenkunde -, so farbig und detailgetreu berichtet der Romanerzähler von der reichen Standeskunst der Parfumeure."[83]

Wird also für 'Das Parfum' die Sozialgeschichte des Duftes genutzt,[84] verwendet 'Der Kontrabaß' die Musikgeschichte des Kontrabasses[85] (mit einer Vielzahl von Material) zur Erzeugung eines 'faktischen' Rahmens: so werden die Namen von über vierzig (!) Komponisten, Dirigenten und Musikern erwähnt (von Bach bis Weber); der Text nennt eine Unmenge von instrumentalen Details zur Geschichte des Kontrabasses (vom Tonumfang bis zum Preis eines Satzes Saiten) und entwickelt interpretatorische Deutungen musikalischer Konzepte und Prozesse (von der Metaphysik musikalischer Polarität bis zum Freimaurertum Mozarts). Die Funktion dieses Faktenreichtums besteht darin, daß selbst professionell an Musik Interessierte nicht alle genannten Sachverhalte als alltägliches Wissen einstufen können, wodurch sie dazu gezwungen werden, die Figur des Bassisten als 'musicus doctus' wahrzunehmen. Damit wird (für musikalische Laien in einem noch viel höheren Ausmaß) der Eindruck der Faktizität des Gesprochenen erweckt - zumindest was der Kontrabassist über Sachverhalte der akustischen Realität aussagt, scheint der Wahrheit zu entsprechen. Hier weiß Literatur ganz offensichtlich einiges an Faktischem über den Sinnlichkeitsbereich des Hörens zu berichten. Diese Kompetenzzuweisung kann als eine Spiegelung der akustischen Grunddisposition des Stücks gelesen werden; der Text basiert fast vollständig auf dem Sinnlichkeitsbereich des Akustischen:

Der Kontrabassist lenkt die Perspektive der Rezipierenden auf das Hörbare der Welt und er weiß auch über die Welt des Hörbaren Bescheid. Selbst wenn einige Details nicht stimmen sollten, könnte dies nur dann den Eindruck historischer Wahrheit schmälern, wenn es im aktiven Wissensvorrat der Lesenden / Zuhörenden präsent ist. Der Kontrabassist wird aufgrund des exzessiven 'name-dropping' und 'fact-dropping' als ein

---

82 Vgl. Willems (1993): S. 242.
83 Franke (1992): S. 4.
84 Vgl. Corbin, Alain: Pesthauch und Blütenduft. Berlin 1984.
85 Vgl. Planyavsky, Alfred: Geschichte des Kontrabasses. Tutzing 1984.

diskursfähiges Sprecher-Subjekt akzeptiert.[86] So meint Kaiser etwa, daß der Kontrabassist "über Goethes Pantheismus seltsam kluge Sachen sagt [..]."[87] Dabei wird erstens nicht deutlich, was mit 'seltsam klug' gemeint ist und zweitens, was an den sehr nach Lexikon-Artikel klingenden Ausführungen zu Goethe so beeindruckend sein soll:

> "Aber vom Mystischen hat er eine Menge verstanden. [..] Und nun steht ja der Pantheismus in enger Beziehung zur Mystik, er ist gewissermaßen ein Ausfluß der mystischen Weltanschauung, wie sie auch schon im Taoismus und in der indischen Mystik vorkommt, sich durchzieht durch das ganze Mittelalter und die Renaissance und so weiter und dann unter anderem in der Freimaurerbewegung im 18. Jahrhundert wieder auftaucht." (Kon: 65)

Das wirklich Beeindruckende ist die Reflexhaftigkeit, mit der Kaiser auf den simplen rhetorischen Kunstgriff anspringt, den Zuhörenden erst zu versichern, sie wüßten ja selbst, daß etwas so und so beschaffen sei, um dann aber den Sachverhalt so detailliert zu präsentieren, daß er auch bei völliger Unkenntnis nachvollzogen werden kann. Die Funktion besteht erstens darin, die inhaltlichen Grundlagen einer Äußerung unauffällig zu koordinieren, zweitens soll die Instanz, die 'belehrt' hat, als Autorität akzeptiert werden. Drittens soll auf diese Weise ein glaubwürdiger Rahmen des Faktischen geschaffen werden. Selbst wenn die Lesenden erst im Lexikon nachschlagen müßten, ob Schubert das Forellenquintett tatsächlich "im Alter von zweiundzwanzig Jahren" (Kon: 95) geschrieben hat, im Moment des Lesens / Hörens wird es als tatsächliches Datum anerkannt.

Auch die wörtlichen Zitate aus verschiedenen Libretti dienen der Erzeugung eines Einverständnisses zwischen Bassist und (Lese-)Publikum. Wenn der Bassist etwa 'Tristan und Isolde' nur kurz anzitiert mit den Worten: "'Höchste Lust' et cetera, kennen Sie." (Kon: 42), markiert er den bildungsbürgerlichen Hintergrund als selbstverständliche Grundlage der Kommunikation; oder es wird auf die emotionale Gleichgestimmtheit zwischen Musizierenden und Zuhörenden in bezug auf die gespielte Musik verwiesen:

> "In der 'Salomé' von Richard Strauss, die fünfstimmige Kontrabaßpassage, wo Salomé in die Zisterne schaut: 'Wie schwarz es da drunten ist! Es muß schrecklich sein, in so einer schwarzen Höhle zu leben. Es ist wie eine Gruft...' Fünfstimmige Kontrabaßpassage. Grauenvoller Effekt. Dem Zuhörer stehen die Haare zu Berge. Dem Spieler auch. Zum Todfürchten! -" (Kon: 54 f.)

---

86 Vgl. Foucault, Michel: Die Ordnung des Diskurses. Frankfurt 1991, S. 26 ff.
87 Kaiser (1981): S. 13.

Das Salomé-Zitat hat aber noch eine weitere Funktion. In ihm wird der Unterschied zwischen Oben und Unten deutlich markiert, auf die hierarchische Differenz verwiesen, unter der der Bassist leidet, wenn er unter der "Abdeckung in Bayreuth" (Kon: 32) im Orchestergraben sitzt. Aus diesem Graben (dem wenig fehlt zum Grab / zur Gruft) heraus dringen die tiefen Töne des Basses, die das Fundament für die orchestrale Musik bilden, denn diese werde erst durch den in eine polare Spannung eingebunden:

> "Und nur so ist Musik möglich [..] in dieser Spannung von hier und dort, von hoch und tief, da spielt sich alles ab [..]." (Kon: 14)

Damit eröffnet sich aber nicht nur ein akustischer Raum, in dem die Klassiker ihre Musik entfalten können, es bildet sich eine metaphorische Struktur, in der die Musik tatsächlich als Klang gewordene Metaphysik[88] interpretierbar wird:

> "Wir, die Kontrabassisten, sind so gesehen die Zerberusse an den Katakomben des Nichts, oder andersherum der Sisyphos, der die Sinneslast der ganzen Musik auf den Schultern den Berg hinaufwälzt, bitte stellen Sie sich das bildlich vor!, verachtet, angespien und mit zerhackter Leber - nein, das war der andere ... Prometheus war das [..]." (Kon: 44)

Die Motivkonstellation aus der griechischen Mythologie, die der Text verwendet, macht nicht nur auf der oberflächlichen Ebene Sinn, zur Chrarakterisierung des Bassisten als bildungsfesten Autodidakten, sondern läßt sich als Subtext verwenden, um die semantische Struktur des Monodrams zu klären. Kerberos bewacht den Eingang zum Hades auf verschiedene Weise:

> "Jeden der den Hades betritt, wedelt er freundlich an, aber wer wieder herauswill [sic!], der wird von ihm verschlungen [..]."[89]

heißt es bei Hesiod; während etwa Psyche sowohl beim Betreten als auch beim Verlassen des Hades den Höllenhund besänftigen muß.[90] Der Kontrabaß als Kerberos hätte somit im Musikalischen die Funktion, die Grenze zwischen Diesseits und Jenseits zu markieren, ohne daß geklärt werden kann, ob es sich bei ihm eher um einen Torwächter handelt, der

---

[88] Vgl. "Weil Musik ist eben metaphysisch. Verstehen sie, meta-physisch, also hinter oder jenseits der physischen Existenz [..]." (Kon: 63)
[89] Fink, Gerhard: Who's who in der antiken Mythologie. München 1993, S. 167. (Vgl. auch: Hesiodus: Theogonie. (V.769 ff.) In: Hesiod. Theogonie. Werke und Tage. Hgg. von: Schirnding, Albert von. München 1991, S. 62 f.)
[90] Apuleius von Madaura: Der goldene Esel. Hgg. von: Süskind, Wilhelm Emanuel. Übers. Von Rode, August. Köln 1955, S. 124 ff.

den Zugang verwehrt,[91] oder um einen Fallensteller, der hinein aber nicht wieder hinaus läßt. Das Furchterregende an der Figur des Kerberus liegt in der zeitlichen Dimension seines Handelns: Einmal hineingelassen bleibt die arme Seele auf ewig im Hades.

a) 'Der Mythos von Sisyphos'

Die Schrecken der Hölle liegen vor allem im Erschrecken vor der zeitlichen Unbegrenztheit der Qualen. So ist der vom Kontrabassisten erwähnte Sisyphos verdammt, bis in alle Ewigkeit vergeblich zu versuchen, seinen Felsbrocken auf den Berg zu wälzen. Dies ist (wahrscheinlich[92]) als Strafe dafür gedacht, daß Sisyphos den Tod überlistet und sich ein wenig mehr Zeit auf der Erde erschlichen habe.[93] Der wohl interessanteste Aspekt dieser mythologischen Höllenqual liegt in ihrer temporalen Struktur, die dem Opfer immer wieder Momente der Ent-Spannung gewährt und damit die Möglichkeit, sich über die Ausweglosigkeit der eigenen Situation bewußt zu werden und die Qual immer wieder aufs neue zu erleben; was die Grausamkeit der Bestrafung erhöht:

> "Schließlich ist nach dieser langen Anstrengung (gemessen an einem Raum, der keinen Himmel, und an einer Zeit, die keine Tiefe kennt) das Ziel erreicht. Und nun sieht Sisyphos, wie der Stein im Nu in jene Tiefe rollt, aus der er ihn wieder auf den Gipfel wälzen muß. Er geht in die Ebene hinunter. Auf diesem Rückweg, während dieser Pause, interessiert mich Sisyphos."[94]

Das Perfide an dieser Folter liegt in der Interpunktion einer Ewigkeit sinnloser Anstrengung durch kurze Momente der Bewußtheit. Nach Camus ist es gerade das Wissen um die Absurdität dieser Existenz, durch die das Tragische und gleichzeitig ein Akt der Freiheit - ein amor fati - ermöglicht wird:

> "Der absurde Mensch sagt Ja, und seine Mühsal hat kein Ende mehr."[95]

Auf dieser zeitlichen Logik einer Differenz zwischen einem 'nur' absurden Schicksal ewigen Ausgeliefertseins und dem tragischen Schicksal, darüber auch noch ein Bewußtsein zu entwickeln, basiert das zentrale Handlungs-

---

91 Vgl. die Sphinx, die in 'Die Taube' als intertextueller Bezugspunkt eine große Rolle spielt; vgl. Tau: 44 f.
92 Vgl. Fink (1993): S. 285.
93 Vgl. Camus, Albert: Der Mythos von Sisyphos. Ein Versuch über das Absurde. Reinbek 1959, S. 98.
94 Camus (1959): S. 99.
95 Camus (1959): S. 101.

moment in 'Der Kontrabaß'. Der Bassist fühlt sich an das Orchester mit seiner Hierarchie ausgeliefert. Sein einziger Ausweg wäre es, zum schreienden Amokläufer zu werden; aber er weiß, daß er es sich nicht trauen wird. Deshalb ist seine einzige Alternative:

> "Brav sein, fleißig sein, üben, viel Geduld, erster Bassist in einem B-Orchester, kleine Kammermusikvereinigung, Oktett, Schallplatte, zuverlässig sein, flexibel, sich einen kleinen Namen machen, in aller Bescheidenheit, und heranreifen für das Forellenquintett. -
> Als Schubert so alt war wie ich, da war er schon drei Jahre tot." (Kon: 95)

Stadelmaier hat Recht: es ist tatsächlich "ein Mißverständnis",[96] wenn 'Der Kontrabaß' als Komödie aufgeführt wird. Zwar kann die paradoxe Figur als schöner Jux am Rande präsentiert werden, sie scheint aber noch mehr dazu geeignet, die tragische Struktur eines lebendigen Toten, der dies sogar noch weiß, in einem Satz zu pointieren; ohne eine Pointe zu sein. Die Figur der Bassisten ähnelt in ihrer selbstreflexiven Haltung tatsächlich dem tragischen Sisyphos, der immer wieder seinen Fels zu wälzen hat, wie auch der Bassist immer weiter zu den Orchesterproben gehen wird, die er als ebenso sinnlos empfindet. Trotzdem wird er dieser Ewigkeit nicht den Akt der Plötzlichkeit entgegensetzen. Statt dessen wird er fast noch einmal seine gesamte bisherige Lebensspanne als Orchestermusiker verbringen. Denn er ist (erst)

> "fünfunddreißig. Im August werde ich sechsunddreißig. Immer in den Orchesterferien." (Kon: 13)[97]

Der signifikante Unterschied zwischen dem Bassisten und Sisyphos (oder dem erwähnten Prometheus) ist der Moment des Plötzlichen, der Rebellion. Die Figur ist zwar als Amokläufer, bzw. als "musizierender Terrorist"[98] angelegt, wird aber in der 'Realität' eben niemals so mutig sein, die ewige Wiederkehr seines Abschieds vom imaginierten Publikum zu unterbrechen:

> "Ich geh jetzt in die Oper und schrei. Wenn ich mich trau." (Kon: 96)

Die Situation des Bassisten ist im Vergleich zu der eines Sisyphos oder Prometheus um ein Vielfaches absurder, denn seine Existenz als Orchestermusiker gleicht zwar nach Maßstäben nicht nur antiker Lebensfüh-

---

[96] Stadelmaier (1984): S. 11.
[97] Süskinds schriftstellerische Präzision (die ihn über jeden Trivialitätsverdacht erhebt) zeigt sich gerade an einem solchen Detail: Die Trostlosigkeit der Figur des Bassisten erzwingt geradezu, daß seine Geburtstage immer in die Orchesterferien fallen, damit ihr auch wirklich jede Möglichkeit auf gesellige Fröhlichkeit genommen wird.
[98] Stadelmaier (1984): S. 11.

rung eher einer Höllenstrafe, mit der üblicherweise ein Frevel gegen die göttliche Ordnung gesühnt wird - sie ist aber statt dessen die angebliche Belohnung dafür, jeglichen Frevel unterlassen zu haben (wie es etwa ein Schrei wäre, der die Huldigung an die Musen zerstörte). Wenn der Bassist den Schrei als "herostratische[n] Akt" (Kon: 94) bezeichnet, ist dies nicht nur übertrieben, sondern trifft auch insofern den Kern nicht, als daß er sich durch sein Schreien ja aus seiner orchestralen Hölle auf Erden befreien könnte. Sisyphos Schicksal dagegen ist tragisch zu nennen, weil er um einiger Jahre "auf der lächelnden Erde"[99] willen die Ewigkeit einer sinnlosen Strafe in Kauf nimmt:

> "Seine Verachtung der Götter, sein Haß gegen den Tod und seine Liebe zum Leben haben ihm die unsagbare Marter eingebracht."[100]

Der Kontrabassist dagegen hat nicht einmal das getan. Er hat sich gar nichts zuschulden kommen lassen, womit er seine Ewigkeitsstrafe verdient hat; d.h. sein Schicksal ist tatsächlich absurd. Von einem Kontrabassisten, der geschrien hätte und deshalb zur Strafe im Orchester auf ewig spielen muß und in den Pausen dies als Strafe anerkennt - von einer solchen Figur könnte statt dessen wie von Sisyphos gesagt werden, daß wir ihn uns "als einen glücklichen Menschen vorstellen"[101] müssen. Der Kontrabassist ist aber keine (in diesem Sinne) tragische Figur, denn ihr fehlt das Moment der Rebellion. Er sei als Orchestermusiker ein konservativer Mensch und glaube an das "Führerprinzip" (Kon: 60). Er weiß, daß er kein Genie ist und ist auf dieses Wissen stolz:

> "So blöd bin ich nicht, daß ich wie mancher andre denke, ich bin ein Genie! [..] Ein verkanntes, zu Tode verbeamtetes Genie [..]." (Kon: 86)

Die Figur ist so angelegt, daß sie eher mit dem 'Nicht-Genie-Sein' kokettiert und einem schon fast sozialistischen Arbeiter-Ethos folgt:

> "Ich produziere [..] ein Geräusch, das benötigt wird [..]. Das einzige was mich von Ihnen unterscheidet ist, daß ich meine Arbeit gelegentlich im Frack verrichte..." (Kon: 88)

Statt in eine Fabrik oder Behörde geht der Bassist ins Orchester, wo es selbst noch mitten im Kriege nach den Bombennächten heißt: "Probe, morgen früh um neun." (Kon: 93) Zwei Strukturen stehen aber einer 'stolzen Arbeiterexistenz' im Wege. Er überlegt einerseits, ob er die von ihm mitproduzierte Ware zerstören soll und schöpft aus der Imagination des Sabotageaktes Kraft (ohne daß er die Tendenz hätte, seine destruktive

---

[99] Camus (1959): S. 98.
[100] Camus (1959): S. 99.
[101] Camus (1959): S. 101.

Energie auf die Revolution der orchestralen Hierarchie zu verwenden). Zum anderen unterscheidet er sich von den 'Werktätigen', die ihr "Leben lang unter gleichen Bedingungen"[102] wie Sisyphos arbeiten, durch das klare Bewußtsein über die Absurdität seiner Situation. Der nachmittägliche Monolog an ein imaginäres Publikum,[103] für den er (auch im Gegensatz zu den 'Werktätigen') die Zeit hat, gibt ihm die Gelegenheit, die Absurdität seiner Existenz in aller Deutlichkeit zu realisieren.[104]

b) 'Geschlossene Gesellschaft'

Der performative Akt des monologischen Sprechens, das der Text als präsentatorisches Jetzt-Geschehen repräsentiert, steht in fundamentalem Kontrast zur orchestralen Hölle der unerträglichen / unablässigen Wiederkehr des Immer-Gleichen. So ist es zwar der Fall, daß das Erschreckende an Kerberos / am Kontrabaß die temporale Dimension der Handlungsfolgen ist. Es muß aber ergänzt werden, daß für den Mythos das Ewigkeitsmoment narrativ wenig interessant ist. Erzählerisch produktiver ist ein zeitlich begrenzter Besuch im Hades und die sich daraus ergebende Möglichkeit, verschiedene Martern darzustellen. Während im Mythos die zeitliche Unendlichkeit der Qual eher nebensächlich ist, berichtet 'Der Kontrabaß' genau von dieser temporalen Struktur der Ewigkeit ohne Hoffnung, die immer wieder betont wird:

"In der Gesellschaft, da hätte ich - theoretisch jetzt - die Hoffnung, daß ich ich [sic!] dereinst aufsteige durch die Hierarchie hinauf nach oben und eines Tages von der Spitze der Pyramide herabschaue auf das Gewürm unter mir ... Die Hoffnung, sage ich, hätte ich ...

Leiser.

... Aber im Orchester, da ist keine Hoffnung. Da herrscht die grausame Hierarchie des Könnens, die fürchterliche Hierarchie der einmal getroffenen Entscheidung, die entsetzliche Hierarchie der Begabung, die unumstößliche, naturgesetzte, physikalische Hierarchie der Schwingungen und Töne, gehen Sie nie in ein Orchester! ..." (Kon: 59)

Die Hierarchie im Orchester ist 'grausam', 'fürchterlich', 'entsetzlich', 'unumstößlich' und 'naturgesetzt', weil sie keinen Raum für Hoffnung läßt. Diese Hoffnungslosigkeit ist auch das zentrale Charakteristikum der Hölle. Dies bleibt im intertextuellen Raum der Höllenvorstellungen weit-

---

102 Camus (1959): S. 99.
103 Auf der 'Realitätsebene' des Textes ist das Publikum nicht vorhanden - nur vorgestellt.
104 "Kruzifix nocheinmal, wenn ich nicht so begabt wäre, daß ich alles vom Blatt runterreiß, ich müßt vierzehn Stunden am Tag hart arbeiten! -" (Kon: 74)

gehend stabil und verbindet 'Der Kontrabaß' mit anderen Vorstellungen von der Unterwelt. Auch Sartres dramatischer Entwurf eines Hades, der 1943, also etwa zur gleichen Zeit wie Camus' 'Sisyphos' (1942) entstanden ist, operiert im wesentlichen über die abstrakte Kategorie der Hoffnungslosigkeit. Das Konzept der Hölle als Hotelzimmer, in dem drei Personen zusammengesperrt sind, in dem das Licht nicht ausgeht, in dem es weder Schlaf noch Traum gibt, scheint sich vom Mythos des Sisyphos dahingehend zu unterscheiden, daß es hier gerade das Pausenlose ist, das die Strafe ausmacht. Nicht einmal die Augen können die Figuren schließen:

"GARCIN: [..] Zwinkern nannte man das. [..] Vorhang zu, Vorhang auf: Das war die Unterbrechung."[105]

In der Hotelzimmerhölle dagegen fehlt jede noch so kurze Pause. Die Delinquenten werden in eine beständige Reflexionshaltung gezwungen, eine Art besinnungsloses Zweifeln, dem sie unterworfen sind, ohne daß ein Ende abzusehen wäre; oder dieses durch (Selbst-)Mord künstlich herbeigeführt werden könnte - denn sie sind schon tot.[106]

"INÉS: [..] Angst konnte man vorher haben, als wir noch Hoffnung hatten."[107]

Die letzte Steigerung der Qual besteht darin, daß sogar in der Hoffnungslosigkeit Angst und Zaudern ihren Platz haben. Alle drei Figuren haben an einer Stelle die Chance, zumindest diese Hölle zu verlassen; als z.B. Garcin glaubt, es nicht mehr zu ertragen, öffnet sich die Tür:

"GARCIN *trampelt* [..] *gegen die Tür.* Aufmachen! Aufmachen! Ich nehme alles hin: Beinschrauben, Zangen flüssiges Blei, [..] alles, was quält, ich will richtig leiden. Lieber hundert Stiche [..] als dieses abstrakte Leiden, dieses Schattenleiden, das einen streift, das einen streichelt und das niemals richtig weh tut."[108]

Der Schatten, der er selbst ist; die Seele, die in der Unterwelt nur noch eine Schattenexistenz führt, ist keinem konkreten, körperlichen Schmerz mehr zugänglich. Die Schatten repräsentierten einst den Körper und sind nun als frei flottierende Zeichen der Ewigkeit einer wechselseitigen, unendlichen Semiose[109] unterworfen.[110] Es gibt in der Hölle Sartres keine

---

105 Sartre, Jean-Paul: Geschlossene Gesellschaft. Reinbek 1986, S. 13.
106 Vgl. Sartre (1986): S. 59.
107 Sartre (1986): S. 19.
108 Sartre (1986): S. 54 f.
109 Vgl. Horlacher, Stefan: 'Semiose'. In: Nünning, Ansgar (Hg.): Metzler Lexikon Literatur- und Kulturtheorie. Stuttgart 1998, S. 484 f.
110 "Wir alle haben unseren *realen* Schatten, den uns die Sonne spendet verloren, denn er existiert nicht mehr für uns, wir sprechen nicht mehr mit ihm, und mit ihm hat uns unser Körper verlassen - seinen Schatten verlieren, bedeutet bereits, seinen Körper zu vergessen." (Baudrillard, Jean: Der symbolische Tausch und der Tod. München 1991, S. 224.)

Spiegel - denn nur so können die anderen zuverlässig die Rolle der Folterknechte ausfüllen. Auch der Kontrabassist weiß, daß er sich auf ein körperloses Schattenwesen reduziert hat, das nur durch den Baß als 'das Andere' eine Subjektivität entwickeln kann, wenn auch nur eine defizitäre:

> "Ich hab body, beziehungsweise mein Instrument hat body. Und das ist das einzige, was mir daran gefällt." (Kon: 31)

Als abstraktes, geistiges Zeichen, nur noch einem körperlosen Leiden zugänglich, versuchen die Verdammten (bei Sartre wie bei Süskind) ihre Körperlichkeit zurückzugewinnen. Der Kontrabassist etwa stellt sich vor, daß nicht mehr der corpus des Instruments als Klang-Körper funktioniert, sondern er selbst es sei, der mit seinem Körper zum Resonanz-Raum seines Schreiens werden könne. Woran dieser Schrei scheitert (und damit auch die erhoffte Hörbarkeit und Sichtbarkeit seines eigenen Körpers), ist seine Angst vor dem Danach: seine Hölle sind die anderen als GMD, Dirigent, Orchester und Publikum. Daher wird auch der Kontrabassist den Ewigkeitsraum seines Zimmers nie verlassen:

> "Dann wär ich frei ... Ja und dann!? Was mach ich dann?" (Kon: 93)

Süskind und Sartre haben dramatische Situationen entworfen, in denen die Figuren mit ihren Ängsten und Leidenschaften wie Probanden einer Versuchanordnung beständig neu gruppiert werden. Diese permanente Neukonfigurationen erzeugt zwar den Eindruck beständiger Zirkulation, ist aber gerade die Ursache dafür, daß alle (Aus-)Wege in die Freiheit blockiert sind.

> "GARCIN: [..] *Er greift nach dem Türgriff und rüttelt daran.* Wollen Sie wohl aufmachen? *Die Tür geht plötzlich auf, und er fällt fast hin.* / Hah! / *Lange Stille.*
> INÉS: Nun, Garcin? Gehen Sie doch. [..] Gehen Sie, schnell!
> GARCIN: Ich gehe nicht weg.
> INÉS: Und du, Estelle? *Estelle rührt sich nicht. Inés platzt heraus:* [..] Der Weg ist frei, wer hält uns zurück? Ha! Das ist ja zum Totlachen! Wir sind unzertrennlich!"[111]

c) 'Die Macht der Gewohnheit'

Die formale Freiheit, das Dispositiv und damit die Möglichkeit, den Diskurs verlassen zu dürfen, ist dabei die fürchterlichste aller Strafen, erzeugt sie doch die Vorstellung einer Selbst-Verantwortlichkeit für die momentane Qual. Gerade dieser Aspekt formaler, aber nicht realer Freiheit kann als verbindendes Moment zwischen 'Geschlossene Gesellschaft', 'Der

---

[111] Sartre (1986): S. 55.

Kontrabaß' und dem schon erwähnten 'Die Macht der Gewohnheit' von Thomas Bernhard gesehen werden: Die Artisten proben seit zwanzig Jahren das Forellenquintett. Der Direktor Caribaldi scheint sie dazu zwingen zu können, obwohl nie ganz klar wird, ob er tatsächlich die Macht hätte, sie am Gehen zu hindern. Seine Reaktion auf eine entsprechende Androhung des Jongleurs (ein Engagement bei einem französischen Zirkus anzunehmen) weist eher auf symbolische Macht hin (allerhöchstens auf ökonomische Macht):

"Selbst das Genie / wird noch einmal größenwahnsinnig / wenn es ums Geld geht / [..] Aber mich beeindruckt das nicht / Und ihr Brief von dem Direktor des Sarrasani / ist einer jener Hunderte von gefälschten Briefen / die sie mir in den ganzen zehn oder elf Jahren / die Sie bei mir sind / schon unter die Nase gehalten haben / Zeigen Sie mir das Angebot / Zeigen Sie mir das Angebot"[112]

Worauf auch immer sich die Machtposition des Direktors begründet, mit ihrer Wirksamkeit wird eine temporal (mindestens) zweiwertige Situation erzeugt: die Orchester-Probe. Zum einen ist sie ein aktuelles Ereignis, das aber mit geliehenen Tönen operiert. Denn geprobt werden kann immer nur ein schon vorliegendes Stück, etwa das Forellenquintett. Die Probe als die akustische Umsetzung eines schriftlichen Tonspeichers verweist auf Vergangenes. Die Funktion der Probe aber besteht darin, etwas Zukünftiges zu ermöglichen:

"CARIBALDI / [..] ein einziges Mal eine perfekte Musik"[113]

Diese Teleologie der Probe ist es, die ihre funktionelle Gerichtetheit auf die Zukunft erzeugt. In 'Die Macht der Gewohnheit' wird darüberhinaus mit der Provokation gespielt, daß zwar alles vorbereitet ist, um das Stück einzuüben (Noten, Instrumente etc.), daß aber gerade nichts geschieht, das eine Annäherung des Zirkuspersonals an musikalische Perfektion erwarten ließe:

"CARIBALDI / [..] *alle zupfen von jetzt an immer nervös an ihren Instrumenten* [..] Als wäre die Probe möglich / *ruft aus* / Die Probe ist unmöglich"[114]

Im Gegenteil verdeutlicht 'Die Macht der Gewohnheit' gerade die Unmöglichkeit von Perfektion und führt damit die Sinnlosigkeit eines Probens vor Augen, das diese zum Ziel hätte. Die Perfektion der Bühne, der realen Musik im Jetzt wird am Ende ersetzt durch die Perfektion der medialen Reproduktion, mit der das Stück abschließt:

---

[112] Bernhard (1988): S. 286.
[113] Bernhard (1988): S. 263.
[114] Bernhard (1988): S. 346.

"CARIBALDI / [..] Er dreht das Radio neben sich auf. Aus dem Radio das Forellenquintett. Fünf Takte."[115]

Auch in 'Der Kontrabaß' ist am Ende eine Aufnahme des Forellenquintetts zu hören, wenn auch nicht aus dem Radio, sondern laut Regieanweisung als Schallplattenaufnahme. Sowohl bei Süskind wie bei Bernhard wird auf diese Weise die Zeit der Bühne als Jetzt-Moment aufgehoben, insofern die (speicher)mediale Verfügbarkeit des Stücks als akustisches Material über die Spielhandlung auf der Bühne hinausweist. Auch die (noten)schriftliche Partitur ist zwar als ein temporaler Verweis auf Vergangenes / als ein Wunsch für Zukünftiges zu lesen, was aber ja gerade nicht aktualisiert wird; während die hörbaren Aufnahmen in beiden Fällen die Abgeschlossenheit des Zimmers durchbrechen und einen kommunikativen Raum eröffnen:

Der Zirkusdirektor schließt sich an das System der Massenmedien an, in dem Moment, in dem er die teleologischen Bemühungen aufgibt, mit seinem eigenen Körper die motorische Präzision eines perfekt gespielten Forellenquintetts zu erreichen. Er eröffnet auf der Bühne, er öffnet sich, er öffnet den Bühnenraum für die Echtzeitakustik einer Radiosendung, in der das Stück gespielt wird. Der Kontrabassist dagegen schaltet von einer Selbstbeobachtung in der Vergangenheit (die am Anfang des Stücks gespielte Zweite Sinfonie von Brahms) auf die Imagination einer Beobachtung um: er, der selbst darauf aus ist, einmal das Forellenquintett spielen zu dürfen, legt eine Aufnahme auf, an der er selbst wohl unbeteiligt hat. Daraufhin verläßt er den (Bühnen-)Raum und läßt das Publikum / die Lesenden alleine mit der Musik.

Durch den akustischen Speicher der Schallplatte bleibt die Vergangenheit zugänglich, die Zukunft vorstellbar und der Gegenwartsmoment auf der Bühne trotz der Abwesenheit des Bassisten erfüllt: Dieser heute sehr unauffällige Vorgang basiert auf der Möglichkeit, Kommunikation über Zeit hinweg durch Speicherung und Archivierung auch akustisch präsent zu halten, was erst unter den Bedingungen eines ausgereiften musikalischen Speichersystems möglich wird. Das eröffnet der Dramatik wiederum die Möglichkeit, Formen des intermedialen Zitierens auf der Bühne zu verwenden - wie etwa das tatsächliche Abspielen von Musikstücken, wie es in 'Der Kontrabaß' ausgiebig genutzt wird: sechs Stücke werden vor- bzw. angespielt,[116] was im Fall der zweiten Sinfonie von

---
[115] Bernhard (1988): S. 349.
[116] Von Platte gespielt werden: "Zweite Sinfonie von Brahms" (Kon: 7); "Das Vorspiel zu 'Die Walküren'" (Kon: 31); erster "Satz des E-Dur-Konzertes von Dittersdorf" (Kon: 52); "Mozart, Ouvertüre zu Figaro" (Kon: 70); "Arie der Dorabella .. aus dem zweiten Akt ... 'Così fan tutte'..." (Kon: 76); "Schubert, Forellenquintett, 1. Satz" (Kon: 96).

Brahms etwa bedeutet, daß nicht nur gesagt wird 'Zweite Sinfonie von Brahms', sondern diese tatsächlich auf der Theaterbühne akustisch präsent ist. Das Grammophon leistet hier auf der akustischen Ebene des Theaters, was der Buchdruck für das System Literatur auf einer allgemeinkommunikativen Ebene ermöglicht hat:

> "Druck ermöglicht eine überaus hohe 'Simultanpräsenz' von Kommunikation, die gleichwohl nicht in ein Chaos vieler gleichzeitiger Kommunikationen umschlägt, sondern sich gleichsam in der Reserve bereit hält. [..] Der Druck erhöht besonders effektiv die Wahrscheinlichkeit, daß [zitierte] Texte auch präsent sind oder es schnell werden können."[117]

Die Bibliothek ist eine Bedingung der Möglichkeit für die Spezialisierung sozialer Systeme, denn im Zuge der Ausdifferenzierung von Gesellschaften wird die Wahrscheinlichkeit, daß infolge eines Kommunikationsangebots auch eine koordinierte Anschlußkommunikation stattfindet, immer geringer. Damit dieser Tendenz entgegengesteuert werden kann, ist es notwendig geworden, durch die koordinierende Leistung der Massenmedien einen systematischen Interaktionszusammenhang zu produzieren. Insbesondere für die Ausbildung ästhetischer Verfahren der intertextuellen Bezugnahme sind die Reproduktionstechniken die Voraussetzung. Die Praxis intermedialen und -textuellen Zitierens entwickelt einen eigenen Zeitmodus, der auf der Gewißheit beruht, daß nur das zitiert werden kann, was schon vergangen ist. Damit wird das präsente Geschehen aus dem Modus der Performation des 'Jetzt' entrückt und ein Raum geschaffen, der semantische Aufladungen ermöglicht. Die Qualität von 'Der Kontrabaß' besteht darin, daß diese Form der temporalen Spannung zugleich behauptet wird und sich auf der Bühnen ereignet. So entsteht neben dem expliziten Verweis auf den Subtext Unterwelt ein zeitliches Dispositiv, in dem sich die Ewigkeit der Höllenqual gespiegelt sieht. Die immergleiche Ankündigung nachher zu schreien, die durch die ewige Wiederholung des immergleichen Textes auf einer Theaterbühne entsteht, produziert die Struktur eines beständigen Aufschubs des Jetzt-Moments:

> "Die Kirche hat sich von Anfang an auf die Teilung in Leben und Weiterleben, in eine Erdenwelt und ein Himmelreich gestützt. [..] Die Kirche lebt von einer aufgeschobenen Ewigkeit (so wie der Staat von einer aufgeschobenen Gesellschaftlichkeit lebt, und so wie die revolutionären Parteien von einer aufgeschobenen Revolution leben: alle leben vom Tode) [..]."[118]

---

[117] Plumpe, Gerhard / Werber, Niels: Literatur ist codierbar. Aspekte einer systemtheoretischen Literaturwissenschaft. In: Schmidt, Siegfried J.: Literaturwissenschaft und Systemtheorie. Opladen 1993, S. 20 f.
[118] Baudrillard (1991): S. 227.

4. Akkorde

Die Konnexion zwischen 'Der Kontrabaß' und dem Subtext 'Hölle' erfolgt nicht nur durch die inszenierte Ewigkeitsstruktur auf der temporalen Ebene, sondern bestätigt sich nochmals bei der Analyse der Räumlichkeit des Stücks: Die zentrale Funktion, die der Raum spielt, wird auch von Süskind betont, wenn er feststellt, es gehe in 'Der Kontrabaß' insbesondere "um das Dasein eines Mannes in seinem kleinen Zimmer."[119] Im folgenden soll untersucht werden, inwiefern die räumlichen Strukturen des Stücks zu handlungsbestimmenden Faktoren emergieren - indem etwa der Gegensatz zwischen Bühne und Zuschauerraum die panoptisch-paranoide Disposition des Bassisten nochmals aus dem Hörbaren ins Sichtbare abbildet.

4.1 Innen und Außen

Der Bassist lebt in einem kleinen Zimmer, das er fast vollständig schallisoliert hat. Dieses Gehäuse besitzt daher fast keine Öffnung nach außen, sondern ist ein (zumindest auf der akustischen Ebene zu "über 95 %" (Kon: 25)) geschlossenes System. Durch diese starke Markiertheit seiner Begrenzung wird der Raum selbst sichtbar gemacht; er ist nicht allein das Medium in dem eine Handlung spielt, sondern er wird als Bedingung der Möglichkeit für dieses Handeln inszeniert.

Die hierzu notwendige Abgeschlossenheit des Raumes verleiht diesem den Charakter eines Gefängnisses; es ist kein Radio, sondern es sind Schallplatten, die abgespielt werden; auf der realen Bühne gibt es nur das unsichtbare Publikum und auch im dargestellten Zimmer hat der Bassist keine Ansprechpartner, sondern nur die imaginierten Claqueure eines Angetrunkenen im nachmittäglichen Rausch; es dringen praktisch keine Geräusche von außen herein oder von innen heraus. Ist aber doch einmal etwas von seinem Baß zu hören, antwortet die Nachbarin sofort mit empörtem Klopfen, wodurch der Bassist tatsächlich seiner Existenz akustisch versichert sein kann - er hat kurzzeitig die räumliche Trennung zur oberen Wohnung aufgehoben:

> "... Da! Hören Sie! Das ist die Frau Niemeyer von oben. Wenn die das geringste hört, dann klopft sie, dann weiß ich, daß ich die Grenze zum mezzoforte überschritten habe. Sonst eine nette Frau." (Kon: 30)

---

[119] Süskind (1981): S. 42.

Auf diese Art und Weise kann der Kontrabassist zumindest eine rudimentäre Form der Interaktion provozieren, die aber derartig reduziert ist, daß sie kaum noch als kommunikativer Akt zwischen zwei Subjekten aufgefaßt werden kann. Viel eher erinnert die symbiotische Beziehung 'Frau Niemeyer / Kontrabassist' an das systemtheoretische Beispiel 'Wärme / Thermostat', mit dem üblicherweise die Mechanismen der Selektion illustriert werden, durch die Systeme ihre jeweilige Umwelt konstruieren:

> "Für einen Thermostaten ist die Umwelt lediglich im Hinblick auf Temperaturunterschiede relevant; [..] ob es schneit oder die Sonne scheint, das kommt in der Umwelt des Thermostaten nicht vor."[120]

Die lärmempfindliche Nachbarin unterscheidet in ihrer Reaktion nicht zwischen verschiedenen Tönen, sondern nur in bezug auf die Lautstärke: in ihrer Umwelt existiert keine Differenz zwischen einem schönen und einem falschen Ton, sondern nur die Differenz 'laut' vs. 'leise'. Sie überwacht lediglich die "Grenze zum mezzoforte" (Kon: 30), das aber mit einer hohen Zuverlässigkeit:[121] Weil nur danach unterschieden wird, ob etwas zu hören ist oder nicht, gibt es kaum Störfaktoren und jedes Geräusch kann als Klopfauslöser behandelt werden. Damit wird aber das Spiel des Kontrabassisten tatsächlich darauf reduziert, ein Geräusch zu sein, bzw. ein (immer) deplaziertes Geräusch - d.h. Lärm. Frau Niemeyer interpretiert einen hörbaren Ton von unten als ein unerlaubtes Eindringen in ihre Privatsphäre, gegen das sie sich verwahrt. Der Kontrabassist wiederum scheint diese Interpretation seiner Töne als deplazierte Geräusche und Störung zu akzeptieren, denn er hat keinen Aufwand gescheut, seine Wohnung akustisch zu isolieren:

> "Schauen Sie, ich habe hier bei mir zuhause alles ausgelegt mit Akustikplatten, Wände, Decken, Boden. Die Tür ist doppelt und innen versteppt. Fenster aus doppeltem Spezialglas mit gedämmtem Rahmen. Hat ein Vermögen gekostet. Aber ein Schallschutzwert von über 95 %." (Kon: 25)

Diese Dämmung funktioniert aber auch mit umgekehrtem Vorzeichen, als Selbstschutz des Musikers gegenüber den deplazierten Geräuschen, die von außen seine Wohnung 'bedrängen'. Die Inszenierung des Zimmers als vom Lärm umtoste Oase der Ruhe kann in diesem Zusammenhang als eine Strategie des Textes gelesen werden, mit deren Hilfe eine klare Differenzierung zwischen Innen und Außen konstituiert werden soll. Die Welt

---

[120] Plumpe, Gerhard: Epochen moderner Literatur. Ein systemtheoretischer Entwurf. Opladen 1995, S. 35.
[121] Der wohl höchste Grad an Zuverlässigkeit wäre bei instinktgesteuerten Reaktionen zu erwarten. Plumpe verweist in diesem Zusammenhang auf die Zecke (als Tiermetapher wichtig in 'Das Parfum'); vgl. Plumpe (1995): S. 35.

draußen hält nur Schmerzen bereit, denn sie ist von infernalischem Lärm erfüllt:

"... Hören Sie das? Das ist so laut wie das Te Deum von Berlioz. Bestialisch. [..] die Müllabfuhr, das ist dieses rhythmische Schlagen ... da! Dieses Schmettern, dieses brutale Hinschlagen, circa 102 Dezibel. Ja. Ich hab's einmal gemessen. Ich glaube, jetzt reicht es wieder. Ich kann jetzt wieder zumachen...." (Kon: 26 f.)

Der Kontrabassist inszeniert die kurzzeitige akustische Öffnung seines Wohnraumes nach außen, als ob er das akustische Inferno des innersten Kreises der Hölle besuchen würde, in dem von den Verdammten "keiner sein eigenes Singen vernehmen wird, weils in dem allgemeinen erstickt [..]."[122] Zumindest auf dieser Ebene aber kann der Musiker den 'Höllenlärm' mit einer Art wohligem Schaudern präsentieren, weil er ihn jederzeit abstellen kann. Das Außen ist seine Hölle nicht, weil er sie durch das Schließen des Fensters tatsächlich bannen kann. Das Öffnen des Fensters macht aber auch deutlich, daß es als ein Akt 'auditiver Selbstverteidigung' zu interpretieren ist, wenn sich der Musiker abseits des Lärms hält und in sein Zimmer zurückzieht. Es kann festgehalten werden, daß in 'Der Kontrabaß' der Raum des Zimmers als ein Innen inszeniert wird, dessen Differenz zum Außen gerade durch die punktuelle Durchlässigkeit der Grenze sichtbar, bzw. hörbar gemacht wird.

Dem steht im theatralischen Dispositiv, auf das der Text verweist, ein unklares Verhältnis von Bühnen- und Zuschauerraum gegenüber. Einerseits spricht der Bassist zu einem virtuellen Publikum, an das er sich gleich zu Beginn wendet ("Jetzt! Hören Sie das? Da! Jetzt! Hören Sie's?" (Kon: 7)), bei dem er sich nach Entgleisungen entschuldigt ("... verzeihen Sie ... Entschuldigung .. ich muß mich etwas ... mäßigen" (Kon: 75 f.)) oder das er beschimpft ("Warum sollte es mir besser gehen als Ihnen? Ja, ihnen! Sie Buchhalter! Exportsachbearbeiter! Fotolaborantin! Sie Volljurist!" (Kon: 87). Aber die Beobachtenden bleiben stumm, greifen nicht korrigierend oder kritisierend in seine argumentativen Verwicklungen ein. Selbst im realen Theaterraum, wo sich tatsächlich ein Publikum aufhält, bleiben diese An-sprachen solipsistische Konstruktionen eines Mannes, der "in einem schallisolierten Raum" (Kon: 77) lebt, mit seinem verhaßten Kontrabaß als einziger Gesellschaft. Von seinen imaginierten Ansprechpartnern erwartet der Bassist keine Antworten und er erhält auch keine; zumindest sind im Text / in den Regieanweisungen keine vorgesehen. Erst wenn die Verweisfunktion des Textes auf eine Inszenierung im rea-

---

[122] Mann, Thomas: Doktor Faustus. In: Thomas Mann. Werke. Band 9. Frankfurt 1967, S. 246.

len Raum eines Theaters als Metaebene konstruiert wird, ergibt sich ein Gegenüber seines Monologs. Aber auch die Beobachtenden im Zuschauerraum müssen auf den Status eines "virtual other"[123] reduziert bleiben, weil im Dispositiv des Text-Theaters jede Reaktion des realen Publikums als ein deplaziertes Tonereignis wahrgenommen würde. Was Luhmann für die Unterhaltung im System Massenmedien diagnostiziert, gilt offensichtlich auch für das Theater:

> "Unterhaltung heißt eben: keinen Anlaß suchen und finden, auf Kommunikation durch Kommunikation zu antworten. Statt dessen kann sich der Beobachter auf das Erleben und die Motive der im Text vorgeführten Personen konzentrieren und in *dieser* Hinsicht das Beobachten zweiter Ordnung lernen."[124]

Zwischen dem Zimmer des Kontrabassisten und der darüberliegenden Wohnung ist sein Spielen ab dem mezzoforte darauf reduziert, ein störendes akustisches Ereignis zu markieren. Zwischen seinem Zimmer und einem Imaginationsraum 'Beobachtende' wird sein Sprechen zu einer Markierung reinen Sich-Ereignens von Sprache. Zwischen den Räumen Bühne und Parkett ist unter den Bedingungen 'abendländischer' Dramatik ebenfalls keine Kommunikation möglich, wenngleich eine reale Versammlung von Beobachtungswilligen angesprochen wird. Die Technik kultureller Körperdisziplin sorgt für die Stillstellung der Beobachtenden, so daß nahezu die gleiche Kommunikationssituation entsteht, wie im System der Massenmedien:

> "Entscheidend ist auf alle Fälle: *daß keine Interaktion unter Anwesenden zwischen Sender und Empfängern stattfinden kann.* Interaktion wird durch Zwischenschaltung von Technik ausgeschlossen."[125]

Luhmann denkt bei 'Technik' wohl eher an konkrete technologische Objekte (wie Kameras, Druckmaschinen, Computer) mit denen Kommunikationsakte gespeichert, reproduziert und distributiert werden können. Trotzdem muß darauf hingewiesen werden, daß auch im Theater Techniken dispositiver Überformung von Kommunikation wirksam werden. Interaktionen zwischen Sendenden und Empfangenden sind dann in dem Sinne unmöglich, als daß im Moment eines solchen direkten Dialogs das Dispositiv Theater nicht mehr gegeben wäre. Durch dieses Funktionsprinzip des theatralischen Raums ist es beinahe zwangsläufig, daß die Inszenierungen dieses zentrale Moment der Handlung sichtbar machen - einfach durch die Tatsache der Aufführung im Medium des Theaters bedingt.

---

[123] Luhmann (1996): S. 200.
[124] Luhmann (1996): S. 107.
[125] Luhmann (1996): S. 11.

4.2 Das Panoptikum

In 'Der Kontrabaß' ist die paradoxe Struktur der Grenzziehung zwischen Innen- und Außenraum doppelt wirksam: Zum einen entwirft der Text eine Theatersituation, die auf geübte Zuschauende[126] angewiesen ist, die souverän zwischen fiktionalem Bühnengeschehen und realer Realität unterscheiden können.[127] Sie müssen außerdem so beherrscht sein, daß sie, obwohl sie scheinbar direkt angesprochen werden, die Rahmung der Bühne aufrecht erhalten. Es könnte die These vertreten werden, daß der dozierende Duktus des (Be-)Lehrenden, in den der Bassist an vielen Stellen verfällt, eine Folge dieser Verteilung der Körper im Raum ist. Das Stück reproduziert die Machtarchitektur der Lehrerposition in einem Klassenzimmer beim Frontalunterricht. Die Belehrten werden dem zentralen Blick einer ordnenden, überwachenden und strafenden Instanz ausgesetzt. In Reih und Glied an Schulbänke gesetzt, wird jede A-Normalität schnell und präzise registrierbar, was den Kern der Macht im Panoptikum ausmacht, wie es Foucault beschrieben hat.[128] Im Hinblick auf die Mikrophysik der Macht, die sich in der Architektur des disziplinierenden Gefängnisses (das den Kerker ersetzt) zum Ausdruck bringt, läßt sich beim Kontrabassisten eine merkwürdige Inversion feststellen: auf der Ebene seiner Realität (das Zimmer in dem er lebt und arbeitet) bleibt das Publikum imaginär, weshalb auch er derjenige ist, der als zentrale Machtinstanz der Überwachung und Strafung auftreten kann. Er imaginiert sich ein Publikum, dessen Existenz von seiner Vorstellungskraft abhängt und das daher absolut seiner Kontrolle unterliegt: er selbst kann dabei die Rolle des allmächtigen Lehrers übernehmen.

Gleichzeitig wird aber so auch eine Struktur der Selbst-Beobachtung inszeniert. Weil der Kontrabassist "sehr oft einsam" (Kon: 47) ist, erschafft er sich eine Instanz, mit der er eine scheinbare Kommunikation aufrechterhält. Dieser Mechanismus ist aber offensichtlich defizitär, weil keine Eigenprojektion in den Außenraum die tatsächlichen sozialen Spiegelungseffekte ersetzen kann, die bei realen Beobachtenden entstehen:

"Im anfänglich bipolaren interfazialen Spiel sind die Blicke zwischen den Partnern so verteilt, daß jeder bis auf weiteres genug von sich selbst erfährt, wenn er dem anderen, der ihn anschaut, ins Gesicht sieht. Der andere fungiert also

---

[126] Die Selbstverständlichkeit, mit der die Zuschauenden im Theater ihre in Reih und Glied geordneten und numerierten Plätze einnehmen, stundenlang still sind und sitzen und dabei doch affektiv und emotional hochsensibel zu reagieren in der Lage sind / sein sollen, ist nur denkbar auf der Grundlage jahrelanger Körperdisziplinierung.
[127] Vgl. Luhmann (1996): S. 103.
[128] Vgl. Foucault, Michel: Überwachen und Strafen. Frankfurt 1977, S. 251 ff.

wie ein personaler Spiegel; doch er ist auch das Gegenteil eines Spiegels, weil er weder die Ruhe noch die Diskretion eines Reflexes in Glas oder Metall gewährt, vor allem aber, weil er keine eidetische Wiedergabe, sondern ein Affektecho erzeugt."[129]

Zwar gibt es auf der Realitätsebene des Stücks dieses realen Gegenüber nicht, auf der Metaebene der vom Text repräsentierten Theatersituation aber hat der Bassist ein Publikum. Obwohl er es anzusprechen scheint, bemerkt er (der Schauspieler sehr wohl) es nicht - bzw. dürfte er das Publikum nicht bemerken, obwohl es oft anders inszeniert wird; wie Stadelmaier[130] völlig zu Recht bemängelt. Nicht nur auf der Ebene des Theaters ist der Bassist / Schauspieler realen Außenbeobachtungen ausgesetzt. Auch die Lesenden des Dramentextes oder die Zuhörenden des Hörspiels imaginieren 'hinter' dem Schauspielerkörper, den Schriftzeichen, der Sprecherstimme das Subjekt eines sich äußernden Kontrabassisten. Was das Stück auf dieser Ebene inszeniert, ist eine Situation, in der der Bassist beobachtet wird, ohne daß er die Beobachtenden sehen / hören kann. Damit wandelt sich der Überwachende in den Überwachten. Die Theaterzuschauer sehen aber nicht den Bassisten, sondern nur den Schauspieler; umgekehrt stellt sich der Bassist nicht die Theaterzuschauer sondern ein imaginäres Publikum vor. Daher muß im Sinne einer 'second-order-observation' genauer formuliert werden: Die Beobachtenden des Stücks stellen sich vor, denjenigen zu überwachen, der sich selbst vorstellt, Überwachender zu sein; wobei jedoch beide Vorstellungen streng genommen falsch sind. Obwohl die Beobachtungen auf der Realitätsebene doppelt aneinander vorbeigehen, ist in der Metaperspektive der Bassist (insofern er als auf der Bühne stehend imaginiert wird) dem geballten Interesse der panoptisch organisierten Blicke der Zuschauenden ausgesetzt. Mit Brecht könnte formuliert werden:

"Denn die einen sind im Dunkeln / Und die andern sind im Licht / Und man sieht die im Lichte / Die im Dunkeln sieht man nicht."[131]

Das Duden-Wörterbuch der Zitate und Aussprüche verzeichnet hierzu, daß die übliche Verwendungsweise das Thema der sozialen Ungerechtigkeit sei, die "mit dem Bild von Licht und Dunkel eindringlich"[132] dargestellt werden könne. Auch in 'Rossini' vergißt Schneewittchen die (eben-

---

[129] Sloterdijk, Peter: Sphären. Band I. Blasen. Frankfurt 1998, S. 204.
[130] Stadelmaier (1984): S. 11.
[131] Brecht, Bertolt: 'Die Schlußstrophen des Dreigroschenfilms'. In: ders.: Gesammelte Werke. Band 2. Stücke 2. Frankfurt 1967, S. 497.
[132] Duden: Band 12. Zitate und Aussprüche. Hgg von: Drosdowski, Günther / u.a. Mannheim 1993, S. 110.

falls im Zusammenhang der Dreigroschenoper naheliegende) Bedeutungsvariante, daß es oft klüger sein kann, nicht die Person im Licht zu sein, sondern auf der Seite der Beobachtenden zu bleiben. Während der Bassist seine Hölle verlassen möchte, muß hier mit Luhmann darauf hingewiesen werden, daß es auch möglich sein kann, sich dauerhaft in die Position des Außenbeobachters zu begeben und in der Hölle zu bleiben. Die Funktion des Teufels besteht gerade darin, ein Außen gegenüber Welt, Paradies und Gott zu erhalten. Weil der Teufel

> "aber annehmen muß, daß das Eine das Gute (der Eine der Gute) ist und als Perfektion kein Außerhalb duldet, wird er im Versuch der Abgrenzung zum Gegenteil, zum Bösen. Einerseits kann die umfassende Einheit ihre eigene Beobachtbarkeit nicht ausschließen, denn sie wäre sonst weder umfassend noch perfekt; andererseits muß sie sie ausschließen, weil anders die beobachtungsnotwendige Grenze nicht eingerichtet werden kann. Was entsteht, ist der Teufel als Inkarnation dieser Paradoxie."[133]

Im hier entwickelten Zusammenhang kann hinzugefügt werden, daß es für die Funktion des Teufels (dauerhafter Beobachter der Welt zu sein) notwendig scheint, auch räumlich eine Position außerhalb bzw. unterhalb der Welt einzunehmen: Der Teufel besetzt einen Ort absoluter Dunkelheit, der zwar Beobachtungen ermöglicht, zugleich aber das eigene Beobachtet-werden (außer dem Blick Gottes) sicher und sichtbar verhindert.[134] Der Bassist dagegen setzt alles daran, der Wahrnehmung der Anderen ausgesetzt zu werden. Er kämpft um seine 'Einschaltquote' und überwacht als "Orchestermusiker naturgemäß leicht eifersüchtig" (Kon: 11) die 'Marktanteile' der Anderen, in der Hierarchie des Orchesters über ihm und unter ihm stehende Instrumente.[135]

> "Nach uns kommt bloß noch die Pauke, aber nur theoretisch, weil [..] wenn die Pauke einmal hinlangt, das hört sich bis in die letzte Reihe, und jeder sagt, aha, die Pauke. [..] Da schaut alles [..] auf die Pauke, und das sind in einem größeren Haus gut und gern zwölf- bis fünfzehnhundert Menschen. Soviel schauen auf mich in einer ganzen Saison nicht." (Kon: 57)

---

[133] Vgl. Luhmann, Niklas: Die Wissenschaft der Gesellschaft. Frankfurt 1992, S. 118.
[134] "Wenn das Böse die Hölle verlassen hat, so ist ihm nur der Einlaß in den Himmel verwehrt. Seitdem es also nicht mehr unter uns wohnt, wohnt es mitten unter uns." (von Rahden, Wolfert: Orte des Bösen. In: Schuller, Alexander / u.a. (Hgg.): Die andere Kraft. Zur Renaissance des Bösen. Berlin 1993, S. 26.)
[135] Die Musiker werden vom Bassisten synekdochetisch auf ihr Instrument reduziert. / Vgl. "Das Cello trinkt rasch mal. Die Flöte / rülpst tief drei Takte lang." (Benn, Gottfried: Nachtcafe. In: Gottfried Benn. Gesammelte Werke in vier Bänden. Dritter Band. Gedichte. Hgg. von: Wellershoff, Dieter. Zürich 1966, S. 18 f.)

Sein Ziel ist es, die Blicke all derer auf sich zu ziehen, die ihn sonst zwar hören (wenn auch meist nur unbewußt - "Bei mir sagt kein Mensch, aha, der Kontrabaß" (Kon: 57)), ihn aber nicht beachten. Um sich in dieser Konkurrenz um Aufmerksamkeitswerte durchzusetzen, muß er das Risiko seiner ökonomischen und karrieremäßigen Vernichtung in Kauf nehmen. Das Mittel hierzu ist die Aufhebung der räumlichen Trennung zwischen Bühnenrampe und Orchestergraben, bzw. zwischen Dirigentenpult und letzter Reihe:

> "Aus der hintersten Reihe des Orchesters, von dort her, wo die Kontrabässe stehen, der Schrei eines liebenden Herzens." (Kon: S. 81)

Wenn er nicht doch vom Leibwächter erschossen wird, dann ersetzt ein akustischer Schwall sein Herz-Blut und ergießt sich statt diesem aus der Tiefe seines (Klang-)Körpers in den Raum hinein. Er will ihren Namen rufen, weil dieser die magische Eigenschaft hat, Personen als einen subjektiv erfüllten Innenraum zu bezeichnen bzw. auf dieses Innen zu verweisen. Dieser Übersprung im akustischen soll den visuellen Kontakt ersetzen, der ihm verweigert wird:

> "Und ich habe mir gedacht, das soll mir jetzt ein Zeichen sein: Wenn ich ihr auffalle mit meinem schönen Spiel, und wenn sie herschaut, meinetwegen herschaut - dann soll sie die Frau fürs Leben sein, meine Sarah ewiglich. [..] - Sie hat dann nicht hergeschaut." (Kon: 79)

Da aber aus einem Kontrabaß keine schönen Töne herauskommen können, weil keine drin sind, fällt auch sonst niemandem der Versuch des Schön-Spielens auf, weder dem GMD noch dem ersten Bassisten am nächsten Pult. Die einzig sichere Methode, den trennenden Graben zwischen sich und der Bühnenrampe zu überwinden, wäre ein lauter und falscher Ton. Dieser würde aber auch vom GMD gehört - ein Blick der geliebten Sarah müßte bezahlt werden mit dem Zorn des zentralen göttlichen Auges des Dirigenten; weshalb sich der Bassist auch nicht getraut, den falschen Ton zu spielen:

> "Sie kennen unsern GMD nicht, der fühlt sich von einem falschen Ton persönlich beleidigt. Und dann wäre mir das auch zu kindisch gewesen, mit einem falschen Ton meine Beziehung zu ihr anzuknüpfen [..]."(Kon: 78)

Der Bassist ist in einer 'double-bind'-Struktur gefangengenommen. Der strafende und der belohnende Blick überkreuzen sich durch die visuelle Architektur des Orchesterraums. Sie setzen sich in den Blicken des Publikums fort und werden flankiert von den Logen der Macht, in denen die höchsten Strafgewalten vermutet werden - in der ersten Reihe sitzt "der Ministerpräsident mit Familie [..]. In der Intendantenloge der Intendant mit seiner Frau und seiner Freundin und seiner Familie [..]. In der GMD-Loge der GMD mit seiner Frau [..]." (Kon: 80)

Von dort her wird die symbolische Strafe ersehnt: Die erste Variante wäre zu fliegen, wodurch er (zumindest in seiner Phantasie) mit dem allmächtigen, d.h. omnipotenten Intendanten gleichgesetzt würde (der als Zeichen seiner männlichen Machtfülle Frau und Freundin zugleich bei sich in der Loge sitzen hat). An die Stelle seiner lebenslänglichen Verbeamtung würde das Risiko einer kündbaren Existenz treten - er würde dem Intendanten ähneln, denn der ist zwar "allmächtig - aber er kann fliegen." (Kon: 92) Die andere mögliche Bestrafung ist sein nicht 'nur' symbolischer, sondern physischer Tod, der durch eine unkontrollierte Handlung verursacht werden könnte:

"Oder der Leibwächter des Ministerpräsidenten erschießt mich. Aus Versehen. Aus einer Kurzschlußreaktion heraus." (Kon: 94)

Der Bassist verschränkt in seinen Bestrafungsphantasien zwei verschiedene Machtkalküle. Der Schuß des Leibwächters gehört dabei einer monarchistischen Herrschaftspraxis an: Der in der ersten Reihe sitzende Ministerpräsident übt eine Form mittelalterlichen Herrschertums aus. Indem er seinen Körper zur Schau stellt, demonstriert er sichtbare Macht. Ein schreiender Angriff auf das Spiel des Staatsorchesters muß in diesem Herrschaftskalkül als ein Angriff auf den Staat selbst gewertet werden. Angriffe auf den Staat wiederum werden als Bedrohung des Körpers des Monarchen gewertet und mit einem sofortigen Gegenangriff beantwortet: Der Schuß des Leib-Wächters entspräche dieser Herrschaftslogik vollkommen:

"Das Verbrechen greift über sein unmittelbares Opfer hinaus den Souverän an; es greift ihn persönlich an, da das Gesetz als Wille des Souveräns gilt; es greift ihn physisch an, da die Kraft des Gesetzes die Kraft des Fürsten ist."[136]

Dagegen repräsentieren die Logen des Intendanten und des GMD das neuzeitliche Machtdispositiv dauerpräsenter Überwachung. Sie installieren zentrale Blickpunkte, von denen aus alles gesehen werden kann. Karl-Markus Gauss hat einen interessanten Hinweis auf die Funktion der Theaterloge gegeben, die in der österreichisch-ungarischen Monarchie ein Symbol für das omnipotente und omnipräsente Herrschertum (Kaiser Franz-Josephs) war:

"Der geheime Ort der Macht war eine Loge, in der niemand sass. In der weitausgedehnten Monarchie mit all ihren entlegenen Provinzen [..] hatte jedes

---
[136] Foucault (1977): S. 63.

Theater diese Kaiserloge, die für den Besuch des Kaisers reserviert war, der immer kommen konnte und doch niemals kam. So war die Loge allezeit leer. Sie blieb leer, aber sie war sichtbar, und es war sichtbar, dass sie leer blieb. Der Herrscher war omnipräsent, aber abwesend; er übte sein Amt aus, indem er unerreichbar und doch zugegen war."[137]

Dies kann als prägnante Beschreibung für eine Herrschaftspraxis im Sinne des Panoptikums gelesen werden. Der Grad der Perfektion dieses Machtmittels hängt davon ab, in welchem Maße es nicht mehr nötig ist, die Macht des Blickes noch tatsächlich ausüben zu müssen oder gar seinen Körper tatsächlich auszustellen. Auch Herrmann Broch[138] weist auf die Kombination verschiedener Herrschaftspraxen hin: Denn einerseits hatte die Oper "auch weiterhin ihre Galaaufführungen, in denen die Anwesenheit des Kaisers dem Zuschauer ein Stück Partizipation am Glanz des Gottesgnadentums vermittelte [..]."[139] Andererseits wurde den Privattheatern, die der Hof offiziell nicht besuchte, "streng aufgetragen, eine 'Hofloge' [..] bereit zu halten [..]."[140] Sowohl die körperliche Realpräsenz als auch die architektonische Leerstelle werden als Mittel der Machtausübung genutzt. Auch im theatralischen Raum des Staatsorchesters ist der Kontrabassist sowohl den körperlich realen Repräsentanten der Macht (Ministerpräsident, Intendant, GMD, Dirigent, Publikum) ausgesetzt als auch in eine Architektur wechselseitiger Disziplinierung eingebunden. Daher droht ihm nicht nur die physische Bestrafung seines Körpers, sondern auch die geballte Macht der strafenden Blicke.

4.3 Der weibliche Körper

Zunächst wurde also durch die Differenz von Innen- und Außenraum / Bühnen- und Zuschauerraum eine auf akustische Signale reduzierte wechselseitige Beobachtungssituation inszeniert. Durch das Sprechen des Bassisten wurde dann aber im Imaginären eine Konstellation präfiguriert, die das Hörbare ins panoptische Strafsystem der Sichtbarkeit transponiert. Aber auch die Belohnung für seinen furchtlosen Schrei hat der Kontrabassist in der Sphäre der Blicke imaginiert, insofern er sich sowohl nach einer körperlichen wie auch interfazialen Vereinigung mit der Geliebten sehnt:

---

[137] Gauss, Karl-Markus: Die Wiederkehr des Monarchen. In: NZZ (25./26. 3. 2000), S. 49.
[138] Dem Gauss nach eigenen Angaben den Hinweis auf die Kaiserloge schuldet.
[139] Broch, Herrman: Hofmannsthal und seine Zeit. Frankfurt 1974, S. 45 f.
[140] Broch (1974): S. 45 f.

"Ich fliege aus dem Staatsorchester, gehe zu ihr mit einem Blumenstrauß, sie öffnet die Türe, sieht mich zum ersten Mal, ich stehe da wie ein Held, ich sage: 'Ich bin der Mann, der Sie kompromittiert hat, denn ich liebe Sie', wir fallen uns in die Arme, Vereinigung, Seligkeit, höchstes Glück, die Welt versinkt unter uns. Amen. -" (Kon: 82)

Was sich der Kontrabassist als sein höchstes Glück vorstellt, ließe sich mit Sloterdijk als eine phäno- und genotypische Regression beschreiben: Zunächst träumt er sich in die Geborgenheit einer augenblicklichen Zweisamkeit zurück. Was ihm Sarah im Orchester in der Realität bisher verwehrt hat, nämlich das bewußte Wahrnehmen seiner Person, wird ihm in seiner Phantasie nicht nur erfüllt, sondern noch gesteigert bis zur intimen Köperstellung in der umarmenden Vereinigung. Diese emotionale und vertrauliche Konstellation der Blicke wird in einen harten Kontrast zu der registrierenden Kameramaschinerie des Panoptikums gesetzt. Das intime Aug-in-Aug ist der erste Schritt für die Belohnung des siegreichen 'Helden'. Wird dieses interfaziale 'Schwingungsfeld' als eine (ursprüngliche) Zweiheit gedacht, ist sie tatsächlich nur noch in der Form überschreitbar, daß das intime Durchdringen zweier Blicke sich zu einem Ineinander der Körper steigert; vor allem als männlicher Traum von der Rückkehr in den Frauenkörper bzw. in die unter ihm versinkende Welt. Sloterdijk hat diesen Substitutionsakt, die der Bassist hier phänotypisch regressiv durchläuft, als kulturgeschichtlichen Entwicklungsprozeß beschrieben:

"Wo das Universum der großen Mütter sich in Bildern darstellt, dort kommt zugleich die paradoxe Natur der älteren Protraktion zu Bewußtsein: Der Fokus der Vermenschlichung, das weibliche, das mütterliche Gesicht selbst, bleibt am längsten der unsichtbare Teil. [..] Die alten Religionen und ihre Kulturbilder [schauen] am Gesicht der Frau, ja, überhaupt am Menschengesicht vorbei; sie protrahieren und überhöhen, was an weiblichen Menschen das Nicht-Gesichtliche ist, Gesäß, Brüste, Vulva, die Attribute weiblicher Geschlechtsmacht."[141]

Wenn also der Kontrabassist zuerst in den Augen der Geliebten, dann in ihrem Körper und schließlich in der Welt versinken möchte, werden damit die metonymischen Substitutionsbewegungen weiblicher Körperlichkeit (in zeitlich umgekehrter Reihenfolge) ausbuchstabiert: Die Erzählung des Heldenepos wird als die Geschichte desjenigen neu inszeniert, der sich durch die akustische Kraft seines Körpers ("*SARAH!!!*" (Kon: 82)) aus der Unterwelt des Orchestergrabens befreit hat und seine Belohnung darin findet, daß ihm die geliebte Frau "die Türe" (Kon: 82) öffnet.

---
[141] Sloterdijk (1998): S. 189.

Hannelore Schlaffer hat überzeugend nachgewiesen, daß es ein sehr fruchtbarer Lektürefokus ist, die erzählerischen "Substitute der Weiblichkeit"[142] als beständige Metonymie zwischen den weiblichen Körpern und der Räumlichkeit des Textes zu verfolgen. Im Fall der Imagination des Bassisten öffnet die Frau nicht nur die Tür ihrer Wohnung - sie öffnet ihre Augen, d.h. sie sieht ihn "zum ersten Mal" (Kon: 82). Diesem Tür-Schwellen-Erlebnis einer ersten Begegnung der Blicke, folgt die Öffnung des weiblichen Körpers:[143] "Vereinigung, Seligkeit, höchstes Glück [..]." (Kon: 82) Süskinds Text greift hier einen Topos von Räumlichkeit auf, der schon seit den Novellen Boccacios fester Bestandteil erzählerischer Traditionen ist. Der narrative Kern dieser engen Motivverbindung 'Frau und Haus' liegt in der Eroberung des Helden, die als erotischer Weg vom Außen in den Innenraum beschrieben wird:

> "Die Schwelle zwischen beiden Spielplätzen ist der goldene Schnitt einer jeden Novellenhandlung. Das Unerhörte, das sich ereignet, ist das Überschreiten der Schwelle."[144]

Die Phantasie des Kontrabassisten scheint von diesen narrativen Mustern der räumlichen Eroberung sehr stark vorgeprägt zu sein: er imaginiert sein Eindringen in die weibliche Sphäre als ein Betreten ihrer Wohnung und als ein 'Beschlafen'[145] ihres Körpers. Direkt nach dieser erzählerischen Substitution der geliebten Frau durch Raum und Körper vollzieht der Bassist die reale Substitution des geliebten weiblichen Körpers durch sein gehaßtes Instrument. Sarah ist das abwesende Körperwesen, das sprachlich vom anwesenden Bassisten (der aber keinen 'body' hat) präsentiert wird. Die Sopranistin wird eingeführt als "das entgegengesetzteste, was sich zum Kontrabaß denken läßt, menschlich und instrumentell-klanglich" (Kon: 13), wobei sich der Kontrabassist gerade durch diese Polarität von der Bedeutungsleere seines Lebens befreien will, "denn in dieser Spannung [..], da spielt sich alles ab, was einen Sinn hat in der Musik, da zeugt sich musikalischer Sinn und Leben, ja Leben schlechthin." (Kon: 14) Er steigert dieses Pathos zum angeblich metaphysischen Charakter von Musik, die über allen Gegensätzen stehe, d.h. von den Bifurkationen der sozialen Ausdifferenzierungstendenzen noch unberührt sei:

> "Verstehen Sie, meta-physisch, also hinter oder jenseits der rein physikalischen

---
142 Schlaffer, Hannelore: Poetik der Novelle. Stuttgart 1993, S. 97 ff.
143 Zum Schwellenmotiv vgl. Assmann, Aleida / Assmann, Jan: Geheimnis und Offenbarung. In: dies. (Hgg.): Schleier und Schwelle. Band 2. Geheimnis und Offenbarung. München 1998, S. 7 ff.
144 Schlaffer (1993): S. 33.
145 'Beschlafen' ist angesichts der Sarah zugedachten Passivität in diesem Spiel das wohl tatsächlich treffendste Wort.

Existenz, jenseits von Zeit und Geschichte und Politik und arm und reich und Leben und Tod. Musik ist - ewig." (Kon: 63)

Um also innerhalb der Gegensätze über diese erhoben zu werden, durch die Polaritäten der metaphysischen Musik, benötigt der Kontrabassist eine Sopranistin - einen weiblichen 'Resonanz-Körper':

> "Ich brauche als Kontrabassist eine Frau, die das totale Gegenteil vom dem darstellt, was ich bin: Leichtigkeit, Musikalität, Schönheit, Glück, Ruhm, und einen Busen muß sie haben ..." (Kon: 71)

Die entlarvende (Anti-)Klimax ist Teil einer beständigen Selbstaufhebung des Textes. Zwar darf der Kontrabassist unkommentiert auf der Bühne monologisieren, weil ihm aber direkte Ansprechpartner fehlen, verstricken sich seine Erzählungen immer wieder in Widersprüchlichkeiten. Insbesondere sein Sprechen über Sarah ist voller selbstentlarvender Ungereimtheiten. So verehrt er sie wegen ihres Gesanges, der auf ihn eine erotische Wirkung ausübt, die er auch eingesteht, um dann aber ihr göttliches Organ so zu kommentieren:

> "Wissen Sie, eine schöne Stimme ist an und für sich geistvoll, die Frau kann noch so blöd sein [..]." (Kon: 82)

Dann aber wird der komische Effekt des falschen Pathos wieder zurückgenommen, wenn er von seinen Träumen spricht, aus denen er brüllend erwacht - wobei das wiederum durch seine lakonischen Kommentare wieder ironisiert wird: "Gottseidank habe ich die Akustikplatten." (Kon: 83) oder "Das ist die Sexualität." (Kon: 83) Aber auch das wird nochmals gesteigert, wenn er seine Tagträume eingesteht, in denen er sein verhaßtes Instrument gedanklich durch den Körper der geliebten Frau ersetzt:

> "... über ihren Hintern ... oder andersherum, so, wie beim Kontrabaß von hinten herum, und mit der linken Hand an ihren Brüsten, so wie in der dritten Lage auf der G-Saite ... solistisch ... ein bißchen schwer zum Vorstellen jetzt [..]." (Kon: 84)

Mit dieser 'Phantasie am Kontrabaß', der ja schon sowohl mit seiner Mutter als auch mit einem grießgrämigen Onkel verglichen wurde (Kon: 35), führt der Text einen frustrierten Musiker-Beamten vor, dessen Frauenbild sich beständig selbst entlarvt und karrikiert, wobei sogar die manifesten Gründe der Frustration explizit benannt werden. Sie rühre daher, daß er "seit zwei Jahren keine Frau mehr gehabt" (Kon: 36) habe. Der Bassist kommt auch später nochmals auf seine verbal-gestische Entgleisung zurück und entschuldigt sich beim Publikum; bzw. seine moralische Konditionierung setzt sich in der Form durch, daß er sich bei sich selbst / seinem Gewissen / Über-Ich entschuldigen zu müssen glaubt. Seine imaginative Substitution der sichtbaren und hörbaren Frau, deren Gesang ihn real umschließt, durch sein Instrument, das er berühren und bespielen kann, hat sich als unbefriedigende Phantasie entpuppt.

4.4 Die Verführung

Der Text macht immer wieder deutlich, daß der Bassist durch die Imagination eines Publikums eine Form der Selbst-Beobachtung installiert hat, die es ihm ermöglicht, in Distanz zu seinen eigenen Handlungen zu treten und sie in einer Art Außensicht zu kommentieren.

> "Manchmal mach ich mir wirklich saumäßige Vorstellungen, entschuldigen Sie. Vorhin, wo ich mir Sarah vor mich hingedacht habe wie einen Kontrabaß, sie, die Frau meiner Träume vor mich hingedacht als einen Kontrabaß. Sie, den Engel, der musikalisch so weit über mir steht ... schwebt ..." (Kon: 89)

Das reale (Lese-)Publikum, das ja eben nicht identisch ist mit dem vom Bassisten angesprochenen 'Sie', hat somit die Möglichkeit zu einer 'second-order-observation': Der Bassist wird dabei beobachtet, wie er sich von einem imaginären Publikum beobachtet fühlt und sich für seine Entgleisungen rechtfertigt, indem er seine ihm bewußten Gründe nennt. Es wurden aber auch schon die latenten Gründe ausgesprochen und so alle Versuche unterlaufen, den Text auf eine verborgene Figurenpsychologie hin zu analysieren. Das ödipale Dreieck aus 'dominantem, unmusikalischem Vater' und 'schwacher, musikalisch versponnener Mutter' wird aufgestellt und als eben nicht unter- bzw. unbewußte Triebfeder des weiteren Handelns gleich wieder aufgedeckt und ausgesprochen:

> "Aus Haß auf den Vater beschließe ich, nicht Beamter, sondern Künstler zu werden; aus Rache an der Mutter aber am größten, unhandlichsten, unsolistischsten Instrument [..]: Als Kontrabassist im Staatsorchester, drittes Pult. Als solcher vergewaltige ich täglich in der Gestalt des Kontrabasses, des größten der weiblichen Instrumente [..] meine eigene Mutter, und dieser ewige inzestuöse symbolische Geschlechtsverkehr ist natürlich eine jedmalige moralische Katastrophe [..]." (Kon: 39)

Mit weniger Latenz läßt sich eine Bühnenfigur kaum ausstatten. So gelingt es, einen verführerischen Diskurs zu etablieren, der sich vollständig auf der Oberfläche manifestiert und seine eigene Deutung mitformulieren kann, als ironische Absage an alle Bemühungen, die unterhalb der Zeichen auf einen verborgenen Sinn hoffen: Verführung besteht in dem, was dem

> "Diskurs seinen Sinn raubt und ihn von seiner Wahrheit ablenkt. Sie wäre somit das Gegenstück zu der psychoanalytischen Unterscheidung zwischen

einem manifesten und einem latenten Diskurs. [..] Der manifeste Diskurs hat den Status eines hergerichteten äußeren Scheins, der vom Zutagetreten des Sinns durchkreuzt wird. Die Deutung hat zur Aufgabe, den Schein und das Spiel des manifesten Diskurses aufzubrechen, um den Sinn durch Anknüpfung an den latenten Diskurs zu befreien."[146]

Was aber sowohl in 'Der Kontrabaß' als auch in den anderen Texten Süskinds aufgelöst wird, ist das Differenzverhältnis von Manifestem und Latentem. Die Texte führen die Möglichkeit vor, den hermeneutischen Mythos des (eigentlich) Gemeinten aufzulösen und durch eine Physik des Gesagten (Geschriebenen) abzulösen. Süskinds Texte verweigern sich einer Hinterwelt der verborgenen Schrift unter der geschriebenen Schrift[147] und entziehen sich so aber nicht nur einer Hermeneutik, sondern auch einer Dekonstruktion: Der Hermeneutik, weil sie auf keinen verborgenen Sinn verweisen, der zu entdecken wäre; der Dekonstruktion, weil sie auf keine verborgenen Implikationen verweisen, die zu entlarven wären. Das Verführerische an Süskinds Texten kann darin gesucht werden, daß das Sein durch den Schein und der Sinn durch die Sinne ersetzt wird:

"In der Verführung [..] ist es in gewisser Weise das Manifeste, der Diskurs in seiner höchsten 'Oberflächlichkeit', was sich gegen die (bewußte oder unbewußte) tiefe Bestimmung wendet, um sie zunichte zu machen und durch den Zauber und die Fallstricke des Scheins zu ersetzen."[148]

Der Kontrabassist sieht sich der Oberflächlichkeit des Manifesten ausgesetzt und durch sie verführt: Er kennt die Sopranistin Sarah nicht, d.h. er hat keine Vorstellung von ihrem Charakter, ihrem Inneren. Ihm ist allein ihr Gesang bekannt und er weiß, daß die Schönheit der Stimme keinesfalls auf einen ebensolchen Charakter verweisen muß. Deshalb ist er auf Hypothesen und Projektionen angewiesen, um sich ein Bild davon zu machen, was unterhalb des manifesten Gesangs liegt:

"Wahrscheinlich ist sie menschlich völlig unzulänglich; charakterlich eine Null; geistig hoffnungslos unterbelichtet [..]." (Kon: 82)

Weil er aber seine Vermutungen auf der schmalen Basis seltener Gelegenheiten zur privaten Beobachtung aufstellt, wird er immer wieder auf die Verführungskraft der reinen Oberflächlichkeit gesungener Noten zurückgeworfen:

"Aber dann höre ich bei jeder Probe ihre Stimme, diese Stimme, dieses göttliche

---
[146] Baudrillard, Jean: Von der Verführung. München 1992, S. 77.
[147] Vgl: Derrida, Jacques: Grammatologie. Frankfurt 1983, S. 32 ff.
[148] Baudrillard (1992): S. 78.

Organ. - Wissen sie eine schöne Stimme ist an und für sich geistvoll, die Frau kann noch so blöd sein, finde ich, das ist das Grauenvolle an der Musik." (Kon: 82)

Er weiß daß es nur Oberflächeneffekte sind, die ihn verführen und kann sich dem doch nicht entziehen, weil der in sich abgeschlossene Gesang 'geistvoll' ist - ein Versprechen auf etwas, das seine Stärke gerade daraus bezieht, daß es nicht eingelöst wird. Trotzdem ist die Wunschökonomie des Kontrabassisten ganz darauf ausgerichtet, die innere Tiefe der Sopranistin erforschen zu wollen. Die Lösung der Hauptschwierigkeit, daß sie ihn noch nicht einmal wahrgenommen hat, will er mit dem Schreien ihres Namens lösen. Der Verführte stellt sich zumindest vor, nun seinerseits die Verführerin zu verführen, indem er ein leeres Zeichen ('Sarah') derart kontextualisiert, daß es ihr unauslöschlich präsent bleiben würde. Der Kontrabassist will durch das Schreien von Sarahs Namen in die gespannte Stille kurz vor dem ersten Ton einer Oper, sich ihrer ewigen Erinnerung sicher sein (zumindest ist das sein Wunschtraum):

"Es wäre ein Einschnitt in meine Biographie. Und selbst wenn ich Sarah damit nicht bekomme, sie wird mich nie vergessen. Ich werde zu einer ständigen Anekdote ihrer Laufbahn, ihres Lebens. Das wäre diesen Schrei wert." (Kon: 94)

Der imaginierte Schrei wäre eine symbolische Penetration des Opfers, das sich gegen diesen Angriff auf ihre Integrität nicht wehren könnte, gerade weil das Schreien ihres Names keine negierbare Aussage trifft, sondern einen rein performativen Akt darstellen würde, eben den Schrei. Daher muß das Schreien im Konjunktiv bleiben - nur in der Vorstellung kann es so zu einem Akt der Verführung werden. Es ist allerdings eher eine Verführung des Kontrabassisten durch die Vorstellung, daß er schreien und damit sein "Leben ändern",[149] sogar: "entscheidend ändern" (Kon: 94), könnte. Die Frau wird somit vom Bassisten zu einem Imaginationsraum instrumentalisiert, in welchem er eine Projektionsmöglichkeit - oder besser akustisch formuliert, einen Resonanzkörper für seine sexuellen Wünsche und seine Zukunftsutopien besitzt. Die zum Schreien verführende Stille vor der Oper, der zur symbolischen Verausgabung verführende Stillstand seiner Biographie und ihre zur Eroberung verführende körperliche / gesangliche Erscheinung lagern sich um den Namen der Frau als Bedeutungsspektrum an. Gerade dadurch wird die Frau, auf die das Zeichen 'Sarah' eigentlich verweist, immer unwichtiger. Sie als Subjekt und seine Verliebtheit sind eine Selbstverführung zu einem individualisierenden Geräusch, das ihn aus der Menge des Orchesters hervorheben würde.

---

[149] Rilke, Rainer Maria: Archaïscher Torso Apollos. In: Rainer Maria Rilke. Sämtliche Werke. Insel Werkausgabe. Band 2. Frankfurt 1975, S. 557. (Vgl. auch: Par: 171)

Die Vorstellung des Kontrabassisten, daß er mit dem Schrei nicht nur die Sopranistin, sondern auch das Publikum zu einer unerwarteten und ihn erlösenden Panikreaktion verführen könnte, kann als der Versuch interpretiert werden, mit seinem schreienden Körper in einen symbolischen Austausch mit dem 'System' Oper zu treten. Weil er aber seine Physis selbst kaum noch (und schon gar nicht lustvoll) wahrnimmt, kann dieser Potlatsch[150] nur in der Form einer gegenseitigen Überbietung zur Katastrophe hin inszeniert werden. Aus dieser Perspektive muß Stadelmaier zugestimmt werden, der die Figur des Bassisten als die Zurschaustellung eines potentiellen Amokläufers interpretiert:

> "Was sich hier buchstäblich ver-äußert, sind die Phantasien eines musizierenden Terroristen, der dazu gemacht wurde - durch Terror: den Terror des Übens, des Dienstes, des Verbeamtetseins (= den Terror der Sicherheit!)"[151]

Der Bassist hat sich durch die beständigen Disziplinierungen seines Körpers zu einem entkörperlichten Wesen verwandelt. Er hat den physischen Teil seiner Existenz an den Kontrabaß abgegeben - z.B. seine Körperwärme im Schneesturm:

> "Ja, das verbindet. Das schafft Liebe, kann ich Ihnen sagen." (Kon: 38)

Damit ist der Baß zu seinem Resonanzkörper geworden, mit dessen Hilfe er überhaupt erst in die Lage versetzt wird, sich im Medium 'Orchester' sinfonisch zu äußern. Wenn er akustisch die fundamentalen Tiefen erreichen will, die ihm sein Instrument ermöglicht, muß er mit ihm eine symbiotische Beziehung eingehen. Allerdings hat der Baß, wie jedes andere technologische Medium auch, die Tendenz, diejenigen Bereiche des menschlichen Körpers, die er erweitert hat, schließlich zu ersetzen:

> "Unter körperlichem 'Streß' oder bei Überreizung schützt sich das Zentralnervensystem selbst aktiv mit der Waffe der Amputation oder Absonderung des 'kränkelnden' Organs, Sinnes oder der gestörten Funktion."[152]

Im Fall des Kontrabassisten liegt allerdings die extreme Situation vor, daß das betroffene Organ, das in die Selbstamputation getrieben wird, praktisch die Gesamtheit seines Köpers ist: Durch diese Metamorphose wird der Bassist zu einem Wesen ohne körperliches Resonanz-Volumen; also tatsächlich das genaue Gegenteil einer Sopranistin. Diese Körperlosigkeit empfindet der Bassist als ein "Kainsmal" (Kon: 69), das ihm sein Instrument aufgedrückt habe. Und tatsächlich trägt sein Körper Spuren und Markierungen seiner jahrelangen Dressur:

---

150 Vgl. Mauss, Marcel: Die Gabe. Frankfurt 1990, S. 20 ff.
151 Stadelmaier (1984), S. 11.
152 McLuhan, Marshall: Die magischen Kanäle. Düsseldorf 1992, S. 58.

"Mit diesen Fingern spüre ich nichts mehr. Ich habe mir die Finger verbrannt, letztens, ich habe nichts gespürt, ich hab es erst gemerkt am Gestank von meiner eigenen Hornhaut. Selbstverstümmelung. Kein Schmied hat solche Fingerkuppen." (Kon: 50)

Dieser Körper wird in einem Ausmaß als entsinnlicht dargestellt, daß er (wie in Kaurismäkis gleichnahmigem Film) eher einem wahrnehmungslosen Zombie[153] zu gleichen scheint, der lebendig in seinem schalltoten Raum begraben ist, als einem lebendigen Mensch aus Fleisch und Blut.[154] Wenn sich der Bassist also selbst als einen Kerberos bezeichnet (Kon: 44), der die Grenze zwischen Sinn, Sein und dem Nichts bewacht, ist diese (räumliche) Positionierung auf der Schwelle zum Reich der Toten nicht nur als eine musikalische Metapher zu lesen. Es ist nämlich ebenfalls die sinnvolle Beschreibung der (räumlichen) Situierung des Terroristen (der er zu werden sich vorstellt) in der taktischen / strategischen Auseinandersetzung mit den Ordnungsmächten. Die Waffe des Terroristen ist einer Analyse Baudrillards zufolge in einer symbolischen Inversion zu sehen, die darin besteht

"gegen das System das Prinzip seiner Macht selbst zu kehren: die Unmöglichkeit der Antwort und der Vergeltung. [..] Auf diesen Einbruch des Symbolischen (der das schlimmste ist, was ihm widerfahren kann, und im Grunde die einzige 'Revolution') weiß das System nur zu antworten mit dem physischen, dem realen Tod der Terroristen - aber das ist seine Niederlage, da dieser Tod gerade *ihr* Einsatz war [..]."[155]

Wenn sich der Kontrabassist vorstellt, gegen das 'System' (das sich in seinem Fall als Orchester-Hierarchie manifestiert hat) zu rebellieren, wählt er nicht eine revolutionäre, sondern die terroristische Methode einer direkten Aktion. Der Erfolg wäre dann maximal, wenn er tatsächlich vom Leibwächter erschossen würde, weil sich dann das Prinzip des Gewaltmonopols in sich selbst verstrickt hätte. In der gesellschaftlichen Struktur kapitalistischer Simulation beruht die Logik der Machtkalküle auf der Überwachung zentraler Begrenzungen, die als Leitdifferenzen die soziale Kommunikation steuern. Der mythologische Charakter[156] dieser zur zweiten (Pseudo-)Natur gewordenen Differenzierungen wird nach Baudrillard

---

[153] Zombi and the Ghost Train. (Fin, 1991) (R: Mika Kaurismäki) - Die Hauptfigur ist ein ebenfalls alkoholkranker Bassist, Zombi genannt; wenn auch am E- statt am Kontrabaß. / Obligatorisch zum Begriff 'Zombie' ist hier auch der Verweis auf: Zombie. Dawn of the Dead. (USA, 1977) (R: Georg A. Romero.).
[154] Folgerichtig muß sich der Bassist selbst martern, damit das Blut wenigstens aus seinen geschundenen Fingerkuppen fließen kann; vgl. Kon: 88.
[155] Baudrillard (1991) S. 66.
[156] Vgl. Barthes, Roland: Mythen des Alltags. Frankfurt 1964, S. 130 ff.

sichtbar, wenn sie als Folge-Bifurkationen einer ersten zentralen Operation beschrieben werden, in der Leben und Tod in Opposition gesetzt wurden:

> "Aus der Geschichte weiß man, daß die priesterliche Macht auf dem Monopol über den Tod und der exklusiven Kontrolle der Beziehungen zu den Toten basiert. Die Toten sind der erste reservierte Bereich, der allein durch die obligatorische Vermittlung der Priester dem Austausch wieder übergeben werden kann. Die Macht installiert sich auf dieser Barriere zum Tode. Später nährt sie sich von anderen bis ins Unendliche verzweigten Trennungen: diejenige von Seele und Körper, von männlich und weiblich, von gut und böse, etc., aber die erste Trennung ist die von Leben und Tod."[157]

Aus dieser Politisierung des Körpers heraus (in seiner Zeitlichkeit / Vergänglichkeit) entstehen Machtstrategien, die zur Perfektionierung einer ubiquitären Kontrolle auch vor dem (buchstäblich) Letzten nicht zurückschrecken: der Tod wird denaturalisiert, unsichtbar gemacht (zum Beispiel wurde er aus dem Zentrum der Städte vertrieben) und mithilfe verschiedenster Strategien, in Strukturen einer Erpressung zur Sicherheit und zur Gesundheit eingebunden:

> "Die Notwendigkeit des Todes töten. Damit die Menschen leben? Nein: damit sie nur den einen, durch das System autorisierten Tod sterben - Lebende, die von ihrem Tod getrennt sind und die unter dem Zeichen der Sicherung aller Risiken nur noch die Form ihres Weiterlebens austauschen."[158]

Wie weit dieses Leben als Überleben gehen kann, wird in 'Der Kontrabaß' exemplarisch vorgeführt. Der Bassist stellt den Prototyp einer durch seine vorweggenommene Todesangst erpressbar gemachten Existenz dar: Aus Angst vor dem Risiko wählt er die angstmachende Sicherheit des Beamtentums; aus Angst vor dem Leben, hat er zu leben aufgehört:

> "Ich bin total abgesichert...
> Wissen Sie - das macht mir manchmal eine solche Angst, ich ... ich ... ich trau mich manchmal nicht mehr aus dem Haus, so sicher bin ich. Ich bleib in meiner Freizeit - ich hab viel Freizeit -, ich bleib lieber zuhause, aus Angst, wie jetzt, wie soll ich Ihnen das erklären? Es ist eine Beklemmung, ein Alpdruck, ich habe eine wahnsinnige Angst vor dieser Sicherheit, es ist wie eine Klaustrophobie [..]." (Kon: 91)

Das existentielle Paradox des Kontrabassisten ist so konstruiert, das er sich als Klaustrophobiker in die Enge eines schalltoten Zimmers zurückziehen muß, weil er weder die Begrenztheit seiner Beamtenexistenz erträgt noch seine Angst vor der Weite eines freien Daseins überwinden kann.

---

[157] Baudrillard (1991): S. 203 f.
[158] Baudrillard (1991): S. 281.

III. Die Weiblichkeit des Raumes

Im folgenden Exkurs soll die Darstellung der weiblichen Figuren in Patrick Süskinds Texten untersucht werden. Dies ist deshalb notwendig, weil besonders aus einer feministischen Perspektive der Eindruck entstehen könnte, daß die Rolle der weiblichen Figuren berechtigter Anlaß zur Kritik ist. Und tatsächlich zielen (vor allem bei 'Das Parfum') von den wenigen negativen Besprechungen die meisten auf die Darstellung der Frauen.[1] So bemängelt etwa Beatrice von Matt,[2] neben der fehlenden Distanzierung des Autors gegenüber den Scheußlichkeiten seines Helden, daß

> "ein aus ihrer Umgebung erklärtes, wenn auch beschränktes Schicksal [..] nur die Männer [haben]. Kein Schicksal haben die Frauen. Falls sie erotisch in Betracht fallen, kommen sie alle um. [..] Ältere Frauen werden nicht vom Protagonisten, wohl aber vom Autor, der im übrigen seine Erzählperspektiven völlig willkürlich handhabt, auffällig rasch aus dem Weg geschafft."[3]

Es ist zwar weder nachvollziehbar, an welchen Stellen der linearen Chronologie von 'Das Parfum' Matt eine willkürliche Handhabung der Erzählperspektive zu erkennen glaubt, noch kann der These zugestimmt werden, daß die männlichen Nebenfiguren grundsätzlich kontextualisierter dargestellt würden als die Frauen. Vielmehr bleiben, wie Frizen feststellt, die Figuren beiderlei Geschlechts

> "im konkreten Wortsinn Nebenfiguren, die den Lebensweg des Romanhelden als Erfüllungsgehilfen eine Weile begleiten [..]. Sie scheinen auf eine bloße instrumentale Funktion oder auf die Rolle als Opfer festgelegt zu sein."[4]

Im Kern gibt Matt aber den richtigen Hinweis darauf, daß in den Texten Süskinds (nicht nur in 'Das Parfum') die im Zentrum der Perspektive stehenden Figuren nahezu alle männlich sind und die Frauen in ihren Nebenrollen eine allenfalls 'illuminative' Funktion gegenüber dem erzählten männlichen Schicksal erfüllen; was folgender chronologischer Gang

---

[1] Vgl. Delseit, Wolfgang / Drost, Ralf (Hgg.): Patrick Süskind. Das Parfum. Erläuterungen und Dokumente. Stuttgart 2000, S. 49 ff.
[2] Matt (1985): S. 43.
[3] Matt (1985): S. 43.
[4] Frizen, Werner: Patrick Süskind, Das Parfum: Interpretation / von Werner Frizen und Marilies Spancken. München 1996, S. 78. (= Oldenbourg Interpretationen; Bd. 78)

durch Süskinds Werk aufzeigen soll und daher auch primärer Fokus der Textanalysen ist.

In 'Der Kontrabaß' wird die gescheiterte Existenz des Musikers durch sein hoffnungsloses Verliebtsein in die für ihn unerreichbare Sopranistin Sarah sichtbar gemacht, gleichzeitig aber die begehrte Frau (als Person nur indirekt anwesend im Sprechen des Mannes) ausschließlich in der Perspektive seiner Wunschökonomie dargestellt. Dagegen sind zwar in 'Monaco Franze' Frauen textuell in hohem Maße präsent; werden aber auch als ergänzende Figuren neben dem titelgebenden Helden oft aus dessen Perspektive geschildert. Wenngleich die beschriebenen Verführungs-Spiele ihren Reiz gerade daraus beziehen, daß die weiblichen 'Opfer' sich diesem Zugriff immer wieder entziehen. So erhalten die Frauenfiguren ein souveränes Aktionspotential, das sie gegenüber dem Helden agieren und nicht nur reagieren läßt, was insbesondere an der Figur des Spatzl / Annette von Soettingen deutlich wird. Auch in 'Kir Royal' verfolgen die Frauenfiguren ihre eigenen Ziele. Zwar steht ebenfalls mit Baby Schimmerlos der männliche Held im Zentrum, er ist noch deutlicher als in 'Monaco Franze' von eigenständigen weiblichen Charakteren umgeben: Denn in 'Kir Royal' agieren die Frauen als starke Gegenspielerinnen, die dem Klatschreporter in ihrer ökonomisch-politischen Macht (Frau von Unruh) oder in ihrer kommunikativ-moralischen Macht (Mona) überlegen sind.

In 'Die Taube' sind weibliche Figuren so vollständig aus dem Leben des Helden verschwunden, daß als das Hauptmerkmal der wichtigsten Frauen in Jonathans Leben (seine Mutter und seine Frau) paradoxerweise geradezu ihr Abwesend-Sein bestimmt werden könnte. Die wenigen Aufmerksamkeitsmomente, in denen der Held die doch noch in seiner Umgebung vorhandenen Frauen (die Concierge, die Vermieterin, die Schneiderin) wahrnimmt, sind zu kurz, als daß diese mehr als nur Statistinnen sein könnten. Anstelle realer Frauen wird in 'Die Taube' das kleine Zimmer des Helden als verläßliche Geliebte (weiblich) personalisiert. Die Mutter und die Schwester, von denen in 'Die Geschichte von Herrn Sommer' am Rande berichtet wird, dienen ebenfalls eher der Charakterisierung des Lebensumfeldes des kleinen Jungen. Narratives Potential haben dagegen Carolina und die Klavierlehrerin, wobei aber auch diese beiden weniger als eigenständige Charaktere auftreten. Sie werden vielmehr fast ausschließlich in ihren Funktionen dargestellt, die sie im Leben des kindlichen Helden erfüllen, aus dessen Perspektive die Geschichte ja auch erzählt wird.

Eine Sonderstellung (bezüglich des 'gender-trouble') nehmen die 'Drei Geschichten' ein. Denn während in 'Der Zwang zur Tiefe' die Hauptfigur eine Frau ist, deren Schicksal parabelhaft erzählt wird, kommen 'Ein

Kampf' (vollständig) und 'Das Vermächtnis des Maître Mussard' (mit einer winzigen Ausnahme) ohne weibliche Figuren aus. Die Stellung der Frauen in 'Rossini' ist dagegen aus anderen Gründen problematisch, denn der Text handelt von einer Personengruppe, in der die Unterscheidung zwischen Haupt- und Nebenfiguren nicht in allen Fällen eindeutig zu treffen ist. In dieser Arbeit wird aber davon ausgegangen, daß von den weiblichen Charakteren zumindest die Figuren 'Valerie' und 'Schneewittchen' als Hauptfiguren eingestuft werden können. Die eine verliert, die andere erobert ihre Machtposition in der Gesellschaft. Deren Schlüsselpositionen sind zwar von Männern besetzt, die am Ende über Sieg oder Niederlage entscheiden, den Kampf um eine Stellung innerhalb der 'peer group' tragen diese beiden Figuren aber eigenständig und an handlungstragender Position des Textes aus.

Hier müssen einige kurze Bemerkungen zur Rolle des (hier männlichen) Autors und zur Verwendungsweise der Begriffe 'weiblich' / 'männlich' eingefügt werden: 'Weiblichkeit' und 'Männlichkeit' werden selbstverständlich nicht als natürlich gegebene, sondern ausschließlich als diskursive Formationen aufgefaßt, mit deren kultureller Wirksamkeit die Texte Süskinds operieren. Und dabei ist ebenfalls selbstverständlich für die Analyse der Texte von sekundärem Interesse, welche Einstellung Patrick Süskind als reale Person zur Geschlechterdifferenz und deren sozialen Folgen haben mag. Es kann nicht die Aufgabe dieser Arbeit sein, eine latente Gender-Disposition des Autors rekonstruieren zu wollen. Es soll ausschließlich die auf der Ebene des Textes stattfindende Produktivierung des 'gender-trouble' perspektiviert werden. Wenn hier auf die Konstruktionen von Weiblichkeit und Männlichkeit eingegangen wird, so deshalb, weil sich die Texte Patrick Süskinds durch ein hohes Maß an reflektiertem und ironischem Umgang mit diesen kulturellen Mustern auszeichnen:

Süskinds Essay 'Ist der Stenz ein Matscho?', das dem Drehbuch von 'Monaco Franze' hinzugefügt wurde, differenziert ironisch zwei Typen des Männlichen - eben den 'Stenz' und den 'Matscho' - gegeneinander aus. Während sich die Weltgeschichte "vom ältesten Altertum bis zur neuesten Neuzeit als Tummelfeld des Matscho" (Ste: 251) präsentiere, sei der Stenz "historisch gesehen [..] eine Rarität." (Ste: 251) Untermauert wird diese These mit einem kurzen Exkurs über verschiedene historische Männergestalten, die allesamt Matschos seien mit der einzig rühmlichen Ausnahme Goethes, der "wenigstens gelegentlich Anflüge von Stenzentum aufweist." (Ste: 251) In der folgenden allgemeinen Charakterisierung des 'Stenz' (in Abgrenzung zum 'Matscho') entwirft Süskind mit ernster Ironie einen ästhetischen Weltzugang, der als eine (für deutsche Verhältnisse) frühe

Formulierung postmoderner Subjektivität gelten kann und hier im Ganzen zitiert werden soll:

> "Eine erotische Niederlage erschüttert das Weltbild des Matscho im innersten Kern, denn er ist Ideologe. Für den Stenzen als Pragmatiker des Humanen ist sie dagegen eine durchaus vertraute Möglichkeit, die den Reiz des Spiels erst ausmacht. Der Matscho ist ein despotischer Machtmensch, der die Welt - und die Frau nur als Teil der Welt! - verachtet und unterwerfen will. Für den Stenz hingegen ist das Weibliche die Welt schlechthin, in die er sich als homo ludens zu versenken sucht. Je größer diese Welt ist, je freier sie sich entfaltet und in Erscheinung tritt, desto wohler fühlt sich der Stenz. Deshalb kann es nicht verwundern, daß die Frauenemanzipation und die Emanzipation des Mannes vom Matscho zum Stenzen Hand in Hand gehen." (Ste: 252 ff.)

Das hier entworfene Verführungsszenario spiegelt zwar durchaus eine männliche Weltsicht, die einer feministischen Kritik unterworfen werden könnte ('das Weibliche als die Welt schlechthin'), entschärft aber den Geschlechterdiskurs in der Gestalt, daß Frauen als Mitspielerinnen in einer gleichwertigen Konstellation beschrieben werden und nicht etwa eine - als sexuelle Befreiung getarnte - Verfügungsgewalt von Männern über Frauen entworfen wird.[5] Der Stenz betreibt damit keine 'kalte / ludische' Verführung im Sinne Baudrillards, die über eine polare Beziehung der Gesetzmäßigkeit "des Sozialen oder des Sinns"[6] versucht, ein Verhältnis der inszenierten Faszination und Kontrolle zu errichten. Das 'Anbandeln' ist eher mit dem Begriff der dualen Beziehung zu beschreiben, "die das Spiel, das Ritual und die Sphäre der Regel beherrscht"[7] und dem Gebot der Fairness gehorcht. Süskind merkt in seinem Essay selbstironisch, aber wohl zu Recht an, "daß auch mit dem Typus des Stenzen noch keineswegs der Gipfelpunkt in der Entwicklungsgeschichte des Mannes erreicht ist [..]." (Ste: 254)

Im folgenden sollen die Prosa-Texte Patrick Süskinds (mit Ausnahme von 'Das Parfum', das aufgrund seiner exponierten Stellung gesondert behandelt wird) unter dem Fokus der Differenz 'Frau' vs. 'Mann' beobachtet werden. Dabei werden die Texte in der chronologischen Reihenfolge ihres Entstehens analysiert und es wird intensiv auf die Raum-Metaphern eingegangen, die besonders von den weiblichen Figuren getragen werden.

---

5   Letzteres ist typisch 'machistisch': aus Angst vor erotischen 'Niederlagen' wird das Spiel der Verführung ganz abgeschafft. Das ideologische Konzept der 'freien' Liebe präsentiert sich in der Form 'frei' verfügbarer Frauen (ohne Risiko narzistischer Kränkungen).
6   Baudrillard (1992): S. 218.
7   Baudrillard (1992): S. 218.

1. Die Urmuschel

'Das Vermächtnis des Maître Mussard' erwähnt nur eine Frauenfigur. Lediglich die Witwe des verstorbenen Meisters tritt kurz auf: sie ehelicht Maître Mussard, verschafft ihm "auf diese Weise Meisterbrief und Zunftrecht" (Mus: 58) und stirbt dann namenlos. Schon die Mutter des Maître wird nicht einmal mehr genannt und auch sonst rekrutiert sich das gesamte Personeninventar - vom Diener bis zu den Bekanntschaften - aus Männern. Dieser männlich dominierte Lebens-Raum wird einer existentiellen Bedrohung ausgesetzt, in Form einer um sich greifenden Ausbreitung versteinerter / versteinernder Muscheln:

> "Meine umfangreichen Studien [..] haben ergeben, daß die Vermuschelung der Erde ein rapide fortschreitender, nicht aufzuhaltender Prozeß ist." (Mus: 81)

Die Indizienkette, die der Privatgelehrte in seinem Vermächtnis entwickelt, folgt der Ordnung der Ähnlichkeiten, innerhalb derer eine wechselseitige Determination des Großen und des Kleinen die Welt ordnet.[8] Daher muß die Vermuschelung einem höchsten Prinzip folgen, das den Prozeß der Annäherung zentral / universal steuert: In einer Traumvision erscheint Maître Mussard die große "Urmuschel, aus deren Innern [er] für kurze Zeit entlassen war, um ihre Größe und Herrlichkeit zu schauen." (Mus: 105) Der kurzfristig in ein absolutes Außen verlegte Standpunkt ermöglicht eine vollständige Beobachtung des Welt-Systems, die der uteralen Logik einer all-umfassenden Umschließung des Seienden folgt: der visionierende Erzähler durchlebt eine invertierte Traumgeburt des Existierenden durch die verschlingende Öffnung der Muschelhälften:

> "Schließlich wußte ich, daß die schwarze Masse über mir eine Muschel war. Da spaltete sich die Masse in zwei Teile, öffnete ihre schwarzen Flügel wie ein gigantischer Vogel, riß die beiden Muschelschalen auf über das ganze Weltall und senkte sich herab über mich, über die Welt, über alles was ist und über das Licht und schloß sich darüber." (Mus: 103)

In der Existenzlogik, die der Maître im symbolischen Raum seines Vermächtnisses eröffnet, ist die gebärende Frau eine blinder Fleck: Seine eigene Genealogie wird bestimmt über den Namen ("Jean-Jacques Mussard"), über das Datum und den Ort der Geburt ("am 12. März 1687 in Genf") und über seine männliche Abkunft ("Mein Vater war Schuster." (Mus: 57)). Seine Mutter aber wird nicht erwähnt und wird so auf der Zeichenebene ausgestrichen / getötet. Seine eigene Frau wird darauf reduziert, die Frau eines Mannes gewesen zu sein, seines Meisters, und ist nur

---

[8] Vgl. Foucault, Michel: Die Ordnung der Dinge. Frankfurt 1971, S. 46 ff.

insofern relevant, als daß sie durch ihr Geheiratet-Werden den Meistertitel verschaffen kann, um dann - der männlichen Wunschökonomie entsprechend - auch möglichst bald zu sterben. Gebärend ist diese namenlose weibliche Existenz ebenfalls nicht - zumindest nicht im Bereich des Textes, der Kinder oder Sexualität unerwähnt läßt.

Die Frau als das ausgeschlossene Andere rächt sich, indem es aus dem Untergrund an die Oberfläche zurückkehrt. Mussard entdeckt die ersten Muscheln beim Umgraben des Gartens. Von diesem Moment an wird seine Ordnung der Dinge von der räumlichen Logik der Geburt beherrscht: Unter einer immer dünner werdenden Schale der Erdoberfläche wächst etwas Fremdes zu immer bedrohlicheren Ausmaßen heran. Der Innenraum der Welt wird zu einer uteralen Blase, die jederzeit zu platzen droht. Eine weitere Steigerung erfährt diese pervertierte Geburtsvision, indem auch der männliche Körper des Maître Mussard von Innen heraus zu einem gebärenden Körper wird. Die Muschelparasiten füllen seinen Innenraum immer mehr aus. Sie treiben den Wirtskörper dessen Tod entgegen, der ihr Hinaustreten an die Welt ermöglicht, die so als Ganzes ein Stück weit mehr von den Muscheln ausgefüllt wird. Der Punkt, an dem das Wahnsystem vollständig der freudschen Logik des Un-Heimlichen folgt, ist der Moment der Vision, in dem das Innen des Weltkörpers zu dessen Außen wird:

Das Heimliche der Geborgenheit im Mutterleib, das durch das Reißen der Fruchtblase eine tiefe Kränkung des 'Geworfen-Seins' in die Welt hinterläßt, kehrt als das Un-Heimliche zurück.[9] Der sich öffnende Spalt der Muschelhälften kann in einer rein männlichen Logik, die das Gebären aus ihrem Denk-Horizont ausgeschlossen hat, nur als ein tödliches Verschlingen-Wollen erscheinen. Im Inneren der Muschel zu sein, wird nicht als eine Rückkehr ins Heim-liche des Uterus erfahren, sondern als eine tödliche Bedrohung durch den umschließenden Körper. Maître Mussard entwirft hier das Gegenbild zur räumlichen Logik der Muschel, wie sie Bachelard beschreibt:

"Die Natur hat eine sehr einfache Methode, uns in Erstaunen zu setzen: indem sie im Großformat arbeitet. Mit der Riesenmuschel, die gewöhnlich der 'Große Weihkessel' genannt und bisweilen als solcher benutzt wird (tridacna gigas), hat die Natur einen gewaltigen Geborgenheitstraum verwirklicht, ein Geborgenheitsdelirium, das in eine Monstrosität der Geborgenheit ausläuft. [..] Wer sollte sich nicht von kosmischen Kräften gestärkt fühlen, wenn er sich vorstellt, er nehme ein Bad in der Schale einer Riesenmuschel?"[10]

---

9 Vgl. Freud, Sigmund: Das Unheimliche. (1919) In: ders.: SA Bd. IV., S. 241 ff.
10 Bachelard, Gaston: Poetik des Raumes. Frankfurt 1975, S. 151-152.

Süskinds Text gibt eine negative Antwort auf diese wohl nur rhetorisch Frage: Zumindest die Figur des Maître Mussard würde sich dort nicht geborgen fühlen, entwirft sie doch die Riesenmuschel als ein furchteinflößendes Bild reiner Monstrosität. Vor dem Horizont eines Denkens das alle Weiblichkeit und alle bergenden Elemente verbannt, kann die Rückkehr in einen - zwar einst vertrauten aber verdrängten - Innenraum nur als Angriff erlebt werden: Das Licht der Sonne versinkt in vernunftferner Dunkelheit, in der nur das Rauschen / der sinnlose Noise der undifferenzierten Ur-Wasser zu hören ist:

> "Und es wurde endgültig Nacht, und das einzige, was es noch gab, war das Geräusch des Mahlens und Rauschens." (Mus: 103)

Die bergende "Klausur in der Mutter"[11] mit ihrem akustischen Raum der Frucht-Wasser-Blase wird lediglich als die bedrohliche Abwesenheit Orientierung stiftenden Lichts wahrgenommen. Im 'weiblichen' Raum der uteralen Ge- oder Verborgenheit fehlt das Zentrum der Sonne, das die klaren und distinkten Unterscheidungen der Vernunft-Tableaus ermöglicht. Die Dunkelheit wird nicht als "eine Nacht der Romantik,"[12] der Heimkehr und der (wieder-)vereinigenden Symbolisierung, sondern als die drohende Finsternis, als hoffnungs- und erlösungsloses Sterben erfahren. Dieser dem Leben eingeschriebene Tod vollzieht sich als ein langsames Aufgefülltwerden des Körpers. Die Krankheit zum Tode besteht in dem Nach-Außen-Kommen eines im Innen wachsenden Muschelkörpers, der als bedrohlicher Ausbruch von etwas Parasitärem begriffen wird. Die nietzscheanische Verbindung der zugleich furchtbaren und fruchtbaren Verfaßtheit[13] menschlicher Existenz wird im rein männlich determinierten Denken des Maître Mussard um die Komponente der Fruchtbarkeit beschnitten und ausschließlich als das Furchtbare eines Verschlungen-Werdens beschrieben. In Maître Mussard ist ein Motiv-Komplex angelegt, der sich bemerkenswert häufig auch in den übrigen Texten Patrick Süskinds wiederfinden läßt: Ein männlicher Held, der sein Leben weitgehend ohne Kontakt zu Frauen gestaltet, (er-)findet (sich) in einem Raum die Substitution für Weiblichkeit. Diese Räumlichkeit ist aber so gestaltet, daß sie nicht nur eine bergende Funktion hat, sondern daß von ihr auch eine bedrohliche Enge ausgeht.

---

11 Sloterdijk (1998): S. 275 ff.
12 Mommberger, Manfred: Sonne und Punsch. München 1986, S. 67.
13 " 'Der moralische Mensch [..] steht der intelligiblen (metaphysischen) Welt nicht näher als der physische Mensch.' Dieser Satz [ist] ein Satz der erheblichsten Folgen, fruchtbar und furchtbar zugleich, und mit jenem Doppelgesichte in die Welt sehend, welches alle großen Erkenntnisse haben." (Nietzsche, Friedrich: Menschliches, Allzumenschliches. In: Friedrich Nietzsche. KSA Bd 2. Hgg. von: Colli, Giorgio / Montinari, Mazzino. München 1988, S. 526.)

2. Das Schachbrett

In 'Der Kontrabaß' hatte der Bassist seine Funktion im orchestralen Spiel damit beschrieben, daß es die fundamentale Tiefe des Basses sei, auf der der akustische Raum der Sinfonie errichtet werde. Seine musiktheoretischen Abhandlungen wurden aber durch die sexuellen Konnotationen immer wieder im Sinne des gender-trouble aufgeladen:

Der Bassist erliegt der körperlichen Ausstrahlung der Sopranistin Sarah, versucht aber doch beständig, sein Begehren von aller Körperlichkeit 'unberührt' zu halten. Musik sei in eine 'meta-physische', bi-polare "Spannung von hier und dort" (Kon: 14) eingebunden, worin sich der physische Gegensatz zwischen Baß und Sopran bzw. Bassist und Sopranistin aufhebe. Ebenso wie diese musikalische 'Artisten-Metaphysik' kann auch der starre Antagonismus beim Schachspiel als Metapher für den 'gender-trouble' gelesen werden. Die Dame beherrscht zwar als stärkste Figur das symbolische Universum des Spielfelds, ist aber wie der Rest der Figuren funktional darauf verpflichtet, zum Sieg des Königs beizutragen. Der König dagegen nimmt die Rolle des schwachen männlichen Helden ein, dessen Schicksal gleichwohl das einzig wichtige ist und immer wieder aufs Neue erzählt wird. Damen können geopfert werden, um für den Sieg einer Partei ihren Beitrag zu leisten - der König bleibt bis zum Ende auf dem Brett und erst wenn er matt gesetzt wurde, ist das Spiel verloren. Nun wird in 'Ein Kampf' ausdrücklich darauf hingewiesen, daß es

> "eine zutiefst ordinäre und böse Geste [sei], wenn man den König umstößt zum Zeichen der eigenen Niederlage. Es ist, wie wenn man nachträglich das ganze Spiel zerstört. Und es macht ein häßliches Geräusch, wenn der umgestoßene König gegen das Brett schlägt. Jedem Schachspieler sticht es ins Herz." (Kam: 49)

Bei der Suche nach dem treffendsten Bild, um den Begriff des 'Phallogozentrismus'[14] zu illustrieren, käme der umgestürzte König im Schach sicher in die engste Wahl: Am Ende des um den König-Phallus zentrierten Spiels, dem als rein logozentristisch[15] organisierter Kampf alles 'Spielerische' fehlt, steht die Kränkung der 'Schachspiel*er*' angesichts der - in die

---

[14] "Die Wirkung der Frau ist abgründig, für den Mann, aber auch für sie selbst. [..] Sie spreizt sich und spreizt die als wahr festgestellten Sachverhalte. Der Phallozentrismus (auf den aufgerichteten Penis als Zentrum gerichtete Lehre) ist deshalb immer zugleich Phallogozentrismus (Lehre, die das Verschlingen des aufgerichteten Penis zentral stellt)." (Kimmerle, Heinz: Derrida zur Einführung. Hamburg 1988, S. 63.)

[15] Daß es Süskind gelingt, die im Schachspiel latent vorhandene a-logischen Seiten (im Sinne einer symbolischen Ebene des Antagonismus) darzustellen, macht die Qualität des Textes aus.

demütigende Horinzontale abgeknickten - Königsfigur. Gerade weil Süskind darauf verzichtet, in die Runde der Schachspieler und -zuschauer eine Frau einzuführen, die sich etwa wie Valerie über die "Zipfelspiele" (Ros: 113) der Männer lustig machen könnte, wird ein spezifisch männlicher Raum eröffnet. Eine an sich harmlose Freizeitbeschäftigung erhält so, trotz der ironischen Geste, mit der sie erzählt wird, den tragikomischen Ernst eines existentiellen Kampfes zweier Männer um ihre Ehre. Der Lokalmatador Jean, dessen letztes Spiel beschrieben wurde - in Zukunft wird er "Boules spielen, wie all die anderen Rentner auch, ein harmloses, geselliges Spiel von geringerem moralischem Anspruch" (Kam: 54) - verläßt als letzter das äußere Schlachtfeld. Auf dem Brett hat er zwar gewonnen, aber in der das Spielfeld umgebenden Welt muß er sich seine Niederlage eingestehen, "die deshalb so furchtbar und endgültig war, weil es für sie keine Revanche gab [..]." (Kam: 53) "Winner Take Nothing" heißt eine Sammlung Kurzgeschichten Ernest Hemmingways,[16] eine auch Süskinds Geschichte treffend beschreibende Wendung. Auch wenn Süskinds Helden um die Vorherrschaft im symbolischen Universum kämpfen, bleiben geschlagene Männer auf der Strecke: 'Schach ist Krieg, mein Freund!', wie Oskar Reiter sagen würde.

3. Die Tiefe

Es ist sehr auffällig, daß es in Patrick Süskinds sämtlichen Texten tatsächlich nur eine einzige weibliche Hauptfigur gibt - eine (namenlose) junge "Frau aus Stuttgart, die schön zeichnete" (Tie: 9). 'Der Zwang zur Tiefe', den diese entwickelt und der sie an der Fortsetzung ihrer Studien hindert, wird als Reaktion auf eine Besprechung ihrer Bilder dargestellt. Ihr wird von einem (männlichen)

"Kritiker, der nichts Böses meinte und sie fördern wollte, gesagt: 'Es ist begabt und ansprechend, was Sie machen, aber Sie haben noch zu wenig Tiefe." (Tie: 9)

Die Pointe der Geschichte liegt in ihrer offen ausgestellten Parabelhaftigkeit. Sie, der mangelnde Tiefe nachgesagt wurde, stürzt sich in einer späten Reaktion auf diese Bemerkung von einem Turm in die Tiefe. Ironischerweise spricht ihr daraufhin derselbe Kritiker nachträglich die von ihr begehrte 'Tiefe' zu. Der Kritiker identifiziert als eigentliches Motiv für den Selbstmord völlig korrekt ihren 'Zwang zur Tiefe'. Dieser entstand allerdings nicht aus einer schicksalhaften Charakterdisposition, sondern wurde von einem sozialen Dispositiv produziert, das sie zur Suche nach einer ihr

---

[16] Hemingway, Ernest: Der Sieger geht leer aus. Reinbek 1958.

fremden Eigenschaft von Kunst gezwungen hat, weil deren Fehlen von den 'Anderen' als Mangel ihrer Bilder beschrieben wurde. Eine Beobachtung dieses Lehrstücks über das Verhältnis von Kunst und Kritik (im öffentlichen Raum oder in den Massenmedien) aus der Perspektive 'Geschlechterdifferenz' erzeugt eine merkwürdige Koinzidenz zwischen der Position der Künstlerin als Frau und als Kunstproduzierender:

Einerseits bedarf sie als Frau der Stimme des Mannes, der ihr eine Position in der diskursiven Ordnung zuweist. Sie als das Andere wird erst durch die männliche Sprache zu einem Subjekt, das aber im Gegensatz zu den Männern ihre Rolle innerhalb eines (ihr wesentlich fremden) Sprachspiels von außen zugewiesen bekommen hat. Aber auch aus der Perspektive der Künstlerin ist ihre Geschichte als Illustration der Abhängigkeitsbeziehung Kunstschaffender (beiderlei Geschlechts) von Fremdbeobachtungen lesbar. Diese geht (in der Logik der Erzählung) über eine Abhängigkeit vom ökonomischen oder symbolischen Kapital, das die Kritik zu vergeben hat, weit hinaus. So ist das Verhalten der jungen Frau nach der Rezension erst dann nachvollziehbar, wenn in Rechnung gestellt wird, daß ihr subjektives Selbstverständnis als Künstlerin tatsächlich vollständig von den Stimmen der Anderen abhängig ist.

Als Statement zum aktuellen Kunst- und Literaturbetrieb gelesen,[17] könnte der Text im Sinne einer Aufforderung zu mehr Selbstbewußtsein gegenüber den semantischen 'Nullbegriffen' einer Kritik interpretiert werden oder auch als Apologie solcher künstlerischer Kommunikation, die sich der Erwartungshaltung verweigert, Kunst müsse innerhalb der Gesellschaft die Rolle einer sinnstiftenden Instanz übernehmen. Die Suche nach einer 'Tiefe' in der Kunst wird von Süskind als eine tödliche Falle inszeniert, in die "die junge Frau, die einst so schön gezeichnet hatte," (Tie: 15) tappt. Das lustvolle Spiel auf der Oberfläche wird durch das "Gemurmel des Hintergrunds" (Tie: 10) abgewertet, was sie dazu bringt, ihre Zeichenproduktion einzustellen und sich statt dessen auf die (zum Scheitern verurteilte) Suche nach einer Tiefendimension zu begeben, die sie weder in ihren, noch in anderen Bildern und auch nicht an / in sich selbst finden kann. Bereits ihre Versuche einer Definition bzw. einer Annäherung an den Begriff 'Tiefe' schlagen fehl und werden von Süskind in ihrer ganzen Absurdität - fast schon genüßlich - ausgespielt:

> "Sie ging in eine Buchhandlung und verlangte vom Verkäufer das tiefste Buch, das er auf Lager habe. Sie erhielt ein Werk von einem gewissen Wittgenstein und konnte nichts damit anfangen." (Tie: 12)

---

17 Daß der Text (auch) so interpretiert werden kann, zeigt die Veröffentlichung des Textes in 'Roman oder Leben' (Wittstock (1994): S. 121.), also innerhalb einer Essay-Sammlung zur zeitgenössischen Literatur.

Die Tiefe 85

Oder ihre Frage an den Lehrer im Museum:

"Verzeihen Sie - können Sie mir sagen, ob diese Zeichnung Tiefe besitzt?"
(Tie: 12)

Sowohl der männliche Verkäufer als auch der männliche Kunsterzieher helfen ihr nicht weiter. 'Tiefe' wird so zum dominierenden Zeichen des Textes, dessen Macht gerade auf der Unbestimmtheit seiner Bedeutung beruht.[18] Sein von Männern erzeugtes Funktionieren im Sprachspiel (Differenzierung von guter und schlechter Kunst) kann aufrechterhalten werden, ohne daß definiert werden müßte, wie 'tief' und 'flach' gegeneinander auszudifferenzieren seien. Je weniger konkret die Beobachtungskriterien, desto besser kann die Deutungsmacht stabilisiert werden. Je mehr sich also die junge Frau ihrer Fixierung auf den Signifikanten 'Tiefe' hingibt, desto mehr verfängt sie sich in den männlich dominierten Strategien des Kunstsystems:

"Zirkulation seiner Zeichen an der Oberfläche [..], was den Sinngehalt auslöscht. Und genau das verführt, während der Sinn eines Diskurses noch nie irgendwen verführt hat. Jeder Sinndiskurs will dem Schein eine Ende setzen, darin liegt seine Täuschung und sein Betrug."[19]

Der täuschende Betrüger spielt bei Süskind aber ein doppeltes Spiel, denn er simuliert den Sinndiskurs nur. Einerseits genügt dies, um den Oberflächenabgründen der jungen Malerin das Spiel zu verderben - gleichzeitig wird der Sinndiskurs aber als ein verführerischer Oberflächendiskurs angelegt und seine Zeichen in den Medien, dem Hintergrundmurmeln und den Hintergedanken der Frau zur Zirkulation gebracht. Bei einer Analyse von 'Der Zwang zur Tiefe' aus der Perspektive der räumlich-logischen Konstellationen wird die Aufforderung zur 'Tiefe' als das Bestehen auf eine latente Ebene hinter dem Manifesten der Zeichnung sichtbar:

Diese Konstruktion funktioniert aber nur, wenn die Bilder der Künstlerin sich auf das Manifeste der Oberfläche beschränkt haben, sie also eine Strategie der Verführung betrieben hat. Da sie aber auf die Forderung des Kritikers eingeht, war sie sich über ihre Strategie selbst nicht im Klaren (sonst hätte sie souveräner reagieren können). Das aber wiederum heißt, daß in ihren Äußerungen doch eine Latenz wirksam war - nämlich die ihr verborgene Tatsache, daß ihre Zeichnungen keine latente Ebene besitzen. Deshalb wiederum kann sie sich durch die Forderung des Kritikers nach

---

[18] Auch der Duden definiert 'Tiefe' tautologisch: "Tiefgründigkeit, wesentlicher geistiger Gehalt: *die philosophische T. seiner Gedanken.*" (Duden: Das große Wörterbuch der deutschen Sprache. Band 9. Hgg. von: Drosdowski, Günther / u.a. Mannheim 1999, S. 3904.)
[19] Baudrillard (1992): S. 78.

Latenz (d.h. nach 'Tiefe') verführen lassen, weil ihr ihre eigene Nicht-Latenz nicht bewußt war: Der Mann gibt die Spielregeln vor, die die junge Frau übernimmt und ernst nimmt, statt sie ihrer eigenen Verführungskraft einzuverleiben. Sie könnte dies etwa durch eine Ironisierung des Tiefen-Diskurses. Statt dessen nimmt sie das bedeutungsarme Zeichen so ernst und wörtlich wie nur möglich und wird dabei zu einer zu-tiefst ironischen Existenz. Ihr Sprung in die Tiefe erscheint als unangemessene Reaktion auf eine solche banale Bemerkung wie die des Kritikers. Im Gegensatz zum Kontrabassisten vollzieht sie die einmalige Tat und wird sogar wahrgenommen - sie steht mit 'ihrem Schrei' in der Zeitung. Gleichwohl wird das Tragische an ihrem Schicksal sofort wieder absorbiert und kommunikativ entschärft. Daher bleibt ihre Selbst-Bestrafung absurd, weil sie völlig wirkungslos ist. Der Kritiker, der im Prinzip dafür verantwortlich ist, daß sie (wie Uhu Zigeuner sagen würde:) "geistig, seelisch, körperlich und künstlerisch ein Krüppel" (Ros: 119) geworden ist, sieht "zuletzt doch im Individuellen [den] Keim zu jenem tragischen Ende angelegt." (Tie: 18) Die symbolische Ordnung hat sich durch ihren Tod nicht herausfordern lassen, sondern ihren Selbstmord im psychologischen Dispositiv zwischen 'Genie und Wahnsinn' entschärfen können, ohne daß es zu einem Riß im System kommen würde:

"Eine für die Geschichte des Genie-Gedankens wesentliche Wendung aber nahm die Degenerationstheorie erst durch die von anderer Seite hinzukommende Überlegung, daß physische und psychische Entartung, ja 'Krankheit' im weitesten Sinne [..] das 'Genie' hervorbringen kann. Von besonderer Bedeutung erscheinen in diesem Zusammenhang natürlich die Nervenkrankheiten. So ergibt sich bald das Junktim 'Genie und Wahnsinn' [..]."[20]

Damit verweigert aber Süskind den Lesenden der Geschichte den Ausweg in die Latenzen einer Figurenpsychologie, weil diese schon auf der Textebene ironisch vorformuliert wurde. In Anlehnung an Nietzsches Zarathustra könnte vom Fehlen nicht nur einer Hinterwelt,[21] sondern einer Unterwelt gesprochen werden. Auch der Handlungsverlauf wird so stark stilisiert, daß der Geschichte (durch ihre Zahlenmagie) jeder Realismus 'ausgetrieben' wird: Es dauert <u>drei</u> Tage bis die Frau die angeblich fehlende Tiefe als relevante Fremdbeobachtung wahrnimmt. <u>Drei</u> Wochen[22]

---

20 Schmidt, Jochen: Die Geschichte des Genie-Gedankens in der deutschen Literatur, Philosophie und Politik. Band 2. 1750 - 1945. Darmstadt 1985, S. 254.
21 Nietzsche, Friedrich: Also sprach Zarathustra. ('Von den Hinterweltlern') In: ders.: KSA 4: S. 35 ff.
22 "[..] bei ihrer ersten Ausstellung [..]" (Tie: 9); "[..] am übernächsten Tag stand in der Zeitung [..]" (Tie: 9); "[..] am selben Abend [..]" (Tie: 10) / "In der ganzen folgenden Woche [..]" (Tie: 11); "[..] in der zweiten Woche [..]" (Tie: 11); "[..] in der dritten Woche [..]" (Tie: 12)

lang versucht sie, gegen ihre mangelnde Tiefe anzugehen, und "drei Jahre lang" (Tie: 16) lebt sie von einer Erbschaft, die dreißigtausend Mark betrug, um dann 139 Meter tief in den Tod zu springen, was der Zeitung "einen Bericht auf Seite drei" (Tie: 17) wert ist.

Und schließlich wird die 'Tiefe' "durch die unablässige Wiederholung und Skandierung ihres Sinns entleert: den Sinn ermüden, ihn verschleißen, ihn ausmerzen, um die reine Verführungskraft des Null-Signifikanten, des leeren Begriffs zu befreien [..]."[23] Auf die Kürze des Textes (11 DIN-A7-Seiten) umgelegt, ist die 14-malige Wiederholung von 'Tiefe' ausreichend dominant, um dem Begriff jede eventuelle Bedeutungskraft zu rauben. Es bleibt nur die Macht des Sprachspiels zurück. Die verwickelte Struktur der Parabel, die die Verführung einer Verführerin durch den Verführten inszeniert, sperrt sich gegen eine geschlechterspezifische Positionierung. Die Verführung der Frau durch den Kritiker kann nur mit Mühe als männlicher Wunsch nach der Tötung der Verführerin interpretiert werden. Selbst wenn diese Lesart im Vordergrund stehen sollte, löst sie sich doch in der ironischen und distanzierten Form der Beschreibung auf, die zudem als Statement für eine verführerische Oberflächenkunst verstanden werden kann. Wenn der Text überhaupt eine identifizierbare Position bezieht, dann wäre die junge Frau Sympathieträgerin und ihr Tod die Folge ihrer nachvollziehbaren Selbstzweifel, die von der Kritik des Publikums ausgelöst wurden. Somit kann der Text über das Scheitern der keineswegs schicksallosen, wenn auch hilflosen Frau, als Manifest für eine offensive und selbstbewußte Kunst gesehen werden. Daß innerhalb dieser Konstellation die Position der Macht den männlichen Figuren zugesprochen wird, die das Recht auf Ablehnung beanspruchen - der Kritiker, der Buchhändler, der Lehrer und auch die merkwürdige Figur des Mannes der davon "Abstand nimmt" mit ihr zu schlafen, nachdem sie ihm gestanden hat, daß sie keine Tiefe besitze - kann innerhalb eines feministischen Diskurses kaum beanstandet werden. Auch weil beständig die implizite Aufforderung besteht, die Ablehnung der Anderen selbstbewußt abzulehnen.

4. Die Bleibe

Daß Frauen bei Süskind die Instanzen sind, die über den Zugang zum symbolischen Universum bestimmen, läßt sich deutlich an 'Die Taube' aufzeigen: Zwar zeichnen sich in dieser Novelle [24] die Frauen vor allem

---
[23] Baudrillard (1992): S. 105.
[24] Zur Gattungsbestimmung vgl. Jöns, Dietrich: Patrick Süskinds Novelle 'Die Taube'. In: Krause, Burkhardt (Hg.): Verstehen durch Vernunft. Festschrift für Werner Hoff-

durch ihre Abwesenheit aus, aber sowohl diese als auch ihre nur metaphorische Präsenz oder ihr kurzzeitiges Erscheinen genügen, um den männlichen Helden Jonathan Noel in seinem Handeln zu determinieren. Ähnlich wie beim Kontrabassisten ist auch die Existenz des Jonathan Noel durch das Fehlen weiblicher Bezugspersonen gekennzeichnet.[25]

Allerdings werden in 'Die Taube' die Frauen nicht aus der Perspektive des männlichen Helden lustvoll imaginiert und in ihrer psychologischen Bedeutung analysiert, sondern ein auktorialer Erzähler umreißt kurz und neutral die Schockmomente in Jonathans Sozialisation, in denen ihn Frauen (freiwillig oder gezwungen) verlassen haben: Als Kind sei er eines Nachmittags vom Angeln nach Hause gekommen "und da war die Mutter nicht mehr vorhanden, nur noch ihre Schürze war vorhanden, sie hing über der Lehne des Stuhls." (Tau: 6) Bei einem Onkel aufgewachsen, muß Jonathan nach seiner Rückkehr aus Indochina erfahren, daß mit der Schwester das letzte Mitglied seiner Familie verschwunden ist: "[..] ausgewandert nach Kanada, hieß es." (Tau: 7) Eine weitere Enttäuschung erlebt Jonathan mit einem ihm unbekannten Mädchen, das er auf Wunsch seines Onkels heiratet, die aber schon vier Monate nach der Hochzeit ein Kind bekommt "und noch im selben Herbst [..] mit einem tunesischen Obsthändler aus Marseille" (Tau: 7) durchbrennt. Aus diesen Erfahrungen zieht Jonathan nicht nur den zu erwartenden Schluß, daß er mit Frauen kein Glück habe, sondern kommt auch im allgemeinen zu der Auffassung, "daß auf die Menschen kein Verlaß sei und daß man nur in Frieden leben könne, wenn man sie sich vom Leibe hielt." (Tau: 8)

Das Substitut für die entbehrte / entbehrlich gemachte menschliche Zuwendung findet Jonathan in der engen Geborgenheit eines kleinen Zimmers in Paris. "Seine wesentliche Eigenschaft" (Tau: 12) habe dieses Zimmer über dreißig Jahre hinweg behalten, nämlich räumlich immobil zu sein; ihm also zeitliche und räumliche Stabilität zu vermitteln. Weil das Zimmer bleibt wo es ist und ihn daher sicher nicht verlassen kann, hat es eine beruhigende Wirkung auf den von Trennungen traumatisierten Helden: Seine Wohnung "war und blieb Jonathans sichere Insel in der unsicheren Welt, es blieb sein fester Halt, seine Zuflucht, seine Geliebte, ja seine Geliebte, denn sie umfing ihn zärtlich, seine kleine Kammer, wenn er abends heimkehrte, sie wärmte und schützte ihn, sie nährte ihn an Leib und Seele, war immer da, wenn er sie brauchte, und sie verließ ihn nicht. Sie war in der Tat das einzige, was sich in seinem Leben als verläßlich

---

mann. Wien 1997, S. 177 ff. / Reimann, Katharina: Patrick Süskinds zwei Kurzgeschichten 'Die Taube' und 'Die Geschichte von Herrn Sommer'. In: Forschungsberichte zur Germanistik (34) 1992, S. 1 ff.

[25] Vgl. Söder, Thomas: Die Taube. Versuch einer Deutung. Freiburg 1992.

erwiesen hatte." (Tau: 12) Die Immobilie kann sich nicht im Außen, sondern nur in ihren eigenen Hohlraum hinein bewegen, enger werden. Der Raum "war gleichsam nach innen zugewachsen wie eine Muschel, die zuviel Perlmutt angesetzt hat [..]." (Tau: 12)

Während der Kontrabassist ebenfalls in einem nach innen wachsenden Raum lebt, den er mit Akustikplatten ausgelegt hat, muß Maître Mussard mit seiner (Zwangs-)Vorstellung zurechtkommen, daß der Raum als solcher immer enger wird, weil die Welt und das All von einer immer kleiner werdenden Riesenmuschel umgeben sind. Im Gegensatz zu diesen klaustrophobischen Reaktionen auf ein sphärisches Dasein, entwickelt Jonathan ein sehr entspanntes Verhältnis zu der ihn umgebenden Raumstruktur: Jonathan fühlt sich offensichtlich "von kosmischen Kräften gestärkt [..] , wenn er sich vorstellt, er nehme ein Bad in der Schale einer Riesenmuschel [..]."[26]

Diese uterale Geborgenheitsphantasie, mit der Jonathan sein Zimmer symbolisch / semantisch auflädt, ermöglicht es ihm, den Raum als weiblichen Aspekt seiner Existenz zu imaginieren. Das Zimmer wird denn auch bei der ersten Erwähnung als "eine Bleibe, eine sogenannte *chambre de bonne*" (Tau: 8) bezeichnet, und Jonathans Entschluß sie zu mieten, wird verglichen mit dem, was "angeblich manchen Männern bei der sogenannten Liebe auf den ersten Blick geschieht, wo ihnen blitzschlagartig aufgeht, daß eine bisher nie gesehene Frau die Frau des Lebens sei, die sie besitzen und bei ihr bleiben werden bis ans Ende ihrer Tage." (Tau: 9) Präziserweise wird hier vom Besitzen einer Frau gesprochen und davon, daß der Mann 'bei ihr bleiben' wird und nicht etwa die Frau beim Mann. Liebe auf den ersten Blick ist in dieser Beschreibung eine mythologische Konstruktion männlicher Wunschökonomie, in der die Frau als etwas Passives, das zu erobern und festzuhalten sei, imaginiert wird. Und eben diesem Phantasma erliegt die Figur des Jonathan, der von der mangelnden Konstanz seiner frühkindlichen Beziehungen zu Frauen geprägt bis traumatisiert, nun eine Immobilie als das perfekte Substitut begreift, durch das weibliche Kontinuität in sein Leben treten kann: Eine Steigerung dieser Kontinuierungsbestrebung liegt in Jonathans Plänen, seine Bleibe zu kaufen. Durch den ökonomischen Vorgang soll die Geliebte zur Frau werden, wozu noch eine letzte Rate des Kaufpreises überwiesen werden muß,

"dann wäre sie endgültig sein, und nichts auf der Welt würde sie noch je voneinander trennen können, ihn, Jonathan, und sein geliebtes Zimmer, bis der Tod sie schiede." (Tau: 13)

---

[26] Bachelard (1975): S. 151 f.

Der Endpunkt dieser lokalen / temporalen Phantasie würde darin bestehen, daß sich die Bleibe wie eine zweite Haut um den Helden legte, der diese dann nie mehr verlassen müßte. Auf dieser Ebene eröffnet sich eine weitere Parallele zwischen 'Die Taube' und 'Der Kontrabaß': Letzterer handelt, in Patrick Süskinds Worten, vom

> "Dasein eines Mannes in seinem kleinen Zimmer. Ich konnte bei der Abfassung insofern auf eigene Erfahrungen zurückgreifen, als auch ich den größten Teil meines Lebens in immer kleiner werdenden Zimmern verbringe, die zu verlassen mir immer schwerer fällt."[27]

Mit dieser Notiz scheint Süskind eine Falle für biographistische Deutungen aufgestellt zu haben, allzu deutlich wird hier der Mythos vom einsamen Dichtergenie reproduziert. Neben diesem Effekt kann die Notiz aber auch als Raum-Metapher einer ins Außen projizierten Weiblichkeit gelesen werden. So ergibt sich, wird der meist übersehene Zusatz beachtet, ein Moment der Inversion; denn gerade durch die höchste Steigerung von Umschlossenheit wird die Erhöhung von Komplexität als bewältigbar imaginiert. Durch die Enge des Weiblichkeitsraumes hindurch erscheint dem Helden am Ende wieder eine Offenheit des Außen:

> "Ich hoffe aber, eines Tages ein Zimmer zu finden, das so klein ist und mich so eng umschließt, daß es sich beim Verlassen von selbst mitnimmt. In einem so gearteten Zimmer will ich dann versuchen, ein Zwei-Personen-Stück zu schreiben, das in mehreren Zimmern spielt."[28]

Wird 'Die Taube' als eine Art ironische Umsetzung dieser pseudo-biographischen Notiz in einen fiktiven Text gelesen, dann könnte Jonathan mit dem endgültigen Erwerb seines Zimmers damit beginnen, auf ein Zwei-Personen-Stück hinzuarbeiten. Aus der Sicherheit einer unverbrüchlichen Umhüllung heraus wäre es ihm möglich, seine Bleibe symbolisch wieder zu verlassen. "Der Stand der Dinge" (Tau: 13) an jenem Augustmorgen ist aber, daß sich eine Taube auf Jonathans Türschwelle niedergelassen hat, und ihm den Ausgang verwehrt. Seinem Wunsch nach gesichertem Besitz einer privaten uteralen Höhlung, die ihm den Besitz einer Frau ersetzen soll, tritt in Form der Taube ein Hindernis entgegen. Interessant ist hierbei aber vor allem, daß das Geschlecht des Vogels im Text nicht bestimmt wird. Es wird weder von der Erzählinstanz noch von Jonathan mitgeteilt, ob sich ein Taubenmännchen oder -weibchen auf seiner Türschwelle niedergelassen hat. Im semantischen Assoziationsfeld des Helden zu 'Tauben' werden diese als Neutra geführt:

---

[27] Süskind: n.n. (1981): S. 42.
[28] Süskind: n.n. (1981): S. 42.

"Eine Taube, das schwirrt [..], das krallt sich ein [..], das schmutzt unablässig [..], das bleibt nicht allein, eine Taube, das lockt andere Tauben an, das treibt Geschlechtsverkehr [..]." (Tau: 18)

Trotzdem bleibt 'die Taube' dem Bereich des Weiblichen zugeordnet. Im Deutschen gibt es nur wenige Begriffe, deren Grundformen (Witwe / Witwer, Braut / Bräutigam[29]) bzw. deren Archilexem (Katze => Katze / Kater; Ratte => Ratte (*Rättin) / Rattenmännchen)[30] ein Femininum ist. Zu dieser Wortgruppe gehört auch die Taube (=> die Taube / der Tauber(ich)[31]). Als Archilexem ist 'die Taube' zwar geschlechtsneutral, da aber von den zwei abzuleitenden geschlechtsspezifischen Gattungsnomen das feminine ('die Taube') identisch mit dem Archilexem ist,[32] überwiegt das Weibliche im semantischen Spektrum des Begriffs.[33]

Das unerhörte Ereignis, von dem die Novelle berichtet, besteht darin, daß die Transformation der Wohnung von der gemieteten Geliebten zur gekauften Frau gefährdet wird. Die Bedrohung von Jonathans Plänen geht von einer Taube aus, die sich auf seiner Türschwelle niedergelassen hat und dem Phobiker Aus- und Eingang zu seiner Bleibe verwehrt. Indem aber die Taube die Erfüllung seines Wunschs nach gesichertem Besitz einer privaten uteralen Höhlung in Frage stellt, greift sie die Grundlage seiner gesamten Lebensplanung an. Die Macht des Vogels, die sein Ordnungssystem so nachhaltig zu stören vermag, beruht darauf, daß die Taube eine ambivalente Vereinigung von Jonathans verdrängter Existentiale darstellt: Sie ist ein Zeichen für höchste Vitalität (sie vermehrt sich ungezügelt und fäkiert schamlos), aber auch ein Symbol für Verfall, denn Tauben gelten als Träger von Krankheit und Boten des Todes. In Persien als heiliger Vogel der Liebesgöttin Ischtar verehrt, wird sie im europäischen Raum "als Seelenvogel"[34] interpretiert, der auch Todesfälle ankündige. In dieser Ambivalenz wird auch die Erscheinung dieses so unheimlichen Vogels von Jonathan wahrgenommen. Einerseits ist er angeekelt von den "smaragdgrünen, feucht schillernden Klecksen" (Tau: 27) und von den Krallen und dem pickenden Schnabel. (Tau: 18) Andererseits

---

[29] Vgl. Pusch, Luise F.: Verwitwetes Brautpaar mit Geschwistern im Gestüt. In: dies.: Alle Menschen werden Schwestern. Frankfurt 1990, S. 212 f.
[30] Vgl. Pusch, Luise F.: Die Kätzin, die Rättin und die Feminismaus. In: Pusch (1990): S. 203 f.
[31] Duden: Band 1. Die Rechtschreibung. Hgg. von: Drosdowski, Günther / u.a. Mannheim 1986, S. 676.
[32] Übrigens auch im Französichen: pigeon => pigeon / pigeon male
[33] Ähnlich, wie in den beanstandeten Archilexemen: 'der Kunde', 'der Autor', 'der Leser' etc.
[34] Bächthold-Stäubli, Hanns (Hg.): Handwörterbuch des deutschen Aberglaubens. Bd. 8. Berlin 1987, Sp. 696.

erschreckt ihn die Vorstellung: "eine Taube, das lockt andere Tauben an, das treibt Geschlechtsverkehr und zeugt sich fort, rasend schnell [..]." (Tau: 19) Am eindringlichsten wird aber das Auge der Taube geschildert,

> "eine kleine, kreisrunde Scheibe, braun mit schwarzem Mittelpunkt, [..] fürchterlich anzusehen. [Es schien] ganz einfach leblos zu sein wie die Linse einer Kamera, die alles äußere Licht verschluckt und nichts von ihrem Inneren zurückstrahlen läßt. Kein Glanz, kein Schimmern lag in diesem Auge, nicht ein Funken von Lebendigem. Es war ein Auge ohne Blick. Und es glotzte Jonathan an." (Tau: 15)

In Gestalt des Vogels müßte Jonathan dem / seinem Tod ins 'leblose' Auge schauen, wodurch die Taube ein für ihn unüberwindliches Hindernis wird. Er flüchtet daher aus seiner sicheren Muschel in ein Hotelzimmer, das allerdings "den Grundriß eines Sarges" (Tau: 89) hat und in dem er glaubt, seine letzte Nacht verbracht zu haben. Durch das imaginierte Todeserlebnis (Tau: 93 ff.) als Anerkennung des Unausweichlichen gestärkt, ist er in der Lage, seiner Taube entgegenzutreten und nach Hause zurückzukehren. Andererseits zwingt ihn die Taube auch, dem Leben wieder ins Auge zu sehen, da er dazu gezwungen wird, Kontakt mit der äußeren Welt und damit auch zu Frauen aufzunehmen: Zum einen weist er die Concierge darauf hin, daß eine Taube im Gang vor seinem Zimmer sitze, was diese aber so stoisch zur Kenntnis nimmt, daß er zu der Überzeugung kommt, sie werde nichts gegen den Vogel unternehmen.

Die zweite Frau, mit der Jonathan an diesem Tag spricht, ist eine Schneiderin, die es ablehnt, den (ihn zutiefst erschütternden) Riß in seiner Diensthose sofort zu nähen. Obwohl ihn also beide weibliche Figuren 'im Stich' zu lassen scheinen, üben sie eine faszinierende Wirkung aus, die sich ebenfalls in ihren Augen zu konzentrieren scheint. Hatte sich Jonathan von der Concierge Madame Rocard immer mit einem Kontrollblick wahrgenommen gefühlt, muß er feststellen, daß "in ihren Augen, braunen Augen, [..] wenn man sie aus der Nähe sah, nichts mehr von stechender Aufdringlichkeit [lag], sondern eher etwas Weiches, fast mädchenhaft Scheues." (Tau: 35) Und durch die zuckende Bewegung, mit der sie ihren Kopf in den Nacken legt, entsteht für Jonathan der Eindruck, sie sehe "aus wie ein Vogel [..]." (Tau: 35) Und doch geht von ihr ein Sog aus, der Jonathans Blick in eine Tiefe zieht und gegen den er sich nur mit Mühe wehren kann. Die braunen Augen der Madame Rocard erweisen sich als Oberflächenabgründe:

> "Er hatte sich mit seinem Blick im braunen Grund ihrer Augen verfangen, er drohte darin zu versinken wie in einem weichen, braunen Sumpf und mußte die Augen eine Sekunde lang schließen, um wieder herauszukommen." (Tau: 37)

Sind Erscheinung und Blick von Madame Rocard am ehesten mit einem Spatz zu vergleichen, ähnelt die Schneiderin einer Eule:

> "Sie trug eine sehr große Brille mit dickem, perlmuttenem Rahmen und stark gewölbten Gläsern, die ihre Augen zu Riesenaugen machten und ihre Augenhöhlen zu tiefen, schattigen Teichen." (Tau: 68)

Auch Madame Topells Augen verweisen auf eine Tiefe hinter der spiegelnden Oberfläche, aber diesmal geht von ihnen eine Wirkung aus, die im Gegensatz zur "verwirrenden Weite des Raumes [als] vertrauenserweckende Nähe" (Tau: 70) beschrieben wird. Die Schilderung der Vogel-Frauen als Gegenbilder zu Jonathans Wachmann-Existenz produziert einen semantisch-metaphorischen Überschuß: Die Leitmetapher, mit der Jonathan seine eigene Existenz als Wachmann vergleicht, ist die der Sphinx. Auch hier liegt ein schwer zu bestimmendes grammatikalisches Geschlecht vor, es wird aber eher auf den ägyptischen Kontext von 'Sphinx' Bezug genommen; auch dadurch, daß unter den Büchern, die in Jonathans Bücherbord stehen, sich ein Bildband über "das alte Ägypten" (Tau: 11) befindet:

> "Wie eine Sphinx - so fand Jonathan (denn er hatte einmal in einem seiner Bücher über Sphinxe gelesen) - wie eine Sphinx war der Wachmann. [..] 'An mir mußt du vorbei', sagt die Sphinx dem Grabschänder, 'ich kann dich nicht hindern, aber vorbei an mir mußt du; und wenn du es wagst, dann wird die Rache [..] des Pharao über dich kommen!'" (Tau: 44)

Im Duden ist unter 'Sphinx' verzeichnet: "1. [..] ägypt. Steinbild in Löwengestalt, meist mit Männerkopf, Sinnbild des Sonnengottes od. des Königs. [Aber auch:] 2. [..] rätselhafte Person od. Gestalt (nach dem weibl. Ungeheuer der griech. Mythologie)."[35] Letzteres kann genauer bestimmt werden, als "eine Tochter der Echidna, halb Frau, halb geflügelte Löwin,"[36] die jeden verschlingt, der ihr Rätsel nicht lösen kann, was aber Ödipus schließlich gelingt.[37]

Obwohl das Tier stark im Sexuellen verankert ist, also eben nicht geschlechtslos ist, kann sein Geschlecht nicht bestimmt werden: Die geflügelte Sphinx wie die Taube sind als Wächterfiguren einer Schwelle, als Markierung einer Differenzstelle eingesetzt, zugleich aber im Bereich des Geschlechtlichen auch als Auflösungen dieser klaren Trennung zu

---

35 Duden: Band 5. Das Fremdwörterbuch. Hgg. von: Drosdowski, Günther / u.a. Mannheim 1990, S. 735.
36 Fink (1993): S. 287.
37 Vgl. Hörisch, Jochen: Vom Geheimnis zum Rätsel. Die offenbar geheimen und profan erleuchteten Namen Walter Benjamins. In: Assmann, Aleida / Assmann, Jan (Hgg.): Schleier und Schwelle. München 1998, S. 161 ff.

beobachten. Die Taube funktioniert in 'Die Taube' wie ein(e) Transvestit(in) im sexuellen Spiel der Geschlechter, das er / sie durcheinanderbringt und symbolisch herausfordert. Das Verführerische an der Instanz der Transvestiten "rührt daher, daß sie aus dem Geschlecht ein totales, gestisches, sinnliches, rituelles Spiel machen, eine exaltierte, aber ironische Anrufung",[38] die sich vollständig über die Dichotomie des Geschlechterdiskurses hinwegsetzt. Ebenso wie die Macht von Transvestiten darauf beruht, daß es einen festen Gender-Code gibt, daß ein Zeichenrepertoire aufgelöst werden kann, ist die Macht der geschlechtslosen Taube deshalb so groß, weil sie auf das symbolisch fest gefügte Gender-Dispositiv Jonathans trifft, an dessen Bruchstelle - der Türschwelle - sie sich als Parasit festsetzt.

Im Gegensatz zum kalten Todesblick der Taube haben die hybriden, halbmenschlichen Vogel-Frauen eine braune, sumpfige Tiefe in ihrem Blick, von der zwar ebenfalls etwas Verschlingendes ausgeht, aber auch eine Vertrautheit. Das Braun ihrer Augen nimmt dem Tod sein Erschreckendes bzw. gibt dem Tod seine Ambivalenz des Furchtbaren UND Fruchtbaren zurück. Im Unheimlichen wird das Heimliche für Jonathan wieder sichtbar: Er kann seinen Tod wählen ("Morgen bringe ich mich um." (Tau: 92)), einen Tod erleben (".. das ist es nun, das Ende." (Tau: 93)) und nach dem Abstieg in die Unterwelt, gemäß der mythologischen Regel, ins Leben zurückkehren:

"Er hatte auf einmal keine Angst mehr." (Tau: 99)

5. Der See

Zwar treten in 'Die Geschichte von Herrn Sommer' weibliche Figuren auf, sie sind aber lediglich die Folie, vor der ein männlicher Erzähler seine Kindheitserlebnisse schildert. Eine familiär dominante Mutter, eine (recht sexistisch geschilderte) Klavierlehrerin und die unglückliche Jugendliebe bilden das Frauen-Inventar, gegenüber dem sich zwei männliche Helden abheben: der Erzähler als kleiner Junge und eine Art geheimnisvoller Psychopompos - Herr Sommer. Von letzterem werden so wenig Details berichtet, daß eine Lebensgeschichte kaum rekonstruierbar ist. Wer aber am Rande erwähnt wird, ist Herrn Sommers Frau:

Sie ist es, die für ihren Mann sorgt, sie muß die Behördengänge erledigen und es mit einem Menschen aushalten, der es offenbar mit sich selbst nicht aushält und deswegen auch kaum zu Hause ist. Sie verdient auch das

---

[38] Baudrillard (1992): S. 23.

Geld für beide - interessanterweise indem sie Puppen aus Stroh herstellt und verkauft. Das kinderlose Ehepaar, das kaum ein Paar genannt werden kann, lebt davon, daß die Frau beständig Menschenkinder-Imitate produziert, die sie dann weggibt. Die narrative Funktion der namenlosen Frau des Herrn Maximilian Ernst Ägidius Sommer (Som: 127), besteht darin, diesem eine gewisse Wahrscheinlichkeit zu verleihen, indem sie für ihn eine lebensweltliche Basis schafft. Auch der psychotischste Charakter bedarf einer Grundversorgung, um sich dann ganz seinen Zwangshandlungen widmen zu können, in diesem Fall dem beständigen Umherwandern. Nachdem Herrn Sommers Frau gestorben ist, verwahrlost dieser schnell und wählt dann den Freitod. Trotzdem hat Herr Sommer - im Gegensatz zu Jonathan Noel - seine Angst vor dem Tod nicht überwunden. Bis zuletzt liegt in seinem Gang das Gehetzte eines Mannes, "der sein Leben lang auf der Flucht war vor dem Tod." (Som: 108) Als er zum Sterben in den See geht - sich also endlich "den Tod holen" (Som: 38) wird, der so lange auf sich warten lies bzw. der den Wanderer so lange nicht ein-holen konnte - wird dies nicht als ein ruhiger Gang ins Wasser beschrieben, sondern als eine gehetzte Flucht in jenen See, den er auf der Flucht vor dem Tod so oft umkreist hat. Als Herr Sommer an einer flachen Stelle ins Wasser läuft, geht er

> "in nun zwar vom Wasser verlangsamter Eile, aber unaufhaltsam, ohne einen Augenblick zu zögern, verbissen, gierig fast, noch schneller gegen das hinderliche Wasser voranzukommen, schließlich seinen Stock von sich werfend und mit den Armen rudernd." (Som: 122)

Im Vergleich zu Jonathan Noel hat hier eine merkwürdige Inversion stattgefunden: Jonathan ist auf der Flucht vor dem Leben, in dem sich nichts mehr ereignen soll "als dereinst der Tod." (Tau: 5) Aber er kehrt ins Leben zurück, nachdem er ihn durchlebt hat, während er sich bis zu diesem Zeitpunkt vollständig in sein Zimmer zurückgezogen hatte, aus Angst vor dem Außen. Im Gegensatz dazu hat Herr Sommer 'eine schwere Klaustrophobie',[39] weshalb er nicht in einem Zimmer bleiben kann; was der kindliche Blick des Erzählers als petitio prinzipi entlarvt:

> "Der Herr Sommer muß immer im Freien herumlaufen, weil er im Freien herumlaufen muß [..]." (Som: 46)

Zwar wird weder der Anlaß für Herrn Sommers Selbstmord noch der für seine rastlosen Wanderungen benannt, aber die Art seines Todes wird als eine Rückkehr in einen Zustand inszeniert, der als symbolische Regression

---

[39] Vgl. die Angst des Kontrabassisten "vor dieser Sicherheit, es ist wie eine Klaustrophobie [..]." (Kon: 91)

gedeutet werden kann. Herrn Sommers Weg endet im Einklang mit der bekannten Wendung, daß Gehen immer nur ein gebremstes Fallen sei, folgerichtig im See, wodurch er doch noch der Gravitation entkommen ist: Diese Kraft

> "hält die Welt nicht nur im Innersten zusammen, sie hat auch die vertrackte Eigenschaft, alles, sei es groß oder noch so klein, mit brachialer Gewalt an sich heranzuziehen, und nur solange wir im Mutterleibe ruhen oder als Taucher unter Wasser schweben, sind wir scheinbar von ihrem Gängelband befreit." (Som: 11)

Die Sphäre der Gravitation wird als formelgeleitete, berechenbare Beschleunigung erfahren. Zwar wirkt die Schwerkraft auf alle Körper, umspannt also als imaginäres, dreidimensionales Feld das Seiende, ist aber nur als zweidimensionale Sturzbahn, als Linie direkt spürbar. Dem stehen auf der Seite des Erzählers das Fliegen als auch der Höhenrausch in den Baumwipfeln entgegen. Der kindliche Ort des Rückzugs verbindet sich in der Imagination mit der Idee des Fliegens, das als ein gekrümmtes, schleifenförmiges und nicht zu berechnendes Schweben von den Kausalitäten der Gravitation befreit. Läßt sich die Kindheit des Jungen als eine Bewegung beschreiben, die am Ende auf dem Boden ankommt und damit doch den Gravitationsgesetzen unterliegt - führt dagegen für Herrn Sommer der Weg aus der Gravitation heraus. Da aber ein Zurück in den Mutterleib nicht möglich ist, endet er im See, im Schweben unter Wasser. Die Erfüllung des Wunsches nach einer Rückkehr in die gravitationslose, weibliche Wasserblase verläuft nicht nur für den Wunsch, sondern auch für den Wünschenden tödlich. Der Tod ist immer schon da und wartet - in Samarkand oder im Starnberger See. Darin besteht das verführerische Potential des Todes gegenüber den Sterbenden:

> "Die Regel dieses Spiels, die wie jede Grundregel geheim bleiben muß, ist, daß der Tod kein nacktes Ereignis ist und daß er, um in Erfüllung zu gehen, die Verführung durchlaufen muß [..]. Der Tod ist kein objektives Schicksal, sondern ein Rendezvous."[40]

Diesem Rendezvous geht Herr Sommer entgegen, nachdem er es über Jahre hinweg nur umkreist hat. Der kindliche Erzähler dagegen weicht diesem Tod nach kurzer Zeit wieder aus:

> "Lange schaute ich hinunter. Die Tiefe lockte. Sie zog verführerisch an." (Som: 102)

Das kann zwar ebenfalls in der Logik einer Rückkehr ins Weibliche gedeutet werden, ist aber schon unterbrochen von den Berechnungen der

---

[40] Baudrillard (1992): S. 103.

Aufprallgeschwindigkeit, also dem linearen Durchschneiden des dreidimensionalen Gravitationsraumes:

> "Seit die Zeiten im präzisen Sinne neue wurden, bedeutet In-der-Welt-Sein sich an die Erdrinde klammern müssen und zur Schwerkraft beten - jenseits von Schoß und Schale."[41]

Das Fliegen ist nur noch eine Erinnerungsgeste, die koinzidiert mit der Erinnerungsgeste der imaginierten Beerdigung. (Som: 97 ff.) Der Junge projiziert sich in die Schneewittchen-Rolle und stellt sich vor, wie er im gläsernen Sarg von der Trauergemeinde betrachtet und beweint wird. Wer ihn aus dieser Imagination wachküßt, ist aber kein Prinz, sondern Herr Sommer, dessen gehetzte Brotzeit der Junge von seinem Ast aus beobachtet. (Som: 103 ff.) Das gläserne Kästchen des Sarges, das der Junge nicht wählt, über dessen Wahlmöglichkeit er aber seinen gekränkten Narzißmus wieder beruhigen kann, entspricht funktional dem uteralen Gefäß des Sees, den Herr Sommer tatsächlich wählt.[42] Auch die auslösenden Momente für die Selbstmord-Phantasie des Jungen entstammen größtenteils der weibliche Sphäre - die Ungerechtigkeit der Klavierlehrerin, die noch nachwirkende Enttäuschung über ein mißglücktes Rendezvous und eine allgemeine Wut auf die Mutter - und lösen sich in der plötzlich erkannten Freiheit zum Tod auf:

> "Die Vorstellung, daß ich ja nur 'aus dem Leben zu scheiden' brauchte [..], um aller Widerwärtigkeiten und Ungerechtigkeiten mit einem Schlag enthoben zu sein, hatte etwas ungemein Tröstliches und Befreiendes." (Som: 94)[43]

Dieser Moment der Erlösung scheint bei Herrn Sommers Selbstmord nicht stattzufinden. Seine Rückkehr in die schwebende Existenz unter Wasser verläuft sowohl tödlich als auch unter einem ihn antreibenden Zwang in die Tiefe. Erst ganz zuletzt scheint er einen unhörbaren Seufzer auszustoßen:

> "Und nach einer fürchterlich langen Zeit, vielleicht einer halben, vielleicht einer ganzen Minute, blubberten noch ein paar große Blasen empor, dann nichts mehr." (Som: 125)

Doch auch bei diesem letzten Ausatmen ist nicht klar, ob es tatsächlich ein Seufzen ist, das Herr Sommer ausstößt, denn in einem Seufzer klingt

---

[41] Sloterdijk (1998): S. 23.
[42] Vgl. Elisabeth Bronfens Analyse des Schneewittchenmotivs als Kernbereich der Rückprojektionen männlicher Ikonographie des Weiblichen: Bronfen, Elisabeth: Nur über ihre Leiche. München 1994, S. 142 ff.
[43] Hier wird ein Moment existentieller Freiheit nachvollzogen. / Vgl. Ebeling, H.: 'Selbstmord'. In: Ritter, Joachim (Hg.): Historisches Wörterbuch der Philosophie. Band 9. Darmstadt 1995, Sp. 493 ff.

schon Erleichterung mit, es könnte auch wieder nur "ein ächzendes Stöhnen, ein tiefer, klagender Brustlaut, in dem sich Verzweiflung und die Sehnsucht nach Erleichterung mischten", (Som: 104) gewesen sein.

Zusammenfassend läßt sich also sagen, daß in den analysierten Prosa-Texten Patrick Süskinds zwar die weiblichen Figuren tatsächlich meist eine untergeordnete Rolle spielen, daß aber 'Weiblichkeit' als strukturierendes Textprinzip nachgewiesen werden kann. Vor allem die räumliche Metaphorik ist sehr deutlich weiblich konnotiert, wobei aber diese wechselseitige Projektion 'Frau - Welt' aus einer gender-analytischen Perspektive ebenfalls nicht ganz unproblematisch ist. Dies wird sich auch für 'Das Parfum' (besonders an Grenouilles äußerst gestörtem Verhältnis zu Frauen und seiner Vorliebe für uterale Rückzugsräume) aufzeigen lassen, was unter anderem Gegenstand des folgenden Kapitels sein wird.

IV. Das Parfum

Mit wenigen präzisen Worten bringt Gernot Böhme den wahrnehmungstechnischen Kern von Patrick Süskinds 'Das Parfum' auf den Punkt:

> "Vom verachtetsten aller Sinne, dem Geruch, handelt der Roman. Die Orientierung Grenouilles, die Raum- und Zeitordnung, das Gedächtnis, die Phantasie, der Eros - alles steht im Dienst des zu unendlicher Feinheit gesteigerten Geruchssinns."[1]

Eben diese olfaktorische Codierung der Weltdarstellung soll im Zentrum der Analyse von 'Das Parfum' stehen, damit auf die Frage nach den ästhetischen Strategien, mit denen es Süskind gelungen ist, wieder ein glaubhaftes Konzept von Erzählung in der deutschsprachigen Literatur zu etablieren, eine überzeugende Antwort gegeben werden kann. Eines der wirksamsten poetischen Verfahren, das die Rückkehr zu den narrativen Potentialen der Literatur ermöglicht hat, ist das Erzählen aus der Perspektive von Figuren, die ihre Umwelt sinnlich stark defizitär wahrnehmen. In der erzählenden Prosa der achtziger und neunziger Jahre ist eine deutliche Häufung dieses Verfahrens zu beobachten - für das in dieser Untersuchung der Begriff 'aisthetische Reduktion' eingeführt werden soll.

Insbesondere in 'Das Parfum' hat Süskind den Prototypus dieser Figuration präsentiert - Jean Baptiste Grenouilles übermenschliches Riechvermögen bei eigener Geruchslosigkeit bildet die narrative Axiomatik, aus der sich die Handlung des Romans sukzessiv entwickelt. Durch die Beschränkung des Wahrnehmungsapparates auf eines der menschlichen Sinnesorgane wird es möglich, die Komplexität der Welt von der Seite ihrer Wahrnehmbarkeit her auf ein binäres Schema zu reduzieren. Hierfür ist das berühmte Beispiel der Systemtheorie die Zecke, deren Wahrnehmung die Komplexität ihrer Umwelt auf die Opposition 'Blut' vs. 'Nicht-Blut' reduziert. Wenn Literatur aus der Perspektive einer solchen 'Zecke' die Welt beobachtet, kann sie deren aisthetische Reduktion nutzen, um ein kontrolliertes Geschehen zu entwerfen.

Es scheint kein Zufall zu sein, daß mit Patrick Süskind ein erfolgreicher Theater- und Drehbuchautor diese Form der poetischen Umstellung vom Sinn auf die Sinne geleistet hat - sind doch gerade Drehbücher als

---

[1] Böhme, Hartmut: Synthetischer Zauber. In: Literatur Konkret (10) 1985/86, S. 28.

Genre insgesamt den harten Bedingungen der Sag- und Sichtbarkeit unterworfen. Das Drehbuch wird geschrieben für einen sinnlich auf Hören und Sehen eingeschränkten Apparat - phono- und photographische Signale im Medium Schrift zu speichern, ist daher alles, was einem Drehbuch erlaubt ist. Damit wirkt das Dispositiv aus Kamera und Mikrophon im Bereich der technischen Apparatur ebenso wie der sinnliche Filter des aisthetisch reduzierten Helden im Bereich der literarischen Figuration.

Wenn das Drehbuch damit auch "der als Kriterium für literarische Qualität gewerteten Mehrdeutigkeit"[2] nicht entsprechen kann, gewinnt es aber gerade dadurch eine neuartige Qualität der Zuverlässigkeit. Es weiß nicht viel von der Welt (nur was zu hören und zu sehen ist), in diesem Bereich ist es aber in einem hohen Maße zuverlässig. Drehbücher verzeichnen jeweils nur, daß etwas zu sehen war oder etwas gesagt wurde (bzw. wird).[3] Dem Satz 'Ich spreche' kann aber kaum widersprochen werden.[4] Die aisthetische Reduktion des Drehbuchs und ihre Adaption in der Gegenwartsliteratur eröffnet daher eine Art performatives Wissen über die Welt.

Zunächst soll mit 'Das Parfum' einer der erfolgreichsten deutschsprachigen Texte des zwanzigsten Jahrhunderts umfassend analysiert werden; wobei durch ein multiperspektivisches Vorgehen eine möglichst große Zahl von Ansatzpunkten für weiteres Forschen aufgezeigt werden soll - denn mittlerweile herrscht weitgehende Übereinstimmung darüber, daß nichts unangebrachter wäre, als der "Trivialromanmaske"[5] Süskinds aufzusitzen. Obwohl mit 'Das Parfum' der am besten erschlossene Text Süskinds untersucht wird, müssen trotzdem auch im folgenden zunächst die Basisdaten der Produktion gesichert werden, was aufgrund der schwierigen Dokumentationslage eher indirekt geschieht und nicht immer unproblematisch ist.

Das dagegen vergleichsweise umfangreiche Material zur bisherigen Rezeption des Textes wird ausführlich dokumentiert, wobei im Zuge dieser Darstellung auch ein erster analytischer Zugriff auf den Text erfolgen soll. Die verschiedenen Thesen werden also nicht nur referiert, sondern auch diskutiert und ergänzt, wobei die eigentliche Analyse in den darauf folgenden interpretatorischen Kapitel erfolgen soll:

---

[2] Bleicher (1994): S. 28.
[3] Man könnte auch formulieren: Drehbücher verzeichnen, was zu sehen und zu hören sein wird.
[4] Vgl. Foucault (1974): S. 55.
[5] Hoesterey (1988): S. 173.

Zunächst wird die aisthetische Verfaßtheit des Romans entlang der Basiskategorien von Zeit und Raum analysiert, wobei einerseits nachzuweisen ist, daß tatsächlich der Geruchssinn eine dominierende Funktion bei der Darstellung einnimmt. Andererseits muß untersucht werden, mit welchen ästhetischen Strategien die lokalen und temporalen Bedingungen des Olfaktorischen umgesetzt werden. Ein zweiter Schwerpunkt der Analyse wird die Fokussierung intertextueller Konnexionen des Romans mit anderen Texten, Genres, Gattungen und Motiven sein. Als eine leitende Hypothese kann dabei formuliert werden, daß es neben der olfaktorischen Aisthesis die Intertextualität ist, durch die der Roman seine spezifische Ästhetik entfaltet, die insbesondere darauf beruht, beständig seine Gemachtheit in Erinnerung zu rufen, auch wenn aus der Schreibwerkstatt Süskinds wenig bekannt ist.

1. Produktion

In den folgenden Kapiteln sollen die Fakten zusammengetragen werden, die über den Produktionsprozeß von 'Das Parfum' verfügbar sind. Zunächst wird das vorhandene Textmaterial verglichen und in seinen verschiedenen Varianten als Basis für die weitere Analyse gesichert. Auf dieser Grundlage wird eine erste Annäherung an fundamentale narrative Strategien des Romans stattfinden. Einerseits werden erste Hinweise zum scheinbar mimetischen Verhältnis Text – Welt gegeben und andererseits wird das Prinzip der aisthetischen Reduktion kurz umrissen. Schließlich sollen auch ganz konkrete Daten über den Entstehungsprozeß von 'Das Parfum' kritisch dargestellt werden, um auch auf der Ebene der Realität Fakten und Fiktionen scharf zu trennen.

1.1 Textsicherung

"Das Buch, mit dessen Vorabdruck wir in der heutigen Ausgabe beginnen, trägt den ebenso verführerischen wie geheimnisvollen Titel 'Das Parfum' [..]."[6]

So beginnt die öffentliche Rezeptionsgeschichte von 'Das Parfum', d.h. sie beginnt mit einem Mißverständnis. Franz Joseph Görtz reflektiert zum einen nicht darüber, daß ein Buch, wenn es als Serie in einer Tageszeitung (vor-)abgedruckt wird, eben kein Buch mehr ist, sondern ein Vorabdruck

---

6   Görtz, Franz Josef: Das Parfum. Patrick Süskinds erster Roman. Vorabdruck in der F.A.Z. In: FAZ (16. 10. 1984), S. 25.

(die Rezeption wird zum Beispiel in der Zeitung an festgelegten Punkten unterbrochen). Zum anderen ist auch auf der Textseite die Annahme problematisch, daß das Buch und der Vorabdruck in der Zeitung als Buchstabenfolge identisch seien; denn selbst wenn es auf der Ebene der Narration keine Abweichungen gibt, ist doch zumindest der Paratext unterschiedlich (zum Beispiel fehlen in der Zeitung die Seitenzahlen des Buches; oder im Fall von 'Das Parfum' sind die Kapitelnummerierung abwechselnd in arabischen oder in römischen Zahlen notiert). Bei 'Das Parfum' reichen die Veränderungen aber bis zu schwerwiegenden inhaltlichen Varianten und sind auch so zahlreich, daß von einer Identität der Texte keine Rede mehr sein kann. Zwischen dem in der F.A.Z. ab dem 16. Oktober 1984 und bis zum 15. Dezember 1984 in 52 Etappen präsentierten Text[7] mit dem ('geheimnisvollen') Titel 'Das Parfum' und der gleichnamigen Buchversion, die am 2. Februar 1985 vom Diogenes Verlag in Zürich als Hardcover veröffentlicht wurde, können über 150 Abweichungen festgestellt werden, auf die bisher nicht hingewiesen wurde. Schon in Görtz' Besprechung kann dies an einem kleinen Detail aufgezeigt werden: Er spricht davon, daß Grenouilles Mutter wegen "fünffacher Kindestötung"[8] hingerichtet wurde, was auch der FAZ-Version des Romans entspricht: Grenouilles Mutter sagt aus, sie würde bestimmt auch Grenouille "habe verrecken lassen, wie sie es im übrigen schon mit fünf anderen getan habe [..]."[9] In der Diogenes-Version ist dagegen von "vier anderen" (Par: 9) Kindern die Rede. Offenbar wurde hier eine kleine numerische Unstimmigkeit bereinigt, die daher rührt, daß Grenouille zwar seiner Mutter fünftes Kind, aber nicht ihr fünftes Mordopfer ist. In den beiden Version heißt es über die Geburt:

F.A.Z.	Diogenes
"Es war ihre fünfte. Alle fünf hatte sie hier an der Fischbude absolviert, und alle fünfe waren es Totgeburten oder Halbtotgeburten gewesen [..]. Und als die Preßwehen einsetzten, hockte sie sich unter ihren Schlachttisch und gebar dort, wie schon fünf Mal zuvor [..]." (FAZ: 16.10.)	"Es war ihre fünfte. Alle vorhergehenden hatte sie hier an der Fischbude absolviert, und alle waren Totgeburten oder Halbtotgeburten gewesen [..]. Und als die Preßwehen einsetzten, hockte sie sich unter ihren Schlachttisch und gebar dort, wie schon vier Mal zuvor [..]." (Par: 8)

---

[7] Beatrice von Matt verweist auf einen zweiten Vorabdruck in der 'Schweizer Illustrierten' (ab dem 25. 2. 1985) und erwähnt ein Leseexemplar, das nicht mit der Erstausgabe identisch ist. (von Matt (1985): S. 43.) / Vgl. "Gleichzeitig wurden Besprechungsexemplare mit einem Vorwort von Umberto Eco [..] an namhafte Rezensenten versandt [..]." (Delseit / Drost (2000): S. 48.)

[8] Görtz (1984): S. 25.

[9] Süskind, Patrick: Das Parfum. Die Geschichte eines Mörders. In: FAZ (16. 10. 1984), S. 26. (Hier und im folgenden gilt: Hervorhebungen durch Unterstrich von mir; FD.)

Wenn also die beschriebene Geburt "ihre fünfte" war (wie beide Versionen behaupten), dann ergibt die korrigierte Zahlenangabe in der Buchversion die rechnerisch stimmigere Zählung: "vier Mal zuvor" plus Grenouille; ergibt fünf Geburten und vier Morde. Wobei natürlich anzumerken ist, daß es für die Konzeption der Mutterfigur als Mörderin weitgehend unerheblich ist, ob sie nun vier oder fünf Geschwister Grenouilles im Fischgekröse unter dem Schlachttisch hat 'verrecken' lassen. Von Bedeutung ist diese Abweichung aber deshalb, weil sie die sonst fälschlicherweise als selbstverständlich angenommene Identität von Textfassungen[10] als Illusion des Systems der Massenmedien entlarvt bzw. weil sie an die dem Buchobjekt vorausgehenden Produktionsprozesse erinnert:

> "Die Analyse und Interpretation eines Romans hat drei Prämissen, die in der Praxis der Literaturwissenschaft in aller Regel zu kurz kommen oder gänzlich unterschlagen werden. Diese Voraussetzungen sind
> 1. daß der Roman gedruckt wurde;
> 2. daß der Roman gekauft wurde; und
> 3. daß der Roman gelesen wurde.
> Jedes dieser scheinbar banalen Phänomene hat weitreichende Konsequenzen für die Romananalyse [..]."[11]

Im vorliegenden Fall von 'Das Parfum' scheint besonders der Druck und das (Korrektur)Lesen (ob Autor oder Lektorat kann nicht entschieden werden) für die Veränderungen verantwortlich zu sein, die sich durch einen Vergleich mit dem Vorabdruck in der F.A.Z. rekonstruieren lassen. Von den gut 150 Varianten besteht der größte Teil in minimalen Veränderungen: zum Beispiel auf der paratextuellen Ebene, wenn Absätze verschoben werden; oder die Nummern der Kapitel in römischer Schreibweise ("II" (FAZ: 17.10.)) statt in arabischen Ziffern ("2" (Par: 11)) notiert werden. Oder am Text wurden stilistische Feinheiten geändert, wie die Formulierungen - alle "waren es Totgeburten" gewesen (FAZ: 16.10.); oder alle "waren Totgeburten" gewesen (Par: 8) - was inhaltlich praktisch keine Bedeutung hat.

---

10 "Noch 1485 werden alle Exemplare der ersten Ausgabe des Regensburger Meßbuches von mehreren Geistlichen einzeln mit der Druckvorlage verglichen. *'Es ergab sich'* in jener Zeit noch *'wie durch ein Wunder Gottes, daß in den Buchstaben, Silben, Wörtern, Sätzen, Punkten, Abschnitten und anderem, was dazu gehört, der Druck bei allen Exemplaren und in jeder Hinsicht mit den Vorlagen ... unseres Domes übereinstimmte. Dafür danken wir Gott.'* " (Gieseke (1991): S. 145.) Was aber für Bücher einer Auflage heute selbstverständlich erscheint, kann nicht auf Texte übertragen werden, die zwar den gleichen Titel tragen, aber an verschiedenen Orten von verschiedenen Verlagen hergestellt wurden.

11 Faulstich, Werner: Vermittlung und Rezeption. In: Ludwig, Hans-Werner (Hg.): Arbeitsbuch Romananalyse. Tübingen 1982, S. 13.

Auf der stilistischen Ebene ist auch eine Vielzahl von Wortänderungen zu verzeichnen, die die 'Grundierung' des Textes beeinflussen: In der FAZ-Version heißt es, es sei für die Polizei nicht gut möglich gewesen, ein Kind "anonym" (FAZ: 16.10.) an die Pforte der Sammelstelle abzugeben, während die Buchfassung formuliert, ein Kind "anonymiter" (Par: 10) auszusetzen. In anderen Fällen wird umgekehrt der Archaismus durch die heute gebräuchlichere Form ersetzt; so werden etwa Druots "Orders" (FAZ: 29.11.) zu "Anordnungen". (Par: 230)

Eine Passage, an der sich dagegen der fließende Übergang von stilistischen Veränderungen zu inhaltlich relevanten Eingriffen gut nachweisen läßt, ist die Verfolgung der Familie Richis durch Grenouille und der anschließende Mord an Laure: In der FAZ-Version nimmt Grenouille im Westwind Laures Geruch wahr, "unverwechselbar und deutlich" (FAZ: 6.12.); im Buch ist er "unverkennbar". (Par: 269) Richis hat einen "herrlich tiefen" (FAZ: 6.12.) oder nur einen "tiefen" (Par: 272) Schlaf; während Grenouille zwar wach bleibt, sich aber entweder "herrlich erfrischt" (FAZ: 6.12.) oder "äußerst erfrischt" (Par: 272) fühlt; aber er stellt sich schlafend, um seinen Unauffälligkeitsgeruch "augenscheinlicher" (FAZ: 6.12.) oder "noch augenscheinlicher" (Par: 272) zu machen.

Dann aber ist in der FAZ-Version davon die Rede, daß Grenouille bei seinen Mordvorbereitungen ein Fettmodell Laures modelliert: Er "retuschierte, <u>sah endlich zufrieden über</u> die modellierte Fettlandschaft - mit der Nase übrigens, nicht mit den Augen [..]." (FAZ: 7.12.) Hier findet eine Gleichsetzung zwischen den Sinnlichkeitsbereichen 'sehen' und 'riechen' statt - Grenouille 'sieht' in der Dunkelheit - mit der Nase statt mit den Augen. Ganz anders die Passage im Buch. Dort heißt es, Grenouille "retuschierte, <u>überprüfte noch einmal</u> die modellierte Fettlandschaft - mit der Nase übrigens, nicht mit den Augen [..]." (Par: 273) Visuelles und Olfaktorisches werden bei dieser Formulierung in Opposition zueinander gesetzt; wenn etwas entweder mit der Nase oder den Augen überprüft werden kann, dann benutzt Grenouille in jedem Fall seinen Geruchssinn (aber er 'sieht' nicht mit ihm, er riecht). Diese Passage ist ein Grenzfall, bei dem eine auch stilistisch interpretierbare Veränderung unter Umständen inhaltliche Bedeutung bekommt, etwa wenn die Disposition des Wahrnehmungsapparates von Grenouille fokussiert wird. Des weiteren sind eine gewisse Anzahl von Auslassungen und Einfügungen zu verzeichnen, die in der Größenordnung von Sätzen und Halbsätzen anzusiedeln und daher als schwerwiegendere Texteingriffe zu behandeln sind.

Die Entscheidung über den Stellenwert der Abweichung wird einer detaillierten Einzelinterpretation der jeweiligen Textstellen und ihrer Varianten überlassen bleiben müssen; etwa die Entscheidung darüber, welcher

Stellenwert den Tatsachen beigemessen wird, daß die Bezeichnung Grenouilles als dem "Wiederauferstandenen" gestrichen wurde oder daß Grenouilles Höhle nur in der FAZ-Version als "weiche, samtene Dunkelheit" bezeichnet wird.

Datum	F.A.Z.	Diogenes	Seite
25.10.	... durchschritt er den Hinterhof ...	... durchschritt Grenouille diesen Gang, durchschritt den Hinterhof ...	53
25.10.	... um sich zu sammeln. Er wollte ...	... um sich zu versammeln, denn er war übervoll von ihr. Er wollte ...	56
31.10.	... sich wunderbar. Seit Jahren hatte er sich nicht mehr so wohl gefühlt. Er würde ...	... sich wunderbar._Er würde ...	86
3.11.	... ausgeschlossen_- aber ...	... ausgeschlossen. Nach allem was der Verstand sagt, ist es ausgeschlossen - aber ...	99 f.
16.11.	... denn die herkuleischen Taten [12] schließlich waren beide ...	... denn die herkuleischen Taten und Exzesse von diesem hatten jenen nicht weniger erschöpft - schließlich waren beide ...	167
16.11.	... seiner Höhle in die weiche samtene Dunkelheit, bis ans Ende ...	... seiner Höhle_bis ans Ende ...	168
26.11.	... Geruchsattacke gekommen, auf einmal, und so mächtig war sie wie eine zweite Wirklichkeit. Für einen ..	... Geruchsattacke gekommen._Für einen ...	215
27.11.	... ihres Duftes. Dieses Verfahren zu erlernen, war für ihn mehr wert als Gold. Nach einigen ...	... ihres Duftes._Nach einigen ...	222
15.12.	... einen Engel oder einen Wiederauferstandenen oder sonst ...	... einen Engel_oder sonst ...	318
15.12.	... über ihn her, zerrten und zausten und zogen. Aber so ...	... über ihn her_. Aber so ...	319
15.12.	... die Dolche und die Messer auf und stießen zu und schnitten heraus, und Äxte und machetenhafte Fangeisen sausten ...	... die Dolche_auf und stießen zu_ und schlitzten auf, und Äxte und Schlagmesser sausten ...	319

Zwei Varianten sind aber in ihrer inhaltlichen Bedeutung so fundamental, daß sie schon hier kurz diskutiert werden müssen. Die erste Abweichung

---

12 Die fehlende Zeile ist eindeutig 'nur' ein Druckfehler der F.A.Z. und keine Variante.

betrifft das Ableben des Pater Terrier; wobei an Reisners Analyse auch schnell deutlich wird, warum die Textvarianz wichtig ist:

> "Überraschend ist für den Leser das unvermittelte, nur in einer Vorsilbe angedeutete Ende des Paters: [..] er [flieht] ins Kloster zurück, entkleidet und wäscht sich, schlägt das Kreuz, betet lange und "entschläft" (vgl. S. 25). Mag sein, dass der intime Umgang mit dem vermeintlichen Teufel ihn so erregt hat, dass das Herz seinen Dienst verweigert."[13]

Gerade weil der Tod des Paters nur von einem Präfix 'verursacht' wird (und sich auch sonst im Text durch nichts ankündigt), wiegt es umso schwerer, daß er sowohl in der FAZ-Version,[14] als auch in der 'Lizenzausgabe des Deutschen Bücherbundes'[15] nur "einschlief."[16] Dagegen *entschläft* Pater Terrier sowohl in der Hardcover-Ausgabe des Diogenes Verlags (Par: 25), als auch in der Taschenbuch-Ausgabe[17] von 'Das Parfum'und ebenso in der Ausgabe des Buchclubs.[18] Die Einordnung der Figur des Paters hängt daher entscheidend davon ab, welche Text-Version der Lektüre zugrunde liegt, weil seine textliche Präsenz dann entweder mit einem plötzlichen Tod oder nur mit einem friedlichen Schlummer beendet wird. Darüber hinaus haben im Handlungsverlauf die Nebenfiguren, sobald Grenouille sie verlassen hat, eine sehr geringe Lebenserwartung, weshalb Terrier je nach Textversion als Ausnahme oder als Bestätigung dieser Regel relevant ist.[19]

---

13 Reisner, Hanns-Peter: Lektürehilfen Patrick Süskind, 'Das Parfum'. Stuttgart 1998, S. 43.
14 "[..] endlich erleichtert einschlief." (FAZ: 19.10.)
15 "[..] endlich erleichtert einschlief." (Süskind, Patrick: Das Parfum. Die Geschichte eines Mörders. Stuttgart / München 1986, S. 25. (= Lizenzausgabe des Deutschen Bücherbundes GmbH&Co.))
16 Es sei darauf hingewiesen, daß auch Gerd Westphal in der Hörbuch-Version deutlich 'einschlief' liest (obwohl sich die Aufnahme sonst an die Diogenes-Vorlage hält): Süskind, Patrick: Das Parfum. Die Geschichte eines Mörders. Gelesen von Gert Westphal. Hamburg: Literon, 1995.
17 Süskind, Patrick: Das Parfum. Die Geschichte eines Mörders. Zürich 1994, S. 25.
18 Süskind, Patrick: Das Parfum. Die Geschichte eines Mörders. Gütersloh 1985, S. 23. (= Lizenzausgabe mit Genehmigung der Diogenes Verlag AG, Zürich 1985; für die Bertelsmann Club GmbH, Gütersloh; die EBG Verlags GmbH, Kornwestheim; die Buchgemeinschaft Donauland Kremayr & Scheriau, Wien; die Buch- und Schallplattenfreunde GmbH, Zug / Schweiz; die Deutsche Buch-Gemeinschaft C.A.Koch's Verlag Nachf., Berlin / Darmstadt / Wien.)
19 Vgl. die visuelle Darstellung der Figurendistribution bei: Raab (1997): S. 7. / Macherhammer, Sabine: Untersuchungen zu Patick Süskinds Roman 'Das Parfum. Die Geschichte eines Mörders.' Diplomarbeit an der Universität Wien 1989, S. 25. (Maschinengeschr. Manuskript / Präsenzbestand der germanistischen Fachbereichsbibliothek der Universität Wien)

Wird davon ausgegangen, daß Terrier nur einschläft, entspricht dies zwar nicht dem üblichen und tödlichen Schicksal der Nebenfiguren, aber der Pater tritt in Korrespondenz mit der Figur des Antonin Richis, der zwar seine Tochter verliert, aber immerhin selbst überlebt.[20] Diese Symmetrie zwischen dem ersten und dem letzten Ersatzvater Grenouilles würde durch den Tod des Paters gestört. Darüberhinaus tritt ein überlebender Terrier in eine stimmigere Paarbeziehung zur Amme Bussie, die zusammen als (zumindest kurzzeitig) anwesende Ersatzeltern imaginiert werden konnten (und von Terrier selbst als solche phantasiert wurden), während die leiblichen Eltern abwesend bleiben - der Vater wird nie erwähnt und die Mutter sehr bald getötet. Diese Spiegelung funktioniert allerdings nur mit einem überlebenden (d.h. nur ein-schlafenden) Terrier.

Nun ist andererseits aber ein gewichtiges Argument dafür, daß Terrier "entschlief" (Par: 25), die schlichte Tatsache, daß die FAZ-Version zeitlich der Diogenes-Ausgabe vorausgeht und zwischen den beiden offensichtlich ein Korrektur-Vorgang stattgefunden hat. Daraus ergibt sich, daß das 'ent-schlief' als die korrigierte Version des 'ein-schlief' zu lesen ist. Aus den oben dargestellten inhaltlichen Argumenten heraus, soll hier folgende Lektüre als Kompromiß vorgeschlagen werden: Weil es auch mit der Variante 'ent-schlief' nicht zwingend notwendig ist, die Figur als gestorben zu interpretieren,[21] wird im folgenden davon ausgegangen, daß Pater Terrier sein Zusammentreffen mit Grenouille überlebt hat, obwohl durch die nachträgliche Änderung des Präfixes von 'ein-' zu 'ent-' seine Gefährdung semantisch hochpräsent gehalten wird.

Die zweite Textvariante, die einen tieferen Einfluß auf den Romaninhalt hat, sind die unterschiedlichen Rückkehr-Datierung Grenouilles nach Paris:

"Am 25. Juni 1767 betrat er die Stadt durch die Rue Saint-Jacques frühmorgens um sechs." (Par: 317)[22]

Diese Datierung ist aber in einem hohen Maße unrealistisch, d.h. sie widerspricht den Regeln der im Text entworfenen Realität ganz eklatant: Grenouille wurde am "15. April 1766" (Par: 291) dazu verurteilt "binnen achtundvierzig Stunden" (Par: 291) hingerichtet zu werden; dieser "Tag

---

20 "Schon am Nachmittag tagte der Stadtrat. Die Herren, darunter auch der Zweite Konsul, umarmten sich stumm [..]." (Par: 313)
21 entschlafen: "[..] 2. (geh[oben]) einschlafen". (Duden: Das große Wörterbuch der deutschen Sprache. Band 3. Hgg. von: Drosdowski, Günther / u.a. Mannheim 1999, S. 1046.); "1) im eigentlichen sinn einschlafen." (Deutsches Wörterbuch von Jakob und Wilhelm Grimm. Band 3. München 1984, Sp. 599.
22 "25. Juni 1767" (FAZ: 15.12.); ebenso im Taschenbuch, vgl. Patrick Süskind: Das Parfum. Zürich 1994, S. 317.

108 Das Parfum

der Befreiung" (Par: 294) wäre demnach der 17. April 1766; woraus folgt, daß Grenouille am 18. April 1766 frühmorgens von Grasse nach Paris aufbricht:

"Er wollte nach Paris gehen und sterben. Das wollte er." (Par: 315)

Diese Entschlossenheit widerspricht ganz offensichtlich der sich ergebenden Reisedauer von einem Jahr und zwei Monaten (18. April 1766 bis 25. Juni 1767), die Grenouille unterwegs gewesen wäre. Wohingegen eine zweimonatige Reise nicht nur den damaligen Straßenverhältnissen in Frankreich[23] sehr gut entspräche, sondern auch mit den zeitlichen Abläufen der Hinreise korrespondiert. Aus diesen guten Gründen wurde sowohl in der Buchclub-Ausgabe,[24] wie auch in der Lizenzausgabe des Deutschen Bücherbundes das Datum von Grenouilles Rückkehr korrigiert:[25]

"Am 25. Juni 1766 betrat er die Stadt durch die Rue Saint-Jacques frühmorgens um sechs."[26]

Diese Korrektur ist somit zwar nachvollziehbar und zeugt auch von einer lobenswerten Aufmerksamkeit gegenüber den temporalen Abläufen des Romans; gleichwohl ist sie als (wahrscheinlich) eigenmächtiger Eingriff der Herausgeber in den Text nicht zulässig und wird im folgenden ignoriert: Zunächst muß aber betont werden, daß die Korrektur nicht in die Taschenbuchausgabe übernommen wurde - wäre aber die Datierung nur ein Druckfehler o.ä. (wogegen allerdings das identische Datum in der FAZ-Version spricht), dann hätte der Verlag spätestens nach Erscheinen der Buchclub-Ausgabe darauf aufmerksam werden müssen und reagieren können. Um so mehr, als daß in der Taschenbuchausgabe von 1994 tatsächlich das Datum verändert wurde, allerdings nicht das Jahr, sondern der Tag der Rückkehr:

"Am 28. Juni 1767 betrat er die Stadt durch die Rue Saint-Jacques frühmorgens um sechs."[27]

Mit einer leichten stilistischen Veränderung steht dagegen in der Jubiläumsausgabe von 2002:

---

[23] Vgl. die (für die Mitte des 18. Jahrhunderts) mit 12 Tagen angegebene Reisezeit, für die Strecke Paris / Marseille per Kutsche: Aycard, Matilde (Hg.): Atlas de l'histoire de France. Paris 1996, S. 151.
[24] Süskind, Patrick: Das Parfum. Gütersloh 1985, S. 283.
[25] Es korrigiert also nicht "nur die Buchclub-Ausgabe". (Delseit / Drost (2000): S. 43.)
[26] Süskind, Patrick: Das Parfum. Stuttgart / München 1986, S. 313.
[27] Süskind, Patrick: Das Parfum. Zürich 1994, S. 314.

"Am 28. Juni 1767 betrat er die Stadt frühmorgens um sechs durch die Rue Saint-Jacques."[28]

Bei einem Flüchtigkeitsfehler des Autors wäre das Jahr ebenfalls leicht zu korrigieren gewesen; weil aber die Jahreszahl beibehalten wurde, muß für die weitere Arbeit mit dem Text von der Rückkehr Grenouilles im Jahre 1767 ausgegangen werden. Auch hier zählt also die - in diesem Punkt vorliegende - Kontinuität zwischen Hardcover- und Taschenbuchausgabe mehr als die inhaltlichen Dissonanzen, die sich daraus ergeben (obwohl sie hier wesentlich schwerwiegender sind, als bei der 'freien' Variante: Schlaf oder Tod). Die Probleme, die sich durch das offensichtlich unsinnige Datum ergeben, lassen sich aber auflösen, wenn die Parfum-Metapher in ihrer reflexiven Rückbezüglichkeit[29] auf das System des Textes ernstgenommen wird:

> "Und gelegentlich [..] beging er Fehler, die so beschaffen waren, daß Baldini sie bemerken mußte: Vergaß zu filtrieren, stellte die Waage falsch ein, schrieb einen unsinnig hohen Prozentsatz von Ambertinktur in eine Formel ... und ließ sich den Fehler verweisen, um ihn dann geflissentlichst zu korrigieren." (Par: 121)

Obwohl sich der Text also metaphorisch schon im Voraus über solche Berichtigungsbemühungen lustig macht, muß aber doch auf die Fehldatierung um ein ganzes Jahr hingewiesen werden. Die Korrektur dieser Verschiebung kann aber nicht darin bestehen, daß einfach im Text diejenige Jahreszahl eingesetzt wird, die als die richtige erscheint; wofür sich die Lektorate der Buchclub-Ausgaben entschieden haben. Statt den offensichtlichen Fehler 'geflissentlichst' zu korrigieren, kann er als ein produktives Moment des Textes behandelt werden; ein Auslöser, durch den der fiktionale Status des Textes offengelegt wird. Dabei ist unerheblich, ob die 'falsche' Datierung bewußt eingesetzt wurde oder ob sich hier nur ein Fehler eingeschlichen hat.[30] Es kommt statt dessen darauf an, daß 'Das Parfum' punktuell mit den Regeln der Temporalität bricht, die den Text zuvor strukturiert hatten, und daß so die Artifizialität des Romans deutlich wird: Was gesagt wird, ist weder 'wahr' noch 'wahrscheinlich' oder 'stimmig'; trotzdem funktioniert der Text als epische Struktur.

Worauf dieses Kapitel aufmerksam machen soll, sind die Schwierigkeiten, in die jede Analyse geraten muß, die unabhängig vom tatsächlichen Textbestand eine Identität des Geschriebenen und gar des Gemeinten als

---

[28] Süskind, Patrick: Das Parfum. Zürich 2002, S. 364.
[29] Vgl. den systemtheoretischen Begriff der Reflexion als konstituierendes Moment literarischer Autopoiesis: Plumpe (1995): S. 54 ff.
[30] Vgl. die temporalen Dissonanzen beim Aufbruch Grenouilles nach Grasse; Par: 172 ff.

selbstverständlich voraussetzt. Zwar sind die Differenzen meist eher stilistischer Art oder betreffen als paratextuelle Zeichen (Absätze, Kapitelnumerierungen) 'nur' das Erscheinungsbild des Textes - wie aber gezeigt wurde, sind zumindest für 'Das Parfum' auch Varianten zu verzeichnen, die massiv in den Inhalt des Romans eingreifen.

1.2 Repräsentation

Im nun folgenden Kapitel wird die Differenz zwischen Geschriebenem und Gemeintem von der Seite der Inhalte perspektiviert. Es wird die Frage behandelt, inwiefern 'Das Parfum' innerhalb des Konzepts Mimesis beschreibbar ist; oder ob die epische Struktur des Romans nicht wesentlich stärker auf indirekten Mechanismen der Vorstellungsproduktion basiert, wie auf intertextuellen Verweisen einerseits und den Strategien aisthetischer Reduktion andererseits. Im Zusammenhang von 'Repräsentation' muß auch auf das Problem der (scheinbar leichten) Verfilmbarkeit des Textes eingegangen werden, das wohl auf der Verwechslung von Verfilmbarkeit mit filmischen Formen des Erzählens basiert, die besonders an den Kapitelenden und −anfängen aufgezeigt werden sollen. Weil aber die in 'Das Parfum' entworfene Welt über ein so hohes Maß an interner Stimmigkeit verfügt, ist es in diesem Zusammenhang auch leicht nachvollziehbar, daß die Geschichte aufgrund ihrer faszinativen Wirkung intermedial nochmals verwertet werden soll. Auch Eco führt in seiner 'Nachschrift zum 'Namen der Rose'' die Konsistenz der entworfenen Realität als narrativen Maßstab ein. Seine Thesen scheinen dabei auch auf 'Das Parfum' zuzutreffen, werden von diesem aber auch unterlaufen: Eco behauptet, es sei für das Schreiben seines Romans nötig gewesen den Plan

> "der Abtei festzulegen, die Entfernungen, ja selbst die Anzahl der Stufen einer Wendeltreppe. Marco Ferreri hat mir später gesagt, daß meine Dialoge filmgerecht seien, da sie die richtige Länge hätten. Kein Wunder: Wenn zwei meiner Personen miteinander redeten, während sie vom Refektorium zum Kapitelsaal gingen, schrieb ich mit dem Plan der Abtei vor Augen, und wenn sie angelangt waren, hörten sie auf zu reden. Um frei erfinden zu können, muß man sich Beschränkungen auferlegen."[31]

Hier wird von Eco aber auch genau der Kern dessen benannt, was Süskinds Roman von seinem unterscheidet, obwohl beide mit dem Mittel der selbstauferlegten Beschränkung arbeiten: Ecos Reduktionismus bezieht sich auf die Szenerie und den höchstmöglichen Grad an semiotischer

---

[31] Eco (1984): S. 33.

Durchdringung und Stimmigkeit bei der Ausgestaltung der fiktionalen Welt. 'Das Parfum' dagegen arbeitet mit Reduktions-Strukturen, die die Wahrnehmung einer Welt betreffen; obgleich die Szenerie, in der sich die Romanhandlung abspielt, realistisch geschildert zu sein scheint:

"In der Epik wird die Beschränkung durch die zugrundeliegende Welt gegeben. Das ist keine Frage des Realismus (obwohl es *sogar* den Realismus erklärt) [..]."[32]

Wenn in 'Das Parfum' diese bestimmte Form der epischen Beschränkung aufgegeben wird zugunsten aisthetischer Beschränkungen auf der einen Seite und mimetischen Verfremdungseffekten auf der anderen, dann kann das als ein starker Hinweis darauf gelesen werden, daß es sinnvoller ist, den Roman nicht als eine 'realistische' Repräsentation einer möglichen Welt zu lesen. Hinzu kommen Formen uneigentlichen Aussagens (wie Parodien oder Zitate), durch die der fiktionale Status des Textes verdeutlicht wird. Würde etwa in einem Text eine nächtliche Waldlandschaft mit den Worten 'der schwarz und schweigend stehende Wald' beschrieben, ist das nicht mehr als die Repräsentation eines außersprachlichen Sachverhaltes lesbar, sondern wird als ein Claudius-Zitat wahrgenommen; d.h. als Repräsentation eines innersprachlichen Sachverhaltes.

Diese Strategie der De-Mimetisierung wird in 'Das Parfum' vielfältig genutzt, ermöglicht sie doch andererseits, wieder von 'schwarzen und schweigenden Wälder' zu sprechen, "ohne sich dabei wie Snoopy zu fühlen",[33] wie Eco die Zielrichtung ironischer Schreibstrategien (jenseits des Zwangs zur Innovation) pointiert zusammenfaßt. Obwohl 'Das Parfum' aufgrund dieser mimetischen Simulationen über weite Strecken den Eindruck erweckt, es sei ein 'filmgerecht' geschriebener Roman, ist die Vermutung angebracht, daß der Text seine (entscheidende) intertextuelle Zweitcodierung bei einer Verfilmung verlieren würde.[34] Trotzdem hat Patrick Süskind die Filmrechte an 'Das Parfum' verkauft; und zwar an Bernd Eichinger[35] - wobei aber noch nicht klar ist, ob sich Bernd Eichinger wie Oskar Reiter in 'Rossini' mit ebensolchen "weitgehenden Knebelbedin-

---

[32] Eco (1984): S. 33.
[33] Eco (1984): S. 27.
[34] Nebenbei sei angemerkt, daß die Frage der Verfilmung die Rezeption des Textes von Anfang an begleitet - vgl. hierzu den Titel einer der ersten Rezensionen: Krämer-Badoni, Rudolf: Neuer Vampir für den Film? In: Die Welt (16. 2. 1985), S. V. (Beilage)
[35] Constantin Film. Pressemitteilung. (9. Januar 2001): "Bernd Eichinger hat vom Diogenes Verlag, Zürich die exklusiven Verfilmungsrechte an Patrick Süskinds Weltbestseller 'Das Parfum' erworben. [..]
Bernd Eichinger: 'Für mich ist 'Das Parfum' eines der Jahrhundertbücher. [..] Es ist kein Geheimnis, dass ich - wie viele andere internationale Regisseure und Produzenten auch - seit vielen Jahren versucht habe die Verfilmungsrechte an diesem einzigartigen Werk zu bekommen. Ich bin besonders stolz, dass Patrick Süskind und der Diogenes

gungen"³⁶ abfinden mußte. Es bleibt aber dabei, daß strukturelle Gründe eine Verfilmung dieses Textes problematisch machen, auch wenn es den Anschein haben mag, daß sich Süskind durch seine lange verweigerte Zustimmung dazu, daß sein "Film verfilmt" (Ros: 75) wird, in die Nähe einer leicht verschrobenen Figur wie Jakob Windisch gebracht hat. Ohne hier das weite Feld der Literaturverfilmung angemessen diskutieren zu können,³⁷ sei am Beispiel einer Szene aus Ecos 'Der Name der Rose' auf ein spezielles Problem hingewiesen:

> "Es ist klar, daß die Szene mit Adsons Liebeserlebnis in der nächtlichen Küche aus lauter religiösen Zitaten zusammenmontiert ist, vom Lied der Lieder bis zu Bernhard von Clairvaux, Jean de Fecamp und Hildegard von Bingen. Auch wer keine Erfahrung mit hochmittelalterlicher Mystik hat, aber ein bißchen Ohr, wird das gemerkt haben."³⁸

Es ist vor allem deshalb nicht zu überlesen, weil der Ich-Erzähler wiederholt über das Problem nachdenkt, daß er "dieselben Worte für zwei so ungleiche Dinge"³⁹ gebraucht habe, und somit den Vorgang des Zitierens explizit reflektiert. Diese sehr starke Betonung der uneigentlichen Sprache, der indirekten Darstellung geht aber bei der audiovisuellen Darstellung des Liebesaktes im Film verloren; zumindest solange kein zitierfähiges Bildmaterial über mystische Vereinigungsekstasen vorliegt, das eine dem zitierenden / travestierenden Charakter des Romans entsprechende Bildersprache ermöglichen würde.

Die Schwierigkeiten betreffen aber nicht nur den intertextuellen Filter, der allzu naive Vorstellungen über den mimetischen Realismus des 'postmodernen Romans' unterläuft, sondern im speziellen Fall von 'Das Parfum' die aisthetische Reduktion auf den Geruchssinn. Taugt schon "unsere Sprache [..] nicht zur Beschreibung der riechbaren Welt" (Par: 160), so ist die Erzeugung von Geruchsvorstellungen im Medium Film noch ungleich schwieriger - wenngleich auch nicht unmöglich, wie folgende Regieanweisung aus einem Drehbuch Peter Greenaways zeigt:

> **"Innen. Fleischwagen. Nacht.**
> Hinten im Fleischwagen klammern sich die Liebenden inmitten der ekelhaften Fäulnis und Verwesung aneinander. Der Gestank ist überwältigend, die Wür-

---

Verlag mir den Vorzug gegeben haben und in mich als Produzenten das Vertrauen setzen, aus diesem Welterfolg ein Kinoereignis zu machen."
36 alk: 'Parfüm'-Süskind erhört Eichinger. In: Badische Neuste Nachrichten (28. 1. 2001), S. 9. (Beilage)
37 Vgl. Paech, Joachim (Hg.): Methodenprobleme der Analyse verfilmter Literatur. Münster 1988.
38 Eco (1984): S. 51.
39 Eco, Umberto: Der Name der Rose. München 1982, S. 331.

gereize kaum zu unterdrücken, ihre Augen tränen, sie sind über und über mit Fliegen bedeckt - sie sind in der Hölle."[40]

Auch die Beobachtenden der audiovisuellen Umsetzung dieser Szene auf einer Kinoleinwand sind einem höchst intensiven optisch / akustischen Erlebnis ausgesetzt, das in sehr hohem Maß die olfaktorische Illusion des Gestanks auslöst. Zum einen ist aber die Heftigkeit der simulierten Geruchsattacke wohl nahezu einzigartig in der Filmgeschichte[41] - andererseits können solche Effekte sprachlich sehr viel präziser und trotzdem unaufwendiger erzeugt werden. Gerade in 'Das Parfum' stehen darüber hinaus nicht die intensiven Gerüche im Mittelpunkt des Interesses (trotz der Fischabfälle und Gerbereien). Die Aufmerksamkeit gilt vielmehr den subtilen Nuancen zwischen geruchlich scheinbar Indifferentem (wie verschiedenen Holzsorten), das erst aus der Perspektive der Hauptfigur, d.h. durch die Nase Grenouilles gerochen, seine Semantizität offenbart. Dessen Differenzierungsleistungen lassen sich sprachlich zumindest behaupten und als indexikalische Zeichen festschreiben. So erzeugt der Text die Illusion einer genauen olfaktorischen Interpretierbarkeit der Welt, die auch den Lesenden zugänglich sei, wenngleich sie meist nur dessen Auswirkungen erfahren und nicht die Ursache:

"Madame Arnulfi war - was Grenouille freilich schon längst gerochen hatte - eine Frau von gesundem Wohlstand und gesundem Geschäftssinn. [..] Der erste Geselle wurde gerufen, ein riesenhafter Mann namens Druot, von dem Grenouille sofort erriet, daß er gewohnt war, Madames Bett zu teilen." (Par: 220)

Daß die - später als "aura seminalis" (Par: 232) bezeichnete - Geruchsatmosphäre Druots von Grenouille als ein deutlicher Hinweis auf dessen sexuelle Beziehung zu Madame Arnulfi interpretiert wird, mag noch im Bereich des Möglichen liegen; daß und wie aber der Geschäftssinn einer Person seinen olfaktorischen Ausdruck findet, ist wohl kaum durch eine Leserin oder einen Leser des Romans zu überprüfen, selbst wenn es den Tatsachen entspräche.[42] Gerade aber die Dimension des Riechens solch unmerklicher 'Quantitäten' bei umso relevanterer 'Qualität' ist im Bildmedium Film nicht zu zeigen, wohl aber zu benennen. Der Roman betreibt diese Form der Intensivierung des olfaktorischen Leseeindrucks als eine

---

[40] Greenaway, Peter: Der Koch, der Dieb, seine Frau und ihr Liebhaber. Drehbuch. Zürich 1989, S. 115.
[41] Ein weiteres, aber sehr viel dezenteres Filmbeispiel, in dem das Wirken eines Geruchs gezeigt wird, ist die 'Riechmaschine' in 'Harold and Maude' (USA, 1971).
[42] Wobei es aber eine verführerische (und für den Erfolg des Romans mitverantwortliche) Wunschvorstellung zu sein scheint, sich durch die ausgeprägte Nutzung eines Sinnes, den alle anderen vernachlässigen, einen Wissensvorsprung bei der sozialen Interaktion zu verschaffen.

immer detailliertere Geruchssemantik, die sich im Laufe der erzählten Lebensgeschichte immer weiter differenziert, bis sie kaum noch benennbar ist. Weil sich aber im Gegensatz dazu die Auswirkungen der parfümistischen Techniken Grenouilles sehr einfach und effektvoll zeigen lassen, da sie sich als Liebe oder Haß im Verhalten seiner Mit-Figuren darstellen lassen, hat sich wohl die Ansicht durchgesetzt, daß der Roman ein hohes cineastisches Potential habe:

> "Der verklemmte Streicher aus dem 'Kontrabaß', das enthemmte Monstrum Grenouille aus dem 'Parfum' - Patrick Süskinds Kosmos ist bizarr bevölkert. Das macht einen Teil des Reizes für deren Leser aus. Zugleich spürt man die Handschrift des routinierten, fesselnden Drehbuchautors. Der naseweise Grenouille [..] zum Beispiel schreit geradezu danach, verfilmt zu werden."[43]

Hier liegt das zweite große Mißverständnis in bezug auf 'Das Parfum' vor: Grenouille scheint viel eher eine Figur zu sein, deren filmische Darstellbarkeit sehr große Schwierigkeiten bereiten dürfte, sich in jedem Fall aber nicht übermäßig aufdrängt, wie schon mit wenigen Überlegungen klar gemacht werden kann. Es besteht zum Beispiel das Problem, daß Grenouille als eine häßliche Person geschildert wird, "aber nicht so extrem häßlich, daß man vor ihm hätte erschrecken müssen [..]." (Par: 31) Wird aber seine Geschichte auch aus seiner Perspektive geschildert, ergibt sich ein Problem: Er selbst besitzt keinen Eigengeruch, nimmt aber die Welt (und damit auch sich selbst) geruchlich war. Welches Bild er einer von außen auf ihn gerichteten Kamera zeigen müßte, bleibt somit unklar. Was noch gesteigert wird, wenn er seine Geruchsmasken benutzt, "die er je nach den äußeren Erfordernissen wie die Kleider wechselte, und die ihm alle dazu dienten, [..] in seinem Wesen unerkannt zu bleiben [..]." (Par: 233) Werden die Masken ignoriert, würde die Handlung des Textes verändert; versucht ein Film aber sie abzubilden, müßten verschiedene Schauspieler die Rollen übernehmen: Auch an der Figur der Laure kann der Konflikt zwischen dem Olfaktorischen und Audiovisuellen leicht verdeutlicht werden: Soll der Film nicht den gleichen Fehler machen, wie die Mitmenschen Laures, die "dumm sind und ihre Nasen nur zum Schnaufen gebrauchen können, alles und jedes aber mit den Augen zu erkennen glauben" (Par: 217), müßte Laure sowohl von einer schönen als auch von einer un-schönen Schauspielerin gespielt werden, damit die doppelte Perspektive von Visuellem und Olfaktorischem zur Geltung käme. Was leicht verwechselt wird, ist die Verfilmbarkeit eines Textes mit der filmischen Qualität eines Textes oder einer Schreibweise;[44] etwa der Wirksamkeit

---
[43] n.n.: Duft des Erfolgs. In: Der Spiegel (16. 3. 1987), S. 251.
[44] Vgl. Paech, Joachim: Literatur und Film. Stuttgart 1997, S. 122.

bestimmter narrativer Strategien, die ein Roman dem Kino schuldet, oder bestimmten Formen der Blickführung und Perspektivierung, die an Kameraeinstellungen erinnern. Auf dieser Ebene macht es tatsächlich viel Sinn auf die Handschrift eines routinierten Drehbuchautors zu verweisen,[45] die in 'Das Parfum' besonders am narrativen 'timing' und der Konsistenz der Szenerien, Figuren und Handlungabläufe deutlich wird. Um eine funktionierende Erzählung zu produzieren, setzt der Text viele Mittel aus dem Bereich filmischen Erzählens ein:

> "Bei der Konzeption ist einer am Werk, der, ein erfolgreicher Drehbuchautor, routiniert mit den klassischen Mitteln des Films (zooming-in, Schnittechnik, Szerienbildung) umzugehen weiß. Süskind ist wie seine Vorbilder ein Meister der klaren, übersichtlichen, klassischen Disposition."[46]

Die Übertragung dieser Mittel auf den Roman läßt sich gut an den Anfängen und Schlußsätzen der Kapitel aufzeigen; ähneln doch die Kapitelgrenzen in ihrem Funktionsprinzip (der Gliederung des narrativen Flusses) stark dem Filmschnitt. So läßt sich etwa die Sequenz, in der Pater Terrier Grenouille von der Amme Bussie an Madame Gaillard übergibt, in je drei Kapitel-Anfängen und -Enden erzählen: Den Abschluß des zweiten Kapitels bildet die Aussage, daß Grenouille seiner vierten Amme übergeben wurde, nämlich Jeanne Bussie, "welche bis auf weiteres drei Franc pro Woche für ihre Bemühungen erhielt." (Par: 11) Damit wird dem Kind zwar zunächst ein Platz zugewiesen, die Vorläufigkeit der bezahlten Mutterschaft kommt aber schon in der Vorläufigkeit der Bezahlung zum Ausdruck und der Anfang des nächsten Kapitels verwandelt den Zweifel an der Stabilität des Pflegeverhältnisses in Gewißheit:

> "Einige Wochen später stand die Amme [..] vor der Pforte des Klosters [..] und sagte dem öffnenden Pater Terrier, einem etwa fünfzigjährigen kahlköpfigen, leicht nach Essig riechenden Mönch 'Da!' und stellte den Henkelkorb auf die Schwelle." (Par: 11)

Die kurze wörtliche Rede des 'Da!' funktioniert im Medium Sprache wie ein harter Filmschnitt,[47] mit dem die Amme nicht nur den Henkelkorb sondern auch sich selbst ins 'Hier und Jetzt' einer Handlung stellt. Dieser starke Auftritt Jeanne Bussis und das Kapitel enden damit, daß Pater Terrier den Korb nimmt und ihr entnervt eben jene Tür vor der Nase zuschlägt, die er am Anfang geöffnet hatte:

---

[45] Vgl. hierzu Kaisers Kritik an 'Der Kontrabaß' mit dem tadelnden Hinweis auf die "billigen, virtuosen Geschicktheiten" (Kaiser (1981): S. 13.), die Drehbuchautoren so leicht unterlaufen würden.
[46] Frizen / Spancken (1996): S. 134.
[47] Vgl. Macherhammer (1989): S. 33.

"Dann ging er in sein Büro." (Par: 18)

Dieser Ankündigung, nun einen Innenraum zu betreten, folgt eine Beschreibung, die sich ebenfalls nicht mehr auf das Außen der Figur (wie es etwa die Amme wahrnehmen würde: 'fünfzigjährig', 'kahlköpfig') beschränkt, sondern Terriers Innen sichtbar macht:

"Pater Terrier war eine gebildeter Mann." (Par: 18)

Die Lesenden sind gewissermaßen dem Erzähler über die Schwelle der Klosterpforte ins Innen gefolgt, 'Pater Terrier' steht nicht nur als erstes da, er steht auch im Mittelpunkt des Kapitels. Daher kann sich der Text jetzt mehr Zeit zur Exposition des erst kurz vorgestellten Charakters nehmen; aber nur um das Erzähltempo am Ende des Kapitels in einem furiosen halbseitigen Satz, der die panische Übergabe Grenouilles zum Inhalt hat, wieder zu steigern: Pater Terrier rennt durch halb Paris zum Waisenhaus von Madame Gaillard,

"zahlte für ein Jahr im voraus und floh zurück in die Stadt, warf, im Kloster angekommen, seine Kleider wie etwas Beflecktes ab, wusch sich von Kopf bis Fuß und kroch in seiner Kammer ins Bett, wo er viele Kreuze schlug, lange betete und endlich erleichtert entschlief." (Par: 25)

Die Endgültigkeit dieses Abgangs (obgleich nur in die Arme des Schlafes, nicht des Todes) wird erzählerisch dadurch betont, daß am Anfang des nächsten Kapitels, der Name der nächsten Figur genannt wird, wodurch diese auch mit einem harten Schnitt ins Zentrum der Geschichte rückt:

"Madame Gaillard, obwohl noch keine dreißig Jahre alt, hatte das Leben schon hinter sich." (Par: 25)

Solch ein starker Auftritt kann tatsächlich mit jedem großformatigen Leinwandauftritt konkurrieren, sowohl was Intensität als auch was die Geschwindigkeit angeht, mit der die figurale Wirksamkeit entfaltet wird. Die erzählerische Präsenz Madame Gaillards dominiert sofort das weitere Geschehen - wodurch der Wechsel auf der Ebene der Figuren ebenso als Einschnitt auf der Ebene von Grenouilles Geschichte erkennbar wird. Frizen / Spancken haben noch weitere Kapitelgrenzen auf ihre narrative Funktionalität hin untersucht und kommen aufgrund ihrer Präzision zu folgendem literaturkritischem Urteil:

"Verglichen mit *Das Parfum* ist Goethes *Meister* [..] 'übel zusammengeleimt'. Während der diktierende Goethe sich die flüchtigsten und beiläufigsten Übergänge und Kapitelschlüsse erlaubte ('so handelten sie noch manches ab'), scheint Süskind die Komposition am Reißbrett entworfen zu haben."[48]

---

[48] Frizen / Spancken (1996): S. 135.

1.3 Entstehung

Obwohl ein autorisierter Bericht aus der Schreibwerkstatt interessant wäre, muß hier festgehalten werden, daß es sich dem Bereich gesicherten Wissens entzieht, wie Süskinds "Roman aus dem Labor"[49] genau entstanden ist. Weder über Patrick Süskind noch über seine Schreibgewohnheiten ist ausreichend viel bekannt, um Fakt und Fiktion eindeutig trennen zu können. "Vier Bücher suchen einen Autor"[50] lautet die Überschrift eines Artikels. Ob im Fall von 'Das Parfum' der Text bei seiner Entstehung diktiert, von Hand geschrieben oder graphisch vorstrukturiert wurde, kann nicht mit Sicherheit entschieden werden. Weil aber die 'Laborbedingungen'[51] eines Bestsellers die Neugier ungemein anzuregen scheinen, wird einiges über die Produktion des Romans kolportiert. Eine der wohl gesichertsten (zumindest am ehesten autorisierten) Aussagen wird vom Diogenes Verlag verbreitet:

"Ursprünglich als Kurzgeschichte geplant, wuchs *Das Parfum* unversehens zu etwas Größerem."[52]

Eingedenk des hohen journalistischen Interesses, das befriedigt werden will und dem sich ein Verlag nicht entziehen kann, ist gegenüber dieser Behauptung ein gewisser Vorbehalt angebracht. Ebenso scheint es legitim, einen Rest Zweifel zu bewahren, was die Authentizität folgender Äußerung Patrick Süskinds angeht, die Wolfgang Knorr mitteilt:

"So einen Roman zu schreiben ist furchtbar. Ich glaube nicht, daß ich das noch einmal machen werde."[53]

Daß ein solches Mißtrauen durchaus angebracht ist, zeigt die Kürze des Weges von der Behauptung ohne Nachweis bis zum Zitat dieser Behauptung als Tatsache:

"Auch zu seinem Erfolgsroman Das Parfum demonstriert er [P.S.] ein überraschend unprätenziöses Verhältnis. 'So einen Roman zu schreiben ist furchtbar', gestand er 1985. 'Ich glaube nicht, daß ich das noch einmal machen werde.'"[54]

---

49 Frizen / Spancken (1996): S. 147.
50 Aderegg, Roger: Vier Bücher suchen einen Autor. In: Sonntags Zeitung, Zürich (6. 10. 1991), S. 21. Schon in der Überschrift kommt die leichte Verzweiflung darüber zum Ausdruck, daß sich ein Autor so hartnäckig dem 'Geständnisimperativ' des schreibenden Subjekts verweigert.
51 Vgl. die Äußerung Süskinds, auch er lebe in "immer kleiner werdenden Zimmern" (Süskind: n.n. (1981): S. 42.)
52 Kampa (1996): S. 286.
53 Knorr, Wolfgang: Aus Zwerg Nase wird ein Frankenstein der Düfte. In: Die Weltwoche (21. 3. 1985): S. 23.
54 Frizen / Spancken (1996): S. 11.

In der eingefügten Fußnote wird dann zwar auf Wolfgang Knorr verwiesen - und insofern ist das Verfahren wissenschaftlich korrekt - trotzdem hat sich der Charakter der Äußerung grundlegend verändert, weil sich die vermittelte Glaubwürdigkeitsstufe verschoben hat: aus der Behauptung Wolfgang Knorrs, daß sich Patrick Süskind ihm gegenüber einmal so über seinen Roman geäußert habe (was allein durch die Glaubwürdigkeit der Person des Journalisten gedeckt ist), ist eine zitierbare Äußerung Patrick Süskinds geworden, die den Anschein einer zweifelsfrei verbürgten Werkstattnotiz erweckt. Trotzdem sind Behauptungen, wie sie Knorr kolportiert, noch als Informationen über den Produktionsprozeß und den Autor eines Textes lesbar und in diesem Sinne auch berechtigt.

Ganz im Gegensatz dazu hat sich Sven Michaelsen in einem stern-Artikel[55] auf eine pure Skandalgeschichte aus der Schlüssellochperspektive beschränkt: Der Anlaß des Artikel war das Erscheinen von 'Die Geschichte von Herrn Sommer'; sein faktischer Kern liegt darin, daß die Reporter den Aufenthaltsort von Patrick Süskind gegen dessen Willen herausgefunden haben. Die Verletzung seiner Privatsphäre geht so weit, daß neben diversen Photos (die den Autor beim Putzen auf seinem Balkon zeigen) auch noch die Adresse veröffentlicht wurde.

Nachdem die Empörung über die Verletzung zivilisatorischer Höflichkeitsstandards abgeklungen ist, werden die amüsanten Seiten dieser 'Enthüllungs'-geschichte sichtbar: Insbesondere liegt der Vergleich mit Baby Schimmerlos und Herbie Fried aus 'Kir Royal' derartig nahe, daß es einer gewissen Komik nicht entbehrt, einen Autor von zwei Gestalten gejagt zu sehen, die seinem eigenen Drehbuch entsprungen zu sein scheinen. Weil sonst kein Einblick in die Wohnung des Schriftsteller möglich gewesen sei, hätte der Photograf Jürgen Gebhardt seine Photos vom "gegenüberliegenden Hügel"[56] aus knipsen müssen, schreibt Michaelsen.

Nun gehört es zwar zum journalistischen Selbstverständnis, daß Schmutz aufgewühlt wird, wenn aber nicht mehr dabei herauskommt, als zwei Reporter des 'stern', die über einen schlammigen südfranzösischen Acker stapfen, um den Staub zu photographieren, den Patrick Süskind beim Putzen seiner Terrasse aufgewischt hat, dann ist die Groteske nicht mehr fern. Insbesondere dann, wenn hartnäckig an der Illusion festgehalten wird, daß hier ein Meilenstein des Enthüllungsjournalismus präsentiert würde - "Der Banz bi?" (Kir: 237); auch dies eint Michaelsen / Gebhardt mit dem Team Baby / Herbie. Ähnlich wie beim Skandal um den Kontrabassisten Gerd Reinke, scheint auch hier eher das narrative Muster die

---

[55] Michaelsen, Sven: Patrick Süskind. Das Versteck des Phantoms. In: stern (2. 10. 1991): S. 43 ff.
[56] Michaelsen (1991): S. 43.

Kontrolle über die realen Akteure übernommen zu haben als umgekehrt.[57] Trotz allem sollen zwei Behauptungen des Artikels genauer dargestellt werden, wenn auch unter größtem Vorbehalt. Die erste betrifft den direkten Entstehungsprozeß von 'Das Parfum':

> "Besuchern fällt auf, daß an der Wand ein Stadtplan von Paris im 18. Jahrhundert hängt. Auch daß Süskind mit seinem Motorroller in die Parfum-Stadt Grasse fährt und über seinen achttägigen Aufenthalt nichts verraten will, erregt Neugierde [..]. Und einen Blick auf den Stapel handgeschriebener Manuskriptseiten zu werfen, ist unmöglich. Zuoberst liegt stets ein leeres Din-A4-Blatt, das mit einem Stift beschwert ist."[58]

Im Wesentlichen werden hier (im Gestus des Selbst-Dabeigewesen-Seins) drei Dinge behauptet: Süskind habe beim Schreiben von 'Das Parfum' einen historischen Stadtplan von Paris zu Rate gezogen. Dies ist mit Sicherheit richtig, weil es sich aus den ausführlichen Wegbeschreibungen im Text ergibt - ob dieser Plan nun tatsächlich an der Wand hing oder nicht. Zweitens habe sich Süskind Grasse mit eigenen Augen angesehen, was nicht sonderlich relevant ist. Drittens wird behauptet, daß Süskind seinen Roman mit der Hand geschrieben habe und nicht etwa mit der Schreibmaschine oder gar dem Computer. Dies zu erfahren wäre zwar tatsächlich spannend gewesen,[59] aber leider sind die Aussagen des Artikels gerade in diesem Punkt sehr unglaubwürdig. Denn das neugierige Interesse, mit dem versucht worden sei, das Manuskript zu inspizieren, wird erst auf der Basis des heutigen Wissensstandes wahrscheinlich. Weil aber damals noch niemand ahnen konnte, daß sich der Papierstapel als literarischer "Supermegaüberhammer" (Ros: 67) entpuppen würde, projiziert hier der Text das jetzige Interesse an 'Das Parfum' auf damalige Verhältnisse zurück. Darüber hinaus berichtet Michaelsen folgendes über die Veröffentlichung des Textes:

> "Daß Süskinds Bücher schließlich bei Diogenes erscheinen [..] verdankt Verleger Daniel Keel einer Angestellten der mittleren Gehaltsklasse. 'Den Süskind-Tip gab mir meine Sekretärin', bekennt Keel [..]."[60]

Hier wird der Eindruck vermittelt, Michaelsen habe seine Informationen von Herrn Keel persönlich bezogen, obwohl es sich bei dieser Informa-

---
57 Die Beschreibung Süskinds im stern-Artikel könnte das Vorbild der Figur 'Windisch' sein, die wiederum Vorbild für Süskinds Inszenierung seiner Rolle als Autor ist.
58 Michaelsen (1991): S. 50.
59 Vgl. Pfäfflin, Friedrich (Hg.): Vom Schreiben. Bd. 2. Schriftsteller und ihre Schreibgeräte. Marbach 1994.
60 Michaelsen (1991): S. 50. / Vgl. Raddatz, Fritz, J.: Der Leser als Verleger. Deniel Keel, der Chef des Diogenes Verlags, glaubt, dass Literatur immer auch unterhaltsam sein muss. In: Die Zeit (7. 6. 2001), S. 45.

tion aller Wahrscheinlichkeit nach um die gekürzte Version eines Abschnitts aus einer Rezension von 'Die Taube' handelt, die einige Jahre zuvor im 'Spiegel' erschienen war:

> "Daß der scheue Autor überhaupt ins Programm des Diogenes Verlages kam, beruht auf einem schlichten Zufall. Nach dem Besuch von Süskinds kurzem Einmannstück 'Der Kontrabaß' machte die Sekretärin des Verlagsleiters Daniel Keel ihren Chef auf das Werk aufmerksam. Keel besorgte sich eilends das Skript [..] und ließ [..] eine Buchausgabe binden. Startauflage: 3000. Solcherart zu Dank verpflichtet, reichte Süskind daraufhin dem Züricher Verleger sein 'Parfum'-Manuskript ein."[61]

Da 'Der Kontrabaß' aber schon vor seiner Veröffentlichung in der Spielzeit 82 / 83 auch in der Schweiz zu den meistgespielten Stücken gehört hat,[62] hält sich die Zufälligkeit des berichteten Umstandes in Grenzen, daß eine Mitarbeiterin des Diogenes Verlages das Monodram im Theater gesehen haben soll. Ebenso ist der verlegerische Mut Daniel Keels, daraufhin eine 3000er Auflage zu drucken, nicht eben gar so groß, wie hier der Eindruck erweckt wird. Trotzdem ist diese etwas seriösere Schilderung der Ereignisse, die zur Veröffentlichung des Romans geführt haben, glaubwürdiger, gerade weil nicht verschleiert wird, daß sie aus dem Kolportage-Fundus des Literaturbetriebes stammen. Relativ gesichert sind dagegen wohl einige Angaben Edith Liers. Ihr Artikel entsteht nach einem längeren Gespräch[63] mit Patrick Süskind:

> "Natürlich habe auch ich Ihnen eine dieser blöden Fragen gestellt - wie Sie auf die Idee kamen ein Buch zu schreiben [..]. Sie gaben mir höflich Antwort, dass die Idee - woher auch immer - plötzlich da war, vor rund acht Jahren. Der, auch finanzielle, Erfolg Ihres Theaterstücks 'Der Kontrabaß' hat es ihnen dann ermöglicht, zwei Jahre lang am 'Parfum' zu arbeiten."[64]

In Jahreszahlen übersetzt (ausgehend vom Zeitpunkt des Interviews Anfang 1985) hieße dies, daß etwa im Jahr 1977 erste Ideen zur Romanhandlung entstanden sind, die dann etwa zwischen 1982 bis 1984 ausgearbeitet wurden. Auch im zweiten existierenden (Bericht über ein) Interview von James M. Markham wird die Angabe bestätigt, Süskind habe "more than two years"[65] an 'Das Parfum' geschrieben:

---

61 n.n.: Duft des Erfolges. In: Der Spiegel (12) 1987, S. 250.
62 Deutscher Bühnenverein (Hg.): Was spielten die Theater. Werkstatistik 1982 / 83. Köln 1983, S. 22.
63 Kein Interview, da nicht aufgezeichnet wurde. / Vgl. Frizen / Spancken (1996): S. 11.
64 Lier, Edith: Brief an einen Unbekannten. In: Schweizer Illustrierte (25. 2. 1985), S. 75.
65 Markham, James M.: Süskind: Unsweet Smell of Successs. In: International Herald Tribune (16. 10. 1986), S. 16.

"[..] the critical acclaim for 'Double-Bass' - and the attendant royalities from the Diogenes Verlag in Zurich - gave him the self-confidence and the money to work out an idea about an monomaniacal murderer [..]."[66]

Besonders interessant ist der Markham-Artikel aber deshalb, weil auch einige genauere Angaben zum inhaltlichen Entstehungsprozeß gemacht werden. So sei der Roman von seinem Schlußteil her entstanden:

" 'Das Ende des *Parfums* hatte ich immer im Kopf', sagte Süskind [..], 'aber ich merkte, daß es nicht ging und daß ich die Biographie dieses Mannes von Anfang an schreiben mußte.' "[67]

Ist diese Aussage tatsächlich authentisch, würde damit Marcel Reich-Ranickis Interpretation des Romans als politischer Allegorie gestützt - insofern dieser Aspekt sogar zum Ausgangspunkt der Entstehung gemacht wird: 'Das Parfum' sei eine Geschichte über die Schattenseiten der Aufklärung, die Verführbarkeit der Menschen und eine Allegorie auf das Dritte Reich; besonders letzteres war nach Süskind für Schriftsteller seiner Generation

" '[..] always in the back of our minds. It doesn't matter wether you write poems, plays or novels. Even then it is the theme.' "[68]

Zum zweiten wäre aber dann die ungewöhnliche Umsetzung des Themas aus der Perspektive einer aisthetisch abnormen Zentralfigur das Ergebnis rationaler Überlegungen und Rechercheergebnisse: Zunächst sollte die Geschichte in der Gegenwart spielen, sei dann aber ins Frankreich des 18. Jahrhunderts verlegt worden, weil dort erstmals dieser Typus des modernen Menschen entstanden sei und gleichzeitig die Stadtplaner begonnen hätten "to banish foul odors that were thought to cause disease."[69] Die Wahl und Ausarbeitung des Geruchssinnes als zentrales Thema ist somit eher das Ergebnis von denkerischer Arbeit unter 'Laborbedingungen' als von dichterischer Inspiration; obgleich die Wahl bei den Recherchen unerwartet bestätigt wurde:

"Mit einem neu erworbenen Motorroller besuchte er die Handlungsorte seines Romans: 'Der Geruchssinn war praktisch der einzige Sinn, der auf der Vespa funktionierte' [..]."[70]

Trotz dieser Hinweise sind die Informationen um die Produktionsbedingungen insgesamt so dürftig, daß viele Aussagen über die 'Werkstatt' wohl

---

[66] Markham (1986): S. 16.
[67] Markham (1986): S. 16. / Übersetzung zitiert nach: Delseit / Drost (2000): S. 47.
[68] Markham (1986): S. 16.
[69] Markham (1986): S. 16.
[70] Vgl. Markham (1986): S. 16. / Übersetzung zitiert nach: Delseit / Drost (2000): S. 47.

mehr dem journalistischen Bedürfnis entsprungen sind, auch etwas über den Autor eines Textes sagen zu wollen, als dem Umstand, daß die Journalisten tatsächlich etwas zu sagen hätten. Damit wird aber die für das System Massenmedien konstitutive Unterscheidung zwischen Fakt und Fiktion systematisch überschritten.[71] Darüber hinaus markieren die geschilderten Vorgänge den Übergang von der Literaturproduktion zur Rezeption. Bezeichnend ist, wie vorsichtig in den achtziger Jahren ein erzählender Text be- und gehandelt wurde:

> "Als er [Patrick Süskind] Daniel Keel sein Manuskript anbot, soll er gleichzeitig davor gewarnt haben, mehr als 5000 Exemplare zu drucken. Aus Vorsicht, die sich im nachhinein freilich als gelungene Marketing-Strategie erwies, bot der Verlag es auch zunächst als Fortsetzungsroman der 'FAZ' an, wo es auf ein positives Echo stieß [..]."[72]

2. Rezeption

Die bisherige Rezeptionsgeschichte von 'Das Parfum' soll in den folgenden Kapiteln in drei Schritten nachgezeichnet werden. Zunächst wird die überwiegend positive Reaktion des Feuilletons dargestellt; dabei muß auch die Rolle von 'Das Parfum' als feste Bezugsgröße reflektiert werden, sowohl in der deutschen Literaturdebatte nach der Wende '89 als auch in den Diskussionen um die als Popliteratur wiederauferstandene Gegenwartsprosa. Zweitens wird die Rezeption des Romans durch die Literaturdidaktik skizziert, die auf den Text schneller und intensiver reagiert hat als die Literaturwissenschaft, deren Rezeption in einem dritten Schritt referiert wird.

2.1 Literatur-Kritik

Von Patrick Süskinds Texten ist besonders 'Das Parfum' von der feuilletonistischen Literaturkritik breit und zum größten Teil positiv bis überschwenglich rezipiert worden. Aber auch von seiten der KäuferInnen (und ein solches Zusammentreffen ist selten der Fall) war dieser Text ein nach Maßstäben deutschsprachiger Nachkriegsliteratur herausragender Erfolg, was sich unter anderem mit 471 Wochen auf der Spiegel Bestseller-Liste illustrieren läßt. Mitverantwortlich für diesen großen Erfolg beim Publikum sind auch die zahlreichen Besprechungen des Romans durch

---
[71] Vgl. Luhmann (1995): S. 55 f.
[72] Frizen / Spancken (1996): S. 12.

die Literaturkritik; obwohl auch positive Rezensionen keinesfalls eine Garantie für den Erfolg beim Publikum sind - weder heute noch in den achtziger Jahren.

Als erste Rezension von 'Das Parfum' muß die Ankündigung des Vorabdrucks in der F.A.Z. vom 16. 10. 1984 durch Franz Josef Görtz gewertet werden. Der Roman mit dem "ebenso verführerischen wie geheimnisvollen Titel"[73] erzähle mit Phantasie und Sprachwitz die Geschichte seines 'Helden', der

> "augenscheinlich weder der mütterlichen Liebe noch der väterlichen Zärtlichkeit [bedarf], um zu werden, was er in Wahrheit mit dem Tag seiner Geburt schon ist: ein Grom, ein Monstrum [..]."[74]

Görtz betont vor allem die Elemente des Erzählerischen, im Sinne der Erfindung eines interessanten Plots, der mit einer unaufdringlichen Geste präsentiert werde und die Lesenden fasziniere. Dies glaubt er besonders hervorheben zu müssen, denn es gab "nicht eben viele Bücher in der letzten Zeit, von denen sich dies sagen ließe."[75] Diese Betonung des Narrativen (als Ausnahme oder als Rückkehr) zieht sich als roter Faden durch fast sämtliche Rezensionen, die im Laufe der Zeit folgen werden. So setzt auch Marcel Reich-Ranickis Besprechung des Romans mit der Feststellung ein, daß hier ein Text vorliege, in dem wieder erzählt würde:

> "Also das gibt es immer noch oder schon wieder: einen deutschen Schriftsteller, der des Deutschen mächtig ist; einen zeitgenössischen Erzähler, der dennoch erzählen kann; [..] der uns nicht mit dem Spiegelbild seines Bauchnabels belästigt: einen jungen Autor, der trotzdem kein Langeweiler ist."[76]

Was Süskinds Text also in der Mitte der achtziger Jahre auszeichne und (zumindest in den Augen Reich-Ranickis) von der damaligen Gegenwartsliteratur unterscheide, ist die Dominanz des Narrativen und die Abkehr von der Reflexion. Mit Hilfe einer überaus sinnlichen Prosa werde die "Unmittelbarkeit und Suggestivität des Romans"[77] erzeugt, die als zentrale Qualität des Textes ausgemacht wird. Nicht ein schreibendes Subjekt, sondern eine erfundene Figur und deren Lebensgeschichte steht im Mittelpunkt des Romans. Dieser Held sei von Süskind in deutlicher motivischer Nähe zu anderen literarischen Scheusalen (Reich-Ranicki identifiziert Quasimodo, Richard III. und das Figureninventar E.T.A. Hoff-

---

[73] Görtz (1984): S. 25.
[74] Görtz (1984): S. 25.
[75] Görtz (1984): S. 25.
[76] Reich-Ranicki, Marcel: Des Mörders betörender Duft. In: FAZ (2. 3. 1985), S. 5. (Literaturbeilage)
[77] Reich-Ranicki (1985): S. 5.

manns) entworfen worden, und auch die Form der Präsentation erinnere an die Romanciers des 19. Jahrhunderts -

> "ein unmißverständliches, ein vielleicht trotziges Bekenntnis zum traditionellen Erzählen. Tatsächlich schreibt Süskind, als hätte er nie Kafka gelesen und nie von Joyce gehört."[78]

Trotzdem weiß Marcel Reich-Ranicki mit den Strategien dieses die Vergangenheit ("mit Ironie und ohne Unschuld"[79]) zitierenden Erzählens im Grunde wenig anzufangen. Statt dessen will er bestimmen, was der "tiefere Sinn" des Romans ist, nämlich: "Die Sehnsucht nach dem Absoluten, ihre Ursachen und ihre Folgen"[80] seien das Thema eines Romans. Diese These ist zwar in dieser Form wenig aussagekräftig, wenn es auch in bezug auf 'Das Parfum' nicht falsch wäre, das Motiv des Absoluten als bestimmendes Moment genauer zu analysieren. Eine andere These Reich-Ranickis ist dagegen für die weitere Beschäftigung mit 'Das Parfum' richtungsweisend geworden: Süskind sei mit der Hinrichtungsszene, in der

> "die Sensationssüchtigen vom plötzlich wohlduftenden Grenouille nichts wahrnehmen 'als seine angemaßte Aura', eine Apotheose von mythologischem Rang gelungen, eine grandiose Darstellung des Massenwahns, der Verführbarkeit der Menschen [..]."[81]

Durch diese Perspektivierung des Roman-Endes vom Politischen her hat sich ein Lektürestrang des Romans als gesellschaftlich-soziale Allegorie eröffnet, der auch in der Folge von Rezensierenden dankbar aufgegriffen wurde.[82] Die Adelung eines eingängigen Romans als politisch relevant (und korrekt) war auch noch in der Mitte der achtziger Jahre notwendige Voraussetzung für den weiteren Erfolg im deutschen Feuilleton.

Gut sichtbar wird dies an einer Rezension in der 'Welt', die noch vor Reich-Ranickis Besprechung erschienen ist: Dort stellt auch Krämer-Badoni in bezug auf 'Das Parfum' die Sinnfrage - im Unterschied zu Marcel Reich-Ranicki kann er sie aber nicht beantworten und lastet das dem Text an, was zu einer der wenigen negativen Besprechungen führt. Nach einer Inhaltsangabe des Romans fragt er recht lakonisch:

> "Und wo ist der Witz des Ganzen? Die neue Mythe eines olfaktorischen Vampirs? Zu spät für neue Mythen! Das ergibt höchstens morbides Amüsement und Stoff für Horrorfilme."[83]

---

[78] Reich-Ranicki (1985): S. 5.
[79] Eco (1984): S. 78.
[80] Reich-Ranicki (1985): S. 5.
[81] Reich-Ranicki (1985): S. 5.
[82] Vgl. die Ausschnitte aus Rezeptionen in Delseit / Drost (2000): S. 74 ff.
[83] Krämer-Badoni, Rudolf (1985): S. V.

Indem Reich-Ranicki im Gegensatz dazu 'Das Parfum' auch als politische Parabel gedeutet hat (was ja auch sicherlich eine mögliche Interpretation ist), hat er großen Anteil am Erfolg des Textes; zumindest im Feuilleton. Auf Reich-Ranickis Rezension in der F.A.Z. (2. 3. 1985) folgte am 4. 3. 1985 Michael Fischers Besprechung im Spiegel (wobei es aber eher unwahrscheinlich scheint, daß diese Besprechung in Kenntnis von Reich-Ranickis Artikel verfaßt wurde, obwohl es nicht ausgeschlossen werden kann). 'Das Parfum' wird hier ebenfalls positiv rezensiert, auch wenn Patrick Süskind als "milder Epigone"[84] bezeichnet wird. Er schreibe

> "im Duktus traditioneller Autoren, mit der Kraft fast vergessener Worte, ein erfreulicher Anachronismus im modischen literarischen Bla-Bla. Als ironischer Erzähler tritt er immer wieder aus den Zeilen heraus, nimmt den Leser bei der Hand [..]. Autor wie Leser suhlen sich in der dicken Luft der Düfte."[85]

Gerade die Epigonialität mache also einen Teil der narrativen Qualität aus. Fischer identifiziert in bezug auf Grenouilles Geruchslosigkeit das Motiv des "Alberich unter der Tarnkappe"[86] als literarisches Vorbild, und den Düften im allgemeinen "wußten bereits die französischen Schriftsteller Flaubert, Balzac und Baudelaire zu huldigen."[87] Fischer weist auch auf eine wichtige nicht-literarische Quelle des Romans hin: Alain Corbins Untersuchung über die olfaktorischen Verhältnisse im Frankreich des ancien regime[88] sei der Faktenliferant des Textes und Süskind habe geradezu "Corbins historische Dokumentation [..] in einen deftigen Roman übersetzt."[89] Der Text betreibe die faszinierende Konfrontation mit heutigen Geruchsverhältnissen:

> "In unserer Zeit, 'wo sämtliche Gerüche zu Schweigen gebracht wurden' (Corbin) hat Süskind die irdischen Elemente Gestank, Schmutz, Schweiß und Scheiße wieder zum Dampfen gebracht. Sein Buch ist eine Reise zurück zu den animalischen Instinkten und eine Stänkerei gegen die moderne Deo-Zeit."[90]

Auch Alice Villon-Lechner weist auf das Vorbild Corbin und den Aspekt der Sozialgeschichte des Geruchs hin, hebt aber eher die ästhetischen Strategien des Textes hervor: Süskind gelinge eine (sinnliche) Anbindung des historischen Stoffs an die Realität der Lesenden, denn sein Buch sei

---

84 Fischer, Michael: Ein Stänkerer gegen die Deo-Zeit. In: Der Spiegel (10) 1985, S. 237.
85 Fischer (1985): S. 240.
86 Fischer (1985): S. 237.
87 Fischer (1985): S. 237.
88 Corbin, Alain: Pesthauch und Blütenduft. Berlin 1984.
89 Fischer (1985): S. 237.
90 Fischer (1985): S. 240.

"nicht nur witzig und gescheit, es regt auch dazu an, das eigene verkümmerte Geruchsorgan wieder zu aktivieren, Gerüche zu erinnern und zu imaginieren [..]."[91]

Mit dieser Fokussierung von Sinnlichkeitsmomenten, die der Text auf der Seite der Lesenden produziert, ist Villon-Lechner zwar in den Bereich schwer überprüfbarer Thesen vorgedrungen, hat aber einen Effekt angesprochen, der mit großer Wahrscheinlichkeit einen starken Anteil an der faszinativen Kraft des Textes hat. Die sekundäre olfaktorische Präsenz, die der Text erzeugt, kann als Faktor auf der rezeptionsästhetischen Seite kaum überschätzt werden. Daß der Text aber über die Simulation von Sinnlichkeit hinausgeht und zugleich als Parabel auf "Glanz und Elend"[92] der Moderne gelesen werden kann, stellt Villon-Lechner durch die Charakterisierung Grenouilles heraus:

"Grenouille, geruch- und somit seelenlos, erscheint als 'Animal' mit zynischer Vernunft. In einer Welt, in der Beziehungen nur nach dem Nutzwert geknüpft werden, erfüllt er sich den Allmachtstraum des glücklosen Narziss; sogar sein Wunsch nach Liebe bleibt kalt, ist blosser Ausfluss des enormen Willens zur Macht."[93]

Wird dieser intertextuelle Raum aus Schauerromantik, Sloterdijkscher Vernunftkritik, Ovidscher Mythologie und nietzscheanischer Philosophie[94] nochmals um den narrativen Kontext ergänzt - Süskind schreibe "wie Fontane-Keller-Mann-Lenz-Grass-Böll-Hebel-Musil-Grimmelshausen-Dickens-usw."[95] - entsteht eine Überbietungskonstellation, in der es unmöglich zu sein scheint, den Roman noch präzise einzuordnen. Stadelmaier beschreibt daher die Schreibweise Süskinds folgendermaßen:

"Die Methode des Duft-Mörders Grenouille, sich den *odor feminae* zu destillieren, ist auch ein wenig die Methode des Erzählers Süskind. Grenouille plündert tote Häute, Süskind tote Dichter."[96]

Nimmt man diese Metapher aber ernster als Stadelmeier selbst, kommt das Motiv des Parfums in den Blick, das in 'Das Parfum' als Chiffre für die narrativen Strategien des Romans funktioniert. Mit dem Duftgemisch

---

[91] Villon-Lechner, Alice: Wie ein zynischer Gott im Reich der Düfte. In: Tages-Anzeiger, Zürich (7.3.1985), S. 27.
[92] Villon-Lechner (1985): S. 27.
[93] Villon-Lechner (1985): S. 27.
[94] Vgl. Wilczek, Reinhard: Zarathustras Wiederkehr. Die Nietzsche-Parodie in Patrick Süskinds 'Das Parfum'. In: Wirkendes Wort (2) 2000, S. 80 ff.
[95] Stadelmaier, Gerhard: Lebens-Riechlauf eines Duftmörders. In: Die Zeit (12. 3. 1985), S. 55.
[96] Stadelmaier (1985): S. 55.

entwirft der Text metaphorisch eine interne Ebene ästhetischer Reflexion.[97] Hier sei als erster Beleg vorerst ein Selbstgespräch Grenouilles zitiert, der sich nach der Hinrichtungsszene und der Flucht aus Grasse auf dem Heimweg nach Paris befindet:

> "Niemand weiß, wie gut dies Parfum wirklich ist, dachte er [Grenouille]. Niemand weiß, wie gut es *gemacht* ist. Die andern sind nur seiner Wirkung untertan, ja, sie wissen nicht einmal, daß es ein Parfum ist, das auf sie wirkt und sie bezaubert. Der einzige, der es jemals in seiner wirklichen Schönheit erkannt hat, bin ich, weil ich es selbst geschaffen habe. Und zugleich bin ich der einzige, den es nicht bezaubern kann. Ich bin der einzige, für den es sinnlos ist." (Par: 316f)

Die isomorphe Relation, die der Text hier zwischen seiner eigenen Struktur und der Struktur des Parfums explizit macht, besteht darin, daß die Riechenden weder die Ausgangsstoffe noch die Kunstfertigkeit der Komposition erkennen - sie nehmen nicht einmal den olfaktorischen Reiz als solchen wahr. Im Feld der Intertextualität ist es ebenfalls möglich, daß die Lesenden zwar fasziniert sind, aber weder das Material wiedererkennen, aus dem die Texte montiert wurden, noch überhaupt bemerken, daß der Text aus Zitaten besteht. Nun wird behauptet, Grenouille sei der einzige, der das Parfum / den Text verstehen könne, weil er es gewesen sei, der das Produkt / das Faktum geschaffen habe. Der Produzent sei aber wiederum auch derjenige, der aufgrund seines Verständnisses der faszinativen Kraft nicht unterliege. Daher ist es für ihn sinnlos. Die logischen Ketten lauten demnach:
Unverständnis => Faszination => Sinn; Verständnis => Distanz => Sinnlosigkeit. Diese Absage an Sinn und Möglichkeit der Interpretation von künstlerischer Produktion wird aber ironischerweise einer Figur zugeschrieben, von der es direkt im Anschluß an dieses Theorie-Fragment lakonisch heißt:

> "Dann dachte er [Grenouille] nichts mehr, denn Denken war nicht seine Stärke [..]." (Par: 317)

So unterläuft der Text jeden Versuch, einen dauerhaften interpretatorischen Sinn zu konstruieren bzw. aus den Paradoxien des Textes einen semantischen Überfluß zu entwickeln. Diese hartnäckige Verweigerung unterscheidet 'Das Parfum' deutlich von den es umgebenden sonstigen literarischen Produktionen (gerade auch der achtziger Jahre), deren Bestreben noch immer die Sinnstiftung war. Auch Gerhard Stadelmaier kommt nicht umhin, 'Das Parfum' von den deutschsprachigen Romanen,

---

[97] Vgl. die Bestimmung von Reflexion als Relation des Systems zu sich selbst; Plumpe (1995): S. 58.

wie sie um 1985 üblich waren, abzuheben. Er konstatiert wie Reich-Ranicki, Fischer und Villon-Lechner die Rückkehr des Narrativs, wird aber noch präziser: 'Das Parfum' widerspreche

> "einer gegenwärtigen Produktion, die ihr Ungeheuerliches meist formal befriedigt - bei eher dürftigen Inhalten: Da wird (fast) nichts mehr festgehalten, dies aber mit großem Aufwand. Süskind dreht den Spieß um. [..] Er fängt diesen Jean-Baptiste Grenouille ein, hält ihn fest, erfindet ihn sich und erfindet so, wie lange nichts mehr erfunden worden ist in Romanen."[98]

Auch diese Beobachtung kann und soll hier noch ein Stück weiter verfolgt werden, als Stadelmeier dies leistet: Eine starke Akzentuierung der Inhaltsseite ist bei den meisten Formen von Kommunikation üblich, "denn schließlich muß über etwas gesprochen werden, das eine Mitteilung lohnt."[99] Worin sich Literatur und Alltagskommunikation aber gerade fundamental unterscheiden, ist, daß dies für Literatur zwar möglich, aber nicht zwingend ist; und je nach Kultur und Mode auch unüblich sein kann. In der ambitionierten, literarischen Kommunikation der achtziger Jahre war ein starker Inhaltsakzent eher der Ausnahmefall und wurde beständig dem Verdacht ausgesetzt, lediglich Unterhaltungsliteratur zu sein. Es ist kein Zufall, daß Umberto Eco sich genau gegenüber diesem Vorwurf des 'Entertainments' mit einem ganzen Kapitel und 'der' auctoritas zur Wehr setzt:

> "Es gibt verschiedene Arten von Unterhaltung für jede 'Saison' des Romans. Unbestreitbar hat der moderne Roman versucht, die Unterhaltung durch den dramatischen Handlungsverlauf (den 'Plot' oder das, was man früher 'Intrige' nannte) abzubauen, um dafür andere Arten von Unterhaltung zu privilegieren. Ich als großer Bewunderer der Poetik des Aristoteles bin trotz allem immer der Ansicht gewesen, daß ein Roman auch und vor allem durch seine Handlung unterhalten soll."[100]

Dieses Bekenntnis zum Inhalt eines Textes, der der Mitteilung lohnen muß, bevor über die Form der Mitteilung reflektiert wird, würde Süskind wohl ebenfalls unterschreiben; jedenfalls können seine Texte als Argumente für eine 'Poetik des Plots' gelesen werden. Diese Rückkehr zum Erzählen wird auch von Beatrice von Matt diagnostiziert, die neben Süskind noch Grass ('Der Butt'), Wolf ('Kassandra'), Morgner ('Trobadora Beatriz') und Muschg ('Das Licht und der Schlüssel') als Träger der Bestrebung sieht, den Lesenden wieder Außergewöhnliches zu bieten:

> "Schon einige Zeit versuchen Schriftsteller auf solchen Lesehunger zu reagie-

---
[98] Stadelmaier (1985): S. 55
[99] Luhmann (1996): S. 38.
[100] Eco (1984): S. 70.

ren [..]. Die Alltagsmiseren haben die künstlerische Anziehungskraft, den Unterhaltungswert eingebüsst, so gut wie die wehleidigen Innenansichten."[101]

Obwohl von Matt diese Hinwendung zum 'Fabulieren' begrüßt, lehnt sie die Amoralität des Romans scharf ab; die allerdings - so wäre einzuwenden - mit strenger Folgerichtigkeit aus der narrativen Grundkonstruktion motiviert wird. Beatrice von Matt befürchtet, die Handlungen

"des machtbesessenen Monsters und Verführers könnten die erwartete Zustimmung finden. Die gelegentlich eingestreute Behauptung des Verfassers, sein Held sei ein Scheusal, genügt nicht zur kritischen Distanznahme. Eine korrigierende Gegeninstanz lässt der Roman völlig vermissen [..]. In '[Das] Parfum' fehlt auch die leiseste Spur eines utopischen Entwurfs."[102]

So erfrischend altmodisch diese Frage, wo denn da die Moral bleibe, auch ist, so wird hier doch die Problemlage übersehen, die der Roman aufgibt. Von welchem Ort des Denkens oder Schreibens aus könnte noch die sichere moralische Position einer allgemein verbindlichen Perspektivierung möglich sein, wenn schon alle Modelle verfügbar, zitierbar und kritisierbar sind? Liegt nicht der Kern des Textes genau darin, daß sich ethische Kategorien und Prinzipien eben nicht zu einer so klaren Hierarchie ordnen lassen, wie das Grenouille mit seinen Düften möglich wurde, NACHDEM er das Mädchen in der Rue de Marais ermordet hat? Auch der zweite Kritikpunkt Beatrice von Matts, daß Süskind die Tendenz zu einer eindimensionalen, flachen Schreibweise habe, scheint das Ergebnis einer im Grundsatz falschen Einordnung der ästhetischen Funktionsweise des Textes zu sein:

"Zur Geschichte der angesprochenen Epoche etwa in Paris erfährt man herzlich wenig - einige historische Lokalitäten und Vokabeln genügen, wie in einem Kostümfilm, der ja auch Exotik und nicht Zeitanalyse einbringen will."[103]

Dieser Analyse muß im Prinzip zugestimmt werden, weil in 'Das Parfum' tatsächlich eine historische Kulisse als Stimmungshintergrund lediglich evoziert und nicht wirklich beschrieben wird: So werden etwa mit schon fast ermüdender Ausdauer die Namen der Straßen, Plätze und Viertel aufgelistet, wenn sich Figuren durch Paris bewegen. Diese Benennungen klären aber nicht einmal die geographische Position der jeweiligen Figur, solange keine Karte benutzt wird. Schon gar nicht werden die jeweiligen Straßen konkret beschrieben. Aber auch ohne einen solchen Naturalismus

---

[101] von Matt (1985): S. 43.
[102] von Matt (1985): S. 43.
[103] von Matt (1985): S. 43.

wird das exotische Bild aufgerufen: 'durch Pariser Gassen laufen'. Trotzdem sind die Wegbeschreibungen in 'Das Parfum' zu ungenau, als daß es möglich wäre, mit ihrer Hilfe einen Stadtplan vom Paris des 18. Jahrhunderts aufzuzeichnen. Es bleibt aber die Frage offen, ob man diesen exoterischen Exotismus einem Text vorwerfen kann, der so deutlich mit den Mustern und Erwartungshaltungen spielt, die er zugleich befriedigt und enttäuscht. Süskinds Roman nutzt zwar die Macht der Klischees, die mit wenigen Formulierungen eine ganze Szenerie evozieren können, aber er ironisiert die so entstandenen Vorstellungswelten immer wieder, indem er ihre narrative Gemachtheit den Lesenden desillusionierend vor Augen führt. Wenn also etwa Michael Fischer glaubt, in Süskinds Text "eine penible Anweisung zum Mixen edler Essenzen"[104] gefunden zu haben, so ist diese Behauptung grob mißverständlich: Zwar gibt sich der Text den Anschein, als würden in ihm Informationen über Duft-Rezepturen vermittelt werden, in Wirklichkeit wurde aber durch die Lektüre von 'Das Parfum' kein Leser und keine Leserin je dazu befähigt, auch nur ein Parfum tatsächlich herzustellen - selbst wenn dieser Eindruck im Lauf der Rezeption entstanden sein sollte, würde jeder reale Versuch schnell vom Gegenteil überzeugen.

Der dritte Kritikpunkt von Matts besteht darin, daß die Frauenfiguren in 'Das Parfum' lediglich in der Rolle von schicksallosen Opfern gezeigt würden. Zwar kann auch dieser Kritik nicht gänzlich zugestimmt werden, da es sonst in diesem Punkt Differenzen zwischen männlichen und weiblichen Nebenfiguren geben müßte, die ein inhaltliches Muster bilden. In 'Das Parfum' ist dies jedoch in dieser Form nicht erkennbar. Wird dem Hinweis auf die Gender-Problematik aber allgemeiner nachgegangen, werden auf der Ebene der Handlungsabläufe tatsächlich geschlechtsspezifische Selektionen sichtbar, z.B. daß Jungfrauen ermordet werden, daß nicht etwa die Geschichte einer Mörderin erzählt wird oder daß Töchter ungefragt verheiratet werden sollen. Weil die Kritik also ernst zu nehmen ist, muß untersucht werden, ob es sich um 'freie Varianten' handelt, die ein Autor[105] zu verantworten hätte, oder ob diese Verteilung aus narrativen Notwendigkeiten heraus entstanden ist; sowohl im Sinne einer bestimmten Beschaffenheit der Welt als auch hinsichtlich der Erfüllung oder ironischen Brechung bestimmter literarischer Muster und kulturspezifischer Erwartungshaltungen.

Es ist daher ein harter Einwand gegen den Text, wenn Claudia Liebrand die These vertritt, der Roman reproduziere unkritisch den

---

[104] Fischer (1985): S. 240.
[105] 'Autor' ist hier gemeint im Sinne der realen, männlichen Person, die einen Text geschrieben hat.

Topos von Frauenmord und Kunstproduktion und gerate daher in eine "Komplizenschaft und Kollaboration mit der behandelten kulturellen Figuration, die er *nicht* reflektiert."[106] Nur wenn sich direkt am Text nachweisen ließe,[107] daß in 'Das Parfum' ein kulturelles Muster (aktiv) reproduziert und nicht lediglich dargestellt oder narrativ funktionalisiert wird, dann wäre auch der Vorwurf eines impliziten Sexismus haltbar.

Eben dies bestreitet Swenta Steinig in ihrer Untersuchung zur Funktion der Kunst in 'Das Parfum'. Sie macht dagegen geltend, daß der zu beobachtende Mechanismus der Reduktion von Weiblichkeit auf Riechbarkeit innerhalb der narrativen Konstellation schlüssig motiviert und präzise funktionalisiert werde: Die Kunst sei für Grenouille das,

> "was die Götter den Menschen in den alten Mythen sind: sinngebende und [..] richtende Instanz. Seine Nasenperspektive reduziert Frauen zu Duftlieferanten, 'verdinglicht' sie. Will heißen: Grenouilles Nase 'leistet' genau das, was in der gängigen Vernunftkritik die Vernunft sich hat zu Schulden kommen lassen [..]. Demgegenüber soll dann der Mythos oder die Kunst [..] das Verdinglichte wieder beleben [..]."[108]

Von den direkten zeitgenössischen Rezensionen sollen hier noch zwei ausführlicher dargestellt werden, die sich (wohl auch aufgrund des etwas größeren zeitlichen Abstands zum Erscheinen des Romans) inhaltlich sehr intensiv mit dem Text auseinandersetzen. Als erstes sei die Rezension von Wolfram Schütte in der Frankfurter Rundschau (vom 6. 4. 1985) genannt:

> "Autor, Held, Roman und Resonanz: das verbindet sich hier zu einem Fall von höchster Merkwürdigkeit, und der kolossale Witz des Buches könnte eben darin zu sehen sein, daß dem Autor mit seinem Roman widerfährt, was seinem Helden mit seiner synthetischen Duftproduktion gelungen ist."[109]

Man kann diese Passage als fast prophetische Ankündigung Schüttes verstehen, der hier das Verschwinden Patrick Süskinds aus dem Literaturbetrieb voraussieht - der Erfolg und Triumph, den das Parfum und 'Das Parfum' hatte, "wurde ihm fürchterlich." (Par: 305) Nach der von ihnen ausgelösten Orgie machen sich Held wie Autor schleunigst aus dem

---

[106] Liebrand, Claudia: Frauenmord für die Kunst. In: Der Deutschunterricht (3) 1996, S. 25.

[107] Diesen Zusammenhang insbesondere im Hinblick auf die räumliche Metaphorik bei Süskind ausführlich zu untersuchen, ist die Zielsetzung von Kap: Die Weiblichkeit des Raums.

[108] Steinig, Swenta: Postmoderne Phantasien über Macht und Ohnmacht der Kunst. Vergleichende Betrachtungen von Süskinds *Parfum* und Ransmayrs *Letzte Welt*. In: literatur für leser (1) 1997, S. 46.

[109] Schütte, Wolfram: Parabel und Gedankenspiel. In: Frankfurter Rundschau (6. 4. 1985), S. ZB 4.

Staub. So könnte formuliert werden, wenn sich diese Ästhetik des Verschwindens nicht so genau in die Struktur der ironischen Inszenierungen von Autorschaft einfügen würde, die Patrick Süskind zu betreiben scheint. Die Koinzidenz zwischen Buch- und Parfumproduktion, auf die auch Stadelmaier aufmerksam machte, wird also auch auf den Bereich der Rezeption ausgedehnt.

Schütte erfüllt seine Funktion als Kritiker dahingehend, daß er versucht herauszufinden, "wie gut es [das Parfum / 'Das Parfum'] *gemacht* ist" (Par: 316) und weist zu Recht auf das noch nicht oder nicht mehr 'aus den Fugen' geratene, klassische Erzählen hin, das den Lesenden von 'Das Parfum' scheinbar geboten wird und auf das hinzuweisen keiner der bisherigen "Lobredner vergißt [..]."[110] Daraus ergebe sich eine Vermischung des Ressentiments gegen das 'Esoterische' der Avantgarde "mit dem verständlichen Überdruß an einer Literatur von 'Verständigungstexten'"[111] einerseits und der Verführungskraft eines Erzählens, das von Beginn an eine unterhaltsame Lektüre erwarten lasse, andererseits. Schon der Anfang des Romans

> "verspricht gleich Mehrerlei: einen historischen Stoff, ein erzählerisches Programm, ein menschliches Exempel, Suspense und Spannung, die sich zwischen Genialität und Abscheulichkeit seines Helden ergeben."[112]

Schütte führt aber völlig zu Recht aus, daß sich hier zum einen schon hinter der scheinbaren Eingängigkeit des ersten Satzes eine literarische Falle des intertextuellen Spiels verbirgt. Am Rande sei bereits hier angemerkt, daß auch wem der "wohl berühmteste deutsche Novellenanfang"[113] nicht vertraut wäre, eine zweite Chance[114] auf intertextuelles Erkennen bekäme:

> "Rene Cardillac war damals der geschickteste Goldarbeiter in Paris, einer der kunstreichsten und zugleich sonderbarsten Menschen seiner Zeit."[115]

---

[110] Schütte (1985): S. ZB 4.
[111] Schütte (1985): S. ZB 4.
[112] Schütte (1985): S. ZB 4.
[113] Schütte (1985): S. ZB 4; vgl. "An den Ufern der Havel lebte, um die Mitte des sechzehnten Jahrhunderts, ein Roßhändler, namens Michael Kohlhaas, Sohn eines Schulmeisters, einer der rechtschaffensten zugleich und entsetzlichsten Menschen seiner Zeit." (Kleist, Heinrich von: Michael Kohlhaas. In: ders.: Sämtliche Werke und Briefe. Zweiter Band. Hgg. von: Sembdner, Helmut. München 1985⁸, S. 9.)
[114] Auch der folgende Romananfang ließe sich eventuell als Intertext ausmachen: "An einem kalten, regnerischen Dezembernachmittag des Jahres 1838 schritt ein Mann von riesenhaftem Wuchs über den Pont-au-Change, um sich in das Gewirr von finsteren und engen Gäßchen zu begeben, das sich vom Justizpalast bis zur Notre-Dame erstreckte. [..] In den schmutzigen Häusern führten dunkle, übelriechende Gänge zu finsteren Treppen [..]." (Sue, Eugène: Die Geheimnisse von Paris. Band 1. München 1974, S. 7.)
[115] Hoffman, E. T.A.: Das Fräulein von Scuderi. In: E.T.A. Hoffmann: Poetische Werke.

Zum anderen macht Schütte auf die fiktionale Gebrochenheit aufmerksam, die in der ironischen Distanz aufscheint, wenn der Erzähler "verkündet, die Geschichte seines Helden 'soll hier erzählt werden.'"[116] Hier liegt eine, im Sinne Patricia Waughs, 'metafiktional' strukturierte Narration vor:

> "Der kleinste gemeinsame Nenner aller Metafiction ist es, eine Fiktion zu schaffen und diesen Prozeß gleichzeitig zu kommentieren."[117]

Man könnte die Ausführungen Schüttes so zusammenfassen, daß in 'Das Parfum' schon von Beginn an eine doppelseitige Strategie wirksam ist, die einerseits die immersive Kraft des Erzählens entfaltet und die andererseits beständig das Erzählte "als Künstlich-Gemachtes"[118] sichtbar werden läßt. In diesem Spiel von Konstruktion und De-Konstruktion wird der spezifische Reiz des Romans erzeugt, dem es auf diese Weise gelingt, mit dem Parfum ein "Super-Zeichen"[119] zu schaffen, das alle möglichen (auch sich widersprechenden) Semantiken auf sich versammelt:

> "Das Parfum, das alle [..] Leidenschaften und Wünsche besetzt, ist nichts anderes als das, was Günter Anders die Phantomisierung der Welt genannt hat und Jean Baudrillard deren 'Simulation'."[120]

Auch die zweite zeitgenössische Kritik mit tiefergehendem analytischen Anspruch stellt gerade diese Struktur semiotischer Vermittlung als dominantes Merkmal heraus. In Hartmut Böhmes aufschlußreicher Besprechung von 'Das Parfum' wird deutlich gemacht, wie präzise der Roman theoretische Topoi (ironisch) allegorisiert:

> "Grenouille, der Schöpfer des absoluten Parfums, allegorisiert den Tod des Autors: aber natürlich ist [..] auch diese Schlußapotheose epigonial. [..] seit der Romantik ist es klar, daß der Tod des Künstlers immer eine Selbstopferung, ein indirekter Selbstmord, eine grandiose Schmähung des Publikums ist, das den Autor zum Außenseiter verurteilt, um seiner um so sicherer habhaft zu werden. Der bürgerliche Lesehunger ist sublimer Kannibalismus [..]."[121]

Während sich aber die Moderne dieser Leseaneignung zu widersetzen suchte, gibt ihr Süskind scheinbar nach, was ein Kennzeichen seiner Postmodernität sei. Als zweites Kennzeichen nennt auch Böhme die Intertex-

---

Band 7. Die Serapionsbrüder. Dritter Band. Hgg. von: Kanzog, Klaus. Berlin 1993, S. 179.
[116] Schütte (1985): S. ZB 4.
[117] Waugh, Patricia: Metafiction. London / New York 1984, S. 6. (Übers. nach: Vogt (1998): S. 26; FN. 13)
[118] Schütte (1985): S. ZB 4.
[119] Frizen (1994): S. 770.
[120] Schütte (1985): S. ZB 4.
[121] Böhme (1985/86): S. 29.

tualität des Romans, der sein Hauptthema die Sinnlichkeit / den Geruch ebenfalls dem (damals herrschenden) Trend zu einer Kulturgeschichte der neuen Körperlichkeit schulde. In 'Das Parfum' werde aber eine entscheidende Wende vollzogen: Grenouille ist in der Lage, durch olfaktorische Analyse seine Geruchswahrnehmung der Umwelt zu zerlegen,

> "in kleinste Informationseinheiten und speichert sie als Kombination von bits. Nichts also von sinnlicher Erfahrung, statt dessen die Entdeckung, daß das Individuellste, die Aura einer Person, ein Set von Daten ist. Das Subjekt ist nicht das unverwechselbare Zentrum von Erfahrungen, die ihren tiefsten Halt am Sinnlichen hat, sondern ein leerer Kreuzungspunkt von Zeichenprozessen."[122]

Dadurch entsteht mit Grenouilles binär codierendem Gehirn nach Böhme eine Allegorie auf die Computertechnologie und ihre entindividualisierenden / derealisierenden Auswirkungen, die sie im Verbundsystem der neuen Medien entfalten und die die "Abschaffung des beklemmenden Realen"[123] zum Ziel und zur Folge haben. Süskinds Roman zeige metaphorisch auf, "daß im Zeitalter der Phantomisierung des Wirklichen der Mensch seinen Anspruch auf Subjektivität abtritt an eine Informations- und Zeichentechnologie,"[124] die die sinnliche Realität etwa eines Menschengeruchs so perfekt zu simulieren in der Lage ist,[125] daß die "Frage nach dem echten Abzug [..] keinen Sinn"[126] mehr hat:

> "Lesen wir Grenouille also als Figur einer historischen Grenze: zwischen einer Epoche, in der die Gesellschaft den Künstlern den Zauber des Sinnlichen anvertraut hatte, und einer neuen, kommenden, von der absehbar ist, daß ihr die äußerste Verschmelzung von künstlicher Intelligenz und Sinnlichkeit gelingen wird - unter Ausschluß des Menschen."[127]

Gut drei Jahre nach dem Erscheinen von 'Das Parfum' macht Ulrich Pokern die Reaktionen auf den Roman zum Forschungsgegenstand eines Aufsatzes. Er führt darin aus, daß sich an den verschiedenen Besprechungen von 'Das Parfum' der desolate Zustand der Literaturkritik aufzeigen lasse:

---

[122] Böhme (1985/86): S. 30.
[123] Böhme (1985/86): S. 30.
[124] Böhme (1985/86): S. 30.
[125] Interessant sind in diesem Zusammenhang auch die Bemühungen, Gerüche zu digitalisieren, wodurch es möglich würde, olfaktorische Informationen elektronisch zu reproduzieren, zu übertragen und zu speichern; vgl. sda / dpa: Web-Schmökern mit Nasenklammer. Forscher wollen Gerüche digitalisieren. In: NZZ (5. 5. 2000), S. 53.
[126] Benjamin, Walter: Das Kunstwerk im Zeitalter seiner technischen Reproduzierbarkeit. Frankfurt 1963, S. 18.
[127] Böhme (1985/86): S. 30.

"Wecken solche 'Vorstellungen' neuer Bücher wirklich die Neugier der Leser? Garniert mit klischeehaften 'Qualitätsurteilen' ('ein *schaurig-schönes Lesevergnügen* bzw. ein *Literaturereignis*) oder versehen mit geheimnisvollen Ratschlägen (Der Roman (...) sollte nur in die Hände von urteilsfesten und literaturkundigen Lesern gegeben werden) gestehen sie vor allem die Unfähigkeit zur Begründung literaturkritischer Urteile ein: sind Selbstfeiern von Geschmacksempfindungen - von Literaturkritik weit entfernt."[128]

Als Belege für das Fehlen eines analytischen Ansatzes arbeitet Pokern nicht nur die Stimmen aus den Feuilletons der überregionalen Zeitungen auf, sondern auch Rezensionen, die in regionalen Zeitungen und in der Fachpresse für den Buchhandel erschienen sind.[129] Das Verwunderliche ist dabei, daß Pokern direkt hinter dieser Kritik der Kritiklosigkeit eine Vielzahl von Interpretationsangeboten auflistet, die in den Rezensionen gemacht wurden: 'Das Parfum' sei sowohl "eine Kritik an unserer sterilen Welt, [es könne] als Historienroman und Sittengemälde"[130] beschrieben werden; Pokern zitiert ausführlich Marcel Reich-Ranickis These von der politischen Apotheose der Verführbarkeit und des Massenwahns und er macht auf die Formel Villon-Lechners - von 'Das Parfum' als "Parabel von Glanz und Elend der neuzeitlich-zynischen Vernunft"[131] - aufmerksam. Ein 'Deutungs'-Ansatz von Dietrich Klose (Vaihinger Kreiszeitung) verdient hier nochmals zitiert zu werden, denn seine Antwort auf die Frage nach dem tieferen Sinn des Romans ist an lakonischer Prägnanz kaum zu übertrefffen:

"Eine besondere Absicht ist nicht zu erkennen - außer der, gut zu unterhalten."[132]

Eben dies scheint der problematische Punkt für Pokern zu sein. Es geht ihm in Wirklichkeit nicht um eine analytisch unbedarfte Literaturkritik, die sich gerade in bezug auf 'Das Parfum' besser darstellt als ihr schlechter Ruf erwarten läßt, sondern um die Struktur eines Textes, der sich erfolgreich den Hinterwelten der Tiefenhermeneutik bzw. -hermetik verweigert:

"Avantgardistische, komplexe, weniger 'verdauliche' und sich schlichter Konsumption verweigernde Literatur wird [..] in Zukunft auch in der Literaturkritik einen immer schwereren Stand haben als jene literarischen Produktionen, die mit traditioneller Erzählkunst glänzen und vor allem handwerklich gut gearbeitet sind."[133]

---

[128] Pokern, Ulrich: Der Kritiker als Zirku(lation)sagent. In: Text + Kritik (100) 1988, S. 73.
[129] Pokern referiert die Stimmung so ausführlich, daß dies nicht wiederholt werden muß.
[130] Pokern (1988): S. 74.
[131] Pokern (1988): S. 74.
[132] Zitiert nach: Pokern (1988): S. 74.
[133] Pokern (1988): S. 76.

Wenn auch nicht ganz ersichtlich wird, was an 'gut gearbeiteter' Literatur zu bemängeln ist, so wird doch die Zielrichtung von Pokerns Argumentation deutlich: Der Roman 'Das Parfum' ist in seinen Augen deshalb ein mißlungener Text, weil er sich der Konsumption durch die Lesenden anbietet, statt sich diesen zu verweigern. Eine auf Eingängigkeit oder gar Unterhaltsamkeit ausgerichtete literarische Ästhetik steht unter dem Dauerverdacht des negativen Scheins kulturindustrieller Affirmation der bestehenden (schlechten) Verhältnisse. Eine Literaturkritik, die sich offensichtlich dem Lesevergnügen hingegeben hat und dies auch noch zum Kauf weiterempfiehlt, verstärkt damit den Warencharakter von Kunst. Was Pokern dem Feuilleton letztlich vorwirft, ist nicht der Mangel an Argumenten, sondern vor allem, daß ein seiner Ansicht nach falsches Argument benutzt werde: daß ein Text unterhaltsam sei und mit Vergnügen gelesen werden könne.

a) Literatur-Debatte

In Pokerns Argumentation wirft eine Diskussion ihre Schatten voraus, die Anfang der neunziger Jahre über die Bedeutung der deutschsprachigen Gegenwartsliteratur geführt wurde.[134] Die Leitdifferenz der Debatte kann mit den Begriffen 'Unterhaltsamkeit' versus 'Sinnstiftung' zusammengefaßt werden. Ausgelöst wurde die Auseinandersetzung durch eine kulturkonservative Kritik der Gegenwartsliteratur von Frank Schirrmacher in der F.A.Z. vom 10. Oktober 1989 mit dem Titel 'Idyllen in der Wüste'. Die für die weitere Diskussion wichtigste Argumentation war Schirrmachers Kritik an der (als Authentizität getarnten) Talentschwäche der Schriftsteller, die statt zu erzählen, lediglich über das Erzählen reflektierten, was "natürlich [..] nur Ausflucht aus der Erfahrungsleere"[135] sei. Der kränkende Kern des Arguments liegt darin, daß sich Schirrmacher weigert, "die Unfähigkeit zu erzählen"[136] der modernen Verfaßtheit von Welt zuzurechnen, sondern sie ganz und vollständig den Schreibenden anlastet, was ihm wiederum als Kulturpessimismus ausgelegt wurde:

> "Wer heute aufwächst, der braucht zum Überleben, was die Literatur gleichsam als Luxus über Jahrhunderte einübte: in den Teilen den Plan des Ganzen zu erkennen. Die Autoren aber haben daraus die falsche Schlußfolgerung

---

[134] Vgl. Köhler, Andrea / Moritz, Rainer (Hgg.): Maulhelden und Königskinder. Zur Debatte über die deutschsprachige Gegenwartsliteratur. Leipzig 1998.
[135] Schirrmacher, Frank: Idyllen in der Wüste oder Das Versagen vor der Metropole. (1989) In: Köhler (1998): S. 21.
[136] Schirrmacher (1989): S. 22.

gezogen: Sie beschreiben die Details in der Hoffnung, man werde sich das Ganze schon zurechtreimen."[137]

In der sich aus dieser Stellungnahme entwickelnden Diskussion über Wert und Bedeutung der Gegenwartsliteratur ist Patrick Süskind immer wieder als einer der Vertreter herbeizitiert worden, auf die Schirrmachers zentraler Kritikpunkt der "fehlenden Imagination"[138] nicht zutrifft. Schon Volker Hages direkte Replik auf Schirrmacher führte neben Ransmayr und Nadolny eben auch Süskind an; sowohl wenn es den kaum bezweifelbaren Erfolg beim Publikum zu belegen gilt als auch zur Erklärung des blassen Eindrucks, den die Literaten in der Öffentlichkeit hinterlassen. Denn sie seien

"scheue Zeitgenossen; sie widmen sich ganz ihrer künstlerischen Arbeit. [..] Wahlkampfreden? Undenkbar. Sie meiden (wie Strauß) Kamera und Diskussion oder sogar (wie Süskind) die Photographen [..]."[139]

Und auch wenn es um den beobachteten Trend der Hinwendung zu vergangenen Zeiten und exotischen Regionen geht, dient Süskind sowohl Volker Hage[140] wie auch Reiner Baumgart als Beleg:

"Unser wahrer Gegenwartsroman nämlich ist paradoxerweise der historische geworden. [..] Dabei stellt sich jener feine, nicht eigentlich erschreckende Schrecken her, den man Gruseln nennen könnte und den schon Patrick Süskinds 'Das Parfum' beschert hatte, ein [..] unerwarteter Komet der achtziger Jahre."[141]

Baumgart beeilt sich aber, diese 'Gruselliteratur' als erfahrungsarm abzutun und den bestimmenden Trend der Literatur der achtziger Jahre auf den äußerst zwiespältigen Begriff "Boulevard"[142] zu bringen, den er aber leider völlig unscharf läßt. So wird nicht klar, ob Baumgart mit 'Boulevard' die eventuell zu diagnostizierende "gesellschaftliche Funktionslosigkeit"[143] von Unterhaltungsliteratur meint oder, was dem aber widersprechen würde, daß auf einer "öffentlichen Bühne flüssig und elegant über die fälligen Tagesthemen und Tagesmoden kommuniziert wird [..]."[144] Eben dieses Spannungsverhältnis von Unterhaltsamkeit, gesellschaftlicher Rele-

---

[137] Schirrmacher (1989): S. 19.
[138] Schirrmacher (1989): S. 23.
[139] Hage, Volker: Zeitalter der Bruchstücke. Am Ende der achtzige Jahre: Es gibt eine deutsche Gegenwartsliteratur - zwölf Bemerkungen zur zeitgenössischen Erzählkunst. (1989) In: Köhler (1998): S. 30.
[140] Hage (1989): S. 34f.
[141] Baumgart, Reinhard: Boulevard - was sonst? (1990) In: Köhler (1998): S. 58.
[142] Baumgart (1990): S. 59.
[143] Baumgart (1990): S. 59.
[144] Baumgart (1990): S. 59.

vanz und literarischem Wert wird auch von Uwe Wittstock ins Zentrum seiner Überlegungen gestellt. In seinem Essay 'Ab in die Nische? Über neueste deutsche Literatur und was sie vom Publikum trennt', dem wohl am heftigsten diskutierten Beitrag der Debatte, formuliert er kurz und prägnant sein Kernargument:

> "*Das Interesse für die Literatur ist keine Bringschuld der Leser* - mit diesem Faktum muß rechnen, wer Bücher schreibt."[145]

Die Argumentationsgrundlage dieser These ist nach Wittstock der Verlust eines verbindlichen literarischen (und kulturellen) Kanons, der seiner Ansicht nach in Deutschland Anfang der siebziger Jahre mitsamt dem pathetischen Verständnis von 'Dichtung' verabschiedet wurde. Damals

> "erlosch jeder Glaube an irgendeine Pflicht zur Lektüre. Das geschah, nebenbei bemerkt, unter dem nahezu einhelligen Beifall der Schriftsteller. Seither gilt auf kulturellem Gebiet strikte Freiwilligkeit - von extremen Formen wie Schule und Studium einmal abgesehen. Gelesen wird, was gefällt, und nicht, was Lehrer, Germanisten oder Rezensenten dekretieren."[146]

Womit Wittstock sicher recht hat ist, daß es im Sinne eines ausdifferenzierten Systems Literatur sein müßte, wenn ausschließlich literarische Kriterien über Erfolg oder Scheitern einer literarischen Kommunikation entscheiden.[147] Womit aber zu kurz gegriffen wird, ist die Behauptung, daß es seit den siebziger Jahren in Deutschland keine literarischen Kanons mehr gebe - es gibt nur DEN einen Kanon nicht mehr, an dessen Stelle eine Pluralität konkurrierender Kanons getreten ist, die aber in ihren jeweiligen Geltungsbereichen durchaus Verpflichtungsmacht ausüben.[148] Der herrschaftsfreie Diskurs ist vermutlich auch im Bereich der Literatur eine Illusion. Wittstock kommt zu dem Ergebnis, daß den Autoren nichts anderes übrig bleibe,

> "als das Interesse des Publikums für ihre Arbeit zu gewinnen. Niemand kann heute zur Lektüre verpflichtet werden, aber jeder darf zu ihr verführt werden."[149]

---

[145] Wittstock, Uwe: Ab in die Nische? Über neueste deutsche Literatur und was sie vom Publikum trennt. (1993) In: Köhler (1998): S. 94.
[146] Wittstock (1993): S. 94.
[147] In funktional ausdifferenzierten Gesellschaften wird ein autonomes System Literatur ausschließlich durch literarische und nicht durch moralische, politische oder ökonomische Differenzen codiert; vgl. Plumpe (1995): S. 50 ff.
[148] Vgl. Worthmann, Friederike: Literarische Kanones als Lektüremacht. In: Heydebrand, Renate von (Hg.): Kanon - Macht - Kultur. (DFG-Symposion; 1996) Stuttgart 1998, S. 9 ff. / Vgl. auch die Dokumentation der Leslie-Fiedler-Debatte in der BRD: Wittstock (1994): S. 40 ff.
[149] Wittstock (1993): S. 95.

Für diese Argumentation spricht, daß sie den 'Ist-Zustand' der Literatur, die sich innerhalb der Medienkonkurrenz mit ihren spezifischen Mitteln behaupten muß, zutreffend beschreibt. Der Streit, der in der Folge entbrannte, ging um die Frage, ob dies auch als 'Soll-Zustand' oder zumindest nicht als katastrophal angesehen werden könne: Ist nämlich Literatur nur dann als Kunst einzustufen, wenn sie auf 'Schock' und 'Verweigerung' setzt, dann wäre die Forderung nach Eingängigkeit etwas dem Charakter der Kunst Widersprechendes und daher abzulehnen. Wittstock behauptet im Gegenteil, daß "Vergnügen zu erregen [..] zu den Wesensmerkmalen der Kunst"[150] gehöre.

Somit würde die Einforderung von Unterhaltsamkeit nur auf etwas abzielen, was schon immer zum Kernbereich von Kunst gehört hat. Da aber auch Wittstock sieht, daß die Umkehrung seiner These ('Alle Unterhaltung ist Kunst') nicht gilt, sind für seine Argumentation Beispieltexte, in denen sich diese Verbindung deutlich zeigen läßt, besonders wichtig: Neben Nadolny, Kirchhoff, Hein und Ransmayr nennt er Süskind, der "sich für sein 'Parfum' (1985) die Kostüme des historischen Romans"[151] entliehen habe. Wittstock nennt auch noch zwei Jahre später in einem längeren Essay 'Das Parfum' einen "hervorragenden Beleg für die These, daß es sehr wohl möglich ist, Literatur und Unterhaltung, hohe ästhetische Ansprüche und Lust bei der Lektüre zum gegenseitigen Vorteil zu verschmelzen."[152] Er führt im weiteren aus, daß 'Das Parfum' insbesondere als eine implizite Auseinandersetzung mit dem Genie-Gedanken und der daraus abgeleiteten Ästhetik zu lesen sei.

Als Gegenentwurf zu "Innovationsszwang und [..] Revolutionsattitüde",[153] wie sie nach Wittstock bis in die Neue Subjektivität hinein als DAS Kennzeichen von Kunst und Künstler verehrt wurden, wird bei Süskind mit einer homogenisierenden Zitat- und Montagetechnik gearbeitet, die das Verführende immer wieder in seiner Gemachtheit ausstellt und so ein Changieren zwischen Erschütterung und Erheiterung erzeugt:

> "Süskind zitiert seine Vorbilder quer durch die Literaturgeschichte also nicht aus epigonaler Sprach-ohnmacht, sondern um sein Buch bewußt und deutlich erkennbar in die Tradition der Genieästhetik zu stellen und mit dieser Tradition zugleich genauso deutlich erkennbar zu brechen."[154]

---

[150] Wittstock (1993): S. 97. / Vergnügen zu bereiten ist also weder ein Zweck noch das Mittel zu einem solchen; etwa dem Verkauft-Werden.
[151] Wittstock (1993): S. 104.
[152] Wittstock, Uwe: Leselust. Wie unterhaltsam ist die neue deutsche Literatur. München 1995, S. 140.
[153] Wittstock (1995): S. 149.
[154] Wittstock (1995): S. 150.

Der Krieg der Lektoren um die gehütete Differenzkultur, mit Friedrich Unseld und Uwe Wittstock als Protagonisten, wurde nach Thomas E. Schmidt deshalb so heftig geführt, weil durch ihn "nicht weniger als das Qualitätssiegel *Suhrkamp-Kultur*"[155] zur Disposition gestellt wurde. Damit werde aber auch die Notwendigkeit einer Literatur-Kritik als ernsthafter Institution in Frage gestellt, der eine "Buchkritik als verlängertes Verlagsmarketing"[156] gegenüber stehe. Schmidt entwirft das Szenario eines ökonomisch fremdbestimmten Literatur-Systems. Wittstock bemühe sich, für dieses eine theoretische Legitimation zu finden, die sich aber als flach und ästhetisch anspruchslos herausstelle:

> "Wittstocks Literatur, für die es ja inzwischen eine Reihe von Beispielen gibt - ob Ulrich Woelk, Josef Haslinger, Christoph Ransmayr oder Patrick Süskind -, legitimiert sich durch Verkäufe; da muß die Kritik nicht mehr gefragt werden. Wegen ihrer dosierten Anleihen beim Avantgardismus kann die gediegene Unterhaltungskunst gleichwohl auf einen Image-Transfer von seiten des Hochliterarischen hoffen."[157]

Schmidt vertritt dann aber in seiner Kritik - unter anderem an Süskind - eine ebenfalls nicht besonders innovative ästhetische Konzeption, die im wesentlichen darin besteht, von 'hoher' bzw. 'tiefer' Literatur zu fordern, sie möge kein letztes 'Sinnversprechen' abgeben, sie solle mit dem Mittel der 'Verstörung' arbeiten und Effekte des 'Wiedererkennens' möglichst vermeiden.[158] Es fällt hierbei besonders auf, daß sich Wittstock mit den Hauptvorwürfen Schmidts an die 'Unterhaltungsliteratur' ('Sinnversprechen', 'Nicht-Verstörung' und 'Wiedererkennungseffekte') in bezug auf Patrick Süskind explizit auseinandergesetzt hat. So werde in 'Das Parfum' eine Auseinandersetzung mit den Licht- und Schattenseiten der Aufklärung geführt. Dabei biete aber Süskind

> "anders als es den Erzählmustern erfolgreicher Autoren gern nachgesagt wird, auch keine Eindeutigkeit in weltanschaulicher Hinsicht an: Statt dessen konfrontiert er seine Leser sowohl mit der Ignoranz der Voraufklärung als auch mit den Gefahren und Verlusten einer nicht mehr kontrollierbaren Aufklärung [..]."[159]

Während Wittstock einerseits festhält, daß mit dem Roman nicht nur keinerlei banale "Sinnversprechen"[160] gemacht werden, habe ihm zufolge

---

[155] Schmidt, Thomas: Der Friede der Dichter und der Krieg der Lektoren. (1995) In: Köhler (1998): S. 128.
[156] Schmidt (1995): S. 128.
[157] Schmidt (1995): S. 129.
[158] Schmidt (1995): S. 129.
[159] Wittstock (1995): S. 147.
[160] Schmidt (1995): S. 129.

'Das Parfum' aber dagegen andererseits sehr wohl Potential zur "Verstörung":[161]

> "Das Buch ist ernst und komisch zugleich [..]. Ein irritierender und verunsichernder Effekt, der es, nebenbei gesagt, in seiner Wirkung ohne weiteres mit den inzwischen vertrauten Verfremdungen oder Provokationen moderner Prägung aufnehmen kann."[162]

Und wenn Wittstock zu Recht darauf hinweist, daß sich bei aufmerksamer Lektüre von 'Das Parfum' eine "Wiedererkennung"[163] mit Horkheimer / Adorno ergibt, wird daraus nur schwerlich ein Argument gegen den Text konstruiert werden können:

> "Wie gründlich Süskind die *Dialektik der Aufklärung* studiert und in seine 'Geschichte eines Mörders' eingearbeitet hat, läßt sich auch an der Figur des Marquis de la Taillade-Espinasse ablesen. [..] Seine zunächst scheinbar aufklärerischen Theorien entwickeln sich [..] zu einer umfassenden Lehre über einen manichäischen Gegensatz zwischen Erde und Luft, Tod und Leben, Verwerfung und Heil. Damit schlägt in seinen Überlegungen pointiert die 'Aufklärung in die Mythologie zurück'."[164]

Einerseits ist schon fast verwunderlich, wie präzise die Argumentationen zueinander in Opposition stehen.[165] Andererseits ist an dieser Diskussion interessant, daß Schmidt nicht willens (oder nicht in der Lage) ist, sich mit Wittstocks Argumenten auseinanderzusetzen, und statt dessen lieber nochmals seine persönlichen literarischen Vorlieben und Wertmaßstäbe mit der Geste einer Verkündung allgemeinverbindlicher ästhetischer Normen auflistet, was aber in der Auseinandersetzung mit Gegenwartsliteratur ein verbreitetes Problem ist. Die Literaturkritik befindet sich allerdings in der schwierigen Situation, daß sie die Wertungskriterien, mit denen Literatur beurteilt werden soll, nicht mehr als gegeben voraussetzen kann, sondern daß sie diese Kriterien erst konstruieren muß. Bei einer urteilenden Auseinandersetzung mit Literatur bleibt daher nichts anderes übrig, als Anforderungskataloge zumindest probeweise zu formulieren und anzuwenden. So stellt auch Jochen Hörisch in seinem Essay 'Die Vorzüge der Gegenwartsliteratur' die Forderung, daß die impliziten Maßstäbe, mit

---

[161] Schmidt (1995): S. 129.
[162] Wittstock (1995): S. 145.
[163] Schmidt (1995): S. 129.
[164] Wittstock (1995): S. 148.
[165] Es entsteht der Eindruck, als würde Wittstock (obwohl sein Artikel vor dem Schmidts liegt) auf Schmidt antworten: Was vermuten läßt, daß die Argumentation Schmidts einen so hohen Grad an Erwartbarkeit besaß, daß schon im voraus gegen sie argumentiert werden konnte.

denen Literatur bewertet wird, einerseits explizit gemacht und andererseits selbstkritisch befragt werden müssen:

> "Und wer 'Potztausend' nicht für das beste literaturkritische Urteil hält, sondern dafür plädiert, daß auch literaturkritische Urteile begründet sein müssen, wird alsbald merken, wie reizvoll die genannten neueren und neusten Texte klassische Anforderungen an geglückte Literatur erfüllen."[166]

Die im folgenden von Hörisch aufgeführten Kriterien können dann tatsächlich als Katalog der Minimalbedingungen an fiktionale Texte gelesen werden. Er umfaßt vier Merkmale: erstens der internen Stimmigkeit, zweitens der Verführung zu neuen Denk- und Wahrnehmungsmustern, drittens das Spiel mit sprachlichen Mehrdeutigkeiten und viertens die Befreiung von Sinn-Diktaten aller Art. Diesen Anforderungen müßten sowohl die kanonisierten Texte der deutschen Literatur entsprechen (was aber oft genug nicht der Fall ist), jedoch muß sich auch die Gegenwartsliteratur daran messen lassen. Wobei Jochen Hörischs zentrale These lautet, daß die heute produzierten Texte den Vergleich mit den Klassikern dann nicht zu scheuen brauchen, insofern die überprüfbare Erfüllung bestimmter Merkmale die Grundlage der Bewertung ist und nicht der ihnen zugeschriebene Nimbus kultureller Weihen:

> "Wer wunderbare kanonische Texte wie Eichendorffs 'Mamorbild' mit Handkes 'In einer dunklen Nacht ging ich aus meinem stillen Haus', wer Conrad Ferdinand Meyers 'Amulett' mit Süskinds 'Parfum' [..] und wer Heines Gedichte mit denen von Robert Gernhardt vergleicht, wird schnell bereit sein, sich allzu apodiktische Negativurteile über die Gegenwartsliteratur zu verkneifen."[167]

Legt man die von Hörisch entwickelten Qualitätskriterien zugrunde, scheint auch tatsächlich kaum sinnvoll begründbar zu sein, weshalb 'Das Amulett' über einen höheren Grad etwa an interner Stimmigkeit als 'Das Parfum' verfügen sollte. Aber selbst wenn es bei anderen Kategorien möglich wäre, einen qualitativen Vorsprung zugunsten von Conrad Ferdinand Meyer auszumachen, bleibt Hörischs Forderung nach (selbst-)reflektierteren Urteilsstrategien mehr als berechtigt.

Somit kann festgehalten werden, daß die skizzierte Literatur-Debatte nachhaltig entschärft werden kann, indem das ihr zugrundeliegende Wertungsproblem funktional gefaßt wird. Ein ähnliches Verfahren bietet sich für die Rolle von 'Das Parfum' als Text mit Vorbildcharakter an. Auch hier scheint es sinnvoll, mögliche Extrempositionen zur Problematik von Kanonbildung zu vermeiden und statt dessen eine funktionale Bestimmung der Leistungen literarischer Muster vorzunehmen.

---

[166] Hörisch, Jochen: Die Vorzüge der Gegenwartsliteratur. In: Köhler (1998): S. 227.
[167] Hörisch (1998): S. 226 f.

b) Literatur-Muster

An den kürzeren feuilletonistischen Erwähnungen von 'Das Parfum' sollte vor allem aufgezeigt werden, daß und wie stark der Roman seit seinem Erscheinen 1985 im öffentlichen Bewußtsein als Bezugsgröße für die Maßstäbe, die an Gegenwartsliteratur gelegt werden können, präsent geblieben ist. Weiterhin müssen ergänzend die literarischen Vergleichsmöglichkeiten genannt werden, wenn ein Roman jüngeren Datums eine Figur in den Mittelpunkt stellt, die sich als moderne Adaption des Typus 'Sonderling' präsentiert:[168] So wurde in einer Rezension Daniel Kehlmanns Roman 'Mahlers Zeit' (1999) über das Motiv des Sonderlings in Zusammenhang mit 'Das Parfum' gebracht:

> "Die Helden der neueren Literatur sind gerne seltsam. Patrick Süskinds Monsieur Grenouille ('Das Parfum') erschnüffelt den Sinn der Welt - ein olfaktorisches Faktotum. [..] Alle diese sonderbaren Figuren stehen für die poetische Erkenntnis, dass die Welt mehr ist, als sich die kulturgängige Weisheit vom Vorherrschen der Gut-, Schön-, und Starkmenschen träumen lässt."[169]

Und der Rowohlt Verlag wirbt im Klappentext für 'Die Gabe des Schmerzes' (1998) damit, das Buch sei "ein historischer Roman, so wundersam und fesselnd wie Patrick Süskinds 'Das Parfum'."[170] Damit mag zwar einerseits der Wunsch des Verlags zum Ausdruck kommen, auch der Roman Andrew Millers möge so erfolgreich sein wie 'Das Parfum'.[171] Zum zweiten wird hier aber Süskinds Text als ein maßstabsetzendes Werk mit 'Klassiker-Status' aufgerufen, das für die Qualität des beworbenen Textes zu bürgen hat. Das macht auch deshalb Sinn, weil für 'Das Parfum' ein sehr hoher Bekanntheitsgrad angenommen werden kann - die Grundvoraussetzung für den beabsichtigten Imagetransfer. Drittens aber wird mit der Erwähnung von 'Das Parfum' ausdrücklich auf einen Parallelismus in der narrativen Konstruktion hingewiesen. In beiden Fällen handelt es sich bei der Hauptfigur um einen Mann, der mit einer besonderen aisthetischen Begabung bzw. einem sinnlichen Defizit ausgestattet ist, wobei diese Eigenschaft als hauptsächliches narratives Moment funktioniert. Hier sei noch ein kleines Fundstück erwähnt, das am entgegengesetzten Ende der ästhetischen Skala ansetzt: In einem Verriß von Robert

---

[168] Vgl. Meyer, Hermann: Der Sonderling in der deutschen Dichtung. München 1963.
[169] von Festenberg, Nikolaus: Grosse Sonne. In: Der Spiegel (41) 1999, S. 263.
[170] Miller, Andrew: Die Gabe des Schmerzes. Reinbek 2000, Klappentext.
[171] Vgl. die fast überraschte Notiz, daß Gunter Gross' Roman 'Der Gedankenleser' kein Publikumserfolg geworden sei, obwohl er "schon mit Günter Grass' *Blechtrommel*, Patrick Süskinds *Parfum* und Robert Schneiders *Schlafes Bruder* verglichen wurde." (Steinert, Hajo: Stinkende Blasen. In: Die Zeit (21. 6. 2000), S. 52.)

Schneiders Roman 'Die Unberührten' bedient sich Matthias Altenburg folgender vernichtender Vergleiche:

> "Mutete *Die Luftgängerin* noch an, als habe ein betrunkener Peter Handke versucht, Hermann Hesse zu parodieren, so liest sich der neue Roman, als versuche der tote Hermann Löns den lebenden Patrick Süskind zu plagiieren."[172]

Das ist zwar auch gegenüber Patrick Süskind nicht freundlich, zeigt aber immerhin das Folgende: Matthias Altenburg versucht hier einen komischen Effekt zu erzielen, indem er kontrastierende Namen von Schriftstellern miteinander kombiniert. Da aber Witze nur dann funktionieren, wenn sich Sendende und Empfangende in der gleichen symbolischen Ordnung mit der gleichen Selbstverständlichkeit bewegen, liegt es nahe, daß Altenburg davon ausgeht, daß Patrick Süskind dem Wissenshorizont seiner Leserschaft selbstverständlich entspricht. Denn Lesende, die kein Wissen darüber besäßen, wer Hermann Löns oder Hermann Hesse sind, würden die Vergleiche kaum amüsant finden. Daraus folgt, daß Altenburg zumindest annimmt, daß der Name 'Patrick Süskind' den Lesenden seiner Zeitung so mühelos geläufig ist wie 'Peter Handke', womit Altenburg wahrscheinlich auch recht hat.

In Karen Duves 'Regenroman' (1999) werden am Beispiel von 'Das Parfum' die vergeblichen Bemühungen eines Schriftstellers geschildert, seine Freundin zum Lesen zu bewegen:

> "Er hatte schon mehrere Anläufe gestartet, ihr *richtige* Bücher schmackhaft zu machen, hatte ihr abends im Bett vorgelesen, ihr welche geschenkt und darauf geachtet, sie nicht gleich zu Anfang zu überfordern, hatte versprochen, ihr den Rücken zu massieren, wenn sie wenigstens DAS PARFÜM [sic!] zu Ende lesen würde. Umsonst."[173]

In dieser fiktionalen Charakteristik einer Figur wird davon ausgegangen, daß reale Lesende nachvollziehen können, wer 'Das Parfum' nicht liest, liest gar nicht; denn Patrick Süskinds Roman ist selbst solchen Personen ein Begriff, die sich sonst durch literarisches Desinteresse auszeichnen. Dafür sei noch der folgende faktische Beleg zitiert; nämlich die Antwort des für die Kulturbeilage des Spiegel zu seiner Inneneinrichtung interviewten Rolf Eden ('Playboy und Discothekenbetreiber') auf die Frage, welche Bücher er besitze:

---

[172] Altenburg, Matthias: Toyota-Prosa. Bei Robert Schneider ist nichts unmöglich. In: Die Zeit (24. 2. 2000), S. 50. / Vgl. "Es ist ja nicht von der Hand zu weisen, daß der Autor von 'Schlafes Bruder' 'Das Parfum' gelesen haben muß, das ist ganz klar." (Schneider (1996): S. 99.)
[173] Duve, Karen: Regenroman. Berlin 1999, S. 14.

"Nur das Gängige, 'Das Parfum', Kishon. Ich habe kein Bücherregal, aber ein Umkleidezimmer [..]."[174]

Hier zeigt sich wiederum die Wahrheit der alten Einsicht, daß Aufgeschriebenes nicht gerade wählerisch bei der Auswahl seiner Leser ist (und sein kann), sondern sich überall herumtreibt, "bei denen, die sie verstehen, ganz ebenso wie bei denen, für die sie sich nicht ziemt, und sie weiß nicht, zu wem sie reden soll und zu wem nicht."[175] Weil aber einem Text weder seine Leserinnen und Leser noch seine Interpretationen im allgemeinen zur Last gelegt werden dürfen, sollten sie auch in bezug auf 'Das Parfum' nicht das ausschlaggebende Wertungskriterium sein.[176]

Einen interessanten Lektüre-Akzent setzt jedenfalls Hubert Winkels, der - ebenfalls über das Motiv des Sonderlings - eine Parallele zwischen Grenouille und Hermann Karnau zieht, dem Protagonisten aus 'Flughunde' von Marcel Beyer. Dessen aisthetische Behinderung besteht darin, daß es für ihn unerträglich ist, seine eigene Stimme (von Tonband) anzuhören, er aber gleichzeitig (oder deshalb) manisch auf die Untersuchung menschlicher Stimmen fixiert ist. Der 1995 erschienene Roman kann als akustische Umsetzung des zehn Jahre älteren olfaktorischen Arrangements Süskinds gelesen werden. Kein Riechmonster wie Grenouille ist Karnau doch

"ein Hörmonster, abgestürzt in Schall und Wahn, ein stimmloser Stimmjäger, ein Mörder aus Mangel an sich selbst, der in seiner bizarren Besessenheit an jene dämonischen geruch- und schatten- und spiegellosen Figuren des Bösen erinnert, deren letzte populäre Gestalten Jean-Baptiste Grenouille in Patrick Süskinds Roman 'Das Parfum' oder Patrick Bateman in Bret Easton Ellis' Roman 'American Psycho' waren."[177]

Die Vergleichbarkeit zwischen den Texten Beyers und Süskinds erschöpft sich nicht in der Konstruiertheit der Figuren zwischen sinnlichem Defizit und einer ebensolchen Fixierung, sondern geht bis in den Bereich der Funktionalisierung einer aisthetischen Grunddisposition des Helden für die Narration, die wiederum im Text gespiegelt wird:

"Eben dies, stimmlos zu sein, befähigt ihn [Karnau] dazu, mit allen Mitteln die Stimmen aus den physischen Körpern der anderen herauszuholen. Hier mag man denn auch im Roman selbst ein Motiv für die 'Wiederentdeckung' des Historisch-Narrativen entdecken: Es ginge darum, die (lebens)geschichtliche

---
[174] kultur Spiegel (12) 1999, S. 8.
[175] Platon: Phaidros. 276a. In: Platon. Klassische Dialoge. Übers. Von: Rufner, Rudolf. München 1975, S. 260.
[176] Vgl. die Rezensionen z.B. von 'Das Parfum' durch 'Normal'-LeserInnen, die von online-Buchhandlungen veröffentlicht werden; etwa bei 'amazon.de'.
[177] Winkels (1997): S. 148 f.

Prägung einer Stimme wieder hörbar zu machen, ohne in die Illusion der Authentizität oder umgekehrt der passiven Beschriftung zu verfallen; eine Geschichte zu erzählen gleichermaßen von den anonymen Mächten wie von den intensiven einzelnen Kräften her."[178]

Bei Grenouille ist es die Geruchslosigkeit des Helden, die gepaart mit einem übermenschlich ausgeprägten Riechvermögen die narrativen Rahmenbedingungen absteckt. Aus dieser erzählerischen 'Versuchsanordnung' gewinnen beide Texte ihr Potential, und sie verschleiern ihren Charakter als kalkuliertes Produkt nicht, sondern stellen diesen ostentativ aus.

Ein weiterer Beleg für die Präsenz des Süskindschen Romans im öffentlichen Bewußtsein ist eine Besprechung von Albrecht Koschorkes 'Körperströme und Schriftverkehr'[179] in der F.A.Z.[180] Die theoretische Abhandlung wird mit Süskinds fiktionalem Text in eine enge Verbindung gebracht. Eine zentrale These Koschorkes könnte in etwa lauten, daß die Alphabetisierung in einem engen Zusammenhang mit der Disziplinierung der Körperflüssigkeit gesehen werden kann und muß. Zwischen Blut und Sperma, Tränen und Tinte herrsche ein enges Verhältnis der Substitution und Zirkulation.[181] Dies aber - Körperflüssigkeiten zu isolieren, zu speichern und zu substituieren - ist das große technologische Thema in 'Das Parfum', dessen Lösungsansätze ja auch mit viel Liebe zum Detail referiert werden:

"Koschorkes Studie macht uns noch einmal deutlich, wie genau Süskinds elegant fließender historischer Roman gerade auch in vielen phantastisch anmutenden Details recherchiert ist."[182]

Ebenfalls ausgehend von Koschorkes Mediologie entwickelt Stefan Scherer (entlang der Romane 'Das Parfum' und 'Flughunde') eine Systematik 'sinnlicher Gewißheit' in erzählenden Prosatexten. Es seien erst die Konnexionen zwischen verschiedenen Mediensystemen und Sinnlichkeitsfeldern, die es den Romanen ermöglichen, auf der Seite der Lesenden ihre intensive sekundäre Präsenz im Feld der inneren Imagination zu entfalten. Im Unterschied zur Unmittelbarkeit der AV-Medien beruhe die Wirkung literarischer Texte auf der im Rezeptionsakt vollzogenen "Dopplung von

---

[178] Winkels (1997): S. 157.
[179] Koschorke, Albrecht: Körperströme und Schriftverkehr. Mediologie des 18. Jahrhunderts. München 1999.
[180] Albrecht, Christoph: So was hab ich zu Papier gebracht? In: FAZ (237) 1999, S. L 54.
[181] Vgl. Koschorke, Albrecht: Alphabetisation und Empfindsamkeit. In: Schings, Hans-Jürgen (Hg.): Der ganze Mensch: Anthropologie und Literatur im 18. Jahrhundert; DFG-Symposion 1992. Stuttgart 1994, S. 605 ff.
[182] Albrecht (1999): S. L 54.

Aisthesis und imaginärer Synthesis."[183] Während 'Flughunde' solche synästhetischen Effekte im Feld der Akustik produziere, indem sich die Schrift mit historisch realen und im Gedächtnis der Lesenden auch noch höchst präsenten Tondokumenten verknüpft, werde dies in 'Das Parfum' durch die Vernetzung von Frauenduft und Parfümeurstechnologie erreicht:

> "Bei Süskind ist es der Duft der letzten Ausdünstungen getöteter Jungfrauen, den niemand je gerochen hat, den aber die Schrift dieses Parfüms freisetzt; dergestalt, daß sie dessen Wirkung in dem Maße aufsteigen läßt, in dem technische Herstellung in gleichsam dokumentarischer Genauigkeit erzählt wird: im Modus der erlebten Rede durch eine Mittler-Figur hindurch, die mit dem absoluten Geruchssinn ausgestattet ist."[184]

'Das Parfum' ist sowohl für medienanalytische Theoriegeschichten als auch für das Feuilleton als ein wichtiger Referenztext präsent geblieben und bekommt mittlerweile eine traditionsbildende Funktion zugewiesen. Auch in den Literaturgeschichten der 80er Jahre hat Patrick Süskind mittlerweile einen festen Platz: Als Beispiele seien hier ein Artikel zu 'Das Parfum' in Metzlers Literatur Chronik,[185] ein allgemeiner Artikel zu Patrick Süskind im 'Lexikon deutschsprachiger Schriftsteller'[186] und die wiederholte Erwähnung in Glasers 'Deutsche Literatur zwischen 1945 und 1995'[187] genannt; insbesondere sei auf die kurze aber prägnante Darstellung Ralf Schnells in der 'Geschichte der deutschsprachigen Literatur seit 1945' hingewiesen: Unter dem Stichwort 'Postmodernität', die von Schnell (in starker Anlehnung an Klaus Modick[188]) als eine zitierende Bündelung zersplitternder Traditionslinien verstanden wird, zu denen sie sich in ein Verhältnis der Gleichzeitigkeit setze, könne Patrick Süskinds 'Das Parfum'

> "als herausragendes Exempel einer in diesem Sinne poetisch selbstbewußten Preisgabe ästhetischer Verbindlichkeiten gelten, die zugleich Verlorenes erinnert und bewahrt."[189]

---

[183] Scherer (2002): S. 114.
[184] Scherer (2002): S. 114.
[185] Meid, Volker (Hg.): Metzler Literatur Chronik. Stuttgart 1998, S. 718.
[186] Böttcher, Kurt / u.a. (Hgg.): Lexikon deutschsprachiger Schriftsteller. Bd. 2. 20. Jahrhundert. Hildesheim 1993, S. 725.
[187] "Stilvielfalt in handwerklicher Akkuratesse kennzeichnete das neue Erzählen der achtziger Jahre, wenn nicht gar brillantes Patchwork wie der Erfolgsroman des Jahrzehnts von Patrick Süskind (geb. 1949) Das Parfüm. [sic!]" (Rath, Wolfgang: Romane und Erzählungen der siebziger bis neunziger Jahre (BRD). In: Glaser, Horst Albert (Hg.): Deutsche Literatur zwischen 1945 und 1995. Bern 1997, S. 321.) (Vgl. auch: Kämper van den Boogaart, Michael: Theorien - Ideologien - Programme: BRD. In: Glaser (1997): S. 199.)
[188] Vgl. Modick, Klaus: Steine und Bau. (1988) In: Wittstock (1994): S. 160 ff.

148 Das Parfum

Schnell führt im weiteren Verlauf seiner Darstellung aus, daß eine kolportagehafte Geschichte mit individuellem Helden und einer eleganten Sprachgeste, die von einem auktorialen Erzähler im Stil des 19. Jahrhunderts präsentiert wird, für den großen Erfolg des Romans (mit-)verantwortlich seien und führt weiter aus:

> "Doch Süskinds Erzählkunst läßt sich mit dem Hinweis auf den Publikumserfolg nicht erledigen. Sie ist zu bewundern, weil sie - all ihrer vordergründigen Glätte zum Trotz - voller historischer und literarischer Anspielungen steckt, souverän über Traditionen verfügt, ihrem eleganten Gestus gegenläufige Sprachniveaus unterlegt und insgeheim einer abgründig politischen Parabel Ausdruck gibt: betörbare Masse und betäubende Macht."[190]

Dieser Charakterisierung der Süskindschen Prosa als einem fortdauernden 'understatement', das in höchst unauffälliger Weise den historischen Raum der Literaturgeschichte durchläuft und ironisch bricht, kann nur zugestimmt werden. 'Das Parfum' hat hier - gerade für die deutschsprachige Literatur der achtziger Jahre - einen von Schnell zu Recht gewürdigten Maßstab gesetzt:

> "Die Abgründe unter der glatten Oberfläche, die Sprünge hinter dem äußeren Glanz sichtbar zu machen, dies ist die Leistung der Prosa Süskinds."[191]

In diesem Kapitel sollte in erster Linie aufgezeigt werden, wie kontinuierlich und intensiv die Rezeption von 'Das Parfum' in den Feuilletons verlaufen ist: vom ersten Vorabdruck des Romans in der F.A.Z., über die vielen positiven Rezensionen nach dem Erscheinen des Buches im März 1985, bis zu der häufigen Bezugnahme auf den Text in den verschiedenen literarischen Diskussionen und Zusammenhängen. Immer dann, wenn ein Textbeispiel gesucht wird für einen noch lebenden deutschsprachigen Autor, der tatsächlich gelesen wird, ist Süskinds Roman in der engeren Auswahl.

2.2 Literatur-Didaktik

Vor diesem Hintergrund einer breiten öffentlichen Rezeption des Romans erscheinen die Reaktionen der Literaturwissenschaft verhalten, auch wenn sie für einen deutschen Gegenwartsautor noch immer vergleichsweise schnell und intensiv einsetzten. Die Aufarbeitung des Romans aus der

---

[189] Schnell, Ralf: Geschichte der deutschsprachigen Literatur seit 1945. Stuttgart 1993, S. 448.
[190] Schnell (1993): S. 448 f.
[191] Schnell (1993): S. 449.

Perspektive der Schuldidaktik dagegen erfolgte in einem spürbar höheren Maß: Offensichtlich hat sich durch die Eignung des Textes für den Deutschunterricht Handlungsbedarf für eine didaktische Aufbereitung gebildet, die nun ohne den 'Umweg' über spezifisch fachwissenschaftliche Analysen befriedigt werden will. Nahezu alle selbständigen Monographien zu Patrick Süskind beziehen sich auf 'Das Parfum'[192] und sind fast alle als didaktisches Begleitmaterial[193] für eine schulische Lektüre des Romans angelegt.

Dieser Bedarf beruht wohl auf einer ähnlichen Motivation wie die feuilletonistische Kritik, denn beide Institutionen sind für eine erfolgreiche Kommunikation in hohem Maß darauf angewiesen, daß ihre Klientel willens ist, das Gelobte auch tatsächlich zu lesen. Der Deutschunterricht kann wohl nur noch in bedingtem Ausmaß zu jenen "extremen Daseinsformen"[194] gerechnet werden, in denen der Grundsatz strikter Freiwilligkeit der Lektüre aufgehoben ist. So macht es durchaus Sinn, wenn Klaus-Michael Bogdal sein didaktisches Interesse an 'Das Parfum' damit begründet, daß es einer der wenigen Texte der Gegenwartsliteratur sei, für die ein hoher Bekanntheitsgrad vorausgesetzt werden kann. Dieser beruhe offensichtlich auf dem lustvollen Lektüreerleben:

> "Der Lehrer (die Lehrerin) sollte niemals Texte auswählen, die ihm sein didaktisches Konzept nahelegt, sondern solche, die er für sich selbst entdeckt hat, die er nicht mit pflichtbewußtem Durchhaltevermögen, sondern mit Vergnügen gelesen hat."[195]

Diesem Spannungsverhältnis von Unterhaltsamkeit und Didaktik widmet sich ebenfalls eine Ausgabe von 'Praxis Deutsch' mit dem Thema Bestseller. Norbert Berger versucht darin, eine Analyse des wirkungsästhetischen Aspekts von 'Das Parfum' zu leisten: Für die Bestseller-Qualitäten des Textes seien einerseits die deutliche Parallelisierung der einzelnen Handlungs-Teile und ihre klare Strukturierung innerhalb der chronologischen Erzählung eines sozialen Aufstiegs verantwortlich. Andererseits erzeuge der Kontrast zwischen einem auf Emotionalität hin kalkulierten Sprachgestus und der Präsentation durch einen allwissenden und mitleidlosen Erzähler eine hochwirksame Mischung:

> "Die traditionelle Erzählperspektive, der überschaubare Aufbau und die

---

[192] Bisher einzige Ausnahme: Söder, Thomas: Die Taube. Versuch einer Deutung. Freiburg 1992.
[193] Bisher einzige Ausnahme: Barbetta, María Cecilia: Poetik des Neo-Phantastischen. Patrick Süskinds Roman 'Das Parfum'. Würzburg 2002.
[194] Wittstock (1993): S 94.
[195] Bogdal, Klaus-Michael: 'Mein ganz persönlicher Duft.': 'Das Parfum', die Didaktik und der Deutschunterricht. In: Diskussion Deutsch (130) 1993, S. 124 ff.

durchsichtige Syntax muten dem Leser intellektuell nicht viel zu, die bildhafte, lebendige und mitreißende Sprache zieht ihn emotional in den Bann."[196]

Zwar referiert Berger im weiteren Verlauf seiner Argumentation weitgehend ideologiekritische Standardvorstellungen über das Verhältnis zwischen den Bedürfnissen der Lesenden und deren Befriedigung durch den Bestseller; aber er gibt doch einige interessante Hinweise:

Zum einen entwirft Berger ein Handlungsschema des Romans, in dem Grenouilles sozialer Aufstieg seinen sichtbaren (und riechbaren) Ausdruck in dessen Weg aus dem Gestank (Paris) heraus in die duftende Welt (Grasse) findet. Erweitert man dieses Schema um die Phase der olfaktorischen Neutralität (Plomb du Cantal als Außenwelt) und die Rückkehr in den Gestank von Paris (und in die Mägen seiner Einwohner), dann ergibt sich eine zyklische Struktur der Veränderungen, in der die Gerüche mit den narrativen Strukturen korrespondieren.

Zum anderen macht er auf eine zeitgenössische Parodie von 'Das Parfum'[197] aufmerksam (aus der er einen Textauszug präsentiert),[198] die als 'tagespolitischer Gebrauchstext' leicht hätte übersehen und vergessen werden können: 'Patricius Sauerbier: Das Soufflé. Die Geschichte eines Gourmands' erfüllt sehr präzise die Definitionskriterien der "Parodie im engsten Sinne, als nahezu identische Wiedergabe der Form der Vorlage bei Veränderung des Inhalts"[199] des parodierten Textes. Solche 'echten' Parodien gegenüber einzelnen Texten (nicht etwa einem Genre) sind eher selten, denn sie setzen eine extrem große Verbreitung und genaue Kenntnis des parodierten Textes voraus,[200] weshalb das Erscheinen einer Parodie dem Adelsschlag des Textes gleichkommt. Auch Dieter Heckenschütz liefert mit der Parodie eine Verarbeitung von 'Das Parfum', die auf einer recht genauen Lektüre des Romans basiert,[201] der bis in die visuelle Gestaltung des Schutzumschlages und des Klappentextes hinein imitiert wird. Der zentrale 'Witz' des Textes besteht in der Ersetzung des Olfaktorischen durch das Gustatorische in allen Facetten:

---

196 Berger, Norbert: Patrick Süskind: 'Das Parfum'. IN : Praxis Deutsch (86) 1987, S. 59.
197 Heckenschütz, Dieter: Patricius Sauerbier. Das Sufflé. Geschichte eines Gourmands. - Die Parodie von Dieter Heckenschütz. München 1986.
198 Berger (1987): S. 62. / Vgl. Delseit / Drost (2000): S. 104 ff.
199 Böhn, Andreas: Formzitate, Gattungsparodien und ironische Formverwendung im Medienvergleich. In: ders. (Hg.): Formzitat, Gattungsparodien, ironische Formverwendung. St. Ingbert 1999, S. 31.
200 Kriterien, die heute praktisch nur noch Schullektüren erfüllen.
201 "Geschrei, Gerenne und großes Geflenne. Während sich die Frau aufrappelt (und der Autor ohne Grund in das Präsens wechselt), überlegt [..]." (Heckenschütz (1986): S. 7.) <=> "Geschrei, Gerenne, im Kreis steht die glotzende Menge, man holt die Polizei. Immer noch liegt [..]." (Par: 8)

"Der Hunger war überall. Wer es noch nicht gewußt hat, erfährt es jetzt: Paris war die größte Stadt Frankreichs, und dort war der Hunger besonders groß."[202]

Die entsprechende Stelle zu Beginn von 'Das Parfum' lautet:

"Und natürlich war in Paris der Gestank am größten, denn Paris war die größte Stadt Frankreichs." (Par: 6)

Nun wird nicht nur der Fokus der Beschreibungen und das Thema der Parodie vom Riechen zum Schmecken verschoben, sondern in der Gestaltung der Hauptfigur wird dieser Sinnesbereich zentral gesetzt: Liegt Grenouilles Fähigkeit vor allem in seiner übernatürlich gut ausgebildeten Nase, ist Rainer Maria Canailles Zentralorgan seine Zunge und sein Geschmackssinn. Die Konsequenz, mit der das parodierte Original aber diese Eigenschaft einer Figur durchführt, zwingt interessanterweise auch die Parodie zu einer ausführlichen Beschreibung einer solchen Existenz. Dabei wird vor allem an den Schwachstellen der Parodie deutlich, wie geschickt in 'Das Parfum' die Handlungen der Figuren motiviert werden. Interessant ist dabei, daß auch bei Heckenschütz die Perfektion des titelgebenden Produkts, sowohl der Hauptantrieb des Helden als auch die zentrale poetische Metapher darstellt. Ein Soufflé sei "warme Luft ohne Nährwert, aber von einzigartigem Geschmack."[203] Der implizite Vorwurf an Süskind, er würde nur heiße Luft produzieren, wird bildlich über die Metapher des Soufflés ausgeführt - die für Canaille aber das absolute Gericht darstellt:

"Eine Speise, die nicht mehr verdaut werden muß, weil es überhaupt nichts mehr zu verdauen gibt. Eine Speise, die nur die Geschmacksnerven erregt und diese Erregung köstlich stillt und besänftigt - aber niemals gänzlich; die immer einen Rest von Sehnsucht nach weiterem Genusse bestehen läßt."[204]

Ein substanzloser Text sei es, eine "unverschämte Frechheit",[205] die ja sogar in eine quasi-kriminelle Linie mit suchterzeugenden Mittel gestellt wird; Canailles Künste seien nicht mehr als eine unlautere "'Bricollage' aus den Ergebnissen der wahrhaften Innovationen längst verstorbener Küchenmeister [..]."[206] Ein weiterer impliziter Kritikpunkt an 'Das Parfum' ist bei Heckenschütz immer wieder die zu ungenaue sozial-historische Verortung des Textes. Er glaubt dies durch verschiedene Hinweise korrigieren zu müssen, sofern dies nicht schon implizit durch die Neuperspek-

---

[202] Heckenschütz (1986): S. 6.
[203] Heckenschütz (1986): S. 119.
[204] Heckenschütz (1986): S. 72.
[205] Heckenschütz (1986): S. 60.
[206] Heckenschütz (1986): S. 60.

tivierung vom Ätherischen / Riechbaren hin zum Greifbaren / Eßbaren (bzw. des Mangels an Nahrung, auf den immer wieder hingewiesen wird) geschehen ist.

Auch Heinz Dörfler fokussiert die wechselseitigen Verflechtungen zwischen der olfaktorischen Wahrnehmung von Welt und ihrer moralischen Bewertung (mit Grenouille als Empfänger wie auch als Sender): Durch ein Schema mit zwei ähnlich verlaufenden Kurven wird sichtbar, daß in 'Das Parfum' ästhetische und ethische Wahrnehmung parallelisiert werden.[207] Spannend ist auch hier vor allem das Höhlenleben Grenouilles, in dem, aufgrund mangelnder Außenreferenz, Schönheit und Moral in Einklang kommen - wenn auch nur in der virtuellen Realität seiner Schöpfungsphantasien. Dörfler weist hier auf den religiösen Intertext hin, der vom biblischen Schöpfungsbericht über die Versuchung Jesus in der Wüste bis zum Abendmahl reicht:

"Der Schluß des Romans läßt sich mit der Entäußerung Jesu Christi in Beziehung setzen. Der Kannibalismus der Kretins erinnert an ein atavistisches Kultmahl oder an eine Kontrafraktur des letzten Mahles Jesu mit seinen Jüngern. [..] Vieles deutet darauf hin, daß der [..] Opfertod Grenouilles einen Gegenentwurf zum Opfertod Christi darstellt, allerdings ohne Transzendenz."[208]

Weil aber - so wäre zu ergänzen - in der postmetaphysischen Version der dionysischen Zerstückelung kein Gott mehr, sondern nur noch dessen aisthetisches Simulakrum geopfert wird, kann die Schlachtung dieses (unheiligen) Lammes die verlorene Verbindung zu den Ideen nicht mehr konstituieren.[209] Völlig zu Recht erweitert Dörfler diese religiöse Dimension des Textes mit den Hinweisen auf Camus und Foucault,[210] die er als philosophische Basis von 'Das Parfum' beschreibt. Er geht so (und damit zu) weit, Ähnlichkeiten zwischen Süskind und Foucault zu konstruieren, die über das Textuelle hinaus ins Persönliche gehen:

"Süskind gilt als Einzelgänger [..]. Hierin ist er Foucault, einem Philosophen, den Süskind sehr schätzt, nicht unähnlich."[211]

Aber auch Michael Bogdal weist auf die konzeptionelle Nähe von 'Das Parfum' zur Philosophie Michel Foucaults hin und begründet dies aus-

---

[207] Dörfler, Heinz: Moderne Romane im Unterricht. Frankfurt 1988, S. 114. (Abb. 12; Abb. 13)
[208] Dörfler (1988): S. 121.
[209] Zum Motiv der Eucharistie und seinen ontosemiologischen Grundlagen - vgl. Hörisch, Jochen: Brot und Wein. Die Poesie des Abendmals. Frankfurt 1992.
[210] Dörfler (1988): S. 122 ff.
[211] Dörfler (1988): S. 130. / Leider teilt Dörfler nicht mit, woher seine Informationen stammen.

führlicher: Die parodistischen und distanzierenden Mechanismen des Textes würden den Blick auf seine Gemachtheit und Wirkungsweise freigeben, was ein fundamentales Mißtrauen gegenüber dem Roman als Schullektüre herausfordere. Bogdal referiert kurz die 'offiziellen' Argumente, mit denen seiner Erfahrung nach der Roman oft abgelehnt werde:

> "'Das Parfum' gilt [..] als 'flach', enthalte keine tieferen, gesellschaftsrelevanten oder allgemeinhumanen Probleme, sei zwar perfekt geschrieben, jedoch Kunst-Handwerk, nicht mit ernsthafter Intention verfaßt, sondern zynisch auf Wirkung berechnet usw."[212]

Bogdals These ist es nun, daß diese angeblichen Mängel nur vorgeschoben werden, um ein grundsätzlicheres Unbehagen zu verdecken. Dieses könne nur verstanden werden, wenn man mit Michel Foucaul davon ausgehe, daß die Pädagogik der Neuzeit als Macht-Dispositiv funktioniert, deren Mikrophysik von Überwachen und Strafen im Verborgenen wirksam ist:

> "Der Deutschunterricht unterwirft Schüler und Text einem *Geständnis-Imperativ* (Foucault), sucht nach Verborgenem, Verheimlichtem, Dunklem, Unklarem, will es aussprechen und aufschreiben lassen und anschließend auch noch reflektieren, vertiefen, und transferieren. Der Schüler muß sich ständig zur Disposition stellen [..] und nicht nur interpretierende Bekenntnisse zum Text ablegen, sondern auch noch verbal seine Betroffenheit nachweisen und Verhaltensänderungen ankündigen."[213]

Die Autorität dieses pädagogischen Dispositivs werde von 'Das Parfum' unterminiert, indem es den Lesenden eine beständige Distanzierung ermögliche und andererseits eine Offenheit des Zugangs und einen ironischen Umgang mit Handlung und Figuren erforderlich mache. Bogdal schlägt den einfachen Test vor: Die Lehrenden sollen überlegen, ob sie

> "[..] im Anschluß an die Lektüre der berühmten Hinrichtungsszene über den Sinn der Todesstrafe diskutieren [würden]? Oder Sie würden das Verbrechen Grenouilles wie gewohnt (z.B. an Noaks 'Rolltreppe abwärts') durch eine schwierige Sozialisation erklären. Das Gelächter der Schüler wäre ihnen sicher."[214]

Was einen Text wie 'Das Parfum' für Bogdal wohl so geeignet erscheinen läßt, den Geständnis-Imperativ aus der Literatur-Pädagogik zu verabschieden, ist dessen strategisch höchst effektive Umstellung des Mediums Roman von einem protokollarisch-moralischen Aufschreibesystem von

---

[212] Bogdal (1993): S. 131. / Vgl. das Wertargument der Tiefe in 'Der Zwang zur Tiefe'. (Tie: 9 ff.)
[213] Bogdal (1993): S. 131.
[214] Bogdal (1993): S. 131.

Erinnerungen und Empörungen hin zu einer imaginativen Projektionsfläche moralisch unverbindlicher (weil ausgewiesen fiktionaler) Gegen- und Unterwelten. Dem alten Medium Buch stehen eine immer größer werdende Zahl neuer Medienangebote gegenüber, deren audiovisuelle Reize oder interaktive Potentiale die öffentliche Aufmerksamkeit von den literarischen Versuchen ablenken, Wahrnehmung in (schriftliche) Kommunikation zu übersetzen.[215] Unter diesem Vorzeichen immer größerer pädagogischer Schwierigkeiten die Langsamkeit von Texten und Lektüren mit ihren spezifischen Reizen zu vermitteln, weist Bogdal verstärkt auf die Möglichkeiten hin, die sich durch die (auch heute noch) gegenwärtigen Trends in der Literatur gerade auch für die Didaktik ergeben, und fordert die verstärkte Nutzung dieses Potentials:

> "Die *aktuellste* [1993] Gegenwartsliteratur, die sogenannte Postmoderne, deren bekannteste Vertreter sicher Umberto Eco, Thomas Pynchon und nicht zuletzt Süskind sind [..], machen aus der Not eine Tugend und setzen sich mit überraschendem Erfolg von der Konkurrenz mit den Medien ab, indem sie sich wieder auf die Imagination poetischer sprachlicher Zeichen zurückbesinnen."[216]

Mittlerweile gibt es starke Hinweise, daß das didaktische Potential von 'Das Parfum' ausgiebig genutzt wird; so kann etwa angeführt werden, daß in der Zeitschrift 'Der Deutschunterricht' im Heft 3 / 96 mit dem Schwerpunktthema 'Das Parfum'[217] eine Vielzahl von didaktischen Beiträgen zum Roman veröffentlicht wurden,[218] die hier aber nicht im einzelnen besprochen werden können. Zweitens muß nochmals betont werden, daß praktisch alle einschlägigen Verlage mittlerweile eine Lektürehilfe zu Süskinds Roman im Programm haben, was mehr als nur ein Indiz dafür ist, daß der Text zu einer Standardlektüre im Deutschunterricht geworden ist. Auch die didaktische Interpretationssammlung '(K)ein Kanon: 30 Schulklassiker neu gelesen',[219] in die 'Das Parfum' aufgenommen wurde, ver-

---

[215] Vgl. Hörisch (1999): S. 69.
[216] Bogdal (1993): S. 127.
[217] Bogdal, Klaus-Michael: Lektüre-Praxis, Lektüre-Vielfalt am Beispiel von Süskinds 'Das Parfum'. In: Der Deutschunterricht (3) 1996, S. 3 ff.
[218] Kammler, Clemens: 'Lieber Monsieur Süskind, danke!' In: Der Deutschunterricht (3) 1996, S. 5 ff. / Dörfler, Heinz: Wie zur Lektüre führen? Ebd. S. 11 ff. / Liebrand, Claudia: Frauenmord für die Kunst. Ebd. S. 22 ff. / Frizen, Werner: Patrick Süskinds 'postmoderne' Didaktik. Ebd. S. 26 ff. / Spinner, Kaspar H.: Stil-Etüden zu Süskind. S. 32 ff. / Bothe, Katrin: Wörter - 'Botschafter unserer Sinne? Ebd. S. 37 ff. / Kasper, Josef: Die Nase als Nabel der Welt. Ebd. S. 42 ff.
[219] Rupp, Gerhard: Zwischen Distanz und Faszination: Süskind, 'Das Parfum', 1985. In: Bogdal, Klaus-Michael / Kammler, Clemens (Hgg.): (K)ein Kanon: 30 Schulklassiker neu gelesen. München 2000, S. 176 ff. (= Oldenbourg Interpretationen, Bd. 100)

weist programmatisch auf diesen Status. Der früheste dieser Erläuterungsbände[220] für den schulischen Gebrauch ist in der Reihe 'Königs Erläuterungen und Materialien' erschienen.[221] Nach einer ausführlichen Inhaltsangabe des Textes, die im Stil eines 'close reading' schülergerecht auf Besonderheiten des Romans aufmerksam macht und einige zusätzliche Informationen gibt, versucht Matzkowski eine Analyse der Kompositionsstruktur des Textes, die einige Beachtung verdient. Er identifiziert dabei vier relevante Strukturmomente,

> "die sich durch den Roman insgesamt ziehen. Es sind dies das 'Moment des Aufbruchs', das 'Moment des Paradoxen', das 'Moment des Zufalls' und das 'Moment des Scheiterns und der Anonymität'."[222]

Diese Liste müßte zwar noch erweitert werden, zum Beispiel um die Momente des Religiösen[223] oder um die den Text strukturierenden Momente des Sprachlichen,[224] trotzdem werden auch hier schon wichtige Hinweise gegeben, wie die Funktionsmechanismen des Romans beschrieben werden können. Einen weiteren Interpretationsansatz entwickelt Matzkowski aus dem Bezug, der zwischen der Aufklärung als Philosophie bzw. als historischer Epoche und 'Das Parfum' besteht: Die männlichen Nebenfiguren Baldinis (Kritik), des Marquis' (Parodie) und Richis (Tragik) verkörperten jeweils Aspekte der Aufklärung bzw. des Umgangs mit ihr. Leider bleibt Matzkowski aber auch hier in seinen Ausführungen sehr im Allgemeinen.

Eine detailliertere Analyse des Textes liefern Frizen und Spancken im entsprechenden Band der Oldenbourg-Reihe.[225] Dort wird aber eine solche Menge an Hinweisen und Anregungen gegeben, daß es nicht mehr sinnvoll wäre, sie hier en block darzustellen. Statt dessen wird bei den jeweiligen Themen auf den Band zurückgegriffen. Hier seien lediglich zwei Interpretationsstränge besonders behandelt: Zum einen weisen Frizen / Spancken nochmals auf die zugleich zentrale und unsichere Rolle

---

[220] Zuletzt erschienen und nicht weiter erwähnenswert: Poppe, Reiner: Patrick Süskind. Das Parfum. Hollfeld 2000. / Angekündigt: Winler, Iris: Praxis Lesen: z.B. *Das Parfum*. Lichtenau, AOL-Verlag. (Vgl. Winler, Iris: Patrick Süskind: *Das Parfum*. Einem genialen Scheusal auf der Spur. In: RAAbits Deutsch / Literatur. Stuttgart 1996.)
[221] Matzkowski, Bernd: Erläuterungen zu: Patrick Süskind, Das Parfum. Hollfeld 1994. (= Königs Erläuterungen und Materialien. Band 386.)
[222] Matzkowski (1994): S. 59. (Hervorhebungen: Matzkowski)
[223] Ein Beispiel wäre der 'Heilsweg', den Grenouille von der schreienden "Geburt unter dem Schlachttisch" (Par: 9) zum "Gott auf Erden" (Par: 316) durchläuft.
[224] Die einzelnen Stufen des sozialen Aufstiegs von Grenouille sind an das Erlernen bestimmter sprachlicher Fähigkeiten gebunden wie der Alltagssprache (Par: 33) oder der "Sprache der Parfumerie" (Par: 119).
[225] Frizen / Spancken (1996): S. 23 ff.

des Genies - zwischen Originalität und Postmoderne, zwischen Krankheit und Décadence - hin. Zum anderen wird die These entwickelt, daß 'Das Parfum' in seiner Grundstruktur als eine "Parodie des Entwicklungsromans"[226] angelegt ist, und es werden folgende Begriffe zur Beschreibung des Handlungsmusters vorgeschlagen:[227] Lehrjahre (I/1-22) => Wanderjahre (II/23-34) => Meisterjahre (III/35-50) => Epilog (IV/51)

Die einzelnen Teile werden von Frizen / Spancken nochmals in kleinere Einheiten aufgespalten. Für die Lehrjahre ergibt sich dabei ein Wechsel von Phasen des Abwartens und verstärkter Aktivität:[228]

"Dabei übernimmt Süskind formal das Grundgesetz von Leben und Entwicklung, wie es Goethe als Polarität des Organischen verstanden hatte; eine Polarität, die im Sich-Zusammenziehen und Sich-Ausdehnen des Herzens, in Systole und Diastole, symbolisch vorgebildet sei."[229]

Für den zweiten großen Abschnitt des Romans, den Wander- und Wandlungsjahren, diagnostizieren Frizen / Spancken das ironische Zitat eines eschatologischen Heilswegs. Dieser führe vom äußeren und inneren Absterben über die (diesen Zustand aufbrechende) Fundamental-Krise zu einer dritten Phase der Wiedergeburt, Auferstehung und Revitalisierung zu einer neuen Existenz. Auch die Meisterjahre können als Dreierschritt gegliedert werden: Zunächst erlerne Grenouille die parfümistische Technik "Enfleurage",[230] bis er sie perfekt beherrsche. Durch diese handwerklichen Kenntnisse sei er dann in der Lage, seine 'meisterlich' ausgeführten Morde dahingehend zu nutzen, daß er seine Opfer als olfaktorisches 'Material' weiterverarbeiten kann. Ausgestattet mit den, auf diese Weise produzierten Grundstoffen, kreiere Grenouille DAS Parfüm und erlange damit schließlich die dritte Meisterschaft, nämlich die "der Verführung".[231]

Neben einer Zusammenfassung der Romanhandlung wird in der sehr knappen Lektürehilfe des Mentor Verlags von Raab / Oswald einerseits die lineare Abfolge der Nebenfiguren betont, an der sich die "einsträngige Erzählstruktur"[232] des Textes verdeutlichen lasse. Andererseits wird ein Schaubild präsentiert, in dem "der Aufbau des Textes"[233] in Kreisform visualisiert werden soll. Das Spannungsverhältnis zwischen diesen beiden

---

[226] Frizen / Spancken (1996): S. 25.
[227] Vgl. Frizen / Spancken (1996): S. 26.
[228] Vgl. Frizen / Spancken (1996): S. 29; Abb. 'Grenouilles Lehrjahre'.
[229] Frizen / Spancken (1996): S. 27.
[230] Frizen / Spancken (1996): S. 38.
[231] Frizen / Spancken (1996): S. 38.
[232] Raab, Alexander / Oswald, Ellen: Patrick Süskind, Das Parfum. München 1997, S. 7. (= Mentor. Lektüre Durchblick. Band 323.)
[233] Raab / Oswald (1997): S. 24 / 25.

Ordnungsschemata wird dann aber weder problematisiert noch produktiviert. Letzteres wäre zum Beispiel durch den Hinweis möglich gewesen, daß sich zwar eine lineare Ordnung ergibt, wenn die zeitliche Struktur perspektiviert wird, daß aber eine zyklische Ordnung entsteht, wenn die Räumlichkeit des Romans in den Blick genommen wird.

Eine ausführlichere Analyse des Romans präsentiert dagegen Hanns-Peter Reisner in der Lektürehilfe des Klett Verlages.[234] Im Anschluß an eine strukturierenden Wiedergabe der Handlung und eine instruierende Charakterisierung der einzelnen Figuren entwickelt Reisner eine Vielzahl anregender Interpretationsansätze: So vermittelt das dritte Kapitel im ersten Teil eine kleine Kulturgeschichte der Düfte mit Bezug auf Corbin und die von ihm erschlossenen Quellen[235] und gibt außerdem Hinweise auf die narrative Produktivierung des Themas Geruch.[236] Im zweiten Teil stellt Reisner dar, daß die reale Sozialgeschichte (insbesondere der Kindheit) als Grundlage der fiktiven Biographie Grenouilles dient, und im dritten Teil, wie die reale "Ereignis- und Ideengeschichte"[237] von Süskind (unauffällig, aber präzise) in das erzählerische Hintergrundsszenario eingebaut wurde. Im vierten Teil wird die Interpretation von 'Das Parfum' als eine "Parabel der Verführung"[238] im Sinne Reich-Ranickis wieder aufgegriffen und entscheidend präzisiert: Das Motiv der Verführbarkeit klingt nach Reiser schon in der Feuerwerkszene (Par: 49 ff) als machtpolitisches "Szenario der Massenverführung"[239] an und werde bei den zugleich modisch-visuellen und olfaktorischen Täuschungen der Zuschauermengen in Montpellier (bei der Hochzeit (Par: 196 f) und bei Grenouilles Präsentation in der Aula (Par: 202 ff)) wieder aufgegriffen. Die Hinrichtungsszene ist aus dieser Perspektive 'nur' die konsequente Steigerung des Verführungsthemas:

> "Wie sich hier der verhasste Mörder Grenouille mit einer theatralischen Inszenierung zum geliebten Führer der Massen wandelt, kann geradezu als Lehrstück der Massenpsychologie gelten."[240]

Reisner verweist in diesem Zusammenhang auf Elias Canetti und Gustave le Bon, die die Masse als Machtdispositiv und 'Führerschaft' als mythologische Konstruktion untersucht haben, und deren Thesen als Intertext von Süskinds Darstellung von Menschenmengen gelesen werden können.

---

234 Reisner (1998): S. 4 ff.
235 Reisner (1998): S. 59 ff.
236 Reisner (1998): S. 62 f.
237 Reisner (1998): S. 67.
238 Reisner (1998): S. 75.
239 Reisner (1998): S. 75.
240 Reisner (1998): S. 77.

Auch im weiteren Verlauf seiner Analyse wird das erzählerische Verfahren der intertextuellen Bezugnahme von Reisner immer wieder thematisiert, als zentrale Strategie von 'Das Parfum' ausführlich an Textbeispielen belegt[241] und theoretisch als ästhetische Doppelcodierung beschrieben:

> "Da eine [..] Wiederaufnahme traditioneller Erzählformen aber nicht unwissend, nicht naiv geschehen kann, bedienen sich die Autoren aller Formen der Ironie und der Parodie. Der Griff in die große Kiste erzählerischer Traditionen wird nicht vertuscht, geschieht auch nicht stillschweigend, sondern wird auf weiteren Ebenen des Textes durch Anspielungen und Verweise, Zitate und modifizierte Textentlehnungen kenntlich gemacht. Es entsteht ein sogenannter Intertext, ein Zusammenspiel unterschiedlichster Texte, durch die der Roman in einen Dialog mit der literarischen Tradition eintritt."[242]

2.3 Literatur-Wissenschaft

Neben der feuilletonistischen Resonanz und den didaktischen Aufbereitungen ist 'Das Parfum' aber auch vergleichsweise schnell von der Literaturwissenschaft rezipiert worden. Zentraler Punkt der Diskussion war hier vor allem die Einstufung von 'Das Parfum' als postmoderner Roman. Aufgrund des großen Publikumserfolges und wegen der diagnostizierten Grenzstellung Süskinds "zwischen E- und U-Literatur"[243] (auf die sich die deutsche Diskussion des 'postmodernen Romans'[244] lange Zeit beschränkt hat) lag und liegt es nahe, 'Das Parfum' als (deutschsprachiges) Beispiel für den von Eco geforderten idealen postmodernen Roman heranzuziehen, der "den Streit zwischen Realismus und Irrealismus, Formalismus und 'Inhaltismus', reiner und engagierter Literatur, Eliten- und Massenprosa überwinden"[245] könnte. Auch Gerhard Plumpe nennt Süskind und Eco in einem Satz als Beispiele für die Programmierung postmoderner Texte, die er aus systemtheoretischer Perspektive zu fassen versucht. Es seien vier Kriterien, durch die sich die Literatur des Postismus beschreiben lasse; eine 'neue Feierlichkeit', ein 'hörbares Schweigen', die Kategorie des 'Erhabenen', aber vor allem eine Strategie "der Entdifferenzierung sowohl der Gattungsgrenzen als auch der Hierarchien zwischen anspruchsvoll-esoterischer und 'trivialer' Literatur."[246]

---

[241] Vgl. Reisner (1998): S. 107 f., 112 f.; 116 f.; S. 125.
[242] Reisner (1998): S. 106 f.
[243] Franke (1992): S. 2.
[244] Vgl. Brinkmann, Rolf Dieter: Angriff aufs Monopol. (1968) In: Wittstock (1994), S. 65 ff.
[245] Barth, John: Die Literatur der Fülle (1980). Zitiert nach: Eco (1984): S. 81.
[246] Plumpe (1995): S. 253.

Aus dieser Perspektive war eine wichtige Zielsetzung dieser Untersuchung, die Funktion der selbstreflexiven intertextuellen Mechanismen des Romans als dominante Strategie zu analysieren, wodurch die Stellung des Textes zwischen eingängiger Narrativik und ambitionierter Ästhetik erwiesen werden sollte. Auch die bisherige germanistische Forschung hat sich vor allem auf die Analyse der in 'Das Parfum' übernommenen erzählerischen Muster konzentriert.[247]

Die wissenschaftliche Auseinandersetzung mit dem Text beginnt 1987 im Kontext der Diskussionen um die eindeutige Bestimmbarkeit des sogenannten 'postmodernen Roman'. Aus dem Textcorpus 'Das Grau der Karolinen' von Klaus Modick, 'Der Name der Rose' von Umberto Eco und 'Das Parfum' von Patrick Süskind ergeben sich nach Frank Lucht fünf Kennzeichen für eine erste Charakterisierung der postmodernen Version des historischen Romans: Ironie wird zum einen als inszenierte Stilimitation eingesetzt und greift zum anderen innerhalb der Handlungsabläufe. Es würden nietzscheanische Parabeln über die "Entzweiung und zugleich Verstrickung des Wissens und der Macht"[248] erzählt. Nicht die Protagonisten spielen die Hauptrolle in den jeweiligen Texten, sondern die Farben / das Sehen, die Zeichen / die Lektüre und die Gerüche / das Riechen. Die Protagonisten bilden die operative Mitte einer Welt, die keine objektive Mitte mehr habe. Es gebe einen mythischen Komplex um eine begehrte Macht, die katastrophisch inszeniert und am Ende subvertiert wird. Durch die Ironie sei es wieder möglich

> "von Dingen zu sprechen, deren pastorales Image, deren Antiquiertheit oder Aufdringlichkeit ihnen zum Verhängnis geworden ist."[249]

Die Distanziertheit der ironischen Stilimitation verleihe den Texten einen artifiziellen Gestus, durch den nur noch ein indirektes Wiedererkennen der Welt möglich sei. Lucht benennt schon hier die zentralen Problemkreise, mit denen sich auch die weitere Forschung auseinandersetzt: Die Einordnung des Textes in die 'Postmoderne'; das Verhältnis von Intertextualität und Mimesisbegriff; die Anti-Authentizität; die ironischen Stilimitationen wie Pastiche und Zitat; der Motivkomplex des Künstlers und des Genies; die zentrale Rolle von Wahrnehmungspsychologie und Subjektbe-

---

[247] Vgl. Barbetta (2002), S. 16 ff. / Leider konnte die Disseration nicht mehr in angemessenem Umfang integriert werden. Barbetta versucht einerseits die Einstufung von 'Das Parfum' in die Gattung der phantastischen Literatur plausibel zu machen. (Vgl. hierzu Kap. IV. / 3.5 'Geruchsrealismus' der vorliegenden Arbeit.) Zum zweiten geht sie der Frage nach, wie das kulturgeschichtlich höchst interessante Motiv des Frosches in 'Das Parfum' verarbeitet wurde.
[248] Lucht, Frank: 'Erkennen Sie die Melodie?' In: Merkur 40 (1986), S. 894.
[249] Lucht (1986): S. 894.

griff; die politische, moralische, ästhetische Allegorie; die Aufhebung des moralischen Imperativs. Luchts Kritik an diesen 'postmodernen' Strategien richtet sich gegen den artifiziellen Gestus der Texte. Diese würden zwar ein Wiedererkennen und Wiedergewinnen der Welt andeuten, seien aber letztlich nicht mehr als ein "kontemplativer Gag".[250] Hier wird tadelnd etwas Richtiges diagnostiziert:

Ein Wiedererkennen der wirklichen Welt wird verhindert; aber zu Gunsten einer Wiedererkennung eines kulturellen Wissens, das an ihre Stelle tritt. Diese Einordnung von 'Das Parfum' in einen postmodernen Kontext hat die harsche Kritik Hanns-Joseph Ortheils hervorgerufen, der Lucht als 'jugendlichen Witzbold' apostrophierte:

"Im *Merkur* hat ein jugendlicher Witzbold Postmodernes in ... man darf raten ... in Süskinds *Parfum* entdeckt. Süskind! Ausgerechnet. Ich verliere kein Wort darüber."[251]

Ein kurzes Wort verliert Ortheil dann aber doch: Die Kritik an Süskind (und Lucht) ergibt sich aus seiner allgemeinen Charakterisierung postmodernen Schreibens. Kennzeichnend sei, daß postmoderne Literatur über die Konstrukte der Moderne spielerisch verfüge und dadurch Strukturen ausbilde, durch die die Lesenden stark in den Prozeß des Erzählens mit eingebunden würden:

"Postmoderne Literatur spielt mit dem Leser ein Spiel unter vielen möglichen [..], dies aber (deshalb kein Wort über Süskind) auf höchstem Niveau."[252]

Ortheils Argument, Süskind sei deshalb der postmodernen Literatur nicht zuzurechnen, weil sich seine Texte nicht auf dem dafür erforderlichen Niveau bewegten, ist weder nachvollziehbar noch in dieser Form akzeptabel. Ohne genauere Begründung vollzieht Ortheil hier einen abwehrenden Reflex gegen ein Schreiben, das eine klare Abgrenzung zu den hermetischen Sinnstiftungen betreibt; entsprechend Bronfens Definition von Postmodernität die "exoterische Einlösung der esoterischen Moderne [..]."[253] Offensichtlich ist Ortheil in die "Lesefalle"[254] gegangen, die 'Das Parfum' aufstellt, indem es tatsächlich den trennenden Graben zwischen

---

[250] Lucht (1986): S. 896.
[251] Ortheil, Hanns-Josef: Das Lesen - ein Spiel. Postmoderne Literatur? Die Literatur der Zukunft. In: Die Zeit (17. 4. 1987), S. 59.
[252] Ortheil (1987): S. 59. (Ortheils Kritik wurde auch unter dem Titel: 'Was ist postmoderne Literatur?'; direkt hinter Süskinds: 'Der Zwang zur Tiefe' abgedruckt. In: Wittstock (1994): S. 125 ff.)
[253] Bronfen, Elisabeth / Marius, Benjamin: Hybride Kulturen. In: dies. (Hg.): dass. Tübingen 1997, S. 10.
[254] Frizen (1994), S. 765.

E- und U-Literatur überschreitet.²⁵⁵ Interessanterweise sah sich Ortheil einige Jahre später gezwungen, seine ablehnende Haltung gegenüber Süskind zu relativieren:

In seinem Aufsatz 'Zum Profil der neuen und jüngsten deutschen Literatur' führt er die Differenzkriterien der gegenwärtigen Literatur auf drei gesellschaftliche Großerfahrungen zurück: Das 'Post-Histoire' bestehe in der "Erfahrung vom Ende der bisher gültigen Überzeugungen von 'Entwicklung' und 'Fortschritt' in der Geschichte",²⁵⁶ während er die "Erfahrung der Ursprünglichkeit der Schrift [als] eines der zentralen Motive der sogenannten Postmoderne"²⁵⁷ identifiziert. Die Theorien des Poststrukturalismus dagegen seien Beschreibungsversuche von

> "Bewegungen auf eine Ferne zu, die immer neue Spiegelungen des Ich, immer neue Praktiken seines Selbstverrats nach sich ziehen. Die Gebärden, in die die Figuren sich dabei verrennen, ähneln immer mehr denen des Wahnsinns, des Außer-Sich-Seins, des wie Bataille es formuliert hat, 'Heterogenen'."²⁵⁸

Der Poststrukturalismus kombiniere die Schriftlichkeit der Figurenkörper (als reine Text-Äußerlichkeiten präsentiert) mit den Motiven des Posthistoire zu hochartifiziellen Inszenierungen, die

> "keine Bewußtseinsprozesse, kein Nacheinander, keine Entwicklungen mehr begründen, sondern die sich leerlaufenden Körper nur noch als künstliche Träger von Markierungen ausstellen."²⁵⁹

In diesem Zusammenhang von Schriftlichkeit, Körperzentrierung und Fortschrittspessimismus wird 'Das Parfum' von Ortheil neu perspektiviert, wobei er zwar die kritische Geste nicht aufgibt, den Roman aber in einen Kontext stellt, der einem 'niveaulosen' Text nicht angemessen wäre:

> "Der Erfolg von Süskinds *Parfum* verdankt sich nicht zuletzt dem geschickten Arrangement poststrukturalistischer Topoi in einem ganz konventionellen Erzähltext; die zentrale Figur, Grenouille, ist ein Homunculus, 'wie er im Buche steht', die Gestalten, denen er auf der Spur ist, haben keine Individualität, es sind charakteristischerweise Körper, nur an ihren Duftmarken zu erkennen, die Inszenierung, die Süskind betreibt, kann folglich nur noch darin bestehen, den Wahnsinn seine Opfer finden zu lassen - dies alles im traditionellen Gewand des Schauerromans [..]."²⁶⁰

---

255 Vgl. Fiedler, Leslie A.: Überquert die Grenze, schließt den Graben! In: Wittstock (1994): S. 14 ff.
256 Ortheil, Hanns-Josef: Zum Profil der neuen und jüngsten deutschen Literatur. In: Lützeler, Paul Michael (Hg.): Spätmoderne und Postmoderne. Frankfurt 1991, S. 45.
257 Ortheil (1991): S. 47.
258 Ortheil (1991): S. 49.
259 Ortheil (1991): S. 49.
260 Ortheil (1991): S. 49.

Obwohl sich Ortheil offensichtlich von der Kombination aus 'Poststrukturalismus' und 'konventionellem Erzähltext' gestört fühlt, beschreibt er sehr präzise die grundlegenden ästhetischen Strategien des Romans. Hier soll die These vertreten werden, daß gerade in der Unwahrscheinlichkeit einer Verbindung solch unvereinbar scheinender Komplexe eine genuine Leistung des Romans liegt. Auch mit der Beobachtung Grenouilles als Text-Figur, die nicht auf psychologisierte Individuen trifft, sondern in den anderen Text-Köpern seine Opfer findet, scheint Ortheil eine fundamentale ästhetische Strategie beschrieben zu haben, die nicht nur in 'Das Parfum' wirksam wird, sondern auch für die anderen Texte Patrick Süskinds charakteristisch ist. Darüber hinaus führt Ortheil in diesem Zusammenhang mit 'Auslöschung' einen Begriff ein, der nur einer kleinen semantischen Verschiebung bedarf,[261] um mit dem Begriff der 'Auflösung' zu koinzidieren. Dieser mache ästhetische Strukturen des Textes Süskinds greifbar, denn nach Ortheil sei für poststrukturalistisches Schreibens zentral, daß die Körper literarischer Figuren zu Apparaturen werden,

> "an deren unaufhörlichem Zappeln sich die Schriftzeichen endlich verbrauchen. *Auslöschung*, so der Titel eines der großen Prosawerke Thomas Bernhards, liefert für diesen Vorgang das Stichwort. Auslöschung meint: die unendliche Textbewegung zu konfrontieren mit der Verstümmelung der Körper, mit ihrer Entsinnlichung, mit der Bewegung auf den Tod zu."[262]

Nun sind auch die Figuren in Süskinds Texten von ihrem Tod her konstruiert - aber zwischen ihrem Ende und der Gegenwart ihres Gelesenwerdens findet die Narration statt. 'Auflösung' als textueller Prozeß kann somit als Spiegelung der 'Auslöschung' beobachtet werden: das unaufhörliche Zappeln der Schriftzeichen verbraucht die Körper der literarischen Figuren (und nicht umgekehrt). Es sind keine Individualitäten, die in den Texten auftreten, sondern Zeichenensembles, die eine bestimmte Funktion innerhalb der Narration erfüllen: ist die Bewegung des Textes an dem Punkt angekommen, ab dem seine Logik das Verschwinden einer Figur erfordert, beschränkt sich deren narratives Potential auf einen möglichst spektakulären Tod. Weil die Figuren dem Wahnsinn oder der unendlichen Textbewegung zum Opfer fallen, entwickeln sie ihr Sinn- und Sinnlichkeitspotential - nicht nur auf der Ebene einer Rezeptionsästhetik des Schauerns, sondern auch auf der Inhaltsseite der Texte: ihr Duft ('Das Parfum'), ihr Tod in der Badewanne ('Rossini') oder ihre interessante Flugbahn ('Der Zwang zur Tiefe') können medial gespeichert und kom-

---

[261] Vgl. Ryu, Eun-Hee: Auflösung und Auslöschung. Genese von Thomas Bernhards Prosa im Hinblick auf die 'Studie'. Frankfurt 1998, S. 28 ff.
[262] Ortheil (1991): S. 48.

muniziert werden. Die Auflösung ihres Körperapparats ist in den Apparaturen technologisch vermittelter Kommunikation operationalisierbar.

Ortheil ist ein gutes Beispiel für die Diagnose Ingeborg Hoestereys, die die Rezeptionshaltung gegenüber 'Der Name der Rose' mit der gegenüber 'Das Parfum' vergleicht. Ecos Ruf als Semiotiker sicherte seinem Roman eine Goutierung auf "höherer Rezeptionsebene",[263] während "die mit ostentativer Verschmitztheit inszenierte Trivialromanmaske in *Das Parfum* [..] nur wenige Rezensenten der ersten Stunde lüften zu wollen"[264] schienen. Auch Hoesterey gesteht aber der Literaturkritik zu, daß zumindest Teile des intertextuellen Spiels erkannt worden seien. Worauf sie aber besonderen Wert legt, ist der romantische Intertext, mit dem 'Das Parfum' arbeitet, denn erst durch diesen könne der Roman "auf einer höheren Ebene der Reflexion"[265] angesiedelt werden. Durch das romantische Palimpsest erhalte der Text den Charakter einer ästhetischen Reflexion über die Produktionsbedingungen von Kunst. Das Genie durchlaufe die Phase chaotischer Sammelleidenschaft, bis es mit einem höheren Prinzip in Berührung kommt, das seine olfaktorische Kreativität in geordnete Bahnen lenkt.

Im Gegensatz zu den romantischen Verschmelzungsphantasien, etwa eines Heinrich von Ofterdingen, wird in der Figur des Grenouille das entkörperlichte Schönheitsideal subvertiert. "Die reine Schönheit" (Par: 55) des Duftes existiert nicht autonom, sondern ist an eine materielle Trägerin gebunden - etwa das Mirabellenmädchen. Die Quelle des Geruchs ist ein Frauenkörper, dem er (in der Logik Grenouilles) entrissen werden muß, um als Extrakt für höhere Zwecke verfügbar zu sein. Auch das Duftgenie ist nicht in der Lage Gerüche herzustellen. Es kann nur bestehende Gerüche speichern und komponieren. Hinter der 'Trivialromanmaske' spielt Süskind den Geniebegriff gegen die materielle Gebundenheit von Kunst aus: Seine "Genealogie eines künstlerischen Bewußtseins dekonstruiert den romantisch-idealischen Text, der unsere Vorstellung vom Schöpferischen maßgeblich geprägt hat."[266] Ingeborg Hoesterey betont damit die Einstufung Patrick Süskinds als postmodernen Autor und differenziert sie in ihrer breit angelegten Untersuchung über intertextuelle Strategien in der Moderne / Postmoderne weiter aus. Intertextualität wird als eine "Radikalisierung der Erzählreflexion"[267] betrachtet, die zusammen mit dem Akt des Schreibens als produktives Agens funktioniere. Der poetische Raum

---

263 Hoesterey, Ingeborg: Verschlungene Schriftzeichen. Frankfurt 1988, S. 173.
264 Hoesterey (1988): S. 173.
265 Hoesterey (1988): S. 173.
266 Hoesterey (1988): S. 174.
267 Hoesterey (1988): S. 165.

der Vergangenheit könne so mit Ironie und ohne Unschuld durchlaufen werden. Wobei aber von den "verschiedenen Strategien des Rückgriffs, die wir bei Handke, Bernhard, Strauß und Süskind beschrieben, [..] nur Süskind das von Eco ausgegebene Mandat der ironischen Gestaltung "[268] verwalte. Als eine zentrale Technik der Intertextualität identifiziert Hoesterey die Pastiche, deren Zitat-Charakter eine eminente Dialogizität mit dem Raum der Schrift und des Geschriebenen produziere:

> "Denn die Pastiche ist im hohen Grade anti-mimetisch, d.h. sie ist diegetisch, indem sie wie bei Süskind das zitierte Material kommentiert, umwandelt und dabei auf die eigene literarische Position reflektiert."[269]

Luchts kritisierend vorgebrachte Diagnose, daß durch die Techniken postmodernen Schreibens ein Erkennen der wirklichen Welt verhindert werde, erfährt bei Hoesterey eine positive Wendung: Es wird zugunsten intertextuellen Wiedererkennens verhindert, wobei das kulturelle Wissen die wirkliche Welt ersetzt. An die Stelle eines naiven Glaubens an die Bezeichnungskraft der Sprache tritt die Verweisungsmacht der Pastiche, so daß sich - ohne Referenzen in der Welt behaupten zu müssen - eine narrative Fiktionalität entfalten kann. Die antimimetische Dialogizität der Pastiche beendet das 'Ende der Fiktionen',[270] indem sie die ironisch-reflektierte Zitation, De- und Konstruktion poetischer Raum-, Zeit- und Subjekt-Modelle ermöglicht:

> "Viele weitere Details des ingeniös verschlüsselten Psychogramms eines Künstlers, das der Roman *Das Parfum* (lies: *Die Kunst*) auf so faszinierende Weise versinnlicht, müssen einer ausführlicheren Analyse vorbehalten bleiben."[271]

Einer der Beiträge für eine detailliertere Analyse der gesamten Romanstruktur und der in ihr verwendeten Raum- und Zeit-Modelle ist Sabine Macherhammers Arbeit über 'Das Parfum',[272] in der sie insbesondere die Figuren des Textes in ihrer Distribution und Konfiguration sowie in ihrer direkten und indirekten Charakterisierung perspektiviert. Auf das von ihr entwickelte Streuungsmuster der Figuren soll später noch ausführlich eingegangen werden.[273] Eine weitere vor allem narratologisch interessante Überlegung Macherhammers ist ihre Unterscheidung zwischen Raumbild

---

[268] Hoesterey (1988): S. 175.
[269] Hoesterey (1988): S. 188.
[270] Vgl. Rath (1997): S. 318 ff.
[271] Hoesterey (1988): S. 175.
[272] Macherhammer (1989)
[273] Macherhammer (1989): S. 25.

und motorischer Raumerfahrung, die sie in Anlehnung an die Kategorien Zeitdehnung und -raffung entwickelt:

> "Führt man für den Raum [..] absolute und relative Begriffe ein, so ist dem absoluten Raum die Topographie Frankreichs zuzuordnen, dem relativen Raum steht in Analogie zur zeitlichen Dehnung das Bild zur Verfügung, das Pendant der Raffung ist die motorische Raumerfahrung."[274]

Interessant für den Kontext der aisthetischen Reduktion in 'Das Parfum' ist vor allem, daß sich die räumliche Wahrnehmung über seine olfaktorische Durchdringung darstellen läßt: je mehr Gerüche auf einem absoluten Raum versammelt sind desto dichter, je weniger Gerüche desto weiter wird der Raum erzählerisch erfahren. Die olfaktorische Dichte verhält sich also "zur Raumdichte umgekehrt proportional."[275] Es könnte noch ergänzt werden, daß sich mit der sich vergrößernden Zahl des Wahrzunehmenden auch eine Zeit-Dehnung ergibt, d.h. daß für eine gleichbleibende erzählte Zeit umso mehr Erzählzeit benötigt wird, je größer die geschilderte geruchliche Dichte ist. Neben diesen Hinweisen auf die narrativen Techniken der Erzeugung von Raumvorstellung gibt Macherhammer erste Hinweise auf die narrative Funktion der verschiedenen Lebensräume Grenouilles. Ihm sei der Wohnraumtypus der Enge und des Dunklen zugewiesen, der er sich körperlich anpasse und sich so wiederum dem Typus des Zeck annähere. Beides entspricht nach Macherhammer der Kategorie des Runden, wie es Bachelard als auf "sich selbst konzentriert"[276] beschreibt.

Wolfgang Hallet bemängelt die bisherige Literaturkritik, die mit dem bloßen Hinweis auf "die traditionell-epigoniale Weise"[277] des Erzählens dem Roman nicht gerecht geworden sei, und weist darauf hin, daß eine intensivere Auseinandersetzung mit 'Das Parfum' noch ausstehe. Er vollzieht Grenouilles "Lebenskreis, der von Beginn an auch gleichsam ein Todeskreis war"[278] in fünf Schritten nach: Zunächst die Abgrenzung gegenüber einer ökonomisch und olfaktorisch determinierten Objektwelt. Zweitens das zentrale Schlüsselerlebnis des absolut Schönen, drittens die Konfliktphase 'Künstler' vs. 'Bürger' bei Baldini. Viertens die Bewußtwerdung des Subjekts in der Eremitage und fünftens die Morde und die Masse als Versuch und Scheitern der künstlerischen Berufung. Hallet versucht 'Das Parfum' als Genie-Epos zu lesen, das

---

[274] Macherhammer (1989): S. 85 f.
[275] Macherhammer (1989): S. 100.
[276] Macherhammer (1989): S. 95.
[277] Hallet, Wolfgang: Das Genie als Mörder. Über Patrick Süskinds 'Das Parfum'. In: literatur für leser (3/4) 1989, S. 275.
[278] Hallet (1989): S. 285.

"durch die Spannung zwischen dem ständigen Bemühen des Erzählers um Authentizität und dem unvermeidlichen Eingeständnis der Unvorstellbarkeit des Geschehens [..] glaubwürdig [werde]."[279]

Die Ernsthaftigkeit der Schilderung, wie der 'Stürmer und Dränger' Grenouille auf dem Weg zum Klassiker fortschreite und einen "Prozeß der Ich-Findung"[280] durchlaufe, verbiete es, den Text nur als einen "Kommentar zu all den Bildungs- und Entwicklungsromanen, Künstlernovellen und Kriminalgeschichten",[281] auf die er anspiele, zu lesen. Dem kann zwar zugestimmt werden, aber eben gerade nicht aufgrund einer angeblichen Ernsthaftigkeit, mit der dieser Prozeß geschildert werde, sondern im Gegenteil wegen der Ironie, mit der diese poetischen Modelle als retrospektive biographische Konstruktionen eines temporal konstanten, zivilisatorischen Fortschritts in der Subjektentwicklung inszeniert und subvertiert werden. Was Hallets Analyse insgesamt zweifelhaft macht, ist dieses vollständige Überlesen der ironischen Textstrategien, gerade auch der Zitattechnik, die er nur am Rande erwähnt, um durch diese Verdrängung den Vorwurf des Epigonialen abzuwehren, anstatt sie ins Zentrum der Analyse zu stellen und als positive Strategie zu bestimmen: Nicht nur die Bereiche der Stilistik, der Metaphorik und Thematik werden von der intertextuellen Dissemination erfaßt, sondern die gesamte dramaturgische Handlungslogik, die von strukturellen Zitaten und ironisierten Genremustern geprägt ist. In diesem Zusammenhang ist auch Judith Ryans These zu sehen, der Roman sei eine ironische Allegorie

"desselben Prozesses, nach dem er strukturiert worden ist. Der Wunsch des Protagonisten, alle Parfüme der Welt nachzuahmen, erfährt seine Parallele in Süskinds sehr vielfältigen stilistischen Nachahmungen [..]."[282]

Die Folge davon seien drei Merkmale des Textes: die 'Uneigentlichkeit' in den Aussagen, seine Mehrfachcodierung in den Lesarten und sein Spielcharakter gegenüber dem Leser. Das Pastiche werde bei Süskind weder zur Distanzierung gegenüber noch als Verbindung zu anderen Texten funktionalisiert, sondern sei als 'ironische Anerkennung' bzw. 'einvernehmliche Infragestellung' der zitierten Texte zu lesen. Diese "eigenartige Situation ZWISCHEN Parodie und Pastiche"[283] identifiziert Judith Ryan als das Hauptmerkmal postmoderner Texte, wofür das gezielte Spiel mit

---

[279] Hallet (1989): S. 287.
[280] Hallet: S. 284.
[281] Hallet: S. 288.
[282] Ryan, Judith: Pastiche und Postmoderne. In: Lützeler, Paul Michael: Spätmoderne und Postmoderne. Frankfurt 1991, S. 91.
[283] Ryan (1991): S. 92.

den Quellen aus Symbolismus, Realismus und Romantik in 'Das Parfum' ein gutes Beispiel sei. Indem der Text seine zahlreichen Anspielungen auf die literarische Vergangenheit so einsetzt,

> "daß sie ihrer Ursprünglichkeit beraubt und gleichsam in eine unreine Mischung aufgelöst werden, stellt er bekannte Talismane unserer Kultur in Frage."[284]

Ryan fordert daher ein "neues Verständnis der inneren Mechanismen wie auch der intertextuellen Bezüge des literarischen Kunstwerkes",[285] da der bisherige Autorbegriff dem komplizierten Spiel zwischen den Lesenden, dem Text und den Quellen nicht gerecht werden könne, wenn sich weder der zitierte noch der zitierende Text als originäres Produkt dichterischer Einbildungskraft lesen lasse. Dieser Paradigmenwechsel - die Funktionalisierung des Pastiche als anti-mimetische Strategie - wird bei Ryan zwar angedeutet, aber nicht im Detail ausgeführt.

In einem Textvergleich mit Thomas Manns Novelle 'Tonio Kröger' arbeitet Manfred Jacobson die dekonstruktiven ästhetischen Strategien in 'Das Parfum' systematisch heraus. Diese unterscheiden sich von den narrativen Subjektentwürfen der klassischen Moderne vor allem im vollständigen Scheitern der künstlerischen Existenz[286] und entwickeln eine zentrale textuelle Bewegung, die darin bestehe, daß es der 'postmoderne Künstlerroman' den Lesenden selbst überlasse, aus den Trümmern der Biographie eine Teleologie des Genies zu rezipieren:

> "If we must have such a portrait, we will have to construct it from the debris Süskind's novel leaves behind."[287]

Als Zwischenergebnis kann festgehalten werden, daß die intertextuellen Strategien ein kompliziertes Spiel zwischen Lesenden, Text und den zitierten Quellen inszenieren, wobei der kulturelle Intertext so operationalisiert wird, daß er die Welt als Referenzfunktion ersetzt. Zum anderen erzeugen Pastiche und Parodie eine Verschiebung der Rezeptionshaltung, die weder den zitierenden noch den zitierten Text als originäres Produkt dichterischer Einbildungskraft lesen kann. Diese von punktuellen Verweisen ausgehenden Untersuchungen des Romans werden fortgesetzt und durch die Analyse der Handlungs- und Genremuster, die als Formzitate[288] den Handlungsablauf prägen, erweitert.

---

[284] Ryan (1991): S. 101.
[285] Ryan (1991): S. 92.
[286] "Grenouille's quest ends in absolute failure." (Jacobson, Manfred: Parick Süskind's *Das Parfum*. A Postmodern *Künstlerroman*. In: GQ (65) 1992, S. 209.)
[287] Jacobson (1992): S. 210.
[288] Vgl. Böhn (1999): S. 19 ff.

So besteht Gottfried Willems zentrale These darin, daß 'Das Parfum' die Struktur des Entwicklungs- und Detektivromans als narrative Elemente zitiert, um das Authentizitätspostulat der Moderne zu suspendieren und so den "Raum für eine konsequente Remimetisierung und Reepisierung der Prosa"[289] zu schaffen. Gleichwohl verschwinde die Erzählerfunktion nicht hinter dem mimetischen Schein, sondern bleibe als Vermittlungsinstanz sichtbar:

> "Das Ergebnis ist eine Lektüre, die [..] von dem Bewußtsein einer Uneigentlichkeit des Redens, dem Gefühl einer Distanz grundiert ist [..]."[290]

Diese ästhetische Strategie erschließt sich nach Willems nicht ohne den Begriff der Postmodernität, wobei er sich aber scharf gegenüber einem inflationären Gebrauch dieser Kategorie abgrenzt, von der erst dann sinnvoll die Rede sein könne, "wo 'Doppelcodierung' und 'Intertextualität' auf eine in der Lektüre deutlich wahrnehmbare Weise Mittel zur Suspendierung jenes Authentizitätspostulats sind [..]."[291] Es bleibt aber ein Basismerkmal des Romans, auf das Willems zu Recht hinweist, daß die Präsentation narrativer Zusammenhänge der Leseerwartung nach einer unterhaltend erzählten Geschichte zunächst weit entgegenkommt. Die auktoriale Instanz entwirft konsistente Schauplätze, in denen ein definiertes Tableau von Figuren nach der Logik des umfassenden Handlungsrahmens agiert. Diese Strategie sei aber eingebettet in ein

> "synthetisches Erzählen [..], das sich durch eine energisch durchgehaltene Distanz zu allem auszeichnet, was die Modernisten im Namen des Authentizitätspostulats versucht haben [..]."[292]

Indem 'Das Parfum' die Vermittlungsinstanz des Erzählers als solche unausgesetzt ins Lesebewußtsein rücke, entgleite der Text nie in den Bereich naiver Repräsentation wirklichen Seins, sondern schaffe eine Differenz, die die Scheinhaftigkeit der Schriftzeichen in der Uneigentlichkeit des Redens immer präsent halte.

In enger Anlehnung an Willems Modell von der rekonstruktiven Struktur des Erzählens, diagnostiziert Frank Hofmann eine Art 'mimetischer Illusionismus',[293] durch den postmoderne Romane gekennzeichnet seien. Hofmann stuft in diesem Zusammenhang 'Das Parfum' als "Para-

---

[289] Willems, Gottfried: Die postmoderne Rekonstruktion des Erzählens und der Kriminalroman. In: Düsing, Wolfgang (Hg.): Experimente mit dem Kriminalroman. Frankfurt 1993, S. 228.
[290] Willems (1993): S. 230.
[291] Willems (1993): S. 242.
[292] Willems (1993): S. 228.
[293] Hofmann, Frank: 'Postmodernes' Erzählen? - Postmodernes Erzählen! Untersuchun-

digma"²⁹⁴ für die Versuche postmodernen Erzählens in Deutschland ein: Schon im Untertitel wird nicht eine 'Erzählung', ein 'Versuch' oder ein 'Roman' angekündigt, sondern "eine Geschichte, dazu noch die Geschichte eines Mörders [..]."²⁹⁵ Dieses Versprechen an die Lesenden, ihnen eine linear, handlungsorientiert und unterhaltsam erzählte Geschichte zu präsentieren, werde im folgenden auch eingelöst, wenngleich schon zu Beginn mit Markierungen versehen, die vor allzu unterkomplexen Lektüren warnen. Durch die überdeutliche Ausstellung des Zitat-Charakters im ersten Satz wird eine naive Lektüre (der es ausschließlich auf die Information und nicht auf die Mitteilung ankommt) zwar nicht unmöglich gemacht; aber es wird gewissermaßen unter der Hand ein Bewußtsein darüber aufrechterhalten, daß es sich bei einer solchen Art des Lesens tatsächlich um eine naive Lektüre handelt.

Hofmann führt als Kronzeugen einer Haltung, der solche ironischen Zitat-Strategien suspekt sind, Peter Handke an: Wenn in epischen Texten auch heute noch "die Formen der vergangenen Epochen - ihre Einheitlichkeit, ihre Gesten der Beschwörung und Bemächtigung (fremder Schicksale), ihr so vielwisserischer wie ahnungsloser Totalitätsanspruch"²⁹⁶ praktiziert würden, sei das "nichts als ein bloßes Getue [..]."²⁹⁷ Hofmanns Argument lautet, daß Süskind diese erzählerische Geste ironisch bricht, also die Rolle des auktorialen Erzählers selbst nicht ernst nimmt. Werde die Allwissenheit aber nicht praktiziert, sondern nur funktional plaziert oder gar ironisiert, dann könne sie eine der Weltkomplexität angemessene ästhetische Strategie sein.

Hier kann ergänzt werden, daß die Problematik einer solchen ästhetischen Strategie auch darin liegt, daß die intertextuellen Spiele jeweils durchschaut, der Zitat-Charakter des Zitierten erkannt werden muß - was beim Fehlen der entsprechenden Markierungen (Anführungszeichen, harter Codewechsel) nicht immer einfach ist.²⁹⁸ Außerdem kann mit Jochen Hörisch auf den Umstand hingewiesen werden, "daß es nicht nur schlechte Bücher, sondern auch dumme Lektüren gibt [..]."²⁹⁹ Problematisch sind solche defizitären Lesestrategien immer besonders dann, wenn durch Veränderungen im literarischen System vertraute Muster von vielen schmerzlich vermißt werden, die dieses Verlustgefühl der jeweiligen Lite-

---

gen zur Entwicklung 'postmoderner' Erzählformen und zu ihrer Rezeption in der deutschen Literatur. Rüsselsheim 1994, S. 63.
294 Hofmann (1994): S. 114.
295 Hofmann (1994): S. 114.
296 Handke, Peter: Versuch über die Jukebox. Erzählung. Frankfurt 1990, S. 70.
297 Handke (1990): S. 70.
298 Vgl. Böhn (1999): S. 17.
299 Hörisch (1998): S. 230.

ratur zur Last legen. Auch Werner Frizen positioniert 'Das Parfum' im Spannungsfeld der verschiedenen Romanformen, die der Text zitiert: Die teilweise Erfüllung der Genreregeln des Kriminalromans, "die Transformation des Künstlerromans, die Kritik des prometheischen Geniegedankens und die groteske Verzerrung der Prototypen der décadence-Literatur"[300] konstruierten eine 'Lesefalle', die "in die Welt der Intertextualität"[301] hineinführe. "Das Ergebnis ist der 'bestseller di qualità'."[302]

Ordnet man Frizens Modell um, dann wird der Genie-Mythos als ein intertextuelles Palimpsest psychologisierender Rezeptionserwartungen lesbar: Das verbrecherische Genie, das künstlerische Genie und das kranke Genie sind die typologischen Ordnungsschemata, die die gesamte Motivationsstruktur der Handlungsebene kulturell determinieren. Jegliche Hermeneutik, die auf die Entschlüsselung einer latenten Figuren-Psychologie oder eines Autoren-Unterbewußtseins abzielt, wird so unmöglich gemacht. Andererseits muß über Frizen hinausgehend darauf hingewiesen werden, daß auf der Ebene des olfaktorischen Romans die Biographie des Genies als rein aisthetisch determiniert beschrieben werden könnte. Das 'Genie' Grenouilles ist ausschließlich die Folge der biologischen Pathologie seines Wahrnehmungsapparates. Das eröffnet der Textlogik die produktive Differenz zwischen dem anthropologischen 'Anderen' einer olfaktorisch bestimmten Welterfahrung und der kulturellen Norm einer zeitlich fortschreitenden zivilisatorischen Ausformung des Subjekts innerhalb des Genieromans. Der Text erschafft

> "ein Super-Zeichen vom größten Genie aller Zeiten, mit dem er die Geschichte des Künstlerromans in den letzten beiden Jahrhunderten einholt und aus dem sich eine Topik und Systematik der Genie-Ideologie und zugleich seiner Desillusionierung ablesen läßt [..]."[303]

Hier sei noch eine Stelle aus einem Aufsatz Werner Frizens über Robert Menasses Roman 'Selige Zeiten, brüchige Welt' zitiert, in der die Texte ebenfalls über das Motiv des Genies miteinander verglichen werden:

> "Wie Süskinds *Parfum* ist auch Menasses *Selige Zeiten* ein nostalgischer, allegorischer Abgesang auf Größenwahn und Allmachtsideen, die der Mythos von der [..] schöpferischen Persönlichkeit ausphantasiert hat. Zwei nachmoderne Unpersonen simulieren Genialität, maßen sich ein Werk von messianischer

---

[300] Frizen, Werner: Das gute Buch für jedermann oder Verus Prometheus. Patrick Süskinds *Das Parfum*. In: DVjs 68 (1994), S. 786.
[301] Frizen (1994), S. 765.
[302] Frizen (1994): S. 786.
[303] Frizen (1994): S. 770.

Bedeutung an und borgen sich dazu die Masken übermenschlichen Schöpfertums aus dem Fundus mehrtausendjähriger Tradition."[304]

Eine naheliegende Parallele zwischen den beiden Texten, die Frizen leider nicht erwähnt, sei hier noch ergänzt: In 'Selige Zeiten, brüchige Welt' leidet Leo Singer unter den olfaktorischen Spuren, die von den Geruchs-Gemälden des Malers Martin Daher im Pförtnerhaus seines Onkels präsent geblieben sind. Dieser hat berühmte Schlachtgemälde am Tag danach gemalt und auch den Gestank der Leichenfelder mit eingefangen:

"Er vermischte chemische Substanzen, Mercaptane und Tiophenolen hauptsächlich, das sind Schwefelverbindungen mit einem äußerst widerwärtigen Geruch, mit seinen Ölfarben, dazu Kadaverreste, die er breiig püriert hat, sogar mit Fäkalien hat der Unglückliche experimentiert."[305]

Nikolaus Förster ordnet 'Das Parfum' in seine weiterreichende These von der Wiederkehr des Erzählens als ein Beispiel dafür ein, daß auch eine Wiederkehr des Erzählers zu verzeichnen sei. Die Instanz eines allwissenden Vermittlers der Geschichte, der sich kommentierend im Bewußtsein der Lesenden halte, wird dabei aber funktional vor allem als Instanz begriffen, die desillusionierende Effekte erzeuge, indem sie die Gemachtheit des Textes betone:

"Die Figuren sterben, sobald sie ihre narrative Funktion innerhalb der Geschichte erfüllt haben. Zugespitzt ließe sich deshalb sagen: Nicht Grenouille, sondern der Erzähler wird zum Mörder."[306]

Der Erzähler ist also nicht nur allwissend, sondern vor allem allmächtig. Diese absolute Gewalt über Leben und Tod der Figuren wird es vor allem gewesen sein, die die Kritik[307] an der - angeblich frauenfeindlichen - Erzählstruktur des Textes begründet hat; besonders wenn die (wohl männlich wahrgenommene) Erzählinstanz über seine Figuren (vor allem über die weiblichen unter ihnen) scheinbar willkürlich verfügt. An anderer Stelle macht Patrick Süskind deutlich, daß es seiner Ansicht nach zu den Grundvoraussetzungen für ein souveränes Erzählen gehört, daß der

---

[304] Frizen, Werner: Muse - Femme fatale - Pietà. Über Thomas Mann, Georg Lukács und Robert Menasse. In: Stolz, Dieter (Hg.): Die Welt scheint unverbesserlich. Frankfurt 1997, S. 153.
[305] Menasse, Robert: Selige Zeiten, brüchige Welt. Frankfurt 1997, S. 175. / Hinzugefügt sei, daß der Mäzen Löwinger den Maler nur für talentiert hält: "Weißt du, was der Unterschied ist zwischen einem Talent und einem Genie? Das Talent läßt sich den Schwefel nicht vom Teufel liefern, sondern von einer Chemikalienhandlung. Anders gesagt: Das Genie ist ruchlos, das Talent anrüchig." (Menasse (1997): S. 171)
[306] Förster (1999): S. 15.
[307] Vgl. von Matt (1985): S. 43.

Erzähler über das Auf- und Abtreten der von ihm geschaffenen Figuren frei verfügen kann:

> "Die gelegentlich verbreitete Ansicht, Figuren machten sich selbständig und diktierten gleichsam den Fortgang der Dinge und ihre eigene Entwicklung, halten wir für falsch [..]. Wahr ist wohl, daß sich im Verlauf des Spiels oder der Geschichte die Anzahl der Züge verringert, die der Autor sinnvollerweise mit seinen Figuren ausführen kann. Dennoch bleibt er Meister des Spiels." (Dre: 250)

Daß diese quasi-göttliche Position nur möglich ist, weil es sich um fiktionale Gestalten handelt, ist dem Autor (schmerzlich) bewußt, besonders wenn er sich mit realen Schauspielern auseinander setzen muß - die nur dann bereit sind, eine bestimmte Rolle zu spielen,

> "wenn man sie [die Rolle] ein wenig verschönere, aufwerte und überhaupt erweitere ... Eine Drehbuchfigur, die solches verlangt hätte, wäre kurzerhand geköpft worden!" (Dre: 252)

Weil aber klar bleiben muß, daß die Figuren und nicht die Schauspieler ermordet werden und daß es auch nicht die Autoren sondern die Erzähler sind, die zu Mördern werden, sei nochmals betont, daß die Rolle des Erzählers, die der Autor hier einnimmt, wenn er sich als allwissend und allmächtig gegenüber der von ihm geschaffenen Welt präsentiert, nur eine Pose ist, eine Geste mit der erzählt wird. Julian Barnes pointiert:

> "Nehmen wir nur mal Sartre und Camus. Gott ist tot, haben sie uns erzählt, und deswegen ist es der gottgleiche Romancier auch. Allwissenheit ist unmöglich, das Wissen des Menschen ist beschränkt, deswegen muß auch der Roman in seiner Perspektive beschränkt sein. Das klingt nicht nur toll, sondern dazu noch logisch. Aber ist es auch eins von beiden? [..] Die angenommene Göttlichkeit des Romanciers im neunzehnten Jahrhundert war stets nur ein technisches Mittel; und die beschränkte Perspektive des modernen Romanciers ist ebenfalls ein Kunstgriff. Wenn ein zeitgenössischer Erzähler zögert, Unsicherheit vorgibt, mißversteht, Spielchen treibt und Irrtümern erliegt, folgert der Leser dann tatsächlich, daß dadurch die Realität authentischer wiedergegeben wird? [..] lassen wir uns nicht darüber hinwegtäuschen, daß wir es hier mit etwas Künstlichem zu tun haben."[308]

Auch Förster betont, daß es sich in 'Das Parfum' um ein "bewußt inszeniertes Erzählen"[309] handle, das in einem kalkulierten Akt auf bestimmte Präsentationsformen "vielwisserischer"[310] Beschwörung zurückgreife. Der funktionale Hintergrund dieser Mechanismen wird von Förster dahinge-

---

[308] Barnes, Julian: Flauberts Papagei. Zürich 1993, S. 125 f.
[309] Förster (1999): S. 17.
[310] Handke (1990): S. 70.

hend bestimmt, als daß es in 'Das Parfum' um "das Zitat von Darstellungsformen"[311] gehe und nicht darum, ein vormodernes Erzählen zu restaurieren. Die verwendeten Codes würden in einer metonymischen Bewegung hintereinander geschaltet und aufeinander bezogen, wodurch sie als Code-Zitate überhaupt erst (durch den Kontrast) erkennbar werden. Andererseits tritt durch diese fortlaufenden Verschiebungen der Code-Differenzen auch in immer stärkerem Maß der Simulations-Charakter der Diskurse hervor:

> "Hinter der Maskerade des trivialen Kriminalromans verbirgt sich ein Künstlerroman, hinter dem Künstlerroman [..] eine bewußte Inszenierung von Künstlichkeit."[312]

Die intertextuelle Ironie und das Verschwinden des Autorsubjekts haben zur Folge, daß sich auch der theoretische Hypotext keinesfalls als ein diskursives Außen bestimmen läßt, von dem aus ein semantischer Überschuß des Textes sichtbar gemacht werden könnte. Als Residuum interpretativer Distanzierung bleibt lediglich die mediale Bedingtheit des Textes selbst bestehen. Die sprachliche Gemachtheit des poetischen Diskurses rückt daher notwendigerweise ins Zentrum des Erkenntnisinteresses. Die in der vorliegenden Arbeit entwickelte These lautet, daß sich die aisthetische Codierung als Zentralmechanismus der Re- und Dekonstruktion des Subjekts beschreiben läßt. Im postmodernen Roman wird die Objektivation der Wahrnehmung als kontingente Setzung der epistemologischen Selbstbegründung des 'Menschen' um 1800 lesbar, und die Medialisierung der Beobachtungsmechanismen wird als deren technologische Abschließung sichtbar, durch die spätestens ab 1900 die Grenze zwischen natürlichem und kulturellem Horizont zu verschwinden beginnt.

3. Verdunsten

Eines der zentralen Anliegen dieser Untersuchung ist die Frage, wie die Reduktion der Wahrnehmung auf einen Bereich von Sinnlichkeit, hier auf den Geruchssinn, sich auf die Darstellung und Darstellbarkeit von Welt auswirkt. Unter Einbeziehung der gerade dargestellten Forschungsergebnisse sollen im folgenden Kapitel dabei besonders die temporalen Strukturen des Textes analysiert werden. Neben einer Klärung der narrativen Muster soll dabei die Differenzstruktur nachgezeichnet werden, durch die der Text über die Erzählinstanz seine Gemachtheit beständig in Erinne-

---
[311] Förster (1999): S. 21.
[312] Förster (1999): S. 13.

rung ruft und dabei sogar eine unstimmige Chronologie in Kauf nimmt. Exakt recherchiert dagegen ist die Kulturgeschichte des Geruchs, die in 'Das Parfum' als historische Grundierung des Geschehens verwendet wird und von der sich dann die phantastischen Elemente der Fabel um so wirkungsvoller absetzen. Vor allem die Eigenheit von Gerüchen, zeitlich Zurückliegendes wieder präsent werden zu lassen, wird ausführlich behandelt. Im folgenden Kapitel wird dabei vor allem auf die dem Parfum inhärente Ökonomie der Verschwendung einggangen, die auf dem entropischen Grundcharakter von Duftstoffen beruht, durch die das Parfum als eine Zentralmetapher für Temporalität und Vergänglichkeit gelesen werden kann.

3.1 Erzähltempo

Im folgenden soll die temporale Grundstruktur des Romans in der Relation zwischen erzählter Zeit und Erzählzeit untersucht und visuell dargestellt werden, wobei speziell auf die chronologischen Brüche und Unstimmigkeiten geachtet werden soll. Schon durch seinen Untertitel verheißt 'Das Parfum' die Lebens-"Geschichte eines Mörders", d.h. es wird eine so umfangreiche Erzählung angekündigt, daß eine narrative Straffung zu erwarten ist. Und tatsächlich wird auf den (je nach Ausgabe) gut 300 Seiten des Textes die knapp 30 Jahre[313] während Lebensspanne Grenouilles erzählt, wodurch sich ein durchschnittliches Erzähltempo von einem Monat pro Seite ergibt. Aufgeschlüsselt für die großen Romanabschnitte ergeben sich folgende Durchschnittswerte: Teil I. präsentiert 18 Jahre auf 139 Seiten, d.h. 1,5 Monate pro Seite. Teil II. umfaßt circa 8 Jahre auf 62 Seiten, d.h. ebenfalls 1,5 Monate pro Seite. Teil III. dagegen berichtet pro Seite nur eine Woche, nämlich 2 Jahre auf 111 Seiten. Teil IV. umfaßt 6 Seiten, auf denen 14 Monate[314] erzählt werden, d.h. pro Seite 2,3 Monate.

Wird aber beispielsweise Teil IV. herausgegriffen, ergibt sich für die ersten drei Seiten ein Tempo von 4,5 Monaten pro Seite; während auf den letzten drei Seiten nur 18 Stunden, d.h. pro Seite 6 Stunden geschildert werden. Der eigentliche Tod Grenouilles umfaßt, bei nochmaliger Auswahl, zwei Seiten, wobei es eine "halbe Stunde" (Par: 320) gedauert habe, Grenouille zu zerteilen und zu verschlingen. Hier wird also nur eine Viertelstunde pro Seite erzählt. Dieser Wechsel zwischen ausführlich geschilderten Höhepunkten, in denen sich die Relation zwischen Erzählzeit und

---
[313] Nicht eingerechnet wird die Lebensspanne Madame Gaillards, die erst 1799 stirbt.
[314] Wenn der "25. Juni 1767" (Par: 317) als Datum von Grenouilles Ankunft in Paris akzeptiert wird.

erzählter Zeit immer mehr der Deckung bis Dehnung annähert, einerseits und Passagen, in denen Ereignisse stark gerafft wiedergegeben werden, andererseits, ist typisch für den Roman.[315] Der Text gruppiert sich um fünf große erzählerische Plateaus, die durch zeitlich stark geraffte Abschnitte verbunden sind. Auf den erzählerischen Einstieg (Bussie, Terrier, Gaillard) folgt ein großer zeitlicher Sprung bzw. eine sehr geraffte Schilderung von Grenouilles Leben, bis er fünfzehn Jahre alt ist. Ab dann wird im zweiten Plateau der erste Mord erzählt, die Figur Baldinis eingeführt und Grenouilles Zeit als Lehrling geschildert. Nach einem kürzeren Sprung setzt die Geschichte (drittes Plateau) mit Grenouilles Auszug aus Paris wieder ein, schildert die Reise in die Auvergne und einen Tag des Seelentheaters. Dann folgt die wohl auffälligste Zeitraffung des Textes:

> "So ging es Tag für Tag, Woche für Woche, Monat für Monat. So ging es ganze sieben Jahre lang." (Par: 169)

Mit dem Weg nach Montpellier und den dortigen Ereignissen wird ein kurzes Zwischenspiel eingefügt: das vierte Plateau. Der Weg nach Grasse und die zwei Jahre als Geselle werden wieder gerafft. Das fünfte Plateau besteht in der Schilderung der Morde, den diesbezüglichen Nachforschungen, Richis Flucht, Laures Ermordung, der Verhandlung und dem Bacchanal. Im folgenden Schaubild wird das Erzähltempo als Relation zwischen Erzählzeit und erzählter Zeit dargestellt,[316] was die Struktur des Zeitverlaufs verdeutlichen soll: an der Y-Achse ist die erzählte Zeit in Jahreszahlen abgetragen, während die Skala an der X-Achse die 51 Kapitel des Textes markiert.

Dabei wurde so verfahren, daß die Kapitel des Textes als vorgegebene 'Tiefenschärfe' verwendet wurden, d.h. es wurde die jeweils bis zum Ende des Kapitels vergangene Zeit abgezählt. In der sich daraus ergebenden Kurve stellen die flachen Abschnitte die erzählerischen Plateaus dar, in denen Ereignisse ausführlicher berichtet werden. Die eingezeichnete Gerade soll eine bessere Orientierung ermöglichen: sie stellt einen völlig gleichmäßigen Erzählverlauf dar, der bei ungefähr einem Monat pro Seite liegen würde.[317] Die Gerade repräsentiert also *nicht* das Erzähltempo in der Relation zeitlicher Deckungsgleichheit, sondern das durchschnittliche Tempo des Romans. Die steilen Bereiche der Kurve repräsentieren die erzählerischen Übergänge, in denen die erzählte Zeit sehr stark gerafft wiedergegeben wird

---

[315] Vgl. Macherhammer (1989): S. 71 ff.
[316] Vgl. Vogt (1998): S. 101 ff.
[317] Wäre der 25. Juni 1766 das Enddatum, verliefe die Gerade entsprechend flacher.

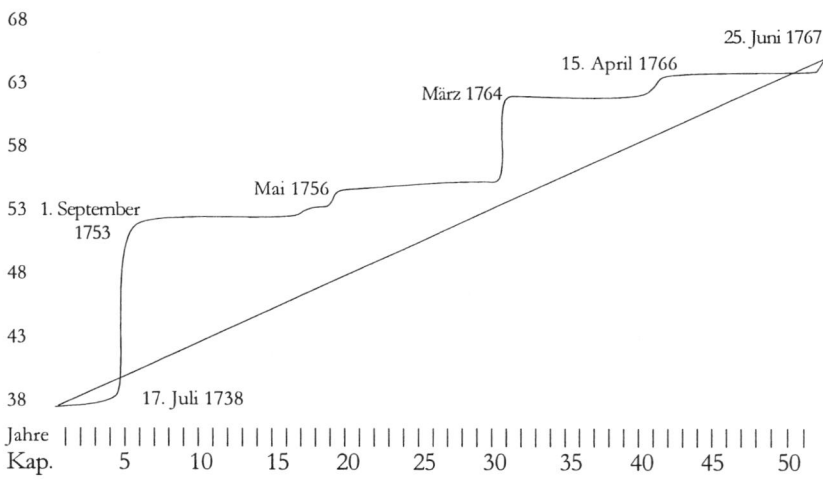

Abb. 1: Erzähltempo

Obwohl der Text den Eindruck eines kontinuierlichen Erzählens vermittelt, kann festgestellt werden, daß 'Das Parfum' zwar chronologisch, aber mit recht deutlichen Wechseln von Dehnung und Raffung berichtet wird. Auch der Eindruck einer temporal stimmigen Chronologie, die der Text vermittelt, zeigt schnell seine Brüchigkeit, wenn die Übergänge zwischen den Plateaus untersucht werden. Dort lassen sich verschiedene Unstimmigkeiten in der zeitlichen Chronologie der Erzählung aufzeigen. Erstens: die Übergabe Grenouilles an Grimal findet an einem "Tag des Jahres 1747" (Par: 40) statt. Der Anlaß hierzu bestand für Madame Gaillard in der sie erschreckenden Fähigkeit Grenouilles, ihr Geld hinter einem Holzbalken zu entdecken:

> "[..] es traf sich gut, daß etwa um die gleiche Zeit - Grenouille war acht Jahre alt - das Kloster von Saint-Merri seine jährlichen Zahlungen ohne Angabe von Gründen einstellte. [..] Anstandshalber wartete sie noch eine Woche, und als das fällige Geld dann immer noch nicht eingetroffen war, nahm sie den Knaben bei der Hand und ging mit ihm in die Stadt." (Par: 37)

Daraus ergibt sich ein Übergabezeitpunkt vor dem 17. Juli 1747 (weil Grenouille dann neun Jahre alt würde) und nach dem ersten Januar (weil es ein Tag des Jahres 1747 ist[318]). In diesem Zeitraum müßte dann auch das Ausfallen der jährlichen Zahlungen liegen, obwohl diese etwa im Sep-

---

[318] "[..] an jenem Tag des Jahres 1747 [..]." (Par: 40)

tember 1738[319] begonnen wurden. Die temporale Konsistenz des Geschehens läßt sich aber noch recht einfach retten, indem die Zusatz-Annahme gemacht wird, der Zahlungstermin sei verschoben worden, von September etwa auf den Jahreswechsel. Dann wäre Grenouille Mitte Januar 1747 an Grimal verkauft worden.

Schwerer wiegt dagegen die Dissonanz bei Grenouilles Aufbruch aus Paris. Dieser kann zeitlich recht genau bestimmt werden: "Im Frühjahr [..], an einem Tag im Mai" (Par: 140) verläßt er Baldini, und zwar im Mai 1756, weil in diesem Jahr der siebenjährige Krieg ausbricht, auf den sich die Handlung wiederholt bezieht. Der Beginn von Grenouilles Lehrzeit bei Baldini kann ebenfalls eingegrenzt werden; und zwar auf einen Zeitpunkt, der nach dem Feuerwerk und dem Mord "am 1. September 1753" (Par: 49) liegt. Grenouille tritt also frühestens Mitte September 1753 in Baldinis Geschäft ein. Insgesamt ist er demnach nicht mehr als zwei Jahre und acht Monate in der Parfümerie angestellt. Gleichwohl wird Baldinis Versprechen, ihm einen Gesellenbrief auszustellen, zeitlich wie folgt präzisiert:

> "Es hatte freilich mit der Einlösung dieses Versprechens der Gutmütigkeit gute Weile, nämlich knappe drei Jahre. In dieser Zeit erfüllte sich Baldini mit Grenouilles Hilfe seine hochfliegenden Träume." (Par: 138)

Der Zeitpunkt, zu dem dieser 'Vertrag' geschlossen wird, liegt aber nach Grenouilles Erkrankung. Diese wiederum war die Folge des Scheiterns seiner Versuche am Alambic, die er bei Baldini "über Monate hinweg" (Par: 130) betrieben hatte. Voraussetzung hierfür war sein sicherer Umgang mit dem Gerät (Par: 128), dessen Handhabung ihm auch erst beigebracht werden mußte. Selbst wenn die jeweils kürzeste Zeitspanne angenommen wird, ergibt sich hieraus, daß Grenouille frühestens ein halbes Jahr nach seiner Einstellung Mitte September 1753 krank wird. Von März 1754 bis Mai 1756 sind es aber gut zwei, keinesfalls knappe drei Jahre. Je nach Rechnung ergibt sich so eine Fehldatierung um rund ein halbes Jahr. Doch diese Dissonanz kann ebenfalls geglättet werden, wenn angenommen wird, daß in obiger Formulierung Baldini die gesamte Zeit meint, die Grenouille bei ihm verbracht hat; nämlich zwei Jahre und acht Monate, also tatsächlich knapp drei Jahre. Trotzdem bleibt die Ungereimtheit bestehen, daß in der zitierten Passage der Eindruck erweckt wird, daß der Abmachung noch drei Jahre Lehrzeit folgen würden.

Die dritte temporale Unstimmigkeit besteht zwischen Grenouilles Aufbruch von seinem Berg und seiner Abreise aus Montpellier. Letztere findet "Anfang März" (Par: 205) statt, und zwar Anfang März 1764, weil

---

[319] "[..] zahlte für ein Jahr im voraus [..]." (Par: 25)

Grenouilles "fünfundzwanzigjähriger Körper" (Par: 179) angesprochen wird. Von seinem Berg ist er aber erst "Ende Februar" (Par: 172) aufgebrochen. Trotz-dem seien zwischen den davonlaufenden Bauern bei seiner Ankunft in Pierrefort und dem beeindruckend normalen Anblick seines Spiegelbildes "zehn Tage[..]" (Par: 185) vergangen; und nach seiner zweiten Präsentation bleibt Grenouille nochmals "einige Wochen in Montpellier [..]." (Par: 204) Insgesamt müßte es also mindestens Anfang April sein, wenn sich Grenouille "Anfang März" (Par: 205) auf den Weg nach Grasse macht. Im Gegensatz zu den beiden zuvor besprochenen Dissonanzen läßt sich dieser zeitliche 'Fehlbetrag' von einem Monat nicht durch eine einfache Zusatzannahme auf der Inhaltsebene bereinigen. Die Fehlerquelle muß in der Datierung seines Aufbruchs vom Berg auf 'Ende Februar' liegen; denn die zeitliche Bestimmung seiner Ankunft in Grasse auf 'Anfang März' wird im weiteren Verlauf des Textes mehrfach bestätigt,[320] und als weitere Fehlerquellen kämen sonst nur die temporalen Bestimmungen zwischen diesen beiden Daten in Frage; die aber als relative Zeitangaben ("am folgenden Tag" (Par: 186); "vor Wochenfrist" (Par: 202)) außerhalb des hier Kritisierbaren liegen.

3.2 Erzähler-Zeit

Als eine weitere mögliche Fehlerquelle soll nun die Instanz des Erzählens untersucht werden, die sich aber gerade an den Bruchstellen der Vermittlung zwischen Vergangenheit und Zukunft als Medium konkretisiert.

"Draußen war gerade Vormittag, ein Vormittag Ende Februar" (Par: 172)

So wird der Zeitpunkt beschrieben, als Grenouille nach sieben Jahren Höhlenleben an die Erdoberfläche zurückkehrt. Diese Datierung scheint eine Aussage des allwissenden Erzählers zu sein. Wäre dem aber so, dann würde er das Prädikat 'allwissend' nicht verdienen, weil er ein falsches Datum präsentiert hätte - was trotz aller theoretischer Überlegungen über den Tod des Autors[321] schnell zu der Vermutung führen könnte, der reale Autor habe sich geirrt. Hier soll aber die alternative These vertreten werden, daß weder der Autor noch der allwissende Erzähler zwischen absolu-

---

[320] Vgl. "An einem Sonntag im März, es mochte etwa ein Jahr seit seiner Ankunft in Grasse vergangen sein." (Par: 240)

[321] Vgl. Foucault, Michel: Was ist ein Autor? In: ders.: Schriften zur Literatur. München 1974, S. 7 f. / Vgl. Barthes, Roland: Der Tod des Autors. In: Jannidis, Fotis / u.a. (Hgg.): Texte zur Theorie der Autorschaft. Stuttgart 2000, S. 185 ff. / Vgl. Jannidis, Fotis / u.a. (Hgg.): Rückkehr des Autors. Zur Erneuerung eines umstrittenen Begriffs. Tübingen 1999.

ten und relativen Datierungen den Überblick verloren haben, sondern daß sich der Erzähler als unzuverlässig erweist. Als erzählerische Instanz ist und bleibt er in 'Das Parfum' zwar 'allwissend'; aber er ist soweit unzuverlässig, als daß nicht deutlich zwischen seiner Stimme und den Gedanken der Figuren unterschieden wird und daher seine Äußerungen immer auch die (fehlerhaften) einer Figur sein könnten: Zum Beispiel ist die Einschätzung "ein Vormittag Ende Februar" (Par: 172), als Datierungsversuch der Figur Grenouille gelesen, auch mit einer Fehlerquote von einem Monat akzeptabel. (Sie wird schließlich nur aufgrund eines momentanen visuellen und olfaktorischen Eindrucks der Oberfläche getroffen.) Besonders wenn der Fehler in Relation gesetzt wird zu Grenouilles siebenjährigem Aufenthalt in der Höhle und seinem völligen Desinteresse an der äußeren Welt während dieser Zeit, trägt die falsche Datierung eher zum 'Realismus' des Romans bei. Kehrt Grenouille aber einen Monat früher als er es selbst einzuschätzen in der Lage ist, an die Oberfläche zurück, nämlich Ende Januar, stimmen auch die Relationen zu den folgenden temporalen Bestimmungen wieder.

Trotzdem bleibt die Notwendigkeit erhalten, den erzählerischen Modus des Textes als 'unzuverlässig' zu bestimmen und damit auch in der Folge zu rechnen. Zum Beispiel müßte (wie oben ausgeführt) Grenouilles Rückkehr nach Paris ein ganzes Jahr früher stattfinden, als es im Text angegeben wird. Das stellt den schwerwiegendsten temporalen Bruch des Textes dar, weil er auch über die Konstruktion einer figuralen Perspektive nicht mehr zu erklären ist. Hier muß die Unzuverlässigkeit des Erzählens als Widerspruch ausgehalten werden.

Obwohl die Allwissenheit des Erzählers trotz dieser Dissonanzen nicht eingeschränkt wird, ist er als Instanz spürbar, die das Geschehen nur gefiltert und perspektivisch gebrochen darstellen kann. Der Zugriff auf die erzählte Zeit kann zum Beispiel nur aus der Zeit des Erzählers heraus erfolgen. Damit wird deutlich, daß seine Allwissenheit ausschließlich darin besteht, daß die erzählte Welt nur so erzählt wurde, wie sie erzählt wurde und nicht anders. Gerade indem es auf der Ebene der erzählten Zeit zu Fehlern und Unstimmigkeiten kommt, konkretisiert sich die Instanz des Erzählens. Der Erzähler ist dabei nicht mehr ein unsichtbares Medium, sondern wird als Form des Erzählens sichtbar.[322] Dadurch verschiebt sich die Perspektive von der erzählten Zeit auf die Zeit des Erzählens bzw. die Zeit des Erzählers als einer temporalen Metaposition, von der aus ein produktiver Zugriff auf das Geschehen erst möglich wird. Der Erzähler verfügt scheinbar frei und souverän über eine Vergangenheit, die er in die

---

[322] Zur Unterscheidung Medium / Form; vgl. Luhmann (1995): S. 165 ff.

Gegenwärtigkeit des Erzählens / des Schriftereignisses transponiert. Seine Verfügungsgewalt über die Figuren und Ereignisabläufe ist so absolut, daß er sogar Fehler begehen darf.

Schon der Beginn des Romans stellt offen zur Schau, daß sein Erzähltwerden eigentlich unmöglich ist: Zunächst verkündet der Erzähler sein narratives Programm: eines Mannes "Geschichte soll hier erzählt werden." (Par: 5) Zuvor wurden schon ungefähre Anhaltspunkte '18. Jahrhundert', 'Frankreich', ein 'geniales Scheusal' aufgezählt und schließlich auch der Name des Mannes genannt: "Jean Baptiste Grenouille". (Par: 5) Die darauf folgende Passage steht aber in eklatantem Widerspruch zu dem gerade Ausgeführten, denn all dies dürfte gar nicht bekannt sein - auch nicht dem Erzähler, weil Grenouilles "Name im Gegensatz zu den Namen anderer genialer Scheusale [..] heute in Vergessenheit geraten ist [..]." (Par: 5) Wie gründlich dieses Vergessen stattgefunden hat, führt der Erzähler am Beispiel der Stadt Grasse sehr eindringlich aus, wo sowohl der Magistrat übereinkommt, "den 'Fall G.' als erledigt zu betrachten, die Akten zu schließen und ohne Registratur zu archivieren" (Par: 313), als auch die Bürger Grenouille und die mit ihm zusammenhängenden Ereignisse verdrängen:

> "Die Stadt hatte ihn ohnehin schon vergessen, und zwar so vollständig, daß Reisende, die in den folgenden Tagen eintrafen und sich beiläufig nach dem berüchtigten Grasser Mädchenmörder erkundigten, nicht einen einzigen vernünftigen Menschen fanden, der ihnen hätte Auskunft erteilen können." (Par: 314)[323]

Nun wäre es ein einfacher und altbekannter Kunstgriff zur Legitimation der Übermittlung gewesen, eine Erzählerfigur auftreten zu lassen, die zum Beispiel die Akte 'G.' oder ein erhalten gebliebenes Tagebuch aus dieser Zeit gefunden habe. Obwohl sich diese Lösung geradezu aufdrängen würde, legitimiert sich der Erzähler in 'Das Parfum' nicht auf diese Art, sondern beläßt es bei dem Widerspruch, eine Geschichte zu erzählen, die einen Protagonisten hat, dessen Name längst vergessen wurde. Der Erzähler verschärft die Paradoxie sogar noch, indem er auch die (aisthetischen) Gründe nennt, warum die Geschichte in Vergessenheit geraten ist: nicht etwa weil Grenouille eine uninteressante historische Gestalt wäre, "sondern weil sich sein Genie und sein einziger Ehrgeiz auf ein Gebiet beschränkte, welches in der Geschichte keine Spuren hinterläßt: auf das flüchtige Reich der Gerüche." (Par: 5) Eine andere Möglichkeit, die Apo-

---

[323] Nur die ausgeschlossenen Wahnsinnigen überschreiten die Grenze von Wahnsinn und Vernunft. Aber sie sind dem Schweigen des "Plapperns" (Par: 314) überantwortet; vgl. Foucault (1973): S. 68 ff.

rie zwischen dem Vergessen der Vergangenheit und der erzählerischen Gegenwart narrativ zu entschärfen, wäre es gewesen, eine neutrale Erzählinstanz in der Art zu etablieren, daß diese an keiner Stelle des Textes direkt spürbar wird und deren Kompetenz daher nicht weiter hinterfragt werden kann. In 'Das Parfum' wird aber an die Vermitteltheit der Geschichte beständig erinnert und die Position sichtbar gemacht, von der aus erzählt wird:

> "Zu der Zeit, von der wir reden, herrschte in den Städten ein für uns moderne Menschen kaum vorstellbarer Gestank." (Par: 5)

Hier wird eine starke Differenz zwischen der Gegenwart des Erzählens und der erzählten Vergangenheit aufgebaut. Es wird explizit auf die Vergangenheit verwiesen ('zu der Zeit') und eine Vorstellung von Gegenwärtigkeit aufgebaut, die über den begrenzten Zeitraum des Erzählens hinausgeht: das Prädikat 'uns moderne Menschen' mit dem der Erzähler sich und sein Publikum beschreibt, traf schon vor der Lektüre zu und wird auch nach ihr noch zutreffen. Damit wird eine Erzähler-Zeit aufgebaut, die über die Kategorie der bloßen Dauer des Lesens einer Geschichte hinausgeht. Dieser Akt wird aber ebenfalls beobachtet und zwar im Modus einer Ankündigung: Es hat sich etwas ereignet, und zwar in der 'Zeit, von der wir reden' (werden). Dies ist die Exposition eines Romans, der im folgenden gelesen werden soll und der ja auch schon materiell (als Ansammlung von mit Schrift bedruckten Seiten) vorliegt:

> "Seine [Grenouilles] Geschichte soll hier erzählt werden." (Par: 5)

3.3 Erzähler-Wissen

Die Differenz zwischen dem Heute der Lesenden (als Gegenwart des Textes und Zukünftigkeit der Lektüre) und dem Gestern des Erzählten wird auch im weiteren Verlauf des Romans immer wieder hervorgehoben. Vor allem betont der Erzähler wiederholt die angebliche Überlegenheit des heutigen Wissens. Dadurch produziert der Text ein dem Erzähler und den Lesenden gemeinsames 'Wir', das gegenüber den Figuren und Ereignissen distanzierend wirkt:

> "Er [Grenouille] wußte ja nicht, daß die Destillation nichts anderes war als ein Verfahren zur Trennung gemischter Substanzen in ihre flüchtigen und weniger flüchtigen Einzelteile [..]. Uns heutigen Menschen, die wir physikalisch ausgebildet sind,[324] leuchtet das sofort ein. Für Grenouille jedoch war diese

---

[324] Vgl. dagegen die FAZ-Version (9. 11. 1984): "[..] physikalisch gebildet [..]" - Die so

Erkenntnis das mühselig errungene Ergebnis einer langen Kette von enttäuschenden Versuchen." (Par: 129 f.)

Der Erzähler geht hier davon aus, daß zwischen ihm und den Lesenden Einverständnis über diesen Sachverhalt herrsche. Diese rhetorische 'captatio benevolentiae' wird von Süskind nicht nur in 'Das Parfum' häufig angewendet, sondern auch in seinen anderen Texten, etwa in 'Der Kontrabaß'.[325] Wobei aber natürlich nicht überprüfbar ist, ob die Mehrzahl der Lesenden tatsächlich in der Lage gewesen wäre, eine physikalische Beschreibung der Grundprinzipien der Destillation zu geben, etwa des für den angesprochenen Trennungsprozeß fundamental wichtigen Daltonschen Gesetzes, das

> "besagt, daß, wenn zwei flüchtige Flüssigkeiten, die nicht gegenseitig löslich sind, miteinander zum Sieden gebracht werden, sie dies bei einer niedrigeren Temperatur tun, als der Siedepunkt jeder einzelnen betragen würde. In Destillationsapparaten können deshalb Öle aus dem groben pflanzlichen Material mit Hilfe von Wasser bei einer unter dem Siedepunkt von Wasser (100° C) liegenden Temperatur getrennt werden."[326]

Die Nähe des Erzählers zu seinem Publikum wird hier (scheinbar) auf Kosten einer Figur hergestellt, indem sie intellektuell lächerlich gemacht wird.[327] Weil es sich aber meist um Wissen handelt, das nur aus der Metaposition des Erzählens heraus verfügbar ist und es sich auch meist um reines 'Lexikonwissen' handelt, fällt diese Komplizenschaft schnell wieder in sich zusammen. Tatsächlich besteht in 'Das Parfum' die zentrale Differenz zwischen Erzählerwissen und Figurenwissen in der Möglichkeit bzw. der Unmöglichkeit zur zeitlichen Überschau: Das späte Ende Madame Gaillards wird zum Beispiel in die laufende Handlung eingeschoben, weil 'wir' - also Erzähler und Lesepublikum - "ihr auch später nicht mehr wiederbegegnen werden [..]." (Par: 38)[328] Hier wird den Lesenden eine Information gegeben, die außerhalb des Wissbaren der Figuren und auch der Lesenden liegt, denn eine Rückkehr der Figur hängt ausschließlich davon ab, ob eine solche später im Text erzählt werden wird oder

---

zum Ausdruck kommende Akzentverschiebung von der Bildung zur Ausbildung scheint hier erwähnenswert.

[325] Vgl. die "seltsam klugen Sachen" (Kaiser (1981): S. 13.), die der Bassist über Goethes Pantheismus sage. Dagegen betont Volker Krischel die 'Pseudo-Intellektualität des Bassisten: Krischel, Volker: Erläuterungen zu Patrick Süskind 'Der Kontrabaß'. Hollfeld 2002, S. 49.

[326] Morris, Edwin T.: Düfte. Kulturgeschichte des Parfüms. Solothurn 1993, S. 33 f.

[327] Vgl. auch die moralische Denunziation Grenouilles durch den Erzähler.

[328] Oder: "Grenouille [..] sollte das Meer, das eigentliche Meer, den großen Ozean, der im Westen lag, in seinem Leben niemals sehen und sich nie mit diesem Geruch vermischen dürfen." (Par: 47)

nicht - und das kann zu diesem Zeitpunkt nur der Erzähler selbst wissen und auch nur dann, wenn es sich um einen allwissenden Erzähler handelt.[329] Aber nicht nur die Souveränität im Umgang mit den internen Temporalstrukturen, sondern auch mit den historischen Zeitabläufen zeichnet den Erzähler aus - wenn er also das späte Ende Madame Gaillards schildert, die nur noch auf ihren privaten Tod wartet, wird die zweihundertjährige Distanz zu den Ereignissen beibehalten: Sie

> "[..] kaufte sich wie vorgehabt in eine Rente ein, saß in ihrem Häuschen und wartete auf den Tod. Der Tod aber kam nicht. Statt seiner kam etwas, womit kein Mensch auf der Welt hätte rechnen können und was es im Land noch nie gegeben hatte, nämlich eine Revolution, das heißt eine rasante Umwandlung sämtlicher gesellschaftlicher, moralischer und transzendentaler Verhältnisse." (Par: 38 f.)

Hier wird (über-)deutlich die Differenz zwischen 'uns heutigen Menschen', die ein selbstverständliches Wissen über die beschriebenen Ereignisse haben (z.B. die französische Revolution), und der Perspektive der Figuren, die nicht über diese Kenntnisse verfügen können, ausgespielt. Der Erzähler nutzt den Abstand, um eine Wahrnehmung der Welt zu präsentieren, wie sie die den damaligen Umwälzungen ausgelieferten Menschen gehabt haben könnten.[330] Er produziert diesen Eindruck nicht nur indirekt durch Wort- und Sacherklärungen (die eher an die Figuren als an die Lesenden gerichtet zu sein scheinen), sondern macht auch explizit darauf aufmerksam, daß die Figuren ihre Zukunft nicht wissen können:

> "Gottseidank ahnte Madame nichts von diesem ihr bevorstehenden Schicksal, als sie [..] den Knaben Grenouille und unsere Geschichte verließ. Sie hätte womöglich ihren Glauben an die Gerechtigkeit verloren und damit an den einzigen ihr begreiflichen Sinn des Lebens." (Par: 40)

Hier wird (fast nebenbei und am Beispiel einer wenig sympathischen Figur) eine Beschreibung der temporalen Grundlage menschlicher Existenz gegeben, denn in dieser Hinsicht gleichen die Lesenden den von ihnen beobachteten Figuren. Die fundamentale Differenz zwischen der Instanz des Erzählers und den Figuren besteht in eben dieser Möglichkeit, Prozesse von ihrem Ende her überschauen zu können. Der Erzähler aber überblickt nicht nur das narrative sondern auch das historische Geschehen, und er ist in der Lage, beide Sphären sinnvoll miteinander zu koordi-

---

329 Also nicht eine Erzählerfiktion, bei der die Ereignisse sukzessiv (etwa in Tagebuchform) notiert werden.
330 Ein interessantes Detail ist es etwa, daß das Papiergeld von Madame Gaillard als "blöde Blättchen" (Par: 39) bezeichnet wird. Sie benennt damit den ihre Existenz fundamental bedrohenden Umstand der Inflation.

nieren. So verwendet der Text einige Male Anspielungen auf historische Ereignisse, um die narrativen Abläufe zu ordnen; so ist etwa das 38-jährige Thronjubiläum Ludwigs XV. der Tag, an dem Grenouille seinen ersten Mord begeht. In ähnlicher Weise wird Grenouilles solitäres Dasein in der Höhle mit den Folgen des 7-jährigen Krieges kontrastiert:

"Während dieser Zeit herrschte in der äußeren Welt Krieg, und zwar Weltkrieg. [..] Der Krieg kostete einer Million Menschen das Leben, den König von Frankreich sein Kolonialreich und alle beteiligten Staaten so viel Geld, daß sie sich schließlich schweren Herzens entschlossen, ihn zu beenden." (Par: 169)

Der hellsichtige Zynismus dieser Kostenbilanz zeigt den Erzähler als einen nicht nur zeitlich, sondern auch inhaltlich distanzierten Chronisten historischer Ereignisse. Diese Möglichkeit zur Ironie ergibt sich aus der überlegenen Position eines Beobachters, der nicht nur die Vergeblichkeit menschlichen Handelns im allgemeinen, sondern auch im besonderen erkennt. Einen interessanten Hinweis auf die Subtilität, mit der diese Ironie des Textes funktioniert, gibt Reisner in bezug auf Baldinis Plan, ein Parfum mit dem Namen 'Prestige du Quebec' zu lancieren, von dem er sich einen großen kommerziellen Erfolg verspricht. "Mit diesem süßen Gedanken in seinem dummen alten Kopf" (Par: 144) schläft Baldini ein und wacht nicht mehr auf, weil sein Haus in die Seine stürzt. Dieser vergleichsweise gnädige Brotherr Grenouilles nimmt damit auch ein vergleichsweise gnädiges Ende, wobei der Erzählerkommentar, Baldini sei ein Dummkopf, sich zunächst nur auf die Vergeblichkeit des Profitstrebens (angesichts des immer lauernden Todes) zu beziehen scheint. Reisner weist aber darauf hin, daß die ganze Ironie erst

"[..] der kundige Leser [erkennt], der um den Misserfolg der französischen Truppen in Übersee weiß - bezeichnenderweise bedeutet die Kapitulation Québecs am 18. 10. 1759 gerade den Anfang vom Ende des französischen Kolonialbesitzes [..]."[331]

Gerade gegenüber den Figuren und ihrem Schicksal wird die fundamentale Differenz der temporalen Perspektivierung deutlich, die den Erzähler als Jetzt-Instanz spürbar macht. Die Überschau auf die historischen Ereignisse und die Rolle der erfundenen Figuren darin vermitteln den Eindruck, daß eine souveräne Haltung zur Vergangenheit möglich sei.

---

[331] Reisner (1999): S. 68 f.

3.4 Geruchsgeschichte

In noch viel stärkerem Ausmaß als die geschichtlichen Großereignisse der Zeit werden in 'Das Parfum' aber die sozialgeschichtlichen Prozesse zur historischen Verortung des Geschehens verwendet. Vor allem die olfaktorische Weltordnung wird mit einem zu Recht immer wieder hervorgehobenen Materialreichtum ausgebreitet, wobei das gewählte Thema des Gestanks höchst effektiv verhindert, daß diese Üppigkeit der 'Ausstattung' den Roman in die Trivialität des Kostümfilms verflacht. 'Das Parfum' entwirft entlang der Lebensgeschichte seines Protagonisten ein Panorama der Alltagsgeschichte des 18. Jahrhunderts:

Das Schicksal eines Findelkindes, das nur durch die Häufung verschiedener Zufälle überlebt, verdeutlicht die Mißstände, denen diese Gruppe im allgemeinen ausgesetzt war. Die Lehrlingsjahre bei Baldini[332] sind trotz ihrer olfaktorischen Phantastik noch immer realistisch genug geschildert, um ein Bild von einer solchen Existenz am unteren Ende der sozialen Skala zu vermitteln. Die Wanderungen Grenouilles geben Gelegenheit, das Verkehrssystem im Frankreich des 18. Jahrhunderts, aber auch die Beschwerlichkeiten damaligen Reisens anzudeuten,[333] während die Gesellenzeit bei Arnulfi / Druot über bestimmte Formen der Duftstoffgewinnung informiert. Auch die geplante Hinrichtung Grenouilles entspricht der damals üblichen Form des Strafrituals, wie es etwa im berüchtigten Anfangskapitel von 'Überwachen und Strafen' geschildert wird.[334]

Jedoch ist die wirksamste Strategie, durch die der Text "historische Bindung"[335] sucht, zweifellos der Kontrast zwischen der heutigen Geruchsarmut und der damaligen Intensität des Gestanks, an die der Text beständig erinnert. Dies ist einerseits die Folge der Zentralstellung des Geruchwesens Grenouille, dessen Perspektive meist auch die Welt-'sicht' des Textes ist. Andererseits zeichnet sich der Entwurf der damaligen Welt - so wie er in 'Das Parfum' geschildert wird - dadurch aus, daß "der zersetzenden Aktivität der Bakterien [..] noch keine Grenze gesetzt [war, so daß] es keine menschliche Tätigkeit [gab], keine aufbauende und keine zerstörende, keine Äußerung des aufkeimenden oder verfallenden Lebens, die nicht von Gestank begleitet gewesen wäre." (Par: 6) Diesen historischen Sachverhalt nicht auszugrenzen, sondern ihn im Gegenteil ins Zentrum eines erzählerischen Weltentwurfs zu stellen, ist eines der wichtigsten

---
332 Geistesgeschichte wird z.B. durch Baldinis anti-aufklärerischer Haltung dargestellt.
333 "Obwohl sich die Straßen in einem miserablen Zustand befanden, schafften sie die vierundsechzig Meilen nach Montpellier in knapp zwei Tagen [..]." (Par: 180)
334 Vgl. Foucault (1977): S. 9 ff.
335 Franke(1992): S. 3.

186 Das Parfum

Merkmale des Romans. Vor allem deshalb kann Beatrice von Matt nicht zugestimmt werden, wenn sie an 'Das Parfum' kritisiert, es würde zu wenig über die Zeit informieren, in der es spielt: "einige historische Lokalitäten und Vokabeln genügen, wie in einem Kostümfilm [..]."[336] Diese Kritik geht an einem Zentralmoment des Textes vorbei: In 'Das Parfum' stinkt es. Das unterscheidet den Roman fundamental vom Kostümfilm[337] oder seinen textuellen Äquivalenten. Ekelerregender Gestank verträgt sich nicht mit trivialer Exotik der bunten Studiodekoration im Mantel-und-Degen-Film, der im äußersten Fall noch einen dezenten Misthaufen verkraftet, wenn ländliche Ursprünglichkeit deutlich markiert werden soll. Olfaktorische Scheußlichkeiten wie verrottende Fischabfälle und säuerlicher Mundgeruch sind dagegen auf Dauer nicht mehr als Kulisse zu integrieren.

In den bisherigen Untersuchungen zu 'Das Parfum' wurde immer wieder auf die Texte hingewiesen, aus denen sich Süskind über die damaligen Geruchsverhältnisse informiert haben soll. So halte sich Süskind "eng an die Quellen",[338] wie Merciers 'Tableau de Paris', mit seinen ausführlichen Beschreibungen des städtischen Gestanks[339] oder an die von Corbin erschlossenen Texte.[340] Wichtiger als die olfaktorische Ausgestaltung im Detail scheint aber zu sein, daß diese Texte die prinzipielle Aufmerksamkeit gegenüber der Tatsache erhöht haben, daß die gegenwärtigen Hygienestandards eine Folge der "Neudefinition des Unerträglichen"[341] und den daraus folgenden "Strategien der Desodorierung"[342] sind. Im 18. Jahrhundert beginnt nach Corbin eine 'Demokratisierung' des Rechts auf Wohlgeruch, und auf diesen Prozeß wird in 'Das Parfum' explizit hingewiesen, etwa auf die Proteste gegen den Gestank des Friedhofs, in dessen Nähe Grenouille geboren wurde:

"Und erst später, am Vorabend der Französischen Revolution, nachdem einige der Leichengräben gefährlich eingestürzt waren und der Gestank des überquellenden Friedhofs die Anwohner nicht mehr zu bloßen Protesten, son-

---

[336] von Matt (1985): S. 43.
[337] Trotz der historisch korrekten Kleidung der Figuren; vgl. Macherhammer (1989): S. 79.
[338] Reisner (1999): S. 60.
[339] Vgl. Mercier, Louis-Sébastien: Tableau de Paris. Bilder aus dem vorrevolutionären Paris. Zürich 1990.
[340] "Kurz, Paris, 'Zentrum der Wissenschaften, der Künste, der Mode und des guten Geschmacks' ist unübersehbar auch das 'Zentrum des Gestanks' (Pierre Chauvet). Doch die Hauptstadt ist keine Ausnahme. Auch in Versailles befindet sich die Kloake gleich neben dem Palast." (Corbin (1984): S. 42.) Diese Ausführungen erinnern sehr an das Geruchspanorama zu Beginn von 'Das Parfum'.
[341] Corbin (1984): S. 81.
[342] Corbin (1984): S. 121.

dern zu wahren Aufständen trieb, wurde er endlich geschlossen und aufgelassen [..]." (Par: 7)

Der öffentliche Raum wird hinsichtlich seiner geruchlichen Normalität überwacht; ebenso wie die Körper der einzelnen in einem immer weiter gesteigerten Maße der staatlichen Kontrolle unterstellt werden - auch und gerade was die gesundheitspolizeilichen Standards angeht. Hier kann im wahrsten Sinne des Wortes von einer 'Mikrophysik der Macht' gesprochen werden. Was damit erreicht werden soll, ist eine

> "beständige Sauberkeit [..]. Neue medizinische Argumente rechtfertigen jene Praktiken, die darauf abzielen, den Körper von seiner fauligen Dreckschicht zu befreien, um so die Infektionsgefahr einzudämmen."[343]

Diese Formen der Körperhygiene machen aber ebenfalls den Weg frei für dezentere Verwendungsweisen der künstlichen Gerüche. Sowohl die Menge als auch die Intensität des Duftes kann in einer olfaktorisch neutraleren Atmosphäre reduziert werden. So konnte sich eine neue Art der Geruchskontrolle entwickeln, die sowohl den körperlichen Eigengeruch, die olfaktorische Inszenierung der Wohnung, als auch die Stärke des Parfums im eigentlichen Sinn betraf. Dies erst erlaubte

> "eine kunstvolle Inszenierung der Frau. Die Körperbotschaften unterliegen einem subtilen Kalkül, das darauf ausgerichtet ist, die Intensität des Duftzeichens herabzusetzen und es gleichzeitig aufzuwerten. Für alles, was dem Blick versagt bleibt, muß der Geruchssinn entschädigen - was ihm zu einem erstaunlichen Aufstieg verhilft."[344]

Die polizeilich durchgesetzte Norm ist über den Umweg der Moral und Etikette zu einer (scheinbar) individuellen Vorstellung angenehmen Körpergeruchs geworden. Was eigentlich ganz natürlich zu sein scheint, Erotik auf der einen und Ekel auf der anderen Seite, erweist sich als sozial codierbare und auch re-codierbare Struktur. Die neue Aufgabe des Riechens ist es, die Begierden zu wecken, "ohne die Scham zu verletzen - dies ist [..] sein Anteil am Raffinement des Liebesspiels, das sich auszeichnet durch ein neues Bündnis zwischen der Frau und der Blume."[345] Obwohl diese bürgerliche Duftökonomie nach Corbin erst später zur beherrschenden Etikette geworden ist, sind Figuren wie das Mirabellenmädchen oder Laure Richis dieser Logik entsprechend strukturiert. Es ist ihr eigener Körpergeruch, der sich ungehindert entfalten können muß und der durch duftende Toilettenartikel jedwelcher Art nur gestört werden würde. Damit

---

[343] Corbin (1984): S. 233.
[344] Corbin (1984): S. 233.
[345] Corbin (1984): S. 233.

entsprechen die Mädchen einer dem Parfum gegenüber mißtrauisch eingestellten Haltung, innerhalb derer (wenn überhaupt) künstliche Düfte nur sehr sparsam verwendet werden, weil das Parfum ganz eindeutig einer Ökonomie der Verschwendung angehört:

> "Der Etymologie zufolge löst das Parfum sich in Rauch auf. [per fumum] Doch alles, was verduftet, was sich verflüchtigt, symbolisiert Verschwendung. [..] Das Parfum - Zeichen der Weichheit, der Unordnung und der Wollust - steht in direktem Widerspruch zu Arbeit."[346]

Der Adel wendet sich ebenfalls immer mehr davon ab, intensive Düfte zu verwenden und dadurch die sexuellen Noten des körperlichen Eigengeruchs noch zusätzlich zu betonen (eine Praxis der animalischen Gerüche, die auch Baldini suspekt sind[347]). Solche Formen olfaktorischer Reize werden in der Folge vollständig "in den Bereich der Erregung und diskreten Anspielung abgedrängt [..]."[348] Trotzdem besteht der Adel auf seinem Privileg des anti-ökonomischen Verhaltens, der lustvollen Verausgabung, und weicht vom intensiven in den Bereich des extensiven Gebrauchs der Gerüche aus:

> "Am Hof Ludwigs XV. schreibt die Etikette täglich ein anderes Parfüm vor."[349]

Wenn sich die Figur Baldini also darüber beklagt, daß das Verlangen nach immer neuen Düften erschreckende Ausmaße angenommen habe, so daß "man in jeder Saison einen neuen Duft" (Par: 70) brauche, so ist dies wohl eher noch untertrieben, aber im Prinzip als Symptom beschleunigter Konsumgewohnheiten historisch verbürgt. Zeitlich zwar zweihundert Jahre früher, aber trotzdem für den historischen Kontext von 'Das Parfum' interessant ist der Beginn der parfümistischen Epoche in Frankreich, die mit dem Erscheinen Katharinas von Medici (1519-1589) am französischen Königshof Heinrichs II. zusammenfällt:

> "Neben den bezaubernden Düften der Toskana, die Katharinas Parfümeur René de Florentin in seiner neueröffneten Boutique am Pont-aux-Changes in kostbaren Florentiner Flakons bannte, führte die Königin auch parfümierte Lederhandschuhe ein."[350]

Baldini lebt also zwar am richtigen Platz (nämlich ebenfalls auf dem Pont-aux-Changes, von wo aus sein Haus in die Seine stürzt), aber in der fal-

---

[346] Corbin (1984): S. 98.
[347] "Jeder Mensch mußte plötzlich tierisch riechen [..]." (Par: 69.)
[348] Corbin (1984): S. 104.
[349] Corbin (1984): S. 104 f.
[350] Ohloff (1992): S. 242.

schen Zeit, weil er offensichtlich einer historischen Figur nachempfunden wurde, die schon lange tot ist. Aber auch in seinem Denken ist er zwischen der guten alten zünftigen Ordnung und den geschäftlichen Möglichkeiten der modernen Zeit hin und her gerissen. Baldini symbolisiert darüberhinaus die olfaktorischen Widersprüche seiner Zeit: einerseits hat er den Plan, individuelle Düfte für Einzelpersonen herzustellen, was der Logik vom Parfum als hochexklusivem Luxusprodukt nicht nur entspricht, sondern sie auf die Spitze treibt:[351]

> "Er wollte für eine ausgewählte Zahl hoher und höchster Kundschaft persönliche Parfums kreieren, vielmehr kreieren lassen, Parfums, die, wie angeschniederte Kleider, nur zu einer Person paßten, nur von dieser verwendet werden durften und allein ihren erlauchten Namen trugen." (Par: 132)

Am entgegengesetzten Ende dieser Skala dagegen steht das Parfum als ein gängiger Toilettenartikel, der, wenn auch "nicht Massenware, so doch für jedermann käuflich" (Par: 132) sein soll, in einer Manufaktur en gros gemischt und an bürgerliche Schichten verkauft oder sogar ins Ausland exportiert werden soll. In 'Das Parfum' entsprechen aber auch die eher sonderbaren bis phantastisch erscheinenden Figuren wie der Marquis de la Taillade-Espinasse mit seiner privatgelehrten Lethalgas-Theorie über erdnahe und -ferne Fluida den Wissensstrukturen des 18. Jahrhunderts: Seine Ordnung der Dinge als Taxonomie von lebensfeindlichem und lebensförderlichem Abstand zur Erde gleicht in ihrem Analogiedenken den Theorien über die Miasmen, wie Corbin sie beschreibt:

> "Die Erforschung der 'Luftarten' läuft auf eine Erforschung der Lebensmechanismen hinaus; das ist der eigentliche Grund für die aufkommende Mode des 'pneumatischen' Experiments, die sich in aufgeklärten Kreisen wie eine unkontrollierbare Leidenschaft verbreitet. Auch wenn dieser Umweg uns merkwürdig erscheint, liegt die wahre Ursache der Faszination in der Todesangst, der Furcht vor dem Zerfall des lebenden Körpers. Die Luft wird nicht so sehr als Ort der Erzeugung oder Entfaltung von Lebenskraft untersucht, sondern vielmehr als Laboratorium der Auflösung betrachtet."[352]

Der Marquis präsentiert sich geradezu als Personifikation dieser Todesangst. Er verfolgt das Ziel, alles Seiende in seinem Tableau eines polaren Antagonismus zwischen tödlichen und belebenden Fluida zu ordnen und versucht die 'bösen' erdnahen Fluida zu vermeiden und sich auf dem Gipfel des Pic du Canigou dem 'guten' erdfernen Fluidum in Reinform auszusetzen. Mit diesem Vorhaben erinnert er an die olfaktorische Weltord-

---

[351] Auch heute gibt es die Möglichkeit, sich individuelle Parfums kreieren zu lassen; vgl. pia: Dufte Visitenkarten. In: Die Zeit (17. 8. 2000), S. 48.
[352] Corbin (1984): S. 27 f.

nung Zarathustras, in der "Wohlgeruch und Pestilenz [..] gleichbedeutend mit Gut und Böse"[353] sind. Diese archaischen Vorstellungen sind aber bis in die Neuzeit hinein tradiert worden, was den heftigen Zorn Pater Terriers auslöst:

> "Als röche die Hölle nach Schwefel und das Paradies nach Weihrauch und Myrrhe! Schlimmster Aberglaube, wie in dunkelster heidnischer Vorzeit [..]." (Par: 20)

Aber auch die Geruchsvorstellungen des Paters sind historisch abgedeckt, etwa durch die tradierte Vorstellung, daß "ein gewisser Milchgeruch [..] die individuelle Atmosphäre der Frau"[354] präge, was der Mönch denn auch prompt an der Amme Bussie wahrnimmt.[355] Bei Männern dagegen "gewährleistet die [..] *aura seminalis* den Zusammenhalt von Leib und Seele [..]."[356]

Diese olfaktorische Note eines Männerkörpers nimmt auch Grenouille an Druot wahr. Er reproduziert also ebenfalls ein kulturelles Muster, wenn er eine "Imitation von Druots aura seminalis" (Par: 232) herstellt und benutzt, um eine Duftmaske zu erhalten, die ihm etwas Aufmerksamkeit verschaffen soll. Aus dieser Perspektive kann der Vermutung Classens zugestimmt werden, die davon ausgeht, daß 'Das Parfum' einen großen Teil seines Erfolges der Tatsache verdanke, daß es die Macht unserer "olfaktory stereotypes"[357] bestätige. Zumindest spielt der Text mit unseren kulturellen Codes und mit dem Verdachtsmoment, daß die 'geruchlichen Grundmuster' vielleicht doch zu Recht bestehen bzw. unbemerkt doch eine große Wirkung auf uns haben könnten.

3.5 Geruchsrealismus

In verschiedener Hinsicht geht der Text auch über das hinaus, was als eine noch realistische Einschätzung der Bedeutung von Gerüchen gelten kann; zumindest werden die Lesenden in zunehmendem Maße über die phantastischen Anteile des Textes verunsichert. Gerade dies führt aber zu einer Reflexion über die (etwa durch zivilisatorische Bemühungen) ver-

---

[353] Ohloff (1992): S. 28.
[354] Corbin (1984): S. 54.
[355] "[..] die griechischen Ärzte [..] empfahlen zur Behandlung verschiedener Arten der Auszehrung Milch von der Brust einer gesunden, appetitlichen Amme." (Le Guérer, Annick: Die Macht der Gerüche. Eine Philosophie der Nase. Stuttgart 1994, S. 231.)
[356] Corbin (1984): S. 54.
[357] Classen, Constance: Aroma: the cultural history of smell. London / New York 1994, S. 4.

drängten olfaktorischen Anteile des eigenen Erlebens. 'Das Parfum' läßt das abstrahierte Desodorierte durch eine Strategie totaler Überbietung wieder ins Bewußtsein zurückkehren. Die Lesenden werden, wie Grenouille, einem olfaktorischen gnostischen Erlebnis ausgesetzt und zugleich über den faktischen Gehalt des Dargestellten im Unklaren gelassen. Was etwa Grenouilles Geruchslosigkeit betrifft, muß darauf hingewiesen werden, daß diese wohl "lediglich Süskinds Romanhelden Grenouille auf der Suche nach dem absoluten Parfüm vorbehalten [war]. Körpergeruch ist unvermeidbar und wird oft als störend empfunden [..]."[358] Noch unwahrscheinlicher als die Geruchslosigkeit ist es aber, daß gerade der Riechkünstler Grenouille diesen Sachverhalt erst nach 25 Jahren entdeckt haben soll. Bezeichnenderweise ist es selbst dann noch ein Alptraum, der ihn auf das Fehlen seines Eigengeruchs hinweist und nicht rationale Analysen. Gleichwohl entwickelt Manfred Schneider über die Struktur der HLA-Moleküle[359] eine sinnvolle, psychologische Deutung dieses Vorgangs:

> "In Das Parfum entwickelt Süßkind [sic!] die großartige Idee, seinen Helden Grenouille sich selbst nicht riechen lassen zu können. Diese Anomalie sucht ihn in dem Doppelsinn heim, daß er im Traum Ekel vor seinem eigenen Körpergeruch empfindet, im wachen Zustand hingegen trotz seiner genialen Nase buchstäblich nichts von sich wahrnimmt. Das ist eine HLA-basierte, plausible Erklärung für die Psychologie des Mörders."[360]

In gewissem Sinne verdankt Grenouille somit die Erfahrung seiner geruchlichen Nicht-Identität einer Art Eingebung, die der Struktur des gnostischen Erwachens / Erinnerns entspricht. Obwohl behauptet wurde, daß sich Grenouille radikal von den üblichen Einsiedlergestalten unterscheide, muß festgehalten werden, daß auch er nach seiner alptraumhaften Eingebung nichts Besseres zu tun hat, als seine neuen olfaktorischen Erkenntnisse "eiligst unter den Menschen" (Par: 158) zu verbreiten.

Auch wenn im Roman behauptet wird, Madame Gaillard habe durch den Schlag mit dem Feuerhaken nicht nur "den Geruchssinn verloren[, sondern auch] jedes Gefühl für menschliche Wärme und menschliche Kälte und überhaupt jede Leidenschaft" (Par: 25), kann dies zwar als ein wirkungsvoller Entwurf einer Figur gelten, scheint aber im Hinblick auf die emotionalen Folgen einer solchen Schädigung des Gehirns stark über-

---

[358] Ohloff (1992): S. 108.
[359] HLA-Moleküle sorgen für die dauerhafte Selbstidentität des Körpers, indem sie über Tolerierung oder Abstoßung fremden Gewebes entscheiden - sie sind es aber AUCH, "die Körpergerüche erzeugen." (Schneider, Manfred: Liebe und Betrug. München 1992, S. 423.)
[360] Schneider (1992): S. 423.

schätzt. Oliver Sacks etwa zitiert den Bericht eines Mannes, der ebenfalls sein Riechvermögen verloren hat. Dieser spricht nicht davon, daß er nun gar keine Lebensfreude mehr empfinden könne, sondern lediglich davon daß seine Weltwahrnehmung "mit einem Schlag viel ärmer"[361] geworden sei. Im Gegenteil nimmt er ja den Verlust des Geruchssinns wahr und bedauert ihn;[362] es kann also schon aus diesem Grund keine Rede davon sein, daß mit dem Vermögen zu riechen zwangsläufig jegliche Gefühlsregungen verloren gingen: "Zärtlichkeit [..] wie Abscheu, Freude [..] wie Verzweiflung." (Par: 25)[363]

Aber auch wenn die Auswirkungen einer Anosmie nicht so gravierend sein mögen, wie Süskind das schildert, so ist doch von einer starken Beeinträchtigung des emotionalen Gleichgewichtes auszugehen, "da die limbische Gehirngegend in der menschlichen Spezies sehr früh entwickelt war und mit ursprünglichen Gefühlen verbunden ist [..]."[364] Auch Freud entwickelt in 'Das Unbehagen in der Kultur' die These, daß erst die Bändigung der ursprünglichen, olfaktorischen Reiz-Reaktionen die zivilisatorischen Schübe der Menschheit ermöglicht habe,[365] wenn auch um den Preis stark verringerter "Glücksfähigkeiten des Einzelnen[, was] zur Ursache von Psychosen und Neurosen werden" kann.[366] Gleichwohl macht Serres zu Recht auf den Umstand aufmerksam, daß sowohl im Französischen wie im Deutschen zwar für das Fehlen von Gesicht (blind), Gehör (taub) und eventuell Tastsinn (gefühllos / unempfindlich o.ä.) Begriffe entwickelt wurden, daß es aber für Geruchs- und Geschmackssinn nichts Äquivalentes gibt, durch das ein solcher Mangel ausgedrückt werden könnte. Nach Serres ist es ein Ausdruck der mangelnden Wertschätzung gegenüber diesen Sinnen, daß ihr (individuelles) Fehlen einer Kultur so unwichtig scheint, daß sie keinen Begriff dafür ausbildet:[367]

---

[361] Sacks, Oliver: Der Mann, der seine Frau mit einem Hut verwechselte. Reinbek 1987, S. 214.

[362] Auch die von Morris zitierte Schilderung eines Betroffenen ergibt ein unspektakuläreres Bild: Er beklagt sich vor allem über die geschmacklichen Defizite beim Essen. (Morris (1993): S. 59.)

[363] Eine mir (F.D.) bekannte Person hat bestätigt, daß der erlittene Verlust des Geruchssinns zwar Einschränkungen mit sich bringe, aber keine so spektakulären emotionalen Folgen wie bei Madame Gaillard habe.

[364] Morris (1993): S. 58.

[365] Vgl. Freud, Sigmund: Das Unbehagen in der Kultur. In: SA Bd. IX., S. 229 ff.

[366] Le Guérer, Annick: Die Macht der Gerüche. Eine Philosophie der Nase. Stuttgart 1994, S. 246.

[367] Vgl. Serres, Michel: Die fünf Sinne. Eine Philosophie der Gemenge und Gemische. Frankfurt 1993, S. 260.

"Viele Philosophen beziehen sich auf den Gesichtssinn, nur wenige auf das Gehör, und noch weniger setzen ihr Vertrauen auf den Tast- oder den Geruchssinn. Die Abstraktion zerschneidet den empfindenden Körper; sie grenzt Geschmack, Gehör und Tastsinn aus, behält nur Gesichtssinn und Gehör, Anschauung und Erkenntnisvermögen zurück. Abstrahieren heißt weniger den Körper hinter sich lassen als ihn in Stücke schneiden: Analyse."[368]

Es scheint gerade die Faszination von 'Das Parfum' auszumachen, daß in diesem Roman das von der Kultur Abstrahierte in literarischer Form zurückkehrt, und zwar als totale Überbietung: Die der Anosmie komplementäre Störung wäre eine übersteigerte Riechfähigkeit, wie sie ebenfalls von Sacks beschrieben wird. Er zitiert aus dem Erfahrungsbericht eines Mannes, der aufgrund übermäßigen Drogenkonsums in einen olfaktorisch derart überreizten Zustand geraten sei, daß er dabei Riecherfahrungen hätte machen können, wie sie sonst nur Tieren (oder Romanfiguren) möglich sind:

" 'Ich ging in die Klinik, schnupperte wie ein Hund und erkannte alle zwanzig Patienten, die dort waren, bevor ich sie sehen konnte. Jeder von ihnen hatte seine eigene olfaktorische Physiognomie, ein Duft-Gesicht, das weit plastischer und einprägsamer, weit assoziationsreicher war als sein wirkliches Gesicht.' Er konnte ihre Gefühle - Angst, Zufriedenheit, sexuelle Erregung - wie ein Hund riechen. Er konnte jede Straße, jedes Geschäft am Geruch erkennen und sich unfehlbar in New York zurechtfinden, indem er sich an Gerüchen orientierte."[369]

Was in 'Das Parfum' unter dem Vorbehalt der Fiktionalität berichtet wird, schildert Sacks als Ereignisse in der realen Welt.[370] Die Aussage, daß der Zustand des Mannes nur drei Wochen angehalten habe, ist für die Glaubwürdigkeit des Erzählten zumindest insofern von Vorteil, als daß die Behauptungen jetzt nicht mehr überprüft werden können. Aber unabhängig davon, ob der Berichtende unter dem Einfluß von Psychopharmaka nur zu riechen glaubte oder tatsächlich so gut gerochen hat, wie er behauptet - es liegt hier eine Erzählung von hohem narrativem Reiz vor, die alle Kriterien des urbanen Mythos gut erfüllt.

Grenouilles Riechfähigkeiten sind aber gegenüber den (als real) geschilderten nochmals gesteigert und haben damit den Bereich des (ohne kognitive Dissonanzen) Vorstellbaren endgültig verlassen. Weil aber der übliche Erfahrungsschatz der Lesenden recht gering sein wird, was die Möglich-

---

[368] Serres (1993): S. 24.
[369] Sacks (1987): S. 211.
[370] Guérer schildert weitere Beispiele für neuzeitliche Geruchsmythen: "Durch die Übung in Angriff und Verteidigung wird der Geruchssinn des Wilden ungemein stark. So hätten die Wilden Amerikas die Spanier an der Fährte riechen können wie die besten Spürhunde." (Le Guérer (1994): S. 226.)

keiten des Geruchssinnes angeht, liegen keine sicheren Kriterien vor, mit denen entschieden werden könnte, was noch für möglich gehalten wird und was nicht. Daß kein Mensch auf einen Kilometer Entfernung noch Zeitung lesen kann, ist Allgemeingut, während Unsicherheit darüber besteht, ob auf diese Distanz noch ein Parfum in einem offenen Flakon erwittert werden könnte.[371] Grenouille, von dem es heißt, er könne "jeden anderen Menschen meilenweit erschnuppern" (Par: 173), geht damit in den Bereich des Phantastischen über; d.h. auf der Seite der Lesenden entsteht die charakteristische Unentschlossenheit darüber, ob die geschilderten Ereignisse noch innerhalb des von den Naturgesetzen abgesteckten Rahmens erklärbar sind oder ob schon die Sphäre des Wunderbaren erreicht ist.[372] Es wäre ebenso denkbar, daß die Faszination über die Möglichkeit einer solchen olfaktorischen Kompetenz die Figur als zwar unheimlich, aber dennoch real vorstellbar erscheinen läßt. Unabhängig davon, ob die Lesenden Grenouilles Riechfähigkeiten insgesamt als möglich einstufen, ist der wohl noch wahrscheinlichste Aspekt seiner olfaktorischen Kompetenzen die Genauigkeit, mit der sein Duftgedächtnis arbeitet, denn dies ist auch bei normalen Menschen sehr ausgeprägt:

> "Da die limbische Gehirngegend in der menschlichen Spezies sehr früh entwickelt war und mit ursprünglichen Gefühlen verbunden ist, sind Geruchserinnerungen, die in dieser Gegend gespeichert sind, oft scharf und intensiv. Visuelle und auditive Eindrücke zerfallen nach wenigen Tagen [..], aber man hat entdeckt, daß Gerüche fast nie dem Kurzzeitgedächtnis unterliegen. Drei Monate nachdem Versuchspersonen einer Reihe von Gerüchen ausgesetzt worden waren, konnten sie noch immer siebzig Prozent davon identifizieren." [373]

Daß es eine enge Verbindung zwischen dem Geruchssinn und dem Gedächtnis gibt, ist seit langem bekannt und wurde schon vielfach betont.[374] Aus dem Bereich der Literatur[375] ist zum Beispiel Goethes 'Mei-

---

[371] " 'Der Marder-Schmidt', heißt es [über den Chef-Geruchs-Prüfer] bei Audi, 'riecht einen Bauernhof auf drei Kilometer.' " (Wüst, Christian: Zwiebeln in der Matte. In: Der Spiegel (48) 1998, S. 283.)

[372] Vgl. Todorov, Tzvetan: Einführung in die fantastische Literatur. Frankfurt 1992, S. 25 ff.

[373] Morris (1993): S. 58.

[374] "Bei Balzac, Flaubert, Baudelaire, Huysmans, vor allem bei Proust funktionieren die Aromen und Düfte als [..] soziale Chiffren oder, worin die eigentliche Entdeckung lag, als Medien der Erinnerung. Geruch und Geschmack bilden feiner als jede optische Wahrnehmung das Netz des Gedächtnisses, das aus flüchtigsten Spuren die erinnerte Welt und die Erfahrungsgeschichte des Subjekts entzifferte." (Böhme (1985/86): S. 30.)

[375] Zum Geruch als allgemeinem Thema der Literatur vgl. die Reclam-Anthologie: Brüggemann, Rolf (Hg.): Das Schnüffelbuch. Stuttgart 1995. / Als populärkulturelles Beispiel sei hier der geruchsresistenten Fischhändlers Verleinix aus der Comic-Serie 'Asterix' erwähnt; sie tritt zum ersten Mal auf in: Goscinny, René / Uderzo, Albert: Der Seher. Asterix. Band 19. Stuttgart 1975.

ster' zu erwähnen, in dem Mignon ihre italienische Heimat mit den olfaktorischen Sehnsuchtsworten "das Land, in dem die Zitronen blühn"[376] bezeichnet, und auch Heine formuliert sein Heimweh geruchlich: Er sehne sich "nach Torfgeruch / Nach deutschem Tabaksdampfe [..]."[377] In der Philosophie sieht unter anderem Schopenhauer die zentrale Qualität des Geruchssinnes in der Erinnerung. Während dem Gesicht der Verstand und dem Gehör die Vernunft zuzuschreiben sei,

> "könnte man den Geruch den Sinn des Gedächtnisses nennen; weil er unmittelbarer, als irgend etwas Anderes, den specifischen Eindruck eines Vorganges, oder einer Umgebung, selbst aus der fernsten Vergangenheit, uns zurückruft."[378]

Auch in der neueren Philosophie wird die Verbindung von Geruch und Gedächtnis formuliert:

> "Bachelard nimmt ein Thema Prousts auf: Die Gerüche sind die Hüter der Vergangenheit, einer Vergangenheit, die aus den tiefsten Schichten des Seins, an den Grenzen des Gedächtnisses, gleichsam aus dem Unvordenklichen hervorgezogen wird."[379]

Über diese als eng eingestufte Verbindung von Erinnerungen und geruchlichen Reizen hinausgehend, wird in 'Das Parfum' ein Duftgedächtnis entworfen, das an Umfang und Genauigkeit stellenweise den Rahmen des Vorstellbaren zu verlassen scheint. So wirken etwa die Gedächtnisleistungen Grenouilles unrealistisch, wenn er in seinem Berg liegt und die Düfte vergangener Ereignisse vor seiner 'inneren Nase' Revue passieren läßt und sich dabei immer weiter in der Zeit zurück bewegt, bis er schließlich sogar beim "Mördergeruch seiner Mutter" (Par: 159) ankommt. Spätestens diese frühkindliche Duftprägung ist zu früh angesetzt,[380] um noch als realistisch gelten zu können. Die Lesenden teilen gewissermaßen das Mißtrauen Baldinis, das dieser gegenüber den genialischen Gedächtnisleistungen seines Lehrlings formuliert:

---

[376] Goethe, Johann Wolfgang von: Wilhelm Meisters Lehrjahre. In: Johann Wolfgang von Goethe. Werke. Hamburger Ausgabe. Band 7. Hgg. von: Trunz, Erich. München 1988, S. 145.
[377] Heine, Heinrich: Deutschland. Ein Wintermärchen. In: Heinrich Heine. Sämtliche Schriften. Vierter Band. Hgg. von: Briegleb, Klaus. München 1997, S. 633.
[378] Schopenhauer, Arthur: Die Welt als Wille und Vorstellung. Zweiter Band. In: Arthur Schopenhauer. Werke in fünf Bänden. Band 2. Hgg. von: Lütkehaus, Ludger. Zürich 1988, S. 44.
[379] Le Guérer (1994): S. 253.
[380] Grenouille wird von seiner Mutter direkt nach der Geburt entfernt und "einer Amme gegeben". (Par: 9)

" 'Ich kenne alle Gerüche der Welt, alle, die in Paris sind, alle, nur kenne ich von manchen den Namen nicht, [..] Gerüche, die Namen haben, das sind nicht viele, das sind nur einige Tausend [..].' 'Schweig!' rief Baldini, '[..] Du bist vorlaut und anmaßend. Kein Mensch kennt tausende Gerüche beim Namen. Selbst ich kenne [..] nur einige hundert [..]!' " (Par: 96)

Hier spiegelt sich die Unsicherheit der Lesenden, ab welchem Punkt die im Text behaupteten Fähigkeiten Grenouilles den Bereich des Möglichen verlassen. Wie viele Gerüche eine menschliche Nase aber nun tatsächlich zu unterscheiden in der Lage ist, entzieht sich zumindest dem Alltagswissen. Gerade die Berichte von außergewöhnlichen Leistungen in dieser Hinsicht vermehren die Unsicherheiten über das olfaktorische Potential eher noch, weil meist das Wissen über die eigenen Fähigkeit fehlt, durch das sie relationiert werden könnten: Es

"stehen dem kreativen Parfümeur heute mehr als 3000 synthetische Duftstoffe und 150 natürliche ätherische Öle zur Verfügung; das ist mehr, als er in seinem Gedächtnis speichern kann. Von Jacques Guerlain (1874 - 1963) [..] wird behauptet, daß er 3000 Geruchsqualitäten absolut unterscheiden konnte, eine olfaktorische Leistung, die nur durch ein intensives tägliches Training zu erreichen ist."[381]

Wenn Baldini gegenüber Grenouille eine geringere Anzahl von Düften angibt,[382] dann entspricht dies aber doch ungefähr der Anzahl natürlicher Öle, die zur Verfügung stehen; und auch hinsichtlich der Erlernbarkeit des Riechens[383] stimmen Baldinis Aussagen mit denen der Parfum-Geschichte überein: Der Parfümeur brauche (wie Grenouille von Baldini belehrt wird)

"ein über viele Jahrzehnte geschultes, unbestechlich arbeitendes Riechorgan [..]. Eine solche Nase [..] hat man nicht, junger Mann! Eine solche Nase erwirbt man sich mit Ausdauer und Fleiß." (Par: 97)

Auch außerhalb der Parfümerie-Branche werden solche hochtrainierten Geruchsprofis eingesetzt.[384] So leistet sich einem Spiegel-Bericht zufolge ein deutscher Automobilhersteller auf der Suche nach olfaktorischen Verbesserungsmöglichkeiten eine 'Schnüffler-Truppe': wobei die Vermutung,

---

[381] Ohloff (1992): S. 264.
[382] Die Parfum-Designerin Kim Weisswange gibt dagegen an, ein fotografisches Gedächtnis für Düfte zu haben und "ungefähr 10 000 unterscheiden" zu können. (*pia*: Dufte Vistienkarte. In: Die Zeit (17. 8. 2000), S. 48.)
[383] "Jährlich kommen 200 neue Duftnoten auf den Markt. Aber Parfümeure werden rar." (Hoffritz, Jutta: Das Diktat der Nase. In: Die Zeit (28. 12. 2000), S. 57.
[384] Allerdings scheint diese Berufsgruppe durch die Entwicklung künstlicher Geruchssensoren stark bedroht zu sein. / Vgl. n.n.: Überragendes Feingefühl. In: Spiegel (23) 1998, S. 182- 185.

daß Gerüche nicht nur viel mit Erinnerungen zu tun haben, sondern auch mit Konsumgelüsten und Emotionen, einen Konzern dazu bringt, sich eine solche Spezialistengruppe zu leisten.[385] Auf der Seite der Konsumenten nähren Berichte dieser Art andererseits wieder den Verdacht, daß Gerüche heimliche Verführer sein könnten. Gerade aber dieser für 'Das Parfum' so entscheidende Aspekt des Riechens, daß Düfte eine starke bis unwiderstehliche Wirkung auf Emotionen haben sollen, ist wohl nur stark eingeschränkt gültig:

> "Der Mensch hat sich so stark entwickelt, daß die meisten unserer Reaktionen auf Duftreize erlernt sind und also nicht die automatische Leidenschaft erzeugen wie die sexuellen Ausstrahlungen der Insekten zu bestimmten Jahreszeiten."[386]

Wenn in 'Das Parfum' behauptet wird, es sei mit Hilfe von Gerüchen möglich, "die Herzen der Menschen" (Par: 199) zu beherrschen, dann ist dies eher ein Ausdruck der herrschenden Manipulationsbefürchtungen, als eine realistische Einschätzung der Wirkungsweise von Düften, deren Effekte in der Realität viel dezenter ausfallen, als im Roman dargestellt wird. Gerade auf dem Feld des Erotischen, das in der Hinrichtungsszene effektvoll ausgespielt wird,[387] scheint die Wirkung der Düfte in der Realität eher der Phantasie zu entspringen[388] als der tatsächlichen Wirksamkeit der Pheromone. Weil sich Erotik-Parfums aber trotzdem ganz real verkaufen lassen, liegt die Vermutung nahe, daß dies auf dem (wohl besonders von Männern) dankbar aufgegriffenen Mythos beruht, es existierten im wörtlichen Sinne 'unwiderstehliche' Düfte.[389] Hier zeigt sich wohl wiederum eher die Wirksamkeit der olfaktorischen Stereotypenbildung als die Macht erregender Körperausdünstungen. Doch selbst in diesem Punkt bleibt ein Rest Mißtrauen, denn auch im Roman wird davon gesprochen, daß nur

---

[385] Selbst in einem profanen Umfeld wie der Automobilindustrie werden die Mythen des Geruchssinnes gepflegt. So sei die Geruchssensibilität der 'Chef-Nase' eben doch angeboren und nicht nur durch Training erlernt: "'Mein Sohn', sagt Schmidt, 'hat meine Nase.'" (Wüst (1998): S. 283.)

[386] Morris (1993): S. 55.

[387] Der narrative Kern lautet, daß Grenouilles Parfum die große Macht besitzt, selbst rigide Schranken sexueller Scham zu durchbrechen. / Vgl. Duerr, Hans-Peter: Nacktheit und Scham. Frankfurt 1988.

[388] Morris (1993): S. 55

[389] "In San Francisco gibt es Bestrebungen, gegen den Gebrauch von Parfum rechtlich vorzugehen, weil Duftstoffe 'in das körperliche Feld anderer eindringen können' [..]" (Weldon, Fay: Drum prüfe, wer sich ewig bindet! In: Die Zeit (20. 7. 2000), S. 2. (Leben) Hier öffnet sich das weite Feld von Macht und Sexualität. Literarisch hat wohl Roald Dahl die Machtphantasie über erotische Manipulationskraft durch Düfte am deutlichsten ausformuliert: Dahl, Roald: Bitch. In: ders. Kuschelmuschel. Reinbek 1978, S. 99 ff.

mit dem Duft "jener äußerst seltenen Menschen [..], die Liebe inspirieren" (Par: 240), solche erotischen Wirkungen ausgelöst werden können. Der Mythos vom Liebes-Parfum bleibt erhalten, weil niemand mit völliger Sicherheit ausschließen kann, daß es nicht doch (auch) der Geruch einer Person ist, der für die von ihr ausgelösten positiven oder negativen Emotionen verantwortlich gemacht werden kann. Auf Grenouilles Mordkalkül angewendet, ergibt sich die Vorstellung, die erotische Ausstrahlung der vierundzwanzig Jungfrauen könnte olfaktorisch gesammelt und zu einem Geruchs-Bild absoluter Schönheit zusammengefügt werden.

3.6 Gedächtnismetaphorik

Der zentrale Umschlag-Punkt, an dem die dargestellten phantastischen Auswirkungen überhaupt erst denkbar werden, ist die Externalisierung von nur gedachten Gerüchen in reale Duftsubstanz. In seiner Höhle konnte sich Grenouille unbegrenzt aus dem virtuellen Speicher seiner Erinnerung mit Gerüchen versorgen - nach seiner Rückkehr in die äußere Realität unterliegen dagegen auch und gerade die Düfte der entropischen Grundverfaßtheit des Daseins. Gerade durch ihre zeitliche Gebundenheit werden sie aber zu Sinnbildern für das Vergessen schlechthin. So hat Grenouille interessanterweise zunächst gar nicht die Konzeption verfolgt, ein möglichst wirkungsvolles künstliches Geruchsgemisch zu kreieren, sondern er wollte lediglich die Aura Laures für sich aufbewahren:

"Ach! Er wollte diesen Duft haben!" (Par: 218)

Auch Grenouilles 'Ach!'[390] verweist darauf, daß er sich in Zukunft 'Laures Geruch' nicht mehr nur vorstellen möchte; sein Seufzer besteht aus diesem einen Wort, "das in der deutschsprachigen Literatur so notorisch anzeigt, wie schwer es das poetische Medium Sprache hat, sich vom K*rach* abzugrenzen und auszudrücken, was wir uns vorstellen."[391] Nun sind aber die Zeichen, mit denen Grenouille operiert, gerade nicht die Wörter und die Sprache.[392] Will Grenouille sich Laures Duft ganz real aneignen, dann beendet er damit nicht nur den Zustand, sich ihren Geruch lediglich vorstellen zu können, sondern verläßt insgesamt den Operationsmodus Vorstellung, denn Düfte gehen Menschen im Gegensatz zur Sprache "direkt ans Herz". (Par: 199)

---

[390] Vgl. Kittler, Friedrich: Aufschreibesysteme. 1800. 1900. München 1995³, S. 52ff.
[391] Hörisch (1999): S. 259.
[392] An deren Sinn muß (ver-)zweifeln, wer die olfaktorische Struktur der Welt sprachlich ausdrücken will.

Der Preis, den Grenouille für dieses "Ende der Vorstellung"[393] bezahlt, ist die Endlichkeit der materiellen Essenz Laures, die er in Kauf nehmen muß. Er verfügt zwar über die Mittel, sich einer Menschenaura realiter zu bemächtigen, aber er muß erkennen, daß eine solche konkrete und materielle Speicherung den Duft bei jedem aktiven Gebrauch ein wenig mehr zerstört. Diese starke zeitliche Gebundenheit einer solchen individuellen olfaktorischen memoria ist es, was Grenouille letztlich davon abbringt, sich ausschließlich der Speicherung von Laures Geruch zu widmen. Das Motiv, aufgrund dessen Grenouille zum Massenmörder von 24 Jungfrauen wird, ist also die temporale Verfaßtheit von Laures entkörperlichtem, aber an Speichermaterie gebundenen Duft, die er dadurch entschärfen will, daß er sie mit den Auren der anderen Mädchen kombiniert:

> "Es ist nicht wie in der Erinnerung, wo alle Düfte unvergänglich sind. Der wirkliche verbraucht sich an die Welt. Er ist flüchtig. Und wenn er aufgebraucht sein wird, dann wird es die Quelle [..] nicht mehr geben." (Par: 243)

Hier wird der Gegensatz sichtbar, der zwischen der natürlichen Quelle eines Duftes in der Realität (der Körper des Mädchens) und der kognitiven Quelle des Duftes in der Idealität (die in Grenouilles Gedächtnis gespeicherte Aura des Mädchens) besteht. Körper wie Gedächtnis sind Instanzen des Überflusses; der reale Körpergeruch verbraucht sich ebensowenig wie der ideelle Gedächtnisgeruch. Das Problem der Zeitlichkeit entsteht erst, wenn das Parfum selbst (umkopiert auf ein anderes Trägermedium) zum Gedächtnisspeicher wird, denn das Duftöl verbraucht sich - gerade olfaktorische Informationen unterliegen dem Gesetz der Entropie.[394] Dieses Sich-Verbrauchen des Parfums wäre aber für Grenouille wie "ein langsames Sterben, eine Art umgekehrten Erstickens, ein qualvolles allmähliches Hinausverdunsten seiner selbst in die gräßliche Welt" (Par: 243), und er weigert sich, das als sein Schicksal anzunehmen. Das macht ihn zu einer fast schon tragischen Figur, deren Weigerung, sich dem Unausweichlichen zu fügen, ein zentrales Motiv menschlichen Handlens sichtbar werden läßt:

> "Der Mensch ist ein Wesen, das gegen die sture Tendenz des Universums zur Desinformation engagiert ist. [..] Seine Antwort auf den 'Wärmetod' und den Tod schlechthin ist: informieren."[395]

Hier wird nicht nur die temporale Logik des Parfums deutlich gemacht, sondern es wird auch für das Gedächtnis im allgemeinen eine neue Meta-

---
[393] Hörisch (1999): S. 259.
[394] Zur literarischen Auseinandersetzung mit Entropie vgl. Kehlmann, David: Mahlers Zeit. Frankfurt 1999.
[395] Flusser, Vilém: Ins Universum der technischen Bilder. Göttingen 1996⁵, S. 23.

phorik entwickelt. Das Parfum ähnelt der Augustinischen Gedächtnismetapher des Magens,[396] es ist ein ungewöhnliches "Bild für das Gedächtnis, das im Gegensatz zu den verbreiteten Schrift-, Raum- und Gebäude-Metaphern die Dimension der Zeit im Akt der Erinnerung besonders beleuchtet."[397] Das Parfum versinnbildlicht ein Gedächtnis, das einen Eindruck zwar lange Zeit speichern kann, bei dem aber der aktive Teil der memoria, die Erinnerung, immer mit einer Verflüchtigung einhergeht. Anders als die Spuren im Marmor oder auf Papier sind die Düfte dadurch gekennzeichnet, daß sie nicht dauerhaft sind:[398]

> "Der Hund der alltäglichen Anagnorisis ist eine schweifwedelnde oszillierende *memoria*. Den klarsten Beweis für den längst erfolgten Ausschluß des Geruchs bildet die Tatsache, daß es in allen Lexika der Welt nur wenige Einträge gibt, um Geruchs- und Geschmacksdifferenzen zu bezeichnen. Das olfaktorische Tagebuch, das der schreckliche Held von Patrick Süßkinds [sic!] Roman [..] geführt haben soll, muß aus völlig neuen Wörtern bestanden haben."[399]

Das Parfum als Gedächnismetapher produziert ein Bild der Vergeblichkeit: das flüchtige Reich der Gerüche ist ein Gebiet, "welches in der Geschichte keine Spuren hinterläßt." (Par: 5) Gegen dieses Vergessen kämpft Grenouille nicht nur in bezug auf seine eigene Person an, sondern insbesondere in bezug auf die Düfte der ermordeten Mädchen. Sein Ziel ist es, ein Speicherverfahren zu entwickeln, bei dem die Erinnerungsakte mit möglichst wenig Verbrauchsverlusten verbunden sind. Er möchte die (langfristig zwar unvermeidliche) Verflüchtigung von Laures Duft

> "so lange als irgend möglich hinauszögern. Man müßte ihn haltbarer machen. Man müßte seine Flüchtigkeit bannen, ohne ihm seinen Charakter zu rauben - ein parfümistisches Problem." (Par: 245)

Grenouille löst diese Aufgabe, indem er eine olfaktorische Kombinatorik entwickelt: er manipuliert das natürliche Geruchsgedächtnis, indem er die Auren der getöteten Mädchen mit dem Duft Laures vermischt. Die vierundzwanzig Jungfrauen aber gehören alle "jenem schwerblütigen Typ von Frauen an, die wie aus dunklem Honig sind, glatt und süß und ungeheuer klebrig" (Par: 247) und die daher geeignet seien, in seinem Menschenparfum die Funktion des Fixateurs zu erfüllen: Was bei einem flüchtigen Blütenduft durch kleine Mengen "Moschus und Zibet" (Par: 246) erreicht werde, nämlich die Hauptkomponente haltbarer zu machen, könne gegen-

---

[396] Vgl. Augustinus: Bekenntnisse. Stuttgart 1955, S. 169.
[397] Assmann, Aleida: Erinnerungsräume. München 1999, S. 166.
[398] Um so interessanter ist die Formulierung, es haben sich in Grenouilles Gedächtnis "die Konturen aller Gerüche eingegraben [..], denen er jemals begegnet war." (Par: 158)
[399] Schneider (1992): S. 422.

über Laures Duft von den 'dunkleren' Geruchsnoten der anderen Mädchen geleistet werden. Weil Grenouille also die Kopie eines einzelnen Menschenduftes auch in ihrer konzentrierten Form möglichst haltbar machen will, muß sie mit anderen Düften kombiniert werden und so aus dem Bereich des natürlichen Gedächtnisses in die Sphäre künstlicher Erinnerungen übergehen. Trotzdem soll die emotionale Wirksamkeit der Düfte über die Zeit gerettet werden, auch nachdem sie ihre natürliche Quelle verloren haben.

Trotzdem ist es aber gerade die Authentizität des Erinnerns, die bei Grenouilles Parfum verlorengeht,[400] denn was die Menschenmenge auf dem Cour wahrnimmt, ist eben weder 'Laure' noch 'Laures Körper'; aber es ist auch nicht 'Laures Duft', den Grenouille verströmt, sondern ein Kunstwerk, das "*gemacht*" (Par: 316) wurde. Verschiedene materielle Substanzen, die jeweils die Trägermaterie eines einzelnen Duftes waren, sind als reale Flüssigkeiten vermischt worden, wodurch eine Flüssigkeit entstanden ist, die als Träger einer starken Emotion wirkt. Grenouille nutzt die Macht des Signifikanten 'Geruchsstoff', denn er kopiert, konzentriert und kombiniert die materiellen Träger der Gerüche, wodurch er in der Lage ist, das 'natürliche' Gedächtnis der Gerüche zu recodieren, d.h. künstliche Erinnerungen zu erschaffen. Selbst mit dem beschränkten Repertoire an Grundstoffen, das Grenouille in Baldinis traditioneller Parfümerie vorfindet, gelingt es ihm schon, aus Düften eine künstliche Realität zu produzieren:

> "Baldini schloß die Augen und sah sublimste Erinnerungen in sich wachgerufen. Er sah sich als jungen Menschen durch abendliche Gärten von Neapel gehen; [..] er hörte Flüsterndes ganz dicht am Ohr, er hörte ein Ichliebedich und spürte, wie sich ihm vor Wonne die Haare sträubten, jetzt! jetzt in diesem Augenblick!" (Par: 111)

Baldini riecht und schließt die Augen, d.h. er öffnet den Raum der inneren Projektion, denn er sieht sich selbst und hört das Flüstern und spürt seine Gänsehaut. Der synästhetische Effekt des Geruchs ist so stark, daß vier Sinne notwendig sind, um seine Wirkung zu beschreiben. Darüber hinaus wird Baldini zeitlich zurückversetzt. Wobei aber deutlich wird, daß es nicht eine konkrete Erinnerung ist, die in ihm aufsteigt, sondern daß der Duft eine Art universales Wunschgedächtnis freisetzt. Der externe Duftreiz produziert eine Vergangenheit, die nur als ein interner Wunsch Baldinis existiert.

---

[400] "Bei Klüger wie bei Proust gehören Geschmack und Erinnerung untrennbar zusammen. Im einen Falle sind die Sinne zentral beteiligt bei der Wiederherstellung verlorener Erinnerung, im anderen Falle gelten sie als Nukleus authentischer Erinnerungen." (Assmann (1999): S. 168.)

Andererseits wird im Roman die Illusion einer natürlichen Geruchsordnung immer wieder gestützt: wenn etwa Grenouilles Kleiderhaufen als ein "olfaktorisches Tagebuch" (Par: 174) bezeichnet wird, entsteht die Vorstellung eines automatischen und nicht zu fälschenden Geruchsspeichers. Ein anderes Beispiel ist die Erinnerung an den Markttag auf dem Platz der Hallen, wo "fast wie ein Parfum [..] in den Gerüchen abends noch der Tag fortlebte [..]." (Par: 45) Und auch die Duftwolke, die "noch mehrere Wochen lang den Lauf der Seine von Paris bis nach Le Havre überschwebte" (Par: 145), erinnert noch an Baldinis Existenz, wenn schon das Haus, das Geld und das Formelbuch verschwunden sind. Grenouilles Parfum dagegen subvertiert diese 'natürliche' Ordnung der Repräsentation, denn es unterläuft sowohl die zeitlichen Relationen (das Repräsentierte muß vor der Repräsentation da sein) als auch die ontologischen Relationen (das Repräsentierte muß existiert haben, bevor es repräsentiert werden kann).

Die Provokation besteht darin, daß diese beiden Bereiche jeglicher Manipulationsmöglichkeit entzogen zu sein schienen.[401] Grenouille ist aber in der Lage, dieses Geruchsgedächtnis zu manipulieren, was er schon mit seiner ersten Komposition 'Nuit Napolitaine' zeigt und was er dann mit seinem absoluten Duft unüberbietbar unter Beweis stellt. Im Gegensatz zu Baldini, der aufgrund der von Grenouille gemachten Duftmischung Erinnerungen 'sublimster' Art in sich aufsteigen spürt, gibt sich die Menschenmenge auf dem Cours aufgrund der gefälschten Aura sehr indiskret einer sehr realen Körperlichkeit hin.[402] Während die Menschenmenge in der Hinrichtungsszene dem erotisch-synästhetischen Erlebnis erliegt, wird Richis darüber hinaus von Grenouilles Parfum in der Form manipuliert, daß er seine Tochter in Grenouille wiederzuerkennen meint. Das Zentrum des Duftes wird vom olfaktorischen Gedächtnis seiner Tochter gebildet, wodurch seine Zeitordnung und seine Wahrnehmungsstruktur derart verändert wird, daß er glaubt, Laures Bild in ihrem Mörder wiedergefunden zu haben:

"Ich habe eine Tochter verloren, ich will dich als meinen Sohn gewinnen. Du

---

[401] Vgl. Böhme (1985/86): S. 30.
[402] Zwar gilt Böhmes Feststellung: "Das absolute PARFUM, durch welches Grenouille im Moment seiner bevorstehenden Hinrichtung eine Massenorgie entfesselt, demonstriert ironisch, daß Sinnlichkeit nicht das Unvermittelbare, sondern das restlos Vermittelte ist." (Böhme (1985/86): S. 30.)
Aber die vom Parfum freigesetzten phantasmatischen Energien sind so stark, daß es keinen Sinn mehr macht, zwischen echten und falschen Gefühlen unterscheiden zu wollen, obwohl das auslösende Moment dieser Gefühle die gerade nicht mehr 'natürliche' Aura Grenouilles ist, sondern ein aus dem olfaktorischen Datenraum künstlich 'komputierter' Sinneseffekt.

bist ihr ähnlich. Du bist schön wie sie, deine Haare, dein Mund, deine Hand ..." (Par: 309)

Hier liegt der Kern des Mißtrauens gegenüber olfaktorischen Manipulationen. Die skandalöse Kraft des Geruchs besteht darin, daß sie auch noch unabhängig von ihrer natürlichen Quelle wirkt bzw. ihre 'Wucht' durch das kompositorische Geschick Grenouilles sogar noch nachträglich gesteigert wurde. Aber auch schon in seinem natürlichen / ungemischten Zustand hatte Laures Duft die Eigenschaft, das Zeitempfinden zu stören.[403] Nicht nur ihre Bewunderer, sondern auch ihr Vater, der als ein äußerst pragmatischer und beherrschter Tatmensch präsentiert wird, geraten in einen Zustand

> "dümmlicher Hingegebenheit [..]. Selbst Richis, wenn er die eigene Tochter ansah, ertappte sich dabei, daß er für unbestimmte Zeit, für eine Viertelstunde, für eine halbe Stunde vielleicht, die Welt und damit seine Geschäfte vergaß - was ihm sonst nicht einmal im Schlaf passierte [..]." (Par: 255)

Auch der immer mißtrauische und analytisch distanzierte Grenouille war Laures Duft kurzzeitig erlegen. Seine Verwirrung rührte vor allem daher, daß er in ihm den Geruch des Mirabellenmädchens wiederzuerkennen glaubte, was ihn in einen Zustand heftigster temporaler Konfusion stürzt:

> "Für einen Augenblick, für einen Atemzug lang, für die Ewigkeit schien ihm, als sei die Zeit verdoppelt oder radikal verschwunden, denn er wußte nicht mehr, war jetzt jetzt und war hier hier, oder war nicht vielmehr jetzt damals und hier dort, nämlich Rue de Marais in Paris, September 1753 [..]." (Par: 215)

Erst als er die feinen Differenzen zwischen Laures Duft und dem des Mirabellenmädchens wahrgenommen hat, kann er sich beruhigen und wieder in seine normale Zeitordnung zurückkehren. Solange Grenouille aber noch glaubte den Geruch des Mirabellenmädchens wahrzunehmen, mußte er sich vor diesem Duftgeist "zu Tode" (Par: 215) erschrecken. Es dürfte diesen Geruch in der äußeren Welt gar nicht mehr geben, solange niemand ein künstliches Duftgedächtnis geschaffen hat, was aber mehr als unwahrscheinlich ist. Lediglich in seiner Erinnerung existiert die Aura des Mädchens noch; nur in Grenouilles innerer "Bibliothek der Gerüche" (Par: 164) ist ihr Duft von jeder zeitlichen Gebundenheit befreit und auf immer bewahrt. Grenouilles siebenjähriger Höhlenaufenthalt kann in diesem Zusammenhang als weitere Inszenierung einer Gedächtnismetapher gelesen werden. Die Eremitage ist als eine memoria-Figur interpretierbar,

---

[403] Auch die schon 'orwellsche' Verdrängungsleistung der Grasser Bürger nach der Orgie könnte in diesem Zusammenhang als eine 'Störung' des Zeitempfindens bzw. des Gedächtnisses gelesen werden.

die das gnostische Grundmotiv verdeutlicht, in dem der Schlaf dem Vergessen und das Erwachen dem Erinnern gleichgesetzt wird:

> "Die Gefahr des Vergessens entspringt dem Anschlag einer dämonischen Macht und gehört zur Strategie einer feindlichen Überlistung [..]. Der Mensch wird mit Macht und List in einer Welt gehalten, in die er nicht gehört; mit Lärm übertönt man den Ruf aus einer anderen Welt, und mit Trunkenheit nebelt man das Bewußtsein ein. Die Hoffnung besteht darin, daß der Lärm selbst das Opfer aus der Lethargie reißt und zum Erwachen bringt [..]."[404]

Grenouilles Existenz in Paris kann ohne großen interpretatorischen Aufwand als ein Dasein im 'Lärm' beschrieben werden, wobei es sich um olfaktorischen 'Lärm' handelt. Als diese Dominanz der äußeren Sinnesreize abbricht, wird dies dann auch als eine "Erlösung" (Par: 147) beschrieben. Er wird von dem Zwang befreit, ständig die olfaktorischen Informationen zu beachten - auf dem Berg herrscht der reine 'noise', die völlige olfaktorische Entropie:

> "[..] da war nichts. Da war nur Ruhe, wenn man so sagen kann, geruchliche Ruhe. Ringsum herrschte nur der wie ein leises Rauschen wehende, homogene Duft der toten Steine [..]." (Par: 154)

Jetzt erst ist Grenouille in der Lage, auf die andere Stimme zu hören. Denn er bemerkt, daß es nur der Gestank der Menschen war, der ihm zu schaffen machte, daß es sich aber mit "der menschenleeren Welt" (Par: 149) leben ließ.[405] Daraufhin zieht sich Grenouille (nicht aus der Welt) aber vor den Menschen in eine Höhle zurück. Dort herrscht völlige 'Stille', d.h. dort können ihn keine äußeren Reize, vor allem geruchlicher Art, von seiner inneren Welt ablenken:

> "Am Ende des Tunnels herrschte selbst tagsüber stockfinstere Nacht, es war totenstill, und die Luft atmete eine feuchte, salzige Kühle. Grenouille roch sofort, daß noch kein lebendes Wesen diesen Platz je betreten hatte. Es überfiel ihn beinahe ein Gefühl von heiliger Scheu, als er ihn in Besitz nahm." (Par: 156)

Erst in dieser 'geweihten' Stille wird es ihm möglich sein, äußerlich schlafend, geistig zu erwachen. Zunächst setzt er aber eine innere Welt frei, die seine bisherige äußere Existenz nur nach Innen spiegelt wie eine entfernte Erinnerung. Grenouilles Existenz in der äußeren Welt wird hart kontrastiert von der temporalen Logik innerhalb des "Seelentheaters". (Par: 168)

---

[404] Assmann (1999): S. 169.
[405] Am Rande sei hier bemerkt, daß es vor allem der menschliche Gestank ist, weshalb Agent Smith die 'Matrix' (USA, 1999) wieder verlassen und seine Existenz als körperlose Software fortsetzen will.
Vgl: Bronfen, Elisabeth: Epilog. 'Operator' - 'I need an Exit!' Matrix (Larry und Andy Wachowski). In: dies.: Heimweh: Illusionsspiele in Hollywood. Berlin 1999, S. 527 ff.

Dort ist jeder Tag gleich, jede Vorstellung folgt derselben Dramaturgie, hat denselben Regisseur, Hauptdarsteller und Zuschauer. In dieser ideellen Welt sind Gerüche unbegrenzt und stabil verfügbar. Für das Geruchswesen Grenouille gibt es daher keinen Mangel mehr, jedoch ist damit jede Differenz-Erfahrung ebenfalls unmöglich geworden. Es ist aber nicht nur die Vergänglichkeit der Düfte aufgehoben, sondern auch die Temporalität der äußeren Welt überwunden. Grenouille ist in der Position einer göttlichen Allmachtsinstanz, die über ihre Welt so absolut verfügt, daß sie Mängel schon wieder inszenieren muß, um nicht in Langeweile zu versinken.[406] In seinem Inneren feiert er rauschende Duftorgien - hielt ihn zuvor der Menschenbrodem davon ab, den Ruf aus einer anderen Welt zu hören, betäubt er sich nun mit diesen olfaktorischen Festen. Er entfesselt damit aber am Ende doch noch den Erweckungs-Lärm, der ihn aus seiner eschatologischen Lethargie reißt; sein Alptraum wird auch durch seinen Duft-Kater mit ausgelöst:

> "Er hatte enorm viel getrunken, zum Abschluß gar zwei Flaschen vom Duft des rothaarigen Mädchens. Wahrscheinlich war das zuviel gewesen." (Par: 170)

Es ist die auf diesen Rausch folgende Rückkehr der Differenz, die ihn davon abhält, sich in seiner Höhle zu Tode zu schlafen. Die olfaktorische Formulierung dieses Ur-Sprungs besteht in der drohenden geruchlichen Stille, durch die Grenouille aus seinem Alptraum heraus "in die Welt zurückgespieen" (Par: 170) wird. Er fürchtet an seinem eigenen Geruch zu ertrinken; einem Geruch, den er paradoxerweise nicht zu riechen in der Lage ist. Hätte er es zugelassen, daß die Nebel in seinem Inneren steigen, würde er (das) Nichts riechen; was ihn aufweckt, ist die Unmöglichkeit, sich selbst olfaktorisch zu beobachten:

> "Er konnte sich, vollständig in sich selbst ertrinkend, um alles in der Welt nicht riechen!" (Par: 171)

Diese Situation kann als ein gespiegelter Narzißmus gelesen werden - Narziß leidet an einem Zuviel an Selbstbeobachtung. Er war als Jäger ein mit sich selbst identisches Subjekt, solange er sich nicht selbst (im Wasserspiegel) erkannte,[407] "si se non noverit".[408] Als das geschieht, fällt er in einen

---

[406] Die verzögerte Rückkehr der Diener (Par: 164) oder auch die schlechten Gerüche, die er sich zu Beginn vergegenwärtigt und dann zerstört (Par: 158 f.), dienen dem Kontrast und so dem Genuß des Schönen.
[407] Zuvor hatte sich Narziß in den akustischen Verführungs-Netzen der Nymphe Echo verfangen. / Vgl. Bahr, Hans-Dieter: Der Spiegel, das winzige Wasser und die Maschine. In: Konkursbuch (3) 1979, S. 39 ff.
[408] Publius Ovidius Naso: Metamorphosen. (Drittes Buch; V. 348.) Übers. von: Rösch, Erich. München 1964, S. 104.

Zustand (selbst-)verliebter Narkose und wacht aus seinem metamorphotischen Todesschlaf nicht mehr auf.[409] Grenouille dagegen leidet gerade nicht an einem Zuviel, sondern an einem Zuwenig an Selbstbeobachtung. Er ist eins mit sich und seiner (inneren) Welt, bis er erkennen muß, daß er sich olfaktorisch nicht beobachten kann, daß es auch hier immer einen blinden Fleck der Reflexion gibt. Die delphische Aufforderung zur Selbsterkenntnis (an der Narziß zugrunde geht) wird hier olfaktorisch reformuliert und als produktivierendes Ek-sistential Grenouille aufgegeben. Diese fragende Sorge um sich reißt ihn aus seinem (tödlichen) Schlaf des Vergessens. Der Schock des Beobachterparadoxons wird hier als eschatologische Erweckungsmetapher in einen Zustand des heilsamen Wieder-Erinnerns lesbar:

> "Der Letheﬂuß ist der Strom, der alles unwiederbringlich davonschwemmt und der uns von früheren Phasen unserer Existenz abtrennt wie der Styx vom Leben selbst. Das Wasser des Lebens und Erinnerns dagegen sprudelt aus einer Quelle. Kastalia, die heilige Quelle Delphis, wurde in römischer Zeit zum Dichterquell, ihr Wasser galt als prophetisch."[410]

Entsprechend der Genie-Metaphorik ist sich Grenouille selbst die erweckende Quelle.[411] Er trinkt im Traum seinen Geruch (den er nicht riechen kann) und erinnert sich so an seine künstlerischen Aufgaben in der wirklichen Welt. Was der Nebel auf diese Art in seine Existenz zurückbringt, ist das Bewußtsein darüber, daß er an einem fundamentalen Mangel leidet - daß er aber gleichzeitig die Fähigkeit besitzt, diesen Mangel zu beheben. Damit wird die temporale Dimension der Zukünftigkeit in Grenouilles Dasein zurückgebracht und er der Gattung Mensch als 'perfektiblem' Wesen wieder näher gerückt. In seiner Höhle hatte sich Grenouille nämlich vollständig in die Vergangenheit seiner Geruchsweine zurückgezogen, mit denen er sich 'Tag für Tag' betrunken hat. Der Duft-Rausch brachte das Vergessen gerade dadurch, daß er ihm eine Existenz ermöglichte, die ausschließlich in der Vergangenheit schon gerochener Düfte besteht, ohne das Risiko, mit etwas Neuem konfrontiert zu werden. Damit ist er seinem künstlerischen Selbstauftrag untreu geworden, der doch (dem Innovationszwang der Genie-Ästhetik verpflichtet) gerade darin bestanden hatte, "radikal neue Düfte zu erzeugen [..]." (Par: 130) Nachdem er das Mirabellenmädchen ermordet hat und sich so "das Prinzip ihres Duftes" (Par: 58) aneignen konnte, war in ihm der Entschluß gereift, "der größte Parfumeur aller Zeiten" (Par: 58) zu werden. Er ist aber (durch die

---
[409] Vgl. McLuhan, Marshall: Die magischen Kanäle. Düsseldorf 1992, S. 57 ff.
[410] Assmann (1999): S. 171.
[411] Lediglich der Mädchenduft hat eine ähnliche Funktion; Grenouille nennt Laure die "Quelle". (Par: 243)

geruchlichen Nicht-Informationen verführt) von seinem zielstrebigen Weg zum GröPaZ abgekommen[412] und hat sich in den olfaktorischen Orgien in seinem Seelentheater verloren. Er drohte in sich selbst zu versinken und seine Ziele zu vergessen. Seine Höhle wäre auf diese Weise beinahe zum Grab seiner Seele geworden, bis sein Eigengeruch als das Zeichen seines Selbst ihn wieder an sich erinnert hat. Grenouille überwindet die Versuchungen, indem er sich wieder als das menschliche Mängelwesen wahrnimmt, das er in Wirklichkeit ist - nachdem er sich in die Rolle des göttlichen Großen Grenouille geträumt hat. Damit hat er auch den Abstieg in die Unterwelt, der "zum obligatorischen Reiseprogramm des epischen Helden gehört",[413] erfolgreich hinter sich gebracht.

4. Vermischen

Identität wird in 'Das Parfum' nicht nur als ein temporal determinierter Prozeß, sondern auch als ein räumliches Dispositiv beschrieben. Der Duft der Frauen wird zum Zeicheninventar für die künstlich erzeugten Auren, die den Mörder ohne olfaktorische Eigenschaften umhüllen und ihm eine Geruchsexistenz verschaffen. Diese absoluten Parfums Grenouilles sind aber nicht nur innerhalb ihrer zeitlichen Gebundenheit beschreibbar, sondern müssen auch in räumlichen Kategorien charakterisiert werden; als Masken, hinter deren künstlicher Oberfläche das Subjekt den Abgrund seiner eigenen Leere zu verbergen sucht. Unter diesem räumlichen Aspekt, der im folgenden Kapitel die leitende Perspektive sein wird, kommen die Spezifika der Figurendarstellung und -konstellation ebenso in den Blick wie die zyklische Struktur von Grenouilles Lebensweg, der im höchsten Gedränge der Düfte "am allerstinkendsten Ort des gesamten Königreichs" (Par: 7) geboren wird, dessen Umweg über das Leben ihn bis zum geruchs- weil "menschenfernste[n] Punkt des ganzen Königreichs" (Par: 152) geführt hatte, um schlußendlich in den Schoß bzw. Magen der Stadt Paris heimzukehren, indem er sich dort von einer olfaktorisch manipulierten Menschenmeute buchstäblich auffressen läßt.

---

[412] Er beschließt, nicht Politiker, aber ein Verführer zu werden: "Er mußte ein Schöpfer von Düften sein. Und nicht nur irgendeiner. Sondern der größte Parfumeur aller Zeiten." (Par: 58)
[413] Assmann (1999): S. 171.

4.1 Geruchsdichte

Der Lebensumweg Grenouilles kann als eine olfaktorische Bewegung durch einen mehr oder weniger von Gerüchen erfüllten Raum dargestellt werden; denn nicht nur die Erfahrung von Zeit, sondern auch die Wahrnehmung des Raums und der Figuren in ihm ist in 'Das Parfum' primär olfaktorisch codiert. Besonders bei einer Visualisierung der Figurendistribution wird deutlich, daß sich das Geschehen symmetrisch um ein Geruchs- und Figurenminimum gruppiert, an dem sich Grenouilles Reduktion seiner Umwelt auf Gerüche ablesen läßt:

Während die zeitliche Erstreckung im Text als Verfliegen von Duft dargestellt wird, nimmt Grenouille die Ausdehnung des Raums vor allem als eine mehr oder weniger dichte Ansammlung von Riechbarem wahr. Je mehr Gerüche pro Raumeinheit vorhanden sind, desto höher ist die Geruchsdichte, wodurch (in der olfaktorischen Wahrnehmung) der Raum als 'enger' erscheint. Dies kann auch als Äquivalent zur textuell-narrativen Logik des Zeitlichen gelesen werden: Je mehr Ereignisse auf einer Zeiteinheit versammelt sind, desto höher die Handlungsdichte - desto geringer aber paradoxerweise das Erzähltempo, das dann eher zur Zeitdehnung tendiert. Wie in 'Das Parfum' der Raum (unabhängig von seinen absoluten Eigenschaften) wahrgenommen wird, hängt also hauptsächlich davon ab, wie viele Dufteindrücke auf ihm versammelt sind. Paris wird etwa von Grenouille als ein verschlungenes "Knäuel aus Dunst und Gestank" (Par: 44) erlebt; ein Duftstrom, in dem er "wie ein Raumfisch" (Par: 44) schwimmt, immer auf der Jagd nach neuen Geruchseindrücken. Als er zum ersten Mal in seinem Leben vollständig aus diesem "dicken Brei" (Par: 45) heraustritt, empfindet er die plötzliche Weite des Raums vor allem vermittels des Umstands, daß das Tempo, mit dem die Gerüche sich abwechseln, plötzlich extrem stark abgenommen hat:

> "Es hetzten sich nicht mehr Meter für Meter Hunderte, Tausende verschiedener Gerüche in rasendem Wechsel, sondern die wenigen, die es gab - der Geruch der sandigen Straße, der Wiesen [..] -, zogen in langen Bahnen über das Land, langsam sich blähend, langsam schwindend, kaum je abrupt unterbrochen." (Par: 147)

Grenouille kann sich durch diese 'langsame' Umwelt bewegen, ohne seine Augen zu benutzen. Er nimmt auf seiner Wanderung den Raum um sich herum tatsächlich nur 'der Nase nach' wahr. Obwohl er sich also durch eine 'reale' Landschaft bewegt (die Gegend südlich von Paris), wird die räumliche Ausdehnung nicht als das Durchwandern einer absolut und objektiv meßbaren Strecke präsentiert. Die Räumlichkeit kann nicht in visuell-numerischen Kategorien dargestellt werden, weil Grenouille sie nur in Form mehr oder weniger häufiger Geruchswechsel wahrnimmt, die selbst in Relation zu seiner Eigengeschwindigkeit als Beobachter stehen. Sein Lauftempo wiederum hängt von den geruchlichen Kräften seiner Umwelt ab: So spricht der Text davon, daß Grenouille nach einigen Tagen "ins olfaktorische Gravitationsfeld von Orléans" (Par: 149) gekommen sei. Entsprechend des metaphorischen Wortfeldes 'Magnet', das der Text hier eröffnet, könnte dies als das Aufeinandertreffen zweier gleichpoliger (und sich daher abstoßender) Magnete gelesen werden - wodurch sich Grenouilles Geschwindigkeit erhöht. Seine Flucht gleicht dem Weg einer Kugel, die sich durch ein Feld abstoßender Kraftpunkte auf den einen gegenpoligen, also anziehenden Magnet zu bewegt. Für Grenouille wird dieser Punkt im Raum als der geruchliche "Magnetpol der größtmöglichen Einsamkeit" (Par: 152) bestimmt, von dem aus jede Bewegung ihn näher zu den Menschen und damit zu der verabscheuten Geruchsintensität bringen würde. Gegen Ende seiner Wanderung wird Grenouille immer empfindlicher gegenüber dem immer seltener werdenden Geruch:

> "Je mehr sich Grenouille an die reinere Luft gewöhnt hatte, desto empfindlicher traf ihn so ein Menschengeruch, der plötzlich, völlig unerwartet, nächtens daherflatterte, scheußlich wie Odelgestank, und die Anwesenheit irgendeiner Hirtenunterkunft oder Köhlerkate oder Räuberhöhle verriet." (Par: 152)

Selbst in seinem nur noch punktuellen Erscheinen ist Grenouille von der Aura des Menschlichen angeekelt. Grenouilles Flucht bewegt sich daher entlang dieses extremen Duftgefälles von der größtmöglichen bis zur geringstmöglichen Intensität des Menschengeruchs. Der Ausgangspunkt ist folgerichtig Paris, weil dort "der Gestank am größten [ist], denn Paris war die größte Stadt Frankreichs." (Par: 6) Im Rahmen dieser räumlichen Grenzen wird der Belästigungsgrad nochmals gesteigert, insofern der exakte Startpunkt von Grenouilles Lebensweg wiederum der stinkendste Punkt innerhalb von Paris ist. Somit wird Grenouille am "allerstinkendsten Ort des gesamten Königreichs" (Par: 7) geboren und strebt von dort aus dem am allerwenigsten stinkenden Punkt Frankreichs zu. Auch hier wird nochmals eine Steigerung der olfaktorischen Quantität vorgenommen; diesmal im negativen Sinn:

Es genügt nicht, daß Grenouille nur auf dem einsamsten Berg Frankreichs steht, er verkriecht sich dort nochmals in eine Höhle, von der er sofort erwittert, "daß noch kein lebendes Wesen diesen Platz je betreten hatte." (Par: 156) In dieser praktisch geruchsfreien Umgebung verbringt er sieben Jahre seines Lebens damit, sich in Gedanken Düfte vorzustellen.

Aber weder diese inneren Phantasien noch seine körperliche Anwesenheit haben irgendeine Wirkung auf diese äußere Umwelt:

> "An diesem Ort, in diesem weltfernen steinernen Grab, hatte er sieben Jahre lang gelegen. Wenn irgendwo auf der Welt, so mußte es hier nach ihm riechen. [..] Er hatte ein untrügliches Gedächtnis und wußte genau, wie es vor sieben Jahren an dieser Stelle gerochen hatte [..]. Genau so aber roch es auch jetzt." (Par: 176)

Nicht nur, daß Grenouille also selbst in seiner nächsten Umgebung keinerlei Spuren hinterläßt, seine vollständige Abgeschlossenheit gegenüber seiner Umwelt erzeugt eine absolute Einsamkeit, die für einen 'normalen' Menschen, selbst in der räumlichen Abgeschiedenheit des Plomb du Cantal nicht denkbar wäre: Er liegt in seiner Berghöhle und badet in seiner "durch nichts mehr abgelenkten Existenz" (Par: 158), die sich aber als eine Illusion herausstellt, denn er existiert nicht selbst, er ist nur die erinnerte Ansammlung verschiedenster Gerüche. Wenn Grenouille also nahe bei sich sein will, dann ist er nirgendwo, denn im olfaktorischen Sinne 'ist' Grenouille nicht. Und deshalb ist seine Einsamkeit tatsächlich die größtmögliche, die denkbar ist - eine vollständige Abwesenheit äußerer Sinnesreize, die normalerweise nie absolut sein kann, weil zumindest der eigene Körper noch eine Mindestreizung darstellt. In Grenouilles speziellem Fall ist sie aber durch das Fehlen seines Körpergeruchs doch verwirklicht. Er riecht in seiner Höhle buchstäblich nichts: eben nicht einmal sich selbst. Dieser hier literarisch konstruierte Zustand ist sonst nicht vorstellbar[414] und wird gegen Ende des Romans auch als "unlebbar" (Par: 315) bezeichnet.

Den letzten Schritt zur totalen Unüberbietbarkeit dieses Rückzugs macht der Text, indem er Grenouille von Gott trennt. Nicht nur, daß ihm alle physischen Möglichkeiten der (Selbst-)Beobachtung versperrt wurden, er fühlt sich auch durch das Auge Gottes nicht beobachtet. Auch im Bereich des Metaphysischen wird Grenouille eine externe Beobachtungsinstanz verweigert. Weder in seinem Berg weiß er, "wem er danken sollte für so viel Glück" (Par: 156) und auch später am Ziel seiner olfaktorischen Wünsche bleibt er einsam:

> "Rührung stieg in ihm auf, Demut und Dankbarkeit. 'Ich danke dir', sagte er leise, 'ich danke dir, Jean-Baptiste Grenouille, daß du so bist, wie du bist!' So ergriffen war er von sich selbst." (Par: 279)

Der Weg Grenouilles führt ihn aus der maximierten Ballung des Menschenbrodems in Paris, in die Berghöhle einer vollständigen Menschen-

---

[414] Auch die berühmteste literarische Einsiedlergestalt erhält mit 'Freitag' ein Gegenüber; vgl. Defoe, Daniel: Robinson Crusoe. München 1981, S. 159.

ferne (auch der sinnlichen Abwesenheit des eigenen Körpers), zurück zu den Menschen - in den Schoß und schließlich den Magen olfaktorisch manipulierter Menschenmengen. Der Text oszilliert zwischen der Ich-Diffusion, die durch die vollständige Einsamkeit des Helden (seine totale Beobachtungslosigkeit) erzeugt wird, und der Ich-Dissoziation Grenouilles, wenn er sich verschiedentlich den Menschenmengen aussetzt. (Ergänzend sei hier auf die wechselnde Haltung Grenouilles gegenüber seiner Umwelt im allgemeinen hingewiesen, die zwischen Öffnung und Rückzug schwankt und für die Frizen in Anlehnung an Goethe das Begriffspaar Systhole / Diasthole prägt.[415]) Dieser zyklisch verlaufende Wechsel von Menschennähe / Menschenferne läßt sich in einer schematischen Darstellung der Figuren im Text aufzeigen.

Das folgende Schaubild wurde angeregt von einer tabellarischen Übersicht zur Figurendistribution bei Sabine Macherhammer,[416] die aber in einigen Punkten stark überarbeitet werden mußte. Neben der Serialität der Erzählstruktur, die vor allem durch das sukzessive Auf- und Abtreten der Figuren sichtbar wird, sei hier besonders auf den symmetrischen Aufbau des Romans in bezug auf die Figur Grenouille hingewiesen: Nach den ersten acht und vor den letzten acht Kapiteln wird jeweils eine Lücke von vier Kapiteln Länge sichtbar, in der Grenouille nicht auftritt. Statt ihm rücken dann Baldini bzw. Richis kurzzeitig ins narrative Zentrum. Die 27 Kapitel zwischen den beiden Lücken (Kap. 13 bis 39) gruppieren sich wiederum symmetrisch um eine Lücke von 7 Kapiteln (Kap. 23 bis 29), in denen nur Grenouille und keine andere Figur auftritt. Daß diese 7 Kapitel auch 7 Jahre erzählter Zeit umfassen, sei am Rande erwähnt.

Sowohl vor wie auch hinter diesem Abschnitt liegen jeweils zehn Kapitel, in denen Grenouille mit anderen Figuren gemeinsam auftritt: in Kap. 13 bis 22 sind dies Baldini und seine Frau Teresa,[417] indirekt auch Chénier und Grimal; und in Kap. 30 bis 39 der Marquis, Madame Arnulfi und ihr Geselle Druot (und außerdem noch Laure).

Besonders gut sichtbar wird die Regelmäßigkeit von Grenouilles An- und Abwesenheit, wenn die Anzahl der Kapitel ausgezählt wird, in denen er alleine und mit anderen Figuren gemeinsam im Text en block absent oder präsent ist: **8 - 4 - 10 - 7 - 10 - 4 - 8**.

---

[415] Vgl. Frizen (1996): S. 27; S. 29. (Vgl. auch die visuellen Schemata bei: Berger (1987): S. 61. / Dörfler (1988): S. 113; S. 114 / Frizen (1994): S. 761. / Raab (1997): S. 24; S. 25.
[416] Macherhammer (1989): S. 25.
[417] Ihr Name wird einmal erwähnt; nämlich daß beim Sturz von Baldinis Haus in die Seine glücklicherweise nur "Giuseppe Baldini und seine Frau Teresa" (Par: 144) umgekommen seien.

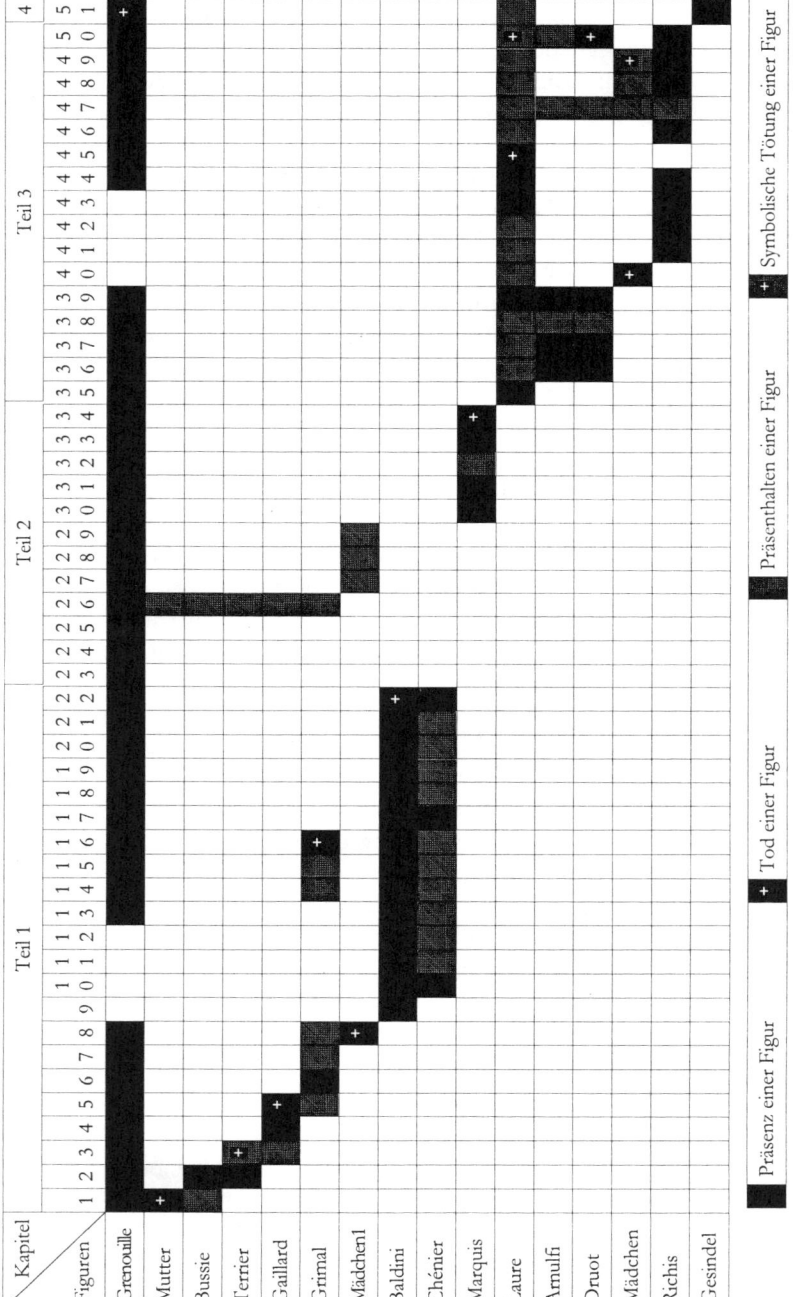

Abb. 2: Figurendistribution

Die durchdachte Symmetrie der Romanstruktur macht deutlich, daß es sich in 'Das Parfum' um einen Text handelt, der beständig die Artifizialität seiner Konstruktion in Erinnerung zu rufen versucht. Das mittlere Kapitel der sieben Kapitel in der Mitte ist das Kapitel 26, das aber nicht nur diesen Block halbiert, sondern den gesamten Text. Es wird daher kein Zufall sein, daß gerade in diesem Kapitel die personale Leere, durch die sich Grenouilles Rückzug auf / in den Berg auszeichnet, teilweise aufgehoben wird. Während der Eremitage realisieren sich die abwesenden menschlichen Gerüche als sekundäre Präsenz in der Erinnerung, wodurch genau in der Textmitte eine Art figurale Spiegelachse entsteht. Die Figurendichte war von Grenouille als eine Geruchsdichte wahrgenommen worden und muß als der eigentliche Auslöser für seinen Rückzug aus der Welt gelesen werden.

Die Flucht vor dem Menschlichen, d.h. dem menschlichen Geruch, wird im Schaubild durch die vollständige Abwesenheit anderer Figuren während der sieben mittleren Kapitel des Textes sichtbar.[418] Hatte er vor seiner Zeit auf dem Berg die Individualgerüche als Informationsquelle über seine Mitmenschen genutzt (den jeweiligen Geruch als das Außen eines repräsentierten Innen aufgefaßt), gebraucht er jetzt deren Gerüche lediglich in einem ästhetizistischen Sinne; d.h. sie werden in der Dramaturgie seines inneren Seelentheaters nur noch funktional genau begrenzt als "Aperitif der Abscheulichkeiten" (Par: 159) verwendet. Daran wird auch die Steigerung von Grenouilles Abneigung gegenüber den Menschen insgesamt deutlich, denn er läßt ihre Gerüche nur noch als frei verfügbare und beherrschbare Zeichen zu.[419] Zuvor war der Körpergeruch seiner Mitmenschen immerhin als geheime Informationsquelle über ihre Gedanken und Absichten nützlich gewesen, insofern er Grenouille einen Wissensvorsprung gegenüber seiner Umwelt verschaffte.[420] Abgesehen von diesen (angeblich) lesbaren olfaktorischen Charakteristika sind Grenouille die meisten Menschen sowohl als Personen wie auch geruchlich gleichgültig gewesen. Die wenigen Ausnahmen sind olfaktorisch begründet - als 'Ausreißer' in negativer,[421] aber vor allem in positiver Hinsicht:

---

[418] Am Rande sei noch daran erinnert, daß der Handlungsort dieser Textmitte ein Bergmassiv ist, das in der Mitte Frankreichs und damit auch in der Mitte des Lebens-Weges von Grenouille zwischen Paris und Grasse liegt.
[419] Die Gerüche repräsentieren dabei bestimmte Lebensabschnitte oder -gefühle Grenouilles.
[420] Für seine Mitmenschen ist die individuelle Aura, "die höchst komplizierte, unverwechselbare Chiffre des *persönlichen* Geruchs, [..] ohnehin nicht wahrnehmbar." (Par: 191)
[421] Der erste Eigenname, den Grenouille ausspricht, ist der Jacques Lorreurs, dessen Horror dadurch entsteht, "daß er sich im Leben noch kein einziges Mal gewaschen hatte." (Par: 31)

"Des Menschen Duft an und für sich war ihm auch gleichgültig. [..] Was er begehrte, war der Duft *gewisser* Menschen: jener äußerst seltenen Menschen nämlich, die Liebe inspirierten." (Par: 240)

Wenn also überhaupt, dann interessieren Grenouille seine Mitmenschen nur als Träger von Gerüchen; oder als Informationsträger über Geruchsgewinnung.[422] Diese (aufgrund aisthetischer Kriterien) stark reduzierte Wertschätzung bringt er nicht nur für die einzelnen Menschen auf, sondern auch für die Menschen als Gruppe: die Stadt Grasse etwa interessiert Grenouille lediglich in der Hinsicht, daß es dort "einige Techniken der Duftgewinnung besser zu lernen gab als anderswo." (Par: 211) Und sogar an seinen Opfern, deren Geruch er so sehr begehrt, ist ihm alles andere gleichgültig. So zeigt er weder am Körper (er läßt sie auch sexuell "unberührt" (Par: 251)) noch am Aussehen der Mädchen irgendein Interesse:

"Ihre Gestalt interessierte ihn nicht. Sie [Laure] war für ihn als Körper gar nicht mehr vorhanden, nur noch als körperloser Duft." (Par: 280)

Grenouille hat die Fähigkeiten erworben, die notwendig sind, um den jungen Mädchen "ihr Bestes" (Par: 258) zu rauben. Denn im Gegensatz zu Richis, der diese Möglichkeit als unrealistisch verwirft, weiß Grenouille, daß das Beste der Mädchen nicht ihre Schönheit, der Reiz ihrer Jugend oder gar ihre Jungfräulichkeit ist, sondern daß all diese Reize nur medial-olfaktorisch erzeugte Effekte ihres Körpergeruchs sind. Und weil Grenouille diesen zu kopieren, konzentrieren und kombinieren gelernt hat, ist er in der Lage, die Mädchen (geruchlich) als Mosaiksteinchen zu behandeln und aus ihnen "das Bild der Schönheit schlechthin" (Par: 259) zusammenzusetzen. Obwohl Grenouille darauf nicht achtet, entspricht aber auch die optisch-körperliche Erscheinung der Mädchen den üblichen Kategorien von Attraktivität - Richis spricht davon, daß die Mädchen von "ausgesuchter Schönheit" (Par: 258) gewesen seien.[423] Gerade weil sich Grenouille aber von dieser visuellen Oberfläche nicht beeindrucken läßt, ist er in der Lage, die erotische Körperlichkeit der Mädchen einzufangen. Das von Grenouille geschmiedete Duftdiadem kann nur deshalb so starke körperliche Auswirkungen auf die Menschen haben, weil sich Grenouille stellvertretend in seiner Triebhaftigkeit gezügelt hat und diese in einem rationalen Handlungsschema sublimiert. Statt sich an ihrem Duft zu berauschen, bringt Grenouille seine Opfer mit "Konzentration und Eile"

---

[422] Er hält sich Baldini gegenüber kreativ zurück, weil er ihn in der Illusion wiegen will, daß alles mit rechten Dingen zugehe:"Er wollte den Alten ja nicht verprellen. Er wollte ja wirklich von ihm lernen." (Par: 121)

[423] Diese Einstufung findet aber interessanterweise statt, nachdem Grenouille die Opfer leergerochen hat - also unabhängig von ihren olfaktorischen Reizen.

(Par: 275) um. Bei Laure hat er sein Begehren sogar so weit gezügelt, daß er erst nach einem ganzen Jahr ihren Duft wieder 'besucht'. Und selbst dann ist er

> "nicht berauscht oder benommen wie das erste Mal, als er sie gerochen hatte. Er war vom Glücksgefühl des Liebhabers erfüllt, der seine Angebetete von fern belauscht oder beobachtet und weiß, er wird sie heimholen übers Jahr." (Par: 241 f.)

Diese (Re-)Konstruktion bürgerlicher Liebesideale eines kontrollierten Begehrens der Frau als Belohnung für ökonomische Anstrengungen wird hier in einer überdeutlichen Form zitiert und sogleich ironisiert. Das Begehren des Helden richtet sich nämlich gerade nicht auf die Frau als Subjekt, sondern nur auf ihre ideale Aura. Grenouille erscheint hier als die rationalisierte Variante des romantischen Helden:[424] er ist sich vollständig darüber im Klaren, daß es nicht ein Mensch ist, den er liebt, sondern nur das Abbild der Frau - hier ins Olfaktorische projiziert. Im Gegensatz etwa zu Nathanael, der hinter Olimpias 'Ach, ach!' ein "herrliches, [..] tiefes Gemüt"[425] vermutet und sie damit als eine geistige Instanz des Verstehens inszeniert, wo es weder ein Verstehen gibt (weil sie eine Puppe ist) noch ein zu Verstehendes (weil seine Gedichte geistlose Machwerke sind). Genau diesen Mechanismus der verführerischen Leere der weiblichen Projektionsfläche, den Grenouille für sich selbst so rationalistisch zu kontrollieren in der Lage ist, setzt er aber desto zielsicherer durch das Produkt seiner Beherrschtheit in Gang: Die Männer auf dem Cour nehmen ihn "als ein ideales Abbild ihrer selbst" (Par: 303) wahr, sobald er den Duft der Frauen übergestreift hat.

4.2 Der Duft der Frauen

Nicht nur Grenouilles Parfum, sondern auch 'Das Parfum' erzielt durch die Verwendung kultureller und olfaktorischer Klischees kühl kalkulierte Effekte. Deshalb soll im folgenden untersucht werden, inwiefern der Roman gerade durch das Motiv des Serienkillers auf einen intertextuellen Raum mit festen kulturellen und narrativen Codes verweist. Andererseits wird durch eine textnahe Untersuchung der Frauengestalten die These kritisch zu befragen sein, ob der Roman tatsächlich das Schema der weibli-

---

[424] Zum romantischen Motiv der Frau als idealisierender Projektionsfläche; vgl. Asche, Susanne: Die Liebe, der Tod und das Ich im Spiegel der Kunst. Königstein/Ts. 1985, S. 10ff.
[425] Hoffmann, Ernst T. A.: Der Sandmann. In: E. T. A. Hoffmann: Poetische Werke. Band 3. Nachtstücke. Hgg. von: Kanzog, Klaus. Berlin 1993, S. 36.

chen Passivität reproduziert - oder ob sich die Frauen (ausgenommen die Mordopfer) nicht im Gegenteil durch ein erhebliches Maß an Selbständigkeit auszeichnen. Die Emotionslosigkeit, mit der Grenouille seine weiblichen Opfer tötet und zu Duftlieferantinnen macht, ist zum Gegenstand feministischer Lesarten geworden, die vor allem die Passivität der Frauenrollen kritisieren: Grenouille tötet in Grasse 25 Jungfrauen (inklusive Laure), um sich ihres Duftes in Form konkreter materieller Substanz zu bemächtigen, und erfüllt sich damit den Wunsch, der im folgenden Stoßseufzer an der Gartenmauer zum Ausdruck kommt:

"Ach! Er wollte diesen Duft haben!" (Par: 218)

Wiederum markiert das 'Ach!' die Schwierigkeit, den Übergang vom Ideellen zum Materiellen zu bewerkstelligen - dem Signifikat angemessene Signifikanten zuzuordnen. (In der FAZ-Version ist das 'haben' kursiv gesetzt,[426] wodurch der materielle Aspekt dieser Aneignung nochmals betont wird.) Grenouille hat aber die handwerklichen Techniken erlernen können, die notwendig sind, um den Frauen ihre Geruchssubstanz zu rauben. Er trennt ihr (in seinen 'Augen') Bestes von ihren Körpern und macht ihren Duft transportabel, indem er ihn "auf ein anderes Medium" (Par: 224) kopiert: Er will Laures Duft "wie eine Haut von ihr abziehen und zu seinem eigenen Kleid machen." (Par: 218)[427]

Damit eröffnet sich für 'Das Parfum' ein metaphorisches Feld, innerhalb dessen der Text Grenouille viel weitreichendere Penetrationsmöglichkeiten gegenüber seinen weiblichen Opfern zugesteht, als es bei einem körperlichen sexuellen Mißbrauch möglich wäre. Dieser hat ja zum Erstaunen der Bürger gar nicht stattgefunden, was "das Entsetzen" (Par: 251) über die Morde noch vermehrt, weil eine solche Steigerung der körperlichen Schändung, so wie Grenouille sie plant, das Vorstellungsvermögen der Grasser wohl übersteigt: er ist nämlich in der Lage (zumindest auf der olfaktorischen Ebene), den gesamten Körperinnenraum der getöteten Frauen auszufüllen. Seine eigene (Ge-)Ruchlosigkeit ermöglicht dabei sogar ein Eindringen in der Art, daß das Ausfüllen zu einer restlosen Ersetzung des Frauenkörpers führt: dort wo zuvor Laures Körper sein

---

[426] Vgl. FAZ (27.11.1984)
[427] Hier liegt eine frappierende Ähnlichkeit zu Buffallo Bill vor, der in das 'Schweigen der Lämmer' seine weiblichen Opfer ebenfalls häutet, um aus ihnen ein Kleid zu schneidern. In den Worten seines psychatrischen Gegenspielers Dr. Hannibal Lekters: " 'Er will eine Weste mit Titten dran', sagte Dr. Lecter." (Harris, Thomas: Das Schweigen der Lämmer. Suttgart 1992, S. 164. ('The Silence of the Lambs'; 1988)) Hier sei auch auf Lecters ungewöhnliche Riechfähigkeiten hingewiesen: "[..] Dieser eigentümliche ziegenartige Geruch ist Hexamenthonium. Behalten Sie ihn im Gedächtnis, es ist der Geruch von Schizophrenie.' " (ebend.: S. 161.) / Vgl. Matzkowski (1994): S. 54.

sollte, befindet sich in der Wahrnehmung seiner Umwelt nun der Körper Grenouilles. Der Mörder schlüpft in die Haut seiner Opfer. In besonders extremer Form wird dieser metonymische Vorgang verdeutlicht, als Grenouille in Laures Bett erwacht:

> "Ihre Reliquien, Kleider und ihr Haar, waren weggeräumt worden. [..] Antoine Richis saß auf einem Schemel neben dem Bett und wachte. Er hatte Grenouilles Hand in die seine gelegt und streichelte sie." (Par: 308 f.)

Diese Szene, in der ein getäuschter Vater den Mörder seiner über alles geliebten Tochter zärtlich liebkost, gehört in ihrer Unerträglichkeit zu den wirkungsvollsten Passagen des Romans. Es läßt sich aber auch beobachten, wie kontrolliert hier literaturgeschichtliche Motivlagen mit dem Text vernetzt werden. Dabei geben vor allem märchenhafte Anklänge der Konstruktion 'Halt': So erinnert der Mörder Grenouille im fremden Bett an den Wolf in 'Rotkäppchen', wobei er hier nicht die Kleider der Großmutter angezogen hat, um das Mädchen zu täuschen, sondern die Kleider des Mädchens, um den Vater / den Jäger in die Irre zu führen.[428] Außerdem ist es nicht der böse Wolf, der im fremden Bettchen liegt, sondern 'Grenouille', der 'Frosch', der sich durch das Mädchen in einen strahlenden "Königssohn mit schönen und freundlichen Augen"[429] verwandelt. Ist es in 'Der Froschkönig' der Tod des Frosches, der die Verwandlung desselben auslöst, muß in 'Das Parfum' das Mädchen sterben, um Grenouille den Zauber zu ermöglichen.

Das Duftkleid aus den 24 plus einer Jungfrau wiederum verweist auf das Inzestmärchen von 'Allerleirauh'. Die Königstochter versucht dort die Vermählung mit dem Vater unter anderem dadurch zu verhindern, daß sie sich zuvor von ihm einen Mantel fordert "von tausenderlei Pelz und Rauhwerk zusammengesetzt, und ein jedes Tier in Eurem Reich muß ein Stück von seiner Haut dazu geben."[430] Mit eben diesem Mantel verkleidet sich die Königstochter auf ihrer Flucht, bis sie am Ende dann doch ihren Vater heiratet. Grenouilles Duftkleid, das aus den (olfaktorischen) Häuten von zwar nicht tausenden aber immerhin von 25 Jungfrauen zusammengenäht ist, erinnert zwar an das Märchen, verkehrt aber zugleich dessen strukturelle Verteilungsmuster, indem etwa andere Geschlechts- und Verwandtschaftsverhältnisse verwendet werden, wobei aber die inzestuösen Anklänge in der Vater-Tochter-Beziehung auch zwischen Richis und Laure bestehen bleiben.

---

[428] Vgl. Rotkäppchen. In: Kinder- und Hausmärchen gesammelt durch die Brüder Grimm. Erster Teil. Frankfurt / M. 1991, S. 176 ff.
[429] Der Froschkönig oder der eiserne Heinrich. In: KHM, I. (1991): S. 38.
[430] Allerleirauh. In: KHM, II. (1991): S. 29.

Der Roman selbst tritt in ein parasitäres Verhältnis zu den Kommunikationslinien,[431] die zum Beispiel zwischen den Märchen und den Lesenden bestehen. Auf dieses kulturelle Wissen bezieht sich zum Beispiel das Motiv des Duftkleides aus 'Das Parfum' und wird ebenfalls zum Parasiten, der sich wie eine Zecke am literarischen Korpus der Grimmschen Märchensammlung angelagert hat. Auch die Figur der Laure selbst, die als 'Schönste im ganzen Land' für Richis und für Grenouille den "Schlußstein seines Gebäudes" (Par: 259) bildet, ist eine Bricolage aus verschiedenen intertextuellen Quellen, wobei vor allem das Märchen von 'Die Schöne und das Biest'[432] zu erwähnen ist; dieses ist selbst wiederum eine Adaption[433] des Mythos von 'Amor und Psyche',[434] der ebenfalls in 'Das Parfum' erwähnt wird, weil Pelissier eine Duftkreation nach ihm benannt hat.

In ihrer textuell-narrativen Funktion als 'Schönste' wird Laure tatsächlich darauf reduziert, die Erfüllung des Motivs der anbetungswürdigen reinen Weiblichkeit zu sein, wie sie besonders in der gleichnamigen Laura aus den Sonetten Petrarcas literarisch vorgeprägt wurde.[435] Swenta Steinig weist in diesem Zusammenhang auch auf "die Blaue Blume der Romantiker"[436] hin, als ein Motiv, das sie durch die Kombination folgender Textbewegungen am Romanende konnotiert sieht: Diese

> "in der Schlußphase auffallend häufige[.] Adressierung Grenouilles als 'Mann im blauen Rock' (P, 303, 318, 320 [+ 299]), [muß] im Zusammenhang mit Laures Vergleich mit einer Blume, deren Duft Grenouille höchstes Glück bereitet (P, 218 u.a.), als intertextueller Verweis [..] gelesen werden [..]."[437]

Die 24 anderen Jungfrauen dagegen bleiben in viel stärkerem Maße gesichts- und schicksallos, so wie es von Matt prinzipiell zu Recht kritisiert hat.[438] Gesichtslos bleiben sie im buchstäblichen Sinn, weil sie jeweils lediglich als "nackte Leiche" (Par: 246) in den Blick kommen. Statt auf der narrativ-syntagmatischen Achse ergeben sich aber entlang des Paradigmas "Rosenfeld" (Par: 246) (dem Fundort der ersten Jungfrau) eine Vielzahl von Möglichkeiten, wie die 'gebrochene Blume' durch literarhistorische Beziehungen auch hier semantisch aufgeladen werden kann kann. Nicht

---

[431] Vgl. Serres, Michel: Der Parasit. Frankfurt 1987.
[432] LePrince de Beaumont, Jeanne-Marie: Die Schöne und das Tier. Stuttgart 1996.
[433] Bossier, Ulrich: Nachwort. In: LePrince (1996): S. 42 ff.
[434] Apuleius von Madaura: Der goldene Esel. Hgg. von: Süskind, Wilhelm Emanuel. Köln 1955, S. 85 ff. / Vgl. Frenzel, Elisabeth: 'Amor und Psyche'. In: dies.: Stoffe der Weltliteratur. Stuttgart 1992^8, S. 41 ff.
[435] Petrarca, Francesco: Sonette an Madonna Laura. Italienisch / Deutsch. Stuttgart 1993.
[436] Steinig (1997): S. 47.
[437] Steinig (1997): S. 47.
[438] "Kein Schicksal haben die Frauen. Falls sie erotisch in Betracht fallen, kommen sie um." (von Matt (1985): S. 43.)

zufällig endet der Handlungsstrang in Grasse - und damit der dritte Teil des Romans mit den Sätzen:

"Bald war es Mai. Man erntete Rosen." (Par: 314)

Trotz dieser semantischen 'Aufladung' werden die Jungfrauen aber auf der narrativen Achse ausschließlich als Opfer der Morde präsentiert; nur dieses eine Schicksal haben sie zu erfüllen. Damit stehen sie in der Hierarchie der Figuren eindeutig noch hinter Laure, von der immerhin ihre (wenn auch begrenzten) Lebensumstände berichtet werden, als Tochter eines reichen Bürgers und zukünftiger Frau eines armen Adligen. Dagegen sind die Mordopfer lediglich dadurch interessant, daß sie sich zu einer Fülle "unerkannter Schönheit" (Par: 258) summieren. Ihre Funktion erschöpft sich darin, das Fundament für die eigentliche Hauptkomponente des Duftes zu liefern, nämlich der

"Schönheit von Laure. Sein [Grenouilles] ganzes bisheriges Mordwerk wäre nichts wert ohne sie. [..] Des Mörders Sinn und Trachten war ganz offenbar auf Laure gerichtet, von Anfang an. Und alle andern Morde waren Beiwerk für diesen letzten krönenden Mord." (Par: 259)

Ganz im Gegensatz zur Passivität der weiblichen Opfer steht die Selbständigkeit der anderen Frauenfiguren, wie etwa Madame Arnulfi, die sich gegenüber ihren Gesellen sehr souverän durchzusetzen weiß. Nach ihrem Trauerjahr als Witwe, das sie ökonomisch auszunutzen versucht, heiratet sie Druot, der es dadurch "zum Meister" (Par: 230) bringt:

"Sonst blieb alles beim alten. Sie behielt den guten alten Namen Arnulfi bei, behielt das ungeteilte Vermögen, die finanzielle Leitung des Geschäfts und die Schlüssel zum Keller [..]." (Par: 240)

Diese recht modern und emanzipiert anmutende Lebensgemeinschaft ist das Ergebnis einer Konstruktion von Weiblichkeit, die noch nicht den emotionalen bürgerlichen Liebesvorstellungen verpflichtet ist; Ehe wird hier historisch korrekt als eine eher ökonomische Verbindung präsentiert, in der die Frau durchaus die überlegene Position einnehmen kann. Über Baldinis Frau "Teresa" (Par: 144) wird nur gesagt, daß sie den dritten Stock des Hauses auf der Pont au Change bewohnt "und diesen erbittert gegen ein weiteres Vordringen der Lagerräume verteidigte [..]." (Par: 61 f.) Sie wird so zumindest ansatzweise als eine eigenständige Person geschildert, was sich auch bei ihrer zweiten und letzten Erwähnung bestätigt, in der sie als emotional ebenfalls ungebundene Ehefrau dargestellt wird:

"Oben bei seiner Frau beim Essen sagte er [Baldini] nichts. [..] Auch seine Frau sagte nichts, denn sie merkte, daß er heiter war, und damit war sie sehr zufrieden." (Par: 112)

Gefühlsmäßige Unabhängigkeit gegenüber dem Mann und vor allem gegenüber Kindern ist das hervorstechende Merkmal Madame Gaillards, die sich gegenüber den ihr anvertrauten Zöglingen entsprechend einer harten Kosten-Nutzen-Rechnung verhält. Aufgrund ihrer "vollkommenen Emotionslosigkeit" (Par: 26) fällt sie zwar vollständig aus den üblichen Vorstellungen von Mutterschaft heraus, ist aber andererseits die ideale Ziehmutter für Grenouille:

> "Geborgenheit, Zuwendung, Zärtlichkeit, Liebe - oder wie die ganzen Dinge hießen, deren ein Kind angeblich bedurfte - waren dem Kinde Grenouille völlig entbehrlich." (Par: 28)

Nicht nur, daß Grenouille diese Emotionalität nicht einfordert, er ist auch selbst nicht in der Lage, die entsprechenden Signale auszusenden, die solche Hinwendung normalerweise hervorruft: Grenouille gab an die Welt

> "nichts ab als seinen Kot; kein Lächeln, keinen Glanz des Auges, nicht einmal einen eigenen Duft. Jede andere Frau hätte dieses monströse Kind verstoßen. Nicht so Madame Gaillard. Sie roch ja nicht, daß es nicht roch, und sie erwartete keine seelische Regung von ihm, weil ihre eigene Seele versiegelt war." (Par: 29)

Dem monströsen Kind wird hier eine monströse Mutter als Ersatz und Ergänzung an die Seite gestellt; eine Frau, der alles fehlt, was den Vorstellungen von 'natürlicher' Mutterliebe, so wie sie zumindest seit Beginn des 19. Jahrhunderts existieren,[439] entsprechen könnte. Andererseits wird mit ihrer Anosmie ein pathologischer Befund für diese Gefühlskälte verantwortlich gemacht, d.h. ex negativo bestätigt auch Madame Gaillard die 'Natürlichkeit' mütterlichen Verhaltens. Die Amme Jeanne Bussie, deren "hysterischen, heißen mütterlichen Schweiß" (Par: 158) Grenouille sogar noch in seiner Berghöhle geistig riecht, tritt dagegen als Personifikation von mütterlicher Instinktsicherheit auf. Trotzdem ist auch sie zu harten Entscheidungen fähig, wenn ihr Kindchenschema nicht erfüllt wird. So riechen Kinder ihrer Meinung nach am Hinterkopf am besten:

> "Wenn man sie da gerochen hat, dann liebt man sie, ganz gleich ob es die eignen oder fremde sind. [..] Und wenn sie nicht so riechen, wenn sie da oben gar nicht riechen, noch weniger als kalte Luft, so wie der da, der Bastard, dann... [..] ich, Jeanne Bussie, werde das da nicht mehr zu mir nehmen!" (Par: 17)[440]

---

[439] "Auch menschliche Weibchen treffen harte Entscheidungen. Zum Beispiel, wenn sie eine Situation der Aufzucht von Nachwuchs nicht förderlich finden. Wenn ihnen die Ressourcen an Nahrung, an Hilfe oder auch nur an eigener Kraft nicht ausreichend erscheinen [..], kann das dazu führen, dass Kinder von ihren Müttern nicht angenommen werden." (Mayer, Susanne: Von Müttern. In: Die Zeit (3. 8. 2000), S. 42.)

[440] Auch hier stimmen Süskinds Recherchen mit dem Forschungsstand überein: "Der

Den Vorwurf der teuflischen Besessenheit mußte sie zwar widerwillig zurücknehmen, trotzdem verstößt sie das Kind ebenso, wie es zuvor schon vier andere Ammen getan hatten, wenn auch aus rein ökonomischen Gründen, die bei ihr nur eine untergeordnete Rolle spielen:

> "Keine wollte es [das Kind Grenouille] länger als ein paar Tage behalten. Es sei zu gierig, hieß es, es sauge für zwei [..] und damit ihnen, den Ammen, den Lebensunterhalt [..]." (Par: 9)

Aber nicht erst sein Kontakt mit den Ersatzmüttern, auch seine ersten Erfahrungen mit 'Mütterlichkeit' sind bei Grenouille von extremer Gefühlskälte geprägt. Die Urszene mit seiner leiblichen Mutter besteht darin, daß er sich (erfolgreich) dagegen zur Wehr setzt, das fünfte Opfer der Kindsmörderin zu werden. Der Schrei nach seiner Geburt war

> "ein reiflich erwogener Schrei gewesen, mit dem sich das Neugeborene *gegen* die Liebe und dennoch *für* das Leben entschieden hatte. Unter den obwaltenden Umständen war dieses ja auch nur ohne jene möglich, und hätte das Kind beides gefordert, so wäre es zweifellos alsbald elend zugrunde gegangen." (Par: 28)

Die harte binäre Logik von Leben und Tod bildet sich hier auf die Struktur zwischen Liebesverzicht oder Lebensverzicht ab. Grenouille hat in dieser Konstruktion allen Grund, an ihren "Mördergeruch" (Par: 158) zu denken, wenn er sich an seine Mutter erinnert. Ebenfalls ist es wohlbegründet, wenn Grenouille nicht allzuviel Hoffnung darauf setzt, daß er bei den ihn umgebenden Frauen Mutterinstinkte wachzurufen in der Lage ist; erst mit Hilfe seiner Duftmasken wird ihm das gelingen.[441]

Innerhalb der Figurenpsychologie Grenouilles macht es daher Sinn, wenn er den Ersatz für die nie erfahrene mütterliche Zuwendung gar nicht erst bei den Menschen sucht, sondern sich von schützenden Wohnräumen Geborgenheit verspricht. Grenouille wird meist in räumlichen Situationen gezeigt, die ihm eine enge Umschließung ermöglichen. Ein "Henkelkorb" (Par: 11) und eine "Kiste" (Par: 30) sind die ersten Schlafstätten, in die sich der Zeck zurückzieht; sie sind gewissermaßen der hohle Negativabdruck für seinen Körper, den er "zur Kugel formt, um der Außenwelt die geringstmögliche Fläche zu bieten [..]." (Par: 29) Auch der enge "Verschlag" (Par: 41) bei Grimal und die Pritsche "in der hinteren Ecke von Baldinis Werkstatt" (Par: 114) sind als einhüllende Blasen seines zeckenhaften Körpers lesbar. Den idealen Wohnort wird Grenouille aber erst auf dem Plomb du Cantal finden:

Geruch von Babys, weiß die Primatenforscherin [Sarah Hrdy], ist eine Droge, die Mütter süchtig macht." (Mayer (2000): S. 42.)

[441] Vgl. Par: 233.

"Er lag im einsamsten Berg Frankreichs fünfzig Meter tief unter der Erde wie in seinem eigenen Grab. Noch nie im Leben hatte er sich so sicher gefühlt - schon gar nicht im Bauch seiner Mutter." (Par: 156)

Er vollzieht einen Prozeß immer engerwerdender Umhüllungen seiner Person in physischen Räumen, die als Substitute mangelnden Umschlossen-Seins im meta-physischen Raum gedeutet werden können. Die absolute Erfüllung seines Wunsches nach Schutz erfährt Grenouille aber gerade nicht im realen, sondern im ideellen Raum des Geruchs. Der Roman folgt hier einer Logik, die Süskind in bezug auf 'Der Kontrabaß' schon vorformuliert hat:[442]

"Ich konnte bei der Abfassung insofern auf eigene Erfahrungen zurückgreifen, als auch ich den größten Teil meines Lebens in immer kleiner werdenden Zimmern verbringe, die zu verlassen mir immer schwerer fällt. Ich hoffe aber, eines Tages ein Zimmer zu finden, das so klein ist und mich so eng umschließt, daß es sich beim Verlassen von selbst mitnimmt."[443]

Grenouille schafft es, seinen Traum von der beschützenden Umhüllung eines sich-selbst-mitnehmenden Zimmers im Bereich des Geruchs zu verwirklichen. Er baut sich aus den Düften der 25 Jungfrauen eine (nichtkörperliche) Festung, durch die er für bestimmte Zeit "unangreifbar" (Par: 309) wird.[444] Weil der Duft seinem Träger überallhin folgt, ist der geruchliche 'Raum' um die Person die perfekte Geborgenheitsphantasie, die sehr deutlich dem Bereich uteraler Regressionsvorstellungen entstammt. Die räumliche Umschließung des Helden in einer Sphäre konnte sowohl in 'Der Kontrabaß' als auch in den Prosatexten Süskinds als eine Metonymie gelesen werden: die Hohlräume verweisen jeweils sehr deutlich auf die Frauenkörper, die sie ersetzen.

---

[442] Um eine biographische Überbewertung zu vermeiden, sei auf ein intertextuelles Vorbild der Äußerung hingewiesen, das außerdem ein weiteres Beispiel für das 'Ach' in der deutschsprachigen Literatur ist - als Markierung der semantischen Vermittlungprobleme, die sich an der Grenze von Sinn und Sein ergeben: " 'Ach', sagte die Maus, 'die Welt wird enger mit jedem Tag. Zuerst war sie so breit daß ich Angst hatte, ich lief weiter und war glücklich daß ich endlich rechts und links in der Ferne Mauern sah, aber diese langen Mauern eilen so schnell auf einander zu, daß ich schon im letzten Zimmer bin und dort im Winkel steht die Falle, in die ich laufe.' Du mußt nur die Laufrichtung ändern', sagte die Katze und fraß sie." (Kafka, Franz: Kleine Fabel. In: Franz Kafka. Gesammelte Werke. Band 6. Zur Frage des Gesetzes und andere Schriften aus dem Nachlaß. Hgg. von: Koch, Hans-Gerd. Frankfurt 1994, S. 163.)
[443] Süskind, Patrick: n.n. (biographische Notiz). In: Theater / heute (11) 1981, S. 42.
[444] "Er fühlte sich sicher. Er wußte, daß er noch für Stunden unangreifbar war [..]." (Par: 309) Statt einer räumlichen Begrenzung, die in der Idealität des Parfums aufgehoben ist, besteht eine zeitliche Beschränkung des Schutzes.

In 'Die Taube' wird nicht nur das Motiv der räumlichen Verengung eines Zimmers, sondern vor allem auch die Struktur einer körperlichen Ausdehnung wieder aufgegriffen, durch die eine andere Körperhülle ausgefüllt wird. Der desolate Zustand von Jonathan Noel am Ende des geschilderten Tages wird nämlich dadurch versinnbildlicht, daß er als ein Zwerg beschrieben wird, der innerlich immer mehr geschrumpft sei und sich in seinem eigenen Körper verliere. Die heilsame Wirkung des Abendspaziergangs erhält ihren körperlich-räumlichen Ausdruck durch das langsame Wachsen des zwerg-gewordenen Wachmanns:

> "So geschah es auch dem zwiefachen Jonathan, dem Gnom, der in der viel zu großen Körperpuppe steckte. Nach und nach, Schritt um Schritt wuchs er seinem Körper wieder zu, füllte ihn von innen her aus, beherrschte ihn zusehends und wurde endlich eins mit ihm." (Tau: 86)

Diese Bildlichkeit vom Zwerg im Körper eines Riesen muß im Zusammenhang mit dem Duftkleid aus 25 Jungfrauen im Sinne einer pervertierten Schwangerschaft gelesen werden.[445] Die Protagonisten ziehen sich parasitär in fremde Körperinnenräume zurück, um nicht dem Zugriff der Welt ausgeliefert zu sein. Süskinds Bild einer uteralen Geborgenheit entspricht der Logik des panoptischen Egoismus, der sich nach Sloterdijk im Jonas-Komplex zeigt,

> "dessen Subjekt im Bauch eines Wal sich ein glückliches Exil geschaffen hätte, wie jener Dreizehnjährige, von dessen Phantasmen der Psychoanalytiker Wilhelm Stekel berichtete: In seinen Tagträumen verlangte der junge Mann danach, das monströse Innere einer Riesin zu betreten, deren Bauchhöhle sich als Gewölbe von zehn Metern Höhe präsentierte."[446]

Sloterdijk hat durch seine Analyse des Raums der Blase aufgezeigt, mit welch starker Wirksamkeit das Motiv des bergenden Innenraums die kulturelle Sphäre (nicht nur) des Okzidents durchdringt. Der Aufenthalt in der leiblichen Mutter wird als die geno- und phänotypische Zentralerfahrung gelesen und der Uterus als der Raum gedeutet, in dem Menschen sowohl ihr primäres Erlebnis von bipolarer Geborgenheit machen als auch die Urszene aller weiteren traumatischen Verlusterfahrungen durchleiden: die Vertreibung aus den schützenden, paradiesischen Urgewässern. Umso stärker seien die kulturellen und individuellen Träume eines Regressionswunsches, zurück in die bergende Blase. Es gehört gerade zu den

---

[445] Auch im Märchen ist dieses Motiv vielfach bekannt. Meist wird es in Form der Rettung der vom Wolf verschluckten HeldInnen dargestellt, die vom Jäger wieder lebend aus dessen Bauch befreit werden müssen; vgl. 'Rotkäppchen' In: KHM, I. (1991): S. 176 ff. / oder 'Der Wolf und die sieben jungen Geißlein' In: KHM, I. (1991): S. 61 ff.
[446] Sloterdijk (1998): S. 86.

Stärken des Sphären-Projekts, daß die Relevanz dieses kränkenden Verlusts der Umhüllung (im privaten und kosmologischen Sinne) mit allem Pathos, d.h. aller Schmerzerfahrung, präsentiert wird:

> "Seit die Zeiten im präzisen Sinne neue wurden, bedeutet In-der-Welt-Sein sich an die Erdrinde klammern müssen und zur Schwerkraft beten - jenseits von Schoß und Schale."[447]

Wenn Grenouille sich daher in den bergenden Schoß der Erde zurückzieht, um nicht dem Chaos einer aus den (makro- und mikrokosmologischen) Fugen geratenen Welt ausgesetzt zu sein, folgt er damit einem Reflex der Ersetzung der verlorenen Sphäre. Das Grab im Inneren des Berges ist daher nicht nur ein physischer Ort, sondern auch ein metaphysisches Statement über das unvermittelte Nebeneinander von Innen und Außen, von Ideellem und Materiellem. Wobei es Grenouilles Fixierung auf den Bereich des olfaktorischen (scheinbar) körperlosen Duftes mit sich bringt, daß er sich mehr und mehr von der materiellen Außenwelt ins Geistige zurückzieht.

4.3 Duftzirkulation

Die äußerste Steigerung der Grenouilleschen Flucht vor der stinkenden Menschenwelt treibt ihn in die Einsamkeit des Gebirges. Dort liegt er sieben Jahre in der Enge einer Höhle und erträumt sich aus dem erinnerten Duftmaterial seines Gedächtnisses eine entkörperlichte Duftwelt, das selbstgeschaffene "Reich seiner Seele". (Par: 169) Hier verwirklicht er als ein guter Demiurg eine ätherische Welt, die nicht mehr an Materialität gebunden ist; obgleich zur Beschreibung dieser seelischen Innenräume körperliche Metaphern (wie Regionen, Flure, Plantagen, Duftkörner, Saat, Weingeistregen etc. (Par: 161 f)) verwendet werden. Es ist zum Beispiel die Rede von seinem inneren Imperium "in das er von Geburt an die Konturen aller Gerüche eingegraben hatte [..]." (Par: 158) Auch in der weiteren Metaphorik wird Grenouille die Körperlichkeit nie ganz los: es ist von seinem 'Land' die Rede, auf dem er seinen 'Samen' ausgestreut hat und über dem er "einen Weingeistregen herniedergehen" (Par: 161) läßt.

Der Erzähler kommentiert diese körperliche Beschreibung entschuldigend, daß es eben die einzig mögliche Art sei, die riechbare Welt zu beschreiben, obwohl sie unzulässig von materiellen Objekten spreche. Es gab nämlich "überhaupt keine Dinge in Grenouilles innerem Universum, sondern nur Düfte von Dingen." (Par: 160) Anderseits wird hier auch

---
[447] Sloterdijk (1998): S. 23.

Grenouille (in Widerspruch zu seinem äußeren Erscheinungsbild) als groß und kräftig beschrieben, der "wie ein Riese" (Par: 161) über sein Reich blicke - der Fokus also genau auf diese angeblich unzulässige Körperlichkeit gelenkt.

Grenouille nimmt im Außen eine maximale Enge in Kauf, indem er sich ins Innen des Berges zurückzieht. Dadurch wird es ihm möglich, in seinem Innen umso weitschweifigere Welten zu erleben. Die geistige Weite basiert geradezu auf der räumlichen Enge. Erst in der Dunkelheit eines Grabes in einem Stollen tief unter der Erde findet er die olfaktorische Ruhe, die er dafür benötigt, um seine geistigen Geruchsphantasien auszuleben: Für Grenouille zählt nicht die absolute Größe eines Raums, sondern ausschließlich Zahl und Dichte der Düfte in ihm. In dieser Hinsicht kann er die olfaktorisch unberührte Luft der Höhle, die lediglich eine "feuchte, salzige Kühle" (Par: 156) abstrahlt, als eine weite, unendliche Fläche erleben. Die äußere 'tabula rasa' hat sich auf seine innere Projektion übertragen, die dadurch tatsächlich zu einer leeren Projektionsfläche wird. Über diesem noch ungeschiedenen Wasser kann sein Geist schweben bzw. über die weiten "reingefegten Matten seiner Seele" (Par: 160) hinwegfliegen und imaginäre Duftsamen ausstreuen, auf das seine Innenwelt mit Wohlgerüchen erfüllt werde. Im Gegensatz zu dieser schöpfergottähnlichen, schwerelosen Existenz werden die kurzen Besuche in der realen Außenwelt als qualvolle Körperlichkeit beschrieben:

"Grenouille, der Zeck, war empfindlich geworden wie ein Krebs, der sein Muschelgehäuse verlassen hat und nackt durchs Meer wandert." (Par: 168)

Auch sein Alptraum, der ihn aus der bergenden Muschelhöhle vertreibt, hat die Körperlichkeit seiner Existenz wieder schmerzhaft in Erinnerung gerufen, denn es ist sein Körper, der keinen Eigengeruch hat. Die Leerstelle, die der Nebel markiert, ist der fundamentale Mangel, der eine solche innere Stille erzeugt, daß Grenouille zurück in die Außenwelt der riechenden Körper flüchtet. Nach seiner Phase extremer Weltabgewandtheit und Körperverneinung kehrt er "zurück in die gute, warme, rettende Welt." (Par: 307) Aber auch nach dem Ende dieser gnostischen Periode wird er keine Einsicht in sein Inneres nehmen können. Nur als eine Ansammlung fremder Düfte, als Kombination aus Gesammeltem, kennt er sein inneres Selbst - im Sinne einer reflexiven Selbstbeobachtung ist es ihm aber nicht zugänglich, obwohl es sein größtes Ziel ist, diesen Kern seines Subjekts kennenzulernen:

"Er wollte seines Innern sich entäußern, nichts anderes, seines Innern, das er für wunderbarer hielt als alles, was die äußre Welt zu bieten hatte." (Par: 140)

Diese innere Welt aber kann nur solange ihre Qualität der Körperlosigkeit aufrechterhalten, solange sie nicht entäußert wurde: "Spricht die Seele, so spricht ach! schon die Seele nicht mehr."[448] - Dies gilt nicht nur für den Bereich linguistischen Sprechens, sondern auch im Olfaktorischen. Trotzdem bedarf es zur Selbsterkenntnis externer Speichermedien, die eine räumliche Differenz zu sich selbst ermöglichen. Die siebenjährige Eremitage Grenouilles, die räumlich und strukturell im narrativen Zentrum des Textes steht, ist vor allem deshalb interessant, weil sie die Unmöglichkeit verdeutlicht, ohne Formen der Fremdbeobachtung zu existieren. Der gnostisch inspirierte Versuch, die körperliche Welt in einer immateriellen Duftexistenz zu transzendieren, scheitert in 'Das Parfum' an exponierter Stelle. Grenouille scheitert in der Rolle des Demiurgen daran, daß alles Außen im Innen nur eine Projektion und kein eigenständig Fremdes ist - die Gerüche, die er riecht, existieren nur durch ihn:

"Ach, es war angenehm, heimzukehren!" (Par: 163)

Dieses 'Ach' kann interpretiert werden als die Freude Grenouilles darüber, daß er in seiner Burg zu seinen Geruchsbüchern und -weinen zurückkehren kann. So treten ihm zumindest die Erinnerungsreste einmal fremder Düfte entgegen - was in diesen Gedächtnisspeichern verzeichnet und aufbewahrt ist, war zumindest einmal ein Fremdes. Mittlerweile sind die Düfte aber durch andere Flüssigkeiten substituiert worden - sowohl die Tinte wie der Wein sind Externalisierungen der Gerüche, die in dieser Form (auch geistig) weiter zirkulieren können. Auch die Bewässerung seiner Duftplantagen durch den "Weingeistregen" (Par: 161), den er herniedergehen läßt, ist im Zusammenhang dieser Zirkulationsbewegung von Duft und Flüssigkeiten in seinem Inneren zu lesen. Durch sie wird der Übergang von Phantasie und konkreter Geruchssubstanz gedanklich vorweggenommen. Aber nicht erst während seines siebenjährigen Schlafes, sondern auch schon zuvor in seinen Tagträumen hatten sich Grenouilles Phantasien an der Schnittstelle zwischen der materiellen und der körperlosen Seite geruchlicher Zeichen entzündet. Allerdings blieb dies immer nur im Bereich seiner Vorstellungen - sein 'Ach' betrifft die Spanne, die sich zwischen der konkreten und der nur geistigen Existenzform auftut. Grenouilles Tag- und Wuschtraum ist es, "wie ein großer Alambic zu sein, der alle Welt mit seinen selbsterzeugten Destillaten" (Par: 127) überschwemmt. Auch auf der Hochzeit in Montpellier, als er zum ersten Mal menschlich riechend durch die Stadt läuft, will er am liebsten "Gift und

---

[448] Schiller, Friedrich: Xenien und Votivtafeln. Tabula Votivae. Sprache. In: Friedrich Schiller. Sämtliche Werke. Horenausgabe. Zwölfter Band. Hgg. von: Höfer, Conrad. München / Leipzig 1914, S. 193.

Galle über all diese Menschen herspritzen lassen [..]." (Par: 197) Hier ist ebenfalls ein starker Wille zur Entäußerung im Haß zu spüren. Grenouille versucht, seine Innenwelt nach außen zu bringen, auch wenn dies nur in Form olfaktorischer Ersetzungen möglich ist. Weil er etwa trotz monatelanger Bemühungen "aus dem tiefen, unermeßlich reichen Brunnen seiner Vorstellung [..] keinen einzigen Tropfen konkreter Duftessenz" (Par: 130) zu Tage gefördert hat, wird er todkrank. Seine Krankheit äußert sich in einem körperlichen Ausdruck dieser gestörten Zirkulation von Innen und Außen. Der Text schildert diese Substitution der Duftflüssigkeit (die er nicht nach außen bringt) durch seine Körperflüssigkeit sehr detailliert. Grenouille bekommt hohes Fieber, das

> "von Ausschwitzungen begleitet war und später, als genügten die Poren der Haut nicht mehr, unzählige Pusteln erzeugte. Grenouilles Körper war übersät von diesen roten Bläschen. Viele von ihnen platzten auf und ergossen ihren wässrigen Inhalt, um sich dann wieder von neuem zu füllen. Andere [..] spien dickflüssigen Eiter aus und mit gelben Schlieren durchsetztes Blut." (Par: 130)

Statt wohlriechenden Duftessenzen produziert Grenouille Blut und Eiter. Aber selbst diese Verschiebung führt nicht dazu, daß er einen Geruch verströmt, und sei es auch nur der bei Blattern in 'stadio ultimo' sonst übliche "pestilenzartige Gestank". (Par: 133) Die Diagnose wiederum stammt vom teuersten Arzt im Viertel, "zwanzig Franc![449] damit er sich überhaupt herbemühte." (Par: 133) Baldini zahlt in der Hoffnung, daß es zu einer Substitution Geld => Leben komme, damit die Quelle seines künftigen Reichtums nicht versiege, "dieser Junge mit seinem unerschöpflichen Fundus an neuen Gerüchen, dieser mit Gold gar nicht aufzuwiegende kleine Dreckskerl [..]." (Par: 134) Aber Grenouille ist von diesem Arzt nicht zu helfen; auch dieser Tausch scheitert.

Baldini versucht daher, Grenouille eine "parfümistische Beichte" (Par: 134) abzunehmen bzw. abzuschmeicheln. Grenouille hat bei Baldini gelernt, diese Transformation vorzunehmen: Wenn er wollte, wäre er also tatsächlich in der Lage, Baldini die Formeln für neue Parfums in die "tintenfeuchte Feder" (Par: 134) zu diktieren. Aber auch diese Substitutionsbewegung, diesmal von Gedanken => Geschriebenem => Geruch, findet nicht statt. Erst als Grenouille von Baldini versichert wird, es gebe neben

---

[449] "*Franc.* [..] französische Währungseinheit seit 1795 [..], geprägt in Silber. Der Arzt kann zum Zeitpunkt der Behandlung 1753 nicht mit Franc, sondern nur mit Sols oder Livres entlohnt worden sein " (Delseit / Drost (2000): S. 27.) // "*Sol.* französische Bezeichnung für den karolingischen Solidus [..], im 18. Jh. als Kupfermünze (mit der Bezeichnung Sou). (Delseit / Drost (2000): S. 9 f.) / Vgl. "[..] keinen Sol Lehrgeld [..]" (Par: 140) <=> "[..] keinen Sou Lehrgeld [..]" (FAZ (10. 11. 1984): S. 26.)

der Destillation noch weitere Verfahren zur Duftstoffgewinnung, schöpft er neuen Lebenswillen. Der Totgeglaubte zieht

> "seine Säfte in sich zurück. Schon begannen die Bläschen auf seiner Haut zu verdorren, die Eiterkrater zu versiegen, schon begannen sich seine Wunden zu schließen." (Par: 137)

Gerade an dieser Stelle läßt sich die frappierende strukturelle Äquivalenz zwischen Süskinds Roman und den Theorien Albrecht Koschorkes über die Zirkulationsbewegungen der Körperflüssigkeiten und ihren internen Zusammenhang zur Alphabetisierung aufzeigen: Ein 'saftiges Gegenstück' zu Koschorkes Studie[450] sei nach Ansicht Albrechts 'Das Parfum'; eine Geschichte

> "der Innerlichkeit, transportiert in eine Metaphorik der Düfte, ihrer Destillation als 'Seele der Dinge', ihres halluzinogenen Überfließens, geschrieben als die Geschichte eines monströsen Parfumeurs, der aus dem Dunstkreis des Paris von 1756 in die absolute Einsamkeit der geruchlosen Innerlichkeit flieht, der dann aus dieser Leere des abstrakten, geistigen Ichs hinabsteigt in ein inzwischen ventiliertes, hygienischeres Jahrhundert und den Menschen die Seele raubt, um das Wesen des Menschen olfaktorisch neu zu komponieren."[451]

Tatsächlich stellt Koschorke dar, daß Alphabetisation und Affektmodellierung in der Transformation körperdominierter Individualbeziehung in ausdifferenzierte Distanzkommunikation "eine gemeinsame Ursache"[452] haben. Die Wunschökonomie der Einzelnen habe sich im Rahmen dieser Prozesse ebenfalls ändern müssen, weil die mentale und mediale Ausdehnung der Kommunikationsreichweite nur durch eine Reduktion des Hier- und-Jetzt möglich wird:

> "Die Schrift ist dabei keineswegs nur Träger von Inhalten und als Medium neutral; sie unterhält eine enge Komplizenschaft mit der Ideologie von Tugend / Entkörperung / Seele [..]. *Schriftlichkeit ist das kommunikationstechnische Korrelat des diskursiven Phänomens 'Seele'.*"[453]

Daher sind es nicht die Körper in ihrer rohen Anwesenheit,[454] an denen sich die empfindsamen Wünsche entfalten, sondern durch Abwesenheit

---

[450] Koschorke, Albrecht: Körperströme und Schriftverkehr. Mediologie des 18. Jahrhunderts. München 1999.
[451] Albrecht (1999): S. L 54.
[452] Koschorke (1994): S. 607.
[453] Koschorke (1994): S: 612.
[454] Vgl. Grenouille, der abends auf den Markt geht, um das tägliche Treiben in höherer Form zu genießen, ohne "durch die üblichen Attribute der Gegenwart gestört" (Par: 45) zu werden.

geadelten Menschen. Erst wenn die Schrift den Körper ersetzt, wird die verschmelzende Kommunikation im Sinne der Empfindsamkeit gefahrlos möglich. Es lassen sich recht einfach erheiternde Effekte erzielen, wenn bei der Lektüre entsprechender Textstellen auf die Reste der Köperlichkeit geachtet wird, die bei den Metaphern der rein geistigen Berührungen erhalten geblieben sind:

"Wenn Herder vom 'kleinen, unschuldigen Busen' seiner Braut spricht, so stellen die beiden Adjektive klar, daß statt des Geschlechtsmerkmals der Sitz der Gefühle gemeint ist, und ähnlich steht die Befeuchtung ihres Schoßes nicht in Zusammenhang mit Sexualsekreten, die [..] zu dieser Zeit das Ziel einer rigorosen Eindämmung werden, sondern mit den Flüssigkeiten, in denen Empfindsamkeit zirkuliert: Tränen und Tinte."[455]

Koschorke macht am Beispiel der 'koketten Frau' und des 'Onanisten' deutlich, daß diese Substitution keinesfalls nur eine fakultative Variante war, sondern daß sie als Voraussetzung für ausdifferenzierte Formen gesellschaftlicher Kommunikation mit Vehemenz und moralischer Indoktrination durchgesetzt wurde und werden mußte. Denn nur wenn als gesichert gelten kann, daß Tauschprozesse auf einem codierbaren Niveau weiterfunktionieren (und nicht in diffuser Körperlichkeit versinken), kann die bürgerliche Gesellschaft auch ökonomisch ihr funktionales Abstraktionsniveau aufrechterhalten:

"Kommunikationssysteme verhängen Selbstbefriedigungsverbote. Sie unterbinden Kurzschlüsse unterhalb der Systemebene. [..] Nichts ist gefährlicher für die Moral als ein Narzißmus, der keinen Mangel fühlt. Die Lesepropädeutiken, die sich zumal der Zurichtung der Frau verschreiben, haben eine erklärtermaßen antinarzißtische Tendenz. Auch hier entwerfen sie ein Gegenbild zur Leserin, in einer Antithetik, die dem Gegensatz zwischen philanthropischem Zögling und Onanisten analog ist: das der koketten Frau, die ihre Zeit damit verschwendet, sich im Spiegel anzusehen."[456]

Grenouille kann nun einerseits als das Extrembild eines onanistischen Charakters interpretiert werden, der sich ohne moralische Hemmungen in seine Höhle zurückzieht und dort systematisch Kurzschlüsse unterhalb der Systemebene hervorbringt, d.h. einfach nur in seinem Berg liegt und sich selbst genügt. Andererseits wird dieses Modell als nicht lebensfähig dargestellt - Grenouille muß seine Körperflüssigkeiten wieder in die gesellschaftliche Zirkulation überführen. Weil er aber über keinen eigenen Geruch verfügt, ist er gezwungen, diesen durch Surrogate zu ersetzen, deren letztes sein absoluter Duft ist. In diesem Prozeß aber hat Grenouille

---

[455] Koschorke (1994): S. 618.
[456] Koschorke (1994): S. 625.

einerseits die Körpersekrete der Jungfrauen, ihren Schweiß, ihr Porenfett etc., in eine höhere Form der Existenz, in ein Parfum verwandelt. Andererseits aber bleibt der Duft eine sehr körper- und materiegebundene Form der Kommunikation. Wenn sich Grenouille etwa vorstellt, er könne "dem Papst einen parfümierten Brief schreiben und sich als der neue Messias offenbaren" (Par: 316), dann setzt diese Überlegung genau an den durch die Empfindsamkeit verdrängten Resten von Körperlichkeit an und nutzt diese für eine Rekonkretisation der Kommunikation im Olfaktorischen. Gerade die zentrale Substitution wird Grenouille aber konsequent verweigert - seine Seele, nach Koschorke ein medial erzeugter Effekt, wird ihm nicht zugänglich. Die Zirkulations- und Kommunikationsleistung, die Grenouille bei all seinen Mitmenschen vollzieht, kann er nicht auf sich selbst anwenden, weil ihm der Eigengeruch fehlt; er ist nicht in der Lage (in Form des re-entry), die Grenze vom Körperlichen zum Geistigen (als Duft des Körperlichen) an sich selbst zu überschreiten. Daß er aber beständig versucht, seinen Körper zu transzendieren, und lieber eine tödliche Variante der Entäußerung wählt, als aufzugeben, kann als fiktionale Umsetzung der gesellschaftlichen Prozesse gelesen werden, denen die Menschen des achtzehnten Jahrhunderts ausgesetzt waren. Auch sonst strotzt der Roman vor Flüssigkeitsbildern: die Milch der Amme Bussi als Kennzeichen ihrer zu schützenden Mütterlichkeit oder das Sperma Druots als Zeichen seiner männlichen Potenz. Richis vergießt Tränen an Grenouilles Bett, der Marquis glaubt sich einem universalen Fluidum ausgesetzt, und Grenouille wird als Zeck dargestellt, der sich vom Blut der Mädchen ernährt.

Eine interessante intertextuelle Variante der Substitution Körper - Schrift bzw. des Tausches Blut gegen Tinte ist die Hinrichtung des (vom Beginn des Romans an intertextuell präsenten) Michael Kohlhaas, der den beschriebenen Zettel mit der Prophezeiung lieber schluckt (d.h. der körperlichen Zirkulation überläßt) und damit seinen Tod besiegelt, statt die Schrift dem Fürst zu übergeben (d.h. der kommunikativen Zirkulation zu überlassen) und damit sein Leben zu retten.[457] Anstatt Tinte auf einem Zettel in seinem Körper zu vernichten, überschüttet Grenouille seinen Körper äußerlich mit dem ganzen geraubten Duft der 25 Jungfrauen auf einmal; er verzichtet so nicht nur auf die Weltherrschaft, sondern auch auf sein Leben; denn sein Körper geht nun in die Zirkulation des Gruppenkörpers ein. Hier wird das parfümistische Credo von der Überflüssigkeit und Transzendierbarkeit der Körperwelt wiederholt und auf die Spitze

---

[457] Vgl. Kleist, Heinrich von: Michael Kohlhaas. In: ders.: Sämtliche Werke und Briefe. Zweiter Band. Hgg. von: Sembdner, Helmut. München 1985⁸, S. 103. / Vgl. Reisner (1998): S. 110.

getrieben. Vorbild dieser Bestrebungen ist der italienische Parfümeur Frangipani: Indem er

> "seine Riechpülverchen mit Alkohol vermischte und damit ihren Duft auf eine flüchtige Flüssigkeit übertrug, hatte er den Duft befreit von der Materie, hatte den Duft vergeistigt, den Duft als reinen Duft erfunden, kurz: das Parfum erschaffen." (Par: 71)

Es ist kein Zufall, daß als einzige menschliche Leistungen, die mit dieser Erfindung verglichen werden können, die Schrift, die Geometrie, die Ideen Platons und die Kunst, Wein herzustellen genannt werden. Was sie mit der Schaffung des Parfums verbindet, ist ihre Strukturation als Auflösungsprozeß: des Sprachflusses in distinkte Schriftzeichen; des Raumes in berechenbare Einheiten; der konkreten Dinge in metaphysische Idealtypen und der Trauben in Wein bzw. die Auflösung des Geistes der Trinkenden. Auch das Parfum beruht auf Auflösungsprozessen; zunächst auf der Tatsache, daß die festen, körperlichen "Duftstoffe in Weingeist löslich sind" (Par: 71), und zum anderen, daß sich flüssiger Alkohol an der Luft in Gas auflöst. In beiden Fällen verändert ein Stoff seinen Aggregatzustand in die nächst-instabilere Form, was die Voraussetzung dafür ist, daß es Duft als reinen Duft zu geben scheint;[458] zuvor ist der Duft an einen festen Körper gebunden gewesen, der durch Sublimation - also die Phasenüberschreitung vom Festkörper zum Gas - Duft abgestrahlt hat. Auch Grenouille ist von den Aus- und Auflösungsprozessen fasziniert; er beobachtet nächtelang, wie sich duftende Essenzen und Pflanzenkörper voneinander trennen; d.h. wie es durch den Alambic möglich ist,

> "den Dingen ihre duftende Seele zu entreißen. Diese duftende Seele, das ätherische Öl, war ja das Beste an ihnen, das einzige, um dessentwillen sie ihn interessierten. Der blöde Rest: Blüte, Blätter, Schale, Frucht, Farbe, Schönheit, Lebendigkeit und was sonst noch an Überflüssigem in ihnen steckte, das kümmerte ihn nicht. Das war nur Hülle und Balast. Das gehörte weg." (Par: 125)[459]

Der Wille zur Körperlosigkeit läßt sich kaum deutlicher ausdrücken, und doch wird auch schon hier - im Prozeß der handwerklichen Überwindung der Materie - die Hybridität des Verfahrens deutlich: Grenouille will den Dingen ihre Seele entreißen, erhält aber ein duftendes Öl. Selbst wenn der

---

[458] Wobei auch Gas Materie ist. / Vgl. Aggregatzustand: "Erscheinungsform eines Stoffes (fest, flüssig, gasförmig)." (Duden: Band 5. Das Fremwörterbuch. (1990): S. 36.)
[459] Vgl. Hans Castorps Überlegungen bezüglich des Grammophons: "Die Sänger und Sängerinnen, die er hörte, er sah sie nicht, ihre Menschlichkeit weilte in Amerika, in Mailand, in Wien, in Sankt Petersburg, - sie mochte dort immerhin weilen, denn was er von ihnen hatte, war ihr Bestes, war ihre Stimme [..]." (Mann (1967): Bd. 5, S. 680.) Richis dagegen bezweifelt die Möglichkeit, den Mädchen "ihr Bestes" (Par: 258) zu rauben.

Besitz des Öls den jeweiligen Körper in olfaktorischer Hinsicht überflüssig machen sollte: auch das Öl ist eine materielle Substanz. Trotzdem ist es paradoxerweise gerade die Materialität,[460] die es ihm ermöglicht, die Auflösung / Verdunstung der aufgelösten Jungfrauen so auszunutzen, daß es scheint, als verströmte sein eigener Körper den himmlischen Geruch, obwohl er ihn nur mit einer instabilen, riechenden Flüssigkeit befeuchtet hat.

4.4 Geruchsmasken

Wie der materiell und damit transportabel gewordene Duft die medientechnologischen Subjektkonstitutionen Grenouilles erst ermöglicht, ist Gegenstand des folgenden Kapitels. Dabei soll insbesondere die paradoxe Struktur der Geruchszeichen in den Blick kommen, die zwar eine scheinbar direkte und distanzlose Kommunikation ermöglichen, obwohl sie doch erst durch den gezielten Zugriff auf den Signifikanten des Duftes verfügbar geworden sind. Grenouilles Umwelt ist der Wirkung des Parfums untertan, weil sie nicht in der Lage ist, das Medium als Botschaft wahrzunehmen.

Grenouille okkupiert die räumliche Position, die Laure oder die anderen Mädchen sonst einnehmen würden. Es gelingt ihm, das funktionale Zentrum der symbolischen Ordnung des Begehrens zu besetzen, das sonst von den Frauen beherrscht würde. Bei der Beschreibung des ersten tot aufgefundenen Mädchens wird dieses Zentrum als eine Leere bestimmt, denn es wird von ihr gesagt, sie würde "ruhig wie im Zentrum eines Wirbelsturmes stehen, der eigenen Gravitationskraft scheinbar unbewußt [..]." (Par: 247) Es ist Grenouilles eigene Geruchslosigkeit, die es ihm ermöglicht, sich selbst als eine olfaktorische Leerstelle in dieses leergelassene Zentrum der geruchlichen Wunschmaschine zu stellen. Das Nicht-Erfülltsein, die Abwesenheit im Zentrum des Parfums versetzt ihn in die Lage, die Wünsche der Umgebenden auf sich zu versammeln und zurückzuspiegeln. Er ist im wörtlichen Sinne in die Haut der von ihm getöteten Mädchen geschlüpft; er hat sich die Duft-Haut, die er ihnen zuvor mit allem handwerklichen Geschick abgezogen hat, übergestreift. Grenouilles angeborene Geruchslosigkeit ist nicht nur Voraussetzung für dieses Verfahren, sondern auch der Auslöser für seinen Ehrgeiz in dieser

---

[460] Auch heutige Versuche, Gerüche zu digitalisieren, kommen um konkrete Duftstoffe im Sinne von Flüssigkeiten nicht herum. Ein entwickeltes Duft-Empfangsgerät "soll aus etwa 150 verschiedenen Substanzen jeden vorstellbaren Geruch herstellen können." (*sda / dpa*. Web-Schmökern mit Nasenklammer. In: NZZ (5. 5. 2000): S. 53.

Richtung: Nachdem er (reichlich spät) entdeckt hat, daß er sich selbst und auch alle anderen ihn nicht riechen können, produziert er Ersatzdüfte, die wie eine Geruchsmaske seine olfaktorische Indifferenz verschleiern. Die Wirkung eines solchen plumpen Surrogates befriedigt ihn aber nur kurze Zeit:

> "Er würde einen Duft kreieren können, der nicht nur menschlich, sondern übermenschlich war, einen Engelsduft, so unbeschreiblich gut und lebenskräftig, daß, wer ihn roch, bezaubert war und ihn, Grenouille, den Träger dieses Dufts, von ganzem Herzen lieben mußte." (Par: 198)

Hier greift der Text die Vorstellungen von der unbewußten (z.B. erotisierenden) Wirkung der Düfte auf. Weil aber zudem als prädestinierter Träger der geruchlose Grenouille eingesetzt wird, kann der Reiz der olfaktorischen Phantasie noch dadurch gesteigert werden, daß es sich bei einem solchen Parfum um eine Duft-Maske handeln soll, durch die das darunterliegende Subjekt geruchlich vollständig überdeckt werde. Mit diesem Duft wäre jeder Zwang zur persönlichen Verbesserung / Veränderung ausgeschaltet: Die verschiedenen Parfums, die Grenouille komponiert hat, vom Unauffälligkeitsduft bis zum Unschuldsduft, entheben ihn von der Aufgabe, so werden zu müssen, um als 'unauffällig' oder 'unschuldig' erscheinen zu können. Unabhängig davon, wer sich dieses künstliche Geruchsgesicht überzieht, er oder sie würde (innerhalb der olfaktorischen Reichweite) alles Begehren auf sich lenken. Das absolute Liebes-Parfum, das Grenouille komponiert hat, bezwingt die Menge (auch gegen den erklärten Willen der Einzelnen), weshalb der Träger nicht nur "der bestriechende Mensch auf Erden" (Par: 268) wird, sondern auch zum mächtigsten, weil er unangreifbar geworden ist. Grenouille ist sich dieser Macht auch bewußt; er weiß, daß er sich zum Gott erheben lassen könnte:

> "Er besaß die Macht dazu [..], die stärker war als die Macht des Geldes oder die Macht des Terrors oder die Macht des Todes: die unüberwindliche Macht, den Menschen Liebe einzuflößen." (Par: 316)

Der Text spielt hier deutlich auf das Motiv der klerikalen Macht der Vergebung und der Liebe an. Einerseits ähnelt zwar die Wirkungsweise von Grenouilles Parfum stark diesem Machtdispositiv, andererseits besitzt Grenouille mit dem absoluten Duft ein ungleich wirkungsvolleres Werkzeug der Herrschaftspolitik, als es einer Kirche jemals zur Verfügung gestanden hätte. Die fundamentale Differenz besteht darin, daß die 'Sprache' des Duftes (angeblich) direkt wirkt, während Religionen immer auch auf sprachlich vermittelten Erzählungen basieren. Zwar versuchen auch die Kirchen zusätzlich zu den großen Metaerzählung direktere Formen der Kommunikation einzusetzen, wie Gebäude, Rituale und auch Gerüche.[461] Grenouille aber weiß, daß diese Versuche scheitern müssen, denn er hat schon in der Kirche in Montpellier entdeckt, "wie lächerlich schlecht doch der Duft gemacht war, den dieser Gott für sich verströmen ließ." (Par: 199) Zwei Jahre nachdem er diese Einsicht hatte, stehen ihm die handwerklichen Fähigkeiten zur Verfügung, durch die er tatsächlich in der Lage ist, einen "Engelsduft" (Par: 198) herzustellen bzw. sich sogar zum "Gott des Duftes" (Par: 198) zu machen. Grenouilles Karriere als olfaktorisches Genie erhebt ihn so weit über die 'normalen' Menschen, daß er auf seinem Höhepunkt eine Position absoluter Macht besetzt:

> "Er, Jean-Baptiste Grenouille, geboren ohne Geruch am stinkendsten Ort der Welt, stammend aus Abfall, Kot und Verwesung, aufgewachsen ohne Liebe, lebend ohne menschliche Seele einzig aus Widerborstigkeit und der Kraft des Ekels, klein, gebuckelt, hinkend, häßlich, gemieden, ein Scheusal innen wie außen - er hatte es erreicht, sich vor der Welt beliebt zu machen. Was heißt beliebt! Geliebt! Verehrt! Vergöttert! (Par: 304)

Grenouille überbietet hier die Logik von Lessings Ringparabel. Wie das Parfum hatte auch der wahre Ring "die geheime Kraft, vor Gott / Und Menschen angenehm zu machen, wer / In dieser Zuversicht ihn trug."[462] Solange diese geheime Kraft wirkte, war das Tragen des Ringes der Garant[463] für das Wohlgefallen der Umwelt. Daher bestimmt der Richter, um den Streit über die Echtheit der Ringe zu schlichten, daß das Außen entscheiden solle, welches der richtige ist:

> "Ich höre ja, der rechte Ring / Besitzt die Wunderkraft beliebt zu machen; / Vor Gott und Menschen angenehm. Das muß / Entscheiden! Denn die falschen Ringe werden / Doch das nicht können! - Nun; wen lieben zwei / Von Euch am meisten? - Macht, sagt an! Ihr schweigt? / Die Ringe wirken nur zurück? und nicht / Nach außen? Jeder liebt sich selber nur / Am meisten? - O so seid ihr alle drei / Betrogene Betrüger! Eure Ringe / Sind alle drei nicht echt."[464]

Die Moral der Ringparabel besteht unter anderem darin, daß sich die Träger selbst darum bemühen müssen, sich vor Gott und den Menschen angenehm zu machen, wenn die Ringe ihre magische Kraft verloren

---

[461] Vgl: Hörisch (1992): S. 128 ff. Die Eucharistie als ritualisierte Verspeisung Gottes, sein Eingehen in die Körper der Gläubigen, ist Prototypus dieser kommunikativen Form.

[462] Lessing, Gotthold Ephraim: Nathan der Weise. (III, 7 / V. 399 ff.) In: Gotthold Ephraim Lessing. Werke und Briefe. Band 9. Hgg. von: Borner, Wilfried / u.a. Frankfurt 1993, S. 556. (= Bibliothek deutscher Klassiker, 94)

[463] Trotzdem gelten die Einschränkungen, es müsse der dem Vater liebste Sohn sein, der den Ring weitertrage dürfe (III, 7 / V. 405 ff.), und der Ring müsse im Vertrauen auf seine Wirkung getragen werden. (III, 7 / V. 400 f.)

[464] Lessing (1993): S. 558 f. (III, 7 / V. 499 ff.)

haben, das Wohlwollen der Welt auf dem / der jeweiligen TrägerIn zu versammeln. Es ist die innere Läuterung, die sich im Außen zeigt und damit die Kraft des echten Ringes erweisen wird. Diese Struktur wird in 'Das Parfum' invertiert: Obwohl Grenouille die Menschen haßt, lieben sie ihn. Aber sie lieben ihn ausschließlich aufgrund seines Geruches, der nicht sein eigentlicher ist; denn sie lieben nur seinen Geruch, wie sie zuvor, aufgrund seiner Geruchslosigkeit, "Angst vor ihm" (Par: 30) hatten. Es ist offenkundig, daß es nicht Grenouilles Person, sondern nur sein Duft ist, der die Macht hat, den anderen Menschen Liebe einzuflößen. Während aber die Ringe nur die (vom Richter getadelte) Selbstliebe erzeugten, ist gerade dies der Mangel, den das Parfum bei all seiner Macht hat:

> "Nur eines konnte diese Macht nicht: sie konnte ihn nicht vor sich selber riechen machen. Und mochte er auch vor der Welt durch sein Parfum erscheinen als ein Gott - wenn er sich selbst nicht riechen konnte und deshalb niemals wüßte, wer er sei, so pfiff er drauf, auf die Welt, auf sich selbst, auf sein Parfum." (Par: 316)

Er will sich selbst erkennen, und zwar mit dem für ihn einzig relevanten Sinnesorgan, seiner Nase. Visuell hat er sich selbst im Spiegel des Marquis schon reflektiert gesehen; wenn auch erst recht spät im Alter von 25 Jahren (Par: 185 f.) und nicht schon als Kleinkind, wie es im Begriff des Spiegelstadiums[465] (im Sinne Lacans) eigentlich vorgesehen ist. Auch in diesem Punkt ist der Roman historisch genau, da Spiegel im achtzehnten Jahrhundert noch Luxusartikel waren, die für einen armen Waisenjungen wie Grenouille tatsächlich nur zufällig zugänglich gewesen wären.[466]

Im Gegensatz zu seinem Spiegel-Gegenüber, das Grenouille nach einem kurzen Erschrecken schnell als eine visuelle Reflexion seiner selbst identifiziert (Par: 184 f.), ist es ihm nicht möglich, sich olfaktorisch selbst zu beobachten. Interessanterweise bleibt Grenouille aber in der Spiegel-Szene recht ungerührt, an-gesichts seiner selbst. Er nutzt dieses Wissen über sein Aussehen allenfalls strategisch. Zur Selbsterkenntnis ist diese visuelle Reflexion nicht geeignet. In diesem Bereich zählen für Grenouille nur olfaktorische Daten: Er hat aber keinen eigenen Geruch, und alle Surrogate, die zwar die Welt darüber täuschen mögen, können doch diesen Mangel vor ihm selbst nicht verbergen. Er scheitert als eine Art ironisch gespiegelter Narziß-Figur an zu wenig Möglichkeiten, sich selbst zu erkennen.

---

[465] Vgl. Lacan, Jacques: Das Spiegelstadium als Bildner der Ich-Funktion. In: Lacan, Jacques: Schriften I. Weinheim 1991, S. 63 ff.
[466] Vgl. Sloterdijks mediengeschichtliches Argument, daß Spiegel zu spät zu einer Massenware wurden, als daß sich Lacans These vom Spiegelstadium als anthropologischer Konstante halten ließe: Sloterdijk (1998): S. 201 ff.

Diese Selbsterkenntnis funktioniert einerseits als eine medial vermittelte Konfrontation des Ich mit einem äußeren Reflex seiner selbst. Dieser Bruch von der "*Innenwelt* zur *Umwelt*"[467] initiiert aber zugleich einen Mechanismus innerer Selbsterkenntnis; als Begegnung des Ich mit seiner 'Seele'. Literarisch funktioniert das Spiegelbild (aber auch der Schatten oder der Geruch) als ein äußerer Indikator dieser inneren Substanz, und ein Verlust dieses Doubles (etwa des Spiegelbildes bei Vampiren) weist immer auch auf den Verlust der Seele hin; zumindest auf eine akute Bedrohung des Seelenheils (etwa durch den Schattenverlust Schlemihls[468]). Das Erkennen des Ich im Spiegel ist damit nicht nur ein medialer Akt, sondern zugleich auch eine erkenntnistheoretische Grundstruktur des symbolischen Aus-Sich-Heraustretens des Ich, durch das sich das Subjekt im Raum des Imaginären selbst begegnet, sich selbst zu begegnen glaubt.[469] Sloterdijk hat zwar zu Recht darauf hingewiesen, daß das Spiegel-Ich (das "*je* spéculaire"[470]) nur dasjenige verdichtet zum Vorschein bringen kann, was im sozialen Ich ("*je* social"[471]) "schon längst auf der Ebene von vokalen, taktilen, interfazialen und emotionalen Resonanzspielen und deren inneren Sedimenten angelegt"[472] ist. Grenouille geht letztlich (als literarischer Extremcharakter) daran zugrunde, daß er von seiner sozialen Umwelt eben gerade nicht wahrgenommen wird; zumindest olfaktorisch nicht - wobei der Text die Auswirkungen dieser unscheinbaren Verschiebung Grenouille in aller Drastik vor 'Augen' führt, als er zum ersten Mal einen künstlichen Menschengeruch trägt und den Unterschied im Verhalten seiner Umwelt bemerkt:

"Er war von Jugend an gewohnt, daß Menschen, die an ihm vorübergingen, keinerlei Notiz von ihm nahmen, nicht aus Verachtung - wie er einmal geglaubt hatte -, sondern weil sie nichts von seiner Existenz bemerkten. Es war kein Raum um ihn gewesen, kein Wellenschlag, den er, wie andre Leute, in der Atmosphäre schlug, kein Schatten sozusagen, den er über das Gesicht der andern Menschen hätte werfen können." (Par: 194 f.)

---

[467] Lacan (1991): S. 67.
[468] Durch den Tausch Schatten gegen Seele; vgl. Chamisso, Adelbert von: Peter Schlemihls wundersame Geschichte. In: Adelbert von Chamisso. Sämtliche Werke. Band 2. Hgg von: Feudel, Werner / u.a. München 1982, S. 51.
[469] "[Schlemihls] Erzählung ist noch außergewöhnlicher, wenn sie nicht als Metapher genommen wird. Wir alle haben unseren *realen* Schatten, den uns die Sonne spendet, verloren, denn er existiert nicht mehr für uns, wir sprechen nicht mehr von ihm, und mit ihm hat uns unser Körper verlassen - seinen Schatten verlieren, bedeutet bereits, seinen Körper zu vergessen." (Baudrillard (1991): S. 223 f.)
[470] Lacan (1991): S. 68.
[471] Lacan (1991): S. 68.
[472] Sloterdijk (1998): S. 545.

Jetzt aber - mit seinem Surrogat des menschlichen Geruchs - wird er bemerkt und als normale Erscheinung akzeptiert - die Menschen bemerken nicht, daß eine "Kuckucksbrut in ihrer Mitte" (Par: 196) ist. Trotzdem leidet Grenouille an der paradoxen Struktur dieses olfaktorischen 'je social'; denn solange Grenouille eine seiner Duftmasken benutzt, kann er ja gerade nicht "in seiner wahren Existenz zur Kenntnis genommen" (Par: 306) werden, weil seine Aura bzw. das Fehlen einer Aura durch den künstlichen Geruch überdeckt wird. Was seine Umwelt wahrnimmt, ist lediglich der genau kalkulierte mediale Effekt seiner Maskierungen als ein hilfloser Junge oder beschäftigter Mann. In jedem Fall aber hat er sich nicht "seines Innern entäußern" (Par: 306) können (oder nur in dem sehr indirekten Sinne, daß er es war, der die Düfte hergestellt hat). Die Funktion des Körpergeruchs als externalisiertes Double, das dem Subjekt als zu Erkennendes gegenübertritt, wird in seiner räumlichen Struktur deutlich: der Geruch ist als eine Ausdehnung des Körpers in die Welt aufzufassen, wodurch das Subjekt einen bestimmten Raum im Außen einnehmen kann. Die Art und Weise, wie diese Position in der Welt ausgefüllt wird, vermittelt der Umwelt und dem Subjekt ein Bild über den Charakter des jeweiligen Menschen. Grenouilles Inneres dagegen bleibt sowohl seiner Umwelt als auch ihm selbst olfaktorisch verborgen; er weiß nicht, wie er riecht. Als er von seinem Geruch träumt, ist es gerade

> "das Entsetzliche, daß Grenouille, obwohl er wußte, daß dieser Geruch *sein* Geruch war, ihn nicht riechen konnte. Er konnte sich, vollständig in sich selbst ertrinkend, um alles in der Welt nicht riechen!" (Par: 171)

Andererseits ist aber Grenouilles Geruchslosigkeit paradoxerweise die Voraussetzung dafür, daß seine künstlichen Menschendüfte ohne störende Interferenzen funktionieren. Die Parfums verbergen nicht einfach nur seine geruchliche Inexistenz, sondern sie erschaffen (durch keinen Eigengeruch beeinträchtigt) eine künstliche olfaktorische Präsenz. Grenouille ist das perfekte 'Mannequin' seiner Kreationen, die mit einem geruchlich präsenten Träger-Subjekt nur kollidieren würden; hätte ein normal riechender Mensch eine seiner Duftmasken benutzt,

> "so wäre dieser uns geruchlich vorgekommen wie zwei Menschen oder, schlimmer noch, wie ein monströses Doppelwesen, wie eine Gestalt, die man nicht mehr eindeutig fixieren kann, weil sie sich verschwimmend unscharf darstellt wie ein Bild vom Grunde eines Sees,[473] auf dem die Wellen zittern." (Par: 191)

Weil aber Grenouille eine leere Geruchsmatrix ist, eine tabula rasa, auf die er selbst seine olfaktorischen Kompositionen aufschreiben kann, wird er

---
[473] Auch hier eine deutliche Anspielung auf den intertextuellen Bezug zum Narziß-Motiv.

nicht wahrgenommen und ist das ideale Medium für seine Düfte.[474] Wenn Grenouille sein absolutes Parfum benutzt, wird nicht mehr er selbst, sondern nur noch der "Große Grenouille" (Par: 305) wahrgenommen. Der soziale Spiegel der orgiastischen Menschenmenge um ihn herum reagiert nicht mehr auf ihn als Subjekt, sondern nur noch auf die Simulakren, auf den Wunschspiegel, als der er sich ihr präsentiert:

> "Den Nonnen erschien er als der Heiland in Person, den Satansgläubigen als strahlender Herr der Finsternis, den Aufgeklärten als das Höchste Wesen, den jungen Mädchen als ein Märchenprinz, den Männern als ein ideales Abbild ihrer selbst." (Par: 303)

Grenouille, der sich in den Reaktionen seiner Umwelt spiegeln möchte, wird selbst zum Spiegel der Umwelt; aber nicht nur als eine reflektierende Oberfläche, sondern als eine Projektionsfläche, die sich der Wunschökonomie der Einzelnen anpaßt. Ein Spiegel erfüllt aber seine Funktion genau dann perfekt, wenn es nicht zu bemerken ist, daß er seine Funktion erfüllt. Wird das Medium des Spiegels als Form sichtbar, offenbart das eine Bruchstelle im reflektorischen Dispositiv; nicht der Spiegel, sondern das Spiegelbild soll sichtbar werden. Dies gilt umso mehr, wenn es sich um einen magischen Spiegel handelt, der das Sichtbare verändert, bevor er es zurückgibt. In dieser Hinsicht scheint das Parfum Grenouilles außerordentlich gut geeignet zu sein, denn niemand außer Grenouille weiß,

> "wie gut es *gemacht* ist. Die anderen sind nur seiner Wirkung untertan, ja, sie wissen nicht eimal, daß es ein Parfum ist, das auf sie wirkt und sie bezaubert." (Par: 316)

Während also seine Geruchslosigkeit ihn bei seinen Raubzügen wie eine Tarnkappe dadurch schützt, daß sie ihn der Wahrnehmung entzieht, funktionieren die Duftmasken als Vorspiegelungen eines falschen Gegenübers in den Augen (Nasen) seiner Umwelt. Ist Grenouille das unriechbare Medium der Parfums, sind die Düfte (für seine Mitmenschen) nicht wahrnehmbare Medien für Emotionen. Grenouille dagegen weiß, daß er nie die ursprünglichen Trägerinnen der Düfte begehrt hat. Das Mirabellenmädchen sieht er nur deshalb an, weil er kurzzeitig nicht glauben konnte, daß es ein Mensch ist, der so gut riecht (Par: 54), und Laure würdigt er keines Blicks, weder als lebendiges Wesen noch als Leiche:

> "Er [warf] keinen Blick mehr auf ihr Bett, um sie wenigstens ein einziges Mal in seinem Leben mit Augen zu sehen. Ihre Gestalt interessierte ihn nicht." (Par: 280)

---

[474] Zur Genderspezifik der Metaphern 'leeres Blatt' - 'Stift' / 'Pen(is)'; vgl. Assmann (1999): S. 153.

Nachdem also Grenouille den ideellen Teil ihrer Person abzulösen gelernt hat, ist die menschliche Trägerin der Aura uninteressant, weil ihre emotionale Wirkung vollständig von dieser Aura abhängig war. In einer metonymischen Bewegung substituieren sich hier die Signifikanten 'Laure', 'Laures Körper' und 'Laures Geruch'. Grenouille hat erkannt, daß die von 'Laure' ausgelösten Emotionen - das Signifikat dieses Trägers - eben nicht des Signifikanten 'Laure' bedarf, sondern lediglich des Signifikanten 'Laures Geruch'. Weil Grenouille über die geeigneten handwerklichen Techniken verfügt, kann er 'Laures Geruch', der seinerseits von 'Laures Körper' getragen wurde, auf eine transportable Fettschicht übertragen. Er kopiert den Duft vom Speichermedium 'Laures Körper' auf das Speichermedium 'Pomade':

> "Für die Entwicklung des 'Über-Parfüms' gewinnt das Scheusal Grenouille [..] seine Rohstoffe durch Enfleurage von erdrosselten Jungfrauen, die am Anfang ihrer Blütezeit stehen."[475]

Diese Bemerkung steht (ohne den Roman zu kritisieren) innerhalb einer fachlich-sachlichen Beschreibung der handwerklichen Techniken, auf denen die Enfleurage beruht. Ohloff bestätigt in seiner Geruchsgeschichte daher indirekt, daß seiner Ansicht nach ein solches Verfahren auch in der Realität möglich sein könnte. Mit der irritierenden Direktheit des Picaro hat Grenouille, dessen Stärke zwar das Denken nicht ist (Par: 317), der kaum seinen Namen schreiben kann (Par: 35) und der seine (Duft)Sprache der geruchlichen Natur der Dinge ablauschen mußte (Par: 31 f.), die Macht des Signifikanten entdeckt. Er behandelt Gefühle als medial erzeugte Effekte, die olfaktorisch produzierbar und rekonstruierbar sind. Zwar kann er Düfte nicht im eigentlichen Sinn herstellen,[476] aber er kann die Düfte "jener äußerst seltenen Menschen [..], die Liebe inspirieren" (Par: 240) sammeln und kombinieren, um selbst den Menschen den Geist der Liebe einhauchen / in-spirieren zu können. Denn seine Mitmenschen sind (im Gegensatz zu ihm) nicht zu der Wahrnehmung fähig, daß der gefühlsauslösende Reiz an Laure ihr Geruch ist:

> "[..] die Leute würden überwältigt sein, entwaffnet, hilflos vor dem Zauber dieses Mädchens, und sie würden nicht wissen warum. Und weil sie dumm sind und ihre Nasen nur zum Schnaufen gebrauchen können, alles und jedes aber mit ihren Augen zu erkennen glauben, würden sie sagen, es sei, weil dieses Mädchen Schönheit besitze und Grazie und Anmut." (Par: 217)

Auch auf Grenouille übt Laure eine starke Wirkung aus, selbst wenn er weiß, daß es nicht das Mädchen ist, das er liebt, sondern ausschließlich ihr

---
[475] Ohloff (1992): S. 265.
[476] Der Duft-Konzentration, Kombination entspricht auch das Alambic-Selbstbild (Par: 127).

Duft.[477] Aber er hat ihre Verführungskraft am eigenen Leib erfahren und kann daher einschätzen, wie unwiderstehlich ihr Sog ist, wenn es nicht möglich ist, sich durch eine Wahrnehmungsanalyse von der Wirkung zu distanzieren.[478] Denn die Reiz-Reaktionen, die dieser Duft auslöst, sind sogar für die trainierte Nase Grenouilles nicht sofort analytisch zu entschärfen. Für einen kurzen distanzlosen Moment erfährt auch Grenouille den Duft als einen natürlichen, sprachlichen Ausdruck, der auch ihm "direkt ans Herz" (Par: 199) geht. Gerade weil er die Wirksamkeit von Düften kennt, atmet er sonst lieber aus als ein, bleibt er beständig olfaktorisch aufmerksam: Es blieb "immer eine instinktive Reserviertheit in ihm wach gegen alles, was von außen kam und in ihn eingelassen werden sollte." (Par: 148) Wenn aber Gerüche tatsächlich eine Art natürlicher Sprache der Dinge sind, sollten sie aller Manipulation entzogen sein.[479] Grenouilles Macht besteht aber gerade darin, daß er willens und in der Lage ist, diese Sprache zu verändern. Er manipuliert die natürlichen Düfte, indem er sie auf transportable Signifikanten (die Fettpomande bei der Enfleurage) kopiert, konzentriert und kombinierbar macht:[480] Indem Grenouille 'Laures Körper' als Signifikant von 'Laures Duft' substituiert hat, hat er ihren Körper überflüssig werden lassen. Ihre olfaktorische Existenz kann er von ihr ablösen, indem er sie auf die Fettschicht kopiert. Diese Schicht wiederum kann er in einem komplizierten handwerklichen Verfahren auswaschen, bis 'Laures Geruch' noch einmal, ebenso wie "der Blütenduft auf ein anderes Medium übergegangen" (Par: 224) ist, nämlich vom Fett auf den Alkohol. Dieser muß nochmals destilliert werden, so daß am Ende des Verfahrens "das schiere Öl der Blüten, ihr blanker Duft" (Par: 224) vorliegt.[481] Mit ebendiesem parfümistischen Verfahren konnte sich Grenouille des Duftes der von ihm getöteten Jungfrauen in Form einer materiell / real vorliegenden Substanz bemächtigen:

---

[477] Vgl. "Freilich liebte er nicht einen Menschen, nicht etwa das Mädchen im Haus dort hinter der Mauer. Er liebte den Duft. Ihn allein und nichts anderes, und ihn nur als den künftigen eigenen." (Par: 242)

[478] Vgl. "Grenouille wurde es heiß vor Wonne und kalt vor Schrecken. Das Blut stieg ihm zu Kopfe wie einem ertappten Buben, und es wich zurück in die Mitte des Körpers, und es stieg wieder und wich wieder, und er konnte nichts dagegen tun. Zu plötzlich war diese Geruchsattacke gekommen." (Par: 215)

[479] Vgl. die hysterische 'Sloterdijk-Debatte' im Sommer 1999, wie die professioneller geführten Diskussionen um die Folgen der Entschlüsselung des menschlichen Genoms.

[480] "Sie [Laure] war für ihn als Körper gar nicht mehr vorhanden, nur noch als körperloser Duft. Und diesen trug er unterm Arm und nahm ihn mit sich." (Par: 280)

[481] Vgl. zu diesem Kopierverfahren die Analyse des Typographeums von Giesecke, der als wesentliches Merkmal der Innovation Gutenbergs das mehrfache spiegelnde Umgießen der Matrizen und Patrizen bei der Typenherstellung herausgearbeitet hat; vgl. Giesecke (1991): S. 80 ff.

"Draußen in der Kabane lagen in einem wattegepolsterten Kästchen vierundzwanzig winzige Flakons mit der zu Tropfen geronnenen Aura von vierundzwanzig Jungfrauen - kostbarste Essenzen, die Grenouille im vergangenen Jahr durch kalte Fettenfleurage der Körper, Digerieren von Haaren und Kleidern, Lavage und Destillation gewonnen hatte." (Par: 267)

Diese Dufttropfen will Grenouille kombinieren, um so sein absolutes Parfum zu schaffen. Damit manipuliert er die natürliche Speicherfunktion, die Gerüche haben können. In ihrer gemischten Form wird nichts mehr an die jeweils individuelle Existenz der getöteten Jungfrauen erinnern. Im Gegensatz dazu waren das "Miniaturmodell" (Par: 235) des Olivenhains, der "Hundeduft" (Par: 236) oder auch der "Duftgeist" (Par: 239) des gestorbenen Säcklers noch (mehr oder weniger) getreue Abbilder der zu Grunde liegenden Urbilder:

"Unter Grenouilles Nase erstand der Säckler aus der Weingeistsolution olfaktorisch von den Toten auf, schwebte, wenngleich durch die eigentümliche Reproduktionsmethode und die zahlreichen Miasmen seiner Krankheit schemenhaft entstellt, doch leidlich erkenntlich als individuelles Duftbild im Raum [..]." (Par: 238 f.)

Die Mädchenauren dagegen bewahrt Grenouille nicht einfach nur spielerisch um ihrer selbst willen auf. Die vierundzwanzig Auren sind vor allem dazu da, mit dem Duft Laures kombiniert zu werden. So soll eine genau kalkulierte Mischung entstehen, in der sich alle individuellen Gerüche zu einem harmonischen Ganzen fügen, wobei aber in diesem Mosaikbild reiner Schönheit die einzelnen Steine nur insofern von Wert sind, als daß sie sich in das gesamte Arrangement einfügen. Selbst Laures Duft soll nicht als individueller olfaktorischer Gedächtnisspeicher verwendet werden, sondern nur ein Teil (wenn auch der zentrale) seines Duftkunstwerkes sein:

"Ließ man Diamanten ungeschliffen? Trug man Gold in Brocken um den Hals? [..] Natürlich durfte dieser einzigartige Duft nicht roh verwendet werden. Er mußte ihn fassen wie den kostbarsten Edelstein. Ein Duftdiadem mußte er schmieden [..]." (Par: 246)

Weil die Jungfrauen als konzentrierte Düfte verfügbar, kopierbar und kombinierbar sind, werden sie von Grenouille nicht mehr als olfaktorischer Ausdruck einer bestimmten und bestimmbaren Einzelperson behandelt, sondern ausschließlich als Funktion innerhalb eines Gesamtkomplexes. Denn erst wenn "all die Opfer nicht mehr als einzelne Individuen, sondern als Teile eines höheren Prinzips" (Par: 258) vorgestellt werden, ergibt sich ein Bild absoluter Schönheit. Hinter diesem Bild kann sich der geruchlose Grenouille verstecken, so daß niemand die Leere dahinter wahrnehmen kann, denn "er trug unter dieser Maske kein Gesicht, sondern nichts als seine totale Geruchslosigkeit." (Par: 306) Diese olfaktorische Leere hinter Grenouilles Maskierung hat ein identifizierbares Vorbild im Unsichtbaren aus H. G. Wells gleichnamiger Erzählung.[482] Durch ein Experiment der optischen Wahrnehmung entzogen, gleichzeitig aber als moralisch verwerflicher Charakter gezeichnet, wird Griffin "in die Traditionslinie teuflischer Wissenschaftler eingereiht",[483] deren prometheische Auflehnung gegen die "göttliche Ordnung und körperliche Begrenzung des Menschen"[484] auch ein zentrales Merkmal Grenouilles ist. Wie dieser ist auch Griffin von Anfang ein Außenseiter, der aber erst durch das mißlungene Experiment vollends in die moralische und soziale Isolation getrieben:

"Auch der Unsichtbare bei Wells ist einsam [..], fühlt sich bedroht und muß deshalb seine Unsichtbarkeit hinter Kleidern, Bandagen, künstlicher Nase und falschem Haar verbergen. Das Ganze vollzieht sich als Paradox: [er versucht] seine Unsichtbarkeit unsichtbar für die anderen zu machen."[485]

Besonders im Moment des endgültigen Scheiterns der Figuren im Feld des Sozialen wird die Ähnlichkeit der Texte sichtbar. Sowohl Grenouille als auch Griffin werden von einer aufgebrachten Menschenmenge getötet, die damit ihre eigene soziale Struktur wieder zu stabilisieren versucht:

"Ein mit Spaten und Stöcken bewaffneter [..] Mob stürzt sich auf den Unsichtbaren, um ihn zu vernichten. Aus der verschreckten Dorfbevölkerung ist ein entfesselter Pöpel geworden. [..] Im Augenblick des Todes wird der Unsichtbare sichtbar. Jedoch erregt die Sichtbarwerdung des erschlagenen Fremden und seines geschundenen Körpers beim Leser kein Gefühl des Triumphes, sondern eher Mitleid."[486]

Im Fall von Grenouille wird diese Inversion der emotionalen Lage ebenfalls durchbuchstabiert. Der berüchtigte Schlußsatz - "Sie hatten zum ersten Mal etwas aus Liebe getan." (Par: 320.) - der sowohl die kannibalistische Mahlzeit als auch den Roman beschließt, markiert aber zugleich ein ähnliches Moment wie in Wells Erzählung: War es das Ziel des Unsichtbaren gewesen, wieder sichtbar zu werden, dann wird ihm im Moment seines Todes dieser Wunsch erfüllt. Grenouilles Ziel ist es gewesen, einmal von seinen Mitmenschen geliebt zu werden. Die sexuelle Orgie auf dem Cour hat ihm dieses Gefühl (zu Recht) nicht geben kön-

---

[482] Wells, Herbert G.: The Invisible Man. Stuttgart 1994.
[483] Werner, Klaus: Nachwort. In: Wells (1994): S. 250.
[484] Werner (1994): S. 250.
[485] Werner (1994): S. 244.
[486] Werner (1994): S. 258 f.

nen, zu begrenzt waren die Wirkungen des sparsam verwendeten Duftes. Schon vor der Herstellung des Parfums hat sich in der geistigen Struktur Grenouilles die Fähigkeit zu kompromißloser Risikobereitschaft gezeigt; die Grundlage für eine Ökonomie der Verschwendung: Er weiß zwar,

> "daß er den Besitz dieses Duftes mit seinem anschließenden Verlust würde entsetzlich teuer bezahlen müssen, so schienen ihm doch Besitz *und* Verlust begehrenswerter als der lapidare Verzicht auf beides. Denn verzichtet hatte er Zeit seines Lebens. Besessen und verloren aber noch nie. [..] Der Zeck Grenouille, vor die Wahl gestellt, in sich selbst zu vertrocknen oder sich fallenzulassen, entschied sich für das zweite, wohl wissend, daß dieser Fall sein letzter sein würde." (Par: 244)

Insbesondere auch die Zeckenmetapher, sonst eher Sinnbild sparsamer Haushaltung mit den vorhandenen Reserven, zeigt hier ihr Potential zu einem Sinnbild existentieller Risikobereitschaft - auch um den Preis des Todes die Erfahrungen des Lebens zu machen. Als sich Grenouille in Paris mit seinem gesamten Parfum auf einmal überschüttet, findet durch diese grandiose Geste der totalen Verausgabung auch auf der Seite der Empfangenden eine qualitative Verschiebung statt. Grenouille etabliert durch seine Verschwendungshandlung "ein System der totalen Leistungen",[487] innerhalb dessen sich die Gruppen der outlaws und der 25 Jungfrauen symbolisch vermischen. Gleichzeitig wird durch den Duftsog eine nicht mehr zu kontrollierende Eigendynamik entfaltet, der sich niemand entziehen kann, weil sich ihm niemand mehr entziehen will. Durch seine anti-ökonomische Verschwendung hat Grenouille tatsächlich sein Lebensziel erreicht, das darin bestand, einen Duft zu erschaffen, durch den er sich die Gefühle der Menschen untertan machen könnte:

> "Ja, lieben sollten sie ihn, wenn sie im Banne seines Duftes standen, nicht nur ihn als ihresgleichen akzeptieren, ihn lieben bis zum Wahnsinn, bis zur Selbstaufgabe, zittern vor Entzücken sollten sie, schreien, weinen vor Wonne, ohne zu wissen, warum, [..] wenn sie nur *ihn*, Grenouille, zu riechen bekamen!" (Par: 198)

Grenouille kann sowohl bei seiner mißglückten Hinrichtung als auch (in der letzten Steigerung) bei seinem selbstverursachten Tod, als Personifikation erotisch-ekstatischer Herrschafts-Strukturen der verschwenderischen Fülle[488] gelesen werden, wie sie vor allem in den dionysischen Kulten vorgeprägt ist. Aus dem geruchlosen Scheusal ist durch seine Maske des absoluten Liebesduftes für einige Momente ein geliebter Gott geworden:

> "Sie hatten zum ersten Mal etwas aus Liebe getan." (Par: 320)

---

[487] Vgl. Mauss, Marcel: Die Gabe. Frankfurt 1990, S. 22.
[488] Es sei auch darauf hingewiesen, daß Dionysos es ist, der König Midas mit seiner Verwandlungsgabe straft; vgl. Ovid (1988): S. 277. (XI, 85 ff.)

4.5 Doppelgänger

Wurde von Grenouilles Geruchslosigkeit gesagt, daß "sie ihn wie eine Tarnkappe[489] der Wahrnehmung von Mensch und Tier entzog" (Par: 267),[490] ist der künstliche Geruch eher in der intertextuellen Logik des verselbständigten Doubles zu sehen, die im folgenden auf den Ebenen der Motiv- und Genreübernahmen untersucht werden soll. Denn auch das absolute Parfum ist ein Mechanismus, der - einmal aktiviert - nicht mehr gestoppt werden kann. Erst wenn der Geruchsprozeß bis zu seinem Ende abgelaufen ist, der Duft sich verflüchtigt hat, ist die Wirkung bzw. "das Wunder" (Par: 311) vorbei. Bis zu diesem Zeitpunkt kann selbst Grenouille nichts gegen die emotionalen Auswirkungen unternehmen, die der Duft unweigerlich bei allen Menschen auslöst, die in seinen Sog geraten. Das intertextuelle Feld, das hier aufgerufen wird, reicht von magischen Werkzeugen wie dem Besen in Goethes Zauberlehrling,[491] über solch solar-visuelle Doppelgänger wie dem Schatten Schlemihls[492] und dem Gelehrten-Schatten in Andersens Schatten-Geschichte,[493] bis zu den reflektorischen Spiegelbildern eines Erasmus Sphikers[494] oder eines Dorian Gray.[495] Weitere Äquivalente zu Grenouilles parfümistisch hergestelltem alter ego, dem Großen Grenouille, sind die technisch erschaffenen Doubles in der Literatur: so ist der Golem das Produkt eines keramischen Verfahrens,[496] während Mr. Hyde biologisch-chemisch erzeugt wurde[497] und Dr. Frankenstein sein Monster elektrisch zu künstlichem

---

[489] Unter Alberichs Tarnkappe besiegt Siegfried Brünhild, der daraufhin von Gunther ihre Jungfrauenschaft und ihre Kraft geraubt wird. (Die Nibelungen. Hgg. von: Brackert, Helmut. Frankfurt 1987⁶, S. 37. / S. 115.) Der geruchslose Grenouille dagegen penetriert die Mädchen gerade nicht (Par: 251), sondern schließt sie in einen Hohlkörper aus Fett ein, durch den er sich ihrer olfaktorisch-sexuellen Kraft bemächtigt. (Par: 276)

[490] Auch Werner stellt den intertextuellen Bezug zum Tarnkappen-Motiv her; vgl. Werner (1994): S. 244.

[491] Goethe, Johann Wolfgang von: Der Zauberlehrling. In: HA, Bd. 1, S. 276 ff.

[492] Chamisso (1982): S. 15 ff.

[493] Andersen, Hans Christian: Der Schatten. In: ders.: Schräge Märchen. Frankfurt 1996, S. 9 ff. / Vgl. Hörisch (1999): S. 66 ff.

[494] Hoffmann, E. T. A.: Die Geschichte vom verlornen Spiegelbilde. In: ders. Poetische Werke. Band 1. Phantasiestücke in Callots Manier. Die Abenteuer der Silvesternacht. Hgg. von: Kanzog, Klaus. Berlin 1993, S. 322 ff.

[495] Wilde, Oscar: The Picture of Dorian Gray. In: Oscar Wilde. The Complete Works. Hgg. von: Foreman, J. B. London 1986, S. 17 ff.

[496] Meyrink, Gustav: Der Golem. München 1989.

[497] Stevenson, Robert Louis: Der seltsame Fall des Dr. Jekyll und Mr. Hyde. München 1983. / Werner vergleicht die "Abspaltung und Verselbständigung des Bösen" (Werner (1994): S. 252.) in Jekyll / Hyde mit der narrativen Struktur von 'Der Unsichtbare', die ebenfalls Tendenzen zum Kontrollverlust aufweise.

Leben erweckt.⁴⁹⁸ Allen diesen literarischen Figuren ist gemeinsam, daß sich die erschaffenen Wesen der Kontrolle durch ihre Schöpfer entziehen. Das Parfum ist in dieser Perspektivierung eine zentrale Metapher der ästhetischen Strategien in 'Das Parfum':

> "Grenouille plündert tote Häute, Süskind tote Dichter."⁴⁹⁹

Der "Große Grenouille" (Par: 305)⁵⁰⁰ läßt sich auch von seinem Produzenten Jean-Baptiste - dessen olfaktorisches Double er ist - nicht vollständig kontrollieren. Der 'Große Grenouille' ist aber nicht nur ein geruchlicher Wiedergänger dieser Figur 'Jean-Baptiste', sondern vor allem auch eine intertextuelle Verdopplung all der (genannten) literarischen Vorbilder, auf die er sich bezieht - der 'Große Grenouille' ist ein Doppelgänger der Doppelgänger. Die Dominanz dieses Bezugsfeldes ist so stark, daß sich die Figur auch in dieser sprachlichen Hinsicht der Kontrolle (durch ihren Produzenten) entzieht. Das alphabetische Double verweigert sich einer eindeutigen Begrenzung durch eine literaturgeschichtliche Interpretation, indem es durch ironische Überbietungen immer weiter neue Möglichkeiten der Konnexion des 'Großen Grenouille' mit seinen Vorbildern erzeugt. Wird 'Das Parfum' von seinem intertextuellen Zusammenhang her perspektiviert,

> "so ist sein Spiel mit vorgeprägten literarischen Mustern als poetisches Stilprinzip zu begreifen. Lässt man sich von der postmodernen Einsicht leiten, dass alles eigentlich schon einmal gesagt und neues Schreiben nur ein kunstvoller Umgang mit Zitaten sein kann, so vermag man diesem Spiel neue ästhetische Dimensionen abzugewinnen."⁵⁰¹

Eine dieser neuen ästhetischen Dimensionen ist die beständige Dezentrierung des Textes über seine Grenzen hinaus, die sich nicht nur punktuell bei einigen Motiven ergibt, sondern die wie eine metastatische Wucherung auf alle Dimensionen der Erzählung übergreift. So ist zum Beispiel auch die Zeit auf dem Berg - während derer der 'Große Grenouille' (zunächst nur innerlich) Gestalt annimmt - wiederum selbst ein Zitat.⁵⁰² Was die Dauer des Aufenthaltes angeht, wird hier unter anderem 'Der Zauberberg' Pate gestanden haben.⁵⁰³ Allerdings überschreitet der Text schon punktu-

---

498 Shelly, Mary: Frankenstein oder Der moderne Prometheus. Frankfurt 1988.
499 Stadelmaier (1985): S. 55.
500 Der 'Große Grenouille' ist das Produkt des Handwerkers Grenouille, in seiner Rolle als GröPaZ (Par: 58).
501 Reisner (1998): S. 115.
502 Vgl. Artikel 'Berg'. In: Daemmrich, Horst S. und Ingrid G.: Themen und Motive in der Literatur. Tübingen 1995², S. 72 ff.
503 Durch Motive wie Hölle, Heilschlaf ergeben sich weitere intertextuelle Verbindungen. / Vgl. Frenzel, Elisabeth: 'Unterweltsbesuch'. In: dies.: Motive der Weltliteratur.

ell die Grenze vom Zitat zur Parodie, wenn etwa der Beschreibung eines Tagesablaufs in Grenouilles innerem Imperium die lapidaren Sätze folgen:

> "So ging es Tag für Tag, Woche für Woche, Monat für Monat. So ging es ganze sieben Jahre lang." (Par: 169)

Auch Hans Castorp bleibt bekanntermaßen sieben Jahre auf seinem Berg. Zwar nimmt Thomas Manns Schilderung dieser sieben Jahre ungleich mehr Raum ein, die obigen zwei Sätze könnten aber böswilligen Lesenden als Kurzfassung des Romans gelten, dessen Ereignisarmut hier parodiert wird. Während aber der einfache junge Mensch glaubt, nur "auf Besuch für drei Wochen"[504] zu fahren, steht für Grenouille schon kurz nach seiner Ankunft auf dem Plomb du Cantal fest, "daß er diese begnadete Gegend so schnell nicht mehr verlassen würde." (Par: 155) Beiden Protagonisten gemeinsam ist dagegen ihre immer stärker werdende Gleichgültigkeit gegenüber den Ereignissen in der äußeren Welt - Hans Castorp ist sein Sanatorium, Grenouille sein inneres Theater genug. Diesen Innenräumen wird in beiden Fällen ein Krieg entgegengestellt. Während sich der Held im 'Zauberberg' durch den Krieg "entzaubert, erlöst, befreit"[505] fühlt und daher ins "Flachland"[506] des Krieges hinunter locken läßt, bleibt Grenouille vom siebenjährigen Krieg gänzlich unberührt, auch wenn er von ihm gewußt hätte:

> "Während dieser Zeit herrschte in der äußeren Welt Krieg, und zwar Weltkrieg. Man schlug sich in Schlesien und Sachsen, in Hannover und Belgien, in Böhmen und Pommern. Die Truppen des Königs starben in Hessen und Westfalen, auf den Balearen, in Indien, am Mississippi und in Kanada, sofern sie nicht schon auf der Fahrt dorthin dem Typhus erlagen." (Par: 169)

Diese rhythmisierte Aufzählung erinnert auch an die berühmte Schilderung der fünfzig Jahre Weltgeschichte in Hebels Kalendergeschichte 'Unverhofftes Wiedersehen', in der ebenfalls der Siebenjährige Krieg und die französische Revolution (Par: 38 ff.) erwähnt werden:

> "Unterdessen wurde die Stadt Lissabon in Portugal durch ein Erdbeben zerstört, und der Siebenjährige Krieg ging vorüber, [..] und die Französische Revolution und der lange Krieg fing an, und der Kaiser Leopold der Zweite

---

Stuttgart 1999⁵, S. 713. / Vgl. Michelsen, Peter: Fausts Schlaf und Erwachen. Jb. des Freien dt. Hochstifts 1983, S. 21 ff. / Vgl. Frizen (1996): S. 125 ff. An dieser Stelle findet sich bei Frizen auch eine lange Aufzählung weiterer Möglichkeiten, intertextuelle Verbindungen zu ziehen.

[504] Mann, Thomas: Der Zauberberg. Erster Band. In: Thomas Mann. Werke. Taschenbuchausgabe in zwölf Bänden. Band 4. Frankfurt 1967, S. 7.
[505] Mann (1967): Bd. 5, S. 752.
[506] Mann (1967): Bd. 5, S. 754.

ging auch ins Grab. Napoleon eroberte Preußen, und die Engländer bombardierten Kopenhagen, und die Ackerleute säten und schnitten. Der Müller mahlte, und die Schmiede hämmerten, und die Bergleute gruben nach den Metalladern in ihrer unterirdischen Werkstatt."[507]

Besonders auch der Übergang von der linearen Zeit der Ereignisgeschichte zu den zyklischen Handlungs- und Zeitstrukturen der Produktionsabläufe wird in 'Das Parfum' an anderer Stelle recht deutlich aufgegriffen. Nach den skandalösen Ereignissen in Grasse und deren erfolgreicher Verdrängung aus dem Kollektivgedächtnis schildert der Text den Übergang zur Normalität als eine Rückkehr aus den punktuellen Ereignissen zur Wiederkehr des Gleichen:

"Und bald hatte sich das Leben gänzlich normalisiert. [..] Das Wasser sprudelte wie eh und je aus den vielen Quellen und Brunnen und schwemmte den Schlamm durch die Gassen. [..] Die Sonne schien warm. Bald war es Mai. Man erntete Rosen." (Par: 314)

Dieser Kontrast zwischen der großen Weltgeschichte mit seinen herausragenden Ereignissen und der räumlich begrenzt wirksamen Regional- und Alltagsgeschichte spiegelt sich im Spannungsverhältnis zwischen den herausragenden Leistungen des Geruch-Genies Grenouille und seiner vollständigen Löschung aus den Archiven. Interessant ist hierbei auch die Schnittstelle zwischen der Einzelexistenz mit ihrem begrenzten Wirkungsradius und einer Gesellschaft, die in der Lage wäre, die Position des Subjekts zu erhöhen. Grenouille ist in seinem Berg das Schicksal der Menschenwelt vollständig gleichgültig,[508] er will nur nahe bei sich selbst sein. Seine berühmten Vorgänger (insbesondere aus dem christlichen Kontext) dagegen suchen die Nähe zu Gott und sind über diese Instanz weiterhin mit ihren Mitmenschen verbunden.[509] Ein berühmtes Beispiel hierfür ist die Berufung des (prototypischen) Einsiedlers Gregorius zum Papst.[510] Siebzehn Jahre lebte er alleine auf einer kleinen Felseninsel, bis sein Aufenthaltsort zwei Römern durch eine göttliche Vision verkündet wird:

"Im Lande Aquitanien[511] / sitze auf einem einsamen Felsen / schon seit siebzehn Jahren / ganz allein ein Mann, vom dem dort niemand wisse. / Diesem

---

[507] Hebel, Johann Peter: Unverhofftes Wiedersehen. In: ders. : Poetische Werke. München 1961, S. 252 f.
[508] "Es mochte draußen die Welt verbrennen, hier würde er nichts davon merken." (Par: 156)
[509] "Zunächst einmal galten Berge dem religiös Gesonnenen als Orte der Begegnung zwischen Gott und Mensch, aber auch Mensch und Satan." (Steinig (1997): S. 38.)
[510] Vgl. Frenzel (1999): S. 128 ff. (Stichwort: 'Einsiedler'.)
[511] Nicht weit vom Plomb du Cantal.

komme in Wahrheit / der Thron des Papstes zu; / sein Name sei Gregorius."⁵¹²

Grenouille dagegen muß seinen Berg aus eigenem Antrieb heraus wieder verlassen und alleine zu den Menschen zurückkehren. Sein Empfang in der äußeren Welt ist auch keinesfalls festlich, denn aufgrund seines verwahrlosten Aussehens rennen die ersten Bauern, die ihn zu Gesicht bekommen, schreiend davon,⁵¹³ während die Städter neugierig zusammenlaufen. Der Text schildert beides als eine berechtigte und verständliche Reaktion; denn

> "er sah fürchterlich aus. Die Haare reichten ihm bis zu den Kniekehlen, der dünne Bart bis zum Nabel. Seine Nägel waren wie Vogelkrallen, und an Armen und Beinen, wo die Lumpen nicht mehr hinreichten, den Körper zu bedecken, fiel ihm die Haut in Fetzen ab." (Par: 176)

Auch Gregorius hat sich durch seine Zeit auf der Insel, die er angekettet, nackt und abgemagert verbracht hat, äußerlich so stark verändert, daß er kaum noch wiederzuerkennen ist:

> "Dem Armen war das Haar / von seinem Haupt und Bart / herabgewachsen und hatte sich / auf seiner Haut verfilzt: / einst nach feiner Sitte gelockt, / nun verschmutzt durch all die Plagen."⁵¹⁴

Diese jämmerliche Gestalt legt im Epos aber ein beredetes Zeugnis der wahren Bußfertigkeit des Gregorius ab. Seine Köperverachtung und vollständige Hinwendung auf sein seelisches Heil werden durch den Verfall seiner äußeren Hülle demonstriert. Deshalb zeigt seine Erscheinung, je furchtbarer sie scheint, eine umso fruchtbarere Entwicklung seines Inneren an:

> "So fanden sie den von Gott Geliebten: / armselig hier auf der Erde, / aber hochgeehrt vor Gott; / den Menschen als ein Abscheu, / doch dem Himmel wohlgefällig."⁵¹⁵

Auch Thomas Mann hat in seiner Bearbeitung des Gregorius-Stoffes diese Abscheu der Menschen besonders betont. Die Römer, die den Sünder finden, haben zunächst starke Zweifel an seiner Identität, weil Gott keinesfalls ein "borstiges Tier des Feldes zu Seinem Bischof erwählt"⁵¹⁶

---

⁵¹² Aue, Hartman von: Gregorius der gute Sünder. Suttgart 1963, S. 185 f. (V. 3179 ff.)
⁵¹³ Vgl. Hörisch, Jochen: Ich möchte ein solcher werden wie ... - Materialien zur Sprachlosigkeit des Kaspar Hauser. Frankfurt 1990³.
⁵¹⁴ Aue (1963): S. 199. (V. 3423 ff.)
⁵¹⁵ Aue (1963): S. 199. (V. 3419 ff.)
⁵¹⁶ Mann, Thomas: Der Erwählte. In: Thomas Mann. Werke. Band 2. Frankfurt 1967, S. 449.

haben könne, und sie halten sogar einen teuflischen Spuk für möglich, bevor sie schließlich die Wahrheit (an-)erkennen müssen. Hier bietet der körperliche Verfall des Erwählten auch die Gelegenheit, den Widerspruch zu kritisieren, der zwischen dem geistigen Heil, das gepredigt wird und der äußeren Prachtentfaltung, mit der sich die (katholische) Kirche präsentiert, besteht. Gerade der körperliche Verfall des Erwählten ist sowohl ein Indikator seiner gereinigten Seele als auch eine Glaubensprüfung für die Männer der Kirche.[517] Diese Zeichenhaftigkeit von Gregors Körper wird zusätzlich durch seine wundersame Rückverwandlung in einen wohlgebildeten Mann bekräftigt, durch die der

> "Widerspruch zwischen Gregors verzwergter Mißgestalt und der Hoheit des Amtes, zu dem er berufen, unterwegs sich löste und zur größten Genugtuung und Beruhigung der römischen Herren [..]."[518]

Auch Grenouille macht zwar eine (Rück-)Verwandlung zu einem wohlgestalteten Menschen durch, die aber weder durch eine göttliche Macht verursacht wurde noch ein besonderes Auserwähltsein anzeigt. Was aus ihm einen normalen Menschen gemacht hat, sind "einzig und allein die paar Kleider, der Haarschnitt und das bißchen kosmetische Maskerade" (Par: 186), die der Marquis ihm angedeihen läßt, um den Erfolg seiner Therapie zu unterstreichen. Aber auch im wissenschaftlichen Weltbild der Aufklärung ist Grenouilles körperlicher Zustand noch in einen universalen Erklärungszusammenhang der Welt eingebettet. Zwar ist nicht mehr die Theologie, sondern die Theorie der vitalen und letalen Fluida die Referenz, aber auch auf dieser Matrix kann sowohl der Verfall wie die Auferstehung von Grenouilles Körper sinnstiftend verarbeitet werden.

Erst den letzten Schritt seiner Vervollkommnung zu einem normalen, d.h. scheinbar auch riechenden Menschen hat er seinem Geruchstalent zu verdanken, und damit seinem hochentwickelten Sinnesorgan, das aus einer christlichen Perspektive eventuell als göttlicher Gnadenakt (zum Ausgleich für seine Geruchslosigkeit) interpretiert werden könnte. Grenouille dagegen hat "mit Gott nicht das geringste im Sinn" (Par: 158) und glaubt keinesfalls daran, irgend jemandem etwas schuldig zu sein. In der literarischen Tradition rebellischer Genies positioniert,[519] ist es ausschließlich die eigene innovatorische Kraft, die in seinen Augen dafür verant-

---

[517] Diese haben wegen der repräsentativen Aufgaben eines Papstes Zweifel an ihrer eigenen Vision.
[518] Mann, Thomas: Der Erwählte. In: Thomas Mann. Werke. Band 2. Frankfurt 1967, S. 451.
[519] Vgl. Schmidt, Jochen: Die Geschichte des Genie-Gedankens in der deutschen Literatur, Philosophie und Politik 1750 - 1945. Band 1. Darmstadt 1985, S. 254 ff.

wortlich ist, daß er sich gegen die widrigen Umstände seines Lebens durchgesetzt hat:

> "Er war größer als Prometheus. Er hatte sich eine Aura erschaffen, strahlender und wirkungsvoller, als sie je ein Mensch vor ihm besaß. Und er verdankte sie niemandem - keinem Vater, keiner Mutter und am allerwenigsten einem gnädigen Gott - als einzig *sich selbst*." (Par: 304)

Grenouille unterscheidet sich von anderen Eremiten dadurch, daß er nicht die Nähe zu Gott sucht und damit keine metaphysische Verbindung zu einer kulturellen, sozialen und religiösen Gemeinschaft eingeht. Statt den Menschen gerade durch die körperliche und räumliche Trennung geistig um so näher sein zu können, hat er sich ausschließlich deshalb zurückgezogen, "um sich selbst nahe zu sein." (Par: 158) Damit er diesen unheiligen Zustand solitärer Abgeschlossenheit erreichen kann, kapselt er sich von jeder Außenreferenz ab.

Lediglich seine eigenen Geruchsarchive treten ihm als etwas Selbständiges gegenüber - in seiner Traumwelt, realisiert als Weinkeller bzw. Geruchsbibliothek. Wenn sich Grenouille berauscht und Duftvisionen aus seinen Geruchsbüchern aufsteigen, ist dies aber wiederum eine Struktur, die ein berühmtes intertextuelles Vorbild hat; Flauberts 'Die Versuchung des heiligen Antonius':[520]

> "Die 'Versuchung [..] bezieht sich ernsthaft auf das unermeßliche Gebiet des Gedruckten; sie siedelt sich in der anerkannten Institution des Schrifttums an [..] - sie ist der Traum der anderen Bücher, aller anderen, der träumenden und der geträumten Bücher [..]."[521]

Indem der Text Flauberts seine Phantasmen nicht der Phantasie, sondern der Bibliothek entnimmt,[522] entsteht eine Konstruktion, deren Prinzipien beobachtbar werden. Foucault kennzeichnet dieses Funktionsprinzip im Sinne einer Kette von Beobachtungen zweiter Ordnung,[523] wie sie auch in 'Das Parfum' wirksam ist. Hier werden die Lesenden ebenfalls mit einer Lektüresituation konfrontiert, in der die Visionen des im Berg von seinen Büchern Träumenden zu ihren Visionen werden, die aber wiederum nur anderen Büchern entnommen sind:

> "Wenn der deutschsprachige Leser erfährt, daß Grenouille 'mit weitausgespannten Flügeln von der goldenen Wolke herab über das nächtliche Land sei-

---

[520] Flaubert, Gustave: Die Versuchung des heiligen Antonius. Frankfurt 1966.
[521] Foucault, Michel: Nachwort (zu 'Die Versuchung des heiligen Antonius.') In: Flaubert (1966): S. 223.
[522] Besonders das dem Nachwort der Insel-Ausgabe beigefügte Bildmaterial dokumentiert dies eindrucksvoll. / Vgl. Flaubert (1966): S. 191ff.
[523] Vgl. Foucault (1966): S. 233.

ner Seele nach Haus in sein Herz' segelt (163), daß sein Geist 'sich wunderbar' 'benebelte' (166) oder daß ihn 'angenehme Schauer durchrieselten' (166), befindet er sich in der bekannten Topographie nicht einer Berglandschaft, sondern der deutschen Lyrikanthologie."[524]

Daß es aber nicht ausschließlich der Kanon der Höhenkammliteratur ist, der in 'Das Parfum' als Subtext verarbeitet wird, hat Reisner anhand eines Vergleichs folgender Passagen belegt:

"Sein Herz war ein purpurnes Schloß. [..] Es besaß tausend Kammern und tausend Keller und tausend feine Salons, [..] [wo] der liebe Jean-Baptiste, sich von der Mühsal des Tages auszuruhen pflegte." (Par: 163)

Dieser (etwas trivial anmutenden) Schilderung aus 'Das Parfum' wird eine Passage aus einem Operettentext gegenüber gestellt, wodurch sich "eine Reihe wörtlicher Anspielungen und struktureller Ähnlichkeiten"[525] nachweisen lassen:

"Ihr Herz ist ein finsteres Loch. / Hat tausend verschiedne Gemächer / Aber lieb, aber lieb sind sie doch!"[526]

Als hinweisende Markierung funktioniert die auffällige klangliche und metrische (U´ UU´ UU´) Übereinstimmung von 'Sein Herz war ein purpurnes Schloß' und 'Ihr Herz ist ein finsteres Loch'. Bestätigt wird die Bezugnahme durch die weiteren Ähnlichkeiten im textuellen Umfeld - etwa: 'tausend feine Salons' - 'tausend verschiedne Gemächer'; oder 'der liebe Jean-Baptiste' - 'lieb sind sie doch'. An diesem Beispiel werden aber auch die Schwierigkeiten deutlich, die sich bei der Analyse eines homogenisierten Intertextes ergeben. So verweist Reisner zu Recht darauf, daß es gerade die oben zitierte Passage war, die Marcel Reich-Ranicki in seiner Rezension von 'Das Parfum' im negativen Sinn hervorgehoben hat: Im zweiten Teil des Romans leiste sich Süskind Beschreibungen,

"die nicht eben von drakonischer Selbstkontrolle zeugen: 'Sein Herz war ein purpurnes Schloß. [..] Es besaß tausend Kammern und tausend feine Salons.' Da runzeln wir nachdenklich die Stirn und gehen etwas verwundert zur Tagesordnung über."[527]

Wäre der 'Große Kritiker' aufgrund der Verwunderung statt zur Tagesordnung zur Analyse übergegangen, dann hätte er bemerken können, daß die Passage eben doch in hohem Maße kontrolliert konstruiert wurde.

---

[524] Ryan (1991): S. 96.
[525] Reisner (1998): S. 112.
[526] 'Wie einst im Mai', Text: Bernauer, Rudolf / Schanzer, Rudolph. Zitiert nach: Reisner (1998): S. 112.
[527] Reich-Ranicki (1985): S. 5.

Obwohl Reisner also damit recht hat, daß Reich-Ranicki hier kritisiert, "ohne die intertextuelle Anspielung erkannt zu haben",[528] muß der Rezensent doch mit dem Argument verteidigt werden, daß es selbst bei kanonisierten Texten schwierig ist, alle Anspielungen zu identifizieren, während es bei unmarkierten Zitaten aus abseitigen Quellen oft zu einer Frage des Zufalls wird, ob überhaupt erkannt wird, daß (oder gar: was) zitiert wurde. Selbst wenn dem Text eine Bibliographie der verwendeten Texte beigefügt würde,[529] ist es sowohl problematisch, deren Kenntnis verbindlich vorauszusetzen, als auch die Annahme, daß dann alle (auch die unauffälligen) Verweise auf diesen Korpus immer erkannt würden; denn es ist nicht immer leicht, unmarkierte Zitate zu identifizieren: Notwendige Voraussetzung, um sämtliche Anspielungen eines Textes zu erkennen, wäre aber in jedem Fall, daß die Lesenden alle möglichen Subtexte des Textes kennen müßten. Aber selbst wenn sie aus dem 'offiziellen' Kanon der Literaturgeschichte stammen,[530] ist dies nicht selbstverständlich, denn auch bei kanonisierten Texten ist keine Synchronität der Leseerfahrungen mehr gegeben. Je weniger der Kanon noch verpflichtenden Charakter besitzt, desto weniger können auch die zum Entschlüsseln des Zitats notwendigen Kenntnisse verpflichtend eingefordert werden.[531] Wie viele Anspielungen bei einer Lektüre erkannt werden, hängt also hauptsächlich von dem eher zufälligen Grad der Übereinstimmung des Lektürehorizontes von Lesenden und Schreibenden ab. Es wird aber auch schwieriger, schon der bloßen Tatsache, daß Anspielungen auf einen anderen Text erkannt wurden, eine (positive) Wertigkeit an sich zuzuschreiben. Die Voraussetzung dafür wäre es, daß nur aus einem Kanon zitiert würde und daß dieser einen unantastbaren Status besäße, so daß jedes Erkennen als Zeichen der Partizipation der Lesenden an dieser Versammlung 'ewiger' Werte aufgefaßt werden kann - während jedes Nicht-Erkennen einer Anspielung als ein Zeichen kultureller Disqualifikation gelesen wird. Bei der bestehenden Konkurrenzsituation verschiedener sozialer und kultureller Milieus, die alle ihren eigenen Kanon erzeugen, wird es immer problematischer, die Vorstellung von einem einzigen monolithischen Bildungshorizont widerspruchsfrei zu begründen. So gibt es zwar starke Hinweise darauf, daß Zitaten aus dem klassischen Bildungskanon eine höhere Wertigkeit zugeschrieben wird als etwa Verweisen auf Elemente der Pop-Kultur - aber es

---

[528] Reisner (1998): S. 113.
[529] Vgl. die Referenzliste in: Beyer, Marcel: Das Menschenfleisch. Frankfurt 1991, S. 159 ff.
[530] Zum Kanonproblem insgesamt; vgl. Heydebrand, Renate von (Hg.): Kanon - Macht - Kultur. Stuttgart 1998.
[531] Zum Zitieren unter de-kanonisierten Bedingungen; vgl. Zymner, Rüdiger: Anspielung und Kanon. In: Heydebrand (1998): S. 30 ff.

gibt wenig starke Argumente, mit denen dies noch sinnvoll begründet werden könnte. Es zeigt sich, daß die soziale Funktion des Kanons darin besteht, als Instanz zur Koordination kultureller Kommunikation zu wirken.

Die Schwierigkeit in einer ausdifferenzierten Gesellschaft besteht darin, über die Grenzen der Subsysteme hinaus noch eine solche Verbindlichkeit erzeugen zu können: Wer etwa keine Horrorfilme rezipiert, wird Schwierigkeiten haben, den Anspielungsreichtum von Wes Cravens 'Scream'[532] zu würdigen - womit selbstverständlich keine Aussage darüber getroffen werden soll, ob es im allgemeinen wünschenswert sei, daß Horrorfilme konsumiert werden. Es soll 'nur' auf die Tatsache hingewiesen werden, daß die Fähigkeit, Zitate aus antiken Tragödien zu erkennen, nicht davor schützt, Anspielungen zu übersehen, die aus anderen Subsystemen stammen. Um diesen Schwierigkeiten des Zitats unter de-kanonisierten Bedingungen zu begegnen, hat der sogenannte postmoderne Roman das Verfahren der Mehrfachcodierung entwickelt:

> "Die Pop-Literatur - man denke z.B. auch an immer wieder 'postmodern' genannte Erfolgsromane wie 'Das Parfüm' [..] - operiert mit Doppel- und Dreifachcodierungen, die diverse Lektüren zulassen, solche, die auf die Spannung einer fesselnd erzählten Kriminalgeschichte aus sind und solche, die anspruchsvolles Wissen verlangen oder dem Spiel verflochtener Selbstreflexion der Romane als Literatur zu folgen bereit sind."[533]

Bei der Mehrfachcodierung wird also eine (möglichst) große Zahl kultureller Begriffssysteme in den Text eingeflochten, um ihm die Aufmerksamkeit verschiedener Schichten von Lesenden zu sichern. Indem zum Beispiel 'Das Parfum' sowohl die Gattungsmuster Kriminalroman als auch Entwicklungsroman zitiert, erhöht sich die Wahrscheinlichkeit, daß zumindest Teile der spielerischen Referenzen erkannt werden.[534] Es ist dabei auch weder notwendig noch möglich, daß alle Lesenden alle Anspielungen zur Kenntnis nehmen - vor allem wenn nicht explizit zitiert wird[535] wie bei Süskind, der die Differenz zwischen Zitat und Text lediglich durch

---

[532] Scream. (USA, 1996) (dt. Titel: Scream - Schrei!; R.: Wes Craven) / Vgl. Speck, Oliver: Deutschlandbilder: Das Aktuelle und das Virtuelle in Fassbinders Kino. In: Böhn, Andreas: Formzitate, Gattungsparodien, ironische Formverwendung. St.Ingbert 1999, S. 199 ff.

[533] Plumpe (1995): S. 253.

[534] Vgl. die Analyse der verschiedenen Gattungsarten (vor allem des Kriminal- und des Bildungsromans) bei Frizen / Spancken (1996): S. 46 ff. / Vgl. auch: Reisner (1998): S. 116 ff.

[535] Auch in Ecos berühmter intertextueller Liebeserklärung macht der Mann explizit klar, daß seine Äußerung ein ironisches Zitat ist: "Wie jetzt Liala sagen würde: 'Ich liebe dich inniglich.' " (Eco (1984): S. 79.

die stilistische Differenz der verwendeten Codes markiert.[536] Ab einem gewissen Grad der Subtilität ist zudem auch gar nicht mehr zu entscheiden, ob die Anspielung als (bewußte) Vernetzung funktioniert oder nicht.[537] Wenn sich zum Beispiel Grenouille in seinem Alptraum vorkommt, "als stünde er inmitten eines Moores, aus dem Nebel stieg" (Par: 170), könnte dies ebenso einen Bezug auf Droste-Hülshoffs 'Knaben im Moor'[538] eröffnen, als auch auf die Verse "[..] / Und aus den Wiesen steiget / Der weiße Nebel wunderbar. /" von Claudius.[539] Ein anderer Bezug liegt nahe, wenn dagegen der Nebel in Grenouilles Innerem bei der Hinrichtung als "kochende schäumende Milch" (Par: 308) gerinnt, an der er zu zerplatzen droht: Ihm wurde

"von innen her weiß vor Augen, und die äußere Welt wurde rabenschwarz." (Par: 308)

Die Kombination aus diesem farblichen Gegensatz 'Schwarz - Weiß' einerseits und der auffälligen Metapher 'Milch' andererseits läßt bildlich wie auch klanglich einen intertextuellen Bezug zwischen 'schäumende Milch' und die "Schwarze Milch der Frühe"[540] sichtbar werden. Dadurch würde auch die politische Lesart der Hinrichtungsszene als Parabel auf die Verführbarkeit der Massen nochmals an Relevanz gewinnen: Grenouilles private "Nebel des Grauens",[541] die in ihm aufsteigen, geben auf dem Cour seinem Leben erneut eine unerwartete Wendung. Sie hatten ihn schon zuvor von seinem Berg vertrieben, denn nach seinem Alptraum faßt Grenouille folgenden Entschluß:

"Er würde sein Leben ändern, und sei es nur deshalb, weil er einen so furchtbaren Traum kein zweites Mal träumen wollte." (Par: 171)

Hier wird Grenouille ein Halb-Zitat aus einem Gedicht in den Mund gelegt, das auch in einem anderen Text Süskinds erwähnt wird; ein Vers

---

536 Vgl. Böhn (1999): S. 16 ff.
537 An dieser Stelle muß auf die Differenzen zwischen Vertretern eines deskriptiven und eines ontologischen Begriffs von Intertextualität hingewiesen werden, was aber nicht weiter ausgeführt werden kann. Einen Überblick über diese Diskussion geben: Pfister, Manfred: Konzepte der Intertextualität. In: Broich, Ulrich / ders. (Hgg.): Intertextualität. Tübingen 1985, S. 1 ff. / Holthuis, Susanne: Intertextualität. Tübingen 1993, S. 12 ff. / Helbig, Jörg: Intertextualität und Markierung. Heidelberg 1996, S. 58 ff.
538 Droste-Hülshoff, Annette Freiin von: Der Knabe im Moor. In: Annette von Droste-Hülshoff. Historisch-kritische Ausgabe. Band I, 1. Hgg. von: Woesler, Winfried. Tübingen 1979, S. 67 f.
539 Claudius, Matthias: Abendlied. In: Matthias Claudius. Sämtliche Werke. Hgg. von: Geiger, Hannsludwig. München 1981, S. 218.
540 Celan, Paul: Todesfuge. In: ders.: Mohn und Gedächtnis. Gedichte. Stuttgart 1993, S. 18.
541 Vgl. The Fog. (USA, 1979) (dt. Titel: The Fog. Nebel des Grauens.; R: John Carpenter)

aus "dem berühmten Gedicht 'Schöner Apollo' ... nein, es hieß, glaube ich [..] irgendwie anders, der Titel hatte etwas Archaisches [..]." (Amn: 112 f.) Aber obwohl der (fiktive) Essayist den genauen Wortlaut und den Titel des Gedichts vergessen hat, ist dies nicht weiter schlimm, denn der Sinn ist ihm

"durchaus präsent. Es war so irgend etwas wie: 'Du mußt dein Leben ändern!' " (Amn: 129)

Die Ironie der Geste, mit der hier Rilke nur dem Sinn nach und trotzdem wörtlich zitiert wird,[542] bezieht ihren Witz aus dem Gegensatz zwischen dem behaupteten Vergessen und der dann doch korrekten Erinnerung.[543] Verantwortlich für diesen Widerspruch ist die unbemerkte Prägung des Gedächtnisses des Schreibenden durch die gelesenen Texte. Weil sich beim Lesen nicht nur das Bewußtsein, sondern "auch jene kritischen Instanzen seines Hirns mit veränderten, die ihm sagen könnten, *daß* er sich ändert" (Amn: 127), ist der Autor seiner Bibliothek ausgeliefert. Andererseits sind die Lesenden den Bewegungen des Textes ausgeliefert, der sich immer wieder entlang der verschiedensten Bruchlinien und Motivstränge dezentriert. So wird der Text selbst zum verselbständigten Doppelgänger der Bibliotheken, denen er ursprünglich entstiegen war.

4.6 Das Ende der Gerüche

Süskind entwirft in seinem Essay 'Amnesie in litteris' bei aller Ironie doch eine stimmige Metapher für die Problematik von Autorschaft unter den Bedingungen intertextuellen Schreibens. Durch die erfundene Krankheit eines systematischen literarischen Vergessens, unter dem der fiktive Erzähler leide, ergibt sich die Möglichkeit, den drängenden Ernst der (post-)modernistischen Frage - 'Wer schreibt, wenn ich schreibe?' - ironisch zu entschärfen:

"Man schreibt einzig im Auftrag der Literatur. Man schreibt unter Aufsicht alles bisher Geschriebenen."[544]

---

[542] "[..] Du mußt dein Leben ändern." (Rilke, Rainer Maria: Archaïscher Torso Apollos. In: Rainer Maria Rilke. SW. Bd. 2. (Der neuen Gedichte anderer Teil.) Frankfurt 1975, S. 557.)
[543] Vgl. in diesem Zusammenhang auch Ausdrücke wie "andächtig fast" (Par: 218) oder "vergnügt fast" (Par: 262), die ebenfalls einem Rilke-Gedicht geschuldet scheinen: "[..] und dann scheint er wartend wen zu wählen: / hingegeben hebt er seine Hand, / festlich fast, wie um sich zu vermählen." (Rilke, Rainer Maria: Der Blinde. In: Rainer Maria Rilke. SW. Bd. 2. (Der neuen Gedichte anderer Teil.): S. 590 f.
[544] Strauß, Botho: Paare, Passanten. München 1981, S. 103.

Hoesterey hat auf die Pointe hingewiesen, daß auch Botho Strauß "keinen Hehl aus dem Umstand [mache], sichtbar für jeden seiner Leser, daß auch hinter dem eindrucksvollen Fazit [..] die Inspiration eines anderen steht [..]."[545] In einer ironischen Wendung verwahrt sich auch Süskind mit gekonnter Eleganz gegen die teilweise auch ihm gegenüber erhobenen Vorwürfe der Epigonialität, die aus den hartnäckigen Resten noch grassierender Vorstellungen von "Genieästhetik, nach der das Kunstwerk aus einem individuellen, autonomen Schöpfungsprozess hervorgeht,"[546] resultieren: Die 'amnesie in litteris' sei

> "für jemanden, der selber schreibt, [..] womöglich sogar ein Segen, ja beinahe eine notwendige Bedingung, bewahrte sie ihn doch vor der lähmenden Ehrfurcht, die jedes große literarische Werk einflößt, und verschaffte sie ihm doch ein völlig unkompliziertes Verhältnis zum Plagiat, ohne das nichts Originales entstehen kann." (Amn: 127)

Hier wird eine (aus theoretischer Sicht nicht unproblematische) Wiedereinführung der Autorfunktion als derjenigen Instanz betrieben, die dafür verantwortlich ist, daß bestimmte Diskurse im Text auftauchen und andere dagegen verschwinden. Der Autor / die Autorin wird gewissermaßen zu einem literarischen Diskjockey, der aus dem kulturellen Speichergedächtnis der Bibliothek bestimmte Bände entweder herauszieht und dadurch aktualisiert – oder aber die Macht hat, sie wieder "in der Reihe der anonym und massenhaft und vergessen dastehenden anderen Bände" (Amn: 120) zu versenken. Auch hier wird die Unterscheidung zwischen passivem Speichergedächtnis und aktivem Funktionsgedächtnis[547] in einer räumlichen Metapher aktualisiert – der Autor, der in einer Bibliothek steht und bestimmte Bücher beachtet oder ignoriert.

Plumpe / Werber haben zu Recht darauf hingewiesen, daß Buchdruck und Bibliothek für bestimmte Formen gerade des intertextuellen Schreibens tatsächlich eine systematische Voraussetzung sind.[548] Nur so wird (bei Produktion wie Rezeption) das Auffinden der schon vollzogenen Kommunikationsakte genügend wahrscheinlich gemacht, um einen Anschluß an diese vergangenen Kommunikationen zu ermöglichen. Die Person der Autorin / des Autors wird darüber hinaus nicht nur als eine geistige Instanz (die bewußte und kontrollierte Selektionsakte vollzieht) ins Spiel gebracht, sondern kommt geradezu auch in der körperlichen

---

[545] Hoesterey (1988): S. 166.
[546] Reisner (1998): S. 114.
[547] Vgl. Assmann, Aleida / Assmann, Jan: Das Gestern im Heute. Medien und soziales Gedächtnis. In: Merten, Klaus / u.a. (Hgg.): Die Wirklichkeit der Medien. Opladen 1994, S. 121 ff.
[548] Vgl. Plumpe / Werber (1993): S. 20 f.

Bedingtheit ihrer Existenz in den Blick. Sie setzt sich den Folgen einer Lektüre aus, die sie als Person direkt und körperlich beeinflussen; ohne daß dabei kontrollierend eingegriffen werden könnte. Die Ausgangsfrage des Essays - welches Buch ihr Leben verändert habe - kann die fiktive Figur des Autors daher auch nicht beantworten:

> "Aber vielleicht - so denke ich, um mich zu trösten -, vielleicht ist es beim Lesen (wie beim Leben) mit den Weichenstellungen und abrupten Änderungen gar nicht so weit her. Vielleicht ist Lesen eher ein imprägnativer Akt, bei dem das Bewußtsein zwar gründlichst durchsogen wird, aber auf so unmerkliche Weise, daß es des Prozesses nicht gewahr wird." (Amn: 126 f.)

Der metaphorische Raum, den der Text hier eröffnet, gleicht in erstaunlicher Weise den Verfahren zur Speicherung von Körpergerüchen, wie sie in 'Das Parfum' beschrieben werden. Die Autorin / der Autor setzt sich gewissermaßen als absorbierender Körper den sprachlichen Strömen der Bibliothek aus. Nach dem gleichen Prinzip wie dem Fettmodell der Geruch Laures eingeprägt wird (Par: 273) oder sich bei der Enfleurage des Lavendels am Ende der "erotische Duft der Blüte auf den Fettplatten wie in einem Spiegel abgebildet" (Par: 228) hat - ebenso habe sich das Gehirn des Autors /der Autorin mit den verschiedenen literarischen Informationen und ihren jeweiligen sprachlichen Formen vollgesogen. Der kreative Akt des Schreibens bestehe daher im souveränen Umgang mit den gesammelten Materialien - dessen extremste Ausprägung die 'amnesie in litteris' ist, weil sie sich die Freiheit nimmt, das Gespeicherte einem strukturellen Vergessen zu überlassen. Die Bibliothek wird hier im Sinne McLuhans wie ein räumlich-medial ausgelagertes Organ des menschlichen Körpers behandelt; und es ist daher zu Recht das Gedächtnis / das Gehirn des Menschen, das in vorliegendem Fall narkotisiert und amputiert wird - die Synästhesie erzeugt die Anästhesie:

> "Das ist der Sinn der Sage von Narziß. Das Bild des jungen Mannes ist eine Selbstamputation oder eine durch Reizdruck hervorgerufene Ausweitung. Als Gegenreizmittel versucht das Abbild eine generelle Betäubung [..], die jede Erkenntnis unmöglich macht. Selbstamputation schließt Selbsterkenntnis aus."[549]

Die 'amnesie in litteris' wäre somit die angemessene Reaktion auf die drucktechnische Tatsache der (Privat-)Bibliothek[550] als dem Medium des potenzierten literarischen Gedächtnisses. Aus einer medienanalytischen Sicht ist das Vergessen also eine berechtigte Schutzhandlung, um sich vor

---

[549] McLuhan (1992): S. 58 f.
[550] Und die Reaktion auf (die so erzeugte) Forderung nach extensiver statt intensiver Lektüre.

der unzumutbaren Gefahr einer lähmenden Überreizung zu schützen. Wie Süskind formuliert, ist die Erlösung von der Erinnerung "womöglich sogar ein Segen" (Amn: 127), gerade für jemanden der schreibt, weil sie vor unproduktiver Ehrfurcht bewahrt: Liest man aus dieser Perspektive das Ende von 'Das Parfum' neu, dann ergibt sich sowohl für Grenouilles Enttäuschung auf dem Cour als auch für seinen Opfergang ein medientechnologischer Lektüreansatz. Er hat es gelernt, sein eigenes Geruchsgedächtnis medial zu externalisieren, und so tritt auch ihm die Erinnerung an die getöteten Jungfrauen als ein räumliches Außen wieder gegenüber, wenn er sieht, wie es sich "mit Windeseile" (Par: 305) über den Platz ausbreitet. Dieses externalisierte Geruchsgedächtnis an die erotische Verführungsmacht der 25 Jungfrauen führt aber zu einer totalen Destabilisierung der sozialen Strukturen der Stadt Grasse.[551] Daher wird auch die Erinnerung an diese amputative Zerstörung des sozialen Körpers in der dionysischen Ekstase amputiert, indem sie dem kollektiven Vergessen überlassen wird. Der Körper schützt sich gegen die Überreizungen des Erinnerungsmediums 'Parfum', indem er die Erinnerung daran ausgrenzt. Damit werden aber auch die Opfer vergessen, niemand gedenkt der 25 Jungfrauen, deren Bestes sich zu einem Bild absoluter Schönheit verdichtet hatte und das wert gewesen wäre, "geruchlich [..] das ewige Leben" (Par: 245) zu erlangen. Mit dem Verlust ihres Dufts wird aber auch ihr Bild aus der Erinnerung der Stadt gelöscht. Damit werden die Jungfrauen noch ein zweites Mal - diesmal auf der symbolischen Ebene - getötet.

Der kollektive Zustand totaler Abwesenheit von Selbsterkenntnis, mit dem sich Grenouille bei seiner Hinrichtung konfrontiert sieht, löst in ihm selbst ebenfalls einen betäubenden Schub der Erinnerungen aus: Mit brutaler Plötzlichkeit sieht er sich wiederum mit der Tatsache konfrontiert, daß all seine Parfums nichts über seine Identität aussagen können, weil sie nur die anderen, nicht aber ihn selbst täuschen können. Das Innen seines Körpers bleibt ihm auf immer verschlossen; um so mehr erhofft er sich Richis' rächenden Messerstich als einmaliges Erlebnis von Authentizität:

> "Schon glaubte er, den [..] Degenstoß als herrlich prickelnden Schlag gegen die Brust zu spüren und die Klinge, die durch alle Duftpanzer und stickigen Nebel hindurchging, mitten in sein kaltes Herz hinein - endlich, endlich etwas in seinem Herzen, etwas anderes als er selbst! Er fühlte sich fast schon erlöst!" (Par: 308)

---

[551] Wichtig sei, "*daß die Verführung die Beherrschung des symbolischen Universums repräsentiert, während die Macht lediglich die Beherrschung des realen Universums repräsentiert.*" (Baudrillard (1992): S. 17.)

Der Vater Laures hätte hier die Zerstückelung des Gottes durch die dionysische Menge vorwegnehmen können. Aber ebenso wie alles andere muß Grenouille auch seine Erlösung selbst inszenatorisch herbeiführen. Wenn aber auch auf der Ebene der Fiktion der Tod Grenouilles als ein authentisches Erleben dargestellt wird, indem er sich endlich seines Inneren entäußert, so ist es aus der Position der Beobachtenden gerade die Schluß- und Todesszene, durch die der Text literaturgeschichtlich überformt wird. Mit diesem dritten Bacchanal auf dem Friedhof in Paris (nach der Aula in Montpellier und dem Cour in Grasse) öffnet sich der Roman am Ende unübersehbar dem Motivkomplex des zerstückelten Gottes: Dionysos, Christus und Grenouille werden hier (skandalöserweise) enggeführt:

"Wenn Jesus [..] dazu auffordert, sein Fleisch 'mit Zähnen zu zerbeißen' und sein 'Blut auszutrinken', so zitiert er nichts anderes als Zentralstücke aus dem Dionysosmythos, der die Titanen das Fleisch des göttlichen Kindes zerkauen, und den Dionysoskultus, der die Mainaden rohes Fleisch mit den Zähnen zerreißen läßt."[552]

Ist aber schon das christliche Abendmahl als Zitat eleusinischer Mysterienkulte lesbar, wird der Adaptionscharakter von Grenouilles Todesmahl umso deutlicher. Die relevante Differenz besteht darin, daß das Ende Grenouilles nicht in der Form stattfindet, daß sich daraus ein kultisches Erinnerungsmahl entwickeln könnte, an das gar noch eschatologische Hoffnungen geknüpft würden. Die Zerstückelung des Gottes wird hier statt dessen als einmaliger Akt der Tilgung dargestellt, an dessen Ende keinerlei Spuren Grenouilles mehr übrig sind: Sein Körper und sein Parfum sind unwiederbringlich ausgelöscht. Damit erfüllt sich auch die Ankündigung in der Eingangssequenz des Romans, daß Grenouille vergessen worden sei, "weil sich sein einziger Ehrgeiz auf ein Gebiet beschränkte, welches in der Geschichte keine Spuren hinterläßt: auf das flüchtige Reich der Gerüche." (Par: 5) Sowohl seine parfümistischen Werke als auch seine Person im Ganzen haben sich aufgelöst, statt dauerhafte Markierungen zu erzeugen. Auch als schriftliche Formelsammlung konnten seine Kreationen nicht stabilisiert werden - das Buch ist zusammen mit Baldini in die Seine gestürzt und hat sich dort auf dem Weg zum Meer "nach Le Havre" (Par: 144 f) aufgelöst. Die Formelsammlung ist keine Repräsentation der Gerüche, sondern nur die (penibel genaue) Handlungsanweisung, wie die selbigen herzustellen sind - die Formel repräsentiert einen performativen Akt. Daß Grenouilles Schöpfungen gerade in der Seine den Tod finden, scheint kein Zufall zu sein, verweist der Fluß doch auf die Todesmetapher

---
[552] Hörisch (1992): S. 60.

des großen Meeres, die der Text zuvor produziert hatte: Grenouille gefiel der

> "Geruch des Meeres [..] so gut, daß er sich wünschte, ihn einmal rein und unvermischt und in solchen Mengen zu bekommen, daß er sich dran besaufen könnte. [..] Nichts [war ihm] lieber als die Vorstellung, er [..] flöge dahin durch den unendlichen Geruch des Meeres, der ja eigentlich gar kein Geruch war, sondern ein Atem, ein Ausatmen, das Ende aller Gerüche, und löse sich auf vor Vergnügen in diesem Atem." (Par: 46 f.)

Interessant ist hier der Vergleich mit dem Marquis, der sich zwar ebenfalls buchstäblich in Luft auflöst, der es aber schafft, daß sich geheime Tailladistenlogen seiner Person und Lehre rituell erinnern.[553] Auch Grenouille löst sich auf; wenn auch nicht im Geruch des Meeres, sondern indem er durch sein Parfum für eine Entäußerung seiner Person sorgt: Grenouilles Inneres wird ganz buchstäblich nach außen gebracht und geht dann ebenso buchstäblich <u>in</u> die Menschen ein. Hier wird nicht das Wort zu Fleisch, sondern das Fleisch zu einem Zeichen für Grenouilles letzten Versuch, sich einer authentischen Wahrnehmung durch seine soziale Umwelt auszusetzen: Am Ort seiner Geburt, auf dem 'Friedhof der unschuldigen Kinder', wo sich Grenouille durch seinen Schrei dagegen entschied, "den Weg von der Geburt zum Tode ohne den Umweg über das Leben [zu] wählen" (Par: 28), entschließt er sich, keine weiteren Umwege mehr zu gehen, sondern dasselbe frühzeitig zu beenden, indem er sich auffressen läßt.

Grenouille hat sich durch sein Parfum in die Lage gebracht, den (bei seinem Körper gestörten) Prozeß des Riechens durch eine körperliche Handlung zu ersetzen. Der räumliche Transfer eines Inneren nach Außen, das als Geruch wieder ins Innere der Anderen eindringt und dabei olfaktorische Informationen abgibt, wird von ihm künstlich / körperlich simuliert. Es ist nicht mehr sein Geruch, der seine Existenz anzeigt, sondern sein Körper selbst wird zum Zeichen für seine Person. Zwar hatten die visuellen Signale seines Körpers nicht genügt, daß ihn seine Umwelt "in seiner wahren Existenz zur Kenntnis genommen" (Par: 306) hätte, die geschmacklichen Signale seines Körpers dagegen scheinen seinen fehlenden Körpergeruch ersetzen zu können. Sein Fleisch wird zum Surrogat seines fehlenden Eigengeruchs. Grenouille läßt sich auffressen, um seine körperliche Existenz von einer Wahrnehmung durch einen sozialen Körper bestätigen zu lassen.

---

[553] Auf dem Pic du Canigou "zünden sie ein großes Feuer an, vorgeblich aus Anlaß der Sonnenwende und zu Ehren des heiligen Johannes - in Wirklichkeit aber, um ihrem Meister Taillade-Espinasse und seinem großen Fluidum zu huldigen und um das ewige Leben zu erlangen." (Par: 208)

Die Transsubstantiation von Sein in Sinn ist aber im Fall von Grenouille nicht wiederholbar - ebenso wie ein Duft "sich an die Welt" (Par: 243) verbraucht, läßt Grenouille seinen Körper unwiederholbar in den kollektiven Körper der Menge übergehen. Dieser Prozeß der Auflösung läßt sich zwar nicht wiederholen, aber seine Beobachtung läßt sich immer wieder konsumieren. Nachdem der Roman das heikle Unternehmen einer Übersetzung von Wahrnehmung / Geruch in Kommunikation / Schrift einmal geleistet hat, ist das Einmalige reproduzierbar geworden. Die Worte und die Dinge bleiben endgültig getrennt, und gesprochene wie geschriebene Sprache ist nicht mehr zur dauerhaften Etablierung von Sinn geeignet; statt dessen kann aber noch immer durch Kommunikation versucht werden, Seins-Erlebnisse zu inszenieren, auch wenn diese nur indirekt, d.h. sprachlich erzeugt werden. An dieser sekundären Präsenz können aber so viele so oft sie wollen partizipieren, weil sich die Buchstaben im Gegensatz zu den von ihnen repräsentierten Gerüchen eben nicht "an die Welt" (Par: 243) verbrauchen.[554]

Grenouilles erfolgreiche Geruchsspeicherung basiert intern ebenfalls auf seinem Gehirn,[555] d.h. seiner Gedächtnisleistung; extern dagegen auf den geruchsabsorbierenden Eigenschaften des Fettes, in dem er seine Opfer ertränkt (egal ob Blumen, Tiere oder Menschen) und aus dem er dann den Duft wieder herauslöst. Wenn er sich den Menschenmengen als personifiziertes Geruchsgedächtnis präsentiert, geschieht dies tatsächlich auf zweierlei Ebenen: zum einen ist Grenouille schon als Körper eine lebende Duftbibliothek (sein Gehirn hat "Millionen und Abermillionen von Duftbauklötzen" (Par: 58) gespeichert) - gerade auch deshalb ohne eigenen Geruch. Zum anderen tritt ihnen Grenouille als der 'Große Grenouille' entgegen, d.h. er verkörpert die Erinnerungen an 25 Jungfrauen (und ihre Verführungsmacht) zugleich. Als er diesen Duft sparsam benutzt, entsteht nur eine sexuelle Orgie - als er sich mit dem gesamten Parfum besprenkelt, löst er tatsächliche Liebe bei den ihn umgebenden Menschen aus, die in den olfaktorischen Sog des Duftes geraten. Hier findet auf der Handlungsebene eine echte Sinnstiftung statt. Grenouilles konkretes Dasein als lebender Körper, das in der Ekstase der Hetzmeute beendet wird, ist dabei für eine soziale Sinnstiftung geopfert worden:

---

[554] Trotzdem erinnert die aufgelöste Formelsammlung in 'Das Parfum' (ebenso wie vom Säurefraß bedrohte Bibliotheksbestände in der Realität) daran, daß natürlich auch Schrift materiell gebunden und daher zerstörbar ist.

[555] Grenouilles phänomenales Gedächtnis ist "sein inneres Imperium, in das er von Geburt an die Konturen aller Gerüche eingegraben hatte, denen er jemals begegnet war." (Par: 158)

"Sie waren außerordentlich stolz. Sie hatten zum ersten Mal etwas aus Liebe getan." (Par: 320)[556]

Obwohl auch das Parfum nur ein kalt kalkuliertes Medienprodukt aus dem Duftlabor ist, von dem niemand außer Grenouille zu würdigen weiß, "wie gut es *gemacht* ist" (Par: 316), konnte seine Präsentation beim Publikum einen Moment der Sinnstiftung auslösen. 'Das Parfum' dagegen erinnert beständig daran, daß es als sprachliches Erzeugnis immer nur eine literarische Schilderung von Wahrnehmungsvorgängen sein kann, eine Schilderung, die ihre Funktion schon ganz erfüllt hat, wenn sie den Schein eines Seins erzeugen konnte. Indem die Literatur das sinnstiftende Opfer selbst opfert, kann es als kühl kalkuliertes Medienprodukt seine Aufgabe erfüllen, die sekundäre Präsenz einer seinsstiftenden Beschreibung entstehen zu lassen - den Duft des Parfums.

---

[556] "Die Meute besteht aus einer Gruppe erregter Menschen, die sich nichts heftiger wünschen, als *mehr zu sein*." (Canetti, Elias: Masse und Macht. Band 1. München 1960, S. 101.)

V. Mediengeschichten

Wird das Werk Patrick Süskinds im Hinblick auf die Darstellung verschiedener Formen von Mediennutzung beobachtet, lassen sich zwei größere Textgruppen bilden: Auf der einen Seite stehen diejenigen Texte, deren zentrales Thema die Nutzung eines menschlichen Sinnesorgans ist ('Sinnestexte') und die bisher auch im Zentrum der vorliegenden Untersuchung standen, also besonders 'Der Kontrabaß' (Hören) und 'Das Parfum' (Riechen); aber auch 'Herr Sommer' (Sprechen) und 'Die Taube' (Sehen). Im folgenden sollen solche Texte untersucht werden, in denen die Nutzungsbedingungen ausdifferenzierter Medienverbände den Mittelpunkt bilden ('Medientexte'). In der Fernsehserie 'Kir Royal' wird das Dispositiv 'Zeitung' und in 'Rossini' der Film dargestellt; aber auch in 'Monaco Franze' ist ein (wenn auch nicht gleich ins Auge springendes) Medium zentrales Thema: nämlich das urbane Dispositiv,[1] also der städtische Jagd- und Verführungsraum, den der Flaneur benötigt.

Es fällt auf, daß sich bei dieser Einteilung der Texte Gruppen bilden, die sowohl formal als auch thematisch homogen sind. Denn auf der einen Seite sind die 'Prosa- und Dramentexte' einzuordnen, die thematisch zugleich 'Sinnestexte' sind. Und die zweite Gruppe wird nur von Vertretern der Textsorte 'Drehbuch' gebildet, die sich aber auch als thematisch homogen erweisen, nämlich als 'Medientexte'. An dieser Stelle muß nochmals explizit darauf hingewiesen werden, daß der verbindliche Gegenstand der folgenden Untersuchungen die Drehbücher sind. Die Verfilmungen der Drehbücher werden dabei lediglich als eine mögliche Interpretation des Textes berücksichtigt. Der (filmischen) Ausdeutung einer Szene durch den Regisseur wird dabei das gleiche Gewicht zugesprochen, wie dies bei einer theatralischen Inszenierung eines Dramentextes der Fall wäre.[2] Hier muß kurz auf das Phänomen doppelter Autorschaft eingegan-

---

[1] Das Drehbuch präsentiert die Passage / den Marktplatz als Massenmedium in seiner Regelhaftigkeit und weist damit auch historisch implizit zurück auf die Funktion des Verbunds Kirche / Marktplatz in mittelalterlichen Städten, der tatsächlich als frühe Ausprägung eines Massenmediums interpretiert werden kann.
[2] Nur die Verbindung von Autor und Regisseur in der Person Helmut Dietls kann als Argument für eine stärkere Berücksichtigung der vorliegenden filmischen Umsetzungen dienen.

gen werden, aufgrund dessen die Vorstellung vom Text-Ursprung im Genius des Künstler-Subjekts ersetzt werden muß durch eine plurale Schrift-Maschine, die bei einem Drehbuch auch noch an eine Film-Maschine gekoppelt ist. Der Akt des kollektiven Schreibens läßt eine Schreibweise des 'third mind' entstehen, bei der die Zusammenarbeit von zwei oder mehreren Personen einen Text erzeugt, der mehr ist als die Summe der Teile, die die Einzelnen dazu beigetragen haben. Vergleichbar ist dieses Verfahren mit der Metapher von der unsichtbaren Hand, die nach Adam Smith im Ökonomischen wirke und mit der nach Rudi Keller auch semantische Prozesse wie der Sprachwandel[3] beschreibbar sind. Durch dieses Produktionsverfahren werden allerdings Vergleiche zwischen Drehbüchern oder Drehbuchteilen, die mit und solchen die ohne Patrick Süskind entstanden sind, etwas unscharf.[4]

Eine mögliche These in diesem Zusammenhang könnte lauten, daß es gerade der ungesicherte mediale Status von Drehbüchern ist, der in den Texten von Süskind / Dietl das allgemeine Thema 'Medien' freisetzt. Wie dominant diese mediale Reflexion in den Drehbüchern ist, wird noch deutlicher, wenn auch die Filme Helmut Dietls in die Beobachtung einbezogen werden: Stadt ('Monaco Franze') => Zeitung ('Kir Royal') => Zeitschrift ('Schtonk') => Film ('Rossini') => Fernsehen ('Late Show').

Im Rahmen der Analyse dieser systematischen Reflexion medialer Dispositive soll im folgenden Kapitel besonders die Verbindung von Medientechnologie und Weiblichkeit in den Blick genommen werden. War dieser Zusammenhang in den 'Sinnestexten' aber eher als ein metaphorisches Feld relevant, wird er in den Drehbüchern ebenfalls auf der figuralen Ebene thematisiert. Insofern hier nämlich konkrete Frauengestalten als (mehr oder weniger) souveräne Nutzerinnen bestimmter medialer Technologien dargestellt werden, treten sie gerade auf dieser Ebene in ein Verhältnis direkter Konkurrenz zu den männlichen Figuren.

1. Frau (von) Welt

"Dem Stenzen ist alles provinziell Derbe ein Greul. Er liebt das Urbane. Er braucht die anregende Vielfalt der Erscheinungen, die spielerische Unverbindlichkeit im zwischenmenschlichen Verkehr. Mit einem Wort: Der Stenz ist der zivilisierte Mann des Volkes." (Ste: 253)

---

[3] Vgl. Keller, Rudi: Sprachwandel. Von der unsichtbaren Hand in der Sprache. Tübingen 1990.
[4] Auch der Leseeindruck, daß die Charakterzeichnung in Texten ohne Süskind etwas flacher, typisierender gerät und daß bei Dietl das Abgründige und Vieldeutige der satirischen Überzeichnung geopfert wird, ist daher eher als ungesicherte These zu sehen.

In diesem Charakterbild des Monaco Franze überschneiden sich zwei Raumstrukturen: zum einen wird München als die städtische Sphäre bestimmt, die der dandyhafte Flaneur[5] benötigt, weil ihm nur hier der nötige Freiraum für seine Zeichen-Spiele zur Verfügung steht. Dieses Angewiesen-Sein wird in aller Drastik und Dramatik in den letzten beiden Folgen von 'Monaco Franze' entfaltet - 'Wo ist das Leben noch lebenswert' (Mon: 195 ff.) und 'Abgestürzt' (Mon: 222 ff.): Die Strategie des Verschwindens im Dreieck der Bermuda-Inseln, durch die sich die bessere Gesellschaft dem rasenden Stillstand der atomaren Wettrüstung entziehen will, ist für Franz Münchinger, der den Namen seiner Stadt trägt, keine Alternative. Wie Poes Massenmensch benötigt er 'seine' Stadt zum (Über-)Leben.[6] Dietl / Süskind ist in diesem Zusammenhang etwas geglückt, was gerade in der deutschen Literaturgeschichte höchst selten ist[7] - eine Apologie auf 'Heimat' zu schreiben, die so anrührend ist, daß "es einem jedesmal die Tränen in die Augen"[8] treibt und trotzdem keinerlei peinlichen Beigeschmack hat: Monaco will einem Hotelboy seine Wohnung nicht vermieten - aber nicht (wie Monaco verdächtigt wird), weil er ein Ausländer ist, sondern weil er sie gar niemandem geben will:

> "MONACO *laut*. [..] Keinem Ausländer, keinem Inländer, keinem Professor, keinem niemand, weil ich seit zwanzig Jahr in dieser Wohnung gewohnt hab!
> ... *Er packt den Boy am Kragen und schüttelt ihn*. ... weil mir meine Wohnung wunderbar gefällt, weil ich ein Leben lang in dieser Stadt gewohnt hab, weil ich hier geboren bin, und in d'Schul gangen und aufgewachsen - verstehen Sie! Diese Stadt ist meine Heimat! Sie san doch auch aus dem Ausland? Verstehen Sie das? - Wo san denn Sie her?
> BOY *verwirrt*. Aus Malaga.
> MONACO. Aha. Sehen Sie: Und möchtens nicht lieber daheim sein ... in Malaga?
> BOY: Ja ... gern ...
> MONACO: Ja, also sehens: genau des mein ich. Verstehens mich jetzt?"
> (Mon: 210)

Die lokale Verwurzelung mit der Heimatstadt ist so stark, daß er sogar seine Frau alleine auf die Bermudas fliegen läßt und in München zurückbleibt; aber ohne sein 'Spatzl' verliert sein Lebensentwurf jegliche Stabilität, und er stürzt ab in Alkoholismus und soziale Deklassierung. Damit

---

5 Vgl. Gnüg, Hiltrud: Kult der Kälte. Der klassische Dandy im Spiegel der Weltliteratur. Stuttgart 1988. / Vgl. Ilyes, Petra: Der DatenDandy. Mannheim 1994.
6 Vgl. Poe, Edgar Allan: Der Massenmensch. (The Man of the Crowd) In: E. A. Poe. Das gesamte Werk in zehn Bänden. Band 4. Hgg. von: Schumann, Karl / Müller, Hans Dieter. Herrsching 1979, S. 706 ff.
7 Vgl. Hörisch (1999): S. 159.
8 Althen (1997): S. 17.

wird klargemacht, daß Monaco neben dem lokalen Raum auch noch das Spannungsfeld der verschiedenen gesellschaftlichen Sphären benötigt: erst durch den Kontrast der sozialen Räume wird ihm "nie langweilig" (Mon: 30), denn seine Ehe mit Annette von Soettingen zwingt ihn zu (sporadischen) Kontakten mit der 'besseren Gesellschaft' und zur (widerwilligen) Teilname an kulturellen Veranstaltungen. Annette ist auch diejenige, die Monaco mit den verschiedensten Medientechnologien verbindet. Wegen ihr besucht er einen Englischkurs und wird mit ärztlichen Gutachten konfrontiert, die ihn beruflich kaltstellen sollen. Die Serie setzt auch schon damit ein, daß Annette ein Ölgemälde von Monaco anfertigt[9] und ihren Mann anschließend dazu bringt, sich mit zweifelhaftem Erfolg auf eine Wagner-Oper vorzubereiten. Um dem Gesamtkunstwerk gewachsen zu sein, muß er "Textbücher und Sekundärliteratur zu Wagner" (Mon: 31) lesen und die Platten dazu hören, die er dann auf seinem "Walkman" (Mon: 31) repetiert. Annette ist also nicht 'nur' eine Frau, die nach Virilio das erste Medium des Mannes ist, da sie ihn zur Welt bringt[10] – sondern Annette ist auch eine Frau von Welt, die die Medien zu ihrem Mann bringt. Sie ist die zentrale Frauenfigur in 'Monaco Franze' und als Typus so angelegt, daß sie sich in zwei deutlich voneinander getrennten sozialen Sphären bewegen kann; sie behauptet sich erfolgreich sowohl in den 'höheren' Kreisen der Gesellschaft, beherrscht aber auch den Umgang mit 'niederen' Schichten. Trotzdem bleibt in ihrer Person das Spannungsverhältnis dieser sozialen Differenz immer präsent und findet seinen Niederschlag auch in den beiden verschiedenen Namen 'Annettes'[11]:

'Frau von Soettingen' steht auf der einen Seite dieses binären Schemas, als die Frau von Welt. Sie besteht auf ihrem sozialen Status, als Tochter eines ostpreußischen Großgrundbesitzers, die sich melancholisch an die guten alten Zeiten erinnert, in denen ihr als Kind von polnischen Landarbeitern zum Abschied der Rocksaum geküßt wurde (Mon: 179) und die Familie noch eine Unzahl von Bediensteten hatte. Die Zeiten dieses immensen symbolischen und ökonomischen Reichtums sind zwar vorbei, aber Annette leitet aus ihnen noch immer gewisse Status-Ansprüche ab, die sie dann mit Selbstbewußtsein und pekuniärer Kompetenz verwirklicht.[12] Trotzdem leistet sich der Text die Ironie der (entlarvenden) Einschränkungen Frau von Soettingens hinsichtlich der genaueren Ausmaße

---

9   Dieser Vorgang wird von beiden in einer illusionsbrechenden direkten Publikumsansprache kommentiert, die sie an die "Kamera wie zu einer anderen Person, der [sie] etwas sagen möchten" (Mon: 17 / 45) richten.
10 Vgl. Virilio, Paul: Fahren, fahren, fahren... Berlin 1978, S. 74 ff.
11 Annette ist ihr neutraler Name, der drehbuch-intern verwendet wird: "Annette: Nicht bewegen, Franz! Bitte!" (Mon: 17) / "Annette steht an einer Staffelei [..]." (Mon: 17).
12 In ihr kristallisiert sich der deutsche Nachkriegsmythos der resoluten Ostpreußin, die

der finanziellen Misere ihrer Familie nach dem Krieg: "[..] Die besten Zeiten sind vorbei. Obwohls uns in der Schweiz nicht schlecht ging. [..]" (Mon: 179); "[..] Das war kurz nach der Währungsreform. Von da an gings bergab..." (Mon: 179); "... Das einzige, was wir noch hatten [..]" (Mon: 179); "[..] dann, Olga, wäre das wenige, was ich noch hätte [..]" (Mon: 179); und so gesehen muß Frau von Soettingen resümieren, gehe es ihr "heute schlechter denn je ..." (Mon: 179) Im Gegenschnitt zu Monacos biographischen Erzählungen aus seiner tatsächlich ärmlichen Jugend in München wirken diese ökonomischen Mythen um so komischer. Trotzdem wird die Figur der Annette im wirtschaftlichen Bereich tatsächlich mit hoher Kompetenz ausgestattet:

Sie ist diejenige, die auch das Medium 'Geld' kontrolliert, den gemeinsamen Hausstand zum größten Teil finanziert und die höhere ökonomische Durchsetzungskraft besitzt - wie sich in der Gehaltsverhandlung mit Olga zeigt, in der sie sich als 'knallharte' Chefin präsentiert, die sich durch emotionale Dinge von nichts abhalten läßt: sowohl wenn es ums Geld geht als auch beim (gegen Monacos heftigen Widerstand durchgesetzten) Verkauf ihrer Wohnung, den sie trotz der chaotischen Verhältnisse (die alle anderen Figuren überfordert hatten) höchst effizient und schnell zum Abschluß bringt. Andererseits scheitert ihre ökonomische Kompetenz bei dem Versuch, die Preise für einen Bund Dill oder einen Schweinebraten zu schätzen (Mon: 171); ebenso wie ihr die Kosten der verfallenden Opernkarten Monacos egal zu sein scheinen, die sie dann verschenkt. Mit solchen Kleinigkeiten gibt sich Annette nicht ab, es sei denn, sie wird von ihrer Haushälterin mit folgender Konsequenz abgefertigt, als sie sich weigert, das Haushaltsgeld zu erhöhen:

"Ja mei ... dann können Sie sich halt keine Haushälterin leisten ... Frau von Soettingen." (Mon: 173)

Hier ist ihr sozialer Status im Kern bedroht - sie verhandelt so lange hartnäckig, bis es ihr gelingt, Irmgard mit einer 'Arbeitszeitverkürzung' zu überreden, weiter bei ihr zu arbeiten. Daß sich in der Figur der Annette finanzielles Geschick mit kommunikativer Kompetenz höchst erfolgreich ergänzt, belegt auch die formvollendete Art und Weise der Bestechung, mit der sie einen Arzt überredet, ihrem Mann Dienstuntauglichkeit zu attestieren, indem sie ihm eine kostbare Antiquität für "zwanzig Jahre treue Freundschaft" (Mon: 60 f.) als Geschenk überläßt.

Der Reiz dieser Szene begründet sich auch in der intertextuellen Anspielung auf das Genre des Mafia-Films, was noch gesteigert wird

---

im Krieg zwar alles verloren, sich aber Kraft ihrer Disziplin und ihres Charismas wieder eine Existenz aufgebaut habe.

durch ihre Position in der Folge 'Eine italienische Angelegenheit' (Mon: 49 ff.), in der Monaco angeblich gegen Schutzgelderpresser ermittelt. Darüberhinaus kann Annette aber gerade aus der Unsolidität von Monacos Lebenswandel für sich bestimmte Rechte ableiten, denn sie ist nicht nur ökonomisch und gesellschaftlich selbständig - und in der Lage, diese Freiheit ohne Rücksicht auf die Emotionen anderer zu verteidigen - sie ist auch emotional von ihrem Mann relativ unabhängig: Sie läßt sich durch Monacos Zurückbleiben in München nicht davon abhalten, auf die Bermudas zu ziehen, und lebt dort auch in sexueller Hinsicht ungebunden von ihrem Mann ("[..] Und wenn du dann nach Hause kommst, nachts, allein oder auch nicht allein [..]" (Mon: 240)); und auch schon vor der Trennung hat sie sich von Dr. Schönferber ohne schlechtes Gewissen umwerben lassen, um einige Tage im Münchner Faschingstreiben zu verschwinden. Ihre Rückkehr zu Monaco nach dessen vollständigem Absturz in den Alkoholismus ist dadurch gekennzeichnet, daß sich Annette nicht als eine auf ihr Glück verzichtende Frau zur Rettung ihres Mannes aufmacht, sondern daß sie durch Manni Kopfecks Hilferuf eine Gelegenheit bekommt, ihr eigenes Leben zu ändern, indem sie sich ihren Mann zurückholt und damit auch ihr bedrückendes Leben auf den Bermudas beendet.

Auf der anderen Seite der binären Charakterstruktur steht 'Spatzl' - ein Kosename, durch den die Figur der Annette dauerhaft in den "süddeutschen Zitatenschatz"[13] eingegangen ist. Zwar nennt nur Monaco seine Frau 'Spatzl', dieser bezeichnet sie aber ausschließlich so; selbst nach einer dreitägigen Ohnmacht (Mon: 166), nach dem Verkauf der gemeinsamen Wohnung (Mon: 218) oder nach ihrer Rückkehr von den Bermudas, als er sie im Frühlokal sitzen sieht. (Mon: 248) Mit dieser Seite Annettes verkörpert die Figur den Typus der verstehenden und mit leiser Hand lenkenden Ehefrau, die zwar ein durchaus gespaltenes Verhältnis zum Lebenswandel ihres Mannes hat, diesen aber in bestimmten Bereichen gewähren läßt:

"Bitte - ich nehms ihm ja nicht übel, soll er seine Freiheit haben - oder wenigstens das Gefühl, er hätte sie ... [..] Das sitzt so tief, da rührt man besser gar nicht dran. Man muß nur dafür sorgen, daß ihm seine romantische Ader nicht zu sehr schwillt. Ganz behutsam. Listig." (Mon: 45)

Trotzdem bleibt sie als Gegentypus zum unseriösen Stenz angelegt, und als solcher versucht Annette unausgesetzt, ihren Mann zu mehr Kultiviertheit und gesellschaftlichem Umgang (insbesondere mit Wagner-Opern) zu erziehen - in Monacos Darstellung:

---

[13] Vgl: Oehmann (1997): S. 2.

"Sie laßt nicht locker, gell, meine Frau. Nicht ums Verrecken. Dadurch wirds bei uns nie langweilig. [..] Jetzt san wir bald zwanzig Jahr verheiratet, und immer noch hats den selben missionarischen Eifer wie damals ... diesen Bekehrungswahnsinn. [..] Seit zwanzig Jahren bastelt sie an mir herum - ohne den geringsten Erfolg [..]." (Mon: 30 f.)

Ihre Heirat mit Monaco Franze wird als eine (selbst-)bewußte Entscheidung dargestellt, die sie auch gegen soziale und familiäre Widerstände durchgesetzt hat, die vor allem aufgrund des 'niederen' gesellschaftlichen Status von Monaco entstanden. Auch noch nach 20 Ehejahren muß sie Hinweise darauf, daß ihr Mann "ein Vorstadtstrizzi, ein ewiger" (Mon: 60) sei, der nicht zu ihrem kultivierten Lebensstil passe, mit dem Argument zurückweisen, eine ausgeglichene Verbindung "wäre doch wahnsinnig langweilig geworden." (Mon: 60) Im Gegensatz zu den bestehenden Vorurteilen wird hier eine unterschiedliche soziale Herkunft als belebendes Element der Beziehung interpretiert:

"... des war ja *die* Herausforderung ihres Lebens: Alle warens dagegen, ihre Familie sowieso, sämtliche Bekannte und Verwandten - jahrelang haben wir nicht einen mehr von dene gsehn ... aber sie war ja da ganz cool, gell. Ihr war ja des wurscht. Zu ihrer Mutter, der alten Gräfin Soettingen, hats gsagt: 'Mutter', hats gsagt, 'das ist der Mann, den ich liebe, den will ich und den kriege ich!' ... Des hat *mir* wieder wahnsinnig imponiert. Auf des hin hab ich sie gleich noch mehr geliebt. Und seither führen wir eine glückliche Ehe [..]." (Mon: 30 f.)

Insofern kann die Variationsbreite von Annettes Charakter zwischen 'Frau von Soettingen' und 'Spatzl' als eine Konstellation beständiger Verführungsleistungen der beiden gesehen werden. Ein Teil der offenen Beziehungsstruktur besteht im Wissen Annettes um die anderweitigen Verführungsbemühungen ihres Mannes, die sie aber souverän und eher belustigt integriert, weil Monacos Träume von der großen Welt sich ausschließlich auf München beziehen:

"Diese romantischen Vorstellungen von Freiheit und Abenteuer ... *Sie kichert....* zwischen Ostbahnhof und Pasing - denn weiter traut er sich ja nicht heraus aus der Stadt! Der kriegt ja schon Angst und Panik, wenn er einmal übers Wochenende mit mir aufs Land fahren soll, dieser Großstadtjäger, auf der freien Wildbahn zwischen Schwabing und Sendlinger Torplatz! Aber bitte - soll er." (Mon: 45)

Wenn für den Stenz als Typus "das Weibliche die Welt schlechthin" (Ste: 253) sei, müßte für den speziellen Fall des Monaco Franze ergänzt werden, daß sich dessen Frau Welt als die Stadt München darstellen ließe. Er ist auf diesen speziellen und definierten Raum nicht nur aus Sentimentalität angewiesen, sondern auch, weil er nur hier die subtilen Differenzen des Zeichensystems mit der für seine Verführungsspiele nötigen Präzision interpretieren kann. Besonders deutlich läßt sich dies an seiner 'Fahndung' nach Ellie aufzeigen:

> "*Monaco [steht] im eleganten Anzug vor einer großen Wandkarte der Stadt München und steckt Fähnchen in verschiedene Stadtteile.*
> KOPFECK. Ja, weißt denn kein Namen oder Adreß oder was?
> MONACO. Ja nix weiß ich ..." (Mon: 19)

Die beiden Kriminalpolizisten verwenden den aus unzähligen Fernsehkrimis bekannten Stadtplan nicht dazu, nach einem Verbrecher, sondern nach einer Frau zu suchen. Aus einer großstadtsemiotischen Perspektive[14] erfordert aber auch ein solcher 'Fall' Monacos und Kopfecks geballte kriminalistische Kompetenz. Um die wenigen Indizien produktiv zu interpretieren, müssen sie einerseits über eine korrekte soziale Mindmap der Stadt München verfügen und andererseits die Frau der richtigen Schicht zuordnen, um sie dann räumlich positionieren zu können.[15] Sämtliche Hinweise (und scheinen sie noch so unbedeutend) werden als Spuren detektivisch ausgewertet und systematisch in Fahndungsschritte umgesetzt: Zeit und Ort des Treffens werden als 'Heimweg von der Arbeit' gedeutet; ihr Aussehen und die U-Bahn-Station sind Basis für eine Theorie über den Stadtteil, in dem sie wahrscheinlich wohnt:

> "MONACO. [..] So. Jetzt stellen sich mehrere Fragen, Manni: a) Wenn eine solche Frau, die am Harras wohnt, ausgeht - wann gehtn so eine aus?
> KOPFECK. Ja jedenfalls nicht unter der Woch, weil da muß sie arbeiten wie wir auch. [..]
> MONACO. Genau. Also Freitag und Samstag. So. Und wo geht so eine hin am Freitag und am Samstag, wenns am Harras wohnt und wohin gehen möcht? ..." (Mon: 20)

Um dies herauszufinden, müssen die beiden Kriminalbeamten Kontakt mit ihrem Informanten aufnehmen - hier dem Türsteher einer Schwabinger Discothek, der Monaco darüber aufklärt, welche Lokale von welchen sozialen Milieus gerade besucht werden:

> "MONACO. [..] Ja, was ist nachher jetzt in, Ricky?
> RICKY. In? - Bist auf ... Fahndung? [..] Was für ein Typ ungefähr?

---

[14] Vgl. Scherpe, Klaus R.: Nonstop nach Nowhere City? Wandlung der Symbolisierung, Wahnehmung und Semiotik der Stadt in der Literatur der Moderne. In: ders. (Hg.): Die Unwirklichkeit der Städte. Frankfurt 1988, S. 129 ff.

[15] Monaco und Kopfeck folgen hier dem stadtsoziologischem Grundsatz, daß es beschreibbare Korrelationen zwischen dem geographischen und dem sozialen Raum gebe.

MONACO. Ja - was Jüngeres, nimmer ganz jung, blond, berufstätig - [..] Einfach, nett, bissel vom Schicksal gestreift und mit einem Drang zum Höheren RICKY *ist im Bilde*. Ahso, ja. - Die san jetzt alle in der Innenstadt im Tanzpalast ..." (Mon: 25)

Es verwundert nicht weiter, daß Monaco gelingt, was in der Realität wohl ein hoffnungsloses Unterfangen wäre - nämlich in einer Großstadt wie München eine Zufallsbekanntschaft ohne weitere Informationen wiederzufinden. Dazu sind genaue soziokulturelle Kenntnisse und ein gutorganisierter 'Fahndungs'-apparat notwendig. Trifft Ecos Behauptung zu, daß der Kriminalroman die metaphysischste aller Gattungen sei, weil es in ihm "um das Abenteuer der Mutmaßung, um das Wagnis der Aufstellung von Hypothesen angesichts eines scheinbar unerklärlichen Tatbestandes"[16] gehe; dann kann 'Monaco Franze' als menschlich, allzumenschliche Variation dieses Themas gelesen werden: Hier wäre es eine Frau, die für den Mann etwas 'Unerklärliches' darstellt. In Monacos Bemühungen dieses Rätsel zu lösen, lassen sich dann zwar alle Strukturen des Kriminalromans wiederfinden, wobei Monaco sein kriminalistisches Wissen aber nicht nur dazu benutzt, seine Angebeteten zu finden, sondern auch, um mit seiner ungeladenen Pistole, seinem "Schulterhalfter" (Mon: 52) und den angeblichen Ermittlungen gegen die Mafia (Mon: 54) Eindruck zu schinden. Diese souveräne Nutzung der verschiedenen Medien, um sich erfolgreich als Verführer zu inszenieren, beherrscht Monaco aber nicht nur in bezug auf 'seine' Stadt München als dem urbanen Raum des 'Anbandelns', sondern er ist ebenfalls in der Lage, seine Strategien so zu modifizieren, daß sie auch im sozialen Raum der gehobenen Gesellschaftsschicht anwendbar sind: Nicht nur auf der Straße, sondern auch in der Oper erweist sich Monaco als geschickter 'user' der verschiedenen Medientechnologien. Zwar ist er an der Sekundärliteratur zum multimedialen Kunst-Ereignis 'Wagner-Oper' gescheitert, weil er weder die Namen der Rheintöchter noch die Holzbläser im Gedächtnis behält. Trotzdem oder gerade deshalb durchschaut er das bildungsbürgerliche Kulturgehabe, das nach der Oper in der Weinstube stattfindet, in seiner lächerlichen Brüchigkeit. Der Geniestreich Monacos besteht darin, daß es ihm gelingt, die Autoritätshörigkeit der dort versammelten Gruppe gegen diese selbst zu kehren:

MONACO. Ja, was ich dich schon die ganze Zeit fragen wollt, Spatzl: Wer ist denn der Mann [..], ist des ein Kritiker?
ANNETTE. Das ist nicht *ein* Kritiker, Franz, das ist *der* deutsche Musikkritiker überhaupt: Hanns Boettner-Salm!

---

[16] Eco (1984): S. 63.

MONACO. Ahja ... der! Genau! Und was der sagt, gilt, gell, Spatzl?
ANNETTE *lächelnd.* Ja ... Franz.
MONACO. Und täuschen tut sich der nie, Spatzl, ha?
ANNETTE *lächelt erneut über die naive Frage.* Nein ... nie." (Mon: 37)

Als dieser von einer Telephonzelle aus der Redaktion seine Abendkritik durchgibt, gelingt es Franz, sich das (vernichtende) Urteil des renommierten Kritikers über die Aufführung zu verschaffen, noch bevor es gedruckt wurde. Das gibt Monaco einen zeitlichen Vorsprung, der es ihm ermöglicht, aus einer Rezension zu zitieren, die noch gar nicht erschienen ist. Obwohl er nur auswendiggelernte Geschmacksurteile von sich gibt, ist das beim bildungsbürgerlichen Kampf, der in der Weinstube um das symbolische Kapital 'Kultur' entbrennt, nicht weiter von Belang, weil ja auch Dr. Schönferber üblicherweise nichts anderes betreibt. Dieses Mal sind es allerdings die Phrasen Monacos, die durch die Instanz des Kritikers rückwirkend bestätigt werden.

Obwohl es objektiv falsch ist, von einem (noch so renommierten) Kritiker zu behaupten, er oder sie würden sich in ihren Werturteilen niemals irren, kann diese Aussage zu einer sozialen Wahrheit werden. Geht nämlich ein bestimmtes Millieu in seinem kommunikativen Handeln davon aus, daß die Kritik notwendigerweise zustimmungspflichtig sei, wird das Urteil de facto in den Rang einer unumstößlichen Wahrheit gerückt. In diesem Fall ist tatsächlich kaum eine schärfere Waffe im 'Kulturkampf' denkbar, als die Rezension dieser Instanz vor allen anderen zu kennen.

Eine ähnlich gelagerte Taktik wird in Musils 'Mann ohne Eigenschaften' geschildert, die sich aus "General Stumms Bemühung, Ordnung in den Zivilverstand zu bringen"[17] ergibt. Er scheitert damit solange, bis er zu einer medientechnischen 'Kriegslist' greift. Denn einfach sämtliche dreieinhalb Millionen Bücher der Hofbibliothek zu lesen, erweist sich als undurchführbar:

"Zehntausend Jahre würde ich auf diese Weise gebraucht haben, um mich mit meinem Vorsatz durchzusetzen!"[18]

Auch das Allerheiligste der Bibliothek, das Katalogzimmer, mitsamt der potenzierten Ordnung in Gestalt der "Bibliographie der Bibliographien"[19] ist aufgrund mangelnden Inhalts für seine Suche nach der Idee der Ideen wenig hilfreich. Erst durch den Bibliotheksdiener erhält Stumm den rettenden Hinweis, um ein pragmatisches Leseverfahren zu entwickeln: Die-

---

17 Musil, Robert. Der Mann ohne Eigenschaften. Erstes Buch. In: Robert Musil. Gesammelte Werke. Hgg. von: Frisé, Adolf. Reinbek 1978, S. 370.
18 Musil (1987): S. 460.
19 Musil (1987): S. 462.

ser besorgt ihm alle Bücher, die Diotima gerade selbst liest, so daß er Tag für Tag "eine heimliche geistige Hochzeit"[20] mit der Angebeteten halten kann. Auch hier wird ein kleiner, aber entscheidender zeitlicher Vorsprung gegenüber den anderen Gästen in Diotimas Salon gewonnen, indem die Medientechnologie 'Bibliotheks-Ausleihschein' geschickt genutzt wird: Auch Kultur ist Krieg und daher kann eine höhere Geschwindigkeit bei der Informationsübertragung die mangelnde Tiefe der Botschaft ohne weiteres ersetzen. Und es ist kein Zufall, sondern ein hellsichtiger, medienanalytischer Blick, daß es ein General und ein Kriminalbeamter sind, denen es gelingt, kulturellen Anspruch durch eine schnellere Logistik zu neutralisieren.

2. Die alte Tante

'Kir Royal' wird aller Voraussicht nach eines der letzten Fernsehgroßereignisse der alten Bundesrepublik gewesen sein, die Serie "fand keine Nachfolger."[21] Hier versammelte sich noch einmal - drei Jahre vor dem Mauerfall und zwei Jahre nach dem Start des kommerziellen Fernsehens - ein ganzes Drittel der Fernsehgemeinde[22] vor dem virtuellen Lagerfeuer der Bildschirme. Damit ist 'Kir Royal' auch ein Teil der Geschichte des Abgesangs auf eine Epoche, die vom alten Medium 'öffentlich-rechtlicher Rundfunk' beherrscht wurde. Denn eine solche Koordinationsleistung des Sehens und Kommunizierens scheint in Zeiten einer flächendeckenden Versorgung mit mehr als zwanzig Kanälen zumindest im Bereich 'Fiktion' kaum noch möglich. Auch Baby Schimmerlos wird von dem medienpolitisch gerissenen Agenten Gregory Wiener eine berufliche Neuorientierung vorgeschlagen, die gerade in der Rückschau auf das Jahr 1986 tatsächlich von einem gewissen Weitblick zeugt:

> "WIENER. Schauen Sie: Zeitungen werden sterben, über kurz oder lang. Wer liest noch heutzutage? Unsere Kinder sind alle schon Analphabeten. Wenn Sie jetzt ins Kabel einsteigen, sind Sie der Mann der ersten Stunde ..." (Kir: 91)

Die leichte historische Patina der Serie rührt aber nicht nur vom Medium der Darstellung her, sondern auch vom dargestellten Medium 'Zeitung'. Dessen technologische Struktur ist Mitte der achtziger Jahre noch auf einem Stand, der sich nur unerheblich vom 'Aufschreibesystem 1900'

---

[20] Musil (1987): S. 463.
[21] Kubitz, Peter Paul: Der Traum vom Sehen. Dresden 1997, S. 129. / Vgl. auch die TV-Chronik: S. 223 ff.
[22] D.h. mit einer absoluten Einschaltquote von 32 %; vgl. Kubiz (1997): S. 129.

unterscheidet.[23] Der Journalist diktiert der Sekretärin seine Artikel ("Edda, schreib!" (Kir: 80)), ob direkt mündlich (Kir: 102) oder über das Telephon. (Kir: 200) Seine Worte werden von einer Schreibmaschine gespeichert, von einer Druckmaschine vervielfältigt und durch die Photographien des Paparazzo Herbie beglaubigt. Damit unterscheidet sich die Klatsch-Redaktion der MATZ medientechnologisch in nichts Wesentlichem von ihren Vorläufern; wie den Zeitungsredaktionen, denen Mina Harker gerne als Journalistin angehört hätte[24] - oder Gesine Cresspahls geliebter "Tante"[25] New York Times, wie sie in den 'Jahrestagen' genannt wird. Johnsons Heldin lebt in einer Gegenwart, der gegenüber sie sich so fremd fühlt,

> "daß sie eine zweite 'Hauptperson' benötigt, um sich zu informieren, nämlich die 'alte Tante' *New York Times*, das liberal-konservative Weltblatt der Metropole."[26]

Aber auch dieser altehrwürdige Anspruch des ehemaligen Leitmediums 'Zeitung' wird in 'Kir Royal' verabschiedet - und zwar nicht nur medientechnologisch, sondern auch moralisch. Lediglich in der Folge 'Königliche Hoheit' (Kir: 171) wird der Anspruch auf politische Integrität noch einmal zitiert; und zwar in der einsamen Lektüre Monas, die statt einer Illustrierten im Friseursalon "Die Zeit" (Kir: 184) liest, um sich über die Zustände im (fiktiven) Mandalia zu informieren. Was sie allerdings in eine erdrückende Minderheitenposition im Verhältnis zum Lesepublikum der 'Yellow Press' bringt, in dessen Kernbereich sich die 'MATZ' aufhält. Während in 'Monaco Franze' der alten Tante 'Zeitung' noch aller Respekt gezollt wird, der einer kulturellen Instanz zusteht,[27] demontiert 'Kir Royal' diesen Mythos einfach dadurch, daß den Zuschauenden ein Blick hinter die Fassade eines Blattes gewährt wird. Der Redaktionsbetrieb einer Klatschspalte und die in einer Boulevard-Zeitung wirksamen Machtmechanismen werden durch die Fernsehserie aus der Innenperspektive beobachtet:

> "Der Stenz aus der Vorstadt ist [..] sozusagen in Gestalt des Klatschreporters Baby Schimmerlos in den *inner circle*, den Münchner Stadtkern aus Politik, Wirtschaft und Kultur gedrungen."[28]

---

23 Vgl. Kittler (1995): S. 223 ff.
24 Stoker, Bram: Dracula. München 1993, S. 75 f. / Vgl. Kittler, Friedrich: Draculas Vermächtnis. (1982) In: ders.: Draculas Vermächtnis. Leipzig 1993, S. 28 ff.
25 Johnson, Uwe: Jahrestage. Frankfurt 2000, S. 15.
26 Schnell (1993): S. 507.
27 Personifiziert in der Instanz des Zeitungskritikers Hanns Boettner-Salm. (Mon: 37 ff.)
28 Fischer, Michael: 'Wer reinkommt, bestimme ich'. In: Der Spiegel (39) 1986, S. 226.

In dieser 'High Society' gilt das Motto 'Klatsch ist Krieg', obwohl sich deren enge Verbindung nur selten deutlich aufzeigen läßt, wie bei den von Baby und Herbie ausspionierten Waffengeschäften der "Königin Katharina Patricia von Mandalia" (Kir: 171): Die Reporter beobachten durch ein Schlüsselloch des Nebenzimmers die (todernsten) Kriegsspiele der Königin mit dem Waffenhändler Hugo Raeber; dem "Massaker-Raeber vom Bokassa". (Kir: 205) Dabei ist auf beiden Seiten der Tür eines der primären Ziele, mit neuster Technologie den jeweiligen Feind sichtbar zu machen. In militärischen ebenso wie in journalistischen Kriegen entscheidet die Kontrolle der Sichtbarkeiten über Sieg und Niederlage; denn wer gegen seinen Willen gesehen wird, kann als schon vernichtet gelten:

> "Den Feind nicht mehr aus dem Auge zu verlieren, bedeutet den Gewinn eines Vorteils, wenn nicht sogar den Gewinn des Konflikts, dieses Krieges [..]."[29]

Im Klatsch-Krieg feilt der Paparazzo Herbie mit dem Taschenmesser ein Schlüsselloch auf, um die Waffengeschäfte des Hugo Raeber mit einer Kamera mit "Spezialoptik" (Kir: 186) bildlich dokumentieren zu können. Er photographiert, wie der Königin gerade an einem Modell ihres Inselreiches 'spielerisch' demonstriert wird, welch wichtige strategische Rolle das "Dschungel entlauben" (Kir: 193) für die militärische Gesamtkonzeption eines Krieges einnimmt, in der Guerilla-Einheiten bekämpft werden sollen:

> "*Königssuite. Raeber hat das Inselmodell vollgestellt mit Panzern, Flugzeugen, Artillerie [..] und läßt ein Propellerflugzeug und eine Spraydose über dem mandalesischen Dschungel kreisen ...*
> RAEBER. ... *das machen wir mit kleinen zweimotorigen Flugzeugen [..]* ... *Er drückt mehrmals auf die Spraydose, zieht dann ein kleines Baummodell aus dem Dschugel und schüttelt die Blätter ab.* Das sieht dann so aus. Da kann er sich dann nirgendwo mehr verstecken, der Guerilla ...
> KÖNIGIN. Aha, des is gut!" (Kir: 193)

Herbie und Baby decken hier einen handfesten politischen Skandal auf, obwohl den beiden selbst auch lieber gewesen wäre, "wenn die mit dem Raeber da drin bumst hätt [..]." (Kir: 207) Auf den Druck Monas hin und wegen der "inneren Hygiene" (Kir: 201) Babys gehen sie nach einigem Zögern aber doch das Risiko ein, ihre Photos zu veröffentlichen, womit sie neben der überstürzten Abreise Königin Kathis und kleineren außenpolitischen Verwicklungen auch unerwartet heftige feindliche Reaktionen ihrer Leserschaft auslösen. Trotzdem wird hier moralische Integrität eher als ein Zufallsprodukt und nicht als journalistische Berufung dargestellt.

---

[29] Virilio, Paul: Krieg und Fernsehen. München 1993, S. 117.

Babys Kerngeschäft ist es eigentlich nicht, reale Tode aufzudecken, sondern soziale Siege und Niederlagen zu dokumentieren. Seine Funktion im System Gesellschaft besteht nur darin, die Leitdifferenz seines Ressorts zu überwachen: 'Privatheit' vs. 'Prominenz'. Und obwohl gerade hier das Motto 'Klatsch ist Krieg' gilt, versucht Baby gegen sämtliche Widerstände eine Art 'sauberen Krieg' zu führen und sich nicht kaufen zu lassen. Damit verstrickt er sich einerseits in Paradoxien, weil sein Sensationsjournalismus per definitionem ein unsauberes Geschäft ist. Darüber hinaus scheitern seine Bemühungen in dieser Hinsicht auf ganzer Linie, denn er muß sich sowohl der Bestechung eines unprominenten Klebstoff-Magnaten aus der Provinz beugen, der unbedingt in seine Spalte hinein will (Kir: 51 ff.), als auch das Geld des Großindustriellen Karl Gustav Banz annehmen, der keinesfalls in seine Spalte hinein will. (Kir: 251 ff.)[30] Obwohl er genau diese Kompatibilität von Reichtum und Prominenz verhindern will, erweist sich das gesellschaftliche Leitmedium Geld als das mächtigere Schmiermittel:[31]

> "BABY. [..] wir machen hier a Serie 'Wo sich die Prominenz trifft' und ned 'Wer mein guter Freund is' oder ... *er schaut Herbie an* ... 'mit wem ich gestern bumst hab' oder *zu Edda* 'Wo ich meine Zähne billiger krieg'. Is des jetzt ein für allemal klar, Herbie? [..] Und wer reinkommt, Edda, verstehst, des bestimm ich. Und sonst niemand!" (Kir: 16)

Diese quasi-absolutistische Machtfülle über die Differenz zwischen 'Privatheit' vs. 'Prominenz' erweist sich als Babys große Illusion, denn er gerät immer wieder in den Einflußbereich anderer, die an seiner Stelle über die Sichtbarkeiten im Klatsch-Krieg entscheiden. Wie in 'Monaco Franze' sind es auffallend häufig Frauen, die selbständig und selbstbewußt den medialen Raum dominieren: Neben Edda Pfaff, die als Sekretärin die medientechnologische Basis-Schnittstelle beherrscht, ist Frau von Unruh zu nennen, die sich als Verlegerin der MATZ nie die Zügel aus der Hand nehmen läßt - wobei sie mehr auf ihre gesellschaftliche Stellung, als auf moralische Einwände achtet. Auch die Figur der Musikproduzentin Peggy Kaufmann wird mit einem hohen Maß an Kompetenz im medialen Spiel ausgestattet:

Trotz der feuchtfröhlichen Partystimmung erkennt sie Monas verschüttete Begabung und setzt sofort alles daran, sie zu einer Karriere als Sängerin zu überreden. Sie analysiert dabei sehr professionell die Möglichkeiten, Mona auf dem heiß umkämpften Musikmarkt zu positionieren,

---

[30] In beiden Fällen stehen Photos, als sichtbare Beweise der eigenen Existenz, im Zentrum.

[31] Schon in der ersten Szene wird Mona gezeigt, die mit dem Taschenrechner Babys Spesenquittungen zusammenrechnet. (Kir: 11 ff.)

und entwickelt dabei für sie den Markenkern einer 'Frau um die Vierzig', mit all den Narben, Leiden und Erfahrungen. (Kir: 229) Spannenderweise ist genau dieses Profil auch in der Realität zum Markenkern der Schauspielerin Senta Berger geworden, die diesen Frauentyp erfolgreich auf deutschen Bildschirmen und Leinwänden repräsentiert.[32] Während die Frauenfiguren meist die Regeln des medialen Universums souverän beherrschen, geben die Männer eher ein jämmerliches Bild ab:

> "Baby Schimmerlos, Patrick Süskinds Held von 'Kir Royal' ist *kein* Held gewesen."[33]

Dieser Wertung Schneiders muß zwar zugestimmt werden, trotzdem können in der Figur des Klatschreportes auch Momente einer gewissen Tragik ausgemacht werden – denn obwohl meist 'nur' um den Einsatz des sozialen Todes gespielt wird, sind auch im Medienkrieg die Methoden keinesfalls 'sauber'. Es kann (etwa im Fall des Hochstaplers Hubert von Dürkheimer (Kir: 130)) sogar zu Todesfällen und damit auch zu ernsteren Verstrickungen kommen. Tragik und Reue werden allerdings nie bis an den Punkt einer tieferen Wirksamkeit entfaltet, sondern gehen verloren im alltäglichen Streß, "was der Mensch hat in der Dings ... in dera Dings ... in dera spätkapitalistischen Industriegesellschaft ..." (Kir: 81); wie Babys Mutter formuliert. Nicht nur der Selbstmord des Lebemanns, sondern auch der Tod von Frau Schimmerlos kann als eine der Auswirkungen der sozialen Macht der Massenmedien gelesen werden. Die Mutter ist bis in den todbringenden Infarkt hinein stolz auf ihren Bub, der den Weg in die bessere Gesellschaft gefunden hat und den sie eifersüchtig umsorgt und versorgt – bis sie schließlich vor Aufregung, weil ihr Baby im Fernsehen ist, beim erfolglosen Versuch ihren Videorekorder zu programmieren stirbt. Durch den Tod seiner Mutter lädt die Figur des Baby Schimmerlos eine echte Schuld auf sich, weil er sich mehr für die Krampfadern eines jugendlichen Filmstars (Kir: 60) interessiert hat, als für die Herzprobleme seiner Mutter. Obwohl sie ihm die Wohnung aufräumt, hat er sie seit zwei Jahren nicht mehr gesehen. (Kir: 64) Das einzige, was Baby für sie tut, ist ihr den Rat zu geben, sie solle wegen ihres Herzen zu einem guten Arzt gehen:

> "FRAU SCHIMMERLOS. [..] Ich kenn ja kein gscheiden! [..] Tausendmal hat er mir scho versprochen, daß er mich einmal anmeldt bei einem gscheiden Professor, mit meinem Herz. Er kennt ja an jeden, der berühmt is. Aber sei eigene Mutter, die is ihm ja nicht amal ein Telefonat wert." (Kir: 67)

---

32 Etwa in der Rolle der 'Unna' in Doris Dörries 'Bin ich schön?' (D, 1998).
33 Schneider, Norbert: Das Fernsehen – ein Mythenproduzent. In: Hickethier, Knut (Hg.): Fernsehen. Wahrnehmungswelt, Programminstitution und Marktkonkurrenz. Frankfurt 1992, S. 118.

Zwar kein Telephonat - aber einen (verhängnisvollen) Videorekorder zu Weihnachten. Dieses Gerät ermöglicht es, Fernsehbilder dauerhaft zu speichern, und verleiht ihnen dadurch einen scheinbaren Wert, den sie nicht wirklich besitzen, denn sie zeigen (auch bei einer korrekten Programmierung) nichts bzw. nur informelles Rauschen. Die Sterbeszene von Babys Mutter kann dabei als eine präzise Umsetzung des ganzen Bedeutungsspektrums, das unter dem Begriff 'noise' versammelt ist, gelesen werden. Einerseits wird Frau Schimmerlos mit verschiedenen Formen von 'Krach' konfrontiert:

> "*Ein Flugzeug donnert über das Haus. Der Papagei schreit.* [..] *Das enervierende Rauschen [des Fernsehers] dauert an. Der Papagei schreit.*" (Kir: 91 f.)

Der Lärm bewirkt noch eine Steigerung des Streßes, dem sie als unerfahrene Mediennutzerin bei dem Versuch (zumal unter Zeitdruck) einen Videorekorder anzuschließen, ausgesetzt ist. Sobald sie das Antennenkabel aus dem Fernseher zieht, erzeugt dieser akustische und visuelle Signaturen, die sowohl im alltäglichen als auch im medientheoretischen Sprachgebrauch nur noch als Rauschen bezeichnet werden: Frau Schimmerlos zieht

> "*die Antenne aus dem Fernseher. Da verschwinden Bild und Ton, und man sieht nur noch wirres Schneetreiben auf dem Schirm und hört lautes Rauschen.*
> *FRAU SCHIMMERLOS verzweifelt.* Jetzt is alles hin! *Sie rennt zum Telefon und wählt hastig eine Nummer.*" (Kir: 90 f.)

Satt sich den Medientechnologien zu entziehen, steigert Babys Mutter das Streßpotential noch, indem sie zusätzlich das Telephon benutzt, um lediglich akustisch mit weiteren ihr unverständlichen Erklärungen des Geräts konfrontiert zu werden; und diese letzte Steigerung des Geräusch- und Rauschpegels führt wohl auch zu der tödlichen Überhitzung in Form des Herzinfarktes. Hier zeigt sich das dritte Bedeutungsspektrum von 'noise', nämlich die sinnfreie Kommunikation, wie es die Tastenbezeichnungen für Frau Schimmerlos sind:

> "Ich hab jetzt überall drückt, wos nur geht ... Power hab ich druckt, Kassetten ist drin, 'on' hab ich druckt, 'record' hab ich druckt, und laufen tut er auch der Video [..]." (Kir: 92 f.)

Indem sie alle Tasten am Apparat bedient, erzeugt sie selbst den informations-theoretischen Zustand, der mit Rauschen bezeichnet werden muß, weil er nur Gleichwahrscheinlichkeiten statt Unwahrscheinlichkeit erzeugt.[34] Diese maschinelle Struktur wird aber kulturkritisch ins Medium des Fernsehers rückprojiziert; denn es wird deutlich gemacht, daß das,

---
[34] Vgl. Kittler, Friedrich: Signal-Rausch-Abstand. (1988) In: Kittler (1993): S. 164 f.

was hier live übertragen wird, selbst nur Rauschen ist - nämlich ein Fest, dessen Grund niemand kennt:

> "*Wohnzimmer Schimmerlos. Vor dem Fernsehapparat liegt die tote Frau Schimmerlos. Aus dem Fernsehapparat hört man die Stimme der Reporterin.*
> REPORTERIN. ... weltstädtische Eleganz, Schönheit, Wissen und Witz, gesellschaftliches Prestige, politische Macht und finanzielle ... äh ... Power vereinigen sich in klassizistischem Dekor geradezu zu einem gigantischen Pantheon des Savoir-vivre und Laissez-faire in kultivierter Konversation und einzigartiger Atmosphäre [..]. Bleiben Sie dran, bleiben Sie noch auf mit uns, feiern Sie mit, zu Hause an den Bildschirmen!" (Kir: 94)

Enzensbergers buddhistische Maschine ist hier in den sinnentleerten Sprechakten der Reporterin eindrücklich zur Darstellung gebracht. Im Nullmedium Fernsehen[35] wird nichts anderes (mehr) kommuniziert als der evidente Sachverhalt, daß kommuniziert wird. Nach Luhmann kommt eine solche Sprechweise vor allem zustande, weil unter massenmedialen Bedingungen der Zwang zur Kommunikation besteht, auch wenn nichts zu sagen ist:

> "Man kommuniziert 'we are communicating', während es paradox wäre zu kommunizieren: 'we are not communicating'."[36]

Wenn aber die Differenz zwischen 'Kommunikation' vs. 'Nicht-Kommunikation' im System der Massenmedien gelöscht ist, fallen diese beiden Zustände in eins. Interessanterweise ist es einzig der Papagei, der hier einen 'echten' Kommunikationsakt vollzieht.[37] Sein "Bubi-Bubi, Baby-Baby" (Kir: 88) differenziert zwei klar definierbare Zustände: die Anwesenheit im Gegensatz zur Abwesenheit von Baby Schimmerlos auf dem Fernsehbildschirm. Und weil der Papagei nicht ständig zu kommunizieren gezwungen ist, macht seine Unterscheidung einen wirklichen Unterschied. Dagegen ist es innerhalb der Massenmedien nicht mehr möglich, Unterschiede zwischen Kommunikation und Nicht-Kommunikation zu machen, wodurch der notwendige Hintergrund, vor dem sich Informationen erst abheben können, abhanden kommt:

> "Distinkte Aussagen brauchen Hintergrundrauschen. [..] Die heutige digitale Aufzeichnungstechnik ist frei von allen Nebengeräuschen. Lautlos ist sie aber nicht. Der Noise ist gewissermaßen ins System selbst hineingewandert."[38]

---

[35] Vgl. Enzensberger, Hans Magnus: Das Nullmedium. In: Der Spiegel (20) 1988, S. 234 ff.
[36] Luhmann (1996): S. 39. (FN: 9)
[37] Vgl. die Angst Jonathan Noels vor der Taube, deren Anwesenheit als beängstigende Botschaft gedeutet wird und deren tote Augen wie das Objektiv einer Kamera beschrieben werden. (Tau: 15)
[38] Hörisch (1999): S. 211.

Mit dem Drehbuch von 'Kir Royal' läßt sich der Zeitpukt, an dem die Ubiquität des Noise als Systemimmanenz beobachtbar wird, noch vor die Umstellung von analogen auf digitale Medien datieren; denn schon hier werden die Folgen einer entfesselten Fernsehkommunikation skizziert, die sich totaler Entropie annähert.[39] Allerdings wird in 'Kir Royal' noch die Differenz zwischen 'analog' vs. 'digital' aufrechterhalten, da die Fernsehserie das visuelle Ergebnis eines Produktionsprozesses ist, dessen Grundlage ein Drehbuch war:

> "Das Problem des Verhältnisses von 'Vorlage' und 'Film' ist [..] ein semiotisches. Der Kode der 'Vorschrift' ist digital, der des bewegten Bildes von der Wahrnehmung her analog. Anders ist dies bei heutigen [1991] Bildschirmprodukten, die mit Hilfe der Digitaltechnik hergestellt werden. Hier ist die 'Vorschrift' (das 'Programm') [..] das Produkt selber [..]."[40]

Dies gilt aber nur auf der Wahrnehmungsseite, denn in beiden Fällen werden Differenzen in inneren bzw. äußeren Projektionen gelöscht, obwohl die Verschlußklappe des Filmprojektors das Schwarz des Zelluloids zwischen den Einzelbildern tatsächlich zum Verschwinden bringt, während die binäre Schwarz-Weiß-Opposition der Schrift nur aus dem Bereich bewußter Wahrnehmung verbannt wurde. Kittlers 'Aufschreibesystem 1800' hat diesen Mechanismus einer Alphabetisierungs- und Lautierungsmaschinerie ausführlich beschrieben.[41] Sie zielt darauf ab, die Differenzialität und Materialität der Schrift in der inneren Projektion zu löschen. Sowohl für die Schrift des Drehbuchs wie auch für dessen Verfilmung gilt also das Paradox:

> "Unerläßliche Differenzen, damit eine Illusion der Kontinuität [..] kreiert werden kann. Aber nur unter der Bedingung: sie [die Differenzen] müssen als solche ausgelöscht sein."[42]

Damit bleibt aber auch das Differenz-Verhältnis zwischen der schriftlichen Vorlage und den äußeren Projektionen des Films problematisch; womit schon in 'Kir Royal' ein Thema eingeführt wird, das in 'Rossini' seine ganze Wirksamkeit entfalten wird: Ebenfalls in der gerade analysierten Folge mit dem Titel 'Muttertag' (Kir: 56 ff.) will der Regisseur der fiktiven Fernsehserie 'Düsseldorf' bei den von Baby ausspionierten Dreharbeiten in Anlehnung an Babys Klatschspalte ein abstruse Sexszene in die

---

[39] Vgl. Flusser (1996): S. 20 ff.
[40] Schanze, Helmut: Geschriebene Bilder. In: Hickethier, Knut / Zielinski, Siegfried (Hgg.): Medien/Kultur. Berlin 1991, S. 288.
[41] Vgl. Kittler (1995): S. 37 ff.
[42] Baudry, Jean-Louis: Cinéma. In: Eikon (5) 1993, S. 39. (Übersetzung: Zielinski, Siegfried)

Serie einbauen, wobei sich aber die Hauptdarstellerin vehement gegen diese spontane Veränderung des Drehbuchs wehrt. (Kir: 73) Die Ursache für ihren Widerstand liegt allerdings weniger in einem ausgeprägten Schamgefühl als in der Befürchtung, daß ihre Schwangerschaft entdeckt werden könnte.

Wie Schneewittchen feststellen wird, ist im Film zwar "alles möglich" (Ros: 131), aber mit der aus produktionstechnischen Gründen geplanten Abtreibung (Kir: 75) ist die Grenze dessen erreicht, was sich der Medienöffentlichkeit noch verkaufen läßt. Somit läßt der Artikel, mit dem Fannys Schwangerschaft bekannt wird, also nicht nur die Millionenserie platzen, sondern macht Fanny Kessler zur Mutter, einfach weil sie jetzt nicht mehr abtreiben kann. Aus dieser Perspektive läßt sich erst die subtile Perfidie würdigen, die der Titel der Folge ('Muttertag') in sich birgt: Auf der einen Seite steht die erzwungene Mutterschaft, auf der anderen Seite der Tod von Babys Mutter. Beide Fälle machen klar, daß paradoxerweise der Tod das einzige Ereignis ist, durch das sich das entropische Rauschen der Kanäle unterbrechen ließe; weil hier das Rauschen selbst zur Darstellung käme. Dieser 'noise' ist allerdings nicht mehr integrierbar:

BABY. D'Mutter is ... tot ...
Er kann nicht mehr weiterreden, setzt sich auf eine Stufe und beginnt zu schluchzen. Der Ministerpräsident hört das Geräusch hinter sich und dreht sich kurz um.
REPORTERIN. Pscht!" (Kir: 95 f.)

VI. Rossini

Es gehört zu den wenig beachteten Tatsachen, daß die Produktionsabläufe im Bereich praktisch sämtlicher AV-Medien auf das Medium Schrift angewiesen sind.[1] Die Gattung, die auf diese Notwendigkeit zur linearen, schriftlichen Fixierung reagiert, ist das Drehbuch. Patrick Süskind ist als Autor sehr erfolgreicher Drehbücher ('Kir Royal'; 'Monaco Franze'; 'Rossini') wie auch als Verfasser des Romans 'Das Parfum' bekannt geworden. Diese Stellung zwischen dem alten Medium Literatur und dem (nicht mehr ganz so) 'neuen Medium' Film eröffnet die Möglichkeit, die Interdependenzen von AV-Medien und Schrift-Medien anhand der Texte eines Autors zu untersuchen. Süskind nimmt eine ungeklärte Stellung in der deutschsprachigen Literatur des 20. Jahrhunderts ein, denn er gilt als "Grenzgänger zwischen E- und U-Literatur".[2] Insbesondere aber seine Drehbücher, zu denen (fast) noch keine wissenschaftlichen Analysen vorliegen, werden Süskind als Ausflüge ins triviale Unterhaltungsgenre zur Last gelegt: Mit dem Regisseur Helmut Dietl hat Süskind

> "die Drehbücher für zwei erfolgreiche Fernseh-Serien, *Kir Royal* und *Monaco Franze*, geschrieben [..]. Eine neue Reihe, deren Titel noch unbekannt ist, wird dem Vernehmen nach gerade (Frühjahr 1996[3]) vorbereitet. Im Gegensatz zu vielen anderen zeitgenössischen Autoren scheut Süskind also auch vor trivialeren Themen nicht zurück, sondern sammelt augenscheinlich im Umgang mit den populären Medien Erfahrungen für die Komposition und Dramaturgie seiner literarischen Werke."[4]

Im folgenden soll das Drehbuch 'Rossini' als eigenständige literarische Produktion untersucht werden. Dabei soll einerseits der Text im Rahmen der Gattungs-Bedingungen in den Blick kommen, andererseits werden die Strategien indirekter, medial vermittelter Wahrnehmung analysiert, die das Drehbuch schriftlich (und der Film audiovisuell) abbildet.

---

[1] Vgl. Eichhorn, Dieter R.: Warum sich bei einer AV-Produktion alles ums Drehbuch dreht. Tiefenbronn 1987.
[2] Franke (1992): S. A.
[3] Es handelt sich offenbar um 'Rossini', das wohl gerüchteweise fälschlich als Fernsehserie gehandelt wurde.
[4] Frizen (1996): S. 10 f.

1. Produktion

Der Begriff 'Drehbuch' wird hier im folgenden synonym zum Fachterminus 'Rohdrehbuch' verwendet - als ein dialogisch / szenisch strukturierter Text, der die schriftliche Grundlage einer reproduzierbaren, multimedialen Realisation bildet, welcher er zeitlich und logisch vorgängig ist. Diese Definition kommt auch dem Alltagsverständnis des Begriffs sehr nahe. Andererseits muß 'Drehbuch' aber gegenüber verwandten Ausdrücken abgegrenzt werden: erstens gegenüber dem kürzeren 'Treatment' bzw. 'Exposé', in denen eine Handlungsidee in ihren Grundzügen in Prosa skizziert wird; zweitens gegenüber dem 'Produktionsdrehbuch' / 'Regiebuch', das mit exakten technischen Daten für den Prozeß der Herstellung versehen ist; und drittens gegenüber dem 'Filmtranskript' bzw. 'post-shooting-script', das erst nach der Realisation des Films als 'Verschriftlichung' des Endproduktes entsteht. Schaudig definiert

> "das Drehbuch (auch: Rohdrehbuch) als Grundlage der Produktionsentscheidung seitens des Filmproduzenten und / oder Verleihers, mit exakt ausformulierter Handlungsführung [..] und komplett integriertem Dialog; das Drehbuch enthält zudem bereits eine intentional vorformulierte Deskription von Architekturräumen (dem jeweiligen 'Set'), Kamerastrategie und Montage [..]."[5]

Im Gegensatz zu seinem historischen Vorbild, dem dramatischen Text, der sich zwar als Theaterstück auf der Bühne aktualisiert, aber auch als schriftliches Erzeugnis in eigenständiger Form wahrgenommen und gelesen wird, sind Drehbücher wie Drehbuchautoren im Bewußtsein der Rezipierenden nahezu inexistent. Trotzdem sind sich die Textsorten 'Drama' und 'Drehbuch' im Definitorischen sehr ähnlich:

> "Als theatralischen Genotext-Diskurs definieren wir einen teils literarischen, teils mimischen, teils szenischen multimedialen Diskurs. Die konkrete Realisation dieses Diskurses, die *Inszenierung*, war ursprünglich jeweils einmalig-individuell, läßt sich heute aber technisch reproduzieren [..]."[6]

Diese Definition von Jürgen Link hat den Vorteil, daß sie deutlich auf die (verschüttete) Traditionslinie des Theaters verweist und damit implizit auch auf die Möglichkeiten hinweist, wie ein Umgang mit szenischen und dialogischen Texten (im Bereich technischer Reproduzierbarkeit) aussehen könnte. Weil das Differenzkriterium dieser Definition in der (theatralischen / filmischen) Realisierung liegt und damit außerhalb des Textes, ist

---

5   Schaudig, Michael: Zum Textstatus von 'Filmtexten'. In: Alexander Schwarz (Hg.): Das Drehbuch. Geschichte, Theorie, Praxis. München 1992, S. 12.
6   Link, Jürgen: Literaturwissenschaftliche Grundbegriffe. München 1979², S. 311.

es prinzipiell möglich, Drama und Drehbuch als theatralischen Diskurs gleich zu behandeln.

Daß dramatische Texte tatsächlich als Drehbücher für reproduzierbare Inszenierungen nutzbar sind, zeigen unzählige kammerspielartige 'Abfilmungen' von Bühnengeschehen,[7] wie die filmische Umsetzung von Dramentexten wie 'Die Katze auf dem heißen Blechdach',[8] 'Wer hat Angst vor Virginia Wolf?',[9] 'Rosenkranz und Güldenstern',[10] oder 'Cyrano von Bergerac'.[11] Der Unterschied liegt darin, daß innerhalb des Theaterdispositivs (als einem Teil der Gutenberg-Galaxis) die jeweiligen Autoren als Urheber des Stückes gelten und daher z.B. 'Macbeth' von William Shakespeare auf dem Spielplan angekündigt wird, während beim Film eher der Regisseur namensgebend wird und daher der Titel 'Polanskis Macbeth'[12] auf dem Filmplakat zu lesen ist. In der Tatsache, daß Dramentexte erst nach einer Überarbeitung verfilmt werden, liegt dagegen gerade keine Differenz, sondern im Gegenteil eine Ähnlichkeit zum Theater, denn auch dort werden die Texte verändert und in der Version des Regisseurs bzw. Dramaturgen inszeniert.[13] Hier entsteht eine personelle Unschärfe, was die inszenatorische Verantwortung betrifft; der hybride Ursprung theatralischer Ereignisse changiert zwischen Originaltext, Bearbeitung und Umsetzung, wodurch auch die Autorschaft selbst zu einem dispositiven Effekt wird.

Diese Arbeitsteilung wird bei der Filmproduktion industriell weiter professionalisiert und erzeugt eine Trennung von Autorschaft, Finanzierung und Regie, die sich im Studiosystem durchsetzt. Diese kann aber ebenfalls dafür verantwortlich gemacht werden, daß Drehbücher die wohl am meisten unterschätzte literarische Gattung des 20. Jahrhunderts sind. Paradoxerweise wohl deshalb, weil im Unterschied zum Autorenfilm bei Studioproduktionen diejenigen Personen, die den Film herstellen, in kreativer Hinsicht vom Skript stark abhängig sind. Obwohl praktisch alle AV-Produktionen Drehbücher als Arbeitsgrundlage haben und diese daher

---

7   Zum Beispiel der berühmte Faust-Film mit Gustav Gründgens; 'Faust' (BRD, 1960) (R: Gorski, Peter)
8   'Die Katze auf dem heißen Blechdach.' (USA, 1958) (R: Brooks, Richard) / Williams, Tennessee: Cat on a Hot Tin Roof. Stuttgart 1997.
9   'Wer hat Angst vor Virginia Woolf?' (USA, 1965) (R: Nichlos, Mike) / Albee, Edward: Who's Afraid of Virginia Woolf? Stuttgart 2000.
10 'Rosenkranz & Güldenstern' (GB, 1990) (R: Stoppard, Tom) / Stoppard, Tom: Rosencrantz and Guildenstern are Dead. Stuttgart 1998.
11 'Cyrano von Bergerac' (F, 1990) (R: Rappeneau, Jean-Paul) / Rostand, Edmond: Cyrano von Bergerac. Stuttgart 1996.
12 'Macbeth' (GB, 1971) (R: Polanski, Roman)
13 Ein literarisches Beispiel wäre die Hamlet-Bearbeitung Wilhelm Meisters; vgl. Goethe, Johann Wolfgang von: Wilhelm Meisters Lehrjahre. In: HA, Bd. 7., S. 293 ff.

eine einflußreiche Form schriftlicher Kommunikation sind, wird diese Textsorte (und ihre Autoren) ignoriert oder gar als feindliches Gegenüber wahrgenommen:

> "Für die Studiobosse bilden Autoren, Kommunisten und Schwule ein gemeinsames Feindbild."[14]

So charakterisiert zumindest Horst Schäfer in einer Darstellung von 'The last tycoon' die untergeordnete Position von Autoren in der Hierarchie des Studiosystems von Hollywood, wobei der Film[15] aber gerade davon handelt, daß sich die Autoren gegen diese Geringschätzung und damit auch gegen den 'letzten Tycoon' erfolgreich zur Wehr setzen. Einerseits scheint diese (auch heute wohl geltende) Wertungshierarchie der verschiedenen Arbeitsschritte ein Produkt historischer Zufälligkeiten zu sein: so weist auch Schäfer auf die Ablösung des Starprinzips in Hollywood durch das Kino der Regisseure hin, das dann wiederum ab den siebziger Jahre durch ein Kino der Produzenten (wie Steven Spielberg) als Leitfiguren der Vermarktung ersetzt wurde.[16] Entsprechend diesen durchaus üblichen Verschiebungen gab es zum Beispiel auch im 20. Jahrhundert in den zehner und zwanziger Jahren in den deutschen Kinos zeitweilig eine Tendenz zum Kino der Autoren, innerhalb dessen die Filmgesellschaften mit den "Films berühmter Autoren"[17] warben und diese konsequenterweise auch photographisch auf den Plakaten zu sehen waren.[18] Andererseits scheint es aber kein Zufall zu sein, daß sich dieser Trend nicht weiter fortgesetzt hat. Sowohl ein System, das die Schauspielerinnen und Schauspieler in den Mittelpunkt rückt, als auch eines, in dem die zentrale Rolle denjenigen Personen zugesprochen wird, die den Film herstellen (also Regisseur oder Produzent) - beide Systeme haben gemeinsam, daß es der Film selbst ist, der als Endprodukt vermarktet wird. Die Gesichter der Stars oder die lenkende Hand des Regisseurs sind viel direkter mit dem Gezeigten zu verbinden, als die Produzenten der Vorlage, deren Arbeit für das Publikum des fertigen Films anwesend-abwesend ist.

Das Studiosystem hat versucht, die Kontingenz seiner cinematographischen Inszenierungen zu verschleiern, indem es die Existenz der Drehbücher nach außen ignoriert. Damit soll wohl das verkaufsstrategisch günstigere, monolithische Filmerlebnis geschützt werden. Und tatsächlich wird, abgesehen von den - anläßlich von Preisverleihungen der Filmbranche -

---

14 Schäfer, Horst: Film im Film. Frankfurt 1985, S. 56.
15 'The last tycoon' (USA, 1976) (R: Kazan, Elia) / Vgl. Fitzgerald, Scott F.: Der letzte Taikun. Zürich 1977.
16 Vgl. Schäfer (1985): S. 54 f.
17 Kasten, Jürgen: Film schreiben. Eine Geschichte des Drehbuchs. Wien 1990, S. 26.
18 Kasten (1990): S. 30 ff.

periodisch vorgebrachten Klagen über die Nichtbeachtung der Autoren, nicht einmal wahrgenommen, daß eine Ausblendung des Drehbuchs als schriftlicher Grundlage der AV-Medien stattfindet.[19] Es scheint fast so, als ob für dieses Genre der immer wieder verkündete Tod des Autors - der für den modernen Roman als Attitüde, auch von den Autoren selbst, ausgerufen wurde - hier nun tatsächlich stattgefunden habe.[20] Dies trifft um so mehr zu, als dieser Tod, diese Abwesenheit außer von den direkt Betroffenen von niemand bemerkt wird. Die Autoren der Filmvorlagen sind anwesend abwesend. Sie sind auch nicht anonym (dies könnte immerhin das Spiel der Lüftung eines Pseudonymrätsels hervorrufen), denn die Namen sind ja deutlich lesbar im Abspann der Filme zu sehen; wenn sie denn gelesen würden.[21]

Bezüglich der Autorschaft gibt es neben dem Normalfall der ignorierten Original-Drehbücher des Studiosystems aber auch einige Sonderformen: Denn zum ersten schreiben Regisseure, Produzenten oder auch Schauspieler selbst Drehbücher. Dieser Personalunion wird dann meist ein etwas gesteigertes Interesse entgegengebracht, wenngleich das Drehbuch selbst auch in dieser Konstellation kaum beachtet wird. Ähnliches gilt bei der Verfilmung von literarischen Vorlagen, denn auch hier ist für die Stellung des Drehbuchs anzumerken, daß es vollkommen uninteressant ist, wer die komplizierte Aufgabe geleistet hat, auf der Grundlage eines Romans einen leinwandtauglichen dramatischen Text zu schreiben.[22] Selbst in den wissenschaftlichen Analysen zum Thema 'Verfilmte Literatur' wird das Drehbuch selbst kaum fokussiert. Ein weiterer Sonderfall tritt ein, wenn ein aus dem Literaturbetrieb bekannter Autor direkt für die Filmvorlage kenntlich zeichnet. Dies kann erstens darin bestehen, daß ein dramatischer Text verfilmt wird. Zum zweiten, daß ein Autor selbst seinen literarischen Text zu einem Drehbuch umschreibt. Der dritte Fall besteht darin, daß ein Autor ein Originaldrehbuch verfaßt.

---

19   Eine ähnliche Situation ist auch im Bereich der neuen Medien zu beobachten: So ist die Figur der Lara Croft aus dem Computerspiel 'Tomb Raider' (Eidos, 1996 ff) in einem bisher unerreichten Ausmaß zum Star geworden; trotzdem kennt wohl kaum jemand (außerhalb der Branche) ihren Erfinder Toby Gard - ebensowenig wie die Autoren des Drehbuchs zum Film 'Tomb Raider' (USA, 2001).
20   Vgl. Jannidis, Fotis / u.a. (Hgg.): Texte zur Theorie der Autorschaft. Stuttgart 2000.
21   Wie unwichtig die Informationen des Abspanns sind, zeigt die in diesem Zusammenhang interessante Praxis der Privatsender, die den originalen Abspann durch ein kurz eingeblendetes Standbild ersetzen, auf dem nochmals die Namen des Regisseurs und der drei wichtigsten Hauptdarsteller zu sehen sind.
22   Nur eines aus einer schier unendlichen Vielzahl möglicher Beispiele: Andrew Birkin, Gérard Brach, Howard Franklin und Alain Godard haben gemeinsam das Drehbuch zur Verfilmung von Umberto Ecos 'Der Name der Rose' (BRD / I / F, 1985/86) (R: Annaud, Jean-Jacques) geschrieben.

Das Zusammentreffen zweier dieser Sonderfälle bei der Zusammenarbeit Patrick Süskinds mit Helmut Dietl für die Fernsehserien 'Monaco Franze' und 'Kir Royal' und den Kinofilm 'Rossini' ist wohl auch dafür verantwortlich, daß sich Verlage in allen drei Fällen entschieden haben, das Drehbuch und nicht ein 'Buch zum Film' als Merchandise-Produkt auf den Markt zu bringen. Das ermöglichte auch bei 'Rossini' die seltsame - da ungewohnte - Situation, daß der Kinofilm erst im Anschluß an die Lektüre des Textes gesehen und wie die Inszenierung eines Theaterstücks wahrgenommen werden konnte.

Die Folge dieser minimalen Verschiebung innerhalb der industriellen Produktionsmechanismen ist die vollständige Auflösung der monolithischen Struktur des Kinoerlebnisses. Die Kenntnis der Dramaturgie produziert distanzierende Interferenzen zwischen der Schrift und den Bildern. Der Film kommt als Produkt, in seiner inszenatorischen Beliebigkeit in das Blickfeld des Publikums und verliert einen Großteil seines illusionistischen Potentials. Gleichzeitig werden aber die Bilder und Töne auf ihren visuellen und auditiven Eigencharakter zurückgeworfen und treten somit in eine minimale Differenz zu sich selbst. Die Verdopplung der Lektüre als Text und Film nistet sich im Kinodispositiv wie ein Trennungsmechanismus zwischen der Leinwand und den Beobachtenden ein. Die Bilder werden durch die Verdopplung der Schrift als Spiel gleitender Zeichen sichtbar; ihr Funktionieren kann als ein Scheinen wahrgenommen werden.

Es wird beobachtbar, daß ihr Imaginationspotential auf der Löschung einer dreifachen Differenz beruht: Das Weiß zwischen den Graphemen des Drehbuchs wird durch den psychischen Apparat der Lesenden gelöscht, um die sekundäre Präsenz flüssiger Lektüre zu erzeugen. Das Schwarz des Zelluloids zwischen den Bildern wird von der technischen Apparatur des Filmprojektors gelöscht, um die mediale Präsenz flüssig bewegter Bilder zu erzeugen. Und drittens wird die Interferenz zwischen dem Schwarz der Grapheme und dem Strahlen der Leinwand als Funktionsweise des Medienverbunds beobachtbar. Der körperlose Schein des von der weißen Leinwand reflektierten Lichts, der nach Roland Barthes die mediale Grundlage für die mythologische Unangreifbarkeit des Star-Gesichts war, wird jetzt in seiner Materialität bestimmbar.[23] Damit ist es aber wertlos geworden, da es nicht mehr ein ursprungsloser Widerschein eines metaphysischen Prinzips in der platonischen Höhle des Kinos ist, sondern zentrierbar wird auf seine textuelle Gemachtheit, das Drehbuch.

---

[23] Vgl. Barthes, Roland: Das Gesicht der Garbo. In: Barthes (1964): S. 73 ff.

Da dieses aber den Gesetzmäßigkeiten der Schrift unterliegt, erfährt die mediale Auratisierung einen irreparablen Bruch.

Festzuhalten bleibt, daß die Veröffentlichung eines Drehbuchs eher den Sonder- als den Normalfall darstellt. Ausnahmen sind Literaten, die mittlerweile Klassikerstatus haben (wie Brecht, Döblin oder Nabokov[24]), und von denen in den jeweiligen Werkausgaben einige Drehbucharbeiten zugänglich sind (aber auch dort eher beiläufig behandelt werden[25]). Ebenfalls wurden in einigen Fällen die Textvorlage von Filmen veröffentlicht (insbesondere des Autorenfilms der siebziger Jahre), wie etwa Drehbücher Handkes, Kunzes, Kluges, Fassbinders, Plenzdorfs oder auch Fellinis.[26] In der Textausgabe von Fellinis 'La dolce vita'[27] zitiert der Diogenes Verlag im Klappentext folgendes Lob von Christian Ferber, das für eine nachträgliche Bewertung der zeitgenössischen Wahrnehmung veröffentlichter Drehbücher besonders interessant ist:

" 'Für den Bereich der Literatur geschieht mit diesem Abdruck etwas Neues, bisher Einmaliges. Die Serie des Fellini-Werkes hat vorerst keine vergleichbare Parallele - sowenig, wie Fellini selber eine hat.' *Christian Ferber in 'Die Welt'* "[28]

Im Laufe der letzten Jahre scheint sich nun aber der Trend abzuzeichnen, daß bei den sekundären Buchproduktionen der Anteil der Drehbücher gegenüber dem 'Roman zum Film' steigt. Dies mag auch daran liegen, daß mittlerweile nahezu alle größeren Produktionen gezwungen sind, Merchandise-Artikel anzubieten. In diesem Zusammenhang stellen Drehbücher eine unaufwendige Alternative dar, müssen sie doch nur noch

---

[24] Brecht, Bertold: Texte für Filme I. Drehbücher, Protokoll 'Kuhle Wampe'. Hgg. von: Gersch, Wolfgang / Hecht, Werner. In: Bertold Brecht: Gesammelte Werke. Werkausgabe in 20 Bänden. Supplementband. Frankfurt 1969. / Döblin, Alfred: Drama - Hörspiel - Film. Hgg. von: Kleinschmidt, Erich. In: Alfred Döblin. Ausgewählte Werke in Einzelbänden. Band 20. Hgg. von: Riley, Anthony W. Freiburg 1983. / Nabokov, Vladimir: Lolita. Ein Drehbuch. In: Vladimir Nabokov. Gesammelte Werke. Band XV2. Hgg. von: Zimmer, Dieter E. Reinbek 1999.

[25] Schon lange angekündigt, aber immer noch nicht erschienen ist: Hofmannsthal, Hugo von: Ballette - Pantomimen - Filmszenarien. In: Hugo von Hofmannsthal: Sämtliche Werke. Kritische Ausgabe. Hgg. von: Hirsch, Rudolf. Band 27. Frankfurt 1976 ff.

[26] Handke, Peter: Falsche Bewegung. Frankfurt 1975. / Wenders, Wim / Handke, Peter: Der Himmel ueber Berlin. Ein Filmbuch. Frankfurt 1987. / Kunze, Reiner: Der Film Die wunderbaren Jahre. Lesefassung des Drehbuchs. Frankfurt 1979. / Kluge, Alexander: Die Patriotin. Frankfurt 1979. / Fassbinder, Rainer Werner: Die Kinofilme. 1. Der Stadtstreicher. Das kleine Chaos. [u.a.] Hgg. von: Töteberg, Michael. München 1987. / Plenzdorf, Ulrich: Filme. Frankfurt 1990. (Rostock 1986 / 1988) / Fellini, Federico: Werkausgabe der Drehbücher und Schriften. Hgg. von: Strich, Christian. Zürich 1974 ff.

[27] Fellini, Federico: Das süße Leben. (La dolce vita) Zürich 1974.

[28] Ferber, Christian (In: Die Welt). Zitiert nach: Fellini (1974): Klappentext.

gedruckt und nicht erst geschrieben werden. Eine weitere Ursache könnte die (auch durch den online-Buchhandel) fortschreitende Amerikanisierung des Marktes sein, durch die sich mit den verbesserten Zugriffsmöglichkeiten auf die Original-Skripte das Bewußtsein für diese Textsorte insgesamt geschärft hat. Die auf dem deutschen Markt veröffentlichten Drehbücher umfassen die gesamte Spannbreite des internationalen Marktes, vom Hollywood-Film[29] über europäische Produktionen[30] bis zu den Textvorlagen deutscher Filme[31], und auch im Niveau wird die gesamte Spannbreite des Kinos abgedeckt.[32] Ebenso variieren die Verhältnisse der Autorschaft in allen denkbaren Kombinationen, vom drehbuchschreibenden Regisseur wie Tom Tykwer[33] oder Literaten wie Uwe Timm;[34] über Kooperationen von Literat und professionellem Drehbuchautor wie bei Manila;[35] oder Kooperationen aus Literat und Regisseur wie bei Sonnenallee[36] wobei relativ häufig solche kooperativen Schreibweisen beobachtet werden können. Auch das Drehbuch 'Rossini oder die mörderische Frage, wer mit wem schlief' ist das Ergebnis einer Zusammenarbeit von Regisseur Helmut Dietl und Literat Patrick Süskind. Es wurde 1997 im Diogenes Verlag veröffentlicht und konnte daher zeitgleich zum Start des Films in den bundesdeutschen Kinos als Buch zum Film verkauft werden. Der zusätzliche erläuternde Untertitel des gesamten Buches lautet:

> "Vollständiges Drehbuch mit zahlreichen Fotos aus dem Film, mit einem Essay von Patrick Süskind sowie einem Gespräch zwischen Hellmuth Karasek und Helmut Dietl." (Ros: 3)

Außerdem wurden noch die Schlußtitel mitabgedruckt, d.h. der Stab, die Besetzung, die beteiligten Filmförderungsanstalten und einige technische

---

[29] Etwa: Tarantino, Quentin: Pulp Fiction. Reinbek 1994. / Niccol, Andrew: Die Truman Show. Das Drehbuch. Frankfurt 1998. / Bass, Ron / Hicks, Scott: Schnee, der auf Zedern fällt. Drehbuch nach dem Roman von David Guterson. München 2000. / Minghella, Anthony: Der talentierte Mr. Ripley. Zürich 2000.
[30] Benigni, Roberto / Cerami, Vincenzo: Das Leben ist schön. Frankfurt 1998. / Greenaway, Peter: Der Koch, der Dieb, seine Frau und ihr Liebhaber. Drehbuch. Zürich 1989. / Bergmann, Ingmar: Fanny und Alexander. Roman in sieben Bildern. München 1983.
[31] Dietl, Helmut: Schtonk. Zürich 1991. / Dietl, Helmut / Mueller, Christoph: Late Show. München 1999.
[32] *Von*: Waalkes, Otto / Eilert, Bernd / Bergmann, Michel: Otto. Der Katastrofenfilm. Zürich 2000. / Irving, John: Gottes Werk und Teufels Beitrag. Zürich 2000. / Pfannenschmidt, Christian: Marlene. Hamburg 2000. *Bis*: Allen, Woody: Zelig. Zürich 1983. / Jelinek, Elfriede: Malina. Nach einem Roman von Ingeborg Bachmann. Frankfurt 1991. / Strittmatter, Thomas: Viehjud Levi. Zürich 2000.
[33] Tykwer, Tom: Lola rennt. Reinbek 1998.
[34] Timm, Uwe: Eine handvoll Gras. Köln 2000.
[35] Kirchhoff, Bodo / Karmakar, Romuald: Manila. Das Filmbuch. Frankfurt 2000.
[36] Haußmann, Leander / Brussig, Thomas: Sonnenallee. Berlin 1999.

Daten wurden aufgelistet. Das Interview Karasek / Dietl ist vor allem deshalb interessant, weil schon in seinem Titel die Überschreitung der Genregrenzen zum bestimmenden Merkmal des Films erhoben wird, denn die Leitfrage des Gesprächs lautet: "Was ist eine Melodramödie?"[37] Passend dazu trägt der Essay von Patrick Süskind den Titel: " 'Film ist Krieg, mein Freund!' Über einige Schwierigkeiten beim Drehbuchschreiben."

Hier wird, ganz im Gegensatz zu den sehr spärlichen Informationen, die zu den Herstellungsprozessen der übrigen Texte Patrick Süskinds (gesichert) vorliegen, die Entstehung von 'Rossini' geradezu ausführlichst dokumentiert. Dies ist umso ungewöhnlicher, als es sich ja eben um ein Drehbuch handelt; wobei davon ausgegangen werden müßte, daß die Indifferenz, mit der die Textsorte behandelt wird, noch eher für deren Entstehung gilt. Interessanterweise stehen aber einer desinteressierten Rezeption von 'fertigen' Drehbüchern hohe Aufmerksamkeitswerte gegenüber, was die Produktionsseite von Filmvorlagen betrifft. Ein kurzer Test kann dies leicht belegen - mit der Eingabe des Stichworts 'Drehbuch' in die Suchmaschine einer beliebigen größeren Bibliothek läßt sich sofort eine Unmenge von Büchern ermitteln, die angeblich in das Geheimnis erfolgreicher Skripte einweihen; schon geschriebene Drehbücher sind dagegen kaum zu finden. Weil aber gute Drehbücher im professionellen Bereich tatsächlich gesucht und DrehbuchautorInnen gefragt sind,[38] ist das Interesse an den Techniken des Drehbuchschreibens wohlbegründet. Zumindest geht auch der Diogenes Verlag offensichtlich davon aus, daß es für viele reizvoll sein könnte, zu erfahren, wie zwei der erfolgreichsten deutschen Drehbuchautoren bei der Produktion eines Textes vorgehen.

Dieser Aufgabenstellung kommt Süskinds Essay didaktisch entgegen, wenn mit der Geste der langjährigen Erfahrung vorschnelle Erwartungen gedämpft werden. Die Herstellung eines Drehbuchs wie 'Rossini' wird als äußerst mühevoller Produktionsprozeß geschildert: Schon die zeitliche Dauer des gesamten Projekts muß mit viereinhalb Jahren eher abschreckend wirken - so viel Zeit verging zwischen der Aufforderung "mal wieder was zusammen [zu] machen" (Dreh: 202), die im Sommer 1992 ausgesprochen wurde, und der Uraufführung des Films mit gleichzeitiger Ver-

---

[37] Karasek, Hellmuth / Dietl, Helmut: Was ist eine Melodramödie? In: Dietl, Helmut / Süskind, Patrick: Rossini oder die mörderische Frage, wer mit wem schlief. Zürich 1997, S. 275 ff.

[38] Vgl. Festenberg, Nikolaus von: Viele Jäger, arme Hasen. Soaps, Doku-Dramen, TV-Movies - die Erzählmaschine Fernsehen verlangt ständig nach neuen Stoffen. In: Der Spiegel (48) 1998, S. 244 f. / Vgl. Petersen, Kathrin: Am Anfang war die Soap. Drehbuchautor Markus Stromiedel kann nicht über Auftragsmangel klagen. In: Insight (2) 2001, S. 38 ff.

öffentlichung des Drehbuchs im Januar 1997. Aber auch wenn ein engerer Rahmen gezogen wird - etwa von der ersten Arbeitssitzung am "2. November 1992" (Dreh: 202) und der Fertigstellung der Drehbuchfassung Nr. 8 mit dem Datum "November 1995" (Dreh: 203) - beläuft sich die reine Schreibdauer noch immer auf ganze drei Jahre. Während dieser Zeit wurden von Patrick Süskind und Helmut Dietl aber nicht mit gleichbleibender Intensität Handlungsskizzen entworfen, sondern das Drehbuch (und der Film) haben einen sich verändernden Produktionsprozeß durchlaufen, den Süskind in unterschiedliche Stadien aufteilt: Erstens die Planungsphase; zweitens das tatsächliche Schreiben des Textes; drittens die Dreharbeiten (mitsamt ihren Vorbereitungen); viertens der Schnitt des hergestellten Materials und fünftens die Herstellung der Sekundärprodukte, wie des vorliegenden Drehbuchs.[39]

Als erstes kommt die "euphorische Phase, in der einem kein Vorbild zu groß, keine Idee zu extravagant und kein Anspruch zu vermessen erscheint [..]." (Dreh: 207) Sie ist durch die Abwesenheit jeglicher Selbstzweifel gekennzeichnet und als Durchgang im Prozeß der Ideenfindung auch notwendig, wenngleich zum Scheitern verurteilt: Süskind schildert diesen Punkt mit viel Selbstironie als eine einsichtige Abkehr von allen Versuchen, sich als Genie zu inszenieren. Auslöser der Reue ist die Einnahme eines Aperitifs à la Buñuel, der allerdings nicht den erhofften Inspirationsschub bewirkt, sondern lediglich eine "schlagartig einsetzende depressive Benommenheit verbunden mit einer Lähmung der Oberschenkelmuskulatur [..]." (Dreh: 208)[40] Weil dieser Herangehensweise kein Erfolg beschieden ist, wird das Hoffen auf den schnellen Wurf abgelöst von kontinuierlicher Arbeit; eine

> "von zäher Ausdauer geprägte Phase: Von elf Uhr vormittags bis sechs Uhr abends sitzen wir uns Tag für Tag am Schreibtisch gegenüber, trinken statt Martini Tee, denken uns Figuren aus, stellen Verbindungen zwischen ihnen her, erfinden Szenen, verknüpfen sie [.] und so geschieht es auf eine beinahe automatische Weise, daß im Verlauf von ein paar Wochen ein hübsches Päckchen von, sagen wir, dreißig, vierzig Seiten heranwächst." (Dreh: 209)

Innerhalb dieser uneuphorischen Hauptphase unterscheidet Süskind nochmals zwei Phasen; nämlich die Zeit vor und nach der Lösung des zentralen dramaturgischen Problems. Im speziellen Fall von 'Rossini' bestand die Schwierigkeit darin, die Konzeption des 'Gruppenfilms' so durch- und umzusetzen, daß keine der Figuren zu dominant würde. Erst

---

[39] Unter diesem Punkt sind auch die Interviews, die Werbe- und PR-Maßnahmen zu rechnen.
[40] "[..] am 19.11.1992 um 18.30 Uhr [..]" (Dreh: 208)

"nach anderthalb Jahren" (Ros: 230), also ziemlich genau nach der Hälfte der zweiten Phase (etwa Mai 1994), sind die Autoren auf die Lösung gestoßen, das kollektive Handlungssubjekt 'Stammgäste' in Form eines pluralen Sprechens zu Beginn des Films unmißverständlich zu präsentieren. Erst auf dieser Grundlage aufbauend, konnte dann ein klares dramaturgisches Gerüst des Films entwickelt werden. Süskind benennt dessen vier Teile: "1. Das kurze Vorspiel" (Dreh: 240); erstreckt sich von der ersten Einstellung "*Restaurant 'Rossini'. Innen. Nacht.*" (Ros: 9) bis zum Abgang des Wirts Paolo Rossini, während Oskar Reiter noch für Valerie Geige spielt:

> "Rossini verläßt in Mantel und Hut sein Lokal und geht über die Straße nach Hause." (Ros: 20)

Bis zu dieser Stelle wurden tatsächlich noch kaum einzelne Konflikte angelegt, sondern - auch durch den Schauplatz des Lokals bedingt - nur öffentliche, kollektive Handlungen der Stammgäste gezeigt, die für sich noch wenig Sinn ergeben. Indem der Wirt das Lokal verläßt, endet der 'offizielle' Teil des ersten Abends und es beginnt eine Sequenz kürzerer Einzelszenen:

"2. Der längere, eigentliche Einführungsteil" (Dreh: 240) spielt in der Zeit zwischen dem Ende des ersten Abends und dem Beginn des zweiten. In dieser Zwischenzeit werden diverse Konfliktlagen einführend beschrieben, die dann am zweiten Abend die Beziehungen zwischen den verschiedenen Figuren beherrschen werden. Auch die mißglückte Liebesnacht zwischen Charlotte und Uhu folgt dieser Logik der Schürzung des dramatischen Knotens und ist daher zum zweiten Akt zu rechnen, welcher seinen sehr prägnanten Abschluß in folgenden Sätzen findet:

> "   *Zillie* (leise dann immer lauter): [..] Ja... Schneewittchen... du bist die Schönste im Land... Ich bin nicht so schön wie du... Aber ich bin eine große Schauspielerin! Eine ganz große! Und ich kann alles spielen. Alles!
> *Schneewittchen*: Aber nicht die Loreley." (Ros: 46)

3. Mit diesem Schlüsselbegriff ist das 'obskure Objekt der Begierde' genannt, um das sich am nun folgenden Abend alles drehen wird und das den Film beherrscht. Mit dem Auftritt der Banker beginnt der Reigen der Anwärter und Nutznießer des erwarteten Filmprojekts, die nach und nach im Lokal eintreffen. Die so entstehenden theatralischen Kämpfe zwischen den Haupt- und Nebenfiguren um eine Rolle in der 'Loreley'-Verfilmung machen das zentrale Handlungsmotiv des Films 'Rossini' aus. Den vorläufigen Schlußpunkt dieser nächtlichen Turbulenzen bildet die frühmorgendliche Versöhnungsszene zwischen Fanny und Uhu, unterlegt von den

Versen Kriegnitz', die die Schlußworte zu sprechen scheinen. Dann aber folgt eine zweite Schlußszene, die in ihrer unauffälligen Abgründigkeit nicht zu unterschätzen ist:

"4. Eine kleine Coda, formal den Bogen zum Vorspiel spannend, die andeutet, daß das Gesehene nur ein Ausschnitt darstellt, nur eine Geschichte unter vielen anderen Geschichten, die hätten erzählt werden können, oder die sich noch ereignen werden." (Dreh: 241)

Interessant ist insbesondere die selbstreflexive Konstruktion, die darin besteht, daß im Film dessen eigenes Entstehen angekündigt wird. (Ros: 130 f.) Dabei ist der Kommentar von Horst Peter Koll berechtigt, der in der Ungerührtheit, mit der "die Personen nahtlos zur Tagesordnung übergehen",[41] den verstörenden Kern des Films sieht. Aber auch dies wird wiederum selbst kommentiert: vom empörten Ausruf Windischs ("Geschmacklos!" (Ros: 130)) bis zum geschäftlichen Einwand des Produzenten Reiter, der kein "schönes, starkes, tragisches Ende" (Ros: 131) möchte, sondern auf dem Happy Ending besteht und damit die Existenz der Szene rechtfertigt, die gerade zu sehen war:

" *Reiter:* Quatsch tragisch! Man möchte doch sehen, wie das Leben weitergeht. Das Leben geht doch immer weiter - außer halt für den, der stirbt. Für den geht's natürlich nicht weiter..." (Ros: 131)

Und das ist es gewesen, was die Szenen seit der toten Valerie in der Badewanne geschildert hatten - wie das Leben der anderen weitergeht. Dadurch werden die Zuschauenden gezwungen, auch ihre Rolle als Beobachtende eines erzählten Geschehens zu reflektieren. Dieser dramaturgische Aufbau des Drehbuchs ist das Ergebnis eineinhalbjähriger Arbeit und sorgt nach Süskind dafür, daß in der zweiten Hälfte der 'uneuphorischen' Produktionsphase die Arbeit kontinuierlich voranschreiten konnte. Aber auch nach der dargestellten Lösung des schwierigen 'Kollektiv-Problems' bleibt das Drehbuch im Bereich der kleinen Schritte und zäher Arbeit, die ohne ingeniöse Schübe langsam voranschreitet, indem Süskind / Dietl das tun, was sie "einigermaßen zu beherrschen glaubten: nette kleine Szenen schreiben, mit netten kleinen Dialogen, und alles nett zusammenstricken mit unseren bescheidenen dramaturgischen Mitteln." (Dreh: 208) Auf diese Weise wird in der zweiten Arbeitsphase das Drehbuch als Vorlage für den Film bis November 1995 fertiggestellt, so lautet zumindest das Datum der letzten (Nr. 8) Fassung des Drehbuchs. (Dreh: 203) Es folgt darauf die dritte Phase der Produktion, in der der Film

---

[41] Koll (1997): S. 23.

gedreht wird und an der Patrick Süskind selbst fast keinen Anteil mehr hat.[42] Statt dessen zieht er sich zurück und erholt sich, indem er zeitgleich einen Essay über das Schreiben von Drehbüchern verfaßt. (Dreh: 255) Die letzten beiden Arbeitsschritte bestehen darin, daß einerseits das aufgezeichnete Filmmaterial geschnitten wird, d.h. die (vorerst) endgültige Fassung des Films wird hergestellt. Auf dieser Grundlage werden dann verschiedene Sekundärprodukte wie Plakate oder das Buch zum Film (hier: das leicht überarbeitete Original-Drehbuch) hergestellt. Die Überarbeitung des Textes ist deshalb notwendig, weil Teile des gesprochenen Textes oder einige szenische Entwürfe, die im Drehbuch stehen und auch gedreht wurden, beim Schnitt wieder herausfallen:

"Schon kurze Zeit nach Beendigung der Dreharbeiten war ein provisorisches Ergebnis zu besichtigen: eine sich streng nach dem Drehbuch richtende, ungekürzte und unverschränkte Aneinanderreihung der Bilder und Szenen [..]." (Dreh: 262)

Diese Version ist - neben anderen Vorläufigkeiten wie fehlende Musik und Zwischenschnitte - um eine gute halbe Stunde zu lang und muß daher gestrafft werden. Diese weitere Bearbeitung und Kürzung geht ebenfalls weitgehend ohne Patrick Süskinds Mitarbeit vor sich - wobei aber keine Kritik an der entstandenen Filmstruktur formuliert wird. Im Gegenteil wird die Notwendigkeit betont, eine in sich möglichst stimmige Transformation der Wortsemantik des Drehbuchs in die Semiotik der Bilder zu leisten. Es gehe bei der Montage[43] darum, "ob die im Drehbuch vorgegebene Erzählweise auch in der Filmsprache bestehen kann." (Dreh: 259) Im Fall von 'Rossini' haben sich dadurch eine recht beachtliche Anzahl von Veränderungen ergeben, die im veröffentlichten Drehbuch durch eckige Klammern markiert wurden. Süskind analysiert einige der Kürzungen des Dialogs und des Geschehens und kommt zu dem Schluß, daß nur Redundanzen der Schere zum Opfer gefallen seien. Was Süskind nicht erwähnt, sind die (durchaus üblichen) kleinen Veränderungen der Dialoge, die sich wohl durch das laute Sprechen des Textes beim Drehen (mehr oder weniger) spontan ergeben haben. Ebenfalls nicht markiert sind leichte Veränderungen der Reihenfolge mancher Sequenzen. Als kurzes

---

[42] Der Zeitraum erstreckt sich vom Jahresende 1995 (letzte Fassung des Drehbuchs; erste Vorbereitungen, Casting etc.) über den 21. 5. 1996 (erster Drehtag und Beginn von Süskinds Arbeiten an seinem Essay (Dreh: 201)) bis zur letzten Klappe und dem Abschlußfest ("es soll rauschend gewesen sein" Dreh: 260)).

[43] Auch Süskind weist darauf hin, daß der Begriff 'Schnitt' "eine unglückliche Bezeichnung für diese aufbauende und zusammensetzende Tätigkeit" (Dreh: 273) ist; während die Bedeutung des Gemeinten durch den französischen Ausdruck 'montage' oder das englische 'editing' wesentlich besser zur Geltung komme.

Beispiel sollen hier die Eingangssequenz in Drehbuch und Film miteinander verglichen werden. Die rechte Spalte ist ein Filmtranskript, das nach dem Kaufvideo des Films[44] erstellt wurde. Das Transkript bzw. das 'postshooting-skript' versucht den schon existierenden Film (so weit wie möglich objektiv) im Medium Schrift festzuhalten:

> "Ein Transkript ist das Protokoll eines Films, welches den 'Fluß der Bilder' gleichsam anhält und dem wissenschaftlichen Zugriff verfügbar macht. Es darf nicht verwechselt werden mit dem Drehbuch, welches nur die Produktionsgrundlage für den Film darstellt und sich vom Endprodukt zumeist stark unterscheidet. Das Transkript ist die Beschreibung des Films nicht wie er geplant war, sondern wie er dann tatsächlich realisiert wurde. [..] Seine Publikation dient dem Ziel, alle analytischen Befunde und Deutungen wissenschaftlich überprüfbar zu machen."[45]

Faulstich wählt in seinen Filmtranskripten eine Spaltennotierung mit der Einteilung 'Szenen-Nummer', 'Handlung', 'Dialog', 'Geräusche', 'Kamera' und 'Zeit/s'. Diese sehr genaue Form der Notierung war in der vorliegenden Untersuchung nicht notwendig, da nur auf die kleinen Differenzen zwischen Film und Drehbuch hingewiesen werden sollte. Damit kann einerseits die These Faulstichs gestützt werden, daß Transkripte eine genauere Form der schriftlichen Repräsentation eines Films darstellen als Drehbücher dies sind. Andererseits bleibt die Frage bestehen, ob nicht gerade diese Originaltreue gegenüber dem Film das Transkript zu einer Verlegenheitslösung disqualifiziert. Während also Drehbüchern eine gewisse Eigenständigkeit gegenüber dem Film (und umgekehrt) erhalten bleibt und es sich daher lohnt, sie als Gegenstand der Reflexion und Analyse zu betrachten, sind Transkripte lediglich Hilfsmittel zur gezielten Koordination des Sprechens über Filme. Die von Faulstich behauptete Differenz zwischen Drehbuch und tatsächlichem Film kann durch einen Vergleich Drehbuch - Transkript verdeutlicht werden. Die Voraussetzung dafür ist die Umsetzung des audiovisuellen Materials in das Medium Schrift. Zwar hat das Transkript so tatsächlich keinen 'Eigenwert', aber einen großen Nutzen, weil seine Differenz zum Drehbuch gleichzeitig die Differenz Drehbuch - Film dokumentierbar macht. Im Gegensatz zu einem (nachträglich erstellten) Filmtranskript ist es nicht möglich, das Drehbuch von 'Rossini' parallel zum Film zu lesen. Ein Versuch verdeutlicht, daß sich die kleinen Veränderungen gegenüber der Vorlage nicht etwa nur auf den Anfang des Films oder die mit eckigen Klammern markierten Passagen beschränken:

---

[44] Starlight Video: Best.-Nr. 22575
[45] Faulstich, Werner: 'Love Story'. Filmtranskript. Rottenburg-Oberndorf 1986, Klappentext.

Ros:	Original-Drehbuch	Filmtranskript	sec:
9	Restaurant 'Rossini'. Innen. Nacht. Ein verregneter Abend im Sommer. Es ist zwischen neun und zehn Uhr. Die meisten Tische des Lokals sind besetzt. Geschäftig eilen die Kellner hin und her. [..] Die Atmosphäre ist laut, locker und familiär, beinahe so, als handle es sich hier um eine geschlossene Gesellschaft. Ein bürgerliches Ehepaar betritt scheu das Restaurant, bleibt an der Empfangstheke stehen. Rossini tritt auf sie zu. Der folgende Dialog findet nur teilweise im *On* statt. Immer wieder wird die Szene von Gästen im Vordergrund verdeckt *Rossini*: Haben sie reserviert? *Reiter* (laut): He, Doktor! Sigi, mein Freund! Sag mal - wie muß ich denn die - *Frau*: Ja ... äh ... *Reiter*: - Tropfen nehmen? Dr. Gelber steht auf und entschuldigt sich bei seinen Gästen. *Dr. Gelber*: Entschuldigung - ich muß kurz meinem Freund... *Frau*: Am Telephon hat man uns gesagt, Sie nehmen keine Reservierungen an ... *Valerie*: Hier zieht's schon wieder, Bodo! Vielleicht kann man jetzt endlich mal die Tür zumachen!	Restaurant 'Rossini'. Innen. Nacht. Ein verregneter Abend im Sommer. Es ist zwischen neun und zehn Uhr. Die meisten Tische des Lokals sind besetzt. Geschäftig eilen die Kellner hin und her. [..] Die Atmosphäre ist laut, locker und familiär, beinahe so, als handle es sich hier um eine geschlossene Gesellschaft. Ein bürgerliches Ehepaar betritt scheu das Restaurant. Rossini tritt auf sie zu. Der folgende Dialog findet nur teilweise im *On* statt. Immer wieder wird die Szene von Gästen im Vordergrund verdeckt *Rossini*: Haben sie reserviert? *Reiter* (laut): He, Doktor! Sigi, mein Freund! Sag mal - wie muß ich die Tropfen denn nehmen? Dr. Gelber steht auf und entschuldigt sich bei seinen Gästen. *Dr. Gelber*: Entschuldigung - ich muß mal kurz meinem Freund... *Frau*: Am Telephon hat man uns gesagt, Sie nehmen keine Reservierungen an ... *Valerie*: Hier zieht's schon wieder, Bodo! Vielleicht kann man jetzt endlich mal die Tür zumachen!	0:00 0:30
10	*Mann*: ... wir sollen einfach vorbeikommen ... hat man uns gesagt ... *Gelber* (zu Reiter): Ganz einfach, aus der Flasche, zehn bis fünfzehn Tropfen. *Kriegnitz*: Mensch Paolo - mach die Tür zu! *Rossini*: Wer sagt das? *Charlotte* (tritt an Reiters Tisch): Sag mal, Oskar...ich hör' da so Gerüchte...? *Der Mann* (zieht einen Zettel heraus): Ein ... äh ... Signor Michele. *Rossini*: Der hat hier nichts zu sagen. *Charlotte*: ... ich höre, du hast ... äh ... größere finanzielle Schwierigkeiten.	*Mann*: ... wir sollen einfach vorbeikommen ... hat man uns gesagt ... Gelber träufelt Reiter die Tropfen in den Mund. *Gelber* (zu Reiter): Einfach aus der Flasche in den Mund, zehn bis fünfzehn Tropfen. *Kriegnitz*: Mensch Paolo - jetzt mach die Tür zu! *Rossini*: Wer sagt das? *Der Mann*: Ein ... äh ... Signor Michele. *Rossini*: Der hat hier nichts zu sagen. *Charlotte* (tritt an Reiters Tisch): Sag mal, Oskar ... ich hör' da so Gerüchte ... du hast größere finanzielle Schwierigkeiten.	1:00

Obwohl sich die gesprochene, gespielte, gefilmte und dann geschnittene Fassung deutlich von der geschriebenen Version des Films unterscheidet, geht der Nur-Autor mit dieser Tatsache sehr gelassen um; selbst damit, daß er (nach eigener Aussage) kaum Einflußmöglichkeiten auf die endgültige Gestalt des Films hatte und im Vorfeld auch durchaus Bedenken, was die zeitlichen Spielräume für den Schnitt anging. Er befürchtete, daß weitere Kürzungen des schon sehr komprimierten Handlungsablaufes

"auf Kosten der Verständlichkeit der Geschichte gehen [mußten]. Dachte der Nur-Autor. Und irrte. Denn er unterschätzte die Erzählkraft des Bildes." (Dreh: 263)

Als Süskind dann aber eine weitestgehend geschnittene Version des Film zu sehen bekommt, stellt der 'Nur-Autor' erstaunt fest, "daß er der Erzählung nicht nur ohne die geringsten Schwierigkeiten folgen [..] kann, sondern daß er die meisten der vorgenommenen Kürzungen zunächst gar nicht bemerkt." (Dreh: 263 f.) Dies könnte zum einen an der Professionalität liegen, mit der hier bei der Montage des Materials vorgegangen wurde, nämlich daß die Schnitte sehr gelungen an formal und inhaltlich unauffälligen Stellen angebracht wurden.[46] Nach Süskinds Einschätzung würden die Straffungen dem Film eher nützen als schaden; denn die Kürzungen seien nicht nur dazu da, die Filmzeit zu verringern, sondern den verschiedenen Schnittentscheidungen seien dramaturgische Überlegungen vorangegangen, die Süskind in seinem Essay auch ausführlich erläutert. (Dreh: 264 ff.)

Ein zweiter wichtiger Punkt für dieses ungewohnte Einvernehmen kann in der doppelten Autorschaft des Drehbuchs gesehen werden. Die auch von Süskind beschriebene Stellung des Drehbuchs als "Materiallager"[47] für den Film ist für Süskind insofern entschärft, als zumindest darüber Sicherheit besteht, daß der Regisseur weiß, was das Drehbuch will bzw. "was er als Autor gewollt hat [..]." (Dreh 257) Wenn er nun in der filmischen Umsetzung des gesetzten Zieles seine Mittel anders als geplant einsetzen muß, ist dies für den Nur-Autor so erschreckend nicht. Am Rande sei erwähnt, daß Dietl darüber hinaus auch der Eigentümer der Produktionsfirma Diana ist, die den Film finanziert hat, so daß also auch von Produzentenseite keine Einmischungen abzuwehren waren. Obwohl bei Süskind eine latente Geringschätzung der Textvorlage des Film spür-

---

[46] Inez Regnier, die für den Schnitt von 'Rossini' verantwortlich ist, hat fast alle Filme Helmut Dietls 'montiert', aber auch für Doris Dörrie gearbeitet ('Bin ich schön?' (D, 1998); 'Keiner liebt mich.' (D, 1991))

[47] Reitz (1993): S. 167. / "Mit der Besetzung beginnt der Abschied vom Drehbuch." (Reitz (1993): S. 166)

bar ist, vergleicht er die Rolle des Drehbuchs bei der Filmproduktion mit dem schriftlich fixierten Ablauf eines Schachspiels:

> "Ein Plan für die Partie liegt vor, Zug für Zug, und er [der Autor-Regisseur] wird sich an den Plan halten, so gut er kann, er hat ja keinen anderen." (Dreh 257)

Die Metapher suggeriert eine überaus dominierende Rolle des Drehbuchs, das als alternativlose Textvorlage die Arbeit des Regisseurs bestimmen wird. Der Nur-Autor kann deshalb ganz beruhigt sein, weil das Spiel ohne den Plan nicht stattfinden kann. Aber sowohl das Drehbuch als auch der Film erscheinen in Süskinds Argumentation als unzulängliche Umsetzungen eines Wollens, die immer mit dem Makel einer bloßen Annäherung behaftet sind. Während aber der Film eine eigenständige Form künstlerischen Ausdrucks sei, wird das Drehbuch von Süskind als literarische Gattung 'a priori' disqualifiziert: Das Drehbuch müsse zwei Funktionen gleichzeitig erfüllen, wodurch es nicht mehr in der Lage sei, grundlegende literarische Wertungskriterien zu erfüllen: Die erste Funktion ist es, den 'Plan für die Partie' zu liefern, d.h. das Drehbuch muß die Handlungen beim Produktionsprozeß des Films zuverlässig koordinieren. Deshalb müssen in ihm genügend Informationen festgehalten werden, um die Produktionsbemühungen einer großen Anzahl von Personen zweifelsfrei zu regeln. Zweitens aber hat das Drehbuch nicht nur die Kooperation der verschiedenen Personen zu gewährleisten. Diese sollen durch den Text auch inspiriert werden, denn bevor ein Film produziert werden kann, müssen in der Vorstellung der daran Beteiligten Filme im Kopf entstanden sein. Die Requisite muß eine Vorstellung von den Lokalitäten, die Castingabteilung ein Bild von der Erscheinung der Figuren entwickelt haben; die Kamera muß zu Möglichkeiten inspiriert werden, das Geschehen visuell einzufangen, und vor allem müssen die Schauspielerinnen und Schauspieler in die Lage versetzt werden, glaubhafte Charaktere darzustellen. Drehbücher entstehen Süskind zufolge in dem Bewußtsein,

> "daß das Ergebnis für den Leser des Drehbuchs immer unbefriedigend sein wird, weil zuviel Information enthalten ist, und mit der Sorge, daß es für die Realisierung des Films nicht ausreicht, weil zu wenig Information enthalten ist." (Dreh: 236)

Die Kunst des Drehbuchs besteht nun darin, diese Vorstellungswelten entstehen zu lassen und gleichzeitig dafür zu sorgen, daß es möglichst 'synchrone' Filme sind. Weil sich die Grammatik der Bilder und die der Schrift nicht vollständig koordinieren lassen, widersprechen sich diese beiden Funktionen - weshalb auch ein Text nie zur gleichen Zeit in der gleichen Qualität 'beide Sprachen' sprechen könne und daher auch "nicht wirklich lesbar" (Dreh: 246) sei. Der Kreis der Rezipienten des Drehbuch beschränke sich seiner Ansicht nach auf "eine gewisse Zahl von Interessenten [..], die, in *Kenntnis des Films*, das eine oder andere wenn nicht lesen, so doch reminiszierend *nach*lesen wollen." (Dreh: 246) Dem kann nicht zugestimmt werden bzw. es wird bestritten, daß der Vergangenheitsmodus die einzig mögliche Art des Umgangs mit Filmvorlagen sein soll. Es muß auch ein projizierendes, bilderzeugendes Potential in Drehbüchern vorhanden sein, weil sie sonst weder ihre koordinierende noch ihre inspirierende Funktion erfüllen könnten. Daß auch die Filmkritik von 'Rossini' wiederholt auf die Textvorlage eingeht, mag als ein weiteres Indiz dafür gelten, daß auch bei Drehbüchern die Lesbarkeit stärker vom Qualitätsniveau als von der Textsorte abhängig ist.

2. Rezeption

Im folgenden werden die Reaktionen auf 'Rossini' dargestellt, wobei besonders auf diejenigen Teile der Rezeptionen eingegangen werden soll, in denen stärker vom Drehbuch abhängige Aspekte des Films, wie Dialog und Handlung, beobachtet werden. Im 'Lexikon des Internationalen Films' wird 'Rossini' von Horst Peter Koll zwar einerseits als ein herausragendes Kinoereignis des deutschen Filmjahrs 1997 charakterisiert; andererseits muß er aber doch auch feststellen, daß die "von Helmut Dietl und Patrick Süskind mit pointiertem Zungenschlag ersonnene 'Melodramödie'"[48] nicht ausschließlich positiv aufgenommen wurde. Das Publikum habe den Film eher gegen die Empfehlung der Kritik zu einem Erfolg an der Kinokasse werden lassen. 'Rossini' wurde

> "wegen seiner verbalen Derbheiten attackiert und als Schmierentheater auch abgelehnt und gar beschimpft. Doch der immense Erfolg beim Publikum ist nicht zu verhindern: Am Ende hat 'Rossini' mehr als drei Millionen Besucher."[49]

In dieser entschiedenen Form läßt sich bei einer genaueren Durchsicht der Rezensionen der Antagonismus zwischen Kritik und Publikum aber nicht aufrechterhalten. Zwar wurde der Film nicht ausschließlich mit vollem Lob überschüttet; für eine deutsche Produktion[50] (zudem mit Unter-

---

[48] Koll, Horst Peter / Messias, Hans: Die Kinobranche boomt. Das Filmjahr 1997 in einer Art von Chronik. In: dies. (Hgg.): Lexikon des Internationalen Films. Filmjahr 1997. Reinbek 1998, S. 13.
[49] Koll (1998): S. 13.
[50] Auch im Vergleich zu Helmut Dietls 'Late Show' (BRD, 1999), die wesentlich schlechter besprochen wurde. / Vgl. Hammerstein, Constantin von / u.a.: Die Show ist die

haltungsanspruch) aber auf ungewohnt breiter Front beachtet und meist sehr positiv besprochen. Unter anderem bescheinigt auch Horst Peter Koll selbst dem Film eine "anspruchsvollere Überschreitung genrespezifischer Kriterien";[51] denn 'Rossini sei eine Komödie, in der auch tragische Dimensionen ihren Platz haben:

> "Alles beginnt amüsant, vor allem auf der verbalen Ebene gagreich-präzise [..]. Bald aber offenbaren sich, nicht minder überzeugend gespielt, hier und da hinter der feinen Fassade Momente der Lebensangst, ja, der Lebensunfähigkeit, und am Ende des filmischen Reigens herrscht regelrecht Katerstimmung, als die Masken gefallen sind und sogar eine Tote zu beklagen ist."[52]

Auch Michael Althen, der in der Süddeutschen Zeitung den feuilletonistischen Reigen beginnt, charakterisiert seine Besprechung als eine "ziemlich begeisterte Kritik"[53] - obgleich er aber doch einige relativierende Töne beigemischt hat. Es scheint, als habe sich Althen einerseits von der Choreographie des Films einfangen lassen, die ihre "eigene geometrische Schönheit entwickelt."[54] Andererseits ist es gerade die Artifizialität, die er als störend moniert - man merke "dem Film die Anstrengung an, sich keine Blöße zu geben, um jeden Preis reüssieren zu wollen."[55] Überzeugend an Althens Beobachtungen ist insbesondere, wie er das Motiv der Choreographie und des Tanzes in den Mittelpunkt seiner Interpretation rückt. Die dargestellte Filmwelt verwickle sich "in einen selbstzerstörerischen Taumel, in einen Totentanz auf Raten, der jeden Abend das Ende der Welt feiert, um am nächsten Morgen lediglich den täglichen Kater zu zelebrieren."[56] Tatsächlich sind die Handlungen der Figuren so überdeterminiert, daß sich ihre Freiheiten als Illusionen entlarven. Sie werden von harten Zwangsläufigkeiten beeinflußt, ihre Aktionen von verborgenen Notwendigkeiten gesteuert und sie sind sowohl als Figuren des Textes fremdbestimmt als auch als Charaktere auf der Handlungsebene. Letztere führen das Leben von Theaterfiguren, weil sie ständig in Zwänge und Intrigen der anderen verwickelt werden; zugleich wird aber überdeutlich, daß sie immer nur das zirkuläre Spiel des Immergleichen durchleiden, so daß der Vergleich mit dem Ennui Büchnerscher Helden zwingend wird:

Show. In: Der Spiegel (10) 1999, S. 242 ff. / Vgl. Thoma, Helmut: Tri-tra-trullala. In: kulturSPIEGEL (3) 1999, S. 10 ff.

51 Koll, Horst Peter: Rossini oder die mörderische Frage, wer mit wem schlief. In: filmdienst (2) 1997, S. 22.
52 Koll (1997): S. 22.
53 Althen, Michael: Wie es euch gefällt. In: Süddeutsche Zeitung (22. 1. 1997), S. 17.
54 Althen (1997): S. 17.
55 Althen (1997): S. 17.
56 Althen (1997): S. 17.

"Mein Leben gähnt mich an, wie ein großer weißer Bogen Papier, den ich vollschreiben soll, aber ich bringe keinen Buchstaben heraus. Mein Kopf ist ein leerer Tanzsaal, einige verwelkte Rosen und zerknitterte Bänder auf dem Boden, geborstene Violinen in der Ecke, die letzten Tänzer haben die Masken abgenommen und sehen mit todmüden Augen einander an."[57]

Auch wenn sich dieser Intertext[58] sowohl in der Kritik als auch im Drehbuch eher am Rand aktualisiert,[59] scheint der Verweis auf den rasenden Stillstand der mißglückten, fremdbestimmten Flucht des Büchnerschen (Märchen-)Prinzen angebracht. In beiden Fällen wird das Leben in einem sozialen Kleinstbiotop dargestellt, dessen Bewohner keine echten Leidenschaften mehr empfinden können - "nichts Großes mehr"[60] (Ros: 129), wie Kriegnitz am Ende sagen wird. Im Kleinen gibt es das Echte jenseits der Inszenierung noch - es ist nur von der Bühne hinter die Kulissen gewandert. Etwa in der Szene, in der

"Gudrun Landgrebe im feuerroten Kleid auf der Toilette sitzt und versucht ihre Verstopfung zu überwinden. Die Kamera nimmt die Schmerzensgestalt wie ein Wesen von einem anderen Stern ins Visier - als sei sie selbst überrascht, daß all die Wehwehchen hier auf einmal echte Pein verursachen."[61]

Aber auch diese Figur wird von der selbst erschaffenen Künstlichkeit ihrer Umwelt schnell und gründlich wieder eingeholt. Paradoxerweise ist im Moment letzter Wahrheit, im Tod, der Grad der Inszenierung am Größten - sie öffnet sich die Pulsadern in der Badewanne, "vor schwarzer Kachel, weiß abgesetzt."[62] Peter Körte stört sich an dieser Kunstwelt, deren Artifizialität nicht mehr in der Lage sei, echtes Leben filmisch abzubilden.[63]

Auch insgesamt bleibe die inszenierte Szenerie "nur künstlich - kein Labor, kein Brennglas, keine Versuchsanordnung, eher beliebige Kulisse

---

57 Büchner, Georg: Leonce und Lena. (I, 3.) In: Georg Büchner. Sämtliche Werke. Band 1. Dichtungen. Hgg. von: Poschmann, Henri. Frankfurt 1992, S. 103. (= BDK, 84.)
58 Zur Intertextualität von Büchners 'Melodramödie', vgl. Poschmann, Henri: Kommentar. Leonce und Lena. In: Büchner (1992): S. 625.
59 Vgl. "[..] als die Masken gefallen sind [..]" (Koll (1997): S. 22.)
60 Wondratschek, Wolf: Carmen oder bin ich das Arschloch der achtziger Jahre. (Aus dem Privatbesitz von Bernd Eichinger.) Zürich 1986, S. 47.
61 Althen (1997): S. 17.
62 Körte, Peter: Blut ist dünner als Kir Royal. In: Frankfurter Rundschau (23. 1. 1997), S. 7.
63 Umso besser ist der Film in der Lage, das falsche Leben der Kinogeschichte zu integrieren; hier sei an die Vielzahl von Leichen in Badewannen erinnert: Die unter der Dusche ermordete Marion (Janet Leigh) in Psycho. (USA, 1960) (R: Hitchcock, Alfred); oder Frankie Pentangeli nach seinem Selbstmord im FBI-Gefängnis; Der Pate - Teil II. (USA, 1974). (R: Coppola, Francis Ford)

als dramatisch gestalteter Raum."[64] Gerade an diesem Punkt kann aber die Kritik nicht nachvollzogen werden, weil es ja vor allem der Raum / das Lokal ist, das im Mittelpunkt der divergierenden Interessen steht. Das Rossini ist die Bühne, auf der dieses Welttheater gespielt wird und ist daher auch der Anlaß zu höchst dramatischen Auseinandersetzungen, von der Zutrittsberechtigung, über seine illuminative Ausgestaltung bis zur jeweiligen Tischordnung, weshalb von mangelnder Gestaltung des Spielraums keine Rede sein kann. Im Gegensatz zu Althen geht Körte auch explizit und kritisch auf das Drehbuch als Filmgrundlage ein:

> "Was Patrick Süskind und Dietl ins Drehbuch geschrieben haben, bleibt nur Schrift: Filigran zurechtgefeilte Dialoge, die zu lesen mehr als nur vergnüglich wäre, die gesprochen jedoch einen seltsam sterilen Klang erzeugen."[65]

Einerseits müßte zunächst geklärt werden, ob ein Drehbuch tatsächlich gescheitert ist, wenn es sich nicht zur Inszenierung eignet, also nur Schrift bleibt - vor allem, wenn es auch in diesem Medium mit Genuß rezipierbar ist. Wenn das Buch- bzw. Lesedrama als akzeptierte Textsorte gilt,[66] könnte es mit der gleichen Berechtigung ein 'Lese-Drehbuch' geben.[67] Andererseits kann auch bei mißglückten Dialogen im Film immer vom Standpunkt des Drehbuchs her argumentiert werden, daß die Textvorlage eben nicht angemessen umgesetzt wurde. Im Fall von Körtes Kritik ist aber auch das Buch gemeint, wenn er den "Pseudo-Realismus in Ausstattung und Text"[68] und die allzu launigen Anspielungen moniert:

> "Wenn Lauterbach sich den Arm ritzt zur Blutsbrüderschaft, George den blutgefüllten Champagnerkelch ergreift und sagt: 'Riecht wie Kir Royal', dann ist das Selbstzitat ganz schimmerlos."[69]

Es sind andererseits aber eben diese selbstironischen Pointen, die sich Süskind und Dietl gegenüber den eigenen Texten und den eigenen Biographien erlauben, die Hans-Dieter Seidel wiederum in seiner Rezension besonders lobend hervorhebt:

---

64 Körte (1997): S. 7.
65 Körte (1997): S. 7.
66 "**Buchdrama** oder Lesedrama [..]. Der Begriff B. ist nicht abwertend, da der poet. Wert e. Stücks nicht von der Bühnenwirksamkeit abhängt [..]." (Wilpert, Gero von: Sachwörterbuch der Literatur. Stuttgart 1989[7], S. 119 f.)
67 Im Gegensatz zu Süskinds Behauptung ein Drehbuch sei prinzipiell unlesbar und verdanke sein "Erscheinen in Buchform einzig der Tatsache [..], daß es bereits verfilmt *ist*" (Dreh: 246), berichtet z.B. Buñuel davon, daß zumindest eines seiner unverfilmten Drehbücher veröffentlicht wurde: Vgl. Buñuel, Luis: Mein letzter Seufzer. Berlin 1994, S. 141.
68 Körte (1997): S. 7.
69 Körte (1997): S. 7.

"Der grandiose Film 'Rossini', ein Reflex auf die lärmige, lustversessene Gesellschaft der neunziger Jahre, blitzt nur so vor Selbstironie und weiß sich damit auf der Hut vor der Larmoyanz bloß einer Nabelschau."[70]

Die hier wirksamste Form der Selbstbeobachtung besteht in einer beständigen Bewegung der Distanzierung der Figuren gegenüber sich selbst und ihrer Umwelt bzw. des Films gegenüber sich selbst und seinem Pathos, das sich Größe nur noch im Kleinen erlaubt. Diese starke Betonung des Inszenatorischen muß daher als reflektierte Strategie des Drehbuchs gelesen werden, die im Endprodukt zur positiven Qualität des Films wird:

"Wo die Figuren sich wie auf einer Bühne in Szene setzen, sollten sie auch wie im Theater agieren [..]."[71]

Dadurch erhalte der Film auch im Formalen eine brillante Präzision, die "Esprit und Pointierung des Geschehens"[72] entspreche, wie sie im "jetzt so selbstverständlich"[73] erscheinenden Drehbuch vorgezeichnet wurde. Beeindruckt zeigt sich Seidel insbesondere von der Beiläufigkeit, mit der es gelingt, Figuren und Konstellationen sich entwickeln zu lassen; mehr als berechtigt ist der Hinweis auf Altmans 'Short Cuts', bei dem

"Dietl und Süskind studiert haben, wie aus Erzählsplittern sich allmählich ein schlüssiges Bild fügt. Der Film 'Rossini' aber spitzt diese Kunst noch entschieden zu: indem er zum überwiegenden Teil an einem einzigen Abend, an einem einzigen Ort [..] spielt [..]."[74]

Auch Andreas Kilb, der in 'Die Zeit' eine begeisterte Kritik geschrieben hat ("'Schtonk' war gut. 'Rossini' ist perfekt".[75]), betont die Bedeutung der lokalen Stabilität für den Film, der dadurch seinen festen Rahmen erhalte. Innerhalb dieser Begrenzungen können sich dann die verschiedenen Geschichten verschlingen, ohne daß sie sich zu sehr verwirren. So sei es dann möglich, das Tempo der Screwball-Komödie zu forcieren, ohne daß ernsthafte Gefahr besteht, die Handlung könne von der Kulisse zu sehr dominiert werden:

"Nichts wäre langweiliger als ein deutscher Restaurantfilm. Aber Dietl benutzt das 'Rossini' nur als Tanzboden, auf dem er seine Geschichten kreisen lassen kann. Er erzählt von Menschen im Lokal, so wie der Western von Menschen in der Prärie erzählt."[76]

---

[70] Seidel, Hans-Dieter: Im Fegefeuer der Eitelkeiten. In: FAZ (24. 1. 1997), S. 33.
[71] Seidel (1997): S. 33.
[72] Seidel (1997): S. 33.
[73] Seidel (1997): S. 33.
[74] Seidel (1997): S. 33.
[75] Kilb, Andreas: Das Spiel vom Fressen. In: Die Zeit (24. 1. 1997), S. 47.
[76] Kilb (1997): S. 47.

Dieser Tanz kreist nach Kilb um drei Hauptgeschichten, die als Gravitationszentren die Handlung beherrschen, ordnen und sich auch immer enger miteinander verflechten: die tragische Geschichte der Selbstmörderin; die verwickelt-komische Geschichte um das Filmprojekt 'Loreley' und die Erfolgs-Geschichte des Starletts Schneewittchen.[77] Durch die Dreiteilung, die Kilb vornimmt, lassen sich die Handlungsstränge tatsächlich in eine symmetrische Ordnung bringen, die zumindest das Moment der klaren Struktur auf ihrer Seite hat. Das Filmprojekt rückt in dieser Perspektive ins Zentrum der Geschichte und fungiert als Achse, um die sich die Geschichten der beiden (konkurrierenden) Frauengestalten spiegeln. Interessant ist hier Kilbs Deutung der Figur Schneewittchen, die für ihn nicht einmal mehr eine Figur ist:

> "Sie ist eine Denkfigur, eine Allegorie des Kinos selbst. Und um eine Allegorie zum Leben zu erwecken, braucht man einen Glanz, der sich nicht spielen läßt. [..] Die Dame in Weiß bringt den Film ins Trudeln. Die Dame in Rot rettet die Partie."[78]

Obwohl dieses polare Schema für eine Deutung Vorteile verspricht, scheint doch die Übertragung der Konkurrenzsituation ins Reale 'Schneewittchen' vs. 'Valerie' => 'Ferres' vs. 'Landgrebe' allzu einfach, um noch angemessen zu sein. Ebenfalls begeistert, aber auch etwas eindimensional ist die Besprechung des Films im Stern (die aber immerhin als Titelgeschichte präsentiert wurde). Hier wird 'Rossini' vollends darauf reduziert, "autobiographische[r] Liebesreigen"[79] zu sein. Es sei die Schwabinger Szene, die spöttisch porträtiert werde:

> "Zum Heulen komisch ist dieses Feuchtbiotop aus Champagner und Angstschweiß – und zum Lachen tragisch. Ein glamouröses Denkmal für Dietls Stammlokal [..]. Daß die ganze Blase nach dem wahren Leben modelliert ist, weiß man inzwischen auch jenseits der Türkenstraße [..]."[80]

Interessant an der Besprechung ist allenfalls die im weiteren Verlauf des Artikels beschriebene bzw. behauptete Veränderung der deutschen Filmlandschaft, die sich endgültig von der "Wohnküchenmentalität der Autorenfilmer"[81] verabschiedet habe, aber ebenso von der Tendenz zum reinen Klamauk-Kino der neunziger Jahre. Gerade 'Rossini' könne als Prototyp einer Entwicklung gesehen werden, in deren Verlauf "einheimische Pro-

---

77 Vgl. All about Eve (USA, 1950) (R: Mankiewicz, Joseph L.); auch Althen weist auf diesen Intertext hin.
78 Kilb (1997): S. 47.
79 Kruttschnitt, Christine: Sexy. Komisch. Deutsch. In: Stern (5) 1997, S. 37.
80 Kruttschnitt (1997): S. 37.
81 Kruttschnitt (1997): S. 37.

duktionen auf den Markt [drängen], die frischer, spannender und witziger sind als die Konfektion aus Übersee."[82] Aus einiger zeitlicher Distanz heraus gibt das deutsche Kino und seine Wiedergeburt ein etwas ernüchternderes Bild ab als noch Ende der neunziger Jahre. Trotzdem war auch damals schon die leise Skepsis Urs Jennys angebracht, der seine Besprechung von 'Rossini' zwar ebenfalls mit einem Exkurs über die damalige Filmlandschaft beginnt, dann aber einen pessimistischeren Grundton anschlägt. Endlich liege eine Produktion vor, die den sonst nur beschworenen Standards einmal auch gerecht werde: "goldschimmernde Pracht, Sattheit der Farben, rundum das, was in deutschen Filmen das rarste ist: Glamour."[83] Vor allem die weiblichen Figuren tragen diese Form der Inszenierung, die den strahlenden Star selbstbewußt ins Zentrum stellt[84] und so auf der paradigmatischen Achse ein bildliches Gegengewicht zum Narrativ produziert:

"Gudrun Landgrebe als rotschwarze, todessüchtige Möchtegern-Carmen, Veronica Ferres als überwältigend blonde Sahnebombe [..]."[85]

Über den Realitätsgehalt des Films schweige sich Süskind - wie Jenny betont - vornehm aus. Urs Jenny selbst glaubt aber wohl gerade deshalb, einige Details nachliefern zu müssen. "Das Gezerre um 'Die unendliche Geschichte', Eichingers Versuche, Süskind die Filmrechte an seinem 'Parfum' abzuluchsen, und vor allem der Tod der romantischen Schönen",[86] all das sei in 'Rossini' verschlüsselt mit eingeflossen. Die Hinweise auf diesen Lebensstoff liefern aber wiederum nur Details und bringen keine Möglichkeit für einen analytischen Ansatz gegenüber dem Film oder der Geschichte hervor. Lediglich am Ende seiner Besprechung kommt Jenny zu einem (positiven) Fazit, in dem 'Rossini' eine umfassende Spiel- und Erzählfreude attestiert wird, die sich seiner Ansicht nach einem konsequenten Verzicht verdanke: Dem Verzicht auf den Versuch, noch einmal die letzten Fragen des Seins und des Sinns beantworten zu wollen - 'nichts Großes mehr'. Dadurch schaffe sich der Film den nötigen Freiraum, um eine kleine Geschichte zu erzählen, die dann am Ende eben doch weit über sich hinausweist:

"Seht her: Da gibt es eine kleine Gesellschaft kennenzulernen, von der man nicht sagen kann, daß sie über sich selbst hinaus etwas bedeute; [..] da wird kein Verbrechen begangen und keine Ehe gestiftet, auch kein Glück verheißen

---

[82] Kruttschnitt (1997): S. 37.
[83] Jenny, Urs: Schwabing, Schwabing über alles. In: Der Spiegel (4) 1997, S. 164 f.
[84] Barthes, Roland: Das Gesicht der Garbo. In: Barthes (1964): S. 73 ff.
[85] Jenny (1997): S. 165.
[86] Jenny (1997): S. 165.

und nicht behauptet, daß es etwas Besseres als Ironie gebe, um sich in die Dinge zu schicken. Wenn dieses Schwabing nicht die Welt ist, gibt es überhaupt keine."[87]

In seinem Bericht aus der Schreibwerkstatt bestätigt Patrick Süskind diese Einschätzung als gültige Beschreibung nicht nur des Films, sondern auch seines Entstehungsprozesses. Der Moment, in dem die tatsächliche Produktion eines Textes beginne (der tatsächliche Vorlage eines Kinofilms sein könne), wird von Süskind dann angesetzt, wenn sich die Schreibenden von ihren großen Vorgaben und -bildern lösen und statt dessen den Entschluß fassen,

"das zu tun, was wir bisher schon immer getan hatten und was wir einigermaßen zu beherrschen glaubten: nette kleine Szenen schreiben, mit netten kleinen Dialogen, und alles nett zusammenstricken mit unseren eigenen bescheidenen dramaturgischen Mitteln." (Dreh: 208)

Dieser schon erwähnte Auszug aus Süskinds Essay über die Schwierigkeiten des Drehbuchschreibens wurde nicht nur im Rahmen der Buchausgabe des Drehbuchs, sondern auch hinter der Rezension von Jenny im Spiegel abgedruckt[88] - ein sehr ungewöhnlicher Vorgang, da das Drehbuch mitsamt seinem Produktionsprozeß unverhohlen ins Zentrum gerückt wird. Meist wird ja nicht einmal der Name des Drehbuchautors erwähnt, in keinem Fall aber Aufmerksamkeitspotential von der Einheit 'Film / Regisseur' abgezogen und auf den Text verlagert. Allzu deutliche Hinweise auf das handwerkliche Erarbeiten der Vorlage einer Filmproduktion könnten am Ende ja auch den Eindruck des Glamourösen wieder gefährden, den Urs Jenny so lobend hervorgehoben hat. Für Richard Oehmann dagegen war gerade das 'Star-Getöse' Anlaß zur Kritik, weil es von den eigentlichen Qualitäten des Filmes ablenke. Trotzdem macht er zu Recht auf die reizvollen Spannungsmomente aufmerksam, die sich aus dem Gegensatz zwischen Staraufgebot und Textvorlage ergeben. Es entbehre

"nicht eines gewissen Charmes, wenn 'Bunte'-Titelseiten-Füller wie die Ferres oder der Lauterbach ständig brachial-obszönes Zeug daherreden; wenn Frau Landgrebe das Wort 'Zipfelspielchen' ausspricht oder ständig vom 'Scheißen' spricht, dann ist das schon ein fieser Magenschwinger für die Freunde des Autorenfilms."[89]

Ein guter Teil des Filmvergnügens speise sich also aus dieser Diskrepanz zwischen Inszenierung und Textvorlage, wobei auch darauf hinzuweisen

---

[87] Jenny (1997): S. 165.
[88] Süskind, Patrick: 'Worum geht es eigentlich?' In: Der Spiegel (4) 1997, S. 166 ff.
[89] Oehmann, Richard: Rossini - Trotzdem gut. In: Artechock Magazin (5) 1997, S. 2. (Die URL lautet: http://www.artechock.de/film/magazin/magaz705.htm)

ist, daß dies auch einen guten Teil des Risikos, dem sich der Film ausgesetzt hat, ausmachte. Oehmann zufolge hat sich das Risiko aber gelohnt; denn gerade diese Differenz versetze den Film in die Lage, sein 'Surplus' zu entwickeln: sich im Niveau meilenweit über die üblichen Klamotten hinwegzusetzen, zugleich aber nichts von seiner unterhaltsamen Leichtigkeit zu verlieren sei nur möglich durch diese spezifische Form der Ironie:

> "Denn beim ahnungslosen Betrachten all dieser schön beleuchteten, vertrauten Fernsehgesichter - vielleicht ist das gerade der Trick dabei - merkt der Zuschauer langsam, was das da eigentlich für eine hundsgemeine Welt ist, die uns mit Leichtigkeit und Brillanz vorgesetzt wird. Und eh man's richtig bemerkt, stehen der Dietl und der Süskind schon hinter einem mit dem Hackl in der Hand und zerstückeln unseren TV-Horizont [..]."[90]

Die besondere Pointe liegt aber darin, daß die gezeigte Ironie in Wirklichkeit auch eine Form der Selbstironie ist - waren es doch auch Dietl und Süskind, die die bundesdeutschen Sehgewohnheiten im Bereich des Fernsehens durch ihre Serien mitgeprägt haben. Eine besondere Qualität an Oehmanns Besprechung liegt darin, daß er diesen Erwartungshorizont von seiner textuellen Seite her analysiert. Er stellt eine Liste kurzer Film-Zitate auf, die belegen sollen, daß Dietl / Süskind "den süddeutschen Zitatenschatz in den letzten zwanzig Jahren wesentlich mehr angereichert [haben] als jeder Faßbinder, Kroetz, Achternbusch oder alle mitnander [..]."[91] Weil diese Aufzählung so amüsant ist und die Gefahr besteht, daß sie den kurzen Speicherungszeiträumen im Internet zum Opfer fällt,[92] sei sie hier ausführlich zitiert: Dietl sei dafür bekannt, daß er

> "sowohl renommierten internationalen als auch nur regional bekannten Schauspielern zu denkwürdigen Rollen verhalf. Nie in seinem Leben war Wolfgang Fierek annähernd so gut, wie als 'Tierpark-Toni' ("Des is er, der Monaco, die Drecksau!"), wann war Ruth-Maria Kubitschek je wieder erträglich seit ihrem Spatzl ("Franz, ich möchte jetzt gehen"; "Ich nicht, Spatzl!") oder ihrer 'Frau von Unruh' ("Auf der Ebene habt ihr ein für alle mal ausgeschissen, Freunde."), bei den 'Guldenburgs' vielleicht? Pah! [..] Unvergeßlich auch Erni Singerl beim Herzinfarkt ("Mei Bubi is im Fernsehen"), Gisela Schneeberger als liebevolle Zecke ("Mei, a Seife!"), Karl Obermayer [..] als altbayrischer Sancho-Pansa ("Des is doch a g'mahte Wiesn, Franze!") [..] und natürlich Helmut Fischer ("A bissl was geht immer")."[93]

---

[90] Oehmann (1997): S. 2.
[91] Oehmann (1997): S. 2.
[92] Die Rezensionen von 'spielfilm.de' sind nicht mehr auffindbar, weder unter der ursprünglichen URL: http://www.spielfilm.de/breitwand/projekte/rossini1.html [bis 'rossini6.html'], noch im Archiv der site. Da also keine Überprüfungsmöglichkeit gegeben ist, wird hier auf eine ausführliche Darstellung verzichtet.
[93] Oehmann (1997): S. 1 f.

Im Gegensatz zu dieser ironischen Beobachtungshaltung, die sich das neue Medium Internet gegenüber dem älteren Medium Film erlaubt, favorisieren Reflexionen aus dem Blickwinkel des noch älteren Mediums Buch auch in bezug auf das Kino die Kategorie 'Sinn'. So steht in Jochen Hörischs Analyse von 'Rossini'[94] die Frage nach dem medial gestifteten Verhältnis von Sinn und Sein im Mittelpunkt des Interesses. Der Film wird im Rahmen einer breit angelegten Untersuchung über die Poesie der abendländischen Leitmedien perspektiviert: Abendmahl, Geld und neue Medien. Für jedes dieser Kommunikationssysteme wird jeweils die Spezifik herausgearbeitet, mit der es die ontosemiologische Korrelationen von Sinn und Sein herzustellen in der Lage ist. Dabei nimmt die Literatur die Funktion einer externen Beobachterinstanz ein, wodurch es ihr möglich wird, den jeweiligen Grad der Übereinstimmung von Worten und Dingen kritisch zu kommentieren; oder die allzugroße Differenz zwischen Signifikant und Signifikat zu beklagen:

"Gelobt sei die Prosa, verflucht sei der Film als erzählerisches Medium!" (Dreh:: 227)

Diese griffige Passage aus Süskinds Essay über die Schwierigkeiten des Drehbuchschreibens wird von Hörisch am Anfang des Kapitels über das wechselseitige Beobachtungsverhältnis von Literatur und neuen Medien[95] zitiert: Verflucht sei der Film deshalb, weil die Bilder immer nur ihr grobschlächtiges Da-Sein präsentieren und nur sehr mühevoll dazu gebracht werden können, ein Dasein von Sinn zu repräsentieren. Hörisch kontrastiert diese Reflexionen Süskinds mit den Thesen Siegfried Kracauers, dessen Filmtheorie den programmatischen Untertitel 'Die Errettung der äußeren Wirklichkeit' trägt:

"Das Kino kann als ein Medium definiert werden, das besonders dazu befähigt ist, die Errettung physischer Realität zu fördern. Seine Bilder gestatten zum ersten Mal, die Objekte und Geschehnisse, die den Fluß des materiellen Lebens ausmachen, mit uns fortzutragen."[96]

Das Potential der (scheinbar) unverfälschenden Aufzeichnungsfähigkeit der kinematographischen Apparatur wird als eine Möglichkeit interpretiert, der Tendenz zu entkommen, die Realität im künstlerischen Abbil-

---

[94] Bisher die einzige Analyse des Films aus einer literatur- bzw. medienwissenschaftlichen Perspektive.
[95] "Neue Medien beobachten die Literatur, Literatur beobachtet die neuen Medien." (Hörisch (1999): S. 193.)
[96] Kracauer, Siegfried: Theorie des Films. Die Errettung der äußeren Wirklichkeit. In: Siegfried Kracauer. Schriften. Band 3. Hgg. von: Witte, Karsten. Frankfurt 1973, S. 389.

dungsprozeß beständig zu verändern. Der Film könne sich daher als erstes Medium vom Verdacht der Manipulation und der Lüge befreien, dem die übrigen Künste beständig ausgesetzt sind; denn es wäre den Filmen (bei allen Unterschieden der Genres) zumindest möglich, "wirklich zu zeigen, was sie zeigen."[97] Hörisch weist zu Recht darauf hin, daß die Thesen von Kracauer und Süskind (obwohl sie den Sachverhalt völlig konträr bewerten) doch darin übereinstimmen, daß ihrer Ansicht nach die Bilder des Films immer nur das 'zeigen, was sie zeigen'. Sie sind daher einerseits schwer zum Erzählen zu bringen; und es ist aber genauso schwierig, mit ihnen zu lügen:

> "Festzuhalten ist [..], daß die 'Lüge'-Qualität auf die Bezeichnungs- und nicht auf die Wahrnehmungsseite des Wort-Bild-Komplexes gehört."[98]

Die Lüge findet in der (kalkulierten) Differenz zwischen dem Bild und seiner Legende (die nicht umsonst so heißt) statt - etwa der Unterschrift[99] zu einer Photographie: 'Dies ist Frau Meier'; obwohl doch Frau Müller abgebildet ist. Doch die Tatsache allein, daß auf einer Photographie Frau Müller zu sehen ist, kann nicht als Lüge bezeichnet werden; ebensowenig wie ein Bild alleine in der Lage ist, eine Geschichte zu erzählen; es kann lediglich bewirken, daß schon vorhandene Erzählungen bei den Betrachtenden aufgerufen werden. Filme versuchen, genau dies zu leisten - durch die geschickte Kombination von Bildern ein Narrativ in den Köpfen der Beobachtenden zu entfalten:

> "Im Kino sitzen, an einer Geschichte teilnehmen, heißt innerlich mitsprechen. Erst durch die Sprache wird die Geschichte verständlich, denn die Bilder selbst können keine Zusammenhänge schaffen. Sie stehen immer nur für sich. [..] Der Kinozuschauer spricht innerlich, und der Leser eines Buches sieht innerlich einen Film."[100]

Auch diese Notiz von Edgar Reitz bestätigt Süskinds Diagnose über das prekäre Verhältnis zwischen der Schrift- und der Bildsprache. Die Personifikation dieses Mißtrauens der Literatur gegenüber dem Film ist im Film 'Rossini' der Literat und Büchermensch Jakob Windisch:[101] "Der Dichter mit dem alttestamentarischen Namen"[102] verschanzt sich hinter den zu handgreiflichem Sein erstarrten Sinnstiftungsversuchen - d.h. er lebt in

---

97 Kracauer (1973): S. 389.
98 Hörisch (1999): S. 80. (FN: 8)
99 Vgl. die Unterschrift / Signatur als zentrales Motiv der Lüge in 'Rossini'.
100 Reitz, Edgar: Drehort Heimat. Frankfurt 1993, S. 163.
101 'Anton Windisch' war ein Pseudonym von Alfred Andersch; vgl. Schnell (1993): S. 533. / Andersch wird auch in 'Amnesie in litteris' erwähnt. (Amn: 122)
102 Hörisch (1999): S. 196.

einer Bücherburg voller gedruckter 'Worte, Worte, Worte', die schon durch ihre schiere Masse den einen Sinn, den es immer nur im Singular geben kann, ad absurdum führen. Hier wird der Übergang von der intensiven[103] zur extensiven Lektüre (letztere benötigt keine Bibliothek, sondern nur das eine Buch) szenisch präsentiert; gleichzeitig aber ironisiert, da es doch wieder nur ein Buch in dieser Bibliothek zu lesen gibt.

Die Gutenberg-Galaxis hat ihre deutungsmächtige Aura in einer massenmedialen Bestsellerökonomie längst verloren. Als deren Hüter tritt Jakob Windisch noch immer auf, obwohl er selbst einer der "Großkunstfabrikanten" (Ros: 79) und damit Teil der Buchindustrie ist. Daran ändert auch die Geste "tiefster Demut" (Ros: 74) nichts, mit der die Journalistin den Dichter als "Meister" (Ros: 74) betitelt - sie will nur ein umsatzsteigerndes Interview und keine Sinnstiftung, höchstens noch den Körper des Autors:

"Das Buch - das einzige Wesen, vor dem der heutige Mensch noch den Blick niederschlägt, niederschlagen muß! Alles Höhere sonst wird geradeaus besehen, ohne Scham und Scheu!"[104]

Wer ein Buch geschrieben hat, darf aber mit dieser von Botho Strauß eingeforderten Schamesröte nicht mehr rechnen, und auch der gesenkte Blick ist nur noch luststeigernde Inszenierung, mit der gerade die Schamlosigkeit der sexuellen Annäherung höchst amüsant kontrastiert. Obwohl auch von Jakob Windischs literarischer Produktion immer nur im Singular geredet wird,[105] läßt 'Rossini' keinen Zweifel darüber aufkommen, daß die Aura (des singulären Ereignisses) auch im Bereich der Literatur zu einem knappen Gut geworden ist: Jakob Windisch steht vor seinem Bücherregal wie vor einer Materialisation der Benjaminschen Thesen über die Entauratisierung des Kunstwerks im Zeitalter seiner technischen Reproduzierbarkeit:

"*Wohnung Windisch. Innen. Nacht.*
Nah: Tausende von Exemplaren eines einzigen Werkes: *Loreley* - von Jakob Windisch." (Ros: 35)

So lautet die Regieanweisung an die Dekoration und Ausstattung, um für die verlorene Unschuld der Literatur (eine Unschuld, die wohl schon immer eine Konstruktion / Illusion war[106]) ein leinwandgerechtes Bild präsentieren zu können. Wie präzise Süskind und Dietl das Zusammen-

---

103 Zur Todsünde der (Neu-)Gier; vgl. Flusser, Vilem: Die Geschichte des Teufels. Göttingen 1993, S. 107 ff.
104 Strauß, Botho: Der Kongreß. Die Kette der Demütigungen. München 1989, S. 153.
105 Vgl. "[..] mein Buch [..]" (Ros: 38); "[..] Ihr Buch [..]" (Ros: 75)
106 Ein System Literatur beginnt erst dann sich funktional auszudifferenzieren, wenn

spiel von bildlicher Ikonographie und sprachlicher Intertextualität einsetzen, wird gerade an dem Szenenphoto deutlich, das auch in Hörischs Text abgedruckt wurde.[107] Jakob auf seiner Leiter, der für Serafina (das engelsgleiche Wesen) ein Buch herab auf die Erde holt. Obwohl sich Süskind in der erwähnten Passage darüber beklagt, wie schwer es sei, auch nur ein so kleines Wörtchen wie "ach" (Dreh: 227) mit kinematographischen Mitteln darzustellen, so ist ihm mit dieser einen kurzen Sequenz ein unauffälliges Meisterwerk gelungen: Er setzt bildlich um, was den Begriff des 'ach' semantisch so interessant macht; jenes Wort, "das in der deutschsprachigen Literatur so notorisch anzeigt, wie schwer es das poetische Medium Sprache hat, [..] auszudrücken, was wir uns vorstellen."[108]

Die Verbindungsleiter, die den Übergang zwischen ideeller und stofflicher Welt im Traum Jakobs (1. Mos. 28, 12) sichert, erweist sich in der filmischen Realität als höchst brüchig. Windisch wird schon beim Verfassen seiner Widmung Probleme mit diesem Übergang haben - der verliebte Dichter will Serafina eine italienische Fassung der 'Loreley' widmen, denn sie hat

" ...dieses wirklich serafische Lächeln... wenn ich ihr auf dieses Lächeln in meiner Sprache antworten will, dann versteht sie es nicht... und in ihrer Sprache kann ich es nicht..." (Ros: 38)

Heikel ist die Transformation also in mehrerer Hinsicht - erstens, weil es eine Übersetzung aus einer Sprache in die andere ist. Zum zweiten will Windisch eine innere seelische Zuneigung ins Außen der sprachlichen Zeichen transformieren. Und drittens ist auch Windisch klar, daß er versucht, mit den toten Buchstaben der geschriebenen Sprache in eine hoffnungslose Konkurrenz zu der lebendigen (weil vorsprachlichen) Sprache Serafinas zu treten: Denn

" ...das ist ja gerade das Reizende an dieser Frau, daß sie sich so souverän in der Körperlichkeit und Gestik ausdrückt..." [Ros: 37][109]

Windisch verstrickt sich hier in der paradoxen männlichen Projektion von einer 'natürlichen' Körpersprache der Frau, die gleichzeitig unmateriell bleiben soll - also nichts mit dem tatsächlichen Frauenkörper zu tun haben darf. Weil Serafina aber eine reale Frau mit einem ebenso realen

---

geschriebene Texte sowohl technisch reproduziert als auch massenhaft distribuiert werden.
[107] Hörisch (1999): S. 196.
[108] Hörisch (1999): S. 259.
[109] Nicht verfilmte Drehbuchpassagen werden mit eckigen Klammern bei der Seitenangabe markiert.

Begehren ist, wird sowohl der Wunsch der Frau nach dem Körper des Dichters als auch der Wunsch des Schriftstellers nach der Frau als einem engelhaften, d.h. unkörperlichen Wesen enttäuscht: Die wunderbare Nacht, welche die Bedienung geplant hat, versetzt Windisch - der sich in der trügerischen Vorstellung einer platonischen Mütterlichkeit sicher gefühlt hatte - in heillose Panik:

> " 'Bitte keinen Realismus' - und das heißt, um es im [..] medienanalytisch präzisen Italienisch von Windisch zu sagen: kein Audio und kein Video. Das Medium Sprache ist nicht realismustauglich."[110]

Diesem (enttäuschten) Wunsch des Literaten auf einen körperlosen Frauenkörper stehen die Wünsche seines Lesepublikums komplementär gegenüber. Es wird klar, daß seine Bestsellerprosa nur deshalb eine so erfolgreiche Projektionsfläche vom Links-Feminismus bis zum Neo-Nationalismus werden konnte, weil er selbst seinen Körper so erfolgreich vor dem Zugriff der Öffentlichkeit verborgen hatte. Es ist kein Zufall, daß es gerade sein Körper ist, den sowohl die Journalistin Charlotte Sanders wie auch die Kellnerin Serafina begehren - die Körperlichkeit des Autors wird verlangt, um ein sinnliches Äquivalent zum unsinnlichen Sinn der sprachlichen Ergüsse zu erhalten. Jakob Windischs Buch bündelt die Wünsche der ihn umgebenden Personen, aber eben nicht als Text sondern als kinematographischer Katalysator:

Was der potentielle Regisseur, Produzent, Hauptdarstellerinnen, Journalistinnen und Banker von ihm wollen, ist eine Unter-Schrift, nicht seine Prosa-Schrift; so sehr sie sich auch alle von seiner Sprachmächtigkeit beeindruckt zeigen. Was die Begehrlichkeiten weckt, ist die Vorstellung, wie viel Geld und Starruhm bei der Verfilmung "des größten Bestsellers aller Zeiten" (Ros: 66)[111] auf alle Beteiligten abfallen würden, wenn tatsächlich "den Millionen Lesern des Buches noch Abermillionen Zuschauer des Filmes folgen [..]." (Ros: 94) Daher weist Jochen Hörisch zu Recht darauf hin, daß es schon fast als ein Leitmotiv von 'Rossini' gelten kann, wie oft das Buch etwas voreilig als Film[112] bezeichnet wird. Wogegen sich Windisch wehrt, ist der Versuch, seinen Roman 'Loreley' zu einem bloßen Übergangsstadium auf dem Weg zum Eigentlichen - dem Film - zu diskreditieren. 'Rossini' ist nach Hörisch ein

"Drehbuch, das die Transsubstantiation eines Buches in einen Film ausdrück-

---

[110] Hörisch (1999): S. 197.
[111] Zum GröFaZ und GröPaZ ist also jetzt auch noch der GröBaZ hinzugekommen!
[112] "*Fanny*. [..] Deine *Loreley* ist doch ein wunderschöne Film!" (Ros: 39) / "*Charlotte*: [..] ich will 'ne große Story machen mit Ihnen, jetzt, wo ihr Film verfilmt wird .. äh, Ihr Buch..." (Ros: 75)

lich zum Thema hat und ausdrücklich die eigentümliche Figur eines Dichters in seinen Mittelpunkt rückt."[113]

Gerade am Verhältnis Süskind - Windisch läßt sich zeigen, daß postmoderne Texte nicht mehr darauf abzielen, die Existenz eines schreibenden Subjekts zu konstituieren. Die Funktion des Autors wird zwar noch ironisch mitinszeniert, aber sie wird durchgestrichen. Süskind folgt der Strategie des n-1; d. h. auf allen Ebenen der Texte wird das vereinigende Symbolon abgezogen, so daß es keine Biographie in der Prosa, keinen einzelnen Drehbuchautor bei den Filmen, keine versteckte Psychoanalyse hinter den Texten gibt: Dem Ganzen (n) wird das Zentrum verweigert (-1).

Süskind folgt dem Diktum von Deleuze / Guattari, daß es darauf ankomme, die Vielheiten zu machen und sie nicht nur zu behaupten.[114] Die Texte verweisen nicht auf ihn als sprechendes Subjekt, in dem die Semiose ihr Ende finden könnte, sondern gehen auch nach dem Ur-Sprung als Verästelungen weiter. Der Ursprung wird nicht geleugnet, sondern als der Ur-sprung ironisch mitinszeniert und damit durchgestrichen / abgezogen. Nicht mehr die Sätze 'ich lüge' oder 'ich spreche', sondern das Spiel 'es wird erzählt' gibt die fundamentale Rahmung des Schreibens ab. Die Vielheiten des n-1 machen die Texte als Maschinerien lesbar, die sich an die bestehenden Diskurse ankoppeln, sich in sie einnisten. Auf der Inhaltsebene inszenieren Süskinds Texte die Genieästhetik, die narrativen Modelle, die biographischen Subjekte oder den Erzähler noch einmal, allerdings mit deutlicher ironischer Brechung. Durch ihre poetische Funktionsweise aber sind sie ebenfalls angeschlossen an die Orchester- und Musikmaschine, an die Riechmaschine, an die Geist- und Geldmaschine, an die Erziehungsmaschine; an die Verführungsmaschine, an die Zeitungsmaschine und an die Filmmaschine - wodurch sich dezentrale Formen des Erzählens herstellen lassen, deren Funktionsweisen im folgenden analysiert werden sollen.

3. Wechselspiel

Die Person des Bestsellerautors Jakob Windisch verschwindet hinter seinem vertausendfachten Buch ebenso, wie sich sein Roman 'Loreley' in Abermillionen Kinoereignissen auflösen soll. Das Drehbuch 'Rossini' vollzieht damit auch auf der Inhaltsebene eine reflexive Rückkopplung auf die Bedingung seiner formalen Existenz, denn für die Textsorte 'Dreh-

---

[113] Hörisch (1999): S. 203.
[114] Deleuze / Guattari (1997): S. 16.

buch' ist konstitutiv, daß sie eine merkwürdige Position zwischen Buch und Film, zwischen Schrift und Bild einnimmt. Zu ihr gehören Texte, die nach Paech im intermedialen Raum nur als eine "Differenz-Form des Dazwischen"[115] verortbar sind. Die besondere Qualität von 'Rossini' besteht gerade darin, daß Film und Buch diese Form der Intermedialität wiederum zum Inhalt haben, daß also die Indirektheit einer nur medial vermittelten Wahrnehmung in der intermedialen Situierung des Drehbuchs zwischen Text und Bild vorgeprägt wird - die Form des Mediums ist sein Inhalt:

Im Analyseteil von 'Der Kontrabaß' und 'Das Parfum' wurde insbesondere die Strukturierung von Weltdarstellung fokussiert, die auf einen Sinnlichkeitsbereich reduziert wird. Bei der Untersuchung von 'Rossini' soll dagegen in den Blick kommen, wie die auf der Inhaltsebene verwendeten Medien aufgrund ihrer technischen Funktionsweise das Handeln der Figuren bestimmen. Hier entsteht der Effekt einer aisthetischen Reduktion nicht durch den sinnlichen Defekt einer Figur, sondern durch die medialen Dispositive, in die die Figuren eingebunden sind. Es muß daher erstens nachgewiesen werden, daß Text und Film medial präfigurierte Weltsichten freisetzen, und zweitens soll analysiert werden, wie die Funktionsweise der medialen Apparate eingesetzt wird, um bestimmte Formen von Kommunikationsakten zu erzeugen.

Zunächst soll diese Struktur im Verhältnis zwischen dem / den Autor(en) und der (realen) Medienlandschaft untersucht werden. Im Anschluß daran wird analysiert, in welchem Ausmaß die Figurenentwürfe von literarischen und filmischen Mustern beeinflußt wurden. Inwieweit darüberhinaus auch das jeweilige kommunikative Handeln der Figuren von ihrer intermedialen Verortung abhängt, wird im letzten Teil der Arbeit untersucht.

3.1 Anwesende Abwesenheit

In 'Rossini' werden die Produktionsbedingungen des Films gerade auch durch die Inszenierung biographisch rückgebundener Autorschaft reflektiert. Die Wirkung dieser Verweise wird umso deutlicher, je stärker sie im Zusammenhang mit der Verweigerung von Autorschaft gelesen werden, die für Süskinds Verhältnis zu seinem übrigen Werk kennzeichnend ist, das hier zunächst in den Blick kommen soll. Gegenüber den literarischen Arbeiten bleibt Süskind ein abwesender Autor; er läßt sich nicht interviewen, kommentiert seine Texte nicht und gibt keine biographischen

---
[115] Paech (1998): S. 16.

Hinweise zur üblichen psychologischen Ausdeutung. Die (wohl auch kalkulierte) Folge dieser Absage an den dichterischen 'Geständnisimperativ' ist ein Textstatus, der dem Zustand der Anonymität / Pseudonymität sehr nahe kommt. Von dieser Regel gibt es nur wenige (der Marktkonformität geschuldete) Ausnahmen, wie die biographische Kurznotiz zum Erstabdruck von 'Der Kontrabaß', die sich bei einem ersten Auftritt vor einer größeren Lese- und Theateröffentlichkeit auch kaum vermeiden läßt. Süskind inszeniert darin ein Bekenntnis, das einen PR-technisch recht geschickten persönlichen Bezug zur Gestalt des Kontrabassisten herstellt: Auch er lebe in immer kleiner werdenden Zimmern, "die zu verlassen [ihm] immer schwerer" falle.[116] Wie distanziert und ironisch allerdings der Umgang Süskinds selbst mit diesen spärlichen Informationen ist, läßt sich an einer kleinen Episode aufzeigen, die James Markham in diesem Zusammenhang berichtete: Es sei ein familieninterner Scherz gewesen, daß "eine vom Vater ererbte Sehnenverkürzung des 5. Fingers"[117] Patrick Süskind vor einer weiteren Solokarriere als Pianist bewahrt habe;

> "[..] an injoke that he slipped wryly into the curriculum vitae. By the time this tongue-in-cheek fact reached the dust jacket writers of his Italian publisher, Süskind had been elevated to an accomplished pianist who had 'studied in the conservatory.' [..] 'This is all very embarrassing,' said the author, savoring the joke."[118]

Vor der Folie dieses Amüsements über die verschlungenen Wege der Kolportage werden auch andere Details in Süskinds Texten als ironisches Spiel lesbar; insbesondere 'Die Geschichte von Herrn Sommer' scheint eine großangelegte literarische Umsetzung dieser wenigen, in der biographischen Notiz preisgegebenen Informationen zu sein. So habe Patrick Süskinds Klavierausbildung "in den Händen von Frl. Traudl Schulze, Ambach"[119] gelegen, was in der Geschichte folgende genauere Ausarbeitung erfährt;

> "... diese Klavierlehrerin hieß Marie-Luise Funkel, und zwar *Fräulein* Marie-Luise Funkel. Auf dieses 'Fräulein' legte sie allergrößten Wert [..]." (Som: 68)

In der Notiz werden auch die Sonaten "zu vier Händen von Anton Diabelli"[120] erwähnt, die der Erzähler mit Fräulein Funkel ebenfalls "vierhändig" (Som: 84) spielen muß. Daß auch der Ich-Erähler seine Kindheit in den fünfziger Jahren verbringt und daß Ambach, wie auch das fiktive Unternsee an einem See liegt, kann ebenfalls angemerkt werden.

---

[116] Süskind: n.n. (1981): S. 42.
[117] Süskind: n.n. (1981): S. 42.
[118] Markham (1986): S. 16.
[119] Süskind: n.n. (1981): S. 42.
[120] Süskind: n.n. (1981): S. 42.

"Herr Sommer ist deshalb nicht zu uns in den Wagen gestiegen, weil ich ein Stereotyp[121] verwendet habe." (Som: 43)

So die Befürchtung des Vaters, dessen Charakterisierung als Pferdeliebhaber, Nicht-Fernseher und Sprachwächter auch insofern interessant ist, als die These durchaus haltbar scheint, daß Patrick Süskinds Vater Wilhelm Emanuel Süskind als Schriftsteller, Journalist und Verfasser verschiedener Sprachlehren[122] dieser Figur als Vorbild gedient haben könnte. Wenn auch ein spielerischer Umgang mit solchen biographischen Puzzlestücken eigene Reize birgt, so ist es aber doch nicht zulässig, daraus Rückschlüsse auf die Person des Autors oder dessen familiäre und künstlerische Sozialisation zu ziehen. Dessen ungeachtet bewerten Frizen / Spancken nicht nur (wie ja auch schon andere Interpreten[123]) den einzigen deutlich gesprochenen Satz Herrn Sommers ("Ja so laßt mich doch endlich in Frieden!" (Som: 39)) als versteckte Aussage des Verfassers selbst, sondern sie deuten auch prinzipiell das oft schwierige Verhältnis, das Süskinds Helden zur Musik haben, biographisch als ein Trauma der Person des Autors:

> "Wenn also Patrick Süskind in seinen Werken um die Kunst, das Werden des Genies und um das Scheitern des Genies kreist, so ist die Vermutung zulässig, daß sich darin die frühe Erfahrung künstlerischen Versagens ebenso widerspiegelt wie der Protest gegen den Vater."[124]

Notwendige Voraussetzung solcher Interpretationen ist allerdings die Annahme, daß Verknüpfungen dieser Art gegen den Willen des Autors aufgedeckt würden, daß sie ihm 'unterlaufen' seien und es der detektivischen Findigkeit der Kritiker zu verdanken ist, daß sie nun ans Licht kommen. Im speziellen Fall von Patrick Süskind ist es aber im Gegenteil mindestens so wahrscheinlich, daß er das über ihn bekannte biographische Material dazu benutzt, um psychologisierende Bezüge auf sein Werk selbst herzustellen und aufgrund der dürftigen Faktenlage auch unter Kontrolle zu halten. Wie sich an seinem Amusement über verfälschende Gerüchte zeigt,[125] weiß Patrick Süskind zumindest teilweise, welche Informationen über ihn im Umlauf sind, was die Lesenden über seine Person zu wissen glauben und was sie tatsächlich wissen können. Mit diesen

---

[121] Süskind, W[ilhelm] E[manuel]: Woher kommen die schiefen Bilder? In: ders.: Vom ABC zu Sprachkunstwerk. Eine deutsche Sprachlehre für Erwachsene. Stuttgart 1953, S. 32 ff.
[122] Süskind, W. E. / Sternberger, Dolf / Storz, Gerhard: Aus dem Wörterbuch des Unmenschen. Hamburg 1957. / Süskind, W. E.: Dagegen hab' ich was. Sprachstolpereien. Stuttgart 1969.
[123] Vgl. Matzkowski (1994): S. 11. / Delseit / Drost (2000): S. 46.
[124] Frizen / Spancken (1996): S. 8.
[125] Vgl. Markham (1986): S. 16.

Fragmenten spielen seine Texte, sie verwerten den öffentlichen Teil seiner Biographie und verwischen die schwierig zu ziehende Grenze zwischen Fakt und Fiktion zusätzlich.

Auch das ironische Spiel mit Edith Liehr, im Jahre 2025 werde er offenbaren, wer er tatsächlich sei, gehört mit in diese Kategorie.[126] Vorbild dieser Verweigerungshaltung könnte etwa Michel Foucault gewesen sein, der (als 'maskierter Philosoph') in einem anonym gegebenen Interview vorgeschlagen hat, man solle ein Jahr lang nur noch "Bücher ohne Autornamen veröffentlichen."[127] Eine Folge solch einer 'De-Nominalisierung' wäre, daß weniger voreingenommene Textlektüren möglich würden. Andererseits macht das Gedankenexperiment die Implikationen des Autorbegriffs deutlich, der als Ordnungskategorie im literarischen Dispositiv wirksam ist, wie sie Foucault insbesondere in seinem Text 'Was ist ein Autor?' beschrieben hat:

> "Und wenn infolge eines Mißgeschicks oder des ausdrücklichen Autorwillens uns der Text anonym erreicht, spielt man sofort das Spiel der Autorsuche. Literarische Anonymität ist uns unerträglich; wir akzeptieren sie nur als Rätsel."[128]

Patrick Süskinds literarische Reaktion darauf, daß das bürgerliche Subjekt der Schreibenden zweifelhaft geworden ist (daß 'der Autor tot ist'[129]), besteht aber nicht darin, sich hinter keinem oder einem falschen Namen zu anonymisieren. Statt dessen benutzt er seinen 'echten' Namen 'Patrick Süskind' als Maske, indem er biographistische Zuschreibungen auf seine benennbare Person zwar scheinbar zuläßt, sie aber durch ihre Offensichtlichkeit immer wieder ironisch unterläuft. Mit dieser doppelbödigen Verweigerung gegenüber gängigen Vorstellungen von Autorschaft liegt Patrick Süskind gewissermaßen im Trend einer deutschsprachigen Gegenwartsliteratur, deren Autoren und Autorinnen sich selten über ihre Person und noch seltener über ihre Nation äußern wollen, was auch als ein Zeichen für ein funktional ausdifferenziertes, gesellschaftliches System Literatur gelesen werden kann. Auch Süskind

> "tritt als Person nicht in Erscheinung, öffentliche Auftritte oder gar die Teilnahme an politischen Diskussionsveranstaltungen sind ihm ein Greul - ebenso

---

[126] Vgl. Lier (1985): S. 72.
[127] n.n. (Foucault, Michel): Der maskierte Philosoph. Gespräch mit Christian Delacampagne. In: Barck, Karlheinz / u.a. (Hgg.): Aisthesis. Leipzig 1990, S. 6.
[128] Foucault, Michel: Was ist ein Autor? In: ders.: Schriften zur Literatur. München 1974, S. 19.
[129] "Der *Autor* ist eine moderne Figur, die unsere Gesellschaft hervorbrachte, als sie [..] den Wert des Individuums entdeckte - oder, wie man würdevoller sagt, der 'menschlichen Person'." (Barthes, Roland: Der Tod des Autors. In: Jannidis (2000): S. 186.)

wie anderen erfolgreichen Schriftstellern deutscher Sprache, die in den achtziger Jahren und danach als Erzähler Furore gemacht haben [..]."[130]

Von Literaten wird im allgemeinen nicht mehr erwartet, daß sie berichten, wie sie selbst leben und schon gar nicht, daß sie uns sagen, "wie zu leben sei."[131] Spannenderweise hat sich aber gerade Patrick Süskind doch einmal in die politische Diskussion mit einem längeren Essay zur deutschen Wiedervereinigung eingemischt.[132] Darin berichtet er über verschiedene Schläge ins Kontor seines "historisch-politischen Selbstverständnisses und Selbstbewußtseins" (Deu: 119), wobei als besonderer Schock ein Trinkspruch Helmut Kohls erlebt wird:

" 'Auf Deutschland!' Mir blieb die Spucke weg. Bis dato hatte ich noch nie einen Menschen auf Deutschland trinken sehen." (Deu: 119)

Allgemeines Thema des Essays ist die Generationenfrage nach der Wende, wobei Süskind sich selbst einer Generation zurechnet, die er als die "40jährigen Kinder der Bundesrepublik" (Deu: 123) bezeichnet und die nun von den Jüngeren überholt werde, deren Weltbild und -kartographie noch nicht so gefestigt ist. Andererseits würde sie aber auch (was schlimmer ist) von einer Generation der Greise übertrumpft, die zu neuer Höchstform auflaufen:

"Die Polit- und Kulturgreise der Kriegs- und Vorkriegsgeneration, von Stefan Heym über Willy Brandt bis hin zum Junggreis Augstein! Als hätte man ihnen eine Dopingspritze eingestochen, so kregel stürzen sie sich ins Geschehen [..] und benehmen sich alles in allem vollkommen ungreisenhaft." (Deu: 123)

Diese Formulierung hat den Widerspruch Martin Walsers nach sich gezogen, der glaubte, Rudolf Augstein vor der Einstufung in ein verfrühtes Greisentum verteidigen zu müssen:

"Deutschland ist nicht dazu da, meine Probleme zu lösen. Auch nicht die des Patrick Süskind. Muß er deshalb Augstein, der anderer Meinung ist, *frühvergreist* nennen?"[133]

Daraus hat sich zwar keine weitere Debatte entsponnen,[134] es soll aber doch angemerkt werden, daß Süskind bereit und in der Lage war, eine

---

[130] Hage (1999): S. 252.
[131] Winkels, Hubert: Was ist los mit der deutschen Literatur? In: Die Zeit (2. 3. 1990), S. 79.
[132] Erstabdruck im Spiegel; kurz darauf erschienen im Buch: Süskind, Patrick: Deutschland, eine Midlife-crisis. In: Wickert, Ulrich (Hg.): Angst vor Deutschland. Hamburg 1990, S. 111 ff.
[133] Walser, Martin: Was erwarten Sie von Deutschland, was wünschen Sie dem vereinten Land? In: Die Zeit (5. 10 1990), S. 51.
[134] Obwohl Walser seine Kritik zehn Jahre später nochmals selbst zitiert. / Vgl. Walser,

politische Standortbestimmung vorzunehmen, auch wenn die Positionierung im Wendegeschehen eher etwas ratlos melancholisch ausfällt.

3.2 Inszenierter Biographismus

Während sich Patrick Süskind bei seinen literarischen 'Soloprojekten' einer reibungslosen Funktionalisierung seiner Autorschaft durch den Literaturbetrieb entgegenstellt, muß bei den Drehbüchern eine andere Strategie angewendet werden. Denn bei Filmvorlagen kümmert es tatsächlich niemanden, wer spricht, weil Drehbücher nicht über den individuellen Autordiskurs funktionieren, sondern meist innerhalb einer kapitalistisch koordinierten, industriell kollektiven Produktionsmaschinerie erstellt werden. Anstatt den Textursprung zu verschleiern, sind die Autoren daher gezwungen, ihre Spuren im Endprodukt Film beständig inszenatorisch in Erinnerung zu rufen: Die Strategie der biographischen Bezugspunkte, die Patrick Süskind in den literarischen Arbeiten als 'Lesefallen' ironisiert, wird ins Medium Film übertragen. Und zwar dergestalt, daß in die Drehbücher 'Sehfallen' eingebaut sind, die eine Art biographistischen Deutungsreflex beim Publikum auslösen sollen.[135]

Diese Strategien bezüglich der Textproduktion können als irritierende Verkehrung der Verhältnisse zwischen Film und Literatur angesehen werden: Während sich Süskind dem literarischen Betrieb verweigert und damit gegenüber den Texten anwesend-abwesend bleibt, wird das Drehbuch als der Ort des Filmursprungs von Süskind / Dietl in eine abwesende Anwesenheit verwandelt. Zu den Serien und dem Kinofilm 'Rossini' sind nicht 'Bücher zur Serie' / 'Bücher zum Film' erschienen, sondern tatsächlich die Drehbücher. Die Anonymität der Drehbuchautoren verschiebt sich in den Bereich der Literatur, während die Autorfunktion vom Feld der Literatur auf den Film übertragen wird. In 'Monaco Franze', 'Kir Royal' und 'Rossini' werden zwar gleichermaßen biographische Bezüge inszeniert, im Fall von 'Rossini' steigert sich dies allerdings in einem Ausmaß, daß davon nur noch eine ironisierende Wirkung ausgeht. Eine Strategie literarischer Bezugnahme auf biographische Details, wie sie in 'Die Geschichte von Herrn Sommer' vorherrscht, wird hier derart auf

---

Martin: Kleine Umfrage unter Dichtern zur deutschen Einheit, nach zehn Jahren wiederholt. In: Die Zeit (28. 9. 2000), S. 44.
135 Einer der Gründe, warum Süskind und Dietl als Autoren ihrer Film- und Fernsehproduktionen im Publikumsbewußtsein präsent geblieben sind, liegt wohl darin, daß sich das Spiel mit der Neugierde auf die realen Personen hinter den Figuren auch sehr erfolgreich auf die Autoren der Drehbücher ausdehnen läßt.

die Spitze getrieben und auf eine nicht mehr zu übersehende Weise in den Vordergrund gestellt, daß Autorenschaft in bezug auf den Film funktional neu bestimmt werden muß.

Ein wichtiger Unterschied zwischen den Drehbüchern und den literarischen Texten liegt dabei in der präzisen Kontrolle der Bezüglichkeiten: Die biographische Notiz wurde von Süskind selbst verfaßt und kommt mit einem minimalen Corpus an Informationen aus, die Stück für Stück in die literarischen Texte eingebaut und verarbeitet werden können. Bei den Filmen sind solche Kontrollmechanismen nicht aufrechtzuerhalten, da zu viele Personen daran beteiligt sind, zu viele Geschichten über die realen Beziehungsgeflechte der typisierten Personen in Umlauf gebracht wurden und sich schon zu viele Mythen um die 80er-Jahre-Schickeria in München gebildet haben.[136] In ernstzunehmenden Rezensionen von 'Rossini' werden aus diesen Gründen die biographischen Bezüge zwar der Vollständigkeit halber erwähnt, aber mit der Einschränkung, die Filmfiguren seien ja nicht in erster Linie erdacht, "um mit Schadenfreude entschlüsselt zu werden."[137]

In diesem Zusammenhang muß auch die öffentliche Existenz Helmut Dietls gesehen werden, der sein Leben PR-strategisch zu reflektieren scheint, und als Präsentation des Skandalösen inszeniert. Auch hier wird die Biographie nicht versehentlich offenbart, und die realen Versatzstücke können keiner Hermeneutik des (psychologischen) Verdachts ausgesetzt werden, weil sie so demonstrativ präsentiert werden, daß sie nicht mehr als Subtext einer offiziellen Lesart zu entschlüsseln sind.[138] Nun steht zwar im Zuge der Arbeitsteilung des Autorenteams vor allem der Regisseur Helmut Dietl im Vordergrund; er ist derjenige, der interviewt wird und die Promotion macht - trotzdem wird auch Patrick Süskind in den meisten Fällen als Mitautor erwähnt.[139] Vor allem ist die Person des Autors auch ins Drehbuch und damit in den Film eingeflossen und bleibt so inszenatorisch präsent. Die Anwesenheit des Drehbuchautors wird aber ironischerweise gerade durch ein Spiel mit der realen wie filmischen Abwesenheit des Bestsellerautors erzeugt. 'Rossini' stellt mit Jakob Windisch eine ver-

---

[136] Vgl. n.n.: Im Rausch der weißen Nächte. In den Achtzigern feierte die Münchner Schickeria in der Diskothek 'P1' bizarre Feste. In: Der Spiegel (51) 1998, S. 120. / Vgl. Krausser, Helmut: Kapitel 4. *Nacktkehlglockenvögel.* In: ders.: Fette Welt. Reinbek 1999, S. 69 ff.
[137] Seidel (1997): S. 33.
[138] Vgl. Beyer, Susanne: Die Kränkung der Diva. In: Der Spiegel (16) 2000, S. 220 ff.
[139] "*Wieso brauchen Sie eigentlich immer so lange [für einen neuen Film]?* - Patrick (Süskind) und ich sind ziemlich genaue Arbeiter, wir sind nicht so leicht mit uns zufrieden." (Vahabzadeh, Susan / Dietl, Helmut: Gefangener im Turm des eigenen Anspruchs. In: Süddeutsche Zeitung (22. 1. 1997), S. 20.)

schrobene Dichterfigur ins Zentrum des Geschehens, die nicht nur dem literarischen Motiv des Sonderlings[140] geschuldet ist, sondern auch nur allzu deutlich die öffentliche Person des Patrick Süskind nachzeichnet, als deren Hauptmerkmal das Bemühen gesehen werden kann, nicht-öffentlich sein zu wollen. Obwohl beim fiktiven Windisch diese Eigenschaft derart überzeichnet dargestellt wird, daß sie ins Parodistische umkippt, wird auch er wie der reale Süskind als ein überaus "leidenschaftlicher Mann des Privaten"[141] dargestellt:

"   Ich will nichts erleben! Ich bin Schriftsteller!" (Ros: 122)

In 'Rossini' werden aber auch die allzu hartnäckigen Annäherungsversuche der verschiedenen Interessensgruppen (wie Banker, Fans und Journalistinnen) an den erfolgreichen Autor (die auch eher den Erfolg als den Autor meinen) mit spitzer Feder vorgeführt: So will sich etwa die Journalistin Charlotte Sanders von der 'Metropolitan' dem Meister "nur in tiefster Demut nähern" (Ros: 74) und sich dann aber weder mit Autogramm noch Interview zufriedengeben. Statt dessen wendet sie den schon in 'Das Parfum' beschriebenen kannibalistischen Trieb der Leserschaft[142] ins Autor-Erotische und nötigt den Poeten sexuell. Auch die vor Begeisterung quietschenden "Sparschweinchen" (Ros: 96) werden mit ihrem guten Gefühl, das sie beim Lesen der gefälschten Widmungen bekommen, bitterböse karikiert. Nun ist aber mit steigender Ausdifferenzierung des Systems der Massenmedien die Tendenz zur Re-Auratisierung von Kunst zu beobachten, die auch im Wunsch nach (vom Dichter) handsignierten und damit einmaligen Buchexemplaren Ausdruck findet: Aus diesem Grund existiert auch von 'Das Parfum' eine limitierte Auflage mit einer laut Verlag aber echten Unterschrift des Autors;[143] was im Fall von Patrick Süskind Seltenheitswert hat. Ob sich die Fälschung des Autogramms von Jakob Windisch auf diese Auflage oder überhaupt die Sitte des Signierens bezieht, bleibt offen. Motiviert wird das Fälschen in 'Rossini' damit, daß Oskar Reiter dringend den Beweis erbringen muß, daß er zumindest im Prinzip Zugriff auf das Autogramm von Jakob Windisch hat, soll dieser doch eine juristisch gültige Unterschrift unter einen Filmvertrag setzen. Zweifel kamen den Bankern deshalb, weil sie kurz zuvor erfahren haben, wie zurückgezogen der öffentlichkeitsscheue Autor der 'Loreley' lebe:

---

[140] Vgl. Mayer, Herman: Der Sonderling in der deutschen Dichtung. Frankfurt 1990.
[141] "[..] passionately private man." (Markham (1986): S. 16.) [Übers. F.D.]
[142] "Die moderne Literatur hat den Kannibalismus des Lesens immer wieder durch den Bruch mit dem Illusionismus und durch die Reflexivität ihrer Kunstmittel zu durchkreuzen versucht." (Böhme (1985): S. 29.)
[143] Süskind, Patrick: Das Parfum. Einmalige Sonderauflage mit 1738 Exemplaren in Leder gebunden und vom Autor signiert. Zürich 1988.

"   *Melk*: [..] Der sogar von seinem Verleger als unzugänglicher Sonderling bezeichnete Autor lebt zurückgezogen an einem geheimgehaltenen Ort im schottischen Hochmoor. Seit Jahren wurde er nicht mehr in der Öffentlichkeit gesehen. Fotos von ihm existieren nicht. Das einzige Bild, das es von Jakob Windisch gibt, ist ein nach Angaben von schottischen Schäfern durch einen Computer erstelltes Phantombild. Siehe oben links.
Melk hält Hopf und Weich den Zeitungsausschnitt vor die Nase, auf dem das Phantombild zu sehen ist. Man sieht einen Mann in Windjacke, der eine Schirmmütze mit Ohrenklappen trägt.
    Weich (fassungslos): Phantom..." (Ros: 63 f.)

Dies ist offenkundig eine Persiflage auf einen echten Artikel über Patrick Süskind, wobei interessanterweise an dieser Stelle nicht viel Übertreibung notwendig war. Geändert werden mußte lediglich, daß das 'Phantom' als Bild und nicht im Titel erscheint; denn die Überschrift der 'Enthüllungs'-Geschichte zweier Stern-Reporter lautete: 'Das Versteck des Phantoms'. Süskind wurde auch nicht im schottischen Hochmoor, sondern im Languedoc aufgespürt, wo die Reporter ebenfalls die Einheimischen über den neuen Dorfbewohner befragten, um ihrer Leserschaft die (gerade in dörflichen Milieus üblichen) Klatschgeschichten weiterzugeben. Ein Phantombild mußten die Journalisten allerdings nicht anfertigen lassen, konnten sie doch ein Bild des Phantoms vom "gegenüberliegenden Hügel"[144] aus knipsen. Auf diese Photographien ihres Opfers sind sie stolz wie auf einen seltenen Fund: Süskind weigere sich

"seit Jahren fotografiert zu werden. Ohne Angst vor Entdeckung kann Noface Süskind [..] in seinen Stammrestaurants 'Katzelmacher' und 'Romagna Antica' speisen."[145]

Nun ist erstens aus der Weigerung, sich photographieren zu lassen, schwerlich ein moralischer Vorwurf zu konstruieren. Zweitens wird die Sachlage auch stark verzerrt, sind doch immerhin 5 verschiedene Photographien des Autors im Umlauf, die wohl jeweils anläßlich des Erscheinens größerer Texte autorisiert wurden.[146] Ein erstes schönes inszenatorisches Detail ist dabei die "charakteristische Schirmmütze" (Ros: 70) Jakob Windischs, die auch Patrick Süskind auf dem Pressefoto zu 'Rossini' trägt.

---

[144] Michaelsen (1991): S. 43.
[145] Michaelsen (1991): S. 43. / Die im Rossini sitzenden Banker wären nach der Lektüre des realen Artikels also über das Erscheinen des Dichters nicht mehr ganz so erstaunt gewesen - vorausgesetzt auch ihnen wäre der 'wirkliche' Name des Rossini bekannt.
[146] 'Der Kontrabaß': Theater heute (11) 1981, S. 42. / 'Das Parfum': Der Spiegel (10) 1985, S. 237. / 'Die Taube': Der Spiegel (12) 1987, S. 249. / 'Die Geschichte von Herrn Sommer': Der Spiegel (43) 1991, S. 299. / 'Rossini': Der Spiegel (4) 1997, S. 168.

Damit wird einerseits auf den Filmdichter Windisch und andererseits auf den Stern-Artikel verwiesen, in dem auch kolportiert wird, Süskind stülpe sich bei Sonne "kuriose Schlapphüte"[147] über. Ein zweites wichtiges Accessoire Windischs ist das Fahrrad, mit dem er "aus der Konradstraße" (Ros: 67) ins Rossini fährt. Die Leidenschaft für dieses Fortbewegungsmittel teilt er mit dem Ich-Erzähler der 'Geschichte von Herrn Sommer', der ebenfalls "ein begeisterter Radfahrer" (Som: 112) geworden sei. Auf die Spitze getrieben wird dieses Spiel mit der eigenen Rezeptionsgeschichte durch folgenden (im Film gestrichenen) Insiderwitz:

> "Während die drei Bankiers ihre Nachspeise löffeln, liest Melk seinen Kollegen aus der 'New York Times' vor.
> *Melk*: ['New York Times Book Review' vom letzten Wochenende. Hat mir meine Frau ausgeschnitten.] (zitiert) 'Windisch refuses film rights of bestselling novel'..." (Ros: 63)

Ein interner Scherz liegt hier aller Wahrscheinlichkeit nach in der Hinsicht vor, daß von Pokern etwas ungenau behauptet wird, daß Patrick Süskind "in einem Interview mit einer New Yorker Zeitung"[148] Reich-Ranikkis Deutung von 'Das Parfum' bestätigt habe; eine Aussage die auch von Frizen / Spancken[149] übernommen wurde, ohne daß eine genauere Quellenangabe gemacht würde. Somit könnte formuliert werden, daß der Zeitungsartikel über das Phantom selbst als Phantom durch die Sekundärliteratur geistert. Tatsächlich hat Süskind das vom International Herald Tribune gedruckte Interview dem Korrespondenten der New York Times gegeben. Die genaue Literaturangabe findet sich erst bei Delseit / Drost[150] und von einer Verfilmung des Romans ist auch nur am Rande die Rede:

> "His publisher, Daniel Keel, said that [..] the author was personally overseeing the movie rights."[151]

Nach Urs Jenny haben Dietl / Süskind für das 'Rossini'-Drehbuch im Handlungsstrang um die Verfilmung des fiktiven Bestsellers 'Loreley' zwei reale Filmprojekte versatzstückartig mit eingebaut; neben dem "Gezerre um 'Die unendliche Geschichte', [auch] Eichingers Versuche, Süskind die Filmrechte an seinem 'Parfum' abzuluchsen [..]."[152] Zwischenzeitlich gab es eine schöne Presseente, daß nämlich Helmut Dietl tatsächlich eine

---

[147] Michaelsen (1991): S. 46.
[148] Pokern (1988): S. 75.
[149] Frizen / Spancken (1996): S. 14.
[150] Delseit / Drost (2000), S. 47.
[151] Markham (1986): S. 16.
[152] Jenny (1997): S. 165.

'Loreley'-Verfilmung plane, mit Veronika Ferres in der Hauptrolle![153] Statt dessen kam aber zuerst 'Late Show' (BRD, 1999),[154] dann die Trennung von Dietl / Ferres[155] und nun haben sich seit einer Pressemitteilung der 'Constantin Film' vom 9. 1. 2001, daß die Verfilmung von 'Das Parfum' von Bernd Eichinger produziert wird, weitere Spekulationen hinsichtlich einer Kinoversion des realen Bestsellers erübrigt.[156] Ein weiteres bekanntes Detail der Realität, mit dem 'Rossini' spielt, ist der außergewöhnlich große internationale Erfolg, den 'Das Parfum' hatte, das als deutschsprachiger Roman in mehr als 35 Sprachen übersetzt wurde - eine seltene Eigenschaft, die er sich mit der fiktiven 'Loreley' teilt, von der sich in Windischs Wohnung wie in einem Bücherlager "die verschiedensprachigen Ausgaben seines Buches" (Ros: 35) stapeln und dessen "dreihundert Millionen Leser weltweit" (Ros: 67)[157] die Phantasie der Banker so sehr anregt; wobei die internationale Kompatibilität des Bestsellers auch gleich übertriebene Herrschaftsphatasien erzeugt, in denen die Deutschen

" den Amis in Hollywood ein für allemal das Lebenslichtlein aus blasen! [..] Und zwar weltweit!" (Ros: 95)

Allerdings sind sich über die herausragende literarische Qualität des Romans 'Loreley' praktisch alle Figuren in 'Rossini' einig. Lediglich über die kulturelle Einordnung dieses Werturteils bestehen große Differenzen, etwa zwischen der Journalistin Charlotte Sanders und dem Ehepaar Ledersteger, das versucht, die 'Loreley' nationalistisch zu funktionalisieren:

" *Ledersteger:* Die deutsche Literatur hat durch Sie wieder Weltgeltung errungen. [..] Sie brauchen sich vor mir nicht zu verstellen! Meine Frau und ich, wir wissen schon, wie Sie's gemeint haben! Ende der Bescheidenheit! Wir sind wieder wer. Respekt! Und entschiedenen Gruß!" (Ros: 101)[158]

Liest man diese Phrasen auf der textinternen Folie der Annäherungsversuche von Charlotte Sanders, wird sichtbar, wie genüßlich hier mit der möglichen Deutungsvielfalt gespielt wird, die gerade die mehrfach codierten

---

[153] Vgl. n.n.: Lust auf Lore. In: Der Spiegel (46) 1998, S. 261.
[154] Vgl. Thoma, Helmut: Tri-tra-trullala. In: kultur Spiegel (3) 1999, S. 10 ff.
[155] Vgl. Mussal, Bettina: Schneewittchen spielt sich frei. In: Der Spiegel (9) 2000, S. 138 ff.
[156] Leider wurden bisher weder Regisseur noch Drehbuchautor(en) bekannt.
[157] Mehr Leser habe nur noch "die Bibel." (Ros: 67) / Vgl. hierzu den medientheoretisch höchst amüsanten Dialog aus 'Monaco Franze':
"MONACO *setzt sich und nimmt einen alten lederbundenen Folianten in die Hand.* Des is ja die Bibl, Spatzl. ANNETTE. Das weiß ja niemand. Hauptsache, du liest ein Buch!" (Mon: 43)
[158] Dieser Ausflug ins deutschnationale Spießertum, dem die Loreley 'heilig' ist, kann auch sehr produktiv auf der Folie von Süskinds Essay zur deutschen Wiedervereinigung und ihrer Folgen gelesen werden.

Romane der Postmoderne freisetzen können, indem sie den verschiedenen Wunschbildern ihrer Leserschaft als Projektionsfläche dienen. Die Universalität, mit der diese Rückspiegelungen (mit allen kalkulierten Verzerrungseffekten) funktionieren können, läßt sich anhand einer längeren, aus dem Film gekürzten Passage gut aufzeigen, in der Charlotte Sanders ihre Begeisterung für den Text begründet. Sie formuliert ihr Urteil mit ebenso hohlen Phrasen wie Herr Ledersteger, lediglich von der entgegengesetzten Seite des politischen Spektrums her, was es aber nicht besser macht: Sie sei wie besoffen gewesen von

> "   dieser subtilen... feingesponnenen Ironie... dieses darunter- und darüberliegende Gebäude von... philosophisch-politischer Unterfütterung... ich meine, geben Sie's doch zu, dieses Buch *Loreley* ist doch ein knallharter Schlag vor den Latz des deutschnationalen Spießertums... die 'jüdische Hexe Loreley'... ach, Sie wissen gar nicht, was Sie da geschrieben haben!" [Ros: 75]

Auch die Journalistin nimmt für sich in Anspruch zu wissen, was der Schriftsteller mit seinem Text im Sinn gehabt habe, wie der Text gemeint sei und deutet jeden Widerspruch als bloße Verstellung. Falls hier die Äußerungen karrikiert wurden, mit denen sich Patrick Süskind in bezug auf 'Das Parfum' üblicherweise konfrontiert sieht, wäre es tatsächlich verständlich, wenn er Gespräche über seine Bücher im allgemeinen ablehnt.[159] Trotzdem kann der Kontrast zwischen dem Urteil der Journalistin und dem Lederstegers auch als eine selbstironische Volte über Bestsellerprosa gelesen werden. Außerdem ist die Begeisterung über 'Loreley' nicht ganz einhellig – wenn auch 'nur' der Lyriker Kriegnitz die Rolle des einsamen Mahners gegenüber der (ökonomischen) Macht des Medienverbunds Bestseller- und Filmindustrie übernimmt:

> "   So schlecht kann der Film doch gar nicht werden, daß ihn nicht jedes Arschloch sehen will! Ist doch immer dasselbe Rezept bei euch Großkunstfabrikanten: Der eine leiert sich seine parfümierte pseudoliterarische Quarkspeise aus seinen lahmen Lenden [..] und hinten scheißt der Goldesel die Dukaten in die Bank!" (Ros: 79)

Und am Schluß des Films wird das Urteil über Windischs Prosa nochmals bekräftigt, die als "parfümierter Pudding" (Ros: 130) bezeichnet wird – so daß die Anspielung auf 'Das Parfum' so überdeutlich gemacht wird, daß die Kontrastierung von Film und Realität als genau kalkuliertes Funktionsprinzip gesehen werden muß, das integraler Bestandteil der Drehbuchstruktur ist. Die Biographie des Bestsellerautors, die in 'Rossini' abgebildet

---
[159] Michaelsen (1991): S. 46.

wird, verleiht aber dem Film gerade keinen Halt in der authentischen Darstellung eines Subjektinneren, sondern funktioniert als ein Spiel mit den oberflächlichen Versatzstücken, die von der Person bekannt sind. Damit wird im Gegenteil die Stabilität der textinternen Figurenkonstellation aufgebrochen und in die unsicheren Regionen der Mythen aus den Gesellschaftskolumnen überführt.

Dies gilt aber nicht nur beim Vergleich des fiktionalen und des realen Autors, sondern bestätigt sich auch bei einer Analyse der anderen Figuren des Drehbuchs. Dabei zeigt sich ebenfalls, daß das poetische Verfahren sich nicht darin erschöpft, den Figuren einen biographischen Real-Hintergrund zu geben, sondern daß ihr Handeln immer auch von einem starken intertextuellen Horizont bestimmt wird. Obwohl Süskind nach eigener Aussage "keine Typen, sondern Charaktere" (Dreh: 240) schaffen wollte, werden die Vorbilder der Figuren so dominierend, daß stellenweise mindestens von einer Typisierung gesprochen werden muß. Stammgästen und Personal ist gemeinsam, daß sie präzise eingeführt werden sollen:

" 'Seht her und glaubt es mir: Ich bin der Wirt!' " (Dreh: 211)

Dies sei der einzige Satz, den Paolo Rossini filmisch zu seiner eigenen Exposition sprechen müsse. Entsprechend können auch die anderen Vorstellungsfloskeln von Patrick Süskind nachträglich formuliert werden - wobei in dieser Aufzählung deutlich wird, wie sehr die Charaktere der Figuren auch als Charaktermasken einer modernen Commedia dell'arte funktionieren:

"Ich bin ich, Charlotte Sanders, Journalistin, manntoll und geschieden! Nicht anders war es bei den Figuren des Doktor Gelber ('Ich bin ein Schönheitschirurg!'), des Uhu Zigeuner ('Ich bin ein magenkranker Komödienregisseur!'), des Oskar Reiter ('Ich bin der große Filmproduzent!') usw." (Dreh: 210)

3.3 Menschen im Lokal

In 'Rossini' wird also nicht nur der Autor Jakob Windisch, sondern auch ein Großteil des restlichen Figureninventars intertextuell determiniert. Insbesondere ist dabei an den sozialen Kontext der 'Filmwelt' zu denken, innerhalb dessen mit bestimmten Berufen starke Vorurteile und Erwartungshaltungen an das individuelle Handeln verknüpft sind: Das kulturelle Paradigma des Produzenten ruft etwa das Bild eines knallharten Machers auf, während mit dem Beruf des Regisseurs eher ein künstlerischer Typus verbunden ist. Ein für beide Sparten gültiges Klischee ist dagegen der ihnen zugeschriebene Hang, die eigene professionelle Machtstellung auszunutzen, um sich private sexuelle Wünsche zu erfüllen. Dabei kann nicht endgültig entschieden werden, ob sich diese Bilder stärker aus der Realität speisen oder selbst schon filmische Typen sind. Im Fall des Produzenten 'Oskar Reiter' lassen sich ebenso Hinweise auf die öffentliche Person eines Bernd Eichinger wie auf den Kinomythos Monroe Star ('Der letzte Tycoon') finden;[160] von Kriegnitz wird er einmal sogar explizit als "Tycoon" (Ros: 68) bezeichnet. Die Figur des 'Uhu Zigeuner' dagegen verweist sowohl auf fiktive Regisseure wie Fellinis 'Guido' aus '8 1/2'[161] wie auch auf Helmut Dietl selbst. Auch Süskinds Bericht aus der Schreibwerkstatt macht klar, daß sich die Arbeiten an 'Rossini' von der ersten Phase der Konzeption an im intertextuellen Raum der Kinogeschichte bewegten. Eine erste Vergleichsmöglichkeit ergibt sich aber weniger über einzelne Figuren als durch den Handlungskern 'Stammgäste im Restaurant', denn dieser bringt 'Rossini' mit dem Genre des Gruppenfilms und dessen Dramaturgie in Verbindung:

"- Und [..] am Allerwichtigsten wäre, daß wir endlich mal von dieser Klipp-Klapp-Dramaturgie wegkommen, mehr so Richtung Altman.
- Genau. Und Buñuel.
- Genau. Und Woody Allen.
- Genau. Und ein bißchen Fellini. Aber nicht zuviel." (Dreh: 204 f.)

Der Einfluß Fellinis ist deutlich zu spüren, insbesondere der Charakter von 'Rossini' als Film einer bestimmten Gesellschaftsschicht verbindet die Werke. Allerdings wird das mondäne Leben auf der Via Veneto aus der Perspektive der Hauptfigur erzählt, des lebensmüden Reporters Marcello, der meist gemeinsam mit dem Photographen namens Paparazzo auf der Suche nach dem neuesten potentiellen Klatsch ist (und damit unter anderem als Vorbild für das Duo 'Schimmerlos / Fried' gelten kann). Beim Stichwort 'Gruppenfilm', vor allem der Geschichte einer Münchner Clique, muß an Edgar Reitz erinnert werden: Denn auch

" 'Die zweite Heimat' erzählt den Roman einer Clique. Sie ersetzt die Familie [..]."[162]

Aber auch hier wird die Geschichte in der Hauptsache aus der Perspektive Hermanns erzählt, der aus dem Hunsrück in die Großstadt München gegangen ist, um Musik zu studieren (der Filmkünstlergruppe im Rossini fehlt übrigens ein Berufsmusiker). Die Gruppe wird sogar in gewisser Weise eher vom Rand her beobachtet - Hermanns Perspektive ist immer auch der provinzielle Blick auf die Großstadt.

---

[160] Vgl. Schäfer (1985): S. 55 ff.
[161] Vgl. Schäfer (1985): S. 101 ff.
[162] Reitz (1993): S. 141.

Die spezielle Schwierigkeit bei 'Rossini' dagegen ergibt sich aus der Zielsetzung, auf keinen Fall eine Perspektive zur dominierenden werden zu lassen, sondern statt dessen die Clique selbst "zur Hauptsache" (Dreh: 229) des Films, zum handelnden Subjekt zu machen. Eine Möglichkeit, dieses Pluralsubjekt filmisch sichtbar zu machen, hat der von Süskind erwähnte Robert Altman etwa in 'Short Cuts' (USA, 1993) durchgeführt: Dort wird zwar der seltene Fall eines 'echten' Gruppenfilms verwirklicht, der ohne Zentralperspektive auskommt, allerdings wird hier mit der Struktur des Episodenfilms gearbeitet, bei der die Sequenzen "wie Glieder einer Kette" (Dreh: 216) hintereinanderhängen, ein dramaturgisches Mittel, das Süskind mit folgendem schlagenden Argument vehement ablehnt:

"Ich kann Episodenfilme einfach nicht ausstehen!" (Dreh: 217)

Die Technik, mit der 'Rossini' diese Ketten-Dramaturgie vermeidet, besteht darin, eine äußerst verwickelte Figurenkonstellation zu entwerfen, mit der die Zuschauenden am Beginn des Films notwendigerweise überfordert sind. Zwar wird sich durch den Handlungsverlauf einiges erklären und das Geflecht immer mehr entwirren, jedoch so, daß sich zwar eine gewisse Gewöhnung einstellt, aber keine wirkliche Klarheit. Das folgende Schaubild soll verdeutlichen, wie komplex sich die Vielheit des Subjekts 'Stammgäste' in 'Rossini' organisiert; wobei aber sicher noch andere Möglichkeiten der visuellen Anordnung gefunden werden könnten.

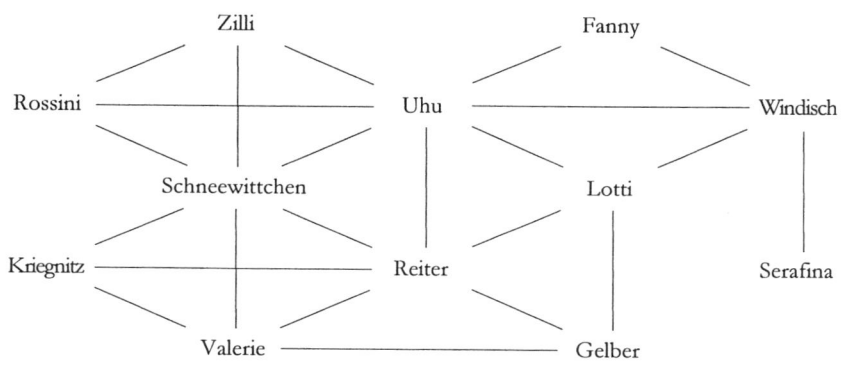

Abb. 3: Figurenkonstellation

Die Verbindungslinien sollen die Struktur des Beziehungsgeflechts verdeutlichen, das die Figuren auf freundschaftlicher, erotischer und geschäftlicher Ebene unterhalten: Wie wenig dabei die verschiedenen Funktionen des sozialen Kontakts zu trennen sind, soll an der Beziehung 'Charlotte Sanders <=> Uhu Zigeuner' gezeigt werden. Zu Beginn scheint ihr Verhältnis ein freundschaftlich vertrautes zu sein: Uhu zeigt ihr die Photos seines Hauses und berichtet recht ungeniert von seinen Eheproblemen. Diese Privatheit wird dann aber ins Sexuelle gesteigert (Ros: 20 f.) - wobei die Erfolglosigkeit von Charlottes Bemühungen sie noch am nächsten Abend in eine melancholische Stimmung versetzt, in der sie Uhu vorschlägt, sie

> " könnten doch einfach nur... zusammenleben: Du ziehst zu mir in die Wohnung, jeder läßt dem andern seine Freiheit, und machmal... wenn wir nicht ausgehen wollen, bleiben wir beide zu Hause... und ich koche für dich und..." (Ros: 55)

Mit dieser Anhänglichkeit ist es schnell vorbei, wenn es um Charlottes Geschäft geht. Nachdem sie erfahren bzw. erraten hat, daß Reiter und Zigeuner planen, die 'Loreley' zu verfilmen, beschimpft sie ihn vehement und droht ihm sogar mit ihrer Medienmacht:

> " Wehe, wenn das einer vor mir schreibt, dann mach' ich dich fertig, du leere Hose!" (Ros: 71)

Mit dieser Verflechtung der Beziehungsmotivationen schon zwischen nur zwei Figuren wird es den Lesenden / Zuschauenden unmöglich gemacht, die interne Position der einzelnen Akteure endgültig zu bestimmen, wodurch der Wechsel der Konstellationen selbst als der Ausgangspunkt für die verschiedenen Handlungsabläufe erscheint. Einer der wenigen Filme, in dem ebenfalls das handelnde Pluralsubjekt einer homogenen Gruppe verwirklicht wird und trotzdem nicht nur die einzelnen Episoden aneinandergereiht werden, ist 'Der diskrete Charme der Bourgeoisie' (F / I, 1972). Dort sei Buñuel von der einfachen Idee ausgegangen, sich verschiedenste Situationen auszudenken,

> "in denen eine Gruppe von Freunden Gelegenheit zu einem gemeinsamen Essen zu finden versucht, was ihr aber nicht gelingt. [..] Es ging darum, das richtige Gleichgewicht zu finden zwischen der Realität der Situation, die logisch und alltäglich sein mußte, und der Häufung von unerwarteten Widerständen, die aber nie phantastisch oder ausgefallen wirken sollten. [..] Und dann war ich noch besonders froh, daß ich in diesem Film das Rezept meines Martini dry unterbingen konnte."[163]

Mit diesem Aperitif à la Buñuel waren, wie bereits erwähnt, Süskind und Dietl auf ihrer Suche nach Inspiration zwar kläglich gescheitert; der Vorbildcharakter von Buñuels Film wird aber trotzdem deutlich. Insbesondere das Motiv in Ruhe essen zu wollen, um aber dann doch davon abgehalten zu werden, durchzieht auch 'Rossini': Windisch wird der Genuß

---
[163] Buñuel (1994): S. 345.

seiner Gnocchi entweder durch die Vulgärsprache der anderen Gäste (Ros: 12), Uhu Zigeuners Achselschweiß (Ros: 13), die Aufdringlichkeiten einer Journalistin (Ros: 74 ff.), Kreislauftropfen (Ros: 91) oder durch die beleidigte Serafina verleidet (Ros: 130).

Uhu selbst kann aufgrund seiner vielen Allergien kaum etwas essen und läßt den Koch sogar die Erbsen aus seiner Suppe nehmen (Ros: 54), er hat Magenkrämpfe und muß ständig aufstoßen (Ros: 30; 37); und wenn er einmal essen könnte, dann wird über den geschäftlichen Verwicklungen seine Seezunge kalt (Ros: 63). Im Gegensatz dazu scheint den Bankern ihr Essen "ganz wunderbar"[164] zu schmecken, obwohl während ihrer Menuefolge für Oskar Reiter der Countdown zum wirtschaftlichen Ruin abläuft:

" Wenn der Vertrag bis zur Nachspeis' nicht da ist, dann muß ich dich killen, Oskar, so leid's mir tut." (Ros: 57)

Mitten in diesem Wirtschaftskrieg läßt Reiter zum Ärger des Wirts den bestellten Hummer zurückgehen, weil Valerie darauf keine Lust hat. Obwohl er unter seinen Gästen leidet, scheint Rossini selbst wenigstens am Essen etwas Freude zu haben, auch wenn ihm im unpassendsten Moment der Espresso über den Anzug geschüttet wird. Der Wirt ist auch fast die einzige Figur, die (in der letzten Szene des Films) einmal tatsächlich beim Essen gezeigt wird. Trotz dieser Widrigkeiten nimmt das Essen eine wichtige Rolle der sozialen Differenzierung ein, weil es aufgrund seines Preises der Indikator für den beruflichen und finanziellen Erfolg der Gäste ist: Weil es sich Schneewittchen "nicht leisten" (Ros: 33) kann im Rossini zu essen, benötigt sie dringend die Einladung des Wirts, um zur geschlossenen Gesellschaft zugelassen zu werden. Als Sie dann aber 'ihre Eintrittskarte' bekommen hat, kennt sie keine Hemmungen, die Einladung auch auszunutzen. Sie läßt sich das Taxi bezahlen und bestellt als Aperitif Champagner. (Ros: 87) Dann wirft sie sich bei der ersten sich bietenden Gelegenheit (die ihre einzige Chance sein könnte) dem Regisseur (Ros: 110) und danach dem Produzenten in die Arme (Ros: 124) - und schließlich nimmt sie den verwaisten Platz zwischen Kriegnitz und Reiter als die umworbene Schöne ein. (Ros: 125) In deren inszeniertem Konkurrenzverhältnis war der Lyriker immer wieder gezwungen, sich von Reiter die Rechnungen bezahlen zu lassen, um in Valeries Nähe sein zu können:

" *Kriegnitz* (grinst): Nee, nee, du spendierst jetzt noch 'ne Flasche, und die trink' ich mit ihr aus - allein!" (Ros: 18)

Reiter wiederum ist sich seines finanziellen Vorsprungs in ihrem "Kampf

---

[164] Die Nachfrage Rossinis, ob die Herren zufrieden seien, kommt im Film direkt nach Melks Befehl, Reiter an den Tisch zu holen, fehlt aber im Drehbuch (Ros: 52).

ums Weib" (Ros: 47) durchaus bewußt; was später noch deutlicher wird - nämlich als er Uhu seine weiteren Pläne zur 'Loreley'-Verfilmung erklärt:

> " *Reiter:* Schmarrn, Rechte! 'Loreley' ist frei, deutsches Volksgut, da brauch' ich keinen Roman vom Windisch dazu [..] und das Drehbuch schreibt mir der Bodo für zwei warme Mahlzeiten am Tag..." (Ros: 126)

Hier wird klar gemacht, daß nur die im Licht sitzen, die sich dort auch die teuren Menüs leisten können oder jemanden haben, der für sie bezahlt. Aber es wird in 'Rossini' auch von Anfang an unmißverständlich klar gemacht, daß Solvenz allein keinesfalls genügt, um sich zu dieser Gesellschaft zählen zu können. Das Ehepaar, das vom Wirt Paolo Rossini des Lokals verwiesen wird, markiert die Unterscheidung zwischen bürgerlicher Biederkeit und der hier versammelten Schicht, deren Hauptmerkmal ein eiserner Wille zum Genuß zu sein scheint. Damit läßt sich 'Rossini' in ein oppositionelles, intertextuelles Verhältnis setzen zu einer Erzählung von Tanja Blixen: 'Babettes Fest',[165] die übrigens auch von W. E. Süskind ins Deutsche übertragen wurde.[166] Dort besteht zwar ebenfalls eine starke Verknüpfung von Essen und Erlösungshoffnung, aber gerade im eisernen Willen nicht zu genießen: Eine kleine Gemeinde im Norwegen des 19. Jahrhunderts kommt durch einige Zufälle ungewollt in den Genuß eines Luxusmenüs einer französischen Spitzenköchin, die aus Paris flüchten mußte. Trotz des redlichen Bemühens, diesen sündigen Genüssen keine weitere Beachtung zu schenken, erliegen die Sektierer aber doch dem kulinarischen Meisterwerk, und die zerstrittene Gruppe erlebt nach langer Zeit wieder einmal einen glücklichen Abend.[167] Allerdings ist diese Struktur des 'Versöhnungmahls' in kulinarischen Filmen eher selten. Deren Grundprinzip scheint eher im Spannungsverhältnis zu liegen, das zwischen dem Hinweis auf die Intensität des möglichen Genießens und dem dann umso tragischeren Scheitern besteht.[168] Besonders deutlich wird dies in den Filmen, in denen das Essen zu einer Ersatzhandlung wird, die eine

---

[165] Vgl. Vazsonyi, Nicholas: Of genius and epiphany. Schlafes Bruder, Parfum, Babettes Fest. In: Studies in twenthieth century literature (23) 1999, S. 331 ff.
[166] Blixen, Tanja: Babettes Fest. Zürich 1993[8]. / Vgl. Babettes Fest (Dän, 1986/87) (R: Betzer, Just)
[167] Vgl. die Darstellung zu 'Babettes Fest' in Wördehoffs Untersuchung zum literarischen Motiv des Essens: Wördehoff, Bernhard: 'Sage mir, Muse, vom Schmause...' Darmstadt 2000, S. 103 ff.
[168] Ein Ergebnis, zu dem auch die AutorInnen einer Sammlung kleiner Essays zum Verhältnis von Kino und Essen in 'Die Zeit' kommen. / Vgl. Grefe, Christiane / u.a.: Das sieht ja lecker aus. Wem in letzter Zeit der Appetit vergangen ist, dem bleibt nur eins: Der Weg ins Kino. In: Die Zeit (18. 1. 2001), S. 2. (Leben)

moralische / metaphysische Leere verdecken soll.[169] Daher spielt wohl auch das Ritual des Essens eine wichtige Rolle in Filmen über die Mafia, von 'Der Pate' (USA, 1971) über 'Good Fellas' (USA, 1989) bis zu Mafiafilmen der anderen Art, wie Peter Greenaways 'Der Koch, der Dieb, seine Frau und ihr Liebhaber' (GB, 1989), in dessen Finale der Dieb von seiner Frau erschossen wird, nachdem sie ihn gezwungen hat, von ihrem Liebhaber zu essen. Um ihre Rache für den Mord an ihrem Liebhaber auf diese Art inszenieren zu können, braucht die Frau die Hilfe des Kochs, der die Leiche zubereiten muß. Während sie ihn dazu überredet, dieses Gericht für sie zu kochen, reflektiert dieser über das enge Verhältnis zwischen Geld, Tod und der Farbe des Essens:[170] Der Koch

> "verlange viel für alles Schwarze - Trauben, Oliven, Johannisbeeren. Den Leuten gefällt es, wenn Sie an den Tod gemahnt werden: Schwarze Speisen verzehren ist so, als würde man den Tod verschlingen, als würde man sagen: Haha, Tod, ich freß dich auf ... [..] Schwarze Trüffeln sind das Teuerste - und Kaviar: Tod und Geburt. Finden Sie es nicht passend, daß die teuersten Dinge schwarz sind?"[171]

Auch in 'Rossini' wird mit einer klaren Farbsymbolik gearbeitet. So ist etwa die Relation Uhu Zigeuner / Helmut Dietl auch deshalb interessant, weil der erste nur Schwarz und der andere nur Weiß trägt, was sich auch als Visualisierung des Verhältnisses von Positiv und Negativ in der Photographie lesen läßt. Auch die Farbgebung bei den anderen Figuren wurde filmisch sehr genau eingesetzt: etwa das Braun, das die Sphäre der Figur Jakob Windisch beherrscht.

"Ein Bücherdepot - DUNKLE BRAUNTÖNE"[172]

So werden in Greenaways Drehbuch die Räumlichkeiten des Liebhabers und Büchermenschen in der Planung schriftlich fixiert - während die farbliche Gestaltung bei 'Rossini' erst im Film sichtbar wird. Lediglich in bezug auf Valeries Kleid ist auch der Text eindeutig:

> "Unterdessen hat sich Schneewittchen an Reiters Tisch zwischen Charlotte und Kriegnitz gesetzt. Sie trägt das gleiche rote Kleid, das Valerie früher getragen hat." (Ros: 131)

Damit ist Valerie schon durch das Drehbuch als die Frau in Rot bestimmt, durch die ihre Figur intertextuell bestimmt wird. Sie verweist

---

[169] Ein anderes Beispiel 'kulinarischer' Ersatzbefriedigungen ist 'Das große Fressen' (I / F, 1973), in dessen Verlauf sich einige lebensmüde Herren erfolgreich zu Tode fressen.
[170] Vgl. Hörisch (1992): S. 264 ff.
[171] Greenaway (1989): S. 150.
[172] Greenaway (1989): S. 8.

auf die Märchengestalt, ist aber der gleichnamigen Figur 'Schneewittchen' zugleich entgegengesetzt - deren Name schon das strahlende Weiß des künftigen Stars vorwegnimmt und die für die Rolle der blonden Loreley und ihren sozialen Aufstieg alles tun würde, wie sie Uhu Zigeuner gesteht:

" Für die Rolle wäre ich mit jedem ins Bett gegangen. Mit jedem, verstehst du? Mit dem letzten verschwitzten, verfetteten, verpickelten, perversen Schwein!" (Ros: 118)

Ein solches verzweifeltes Glücksstreben erinnert an einen anderen berühmten 'Menschenfilm' bzw. ein 'Menschenbuch', das sein Thema schon im Titel trägt: 'Menschen im Hotel' von Vicki Baum handelt unter anderem davon, daß ein todkranker, kleiner Angestellter noch ein paar glückliche Momente in seinem kurzen Dasein erleben möchte. Schneewittchen wie Kringelein wird der Zugang zur exklusiven Gesellschaft zunächst erschwert:

" *Rossini* (barsch): Was wollen Sie hier? Was glotzen Sie hier herein?" (Ros: 31)

Kringeleins Sehnsucht steht dagegen der Portier des Grandhotels im Weg, der ihm zunächst die Aufnahme ganz verweigert, sich schließlich aber sogar ein schöneres Zimmer abringen läßt.[173] Mit diesem Zimmer hat sich der Buchhalter Kringelein nicht nur den Zugang zum Hotel erkämpft, sondern seinem Leben auch noch ein wenig Aufregung unter der Anleitung des Baron Felix von Gaigern ertrotzt. Gemäß dem Motto 'Jeder Film ein Toter', kann die Kinobranche ein solches tragisches Schicksal zwar ganz hervorragend in ihre Spielhandlungen integrieren - die realen Buchhalter (wie Reiters Anwalt Edwin Tabatier) dagegen wirken äußerst deplaziert. Für die Verfilmung der 'Loreley' brauche Oskar Reiter eben gerade

" [..] keine Buchhalter Kringelein, sondern andere Schuhnummern: große, weitsichtige, wagemutige Finanziers..." (Ros: 67).

Nach der 'Loreley' weckt auch das nächste Filmprojekt Oskar Reiters das Begehren nach Geld und Starruhm. Denn der Produzent beweist hier einmal mehr, daß er über einen sicheren Instinkt für die Wünsche des großen Publikums verfügt, dem Feinheiten wie ein "schönes, starkes, tragisches Ende" (Ros: 131) egal sind und das statt dessen durch eine geschickte Dramaturgie wieder beruhigt in den Alltag entlassen werden will. 'Rossini' formuliert hier eine weitere Ebene der Selbstreflexion, die darin besteht, daß die Figur Oskar Reiter ihre Funktion für die Handlungsführung (nicht nur in der Schlußszene) selbst formuliert.

---
[173] Vgl. Baum, Vicki: Menschen im Hotel. Frankfurt 1986, S. 16 ff.

3.4 Der MacGuffin

In 'Rossini' kreisen die Begehrlichkeiten eines Großteils der (vom Filmgeschäft abhängigen) Gäste um eine solche Kleinigkeit, wie es die Unterschrift Jakob Windischs unter den Filmvertrag zu sein scheint. Dieses Schriftstück (das gleich zweimal erstellt und wieder zerrissen wird (Ros: 40; 99)) ist das Objekt der Begierde, an dem sich die verschiedenen Wünsche kristallisieren und das deshalb ein wichtiger Katalysator für die Dramaturgie ist. Trotzdem oder gerade aus diesem Grund darf es selbst keine stabile Bedeutung haben, sondern muß ein leerer Signifikant bleiben, dessen Sinn erst durch beständige Verschiebungen entsteht und sich entsprechend der Beobachtungsperspektive verändert. Eine solche Struktur beständiger Verweise kann poetologisch als Metonymie bestimmt werden, ist aber auch isomorph zum filmischen Stilmittel des MacGuffin, wie Alfred Hitchcock ihn beschreibt: Das Wichtigste, was er

> "im Lauf der Jahre gelernt habe, ist, daß der MacGuffin überhaupt nichts ist."[174]

In 'Rossini' geht es um ein Dokument, das in der Hitze der nächtlichen Gefechte ungeheuer wichtig scheint, um das gekämpft wird, das sogar entsteht, dann aber wieder vernichtet wird - obwohl sich am Ende herausstellt, daß es eigentlich niemand braucht, weil Reiter aus seinem 'Loreley'-Stoff auch einfach ein "Märchen aus uralten Zeiten" (Ros: 126) machen kann. Der MacGuffin ist eine Art profanisiertes 'Dingsymbol', das nach dem Prinzip der doppelten Kontingenz funktioniert, die hier darauf beruht, daß sich sowohl die Figuren als auch die Lesenden / Zuschauenden gründlich über die wahre Bedeutung des Zentralmotivs täuschen.

Allerdings besteht zwischen Figuren und Publikum der wichtige Unterschied, daß sich in der fiktionalen Welt die Gefühle der Figuren in Wohlgefallen auflösen dürfen (auch wenn sie in der Nacht "gigantische Dimensionen"[175] angenommen hatten). Dagegen sollten die Emotionen der Zuschauenden etwas mehr Bestand haben (auch nach dem Ende der künstlichen Nacht des Kinos). Aus diesem Grund darf das Publikum nicht merken, daß es getäuscht wurde; was heißt, daß der Film auch dann funktionieren muß, wenn die Nichtigkeit des Hauptmotivs im Prinzip hätte erkannt werden können: Hitchcock faßt zusammen, daß der MacGuffin nur eine

> "Finte, ein Trick, ein Dreh [ist]. In all den Spionagegeschichten [..] ging es ohne Unterschied immer um den Raub von Festungsplänen. Und das war der

---

[174] Truffaut, François: Mr. Hitchcock, wie haben Sie das gemacht? München 1997, S. 127.
[175] Dietl (1997): S. 279.

MacGuffin. MacGuffin ist also einfach eine Bezeichnung für den Diebstahl von Papieren, Dokumenten, Geheimnissen. Imgrunde [sic!] sind sie ohne Bedeutung, und die Logiker suchen an einem falschen Ort nach der Wahrheit. Bei meiner Arbeit habe ich mir immer vorgestellt, die Papiere [..] müßten ungeheuer wichtig sein für die Personen des Films, aber ganz ohne Bedeutung für mich, den Erzähler."[176]

Einer der berühmtesten MacGuffins der Filmgschichte stammt zwar nicht von Hitchcock selbst - funktioniert aber genau nach dem von ihm beschriebenen Muster: Das Transitvisum in 'Casablaca' hat eine immense Bedeutung für die Emigranten in Ricks Café. Dagegen ist für die Dramaturgie des Erzählens nur das Begehren selbst wichtig; worin der Charakter des Begehrten besteht, kann vernachlässigt werden.[177] Ein schlagender Beleg hierfür ist die Leichtigkeit, mit der 'Casablanca' für die erste deutsche Fassung in radikaler Weise verfälscht werden konnte - Viktor Lazlo war darin kein Widerstandskämpfer gegen die Nazis mehr, sondern ein von Unbekannten gehetzter Erfinder "obskurer 'Delta-Strahlen'."[178] Auch ein MacGuffin Hitchcocks ist diesem Schicksal der systematischen Eliminierung des 'häßlichen Deutschen' im Nachkriegskino zum Opfer gefallen: Sein "Uranium-MacGuffin"[179] wurde in der deutschen Kinoversion von 1951 in einen Rauschgift-MacGuffin verändert, die Nazis zu Schmugglern gemacht und der Titel des Films 'Notorious' / 'Berüchtigt' "entsprechend in *Weißes Gift* umgeändert."[180] Interessant ist neben der (Unverfrorenheit dieser) Zensurmaßnahme die Tatsache, daß die Struktur des MacGuffin es erlaubt, solche Veränderungen, die für die Handlung des Films scheinbar von fundamentaler Bedeutung sind, auf so einfache Weise vorzunehmen. So wird nämlich deutlich, daß diese Inhalte gar nicht der Kern des Films waren, sondern nur der Katalysator der leidenschaftlichen Kämpfe - diese zwischenmenschlichen Auseinandersetzungen und Verwicklungen stehen im Zentrum des Interesses, ob sie sich um einen Filmvertrag oder ein Visum drehen:

"Normalerweise reicht *eine* archetypische Situation für eine Geschichte. [..] *Casablanca* gibt sich damit nicht zufrieden: Alles muß rein. Die Stadt ist der Ort des Durchgangs [..]. Um aus dem Warteraum in das Gelobte Land zu gelangen, braucht man einen magischen Schlüssel: das Transitvisum. Im

---

[176] Truffaut (1997): S. 125 f.
[177] Vgl. den Kästchen-MacGuffin in 'Belle de Jour' (F / I, 1966) / " 'Was ist in dem Kästchen?' Da ich es nicht weiß, kann ich nur antworten: 'Was Sie wollen.' " (Buñuel (1999): S. 338). / Auch in 'Pulp Fiction' wird vom Inhalt des umkämpften Koffers nur "ein goldener Schimmer" gezeigt. (Tarentino (1994): S. 27.)
[178] Krusche, Dieter: 'Casablanca'. In: ders.: Reclams Filmführer. Stuttgart 1987[7], S. 117.
[179] Truffaut (1997): S. 160.
[180] Krusche (1987): ('Notorious') S. 398.

Kampf um die Eroberung dieses Schlüssels entzünden sich Leidenschaften [..]; doch am Ende entdeckt man, daß der Schlüssel nur als ein Großes Geschenk zu bekommen ist [..]."[181]

Damit eine solche offene Struktur beständiger Dezentralisierungen in die archetypische Vergangenheit des Schon-Gesehenen nicht auseinanderfällt, benötigt der Film eine funktionale Mitte. Diese kann in der allen gemeinsamen Bemühung bestehen, das Visum zu erhalten, könnte aber auch durch ein beliebig anderes Objekt erzeugt werden, insofern es nur die Leidenschaft der Figuren glaubhaft motivieren kann. Auch in 'Rossini' entfaltet sich das cineastische Mysterienspiel des Kampfes um Glück und Liebe, Schmerz und Tod auf der Grundlage von Nichtigkeiten. Allerdings kann hier die eine zentrale Kategorie des Kampfes zwischen Gut und Böse nicht mehr glaubhaft integriert werden. Zwar folgt die Handlung einem der ältesten Spielschemata, dem 'cherchez la femme' - aber das 'Große Geschenk' ihres tatsächlichen Erscheinens kann nicht mehr in aller notwendigen Unschuld akzeptiert werden, denn die "Frau, von der wir alle träumen" (Ros: 30), muß zugleich auch als die Idealbesetzung der Filmrolle 'Loreley' funktionalisierbar sein. Die Dimensionen der Leidenschaften sind kleiner und bescheidener geworden: "nichts Großes mehr" (Ros: 129), so lauten die etwas wehmütigen Schlußverse des Lyrikers. Indem sich 'Rossini' aber in seiner dramaturgischen Struktur auf 'Casablanca' bezieht, wird noch in der Negation des Verlustgefühls das "einst mächtige Gebirge aus Leidenschaft und Liebe" (Ros: 129) zitiert und integriert:

"Wenn alle Archetypen schamlos hereinbrechen, erreicht man homerische Tiefen. Zwei Klischees sind lächerlich, hundert Klischees sind ergreifend. Denn irgendwie geht einem plötzlich auf, daß die Klischees miteinander sprechen und ein Fest des Wiedersehens feiern."[182]

Während die Funktion archetypischer Figurenbildungen darin besteht, den Text durch Bezüge auf Vergangenes und Vertrautes zu stabilisieren, festigt der MacGuffin offene dramaturgische Situationen, indem er sie auf die Zukünftigkeit eines zentralen Begehrens projiziert. Neben diesen zeitlichen Aspekten der Intertextualität muß aber auch ihr räumlicher Aspekt analysiert werden, damit der Ort in den Blick kommen kann, wo die Klischees ihr Wiedersehen feiern.

---

[181] Eco, Umberto: Casablanca oder die Wiedergeburt der Götter. In: ders.: Über Gott und die Welt. München 1985, S. 210.
[182] Eco (1985): S. 213.

4. Zusammenspiel

Sowohl die Figuren als auch das titelgebende Restaurant (der Raum, in dem alle diese Typen aufeinandertreffen) müssen in 'Rossini' als Zitate der verschiedenen 'Menschen-im-Lokal'-Filme gelesen werden. Neben diesen Bezügen auf die Kinogeschichte wird das Rossini aber auch als ein kulturell-sozialer Ort inszeniert, der die Bühne der vielfältigen gesellschaftlichen Auseinandersetzungen ist, womit er zum Bestandteil der umfassenden Bildtradition der Welttheater-Metapher wird. So zeigt sich im Fall von 'Rossini', daß der Inhalt des Mediums Film auch das alte Medium Mysterienspiel sein kann,[183] in dem alle Rollen auf der Bühne ihre festen, altbekannten Plätze in der sichtbaren Ordnung der Dinge einzunehmen haben.

Im folgenden Teil soll gezeigt werden, daß der Film 'Rossini' nicht nur vom Medium Theater geprägt wird, sondern daß verschiedene andere Medien und Gattungen starken Einfluß auf das kommunikative Handeln der Figuren haben, indem sie die Form ihrer Interaktionen determinieren und auf diese Weise medial präfigurierte Weltsichten freisetzen. Die Funktionsmechanismen technischer Apparaturen werden eingesetzt, um bestimmte intermediale Formen von Kommunikationsakten zu erzeugen, deren hybride Strukturen im letzten Teil der Arbeit untersucht werden sollen.

4.1 Theatermetapher

Eines der zentralen Handlungsmomente von 'Rossini' ist Schneewittchens Eintritt in die Gesellschaft, die sich im Rossini versammelt. Auch Süskind bestimmt ihren ersten Auftritt, der noch vor dem Lokal, genauer gesagt auf dessen Schwelle stattfindet, als Schlüsselszene des Filmkonzepts. Er schreibt ihr "eine Angelpunktfunktion für das Ganze" (Dreh: 214) zu, weil die Szene durch die verzweifelte Suche nach einer geeigneten Darstellerin der Loreley im bisher Gesehenen schon sehr stark motiviert wurde und auf das weitere Geschehen vielfachen Einfluß hat: Eine der wichtigsten Folgen ist die Verwandlung des "Dornröschen" (Ros: 45), das noch einen Prinz (bzw. eine verkleidete Zillie Watussnik) zum Wachküssen braucht, in Schneewittchen, die bekanntlich "die Schönste im Land" (Ros: 46) ist. Dieser Rollenwechsel findet (als Theater im Film) vor Publikum auf der Bühne des Kellertheaters statt, und zwar als körperliche und verbale Auseinandersetzung, in der Zillies Chancenlosigkeit deutlich wird. Sie ist

---
[183] Vgl. McLuhan (1992): S. 29 ff.

Schneewittchen zum einen körperlich unterlegen und zum anderen kann auch ihr Argument, daß sie im Gegensatz zu Schneewittchen ihren "Beruf gelernt" (Ros: 45) habe, nicht überzeugen, weil es sich noch in den Denkmustern des Theaters bewegt. Dort mag es für ein Ensemble wichtig sein, daß sie "alles spielen" (Ros: 46) kann. Für eine Kinoproduktion ist dies jedoch irrelevant, da es hier nur einmal eine Hauptrolle zu besetzen gilt. Zillie kann zwar alles, aber "nicht die Loreley" (Ros: 46) spielen, denn das ist Schneewittchens Rolle.

Die Sicherheit, die Schneewittchen mit ihrem Part gefunden hat, wird auch durch die scheinbare Mühelosigkeit deutlich, mit der sie den Wirt dazu bringt, sie zum Essen einzuladen. Dies kann vom Publikum nur deshalb richtig gewürdigt werden, weil die Erinnerung an das bürgerliche Ehepaar noch präsent ist, dem gleich zu Beginn seine Eintrittsberechtigung zum Lokal kurzerhand verweigert wurde, obwohl sie durchaus als "gute Gäste" (Ros: 11) erkennbar waren. Damit standen Schneewittchens Aufstiegswille nicht nur die breit ausgespielte, besonders schlechte Laune Rossinis entgegen, sondern auch eine der zentralen Funktionen, die er als Wirt übernimmt: Er wurde von Anfang an als derjenige präsentiert, dessen Aufgabe es ist, die Verteilung des knappen sozialen Innenraums zu überwachen. Damit wird deutlich klargemacht, welche außerordentliche Bedeutung seine Einladung zum Abendessen für Schneewittchen haben muß, die sich auf diese Weise einen Platz "im Lichte" (Ros: 32) sichern konnte. Die Leichtigkeit und Schamlosigkeit, mit der sie die Schwierigkeiten überwindet, die sich ihr in den Weg stellen, läßt auch für ihre weitere Karriere einigen Erfolg vermuten.[184] Wie im Märchen hat sie einen Abend lang Zeit, ihre Chancen auf sozialen Aufstieg zu nutzen, die sich ihr durch den Zutritt in diesen sozialen Raum eröffnen, d.h. den Prinzen zu erobern. Am Ende wird sie es sein, die zur "Loreley" (Ros: 124) aufgestiegen ist, obwohl sie den Abend wie "Aschenputtel" (Ros: 102) im zerrissenen Kleid begonnen hat. Diese märchenhafte Vorgabe liefert den dramaturgischen Rahmen, durch den auch im Filmischen die Einheit von Zeit und Raum begründet ist - 'Cinderella' (USA, 1950) darf nur bis zum Morgengrauen auf dem Ball im Schloß bleiben, da der Zauber dann verfliegt.[185] 'Rossini' ist zwar kein Märchen, sondern eine Melodramödie, aber auch hier wird unter temporaler Begrenzung ein besonderer Raum inszeniert. Wie Ricks Lokal ist es

---

[184] Vgl. All about Eve (USA, 1950) (R: Mankiewicz, Joseph L.)
[185] Zumindest in Perraults Version, die von Disney adaptiert wurde; vgl. Perrault, Charles: Sämtliche Märchen. Stuttgart 1986. / In der Grimmschen Version dagegen kommt Aschenputtel dreimal zum Schloß, und es wird dort tagsüber getanzt, "bis es Abend war." (Aschenputtel. In: KHM, I. (1991): S. 158.)

"ein magischer Ort, wo alles geschehen kann (und geschieht): Liebe, Tod, Verfolgung, [..] Verführung, Musik und Patriotismus (dank der Bühnenvorlage und des kargen Etats ist es zu dieser bewundernswerten Konzentration des Geschehens auf einen einzigen Ort gekommen)."[186]

Auch Rossinis Lokal wird durch die Kerzen anläßlich Valeries Geburtstag zu einem magischen Ort; die Verwandlung dauert allerdings nur einen Abend lang, wodurch sich die Wünsche der Protagonisten in einem Hier und Jetzt konzentrieren müssen. Fast wie in der antiken Tragödie beschränkt sich das Geschehen auf einen Ort und eine kurze Zeit.[187] Patrick Süskind erklärt den magischen Charakter der Handlung und die Konzentration des Geschehens auf einen Abend durch die Zwänge, die sich durch die einmal getroffene Entscheidung für Kerzenlicht ergeben hätten:

"Die Intimität und Märchenhaftigkeit der Beleuchtung verlangte nach einer nicht-realistischen, gedrängteren, theaterhaften Erzählweise. Und weiter: Sie verlangte (und ermöglichte) auch inhaltlich ein wundersameres Geschehen. Das Spiel mit Verkleidungen (Zillie), Maskierungen (Rossini), Täuschungen (die gefälschten Widmungen), Verzauberungen (Schneewittchen), die erotischen Eruptionen, das alberne Blutsbrüderschaftsritual, Dr. Gelbers Wundertropfen etc." (Dreh: 243)

Diese hier gleichzeitig vorliegende Tendenz zum Phantastischen und zum Theatralischen macht auch deutlich, daß das Rossini keinesfalls eine Bühne für die psychologisch stimmigen Abläufe des Dramas ist, sondern daß ein typisiertes Geschehen mit festgelegter Rollenverteilung stattfindet. Das Lokal wird zur Bühne eines menschlichen Schauspiels, das sich aber einerseits nicht mehr aus einer religiösen Eschatologie ableitet und das andererseits auch nicht mehr die gesamte Menschen-Welt umfaßt. Dargestellt werden die Interaktionen der Filmwelt, der Kampf um das große Geld und die Selbstdarstellung der Akteure, die alle ihre Rolle in dieser Gesellschaft kennen. Obwohl also die Sphäre des Geldes und des Filmes den Horizont der 'Bühnen'-handlung darstellt - und nicht mehr das Auge Gottes - bleibt der Schematismus der Figuren doch sehr auffällig und rückt 'Rossini' in die Nähe des Bildbereichs vom Welttheater: Gemeint ist

"die Vorstellung vom Welttreiben und Menschenleben als e[inem] großen, vorüberziehenden Schauspiel, in dem jeder seine ihm auferlegte Rolle zu spielen hat, bis der Tod sie ihm abnimmt [..]."[188]

Valeries letzter Abgang von der Bühne an ihrem Geburts- und Todestag war aus dieser Perspektive sogar eine dramaturgische Notwendigkeit,

---
[186] Eco (1985): S. 212 f.
[187] Vgl. Aristoteles: Poetik. Hgg. von: Fuhrmann, Manfred. Stuttgart 1982, S. 16 f. [1949 b]
[188] Wilpert (1989): S. 1029.

durch die der Mechanismus des 'theatrum mundi' endgültig bestätigt wird. Zwar wird in 'Rossini' nicht das große, sondern nur ein kleines Welttheater[189] aufgeführt, aber auch die Verteilung der Rollen in der abgetrennten Welt des Films gibt genug Gelegenheit, dieser Motivstruktur zu folgen und sie zugleich auch ironisch zu wenden - denn im Rossini wird nicht mehr der Anspruch auf die große Tragödie erhoben, sondern nur noch 'Melodramödie' gespielt. Die mit leicht folkloristischer Note inszenierten katholischen Anwandlungen des Wirts sind in dieser Kategorie anzusiedeln: wenn er mit Weihwasser den erotischen Segen der Madonna erfleht und sich dann bei ihr entschuldigt, ist das so ernst nicht mehr zu nehmen, scheint es doch sehr dem Bild des 'Don Camillo' vor dem Kreuz in der Dorfkirche[190] geschuldet: Rossini

> "[..] zieht seinen Bauch ein, so weit er kann, öffnet mit der linken Hand den Hosenbund einen Spalt weit und sprengt Weihwasser in die Hose.
> *Rossini:* (mit entschuldigendem Blick zur Madonna): Scusa...!"
> (Ros: 42)

Auch in 'Rossini' wird Religiöses also noch zitiert, der existentielle Kern ist aber nicht mehr gegeben, sondern hat sich in der Inszenierung aufgelöst: Die Bühnen-Gesellschaft feiert eben kein christliches, sondern "Abend für Abend ein postmodernes und also hedonistisches Abendmahl [..]."[191] Die Erlösungshoffnungen sind zwar auch hier noch in Resten spürbar, werden aber sofort von der überdeterminierten Zeichenlogik im Zeitalter der Simulation aufgehoben, wenn sie eine Tendenz zur Handlungsbestimmung entwickeln. Und so ist auch Valerie nicht einmal mehr in der Lage, auch nur für einen kurzen Moment die symbolische Ordnung durch die Herausforderung ihres Selbstmordes zu destabilisieren.[192] Schon bevor ihr Tod stattfindet, ist die Lücke, die er reißen wird, schon wieder durch Schneewittchen geschlossen - das Ensemble des 'Welttheaters' hat nur die Besetzung der Rolle verändern müssen, um die Vorstellung im Rossini fast ohne Bruch weitergehen lassen zu können.

---

[189] Vgl. Hofmannsthal, Hugo von: Das Kleine Welttheater. In: Hugo von Hofmannsthal: Gesammelte Werke in zehn Einzelbänden. Gedichte. Dramen I. Hgg. von: Schoeller, Bernd. Frankfurt 1979, S. 369 ff.
[190] Vgl. Guareschi, Giovannino: Don Camillo und Peppone. Salzburg 1950, S. 29 ff.
[191] Hörisch (1999): S. 198.
[192] In einem System der totalen Simulation besteht die einzige Möglichkeit zur Rebellion darin, "gegen das System das Prinzip seiner Macht selbst zu kehren: die Unmöglichkeit der Antwort und der Vergeltung. *Das System herausfordern durch eine Gabe, auf die es nicht antworten kann, es sei denn durch seinen eigenen Tod und Zusammenbruch.* [..] *In der Erwiderung auf die vielfache Herausforderung des Todes und des Selbstmordes muß sich das System selbst umbringen.*" (Baudrillard (1991): S. 64 ff.

4.2 Die soufflierte Rede

In einer inszenatorischen Dramaturgie, die so stark von der intertextuellen Logik des abendländischen Text-Theaters dominiert wird, ist es nur folgerichtig, wenn auch das Sprechen der Figuren zu großen Teilen ein Geliehenes ist:

> "Souffliert: wir verstehen darunter ebenfalls *Inspiration* durch eine *andere* Stimme, die einen älteren Text als den meines Körpers, als das Theater meiner Gesten liest. Die Inspiration stellt in mehreren Rollen das Drama des Diebstahls und die Struktur des klassischen Theaters dar, in dem die Unsichtbarkeit des Souffleurs die unerläßliche 'différance' [..] gewährleistet [..]."[193]

In 'Rossini' wird diese Fundamental-Differenz des Sprechens als Diebstahl sichtbar gemacht, indem das Drehbuch selbst beständig auf seine intertextuellen Vorbilder verweist und damit auch die Quellen der Figurenrede offenlegt. Besonders deutlich wird dies an der Figur des Filmproduzenten Oskar Reiter, der sich sehr ausgiebig einer zitierenden Sprechweise bedient und dabei noch "das primitivste Sprachklischee" (Ros: 12) benutzt. Der Dichter Jakob Windisch beklagt sich zwar darüber, aber gerade die allgemeine Bekanntheit stellt beim Klischee sicher, daß "ein Zitat als Zitat"[194] auch erkannt wird. Oskar Reiter personifiziert so gewissermaßen das Dilemma, in dem sich ein zitierendes Sprechen immer dann befindet, wenn es zur Image-Steigerung der Sprechenden führen soll. Es soll zwar erkannt werden, daß eine Quelle vorliegt, aber ohne daß diese selbst allzu bekannt erscheint. In manchen Fällen wird von Oskar Reiter daher die etwas unelegante Variante gewählt, einfach den zitierten Autor zu benennen, um die figural intendierte Funktion der Sprechweise zu sichern. Diese besteht in dem sehr deutlichen Versuch, sich durch die sprachlichen Vorbilder zu legitimieren; fast so, als ob die Figur ihr eigenes Sprechen innerhalb einer geschlossenen Form[195] des Dramatischen kulturell rechtfertigen müsse. Eine kurze Auflistung mag das verdeutlichen:

Zunächst spricht Reiter die anderen Figuren oft mit Namen an, die eine Art Bildungshorizont vermuten lassen. So bezeichnet er Valerie als "Königin der Nacht" (Ros: 19), Kriegnitz als "Walther von der Vögelweide" (Ros: 47), Gelber als "Paracelsus Pillendreher" (Ros: 49) und als "Othello" (Ros: 107). Dagegen wird Windisch recht klug mit der zwar nicht entlegenen, aber auch nicht zu geläufigen Wendung Thomas Manns

---

[193] Derrida, Jacques: Die soufflierte Rede. In: ders.: Die Schrift und die Differenz. Frankfurt 1976, S. 268.
[194] Böhn (1999): S. 10.
[195] Vgl. Klotz, Volker: Geschlossene und offene Form im Drama. München 1969, S. 72 ff.

beschimpft[196] - er sei der "Großmeister des raunenden Imperfekts!" (Ros: 126) Auffallend häufig nutzt er Metaphern und Redensarten aus dem kriegerisch / soldatischen Bereich:
- "Die Totgesagten haben das längste Leben" (Ros: 10) // - "das Imperium schlägt zurück!" [Ros: 10] // - "Was dich nicht umbringt, macht dich stärker" (Ros: 12) // - "Und wir halten zusammen, wie Pech und Schwefel, durch Dick und Dünn" (Ros: 13) // - "das Wasser [..] ist voller Haie, die alle schon mein Blut gerochen haben" [Ros: 15] // - "Jetzt wird der Elfenbeinturm gestürmt." (Ros: 80) // - "wir stehen fest zusammen gegen alle Stürme wie ein Fels in der Brandung..." [Ros: 104]. Am interessantesten sind in diesem Zusammenhang wohl folgende zwei Wendungen - das Zitat (Ros 95) der Schlußzeile aus dem 'Prinz Friedrich von Homburg':

"ALLE: In den Staub mit allen Feinden Brandenburgs!"[197]

Und zum anderen die oft zitierte Passage:

" *Reiter.* Film ist Krieg, mein Freund... und dieser Film [..] ist ein... Multimillionendollarstahlgewitter, bei dem das Blut noch in Strömen fließen wird [..]." (Ros: 70)

Sowohl das Wortende '-stahlgewitter' kann als Lehnsbildung aus dem Titel von Ernst Jüngers Kriegstagebuch 'In Stahlgewittern'[198] eindeutig identifiziert werden, aber auch die Bestimmung des Medientheoretikers Paul Virilio als Textquelle der Formulierung 'Film ist Krieg' bereitet wenig Probleme:[199]

"Selbstredend spielt die Formel 'Film ist Krieg' auf die Thesen von Virilio an. Krieg herrscht in *Rossini* allerdings nicht zwischen feindlichen Nationen. Wohl aber zwischen ökonomischen Imperien, Kulturen und Konfessionen: denen, die ans Buch und denen, die an die neuen Medien glauben."[200]

Am interessantesten sind aber diejenigen Zitate, die Reiter offensichtlich benutzt, um Eindruck mit seiner (Halb-)Bildung zu machen - wobei ihm verschiedenste Fehler unterlaufen: Dabei kann der Ausspruch "[..] laß alle

---

[196] "[..] den Erzähler, den raunenden Beschwörer des Imperfekts." (Mann (1967): Band 4. S. 5.)
[197] Kleist, Heinrich von: Prinz Friedrich von Homburg. In: Heinrich von Kleist. Sämtliche Werke und Briefe. Erster Band. Hgg. von: Sembdner, Helmut. München 1985[8], S. 709.
[198] Jünger, Ernst: In Stahlgewittern. Aus dem Tagebuch eines Stoßtruppführers. Hannover 1920.
[199] Eine Wendung, die Reiter offenbar etwas inflationär benutzt, wie Valerie bemerkt: "[..] Leben ist Krieg, und Film ist Krieg, und Liebe ist Krieg! Was verstehst denn du von Liebe?" (Ros: 113)
[200] Hörisch (1999): S. 194.

Viere grade sein!" (Ros: 126) noch als gewollt witziges Sprachspiel interpretiert werden. Sachlich falsch ist dagegen die folgende Aussage Reiters:

" 'Loreley' ist frei, deutsches Volksgut, da brauch' ich keinen Roman vom Windisch dazu... Mach' ich ein Märchen aus uralten Zeiten draus, verstehst du [..]."(Ros: 126)

Die Figur der Loreley kann nämlich, zumindest nach Elisabeth Frenzel, eben gerade nicht dem Bereich des Volksmärchens oder der Sage zugerechnet werden. Statt dessen gilt sie als "eine Erfindung Clemens BRENTANOS, dessen unter dem Eindruck einer Rheinfahrt entstandene Ballade in seinem Roman Godwi 1801 erschien."[201] Weil dies aber weder zum Allgemeingut gehört noch völlig unbestritten ist,[202] kann hier nicht entschieden werden, ob die Autoren auch an dieser Stelle die Figur bloßstellen wollten.[203]

Ebenfalls nicht korrekt ist die Formulierung vom 'Märchen aus uralten Zeiten', obwohl sie geläufig ist und auch klar als Anspielung markiert wurde; denn sowohl in der originalen Gedichtfassung Heinrich Heines als auch im Text der Vertonung von Friedrich Silcher[204] ist 'nur' von einem "Märchen aus alten Zeiten"[205] die Rede, obwohl Versmetrum und Melodie in der Version 'uralten Zeiten' besser übereinstimmen würden. Diese kleine Differenz gegenüber Gedicht- und Liedtext könte als zusätzliche Markierung des kulturellen Niveaus von Oskar Reiter gelesen werden, der zwar Heine zitieren möchte, den Text des Gedichts aber nur in der populären Verfälschung der Liedfassung präsent hat.[206] Ein weiterer Hinweis auf diese Strategie ergibt sich aus der Tatsache, daß Reiter an einer aus der

---

[201] Frenzel, Elisabeth: 'Lorelei.' In: Frenzel (1999): S. 467.
[202] Briegleb bestimmt im Gegensatz zu Frenzel alte Sagenstoffe als Quellen von Heines 'Lore-Ley'-Gedicht; vgl. Heine (1997): Band 1. S. 718 ff.
[203] Ein weiterer Intertext zu 'Lorley' sind Couplets von Karl Valentin. Es gibt ein Foto des als Loreley verkleideten Valentin, der auf einem Pappfelsen sitzt "im weißen Tricot - auch weiss geschminkt und eine goldene Perrücke mit offenen langen Haaren auf dem Kopf." (Bachmaier, Helmut / Henze, Stefan: Stellenkommentar 'Lorelei'. In: Valentin, Karl: Sämtliche Werke in acht Bänden. Band 2. Couplets. München 1994, S. 289.) In einem späteren Couplet mit dem Titel 'Loreley' macht sich Valentin über die Nazi-Größe Robert Ley lustig, denn dieser hatte tatsächlich "eine Tochter namens Lore". (Bachmaier / Henze (1994): Stellenkommentar 'Loreley'. S. 391.)
[204] Vgl. das Handschriftfaksimile: Schmid, Manfred Hermann: Friedrich Silcher. Tübingen 1989, S. 124.
[205] Heine, Heinrich: 'Ich weiß nicht, was soll es bedeuten.' (Buch der Lieder. Die Heimkehr. II.) In: Heinrich Heine. Sämtliche Schriften. Erster Band. Hgg. von: Briegleb, Klaus. München 1997, S. 107.
[206] Eine private Stichprobe hat ergeben, daß gerade in der gesungenen Version der Text oft fälschlicher zu 'uralten Zeiten' verändert wird, um das Metrum der Melodie anzupassen.

Filmversion gestrichenen Stelle ein zweites Heine-Zitat in den Mund gelegt wird, das ebenso wie die 'Loreley' aus dem Gedichtzyklus 'Heimkehr' stammt:

"   *Reiter:* Ja, ja - du bist... äh... 'wie eine Blume, so hold und schön und rein...' [..] Heine!" [Ros: 51]

Auch dies ist zwar im Prinzip korrekt aufgesagt und sogar auf den richtigen Autor bezogen; Reiter geht jedoch am existentiellen Kern des Gedichts vorbei, das er um sein gefährdendes Moment verkürzt und auf einen Vers für das Poesiealbum reduziert hat. Auf Valerie, eine Frau, "der man es schon am Flackern ihrer Augen ansah, daß ihr auf Erden nicht zu helfen war" (Dreh: 254 f.) - wie sie Süskind mit der kleistschen Selbstmörderformel charakterisiert[207] - paßt das Gedicht in seiner abgründigen Leichtigkeit nur allzu gut; was aber nur bei der vollständigen Version deutlich werden kann:

"Du bist wie eine Blume, / So hold und schön und rein; / Ich schau dich an, und Wehmut / Schleicht mir ins Herz hinein. //
Mir ist, als ob ich die Hände / Aufs Haupt dir legen sollt, / Betend, daß Gott dich erhalte / So rein und schön und hold."[208]

Womit Reiter sich am meisten blamiert, ist ein falscher Zitatnachweis, durch den nicht nur sein kultureller Bluff auffliegt, sondern auch seine Strategie, sich durch intertextuelle Bezüge beständig abzusichern, nachhaltig dekuvriert wird:

"   *Reiter:* 'Und setzt du nicht dein Leben ein, dann wird auch nix gewonnen sein!' Goethe!
Er schaut herausfordernd Kriegnitz an.
      Kriegnitz: Quatsch! Ist doch alles Quatsch was du da faselst, Oskar!" (Ros: 79)

Tatsächlich lauten die Verse etwas anders und sind ein Zitat aus Schillers 'Wallenstein', am Schluß von 'Wallensteins Lager'; und genauer gesagt - wodurch die Ironie auf die Spitze getrieben wird - aus dem sogenannten 'Reiter(!)lied':

"Und setzet ihr nicht das Leben ein / Nie wird euch das Leben gewonnen sein."[209]

---

[207] "[..] die Wahrheit ist, daß mir auf Erden nicht zu helfen war. [..] " (Kleist, Heinrich von: Brief 226. An Ulrike von Kleist. (21. Nov. 1811) In: Heinrich von Kleist. Sämtliche Werke und Briefe. Zweiter Band. Hgg. von: Sembdner, Helmut. München 1985[8], S. 887.)
[208] Heine (1997): Band 1. S. 131.
[209] Schiller, Friedrich: Wallenstein. Wallensteins Lager. 11. Auftritt. In: Friedrich Schiller.

Der Ausruf von Kriegnitz ('Quatsch!') bezieht sich hier zwar nicht auf Reiters inkorrekte Zitierweise, sondern meint die heroische Geste, mit der Reiter kokettiert. Damit trifft Kriegnitz jedoch den Kern der inszenatorischen Strategie, die ein Sprechen freisetzt, das sich um Differenzen wie 'Echt' vs. 'Falsch' keine Gedanken machen muß, solange die Dramaturgie die gewünschten Effekte erzeugt: Tinten- und Blutströme in einen Film[210] und diesen in Geldströme zu verwandeln. Kriegnitz deckt in seiner kritischen Darstellung der wechselseitigen Substitutionen[211] sogar den fäkalen Aspekt[212] des Geldes ab:

> " *Kriegnitz:* [..] und hinten scheißt der Goldesel die Dukaten in die Bank!
> *Reiter:* [..] Aber diesmal nicht in die Bank, sondern direkt in meine Tasche..." (Ros: 79)

Aber auch Kriegnitz gehört diesem Substitutionszusammenhang an. Nur daß er nicht Blut und Scheiße in Geld verwandelt, sondern Sperma und Tränen in Tinte. Insbesondere mit seinem "längeren lyrischen Erguß" (Ros: 130) bestätigt er das beschriebene Substitutionsmuster nicht nur der Körperflüssigkeiten, sondern auch der 'Trägerin', die zwischenzeitlich zu einer schönen Leiche geworden ist. An die Stelle Valeries tritt ein Gedicht, das ein Drehbuch werden soll, das ein Film werden soll, in dem es um "Liebe, Leidenschaft und Tod" (Ros: 130) geht und in dem die Hauptrolle Schneewittchen spielt. 'Rossini' vollzieht hier in doppelter Hinsicht eine reflexive Rückkopplung, indem die Frage aufgeworfen wird, ob nicht 'Rossini' selbst in gewisser Hinsicht als ein verspäteter Film über Valerie verstanden werden muß - der zeitliche Abstand zu ihrem Tod wäre dann nur eine Art moralischer Anstandsfrist gewesen, um so empfindliche Gemüter wie Windisch zu beruhigen:

> " Kaum ist sie tot? Geschmacklos! Damit möchte ich nichts zu tun haben!" (Ros: 130)

Die Paradoxie besteht darin, daß sich auch Kriegnitz ständig einer geliehenen Sprache bedient, indem er sich selbst bzw. Wolf Wondratschek zitiert. Er gibt Verse aus dem real existierenden Gedichtzyklus 'Carmen oder bin ich das Arschloch der achtziger Jahre' zum Besten, der einer

---

Sämtliche Werke. Horenausgabe. Fünfzehnter Band. Hgg. von: Höfer, Conrad. München / Leipzig 1914, S. 58.
[210] Vgl. Hörisch (1999): S. 194 f.
[211] Vgl. Koschorke, Albrecht: Körperströme und Schriftverkehr. München 1999, S. 112 ff.
[212] Auch Oskar Reiter ist sich der wechselseitigen Substituierbarkeit von Geld und Kot bewußt: "*Reiter* (trotzig): Ja und schon? Da scheiß' ich mit meinem nackten Arsch noch immer einen größeren Haufen als die drei Korinthenkacker da hinten." (Ros: 79)

gewissen 'Jane S.' gewidmet ist, deren realer Tod wohl Vorbild für die Figur Valerie war.

"Kriegnitz ergreift Valeries Hand und [..] beginnt aus einem seiner Gedichte zu rezitieren:

Kriegnitz: 'Du trägst den Kopf wie eine Krone.
Dein Fühlen ist Töten, was du liebst.
Du willst die Wollust, der du dich hingibst,
noch im Erröten genießen...' " (Ros: 19)

"im Kniefall von dem Altar,
um alle Sünden abzubüßen."[213]

Eine weitere temporale Paradoxie besteht auch darin, daß sich Valerie selbst auf Verse dieses Gedichts zu beziehen scheint, das erst anläßlich ihres Todes geschrieben wurde. Diese kategoriale Unschärfe zwischen Fakt und Fiktion ist allerdings leichter zu entschärfen, indem ihre Sätze als Inspiration für den Dichter gelesen werden könnten:

" Ich will barfuß durchs Leben gehen; barfuß über glühende Kohlen und über Wiesen im Morgentau!" (Ros: 83)

Im realen Gedicht 'Carmen' ist die Metaphorik zwar ein wenig anders gelagert, das zentrale Motiv bleibt aber erhalten:

"Sie will nicht. / Sie sucht nichts. / Sie läßt sich Zeit. // Hier fühlt sie sich zu Hause, / geht barfuß durch den Katzengarten / und kann es kaum erwarten, / daß endlich nichts mehr geschieht."[214]

Das Geburtstagsgedicht an Valerie ist dagegen im Drehbuch aus zwei verschiedenen Sonetten kombiniert, die dem Band 'Die Einsamkeit der Männer'[215] entnommen wurden:

" *Kriegnitz Stimme:*
'... du willst die Lust im Absoluten.
Der Himmel soll dich peitschen
und Dämonen sollen bluten...' " (Ros: 25)[216]

---

[213] Wondratschek, Wolf: Carmen oder bin ich das Arschloch der achtziger Jahre. (Aus dem Privatbesitz von Bernd Eichinger.) (Widmung: 'für Jane S.) Zürich 1986, S. 31.
[214] Wondratschek (1986): S. 49.
[215] Vgl. ebenfalls die folgenden Verse: "Sie war eine Schönheit, hatte aber dieses Heimweh / nach starken, erwachsenen Männern in den Augen, / nach Männern, die zum Töten taugen, [..]" (Wondratschek (1992): S. 347. ('Die Hölle der Ernüchterung')) / (Ros: 52). Am Ende muß Valerie allerdings feststellen, daß weder Kriegnitz noch Reiter Männer sind, die dazu bereit wären, für sie ernst zu machen. Beide sind nur "Papiertiger!" (Ros: 112)
[216] Wondratschek, Wolf: Die Einsamkeit der Männer. Mexikanische Sonette. (Lowry-Lieder) 1983. In: ders.: Die Gedichte. Zürich 1992, S. 365. ('Die Sonne')

"   '[..]   du bist die Qual, die jeder Mann durchlitt.' "
(Ros: 26)[217]

In 'Rossini oder die mörderische Frage, wer mit wem schlief' wird aber die herausragende Rolle dem Zyklus 'Carmen' zugewiesen, aus dem sowohl Untertitel als auch die Schlußworte des Drehbuchs stammen, mit denen die Stimmung des Films auf den Punkt gebracht wird - "nichts Großes mehr" (Ros: 129) anzustreben:

"   Der alte Mief. Alles geht schief.
              Und die mörderische Frage, wer mit wem
              schlief, löst sich in Wohlgefallen auf." (Ros: 129)

Angestrebt wird allenfalls, an Oskar Reiters nächstem Filmprojekt beteiligt zu werden; und auch hier müsse am Ende nicht unbedingt eine Leiche in der Badewanne gezeigt werden, weil die Zuschauer ja auch immer sehen wollen, "wie das Leben weitergeht." (Ros: 131)

4.3 Figurenpsychologie

"[..] weil *Casablanca* tausend andere Filme zitiert und jeder Schauspieler eine bereits woanders gespielte Rolle spielt, hört der Zuschauer unwillkürlich das Echo der Intertextualität. *Casablanca* zieht wie eine Duftwolke andere Situationen hinter sich her, die der Zuschauer in den Film hineinsieht [..]."[218]

Auch 'Rossini' hält beständig den Verdacht aufrecht, daß die Maskierung der Figuren nicht nur untereinander auf der Inhaltsebene (der Beobachtungen erster Ordnung) wirkt, sondern daß auch den Zuschauenden des Films von ihrer Ebene (einer Beobachtung zweiter Ordnung) aus kein tieferer Einblick in die Psychologie der Figuren gestattet wird, weil hier immer nur nach schon bekannten Regeln agiert wird. Der Film stellt auf diese Weise der positiven Bestimmung des Klischees durch Umberto Eco eine pessimistische Lesart gegenüber, in der die gezeigten Rollenmuster als deutliche Hinweise auf die Fremdbestimmtheit der Existenzform interpretiert werden. Diese Wahrnehmung liegt vor allem dann nahe, wenn die Figuren innerhalb einer bestimmten Logik zu handeln scheinen, die nicht ihnen selbst zugeschrieben werden kann. Das vollständige Fehlen einer Tiefenschicht in der Charakterzeichnung läßt sich gut am Abschied zwischen Valerie und Gelber in der Szene "Vor Haus Valerie. Außen. Nacht." (Ros: 119) verdeutlichen: Diese Szene ist nur dann sinn-

---

[217] "Sie ist die Qual, die jeder Mann durchlitt;" (Wondratschek (1992): S: 336. ('Sonnenaufgang'))
[218] Eco (1985): S. 212.

voll zu interpretieren, wenn sie in ihr theoretisches Bezugsfeld 'Sigmund Freud'[219] eingeordnet wird. Ihre Bedeutsamkeit speist sich aus dem hier filmisch vorgeführten Motiv der Kästchenübergabe bzw. Kästchenwahl.[220] Im Rahmen des kulturellen Codes der freudschen Psychoanalyse wird diese Handlungsstruktur als literarische Metapher für den Wunsch gedeutet, den Tod in einem Akt der Freiwilligkeit zu wählen, obwohl es doch gerade der Moment des Todes ist, den der Mensch üblicherweise nicht bestimmen kann:

> "Wahl steht an der Stelle von Notwendigkeit, von Verhängnis. So überwindet der Mensch den Tod, den er in seinem Denken anerkannt hat. Es ist kein stärkerer Triumph der Wunscherfüllung denkbar. Man wählt dort, wo man in Wirklichkeit dem Zwange gehorcht, und die man wählt, ist nicht die Schrecklichste, sondern die Schönste und Begehrenswerteste."[221]

Auch Valerie muß in bzw. nach der Abschiedsszene "eine Entscheidung für ihr Leben treffen" (Ros: 127), wobei ihre Wahl aber nicht mehr überraschen kann, sobald der intertextuelle Charakter des Kästchens wahrgenommen wurde. Nachdem Valerie die Schatulle genommen hat, ist es eine narrative Notwendigkeit,[222] daß sie auch tatsächlich den Freitod wählt: Die innere, psychologische Motivation der Figur bleibt dagegen als ein rein äußerlicher diskursiver Effekt der Handlungsführung bestimmbar. Damit löst sich auch die Spannung über den Fortgang der Geschichte auf - die temporale Struktur der Narration wird in eine eher räumlich bestimmbare Konstellation der Topoi überführt.[223]

Interessant sind dabei vor allem zwei Differenzen in der Strukturierung des Motivs. Freud beschreibt die Kästchenwahl als Konstellation, in der auch eine Entscheidung zwischen drei verschiedenen Elementen (aus denen die Kästchen bestehen) getroffen werden muß - meist Gold, Silber und Blei.[224] Valerie dagegen wird eine solche Wahlmöglichkeit verweigert. Sollte den drei Männern ein Material zugeordnet werden, wäre es in allen drei Fällen 'Papier'. Reiter macht Verträge, verdient Geld-Scheine oder unterzeichnet Schecks, Kriegnitz schreibt Gedichte auf Papier, und Gelber stellt Valerie entweder Rezepte aus (Ros: 10), oder er bietet ihr seine

---

[219] Freud, Sigmund: Das Motiv der Kästchenwahl. (1913) In: SA Bd. X., S. 181 ff.
[220] Vgl. Hörisch (1999): S. 198.
[221] Freud (1913). S. 191.
[222] Schon Gelbers sprachliche Vorwegnahme von Valeries Alterungsprozeß deutet eine tödliche symbolische Herausforderung an, der sie sich noch verweigert: "Ich werde nicht achzig - ich werde vierzig!" (Ros: 24)
[223] Vgl. Assmann, Aleida: Gedächtniskisten. In: dies.: Erinnerungsräume. München 1999, S. 114 ff.
[224] Vgl. Freud (1913): S. 183 ff.

Vermögensunterlagen zum Tausch gegen Ehevertrag und notarielle Regelungen an (Ros: 120). Völlig zu Recht beschimpft Valerie ihre Liebhaber daher als "Papiertiger!" (Ros: 112) Der zweite wichtige Unterschied besteht in der Verkehrung der Geschlechterrollen: Es ist in 'Rossini' die Frau, die sich zwischen den drei Männern entscheiden muß, im Gegensatz zu den Wahlgeschichten, die nach Freud für den Motivkomplex bestimmend sind - wobei seiner Ansicht nach die Kästchen "Symbole des Wesentlichen [sic!] an der Frau"[225] seien. Dieses Wesentliche kehrt in Form der "Ebenholzkassette" (Ros: 120) zu Valerie zurück, womit aber zugleich auch feststeht, wie sie sich bei der einzigen Wahl, die sie in wirklicher Freiheit treffen kann, entscheiden wird - nämlich für ihren Freitod.[226]

Das Motiv der 'Frau zwischen zwei Männern' ist in Film- und Literaturgeschichte erstaunlich selten und meist von einer merkwürdigen Vertauschungstruktur geprägt. Wer etwa in Frenzels 'Motive der Weltliteratur' unter 'Frau zwischen zwei Männern' Aufklärung erwartet, wird statt dessen auf Einträge wie 'Frau, die verschmähte'[227] oder 'Freierprobe'[228] verwiesen, in denen zwar auch die Konstellation 'eine Frau + mehrere Männer' das Thema ist, was aber sofort durch die Umkehrung in eine männliche Perspektive entschärft werden muß. Unter 'Mann zwischen zwei Frauen' wird zunächst richtig festgestellt, daß das umgekehrte Motiv literarisch seltener anzutreffen sei, was Frenzel erstens damit erklärt, daß die Frau "in früherer Zeit bei der Wahl des Partners nur eine passive Rolle spielte [..]."[229] Als ein zweiter Erklärungsansatz wird von Frenzel dann aber die psychologische Disposition der Männer angeführt - wobei unklar bleibt, ob sich dies auf die literarische Darstellung oder auf die Realität bezieht. Das ist um so bedenklicher, da sie den auswählenden Part Männern zugesteht, ihn aber bei Frauen als moralische Gefährdung abwertet. Frenzel erklärt dies sehr fragwürdig

"mit den psychologischen Unterschieden, denen zufolge eine Frau mit gleichzeitigen Beziehungen zu mehreren Männern meist Ausnahmefall bleibt, der sich in extremer Form in der à Kurtisane konstituiert, während die polygame Veranlagung des Mannes eine Neigung zu mehreren Frauen nebeneinander als nicht außergewöhnlich erscheinen läßt."[230]

---

[225] Vgl. Freud (1913): S. 184.
[226] Vgl. Ebeling, H.: 'Selbstmord'. In: Ritter, Joachim (Hg.): Historisches Wörterbuch der Philosophie. Band 9. Darmstadt 1995, Sp. 493 ff.
[227] Frenzel (1999): S. 160 ff.
[228] Frenzel (1999): S. 185 ff.
[229] Frenzel (1999): S. 499.
[230] Frenzel (1999): S. 499.

Dieser mit der Geste der Objektivität alphabetischer Ordnungen vorgebrachte kulturkonservative Moralismus ist vor allem deshalb ärgerlich, weil er auf einen erklärungsbedürftigen Tatbestand hinweist: So ist es nicht nur für die Literatur-, sondern auch für die Kinogeschichte kennzeichnend, daß Filme, in denen einer Frau mehr Wahlmöglichkeiten als üblich zugestanden werden, mit leicht frivolem Unterton inszeniert sind: Zunächst sei hier an 'Serenade zu Dritt' ('Design for Living') (USA, 1933) von Ernst Lubitsch erinnert, der zwei (nicht befolgte) Leitsätze ins Zentrum stellt, die beide auch aus 'Rossini' stammen könnten. Erstens das hochheilige Versprechen 'Kein Sex!', das den platonischen Charakter der Dreierbeziehung sichern soll; zweitens die Weisheit des bürgerlichen dritten Bewerbers, der dann am Ende doch wieder verlassen wird, trotz aller Sicherheiten, die er zu bieten hat:

> " 'Unmoral macht Spaß', doziert der biedere Geschäftsmann Plunkett [..], aber nicht Spaß genug, um hundertprozentige Tugendhaftigkeit und drei warme Mahlzeiten am Tag zu ersetzen.' " [231]

Dann ist an die von Marlene Dietrich gespielte Bartänzerin Amy Jolly in 'Marokko' (USA, 1930) (R: Josef von Sternberg) zu denken, die zwischen dem armen Fremdenlegionär und dem reichen Le Bessier hin- und hergerissen ist. Vor allem aber muß nochmals 'Casablanca' erwähnt werden, denn hier

> "sind beide Männer Verratene und Verlierer; doch in der Niederlage (und auf dem Weg zu ihr) kommt noch ein weiteres Element ins Spiel, ein so subtiles, daß es unterhalb der Bewußtseinsebene bleibt. Nämlich ein (höchst sublimierter) Hauch von Platonischer Männerliebe: Rick bewundert Victor, und Victor fühlt sich in ambivalenter Weise von Rick angezogen, und es scheint fast, als lieferten sich die beiden an einem bestimmten Punkt das Duell der Aufopferung, um einander zu gefallen."[232]

Was in 'Casablanca' aber eines Umberto Eco bedarf, um bemerkt zu werden, wird in 'Rossini' nicht nur gezeigt - wenn sich etwa Reiter und Kriegnitz umarmen (Ros: 47) oder wenn Uhu den fassungslosen Reiter zum Abschied "umarmt und küßt" (Ros: 124) - sondern wird betont und darüber hinaus auch als eine stabilisierende Machtstrategie der Männer entlarvt, die unter dem Deckmantel der Freundschaft alle noch so ernsten Konflikte bis zur Unkenntlichkeit deeskalieren können; etwas, das am Ende auch Valerie erkennen muß:

---

[231] Essig, Rolf-Bernhard: 'Design for Living'. In: Töteberg, Michael (Hg.): Metzler-Film-Lexikon. Stuttgart 1995, S. 147.
[232] Eco (1985): S. 211.

"   Ihr habt euch doch beide nie wirklich für mich interessiert! Ihr habt doch nur spielen wollen: Wer ist der größere, wer ist der stärkere, wer kann öfter, wer kann länger - aber von mir verlangt ihr, ich soll mich entscheiden?" (Ros: 113)

Obwohl Valerie also einerseits eines der eher seltenen Beispiel dafür ist, daß eine Frau den (scheinbar) aktiven Part bei der Partnerwahl übernimmt, bleiben aus einer gender-analytischen Sicht auch in 'Rossini' die Machtverhältnisse zwischen den Geschlechtern unangetastet und stabil. Valerie weist zwar ihre beiden Bewerber zurück, aber es gelingt ihr trotzdem nicht, sie mehr als nur oberflächlich zu verletzen. Valerie ist eben tatsächlich nur eine "Möchtegern-Carmen",[233] deren konkurrierende Liebhaber nicht einmal daran denken, wegen einer Frau ihre "Freundschaft in irgendeiner Weise in Frage" (Ros: 112) zu stellen, geschweige denn, sich wirklich zu prügeln oder gar zu töten, so wie sie sich das als Liebesbeweis wünschen würde:

"   Dann schmeiß' ihn doch raus, wenn er dich stört... (zu Kriegnitz) ... oder du ihn! Hau ihm doch eine rein mit deiner Flasche! Was seid denn ihr für Männer?!" (Ros: 111)

Dagegen bringt die Figur der 'Carmen' in Prosper Mérimées gleichnamiger Novelle[234] ihren Liebhaber Don José Lizzarrabengoa nicht nur dazu, seine bisherige (militärische) Existenz für sie aufzugeben und ihr in die Gesetzlosigkeit zu folgen, sondern löst in ihm eine nahezu psychopathische Leidenschaft und ein grenzenloses Besitzdenken aus, so daß er schließlich nicht nur seinen Nebenbuhler umbringt, sondern am Ende sogar Carmen selbst erdolcht.[235] In 'Rossini' tritt an die Stelle solcher "Gebirge aus Leidenschaft und Liebe" (Ros: 129) ein postmodern-ironisches Laisser-faire, das mit Messern und Blutströmen aus verletzter Männerehre nichts anfangen kann und solche Emotionen statt dessen in Bilderfluten und Geldströme verwandelt; so daß sich Valerie am Ende selbst töten muß, weil gerade die Männer zu solcher Martialität nicht mehr bereit sind.

Besonders deutlich wird dies gerade in dem Moment, wenn Uhu und Reiter kläglich daran scheitern, in Rossinis Hinterzimmer noch einmal ein mafiöses Ritual mit Messer, Blut und Treueschwüren zu inszenieren und am Ende nur ein ungenießbarer "Kir Royal" (Ros: 106) herauskommt.

---

[233] Jenny (1997): S. 165.
[234] Mérimée, Prosper: Carmen. Stuttgart 1996.
[235] Vgl. die filmische Adaption von Carlos Saura 'Carmen' (E, 1983) und ihre psychoanalytische Analyse: Zeul, Mechthild: Carmen & Co. Weiblichkeit und Sexualität im Film. Stuttgart 1997, S. 27 ff.

Prinzipiell fällt die Konzeption von Männlichkeit in 'Rossini' trotz aller verbalen Derbheit auch eher weich und ausgesprochen 'unphallisch' aus. Der Wirt Paolo Rossini etwa läßt sich gleich dreimal den Schlüssel für diverse Hohlräume mit bergender Funktion rauben - zu seiner "Wohnung" (Ros: 114), für sein "großes Auto" (Ros: 123) und auch noch von seinem "Haus in Elba" (Ros: 123). Damit rückt zwar ironischerweise die Erfüllung seines Traumes, daß Schneewittchen zur "Hüterin seines Hauses" (Ros: 59) werde, in greifbare Nähe, aber eben nur seines Hauses und in der Gesellschaft eines anderen Mannes, angeblich einem seiner "ältesten und besten Freunde" (Ros: 135). Diese Form einer dreifachen symbolischen Kastration gleicht sogar die "drei Schwänze" (Ros: 59) wieder aus, die ihm Uhu Zigeuner zuvor noch angedichtet hat. Zur Ehrenrettung Rossinis sei festgehalten, daß es nicht mehr zu diesem Umzug nach Elba kommt, denn auch Uhu Zigeuner wird von Reiter - seinem "Bruder im Blute" (Ros: 126) - schnell auf Urlaub geschickt, als dieser in Schneewittchen seine neue Muse und Loreley entdeckt hat. Aber auch in den Bereichen des Sexuellen gerät Uhu keinesfalls in den Verdacht allzu ausgeprägter Männlichkeit. Konnte die mißglückte Nacht mit Lotti noch seiner Unwilligkeit angerechnet werden, gilt diese 'Entschuldigung' nicht mehr bei seiner Frau, die sich gegenüber Jakob offen über die sexuellen Probleme ihres Mannes ausläßt:

" *Fanny:* [..] mit der Übü, da gibt es eine große Geheimnis: Wenn der Übü macht keine Film, dann er kriegt keine hoch. Und sofort wenn er macht eine Film, dann er kriegt eine hoch... viele... immer!" (Ros: 39)

Interessant ist in diesem Zusammenhang auch die verstimmte Reaktion Uhus, als Fanny die neuesten Photos des gemeinsamen Hauses aus ihrer Handtasche[236] holt und sie ihm zeigt:

" *Zigeuner:* Ah, schön, die Zypressen... die sind ja riesig! Wer hat denn die gepflanzt?" (Ros: 129)

Sollte es eines Beweises bedurft haben, daß (zumindest betrogene Ehe-)Männer Penisneid entwickeln können, dann wäre er hier so offensichtlich inszeniert worden, daß schon nicht mehr von einer sich manifestierenden Latenz gesprochen werden kann. Wenn im Garten, der zum

---

236 Vgl. Bodenheimer, Aron Roland: Der Waldgänger: wenn die Melancholie dichtet. Wien 1993, S. 193. / Der Autor weist eindringlich auf ein (dem Photo der Zypressenbäume ähnliches) Motiv hin: die zwei Äpfel, die die kinderlos gebliebene Frau des Waldgängers in Stifters gleichnamiger Erzählung aus ihrer Handtasche nimmt und seinen Söhnen aus zweiter Ehe gibt. (Vgl. Stifter, Adalbert: Der Waldgänger. In: Adalbert Stifter: Eine Auswahl aus den Erzählungen. Hgg von: Stöcker, Julius. Bonn 1968, S. 249.)

Haus einer Frau gehört, von einem Gärtner so phallische Bäume gepflanzt werden, wie es Zypressen nun einmal sind, ist dies kein Hinweis mehr, sondern kann, wie es in 'Rossini' auch dargestellt wird, als offenes 'Schuld'-Eingeständnis gewertet werden. Wie präzise der Umgang mit der räumlichen Verteilung der Geschlechter im Drehbuch geregelt wird, zeigt sich auch in der Regieanweisung der Abschiedsszene zwischen Gelber und Valerie:

> "Valerie will gerade die Haustüre aufsperren. Gelber, der offenbar nicht gebeten wurde, mit in ihre Wohnung zu kommen, steht einige Schritte entfernt an den Stufen, die zum Eingang führen und hält ihr mit ausgestreckten Armen eine Ebenholzkassette hin." (Ros: 119 f.)

Der Innenraum ihrer Wohnung bleibt ihm versperrt, sie behält mit ihrem Schlüssel auch die Kontrolle über die Türschwelle, an der die Szene spielt. Gelber dagegen hat auf der symbolischen Ebene die Kontrolle über seinen Phallus verloren - er hat seiner geliebten Valerie den "kleinen Goldschlüssel" (Ros: 120) zu seinem Kästchen schon geschenkt. Die sonst übliche Verteilung der Geschlechterrollen wird vollends umgekehrt, wenn er sich von ihr symbolisch penetrieren läßt:

> "Valerie [..] läßt die halbgeöffnete Türe wieder zufallen, kramt in ihrer Tasche und zieht [den] kleinen Goldschlüssel heraus. Sie geht die paar Stufen zu Gelber hinunter, steckt den Schlüssel ins Schloß der Schatulle und öffnet sie." (Ros: 120)

Der einzige Raum, zu dem Valerie Gelber den Zutritt gewährt, ist der virtuell-akustische Innenraum ihres Anrufbeantworters. Dieses schwarze Kästchen nimmt ihn in sich auf - zumindest seine Stimme. Das Magnetband speichert die akustischen Signale, während der Lautsprecher, der "angeschaltet ist" (Ros: 127), sie zugleich in den Innenraum von Valeries Wohnung überträgt. Hatte das Ebenholzkästchen aufgrund seiner intertextuellen Bezüge die Todeswahl Valeries vorweggenommen, wird sie durch die merkwürdige kommunikative Struktur einer 'Anrufbeantworternachricht' medial nochmals angezeigt. Und obwohl die filmische Verwertung ihres Todes durch das 'Requiem für Valerie' vom Literaten Windisch als Geschmacklosigkeit bezeichnet wird, mit der er "nichts zu tun haben" (Ros: 130) will, gilt auch für das System Literatur im allgemeinen die schöne weibliche Leiche seit langem als das poetischste aller Themen.[237] Zumindest in dieser Hinsicht kann sich die Literatur auch im Film wiederentdecken:

---

[237] Vgl. Bronfen, Elisabeth: Das 'poetischste aller Themen. Edgar Allan Poe, die Schönheit und der Tod. In: Bronfen (1994): S. 89 ff.

Besiegelt wird Valeries tödliche Wahl durch ihre filmische Verdopplung und Ersetzung - was durch den intertextuellen Bezug auf Schneewittchen mit dem Ebenholz der Kassette ebenfalls schon angedeutet wurde. Während der Film die Farbe des Holzes nur zeigt, wird im Drehbuch seine Sorte als das Ebenholz des Märchens versprachlicht. Zum "schwarz wie Ebenholz"[238] kommen im Moment von Valeries Tod neben den im Film ebenfalls schwarzen Kacheln[239] aber auch noch die schneeweiße Haut der Leiche und das "blutrot" (Ros: 127) gefärbte Badewasser hinzu. Daher müßte eigentlich Valerie 'Schneewittchen' heißen - aber nicht sie, als die Frau in Rot, sondern die Frau in Weiß trägt diesen Namen, obwohl diese sogar blond ist. Sie weiß aber, daß es nicht nötig ist eine andere zu werden, sondern völlig genügt, "das gleiche rote Kleid, das Valerie früher getragen hat", (Ros: 131) anzuziehen. Stellt der Motivkomplex der 'Carmen' im Bereich der modernen Literatur tatsächlich "den Urstoff für den Mythos des späten 19. und des gesamten 20. Jh.s bereit",[240] kann dagegen die Figur 'Schneewittchen' mit Kilb als "eine Denkfigur, eine Allegorie des Kinos selbst"[241] bezeichnet werden: In ihr lösen sich die widersprüchlichen Beschreibungen auf, mit denen Uhu und Oskar ihren Regieassistenten zur Verzweiflung treiben: Für die Rolle der Loreley bräuchten sie

" die große, blonde, schöne junge Frau [..] engelhaft und diabolisch... göttlich und irdisch zugleich, jungfräulich und lasterhaft [..]. Die Frau, von der wir alle träumen!" (Ros: 30)

Unabhängig davon, ob je eine filmische Umsetzung bzw. Besetzung den hier formulierten Ansprüchen genügen könnte, werden gerade bei einer 'Nur-Lektüre' des Drehbuchs schon klar definierte Bildbereiche aktualisiert. Die beschriebene quasi-mythologische Figur ist in der Geschichte des Kinos als Rolle schon dauerhaft vergeben - und zwar an 'die' weibliche Ikone Hollywoods: Marilyn Monroe. Vor allem in 'Blondinen bevorzugt' (USA, 1953)[242] verkörpert sie in ihrer Rolle der 'Lorelei Lee' die perfekte Mischung aus blonder Unschuld und berechnender Verführerin. Sie will um jeden Preis einen Mann mit viel Geld und dieser Wunsch wird von ihr auch gar nicht erst verschleiert; sondern sie singt: 'Diamonds are a Girl's Best Friend'. Gerade bei dieser Gesangsnummer wird deutlich, daß der intertextuelle Bezug von 'Rossini' zu dieser Figur nicht nur über

---

[238] Sneewittchen. In: KHM, I. (1991): S. 269.
[239] Das schwarze Badezimmer, in dem sie stirbt, wäre eine weitere Umsetzung des Kästchenmotivs.
[240] Wild, Gerhard / KLL: Mérimée, Prosper. Carmen. In: Jens, Walter (Hgg.): Kindlers neues Literatur-Lexikon. Studienausgabe. Bd. 11. Ma. - Mo. München 1996, S. 574.
[241] Kilb (1997): S. 47.
[242] Gentlemen prefer blondes. (USA, 1953) (R: Hawks, Howard)

Marilyn Monroes sprechenden Namen 'Lorelei Lee' funktioniert:[243] Der "Brillantring" (Ros: 48), den Oskar Reiter Valerie schenkt, erinnert an die 'Diamonds' der Gesangsnummer, in der 'Lorelei Lee' ein Kleid trägt, das ebenfalls dem roten Kleid ähnelt, in dem am Ende das zur Hexe gewordene blonde Schneewittchen auftritt, das aber "Valerie früher getragen hat." (Ros: 131) Zwar lösen sich so die Konturen von Schneewittchen in diesen vielfältigen Bezügen zwischen Kinogeschichte und rheinischer Pseudo-Mythologie auf, aber sie können sich so auch der hybriden Unverbindlichkeit des Kinos anpassen, das den Star als strahlende Projektionsfläche benötigt. Ihr gelingt es nämlich, das ständige Hin-und-Her im Rossini auf sich als Fixpunkt zu konzentrieren, indem sie zum ruhenden Pol wird, um den sich alles drehen kann.

Dagegen wird der paradoxieverliebten Zerrissenheit einer Valerie, die darauf besteht, daß sich jemand für sie als Subjekt interessiere, in 'Rossini' sehr deutlich die Nicht-Über-Lebensfähigkeit bescheinigt. Sie war als Muse künstlerisch inspirierter Produktionen notwendig, aber innerhalb neuer Medienverbundsysteme muß eine solche Diva, die die "Lust im Absoluten" (Ros: 112) will, schnellstens durch ein robustes und flexibles Schneewittchen ersetzt werden, das sich vom "Aschenputtel" (Ros: 102) in "die Loreley" (Ros: 124) oder auch in Valerie (Ros: 131) verwandeln kann. Ihren Aufstieg verdankt sie daher ihrem souveränen Umgang mit dem Medium Film, dem das Absolute nichts und der Schein alles gilt: und so ist es auch das Starlett (und nicht der Regisseur oder der Produzent), das das offene Geheimnis des Mediums Film ausplaudern darf:

"   Im Film ist doch alles möglich, oder?" (Ros: 131)

4.4 Intermedialität

Das (kommunikative) Handeln der Figuren wird neben seiner kulturellen Verortung und der Determination durch dramaturgische und psychologische Regeln auch durch die im Drehbuch erwähnten und im Film dargestellten medialen Apparaturen bestimmt. Damit wird die intertextuelle Vernetzung als ein Spezialfall des allgemeineren Phänomens der Intermedialität sichtbar, das von Joachim Paech als ein ästhetisches Differenzial transformativer Figurationen bestimmt wird.[244] Paech entwickelt einen

---

[243] Die Titelmelodie von Dietls Film 'Late Show' ist übrigens ebenfalls einem Film mit Marilyn Monroe entnommen: 'There's No Business Like Show Business.' (USA, 1954) (R: Lang, Walter)

[244] Paech, Joachim: Intermedialität. Mediales Differenzial und transformative Figuration.

Intermedialitätsbegriff, mit dem drei verschiedene Dimensionen der Ausprägung benannt werden können:
Intermedialität als "evolutionäre Beziehung zwischen technischen Instrumenten";[245] zweitens das "perzeptive Zusammenspiel von Medien und Wahrnehmung zur kognitiven Rekonstruktion von Realität",[246] und drittens kann mit Intermedialität eine bestimmte Basis für "formale Eigenschaften in Kunstwerken"[247] gemeint sein, wobei aber dann ästhetische Verfahrensweisen vorliegen müssen, die über die schlichte Thematisierung etwa eines Photoapparats in einem Film strukturell hinausgehen. 'Intermedialität' könne somit (am Beispiel 'Photographie - Film') präziser gefaßt werden, als das Aufscheinen einer spezifischen "Form medialer Differenz, die 'zwischen' der Form des fotografischen und der Form des filmischen Mediums 'figuriert'."[248]

In 'Rossini' ist das Leitmedium der Film; denn das Kino ist nicht nur Thema, sondern prägt durch seine verschiedenen Komponenten, wie Bild, Schrift, Sprechen und Ton, die gesamte Handlungsstruktur. Es werden auch schon im Drehbuch in großem Umfang verschiedenste Medientechnologien aus dem Umkreis des Films zum Thema der Darstellung gemacht: Ein sehr unauffälliges filmisches Mittel etwa, das in seiner Eigenlogik oft ignoriert wird, ist die Beleuchtung als Teil des Bildkomplexes. In 'Rossini' wird eine Differenz zwischen dem magischen Kerzenlicht und der kalten Neonbeleuchtung zu Beginn und Schluß aufgebaut und so die Wahrnehmung auf das Licht als Medium selbst gelenkt: Nach McLuhan ist die Botschaft des elektrischen Lichts deshalb so schwer zu fassen, "weil es ohne 'Inhalt' ist."[249] Dagegen macht 'Rossini' in fast lehrfilmhaften Sequenzen die Botschaft des Mediums Licht deutlich, indem die funktionalen Unterschiede zwischen 'elektrischem Licht' vs. 'Kerzenlicht' erstaunlich ausführlich zum Thema gemacht werden:

"   *Valerie:* Und deine Kantinenbeleuchtung könntest du auch endlich mal ändern. Sieht man ja aus wie 'ne Wasserleiche. Frauenfeindlich ist dieses Licht. [..]
Kriegnitz: Frauen kommen, um ihr Fleisch zu zeigen. Je heller, desto besser. In einer Metzgerei herrscht auch kein Schummerlicht." (Ros: 15)

In: Helbig, Jörg (Hg.): Intermedialität. Theorie und Praxis eines interdisziplinären Forschungsgebiets. Berlin 1998, S. 14ff.
[245] Paech (1998): S. 18.
[246] Paech (1998): S. 18.
[247] Paech (1998): S. 19.
[248] Paech (1998): S. 22.
[249] McLuhan (1992): S. 19.

Es zählt zu den Merkmalen der unauffälligen handwerklichen Präzision, wie schon in einer der Anfangssequenzen das Ophelia-Motiv der Wasserleiche mit der Figur Valerie gekoppelt wird und zugleich ihre Beschwerde ein dramaturgisch eleganter und einleuchtender Grund dafür ist, daß an ihrem Geburtstag diese ungewöhnliche Beleuchtungsform gewählt wird:

> "Valerie [..] blickt entzückt auf das von Kerzen erleuchtete Restaurant.
> *Valerie:* Bei Kerzenlicht! Hunderte und Tausende von Kerzen! Für mich... zu meinem Geburtstag!" (Ros: 48)

Daß aber ein solcher Wechsel der Illuminationstechnik nicht folgenlos bleiben kann, bekommt als erstes das Personal des Restaurants zu spüren. Denn eine der wichtigsten Botschaften des Mediums 'elektrisches Licht' kann erst jetzt bestimmt werden: 'geringer Anstieg der Raumtemperatur' - während die Kerzen eine so starke Hitze entwickeln, daß im Lokal schnell "zweiunddreißig Grad" (Ros: 31) erreicht sind, wie sich Michele bei seinem Chef beschwert. Den läßt aber diese Botschaft der Kerzen trotz der "Schweißperlen" (Ros: 31), die ihm auf der Stirn stehen, völlig kalt. Er nimmt die Beleuchtung erst durch einen Hinweis Schneewittchens wahr. Die Hitze des Lichts kann auch mit Schneewittchen als eine Wärme ausgelegt werden, die die emotionale Kälte der Filmwelt etwas mildert. Gerade die reduzierte Helligkeit, der "die im Lichte" (Ros: 32) ausgesetzt sind, macht das Geschehen erträglicher:

> "   *Schneewittchen:* Aber.. Aber heute mit den Kerzen, da sah es bei Ihnen so warm und einladend... und wie verzaubert aus.
> Rossini schaut [..] über die Schulter auf die fein gedeckten Tische mit den brennenden Kerzen darauf. Mit einem Mal scheint er selbst ganz angetan von der magischen Stimmung, die den Raum beherrscht und die jeden Gegenstand geheimnisvoll und kostbar erscheinen läßt." (Ros: 32)

In der Filmgeschichte werden sich nur wenige Beispiele finden lassen, in denen Fragen der Szenenbeleuchtung so explizit zum Thema eines Drehbuchdialogs gemacht wurden und auch für das weitere Geschehen inhaltlich relevant bleiben. So sind die phantastischen Ebenen des Geschehens auch nach Süskind sowohl Ursache als auch Folge der "Märchenhaftigkeit der Beleuchtung" (Dreh: 243); denn die Dämmerung zwischen dem Licht der Aufklärung und der Nacht der Romantik[250] erfordere und ermögliche ein erzählerisches Spiel der Verwechslungen, Täuschungen und Verzauberungen. Besonders für den erotischen Bereich ist die Frage der Sichtbarkeit von zentraler Bedeutung:

---

[250] Zur Lichtmetaphorik vgl. Momberger, Manfred: Sonne und Punsch. München 1986, S. 67 ff.

Schon der Name der Kellnerin leite sich nach Windisch ab von "Seraph - Plural Seraphim - ein engelhaftes sechsflügliges Wesen als Träger der höchsten Liebesglut" (Ros: 36) - wodurch der Bildbereich des fakkeltragenden Genius hier mit aufgerufen wird. Die Problematik der Beleuchtungsfrage nimmt zwischen dem Dichter und Serafina aber noch dramatischere Formen an, wenn sie eine gemeinsame Liebesnacht einfordert und ihr einziges Zugeständnis an seinen Unwillen die Dunkelheit ist:

" *Windisch:* Nein, nein, bitte... hör auf... bitte keinen Realismus... Serafina! Io non vivo, non audio, non video... non...
Serafina: Aah! Capito!
Sie lächelt und macht das Licht aus." (Ros: 122)

Neben dieser weiteren folkloristischen Reminiszenz an italienischen Katholizismus muß aber die Wahrnehmungsverweigerung des Schriftstellers als ernsthafter Kern der Szene interpretiert werden - eine Strategie aisthetischer Reduktion, die medientechnologisch überformt wird: Grundlage der schreibenden Tätigkeit ist es nach Windisch, ohne Audio und ohne Video auszukommen; was nur bedeuten kann, die Schrift selbst ins Zentrum zu stellen. Es wurde schon darauf hingewiesen, daß darin auch die selbstreflexive Wendung des Drehbuchs 'Rossini' besteht, das sich nicht als ein eigenständiges Endergebnis, sondern als intermediales Zwischenprodukt präsentiert; "nicht als 'etwas', sondern als 'Medium', als Möglichkeit einer Form oder auch als 'Dazwischen', letztlich als Mittel im weitesten Sinne genommen wird."[251]

Dieser Funktionalisierung des Drehbuchs auf das Bild hin wird eine starke Eigenwertigkeit des Schreibens selbst gegenübergestellt, das auch in seinen medial-materiellen Aspekten zum Tragen kommt. Einerseits sind Schrift- und Druckerzeugnisse jeglicher Art beständiges Thema: Windischs Wörterbücher, seine tausende 'Loreley'-Exemplare (Ros: 35) in den verschiedenen Übersetzungen, die Drehbücher, die aus dem Roman (Ros: 91; 126) und aus dem Gedichtband Kriegnitz' (Ros: 130) entstehen sollen; darüberhinaus spielt neben diversen Rezepten, Reservierungen und Notizzetteln (Ros: 10) auch ein Zeitungsartikel des Dr. Melk eine gewisse Rolle, dessen Papier in der Filmversion auch noch Feuer fängt. (Ros: 64) Zum anderen ist auch der Prozeß der Schrifterzeugung immer wieder mit seinen verschiedenen Hindernissen und Werkzeugen Thema des Drehbuchs: So wird etwa Kriegnitz beschrieben, wie er versucht, an seiner "Schreibmaschine" (Ros: 26) das Geburtstagsgedicht an Valerie zu tippen. Die materielle Seite des Gedichts wird dabei insofern noch stärker betont, als Kriegnitz die "Manuskriptrolle" (Ros: 68) in der Wut ebenso zerreißt, wie

---
[251] Paech (1998): S. 23.

Uhu dann sowohl Windischs Scheck als auch den Filmvertrag (Ros: 40) in Stücke reißt, der in neuer Version wiederum von Reiter zerrissen wird. (Ros: 99) Erstellt wurde diese zweite Fassung des Vertragswerks von Reiters Anwalt Tabatier "mit seinem tragbaren Computer". (Ros: 91) Im Gegensatz zum Lyriker mit seiner Schreibmaschine ist der Anwalt mit Laptop (und nicht erwähntem Drucker) also auf dem informationstechnologisch letzten Stand der Schrifterzeugung. Damit ist er auch in der Lage, den korrigierten Vertrag (Ros: 78) nach Uhus und Windischs Anweisungen gleich nochmals zu verändern. (Ros: 91 ff.) Damit dieser Vertrag aber überhaupt einen finanziellen Sinn hat, müssen ihm die gefälschten Widmungen der 'Loreley'-Exemplare 'Deckung' geben:

> "Freddy sitzt auf der Kloschüssel und schreibt mit dem Füller Widmungen auf das Vorsatzblatt der *Loreley*-Bücher." (Ros: 93)

Es bedarf tatsächlich des Schreibgeräts 'Füller', damit das alte Medium eines handsignierten Buches seine auratische Kraft entfalten kann. Die Banker lassen sich vom Charme der Widmungen so sehr verführen, daß ihnen nicht auffällt, daß sie Windischs Handschrift nicht kennen. Aber auch die "hessischen Sparkassenlümmel" (Ros: 67) würden sich von einem solchen Täuschungsmanöver selbst im Kerzenlicht eines italienischen Restaurants wohl nicht übertölpeln lassen, wenn ein Kugelschreiber das einem Banker vertraute Schriftbild erzeugt hätte. Mit einem solchen "Kugelschreiber" (Ros: 93) setzt Windisch seine echte Unterschrift unter den Filmvertrag. Die Gültigkeit könnte aber bezweifelt werden, legen seine deliranten Worte doch nahe, daß er (nicht ganz im Vollbesitz seiner geistigen Kräfte) glaubt, eine ganz andere Signatur zu leisten:

> "Serafina führt Windischs Hand. Windisch liegt lächelnd in Serafinas Armen.
> *Windisch:* Ich... unterschreibe... alles... unterschreibe ich... per la signorina... Serafina... con... affezione..." (Ros: 93)

Windisch zitiert seine eigenen Widmungsworte, die er (im Film ebenfalls mit Füller) in ein Exemplar der 'Loreley' geschrieben hat. Seine Schreib-Schwierigkeiten hatten sich dabei eigentlich darauf beschränkt, die geeigneten italienischen Formulierungen zu finden, mit denen nicht das Vertrauen von Bankern, sondern die Zuneigung der Kellnerin Serafina gewonnen werden soll:

> "Sie [Serafina] schlägt das Buch auf und liest die Widmung:
> *Serafina:* 'Für Serafina'... Ah Signore! Per me!... 'con affezione'!
> Aahh! Signor Windisch! Mille grazie!" (Ros: 73)

Auch bei Serafina wirkt offensichtlich die Magie einer handschriftlichen Signatur des Dichters, wobei aber als ein verstärkendes Moment hinzukommt, daß sie die Schrift Windischs rückübersetzt in gesprochene Sprache. Wie die Banker, die die gefälschten Widmungen ebenfalls laut vorlesen (Ros: 93 f.), läßt sich auch Serafina von der selbsthypnotischen Wirkung des Vorlesens verführen. Damit kann auch die Adressierung der 'Rezitative' von Kriegnitz genauer bestimmt werden, der mit seinen Gedichten eher sich selbst als Valerie zu verführen scheint, womit auch die schon erwähnten Zitate Oskar Reiters funktional bestimmt werden können. Jakob Windisch scheint gegen diesen akustischen Narzißmus immun zu sein. Zumindest zeigt er sich nicht davon beeindruckt, daß ihn Charlotte mit einer gesprochenen Version des 'eigenen' Textes konfrontiert, wenn sie den ersten Satz seiner 'Loreley' zitiert:[252]

" Der Mondschein verwirrte die Täler weit und breit, über die glatten Fluten des Rheins warf die samtene Nacht den zitternden Flügelschlag ihres Schattens..." [Ros: 74]

Eine in 'Rossini' effektvoll eingesetzte Technik ist der Diktionswechsel von Figuren aus dem vorherrschenden Modus 'Umgangssprache' in 'Schriftsprache' - insbesonders bei juristischen Formulierungen:

" *Hopf* (leise, aber scharf): Herr Reiter, ich teile ihnen hiermit offiziell mit, daß wir *alle* ihnen gewährten Kredite in einer Gesamthöhe von 47,5 Millionen Mark mit sofortiger Wirkung fälligstellen." (Ros: 65)

Der sonst deplaziert wirkende Hopf gewinnt sofort an Kontur, wenn er sich nicht mehr auf der 'informellen' Kommunikationsebene bewegen muß, die durch das Ambiente vorgegeben war. Die Figur Uhu Zigeuner dagegen wirkt komisch, wenn er dem Anwalt Tabatier in Formulierungen, die nach 'Juristendeutsch' klingen sollen, die absurdesten Bedingungen in den Filmvertrag diktiert. (Ros: 91 f.) Uhu diktiert aber nicht nur, ihm wird in einer Szene selbst der zu sprechende Text einer Liebeserklärung von Fanny souffliert, wobei er, ohne daß sie dies merken kann, sein Sprechen an Schneewittchen adressiert:

"Zigeuner ist von der Erscheinung des Mädchens mit den langen blonden Haaren und dem zerrissenen Kleid so fasziniert, daß er nicht mehr weitersprechen kann.
Fanny (off, spricht ihm vor): ... du bist die einzig große Liebe...

---

[252] Ein erster Satz der selbstverständlich wiederum (wie in 'Das Parfum') ein Zitat ist: "Der Mondschein verwirret / Die Täler weit und breit, / Die Bächlein, wie verirret, / Gehn durch die Einsamkeit. / [..] / Die Nixe auf dem Steine / Flocht dort ihr goldnes Haar, / Sie meint', sie wär alleine, / Und sang so wunderbar./ [..]" (Eichendorff, Joseph von: Der stille Grund. In: ders. Werke in vier Bänden. Band I. Hgg. von: Rasch, Wolfdietrich. München 1981, S. 300.

Zigeuner wiederholt Fannys Wort, wobei er den Blick nicht von Schneewittchen löst, die langsam auf ihn zukommt.
Zigeuner: ... du bist... die einzige große Liebe...
Fanny (off): ... meines Lebens...
Zigeuner: ... meines Lebens... [..]
Groß: Schneewittchen, die langsam auf Zigeuner zugeht." (Ros: 109 f.)

Bedingung dieser Möglichkeit der hier entworfenen komplexen Kommunikationssituation ist die Trennung des visuellen und des akustischen Kanals, wie sie beim Telephonieren selbstverständlich erscheint. Obwohl es sich bei dieser Szene scheinbar lediglich um eine (gelungene) filmische Umsetzung der kommunikativen Folgen dieser Struktur handelt, ist doch das Telephon keine notwendige technische Voraussetzung einer solchen Konstellation. So entwirft Federico Fellini in 'La dolce vita' eine ganz ähnlich gelagerte Situation, wobei aber dort die räumlich-visuelle Trennung bei gleichzeitiger akustischer Verbindung durch das Medium einer Flüstergrotte entsteht: Die Hauptfigur Marcello gesteht der in einem anderen Raum sitzenden Maddalena (mit der er eine kurze Affäre hatte) plötzlich seine ungeteilte Liebe, wobei das Pathos, das er dabei entwickelt, für ihn eher ungewöhnlich ist und aus der Situation heraus entstanden scheint. Daher läßt sich Maddalena auch nicht rühren, sondern erlaubt im Gegenteil heimlich einem zweiten Mann, die Liebesschwüre Marcellos mitanzuhören und küßt ihn am Ende der Szene sogar leidenschaftlich.

Dem Drehbuch von 'La dolce vita' ist eine Erklärung Fellinis als Motto vorangestellt, in der er sich gegenüber dem Text das Recht vorbehält, "im Verlauf der Arbeit Szenen und Personen zu überprüfen, genauer festzulegen, zu verändern und zu ersetzen."[253] In bezug auf den beschriebenen Dialog könnte ergänzt werden, daß Fellini auch Szenen hinzugefügt hat - wobei hier der Verdacht naheliegt, daß der szenische Einfall erst durch eine am Set zufällig vorgefundene Flüstergrotte entstanden sein könnte, denn der Dialog ist im Text des Drehbuchs noch nicht enthalten.[254] Die akustisch-mediale Versuchsanordnung wird aber offenbar (zu Recht) als so zentral eingestuft, daß die Szenerie der Grotte im Anhang des veröffentlichten Drehbuchs durch ein doppelseitiges Szenenphoto dokumentiert wird.[255]

Wodurch diese beiden Dialogszenen in 'La dolce vita' und in 'Rossini' vergleichbar werden, ist das sehr effektvolle Aufeinanderprallen zwischen einem plötzlich hervorbrechenden Bedürfnis nach menschlicher Nähe und der kaltblütigen Reaktion der anderen Figuren auf diese Öffnung.

---

[253] Fellini (1974): S. 15.
[254] Fellini (1974): S. 118 ff.
[255] Fellini (1974): S. 180 / 181. (nicht paginiert)

Das Perfide der Konstruktion liegt darin, daß die Sendenden erst deshalb in der Lage sind sich zu offenbaren, weil eine visuelle Trennung vorliegt, die wie in der Ohrenbeichte oder in der Psychoanalyse das Geständnis erleichtert. Gleichzeitig wird aber auf der Seite des Empfangs eine Abwehrreaktion geradezu herausgefordert, weil die Kommunikation sich auf das Akustische beschränkt. Die gleichen Regeln des Mediums, die den Versuch der Kommunikation überhaupt erst ermöglicht haben, sind zugleich für dessen fast notwendiges Scheitern verantwortlich: Die (zu spät) gemachte Probe, ob sich nicht vielleicht doch kommunikative Nähe herstellen läßt, wird so gnadenlos abgestraft, daß ein nächstes Mal noch unwahrscheinlicher geworden ist.

Für die Beobachtung der intermedialen Struktur von 'Rossini' ist nicht nur interessant, daß hier in zwei Filmen eine vergleichbare Situation entworfen wird, sondern daß es in beiden Fällen das Medium 'Film' ist, das die Regeln, nach denen die Kommunikation hier scheitert, erst sichtbar macht. Der räumliche Abstand, der zwischen den Positionen des Sprechens und Hörens besteht, wird sowohl beim Medium 'Telephon' als auch beim Medium 'Flüstergrotte' durch die bestehende akustische Verbindung überwunden. Im Film wird diese gelöschte Differenz aber wieder sichtbar, weil zum Akustischen die zweite Ebene des Visuellen hinzukommt. Trotzdem ist es gerade diese intermediale Differenz zwischen Sichtbarkeit (auf der Ebene des Films) und Unsichtbarkeit (auf der Ebene des Telephons), durch die der Film seine Formgewinne zieht, indem er im Räumlichen eine zweite Ebene entwirft. Im Gegensatz dazu ist es die Kategorie 'Zeit', durch die nach Paech das intermediale Differenzial des sonst recht ähnlich gelagerten Verhältnisses von Photographie und Film primär bestimmt wird. Weil die Analyse des perzeptiven Prozesses als eine konstruktive Beziehung zwischen der Medientechnologie und der Wahrnehmung beschrieben werden muß, ist es nach Paech gerechtfertigt, wenn Philosophien der Photographie meist mit dem Hinweis auf die bestehende ontologische Differenz zwischen Präsenz und Präsentiertem beginnen. Mit Roland Barthes und Jacques Derrida gesprochen, sei "das Fotographierte in seiner Repräsentation abwesend bzw. nur als Spur des Verschwindens anwesend abwesend."[256] Das Medium kann somit als die 'Form der Differenz' zwischen dem Repräsentierten und der Repräsentation beobachtet werden. Diese temporale Spur des Verschwindens repräsentierter Vergangenheit in der präsentierten Präsenz der Photographie öffnet nach Paech einen 'Zeit-Spalt', der in der Perzeption des Bilds als tödlicher Schock erfahren wird. Diese Zeit-Differenz wird als das

---

[256] Paech (1998): S. 22.

Medium der Photographie beschrieben, ist aber selbst als Medium nicht beobachtbar, sondern nur in der Form, die das Verschwindende als Spur hinterlassen hat und die erst durch die intermediale Vernetzung mit dem bewegten Bild des Kinos wahrnehmbar wird. In dieser Form wird das zeitliche Differenzial zwischen Photographie und Film in 'Rossini' aber kaum genutzt; daran ändern weder die Videostandbilder Zillies (Ros: 29) noch Fannys Photographien des gemeinsamen Hauses etwas (Ros: 16; 128). Lediglich die (nur im Film gezeigte) Photographie von Reiter und Kriegnitz auf Valeries Nachttisch tendiert in diese Richtung, auch weil sich hier die akustische und die visuelle Ebene in der Darstellung überkreuzen und daraus einen ästhetischen Mehrwert ziehen. Diese ästhetisch-perzeptive Differenz von visueller und akustischer Ebene des Mediums Film wird in 'Rossini' genutzt, um die kommunikativen Verhältnisse darzustellen, die durch das bevorzugte Kommunikationsmittel 'Telephon' grundlegend strukturiert wurden. Zum Beispiel telephonieren Uhu und Fanny wiederholt miteinander (Ros: 55; 81), bevor dann das 'Telephonat à troi' so auffällig inszeniert wird. Auch geschäftlich wird die Mündlichkeit des Telephons für die informelle Kommunikation der Filmbranche von Uhu, Reiter und auch Windisch (Ros: 35 f.; 41) recht ausgiebig genutzt. Und zu Beginn wird in 'Rossini' ein Mißverständnis durch die nur-akustischen Kommunikationsbedingungen erzeugt: Das bürgerliche Ehepaar hatte geglaubt, daß auch eine über das Telephon abgesprochene Reservierung den Anspruch auf einen Tisch legitimieren könne und muß in der demütigenden Konfrontation mit dem Wirt feststellen, daß hier die Regeln der 'face-to-face'-Kommunikation gelten, bei der gute Freunde wichtiger sind als "gute Gäste". (Ros: 11) Die zweite große Telephonszene in 'Rossini' ist aber der monologische Anruf Dr. Gelbers bei der schon toten Valerie.

> "Wahl steht an der Stelle von Notwendigkeit [..] und die man wählt, ist nicht die Schrecklichste, sondern die Schönste und Begehrenswerteste."[257]

Sigmund Freuds Analyse des Kästchenmotivs erhält durch das Telephonat Gelber / Valerie eine überraschende, postalische Wendung. Es ist eine Telephon-Nummer, die Dr. Gelber wählt und durch die er akustischen Zugang zu einem Kästchen Valeries erhält - nämlich ihrem Anrufbeantworter. Dieser größtmöglichen und illusionären Wahlfreiheit im Medienverbund des Telephons wird eine existentielle Wahl des Todes durch Valerie entgegengestellt:

> "   *Gelber* (Stimme): ... ich weiß, daß du eine Entscheidung für dein

---

[257] Freud (1913): S. 191.

Leben treffen mußt... aber ich bin zuversichtlich, du wirst die richtige treffen..." (Ros: 127)

Es ist nur die medial vermittelte und körperlose Stimme des Bewerbers, die im Zimmer der (jetzt ausschließlich als Körper existierenden) Frau zu hören ist. Während das Telephon auf der Ebene des Raums diese anwesende Abwesenheit ermöglicht, fügt das Zusatzgerät des Anrufbeantworters dieser räumlichen noch eine zeitliche Dimension hinzu. Anrufende und Angerufene können auch zeitlich versetzt miteinander kommunizieren.

Die Botschaft des Mediums 'Anrufbeantworter' wird somit bestimmbar als eine akustisch sonst unmögliche Überbrückung räumlicher und zeitlicher Differenzen. Das an die bereits tote Valerie adressierte Sprechen Gelbers inszeniert die Logik des akustischen Kästchens in der gleichen Weise als Kennzeichnung des Todes, wie Paech dies für den in der Photographie überbrückten Zeitspalt in der intermedialen Relation Film / Photographie beschrieben hat:

"Die 'Spur des Verschwindens' im Zeit-Spalt der Fotografie wird in der filmischen Differenz-Form der Bewegung wieder aufgenommen [..], das Da-Sein der fotografischen Repräsentation bezieht sich nun auf ein diegetisiertes, wieder/holbares Da-Sein des Films (das [..] ein fotografisches Dagewesen-Sein 'erzählen' kann)."[258]

Entsprechend muß in 'Rossini' Valerie auf ihr akustisches Dagewesen-Sein reduziert werden, das sich filmisch im Sprechen der überlebenden Freunde und Verehrer aktualisiert. Dieser zeitlichen Nicht-Dimension des Todes soll durch ein beständiges Reden die Schärfe genommen werden - ein Sprechen, das die romantische Einheit[259] der Differenz im geistigen Pneuma der mündlichen Rede noch einmal, wenn auch medial vielfach gebrochen, in Dr. Gelbers nicht abgehörter Nachricht auf dem Anrufbeantworter sehnsüchtig beschwört:

"   *Gelber* (Stimme): [..] Schlaf gut, mein Liebling Valerie, und träume süß, meine Geliebte... es wird jetzt alles gut!" (Ros: 127)

---

[258] Paech (1998): S. 22.
[259] Wiederum in Anspielung auf Eichendorff: "Sie lächelte still und sah mich recht vergnügt und freundlich an, und von fern schallte immerfort die Musik herüber [..], und die Donau rauschte dazwischen herauf - und es war alles, alles gut!" (Eichendorff, Joseph von: Aus dem Leben eines Taugenichts. In: ders.: Werke in vier Bänden. Band III. Hgg. von: Rasch, Wolfdietrich. München 1981, S. 1146.

VII. Schluß

Die vorliegende Arbeit ist die erste Monographie über das bisherige erzählerische Gesamtwerk Patrick Süskinds, wobei die Texte 'Der Kontrabaß', 'Das Parfum' und 'Rossini' im Zentrum der Untersuchung stehen. Daneben wurden in zwei Exkursen sowohl die kleineren Prosaschriften 'Die Taube', 'Die Geschichte von Herrn Sommer' und die Sammlung 'Drei Geschichten und eine Betrachtung' analysiert als auch die Drehbücher 'Monaco Franze' und 'Kir Royal' in den Blick genommen.

Ein Spezifikum von Süskinds Texten liegt in der Umstellung von Authentizität auf Narrativität, die in ihnen vollzogen wurde. Diese basiert ihrerseits auf der erzählerischen Umstellung von Ambiguität auf Binarität, die im Bereich Film / Drehbuch medial bedingt ist, während sie in der Prosa durch das Verfahren der 'aisthetischen Reduktion' inszeniert wird. Diese Strategie ist auch schon in den kleineren Prosatexten angelegt, etwa im toten Kamera-Auge der Taube oder in der Weigerung zum Sprechen / Hören bei Herrn Sommer. Und auch in den Serien-Drehbüchern werden bereits die medialen Bedingungen von Kommunikation reflektiert, die dann in 'Rossini' zu den zentralen Motive gehören. Diese Doppelcodierung von ästhetischer Seduktion bei gleichzeitigem Hinweisen auf die Mechanismen der eigenen Gemachtheit kann als spezifische Qualität von Süskinds Werk bestimmt werden. Als ein weiteres Charakteristikum ist die Vielfalt der von Süskind bearbeiteten Gattungen hervorzuheben, wobei sich eine Gegenüberstellung der (gemeinsam mit Helmut Dietl verfaßten) Drehbücher mit den Drama- und Prosatexten als besonders fruchtbar erwiesen hat. In der Arbeit wurde diesbezüglich die These entwickelt, daß die bei Produktion und Rezeption entstehenden Interferenzen zwischen dem Film und seiner textuellen Vorlage in Analogie zum Spannungsverhältnis von erzählerischer Verführung und Verfremdung in der Prosa gelesen werden können. Während aber diese Spannung einer geliehenen Sprache für die Gattung Drehbuch konstitutiv ist, muß sie in den Drama- und Prosatexten durch die intertextuelle Determination des (kommunikativen) Handelns der Figuren erst inszeniert werden. Sowohl die hier eingesetzte sofflierte Rede als auch die medial determinierte Figurensprache in den Drehbüchern sind aber nicht nur auf ihrer Formseite zu beobachten, sondern bilden sich ebenso auf die erzählten Inhalte ab:

In 'Das Parfum' wird das absolute Parfum Grenouilles nicht nur als deutliche Metapher für die Simulation des Subjekts eingeführt, sondern ist ebenso als ein Bild für die intertextuelle Vernetzung und kühle handwerkliche Kalkulation des Romans zu deuten. In 'Der Kontrabaß' ist es die Enge des schallisolierten Zimmers, die sich mit der imaginierten Öffnung des Raums überschneidet und so das panoptische Bühnendispositiv mit der Hierarchie der Orchestersituation interferieren läßt. Auf diese Weise gelingt es dem Monodram, das Sprechen des Bassisten als ein Sprechen präsent zu halten. Auch das Drehbuch von 'Rossini' reflektiert inhaltlich das Spannungsverhältnis, das formal zwischen dem Film und seiner Vorlage besteht, indem es die Auseinandersetzungen um die Verfilmung des 'Loreley'-Romans von Jakob Windisch inszeniert. Aber ebenso wird durch die exzessive Verwendung von Zitaten in den Dialogen und der Dramaturgie auf das geliehene Sprechen von Figuren auf einer Bühne verwiesen, und als eine solche kann das Lokal Rossini durchaus interpretiert werden. Das Theaterdispositiv wiederum bleibt auch formal durch die Einheit von Zeit und Raum in der Spielhandlung präsent; wobei auch die kommunikativen Nutzungsbedingungen technischer Medien wie etwa elektrische Beleuchtung oder Anrufbeantworter in die erzählte Geschichte integriert werden. Aber auch inhaltliche und motivische Verweise auf andere Filme, Filmgenres und Figuren werden als metafiktionale Brechungen und Hinweise auf die Gemachtheit des Films funktionalisiert.

Obwohl also auch die Drehbücher intertextuell funktionieren, ist die dort wirksame mediale Determination des kommunikativen Handelns die formal wie inhaltlich dominantere Strategie. In den Drama- und Prosatexten wird dagegen vor allem durch ein eingeschränktes Wahrnehmungsspektrum der Figuren die Komplexität der Welt auf ein wieder erzählbares Maß reduziert. Für diese narrative Strategie, die nicht nur in den Texten Süskinds eine zentrale Rolle spielt, sondern in der deutschsprachigen Gegenwartsliteratur auch zahlreiche Nachfolger gefunden hat, wurde der Begriff 'aisthetische Reduktion' eingeführt. Damit ist eine Organisation von Texten gemeint, die eine Figur in den erzählerischen Mittelpunkt rückt, deren sinnliche Basis für die Konstruktion von Realität auf einen Wahrnehmungskanal konzentriert ist. So ist Grenouilles dominanter Sinn das Riechen, wodurch auch die erzählerische Realität in 'Das Parfum' ganz auf diese Perspektive umstellt, während sich dagegen in 'Der Kontrabaß' die Welt für den Bassisten auf die Differenz 'Hören' vs. 'Nicht-Hören' reduziert:

Obwohl dieser Text nicht als Hörspiel sondern als Drama einzustufen ist (wie in der Rezeption des Stücks auch üblich), konnte aber doch eine starke Dominanz des Akustischen nachgewiesen werden. So ist das zentrale Handlungsmotiv der Schrei des Bassisten bzw. sein Versprechen an sich und sein imaginäres Publikum, daß er nachher in der Oper schreien werde. Diese Ankündigung eines Aktes akustischer Notwehr prägt auch die temporale Struktur des Stücks, das sich als beständiges Sprechen über die Zukünftigkeit des Schreiens im Jetzt der Bühne ereignet und zugleich immer wieder auf die Vergangenheit früherer Kommunikationsakte zurückverweist, die durch Plattenaufnahmen und ständiges Zitieren musiktheoretischer Schriften präsentiert werden. Besonders auffällig sind die intertextuellen Verweise des Stücks auf den thematischen Komplex der Hölle und ihrer ewigen Qualen. Damit ist aber ebenfalls die lokale Struktur des Stückes angesprochen, dessen Handlungsraum zwischen schallisoliertem Zimmer und imaginiertem Orchestergraben oszilliert. Beide Räume sind aber wiederum akustisch dominiert; was etwa durch die dargestellte Minimalkommunikation mit der Nachbarin ('Leise' vs. 'Laut') deutlich wird oder durch die Erzählungen von der Nichtbeachtung des eigenen Spielens durch Publikum und geliebte Sängerin. Trotz dieser aisthetischen Reduktion auf das Akustische wird aber gerade für den Klangraum des Orchesters eine Verbindung zum Sinnesbereich des Visuellen geschaffen - es ist der Blick der Geliebten, der die Belohnung für den Schrei (und seine Bestrafung im panoptischen System des hierarchischen Orchesterraums) sein soll. Obwohl der terroristische Akt des Bassisten auf der Theaterbühne nicht gezeigt wird, läßt sich sein kommunikatives Scheitern aber doch innerhalb eines theatralischen Narrativs darstellen, denn es kann auf den aisthetischen Code 'Schreien' vs. 'Nicht-Schreien' reduziert und damit erzählt werden. Damit eine solche aisthetische Reduktion für das Projekt einer ästhetischen Seduktion narrativ funktionalisierbar wird, muß 'Wahrnehmung' auf allen Textebenen thematisiert werden. Denn erzählerische Verführung entsteht auch hier vor allem durch die Interferenzen von inhaltlicher und formaler Prägung durch die Eigenlogik der Sinne. Die Strategie der aisthetischen Reduktion ist auch ein Mechanismus zur Komplexitätsreduktion von Welt, deren Erzählbarkeit durch den 'vorgeschalteten' sinnlichen Filter garantiert wird.

In 'Das Parfum' wurde ebenfalls besonders deutlich, wie die Mechanismen der aisthetischen Reduktion und der ästhetischen Seduktion miteinander verschränkt sind, da hier die Umstellung vom (obsolet gewordenen) Sinn des (nur noch zitierten) Entwicklungsromans auf die Sinne und ihrer medialen Disposition zur Darstellung kommt. Literatur entwickelt so Modelle darüber, wie Wissen, Wahrnehmung und Sprache miteinander verschaltet sind. Die große Menge verarbeiteter Fakten über 'Geruch' und 'Riechen' ermöglichte in 'Das Parfum' anhand des Olfaktorischen exemplarische Beobachtungen zweiter Ordnung, was über Wahrnehmung gewußt werden kann und wie sich Wissen auf Wahrnehmung gründet. So verweigert sich einerseits das Geruchsgedächtnis Grenouilles der sprachlichen Darstellung, andererseits ist es auch ein zentrales Motiv der Handlung, wie es ihm statt dessen gelingt, mit Hilfe parfumistischer Medientechnologie olfaktorische Daten auf geeignete Träger zu kopieren und zu verarbeiten. Sein Ziel ist das absolute Parfum als externalisierte Essenz der Erinnerung an Laure und die vierundzwanzig anderen getöteten Jungfrauen, wobei aber auch ein perfekter Duft vergänglich ist, insofern er ein realer und nicht nur ein erinnerter Geruch ist.

Neben diesen temporalen Aspekten werden in 'Das Parfum' aber auch räumliche Verhältnisse olfaktorisch umgesetzt, etwa insofern sich Grenouille nicht nur an der Qualität der Gerüche orientiert, sondern mit Hilfe ihrer Quantität räumliche Enge bzw. Weite bestimmt. So wie die Ereignisdichte auf der Zeitebene das erzählerische Tempo bestimmt, wird im Roman urbane Gedrängtheit durch die räumliche Konzentration von Gestank, ländliche Weite durch ihre Ausdünnung und die Bergeinsamkeit durch völlige Geruchlosigkeit dargestellt. Aber auch die Bereiche körperlicher Räumlichkeit werden im Text olfaktorisch codiert, insofern sich Grenouille nicht nur mit Vorliebe in enge Behausungen wie seine Höhle im Berg zurückzieht, sondern vor allem, weil er sich hinter verschiedenen Duftmasken verbirgt, durch die er die Geruchlosigkeit seines Körpers überdecken kann. Diese olfaktorische Leere im Inneren der künstlichen Dufträume ermöglicht erst die ungestörte Wirkung des absoluten Parfums, das ein eigenschaftsloses Subjekt als Träger erfordert. Dieser Mangel an olfaktorischer Identität ist auch die Ursache für die letzte Entäußerung Grenouilles, der am Ende (wie viele seiner intertextuellen Vorgänger) von einem Mob getötet wird bzw. sich freiwillig opfert, mit dem Ziel, ganz in die Menge einzugehen, die ihn auch tatsächlich aus (parfumerzeugter) Liebe auffrißt.

Nicht ein solches (Un-)Heilsmahl sondern ein profanes Candle-light-Dinner beim Edelitaliener steht im Mittelpunkt von 'Rossini', dessen Drehbuch als Textgrundlage für die Analyse verwendet wurde. Zentrales Vergleichsmoment mit den Drama- und Prosatexten Süskinds war auf der Formseite die Analogie zwischen den aisthetischen Reduktionen auf 'Gehör' und 'Geruch' mit dem für Drehbücher konstitutiven Zwang zur Sag- und Sichtbarkeit. Die aisthetische Reduktion funktioniert dabei ähnlich wie der technisch-mediale Filter des Kinodispositivs 'Mikrophon' / 'Kamera' ('A' / 'V'), dessen Beschränkungen den Film zum Narrativ gezwungen bzw. ihm Narrativität ermöglicht haben.

Im Drehbuch zu 'Rossini' werden Wahrnehmungsleistungen aber auch auf der Inhaltsebene zum Thema gemacht - kein Audio, kein Video und vor allem keine Verfilmung seines Buches, das ist der erklärte Wille des Bestsellerautors Jakob Windisch, dessen Mißtrauen gegenüber der Transformation von Sprache in filmische Wahrnehmungen als Reflexion des Drehbuchs 'Rossini' auf die eigenen Existenzbedingungen gelesen werden kann. Bei einem Vergleich von Literatur und Film aus dieser Perspektive verfügt aber die Literatur noch immer über eine größere Wahlfreiheit, da sie zumindest darüber entscheiden kann, welchen Sinneskanal sie ins Zentrum stellt. Die Kontingenz dieser narrativen Konstruktion hat aber auch zur Folge, daß der eine Sinn von Welt literarisch nicht mehr anvisiert werden kann, sondern daß im Drama, in der Prosa und den Drehbüchern statt dessen ein pluralisierter Sinn in den Mittelpunkt gestellt wird - eben in doppelter Bedeutung: 'Sinne'. Und erst indem Wahrnehmung und ihre Defizite ins narrative Zentrum gerückt sind, hat sich die Möglichkeit ergeben, durch aisthetische Reduktionen auch die Komplexität von Welt so effektiv und glaubwürdig zu reduzieren, daß die Basis für die ästhetische Verführungskraft von Süskinds Texten entstehen konnte.

VIII. Bibliographie

1. Primärtexte (von Patrick Süskind)

- Süskind, Patrick: Der Kontrabaß. Zürich 1996. = (Kon:)
- Süskind, Patrick: Der Kontrabaß. In: Theater / heute (11) 1981, S. 42 ff.
  - Süskind, Patrick: n.n. (Biographische Notiz). In: Theater / heute (11) 1981, S. 42.
- Süskind, Patrick: Der Kontrabaß. Zürich 1984.
- Süskind, Patrick: Der Kontrabaß. In: Spectaculum 56. Frankfurt 1993, S. 259 ff.
- Süskind, Patrick: Der Kontrabaß. (Regie: Friedhelm Ortmann. Sprecher: Walter Schmidinger. Produktion: WDR Köln, 1981) Der HörVerlag GmbH, Stuttgart 1995.
- Süskind, Patrick: Der Kontrabaß. In: Hotz, Karl: Patrick Süskind. Der Kontrabaß. Texte und Interpretationen. Bamberg 1998, S. 5 ff.

- Dietl, Helmut / Süskind, Patrick: Monaco Franze. Der ewige Stenz. Hamburg 1983. = (Mon:)
- Süskind, Patrick: Ist der Stenz ein Matscho? In: Mon: S. 251 ff. = (Ste:)

- Süskind, Patrick: Das Parfum. Die Geschichte eines Mörders. Zürich 1985. = (Par:)
- Süskind, Patrick: Das Parfum. Die Geschichte eines Mörders. In: FAZ (16. 10. 1984 bis 15. 12. 1984).
- Süskind, Patrick: Das Parfum. Die Geschichte eines Mörders. Gütersloh 1985. (= Lizenzausgabe mit Genehmigung der Diogenes Verlag AG, Zürich 1985; für die Bertelsmann Club GmbH, Gütersloh; die EBG Verlags GmbH, Kornwestheim; die Buchgemeinschaft Donauland Kremayr & Scheriau, Wien; die Buch- und Schallplattenfreunde GmbH, Zug / Schweiz; die Deutsche Buch-Gemeinschaft C.A.Koch's Verlag Nachf., Berlin / Darmstadt / Wien.)
- Süskind, Patrick: Das Parfum. Die Geschichte eines Mörders. Stuttgart / München 1986. (= Lizenzausgabe des Deutschen Bücherbundes GmbH&Co.)
- Süskind, Patrick: Das Parfum. Einmalige Sonderauflage mit 1738 Exemplaren in Leder gebunden und vom Autor signiert. Zürich 1988.
- Süskind, Patrick: Das Parfum. Die Geschichte eines Mörders. Zürich 1994.
- Süskind, Patrick: Das Parfum. Die Geschichte eines Mörders. Gelesen von Gert Westphal. Hamburg: Literon, 1995.
- Süskind, Patrick: Das Parfum. Die Geschichte eines Mörders. Einmalige Jubiläumsausgabe 2002. 50 Jahre Diogenes Verlag. Zürich 2002.

- Dietl, Helmut / Süskind, Patrick: Kir Royal. Aus dem Leben eines Klatschreporters. Hamburg 1986. = (Kir:)

- Süskind, Patrick: Die Taube. Zürich 1987. = (Tau:)
- Süskind, Patrick: Die Taube. Zürich 1990.

- Süskind, Patrick: Deutschland, eine Midlife-crisis. In: Der Spiegel (38) 1990, S. 116 ff. = (Deu:)
- Süskind, Patrick: Deutschland, eine Midlife-ciris. In: Wickert, Ulrich (Hg.): Angst vor Deutschland. Hamburg 1990, S. 111 ff.

- Süskind, Patrick: Die Geschichte von Herrn Sommer. Zürich 1991. = (Som:)
- Süskind, Patrick: Die Geschichte von Herrn Sommer. Zürich 1994.

- Süskind, Patrick: Drei Geschichten und eine Betrachtung. Zürich 1995.
- Süskind, Patrick: Der Zwang zur Tiefe. In: Süskind (1995): S. 9 ff. = (Tie:)
- Süskind, Patrick: Der Zwang zur Tiefe. In: Wittstock (1994): S. 121 ff.
- Süskind, Patrick: Ein Kampf. In: Süskind (1995): S. 20 ff. = (Kam:)
- Süskind, Patrick: Das Vermächtnis des Maître Mussard. In: Süskind (1995): S. 55 ff. = (Mus:)
- Süskind, Patrick: Amnesie in litteris. In: Süskind (1995): S. 111 ff. = (Amn:)

- Dietl, Helmut / Süskind, Patrick: Rossini oder die mörderische Frage, wer mit wem schlief. Zürich 1997. = (Ros:)
- Süskind, Patrick: 'Film ist Krieg, mein Freund!' Über einige Schwierigkeiten beim Drehbuchschreiben. In: Ros: S. 199 ff. = (Dreh:)
- Süskind, Patrick: 'Worum geht es eigentlich?' In: Der Spiegel (4) 1997, S. 166 ff.
- Karasek, Hellmuth / Dietl, Helmut: Was ist eine Melodramödie? In: Ros: S. 275 ff.

- Süskind, Patrick: Romantiker im Irrenhaus. In: Der Spiegel (32) 1998, S. 162 ff.

2. Weitere Primärtexte

- Albee, Edward: Who's Afraid of Virginia Woolf? Stuttgart 2000.
- Allen, Woody: Zelig. Zürich 1983.
- Andersen, Hans Christian: Schräge Märchen. Frankfurt 1996.
- Apuleius von Madaura: Der goldene Esel. Hgg. von: Süskind, Wilhelm Emanuel. Übers. von: Rode, August. Köln 1955.
- Aue, Hartman von: Gregorius der gute Sünder. Suttgart 1963.
- Barnes, Julian: Flauberts Papagei. Zürich 1993.
- Bass, Ron / Hicks, Scott: Schnee, der auf Zedern fällt. Drehbuch nach dem Roman von David Guterson. München 2000.

- Baum, Vicki: Menschen im Hotel. Frankfurt 1986.
- Benigni, Roberto / Cerami, Vincenzo: Das Leben ist schön. Frankfurt 1998.
- Bergmann, Ingmar: Fanny und Alexander. Roman in sieben Bildern. München 1983.
- Bernhard, Thomas: Die Macht der Gewohnheit. In: ders.: Stücke 1. Frankfurt 1988, S 251 ff.
- Beyer, Marcel: Das Menschenfleisch. Frankfurt 1991.
- Beyer, Marcel: Flughunde. Frankfurt 1996.
- Blixen, Tanja: Babettes Fest. Zürich 1993[8].
- Brecht, Bertolt: Gesammelte Werke. Werkausgabe in 20 Bänden. Frankfurt 1967.
- Brecht, Bertold: Gesammelte Werke. Werkausgabe in 20 Bänden. Supplementband. Texte für Filme I + II. Hgg. von: Gersch, Wolfgang / Hecht, Werner. Frankfurt 1969.
- Büchner, Georg: Sämtliche Werke. Hgg. von: Poschmann, Henri. Frankfurt 1992.
- Buñuel, Luis: Mein letzter Seufzer. Berlin 1994.
- Celan, Paul: Mohn und Gedächtnis. Gedichte. Stuttgart 1993.
- Chamisso, Adelbert von: Sämtliche Werke. Hgg von: Feudel, Werner / u.a. München 1982.
- Claudius, Matthias: Sämtliche Werke. Hgg. von: Geiger, Hannsludwig. München 1981.
- Dahl, Roald: Kuschelmuschel. Reinbek bei Hamburg 1978.
- Defoe, Daniel: Robinson Crusoe. München 1981.
- Delius, Friedrich Christian: Die Flatterzunge. Reinbek bei Hamburg 1999.
- Die Nibelungen. Hgg. von: Brackert, Helmut. Frankfurt 1987[6].
- Dietl, Helmut / Mueller, Christoph: Late Show. München 1999.
- Dietl, Helmut: Schtonk. Zürich 1991.
- Döblin, Alfred: Drama - Hörspiel - Film. Hgg. von: Kleinschmidt, Erich. In: Alfred Döblin. Ausgewählte Werke in Einzelbänden. Band 20. Hgg. von: Riley, Anthony W. Freiburg 1983.
- Droste-Hülshoff, Annette Freiin von: Historisch-kritische Ausgabe. Hgg. von: Woesler, Winfried. Tübingen 1979 ff.
- Duve, Karen: Regenroman. Berlin 1999.
- Eco, Umberto: Der Name der Rose. München 1982.
- Eichendorff, Joseph von: Werke in vier Bänden. Hgg. von: Rasch, Wolfdietrich. München 1981.
- Fassbinder, Rainer Werner: Die Kinofilme. 1. Hgg. von: Töteberg, Michael. München 1987.
- Fellini, Federico: Werkausgabe der Drehbücher und Schriften. Hgg. von: Strich, Christian. Zürich 1974 ff.
- Fitzgerald, Scott F.: Der letzte Taikun. Zürich 1977.
- Flaubert, Gustave: Die Versuchung des heiligen Antonius. Frankfurt 1966.
- Frobenius, Nikolaj: Der Anatom. München 1998.

- Goethe, Johann Wolfgang von: Werke. Hamburger Ausgabe. Hgg. von: Trunz, Erich. München 1988.
- Goscinny, René / Uderzo, Albert: Der Seher. Asterix. Band 19. Stuttgart 1975.
- Gottfried Benn. Gesammelte Werke in vier Bänden. Hgg. von: Wellershoff, Dieter. Zürich 1966.
- Greenaway, Peter: Der Koch, der Dieb, seine Frau und ihr Liebhaber. Drehbuch. Zürich 1989.
- Grimm, Jakob / Grimm, Wilhelm: Kinder- und Hausmärchen gesammelt durch die Brüder Grimm. Frankfurt 1991.
- Guareschi, Giovannino: Don Camillo und Peppone. Salzburg 1950.
- Handke, Peter: Falsche Bewegung. Frankfurt 1975.
- Handke, Peter: Versuch über die Jukebox. Erzählung. Frankfurt 1990.
- Harris, Thomas: Das Schweigen der Lämmer. Suttgart 1992. ('The Silence of the Lambs'; 1988)
- Haußmann, Leander / Brussig, Thomas: Sonnenallee. Berlin 1999.
- Hebel, Johann Peter: Poetische Werke. München 1961.
- Heckenschütz, Dieter: Patricius Sauerbier. Das Sufflé. Geschichte eines Gourmands: Die Parodie von Dieter Heckenschütz. München 1986.
- Heine, Heinrich: Sämtliche Schriften. Hgg. von: Briegleb, Klaus. München 1997.
- Hemingway, Ernest: Der Sieger geht leer aus. Reinbek bei Hamburg 1958.
- Hesiodus: Theogonie. In: Hesiod. Theogonie. Werke und Tage. Hgg. von: Schirnding, Albert von. München 1991.
- Hettche, Thomas: NOX. Frankfurt 1996.
- Hoffman, E. T.A.: Poetische Werke. Hgg. von: Kanzog, Klaus. Berlin 1993.
- Hofmannsthal, Hugo von: Ballette - Pantomimen - Filmszenarien. In: Hugo von Hofmannsthal. Sämtliche Werke. Kritische Ausgabe. Hgg. von: Hirsch, Rudolf. Band 27. Frankfurt 1976 ff. (Noch nicht erschienen.)
- Hofmannsthal, Hugo von: Gesammelte Werke in zehn Einzelbänden. Hgg. von: Schoeller, Bernd. Frankfurt 1979.
- Irving, John: Gottes Werk und Teufels Beitrag. Zürich 2000.
- Jelinek, Elfriede: Malina. Nach einem Roman von Ingeborg Bachmann. Frankfurt 1991.
- Johnson, Uwe: Jahrestage. Frankfurt 2000.
- Jünger, Ernst: In Stahlgewittern. Aus dem Tagebuch eines Stoßtruppführers. Hannover 1920.
- Kafka, Franz: Gesammelte Werke. Hgg. von: Koch, Hans-Gerd. Frankfurt 1994.
- Kehlmann, David: Mahlers Zeit. Frankfurt 1999.
- Kirchhoff, Bodo / Karmakar, Romuald: Manila. Das Filmbuch. Frankfurt 2000.
- Kleist, Heinrich von: Sämtliche Werke und Briefe. Hgg. von: Sembdner, Helmut. München 1985^8.
- Kluge, Alexander: Die Patriotin. Frankfurt 1979.
- Krausser, Helmut: Fette Welt. Reinbek bei Hamburg 1999.
- Kreisler, Georg: Die alten bösen Lieder. Wien 1989.
- Kunze, Reiner: Der Film Die wunderbaren Jahre. Lesefassung des Drehbuchs. Frankfurt 1979.

- LePrince de Beaumont, Jeanne-Marie: Die Schöne und das Tier. Französisch / Deutsch. Stuttgart 1996.
- Lessing, Gotthold Ephraim: Werke und Briefe. Hgg. von: Borner, Wilfried / u.a. Frankfurt 1993. (=Bibliothek deutscher Klassiker, 94)
- Mann, Thomas: Werke. Taschenbuchausgabe in zwölf Bänden. Frankfurt 1967.
- Menasse, Robert: Schubumkehr. Frankfurt 1997.
- Menasse, Robert: Selige Zeiten, brüchige Welt. Frankfurt 1997.
- Menasse, Robert: Sinnliche Gewißheit. Frankfurt 1996.
- Menasse, Robert: Phänomenologie der Entgeisterung. Geschichte des verschwindenden Wissens. Frankfurt 1995.
- Mérimée, Prosper: Carmen. Stuttgart 1996.
- Meyrink, Gustav: Der Golem. München 1989.
- Miller, Andrew: Die Gabe des Schmerzes. Reinbek bei Hamburg 2000.
- Minghella, Anthony: Der talentierte Mr. Ripley. Zürich 2000.
- Modick, Klaus: Das Grau der Karolinen. Frankfurt 1991.
- Musil, Robert: Gesammelte Werke. Hgg. von: Frisé, Adolf. Reinbek bei Hamburg 1978.
- Nabokov, Vladimir: Lolita. Ein Drehbuch. In: Vladimir Nabokov. Gesammelte Werke. Band XV2. Hgg. von: Zimmer, Dieter E. Reinbek bei Hamburg 1999.
- Nadolny, Stan: Die Entdeckung der Langsamkeit. München 1983.
- Nadolny, Stan: Ein Gott der Frechheit. München 1994.
- Nadolny, Stan: Selim oder die Gabe der Rede. München 1990.
- Niccol, Andrew: Die Truman Show. Das Drehbuch. Frankfurt 1998.
- Perrault, Charles: Sämtliche Märchen. Stuttgart 1986.
- Petrarca, Francesco: Sonette an Madonna Laura. Italienisch / Deutsch. Stuttgart 1993.
- Pfannenschmidt, Christian: Marlene. Hamburg 2000.
- Plenzdorf, Ulrich: Filme. Frankfurt 1990. (Rostock 1986 / 1988)
- Poe, Edgar Allan: Das gesamte Werk in zehn Bänden. Hgg. von: Schumann, Karl / Müller, Hans Dieter. Herrsching 1979.
- Publius Ovidius Naso: Metamorphosen. Übers. von: Rösch, Erich. München 1964.
- Ransmayr, Christoph: Die letzte Welt. Frankfurt 1991.
- Ransmayr, Christoph: Morbus Kitahara. Frankfurt 1995.
- Reitz, Edgar: Drehort Heimat. Frankfurt 1993.
- Rilke, Rainer Maria: Sämtliche Werke. Insel Werkausgabe. Frankfurt 1975.
- Rostand, Edmond: Cyrano von Bergerac. Stuttgart 1996.
- Sartre, Jean-Paul: Geschlossene Gesellschaft. Reinbek bei Hamburg 1986.
- Schiller, Friedrich: Sämtliche Werke. Horenausgabe. Hgg. von: Höfer, Conrad. München / Leipzig 1914.
- Schneider, Robert: Schlafes Bruder. Leipzig 1992.
- Shelly, Mary: Frankenstein oder Der moderne Prometheus. Frankfurt 1988.
- Stevenson, Robert Louis: Der seltsame Fall des Dr. Jekyll und Mr. Hyde. München 1983.

- Stifter, Adalbert: Der Waldgänger. In: Adalbert Stifter: Eine Auswahl aus den Erzählungen. Hgg von: Stöcker, Julius. Bonn 1968, S. 161 ff.
- Stoker, Bram: Dracula. München 1993.
- Stoppard, Tom: Rosencrantz and Guildenstern are Dead. Stuttgart 1998.
- Strauß, Botho: Der Kongreß. Die Kette der Demütigungen. München 1989.
- Strauß, Botho: Paare, Passanten. München 1981.
- Strittmatter, Thomas: Viehjud Levi. Zürich 2000.
- Sue, Eugène: Die Geheimnisse von Paris. München 1974.
- Süskind, W[ilhelm] E[manuel] / Sternberger, Dolf / Storz, Gerhard: Aus dem Wörterbuch des Unmenschen. Hamburg 1957.
- Süskind, W[ilhelm] E[manuel]: Dagegen hab' ich was. Sprachstolpereien. Stuttgart 1969.
- Süskind, W[ilhelm] E[manuel]: Vom ABC zu Sprachkunstwerk. Eine deutsche Sprachlehre für Erwachsene. Stuttgart 1953.
- Tarantino, Quentin: Pulp Fiction. Reinbek bei Hamburg 1994.
- Timm, Uwe: Eine handvoll Gras. Köln 2000.
- Tykwer, Tom: Lola rennt. Reinbek bei Hamburg 1998.
- Valentin, Karl: Sämtliche Werke in acht Bänden. München 1994.
- Waalkes, Otto / Eilert, Bernd / Bergmann, Michel: Otto. Der Katastrofenfilm. Zürich 2000.
- Wells, Herbert G.: The Invisible Man. Stuttgart 1994.
- Wenders, Wim / Handke, Peter: Der Himmel ueber Berlin. Ein Filmbuch. Frankfurt 1987.
- Wilde, Oscar: The Complete Works. Hgg. von: Foreman, J. B. London 1986.
- Williams, Tennessee: Cat on a Hot Tin Roof. Stuttgart 1997.
- Wolf, Christa: Kassandra. Frankfurt 1983.
- Wondratschek, Wolf: Carmen oder bin ich das Arschloch der achtziger Jahre. (Aus dem Privatbesitz von Bernd Eichinger.) (Widmung: 'für Jane S.) Zürich 1986.
- Wondratschek, Wolf: Die Gedichte. Zürich 1992.

3. Lexika / Nachschlagewerke

- Arnold, Heinz Ludwig (Hg.): Kritisches Lexikon zur Gegenwartsliteratur - KLG.
- Aycard, Matilde (Hg.): Atlas de l'histoire de France. Paris 1996.
- Bächthold-Stäubli, Hanns (Hg.): Handwörterbuch des deutschen Aberglaubens. Berlin 1987.
- Böttcher, Kurt / u.a. (Hgg.): Lexikon deutschsprachiger Schriftsteller. Hildesheim 1993.
- Daemmrich, Horst S. und Ingrid G.: Themen und Motive in der Literatur. Tübingen 1995².
- Deutscher Bühnenverein (Hg.): Was spielten die Theater. Werkstatistik 1982 / 83. Köln 1983.

- Deutscher Bühnenverein (Hg.): Wer spielte was? Werkstatistik 1990 / 91. Köln 1991.
- Duden: Band 1. Die Rechtschreibung. Hgg. von: Drosdowski, Günther / u.a. Mannheim 1986.
- Duden: Band 5. Das Fremdwörterbuch. Hgg. von: Drosdowski, Günther / u.a. Mannheim 1990.
- Duden: Band 12. Zitate und Aussprüche. Hgg von: Drosdowski, Günther / u.a. Mannheim 1993.
- Duden: Das große Wörterbuch der deutschen Sprache. Hgg. von: Drosdowski, Günther / u.a. Mannheim 1999.
- Fink, Gerhard: Who's who in der antiken Mythologie. München 1993.
- Frenzel, Elisabeth: Motive der Weltliteratur. Stuttgart 1999^5.
- Frenzel, Elisabeth: Stoffe der Weltliteratur. Stuttgart 1992^8.
- Grimm, Jakob / Grimm, Wilhelm: Deutsches Wörterbuch. München 1984.
- Kampa, Daniel / Kälin, Armin C. (Hgg.): Diogenes Autoren Album. Zürich 1996.
- Kienzle, Siegfried / u.a. (Hgg.): Reclams Schauspielführer. Stuttgart 1986^{17}.
- Koll, Horst Peter / Messias, Hans (Hgg.): Lexikon des Internationalen Films. Reinbek bei Hamburg 1995.
- Krusche, Dieter: Reclams Filmführer. Stuttgart 1987^7.
- Link, Jürgen: Literaturwissenschaftliche Grundbegriffe. München 1979^2.
- Moser, Dietz-Rüdiger (Hg.): Neues Handbuch der deutschsprachigen Gegenwartsliteratur seit 1945. München 1993.
- Meid, Volker (Hg.): Metzler Literatur Chronik. Stuttgart 1998.
- Nünning, Ansgar (Hg.): Metzler Lexikon Literatur- und Kulturtheorie. Stuttgart 1998.
- Ritter, Joachim (Hg.): Historisches Wörterbuch der Philosophie. Darmstadt 1971 ff.
- Schnell, Ralf: Geschichte der deutschsprachigen Literatur seit 1945. Stuttgart 1993.
- Töteberg, Michael (Hg.): Metzler-Film-Lexikon. Stuttgart 1995.
- Wilpert, Gero von: Sachwörterbuch der Literatur. Stuttgart 1989^7.

4. Sekundärtexte (zu Patrick Süskind)

- Aderegg, Roger: Vier Bücher suchen einen Autor. In: Sonntags Zeitung, Zürich (6. 10. 1991), S. 21.
- alk: 'Parfüm'-Süskind erhört Eichinger. In: Badische Neuste Nachrichten (28. 1. 2001), S. 9. (Beilage)
- Althen, Michael: Wie es euch gefällt. In: Süddeutsche Zeitung (22. 1. 1997), S. 17.
- Barbetta, María Cecilia: Poetik des Neo-Phantastischen. Patrick Süskinds Roman 'Das Parfum'. Würzburg 2002.

- Berger, Norbert: Patrick Süskind: 'Das Parfum'. IN : Praxis Deutsch (86) 1987, S. 59 ff.
- Bogdal, Klaus-Michael: Lektüre-Praxis, Lektüre-Vielfalt am Beispiel von Süskinds 'Das Parfum'. In: Der Deutschunterricht (3) 1996, S. 3 ff.
- Bogdal, Klaus-Michael: 'Mein ganz persönlicher Duft.': 'Das Parfum', die Didaktik und der Deutschunterricht. In: Diskussion Deutsch (130) 1993, S. 124 ff.
- Böhme, Hartmut: Synthetischer Zauber. In: Literatur Konkret (10) 1985/86, S. 28 ff.
- Borngässer, Rose-Marie: Ein Beamter will fliegen. In: Die Welt (24. 9. 1981), S. 23.
- Bothe, Katrin: Wörter - 'Botschafter unserer Sinne? In: Der Deutschunterricht (3) 1996, S. 37 ff.
- Delseit, Wolfgang / Drost, Ralf (Hgg.): Patrick Süskind. Das Parfum. Erläuterungen und Dokumente. Stuttgart 2000.
- Dörfler, Heinz: Moderne Romane im Unterricht. Frankfurt 1988.
- Dörfler, Heinz: Wie zur Lektüre führen? In: Der Deutschunterricht (3) 1996, S. 11 ff.
- Dunstmair, Susanne: Artikel 'Patrick Süskind'. In: Moser, Dietz-Rüdiger (Hg.): Neues Handbuch der deutschsprachigen Gegenwartsliteratur seit 1945. München 1993, S. 1068 f.
- Fink, Adolf: Das Instrument spielt einen Menschen. In: FAZ (14. 3. 1986), S. 47.
- Fischer, Michael: Ein Stänkerer gegen die Deo-Zeit. In: Der Spiegel (10) 1985, S. 237 ff.
- Fischer, Michael: 'Wer reinkommt, bestimme ich'. In: Der Spiegel (39) 1986, S. 224 ff.
- Franke, Eckhard: 'Patrick Süskind'. In: Arnold, Heinz Ludwig (Hg.): 42. Nlg. / Kritisches Lexikon zur Gegenwartsliteratur - KLG (Stand 8/92)
- Frizen, Werner: Das gute Buch für jedermann oder Verus Prometheus. Patrick Süskinds Das Parfum. In: DVjs 68 (1994), S. 757 ff.
- Frizen, Werner: Patrick Süskind, Das Parfum: Interpretation / von Werner Frizen und Marilies Spancken. München 1996. (= Oldenbourg Interpretationen, Bd. 78)
- Frizen, Werner: Patrick Süskinds postmoderne Didaktik. In: Der Deutschunterricht (3) 1996, S. 26 ff.
- Görtz, Franz Josef: Das Parfum. Patrick Süskinds erster Roman. Vorabdruck in der F.A.Z. In: FAZ (16. 10. 1984), S. 25.
- Hallet, Wolfgang: Das Genie als Mörder. Über Patrick Süskinds 'Das Parfum'. In: literatur für leser (3/4) 1989, S. 275.
- Hoesterey, Ingeborg: Verschlungene Schriftzeichen. Intertextualität von Literatur und Kunst in der Moderne / Postmoderne. Frankfurt 1988.
- Hofmann, Frank: 'Postmodernes' Erzählen? - Postmodernes Erzählen! Untersuchungen zur Entwicklung 'postmoderner' Erzählformen und zu ihrer Rezeption in der deutschen Literatur. Rüsselsheim 1994.
- Hotz, Karl: Patrick Süskind. Der Kontrabaß. Texte und Interpretationen. Bamberg 1998. (= Buchners Schulbibliothek der Moderne, Heft 5)

- Jacobson, Manfred: Parick Süskind's Das Parfum: A Postmodern Künstlerroman. In: GQ (65) 1992, S. 201 ff.
- Jenny, Urs: Schwabing, Schwabing über alles. In: Der Spiegel (4) 1997, S. 164 ff.
- Jöns, Dietrich: Patrick Süskinds Novelle 'Die Taube'. In: Krause, Burkhardt (Hg.): Verstehen durch Vernunft. Festschrift für Werner Hoffmann. Wien 1997, S. 177 ff.
- Kaiser, Joachim: Musikerwitze - oder Schwank ohne Sarah. In: Süddeutsche Zeitung (24. 9. 1981), S. 13.
- Kammler, Clemens: 'Lieber Monsieur Süskind, danke!' In: Der Deutschunterricht (3) 1996, S. 5 ff.
- Kasper, Josef: Die Nase als Nabel der Welt. In: Der Deutschunterricht (3) 1996, S. 42 ff.
- Kilb, Andreas: Das Spiel vom Fressen. In: Die Zeit (24. 1. 1997), S. 47.
- Knorr, Wolfgang: Aus Zwerg Nase wird ein Frankenstein der Düfte. In: Die Weltwoche (21. 3. 1985): S. 23.
- Koll, Horst Peter / Messias, Hans: Die Kinobranche boomt. Das Filmjahr 1997 in einer Art von Chronik. In: dies. (Hgg.): Lexikon des Internationalen Films. Filmjahr 1997. Reinbek bei Hamburg 1998, S. 10 ff.
- Koll, Horst Peter: Rossini oder die mörderische Frage, wer mit wem schlief. In: filmdienst (2) 1997, S. 22 f.
- Körte, Peter: Blut ist dünner als Kir Royal. In: Frankfurter Rundschau (23. 1. 1997), S. 7.
- Krämer-Badoni, Rudolf: Neuer Vampir für den Film? In: Die Welt (16. 2. 1985), S. V. (Beilage)
- Krischel, Volker: Erläuterungen zu: Patrick Süskind, Der Kontrabaß. Hollfeld 2002. (=Königs Erläuterungen und Materialien, Band 414.)
- Kruttschnitt, Christine: Sexy. Komisch. Deutsch. In: Stern (5) 1997, S. 34 ff.
- Kühn, Heike: Orchestergrab. In: FR (14. 3. 1986), S. 25. / Auch In: Spectaculum 56. Fünf moderne Theaterstücke. Frankfurt 1993, S. 308 ff.
- Liebrand, Claudia: Frauenmord für die Kunst. In: Der Deutschunterricht (3) 1996, S. 22 ff.
- Lier, Edith: Brief an einen Unbekannten. In: Schweizer Illustrierte (25. 2. 1985), S. 71 ff.
- Lucht, Frank: 'Erkennen Sie die Melodie?' In: Merkur 40 (1986), S. 892 ff.
- Macherhammer, Sabine: Untersuchungen zu Patick Süskinds Roman 'Das Parfum.' Diplomarbeit an der Universität Wien 1989. (Maschinengeschr. Manuskript/Präsenzbestand der germanistischen Fachbereichsbibliothek der Universität Wien)
- Markham, James M.: Süskind: Unsweet Smell of Successs. In: International Herald Tribune (16. 10. 1986), S. 16.
- Matt, Beatrice von: Das Scheusal als Romanheld. In: NZZ (13. 5. 1985), S. 43.
- Matzkowski, Bernd: Erläuterungen zu: Patrick Süskind, Das Parfum. Hollfeld 1994. (= Königs Erläuterungen und Materialien, Band 386.)
- Michaelsen, Sven: Patrick Süskind. Das Versteck des Phantoms. In: stern (2. 10. 1991): S. 43 ff.

- n.n.: Artikel: 'Süskind, Patrick - deutscher Schriftsteller.' In: Munzinger-Archiv / Internationales Biographisches Archiv 2/95.
- n.n.: Duft des Erfolges. In: Der Spiegel (12) 1987, S. 249 f.
- Neumann, Gerhard: Patrick Süskind: 'Das Parfum'. In: Borchmeyer, Dieter (Hg.): Signaturen der Gegenwartsliteratur. Würzburg 1999, S. 185 ff.
- Oehmann, Richard: Rossini - Trotzdem gut. In: Artechock Magazin (5) 1997.(http://www.artechock.de/film/magazin/magaz705.htm)
- Pokern, Ulrich: Der Kritiker als Zirku(lation)sagent. In: Text + Kritik (100) 1988, S. 70 ff.
- Poppe, Reiner: Patrick Süskind. Das Parfum. Hollfeld 2000. (= Text im Unterricht, 520)
- Raab, Alexander / Oswald, Ellen: Patrick Süskind, Das Parfum. München 1997, S. 7. (= Mentor. Lektüre Durchblick, Band 323.)
- Reich-Ranicki, Marcel: Des Mörders betörender Duft. In: FAZ (2. 3. 1985), S. 5. (Literaturbeilage)
- Reimann, Katharina: Patrick Süskinds zwei Kurzgeschichten 'Die Taube' und 'Die Geschichte von Herrn Sommer'. In: Forschungsberichte zur Germanistik (34) 1992, S. 1 ff.
- Reisner, Hanns-Peter: Lektürehilfen Patrick Süskind, 'Das Parfum'. Stuttgart 1998.
- Rupp, Gerhard: Zwischen Distanz und Faszination: Süskind, 'Das Parfum', 1985. In: Bogdal, Klaus-Michael / Kammler, Clemens (Hgg.): (K)ein Kanon: 30 Schulklassiker neu gelesen. München 2000, S. 176 ff. (= Oldenbourg Interpretationen, Bd. 100)
- Ryan, Judith: Pastiche und Postmoderne. In: Lützeler (1991): S. 91 ff.
- Scherer, Stefan: Mediologische Narration. Sinnliche Gewißheit und erzählte Medien-theorie in Prosatexten der 90er Jahre. In: Wiesinger, Peter (Hg.): Akten des X. Internationalen Germanistenkongresses Wien 2000. Band 7. Gegenwartsliteratur. Bern 2002, S. 113 ff.
- Schütte, Wolfram: Parabel und Gedankenspiel. In: Frankfurter Rundschau (6. 4. 1985), S. ZB 4.
- Seidel, Hans-Dieter: Im Fegefeuer der Eitelkeiten. In: FAZ (24. 1. 1997), S. 33.
- Söder, Thomas: Die Taube. Versuch einer Deutung. Freiburg 1992.
- Spinner, Kaspar H.: Stil-Etüden zu Süskind. In: Der Deutschunterricht (3) 1996, S. 32 ff.
- Stadelmaier, Gerhard: Größtes Vergnügen am Leiden. In: Stuttgarter Zeitung (2. 1. 1984), S. 11.
- Stadelmaier, Gerhard: Lebens-Riechlauf eines Duftmörders. In: Die Zeit (12. 3. 1985), S. 55.
- Steinig, Swenta: Postmoderne Phantasien über Macht und Ohnmacht der Kunst. In: literatur für leser (1) 1997, S. 37 ff.
- Stolz, Dieter: 'Niemand weiß, wie gut es gemacht ist.' Über Patrick Süskinds Parfum. In: Sprache im technischen Zeitalter (155) 2000, S. 312 ff.
- Thoma, Helmut: Tri-tra-trullala. In: kultur Spiegel (3) 1999, S. 10 ff.

- Vahabzadeh, Susan / Dietl, Helmut: Gefangener im Turm des eigenen Anspruchs. In: Süddeutsche Zeitung (22. 1. 1997), S. 20.
- Vazsonyi, Nicholas: Of genius and epiphany. Schlafes Bruder, Parfum, Babettes Fest. In: Studies in twenthieth century literature (23) 1999, S. 331 ff.
- Villon-Lechner, Alice: Wie ein zynischer Gott im Reich der Düfte. In: Tages-Anzeiger, Zürich (7.3.1985), S. 27.
- von Becker, Peter: Von Kaldewey bis Kontrabaß. In: Theater / heute (11) 1981, S. 5.
- Wilczek, Reinhard: Eine tragikomische Orchesterstudie. Patrick Süskinds 'Kontrabaß' im Unterricht. In: Literatur im Unterricht (1) 2000, S. 79 ff.
- Wilczek, Reinhard: Zarathustras Wiederkehr. Die Nietzsche-Parodie in Patrick Süskinds 'Das Parfum'. In: Wirkendes Wort (2) 2000, S. 80 ff.
- Willems, Gottfried: Die postmoderne Rekonstruktion des Erzählens und der Kriminalroman. Über den Darstellungsstil von Patrick Süskinds Das Parfum. In: Düsing, Wolfgang (Hg.): Experimente mit dem Kriminalroman. Frankfurt 1993, S. 223 ff.
- Winler, Iris: Patrick Süskind: Das Parfum. Einem genialen Scheusal auf der Spur. In: RAAbits Deutsch / Literatur. Stuttgart 1996.
- Wittstock, Uwe: Leselust. Wie unterhaltsam ist die neue deutsche Literatur. München 1995.

5. Weitere Sekundärtexte

- Albrecht, Christoph: So was hab ich zu Papier gebracht? In: FAZ (237) 1999, S. L 54.
- Altenburg, Matthias: Toyota-Prosa. Bei Robert Schneider ist nichts unmöglich. In: Die Zeit (24. 2. 2000), S. 50.
- Aristoteles: Poetik. Hgg. von: Fuhrmann, Manfred. Stuttgart 1982.
- Artaud, Antonin: Das Theater und sein Double. Frankfurt 1979.
- Asche, Susanne: Die Liebe, der Tod und das Ich im Spiegel der Kunst. Königstein/Ts. 1985.
- Assmann, Aleida: Erinnerungsräume. München 1999.
- Assmann, Aleida / Assmann, Jan: Das Gestern im Heute. Medien und soziales Gedächtnis. In: Merten, Klaus / u.a. (Hgg.): Die Wirklichkeit der Medien. Opladen 1994, S. 114 ff.
- Assmann, Aleida / Assmann, Jan: Geheimnis und Offenbarung. In: dies. (Hgg.): Schleier und Schwelle. Band 2. Geheimnis und Offenbarung. München 1998, S. 7 ff.
- Augustinus: Bekenntnisse. Stuttgart 1955.
- Bachelard, Gaston: Poetik des Raumes. Frankfurt 1975.
- Bahr, Hans-Dieter: Der Spiegel, das winzige Wasser und die Maschine. In: Konkursbuch (3) 1979, S. 39 ff.

Weitere Sekundärtexte 381

- Barthes, Roland: Der Tod des Autors. In: Jannidis, Fotis / u.a. (Hgg.): Texte zur Theorie der Autorschaft. Stuttgart 2000, S. 185 ff.
- Barthes, Roland: Mythen des Alltags. Frankfurt 1964.
- Baudrillard, Jean: Der symbolische Tausch und der Tod. München 1991.
- Baudrillard, Jean: Von der Verführung. München 1992.
- Baudry, Jean-Louis: Cinéma. In: Eikon (5) 1993, S. 38 f.
- Baumgart, Reinhard: Boulevard - was sonst? (1990) In: Köhler (1998): S. 53 ff.
- Benjamin, Walter: Das Kunstwerk im Zeitalter seiner technischen Reproduzierbarkeit. Frankfurt 1963.
- Beyer, Susanne: Die Kränkung der Diva. In: Der Spiegel (16) 2000, S. 220 ff.
- Bleicher, Joan Kristin: Anmerkung zur Rolle der Autoren. In: Werner Faulstich (Hg.): Geschichte des Fernsehens in der BRD. Band 5. Vom 'Autor' zum Nutzer: Handlungsrollen im Fernsehen. München 1994, S. 27 ff.
- Bodenheimer, Aron Roland: Der Waldgänger: wenn die Melancholie dichtet. Wien 1993.
- Böhn, Andreas: Das Formzitat. Berlin 2001.
- Böhn, Andreas (Hg.): Formzitate, Gattungsparodien, ironische Formverwendung. St. Ingbert 1999.
- Brinkmann, Rolf Dieter: Angriff aufs Monopol. (1968) In: Wittstock (1994), S. 65 ff.
- Broch, Herrman: Hofmannsthal und seine Zeit. Frankfurt 1974.
- Broich, Ulrich / Pfister, Manfred (Hgg.): Intertextualität. Tübingen 1985.
- Bronfen, Elisabeth (Hg.): Hybride Kulturen. Beiträge zur anglo-amerikanischen Multikulturalismusdebatte. Tübingen 1997.
- Bronfen, Elisabeth: Heimweh: Illusionsspiele in Hollywood. Berlin 1999.
- Bronfen, Elisabeth: Nur über ihre Leiche. München 1994.
- Brüggemann, Rolf (Hg.): Das Schnüffelbuch. Stuttgart 1995.
- Calvino, Italo: Kybernetik und Gespenster. München 1984.
- Camus, Albert: Der Mythos von Sisyphos. Ein Versuch über das Absurde. Reinbek bei Hamburg 1959.
- Canetti, Elias: Masse und Macht. München 1960.
- Classen, Constance: Aroma: the cultural history of smell. London / New York 1994.
- Corbin, Alain: Pesthauch und Blütenduft. Berlin 1984.
- Derrida, Jacques: Die Schrift und die Differenz. Frankfurt 1976.
- Derrida, Jacques: Grammatologie. Frankfurt 1983.
- Derrida; Jacques: Am Nullpunkt der Verrücktheit - Jetzt die Architektur. In: Welsch, Wolfgang (Hg.): Wege aus der Moderne. Weinheim 1988, S. 215 ff.
- Duerr, Hans-Peter: Nacktheit und Scham. Frankfurt 1988.
- Eco, Umberto: Nachschrift zum 'Namen der Rose'. München 1984.
- Eco, Umberto: Über Gott und die Welt. München 1985.
- Eichhorn, Dieter R.: Warum sich bei einer AV-Produktion alles ums Drehbuch dreht. Tiefenbronn 1987.
- Enzensberger, Hans Magnus: Das Nullmedium. In: Der Spiegel (20) 1988, S. 234 ff.

- Faulstich, Werner: Jeff Wayne: 'The War of the Worlds'. Tübingen 1983.
- Faulstich, Werner: 'Love Story'. Filmtranskript. Rottenburg-Oberndorf 1986.
- Faulstich, Werner: Vermittlung und Rezeption. In: Ludwig, Hans-Werner (Hg.): Arbeitsbuch Roman- analyse. Tübingen 1982, S. 13 ff.
- Festenberg, Nikolaus von: Viele Jäger, arme Hasen. Soaps, Doku-Dramen, TV-Movies - die Erzählmaschine Fernsehen verlangt ständig nach neuen Stoffen. In: Der Spiegel (48) 1998, S. 244 f.
- Fiedler, Leslie A.: Überquert die Grenze, schließt den Graben! In: Wittstock (1994): S. 14 ff.
- Fleischhauer, Jan: 'Ich bin mir selbst ein Rätsel'. In: Der Spiegel (45) 1997, S. 85 ff.
- Flusser, Vilem: Die Geschichte des Teufels. Göttingen 1993.
- Flusser, Vilém: Ins Universum der technischen Bilder. Göttingen 1996^5.
- Förster, Nikolaus: Die Wiederkehr des Erzählens. Darmstadt 1999.
- Foucault, Michel: Die Ordnung der Dinge. Frankfurt 1971.
- Foucault, Michel: Die Ordnung des Diskurses. Frankfurt 1991.
- Foucault, Michel: Nachwort (zu 'Die Versuchung des heiligen Antonius.') In: Flaubert (1966): S. 215 ff.
- Foucault, Michel: Überwachen und Strafen. Frankfurt 1977.
- Foucault, Michel: Was ist ein Autor? In: ders.: Schriften zur Literatur. Müchen 1974, S. 7 ff.
- Freud, Sigmund: Studienausgabe. Hgg. von: Mitscherlich, Alexander / u. a. Frankfurt 1982.
- Frizen, Werner: Muse - Femme fatale - Pietà. Über Thomas Mann, Georg Lukács und Robert Menasse. In: Stolz, Dieter (Hg.): Die Welt scheint unverbesserlich. Frankfurt 1997, S. 147 ff.
- Gauss, Karl-Markus: Die Wiederkehr des Monarchen. In: NZZ (25./26. 3. 2000), S. 49.
- Gieseke, Michael: Der Buchdruck in der frühen Neuzeit. Frankfurt 1991.
- Glaser, Horst Albert (Hg.): Deutsche Literatur zwischen 1945 und 1995. Bern 1997.
- Gnüg, Hiltrud: Kult der Kälte. Der klassische Dandy im Spiegel der Weltliteratur. Stuttgart 1988.
- Grefe, Christiane / u.a.: Das sieht ja lecker aus. Wem in letzter Zeit der Appetit vergangen ist, dem bleibt nur eins: Der Weg ins Kino. In: Die Zeit (18. 1. 2001), S. 2. (Leben)
- Greiner, Ulrich: Das Unsagbare am Rande des Unsäglichen. In: Akzente (3) 1997, S. 213 ff.
- Hage, Volker: Die Enkel kommen. In: Der Spiegel (41) 1999, S. 244.
- Hage, Volker: Einleitung. Zur deutschen Literatur 1985. In: Hage, Volker (Hg.): Deutsche Literatur 1985. Ein Jahresrückblick. Stuttgart 1986, S. 10.
- Hage, Volker: Zeitalter der Bruchstücke. Am Ende der achtzige Jahre: Es gibt eine deutsche Gegenwartsliteratur - zwölf Bemerkungen zur zeitgenössischen Erzählkunst. (1989) In: Köhler (1998): S. 30.

- Hammerstein, Constantin von/u.a.: Die Show ist die Show. In: Der Spiegel (10) 1999, S. 242 ff.
- Helbig, Jörg: Intertextualität und Markierung. Heidelberg 1996.
- Heydebrand, Renate von (Hg.): Kanon - Macht - Kultur. (DFG-Symposion; 1996) Stuttgart 1998.
- Hoffritz, Jutta: Das Diktat der Nase. In: Die Zeit (28. 12. 2000), S. 57.
- Holthuis, Susanne: Intertextualität. Tübingen 1993.
- Hörisch, Jochen: Brot und Wein. Die Poesie des Abendmals. Frankfurt 1992.
- Hörisch, Jochen: Die deutsche Seele up to date. Sakramente der Medientechnik auf dem Zauberberg. In: Kittler, Friedrich A. / Tholen Georg C. (Hgg.): Arsenale der Seele. München 1989, S. 13 ff.
- Hörisch, Jochen: Die Vorzüge der Gegenwartsliteratur. In: Köhler, Andrea / Moritz, Rainer (Hgg.): Maulhelden und Königskinder. Leipzig 1998, S. 224 ff.
- Hörisch, Jochen: Ende der Vorstellung. Die Poesie der Medien. Frankfurt 1999.
- Hörisch, Jochen: Ich möchte ein solcher werden wie ... - Materialien zur Sprachlosigkeit des Kaspar Hauser. Frankfurt 1990³.
- Hörisch, Jochen: Vom Geheimnis zum Rätsel. Die offenbar geheimen und profan erleuchteten Namen Walter Benjamins. In: Assmann, Aleida / Assmann, Jan (Hgg.): Schleier und Schwelle. München 1998, S. 161 ff.
- Hüfner, Agner (Hg.): Straßentheater. Frankfurt 1970.
- Ilyes, Petra: Der DatenDandy. Mannheim 1994.
- Jannidis, Fotis / u.a. (Hgg.): Rückkehr des Autors. Zur Erneuerung eines umstrittenen Begriffs. Tübingen 1999.
- Jannidis, Fotis / u.a. (Hgg.): Texte zur Theorie der Autorschaft. Stuttgart 2000.
- Kämper van den Boogaart, Michael: Theorien - Ideologien - Programme: BRD. In: Glaser (1997): S. 175 ff.
- Kapralik, Elena: Antonin Artaud. 1896 - 1948. Leben und Werk des Schauspielers, Dichters und Regisseurs. München 1977.
- Kasten, Jürgen: Film schreiben. Eine Geschichte des Drehbuchs. Wien 1990.
- Keller, Rudi: Sprachwandel. Von der unsichtbaren Hand in der Sprache. Tübingen 1990.
- Kimmerle, Heinz: Derrida zur Einführung. Hamburg 1988.
- Kittler, Friedrich: Aufschreibesysteme. 1800. 1900. München 1995³.
- Kittler, Friedrich: Draculas Vermächtnis. Leipzig 1993.
- Klotz, Volker: Geschlossene und offene Form im Drama. München 1969.
- Köhler, Andrea / Moritz, Rainer (Hgg.): Maulhelden und Königskinder. Zur Debatte über die deutschsprachige Gegenwartsliteratur. Leipzig 1998.
- Koschorke, Albrecht: Alphabetisation und Empfindsamkeit. In: Schings, Hans-Jürgen (Hg.): Der ganze Mensch: Anthropologie und Literatur im 18. Jahrhundert; DFG-Symposion 1992. Stuttgart 1994, S. 605 ff.
- Koschorke, Albrecht: Körperströme und Schriftverkehr. Mediologie des 18. Jahrhunderts. München 1999.
- Kracauer, Siegfried: Schriften. Hgg. von: Witte, Karsten. Frankfurt 1973.
- Kubitz, Peter Paul: Der Traum vom Sehen. Dresden 1997.

- Lacan, Jacques: Das Spiegelstadium als Bildner der Ich-Funktion. In: Lacan, Jacques: Schriften I. Weinheim 1991, S. 63 ff.
- Le Guérer, Annick: Die Macht der Gerüche. Eine Philosophie der Nase. Stuttgart 1994.
- Luhmann, Niklas: Die Kunst der Gesellschaft. Frankfurt 1995.
- Luhmann, Niklas: Die Realität der Massenmedien. Opladen 1996².
- Luhmann, Niklas: Die Wissenschaft der Gesellschaft. Frankfurt 1992.
- Lützeler, Paul Michael (Hg.): Spätmoderne und Postmoderne. Frankfurt 1991.
- Mauss, Marcel: Die Gabe. Frankfurt 1990.
- Mayer, Herman: Der Sonderling in der deutschen Dichtung. Frankfurt 1990.
- Mayer, Susanne: Von Müttern. In: Die Zeit (3. 8. 2000), S. 42.
- McLuhan, Marshall: Die magischen Kanäle. Düsseldorf 1992.
- Mercier, Louis-Sébastien: Tableau de Paris. Bilder aus dem vorrevolutionären Paris. Zürich 1990.
- Merten, Klaus: Evolution der Kommunikation. In: Merten, Klaus / u.a. (Hgg.): Die Wirklichkeit der Medien. Opladen 1994, S. 141 ff.
- Michelsen, Peter: Fausts Schlaf und Erwachen. Jb. des Freien dt. Hochstifts 1983, S. 21 ff.
- Modick, Klaus: Steine und Bau. (1988) In: Wittstock (1994): S. 160 ff.
- Momberger, Manfred: Sonne und Punsch. München 1986.
- Morris, Edwin T.: Düfte. Kulturgeschichte des Parfüms. Solothurn 1993.
- Mussal, Bettina: Schneewittchen spielt sich frei. In: Der Spiegel (9) 2000, S. 138 ff.
- n.n. (Foucault, Michel): Der maskierte Philosoph. Gespräch mit Christian Delacampagne. In: Barck, Karlheinz / u.a. (Hgg.): Aisthesis. Leipzig 1990, S. 5 ff.
- n.n.: Im Rausch der weißen Nächte. In den Achtzigern feierte die Münchner Schikkeria in der Diskothek 'P1' bizarre Feste. In: Der Spiegel (51) 1998, S. 120 ff.
- n.n.: Lust auf Lore. In: Der Spiegel (46) 1998, S. 261.
- n.n.: Überragendes Feingefühl. In: Spiegel (23) 1998, S. 182 ff.
- Nadolny, Stan: Roman oder Leben. In: Wittstock (1994): S. 219 ff.
- Nietzsche, Friedrich: Kritische Studienausgabe. Hgg. von: Colli, Giorgio / Montinari, Mazzino. München 1988.
- Ortheil, Hanns-Josef: Das Lesen - ein Spiel. Postmoderne Literatur? Die Literatur der Zukunft. In: Die Zeit (17. 4. 1987), S. 59.
- Ortheil, Hanns-Josef: Zum Profil der neuen und jüngsten deutschen Literatur. In: Lützeler (1991): S. 36 ff.
- Ortheil, Hanns-Josef: Was ist postmoderne Literatur? In: Wittstock (1994): S. 125 ff.
- Paech, Joachim (Hg.): Methodenprobleme der Analyse verfilmter Literatur. Münster 1988.
- Paech, Joachim: Literatur und Film. Stuttgart 1997.
- Paech, Joachim: Intermedialität. Mediales Differenzial und transformative Figuration. In: Helbig, Jörg (Hg.): Intermedialität. Theorie und Praxis eines interdisziplinären Forschungsgebiets. Berlin 1998, S. 14 ff.
- Petersen, Kathrin: Am Anfang war die Soap. Drehbuchautor Markus Stromiedel kann nicht über Auftragmangel klagen. In: Insight (2) 2001, S. 38 ff.

- Pfäfflin, Friedrich (Hg.): Vom Schreiben. Bd. 2. Schriftsteller und ihre Schreibgeräte. Marbach 1994.
- Pia: Dufte Visitenkarten. In: Die Zeit (17. 8. 2000), S. 48.
- Pitrowski, Christa: Täuschende Technik. Kritik an virtueller Werbung in den USA. In: NZZ (25. 2. 2000), S. 49.
- Planyavsky, Alfred: Geschichte des Kontrabasses. Tutzing 1984.
- Platon. Klassische Dialoge. Übers. von: Rufner, Rudolf. München 1975.
- Plumpe, Gerhard / Werber, Niels: Literatur ist codierbar. Aspekte einer systemtheoretischen Literaturwissenschaft. In: Schmidt, Siegfried J.: Literaturwissenschaft und Systemtheorie. Opladen 1993, S. 9 ff.
- Plumpe, Gerhard: Epochen moderner Literatur. Ein systemtheoretischer Entwurf. Opladen 1995.
- Pusch, Luise F.: Alle Menschen werden Schwestern. Frankfurt 1990.
- Raddatz, Fritz, J.: Der Leser als Verleger. Deniel Keel, der Chef des Diogenes Verlags, glaubt, dass Literatur immer auch unterhaltsam sein muss. In: Die Zeit (7. 6. 2001), S. 45.
- Rath, Wolfgang: Romane und Erzählungen der siebziger bis neunziger Jahre (BRD). In: Glaser (1997): S. 309 ff.
- Ryu, Eun-Hee: Auflösung und Auslöschung. Genese von Thomas Bernhards Prosa im Hinblick auf die 'Studie'. Frankfurt 1998.
- Sacks, Oliver: Der Mann, der seine Frau mit einem Hut verwechselte. Reinbek bei Hamburg 1987.
- Salmen, Walter (Hg.): Kontrabaß und Baßfunktion. Innsbruck 1986.
- Schäfer, Horst: Film im Film. Frankfurt 1985.
- Schanze, Helmut: Geschriebene Bilder. In: Hickethier, Knut / Zielinski, Siegfried (Hgg.): Medien/Kultur. Berlin 1991, S. 281 ff.
- Schaudig, Michael: Zum Textstatus von 'Filmtexten'. In: Alexander Schwarz (Hg.): Das Drehbuch. Geschichte, Theorie, Praxis. München 1992, S. 12 ff.
- Scherpe, Klaus R.: Nonstop nach Nowhere City? Wandlung der Symbolisierung, Wahnehmung und Semiotik der Stadt in der Literatur der Moderne. In: ders. (Hg.): Die Unwirklichkeit der Städte. Frankfurt 1988, S. 129 ff.
- Schirrmacher, Frank: Idyllen in der Wüste oder Das Versagen vor der Metropole. (1989) In: Köhler (1998): S. 15 ff.
- Schlaffer, Hannelore: Poetik der Novelle. Stuttgart 1993.
- Schmid, Manfred Hermann: Friedrich Silcher. Tübingen 1989.
- Schmidt, Harald: Vorwort. In: Dietl, Helmut / Mueller, Christoph: Late Show. München 1999, S. 5 ff.
- Schmidt, Jochen: Die Geschichte des Genie-Gedankens in der deutschen Literatur, Philosophie und Politik. Darmstadt 1985.
- Schmidt, Thomas: Der Friede der Dichter und der Krieg der Lektoren. (1995) In: Köhler (1998): S. 126 ff.
- Schneider, Manfred: Liebe und Betrug. München 1992.
- Schneider, Norbert: Das Fernsehen - ein Mythenproduzent. In: Hickethier, Knut (Hg.): Fernsehen. Wahrnehmungswelt, Programminstitution und Marktkonkurrenz. Frankfurt 1992, S. 109 ff.

- Schneider, Robert / Kruse, Bernhard Arnold: Interview mit Robert Schneider. In: Der Deutschunterricht (2) 1996, S. 93 ff.
- Schopenhauer, Arthur: Werke in fünf Bänden. Hgg. von: Lütkehaus, Ludger. Zürich 1988.
- sda / dpa: Web-Schmökern mit Nasenklammer. Forscher wollen Gerüche digitalisieren. In: NZZ (5. 5. 2000), S. 53.
- Serres, Michel: Der Parasit. Frankfurt 1987.
- Serres, Michel: Die fünf Sinne. Eine Philosophie der Gemenge und Gemische. Frankfurt 1993.
- Sloterdijk, Peter: Sphären. Band I. Blasen. Frankfurt 1998.
- Speck, Oliver: Deutschlandbilder: Das Aktuelle und das Virtuelle in Fassbinders Kino. In: Böhn, Andreas: Formzitate, Gattungsparodien, ironische Formverwendung. St. Ingbert 1999, S. 199 ff.
- Steinert, Hajo: Stinkende Blasen. In: Die Zeit (21. 6. 2000): S. 52.
- Todorov, Tzvetan: Einführung in die fantastische Literatur. Frankfurt 1992.
- Truffaut, François: Mr. Hitchcock, wie haben Sie das gemacht? München 1997.
- Virilio, Paul: Fahren, fahren, fahren... Berlin 1978.
- Virilio, Paul: Krieg und Fernsehen. München 1993.
- Vogt, Jochen: Aspekte erzählender Prosa. Opladen 1998^3.
- von Festenberg, Nikolaus: Grosse Sonne. In: Der Spiegel (41) 1999, S. 263.
- von Rahden, Wolfert: Orte des Bösen. In: Schuller, Alexander u.a. (Hgg.): Die andere Kraft. Zur Renaissance des Bösen. Berlin 1993, S. 26 ff.
- Walser, Martin: Kleine Umfrage unter Dichtern zur deutschen Einheit, nach zehn Jahren wiederholt. In: Die Zeit (28. 9. 2000), S. 44.
- Walser, Martin: Was erwarten Sie von Deutschland, was wünschen Sie dem vereinten Land? In: Die Zeit (5. 10 1990), S. 51.
- Waugh, Patricia: Metafiction. London / New York 1984.
- Weldon, Fay: Drum prüfe, wer sich ewig bindet! In: Die Zeit (20. 7. 2000), S. 2. (Leben)
- Winkels, Hubert: Leselust und Bildermacht. Köln 1997.
- Winkels, Hubert: Was ist los mit der deutschen Literatur? In: Die Zeit (2. 3. 1990), S. 79.
- Wittstock, Uwe (Hg.): Roman oder Leben. Postmoderne in der deutschen Literatur. Leipzig 1994.
- Wittstock, Uwe: Ab in die Nische? Über neueste deutsche Literatur und was sie vom Publikum trennt. (1993) In: Köhler (1998): S. 86 ff.
- Wördehoff, Bernhard: 'Sage mir, Muse, vom Schmause...' Darmstadt 2000.
- Worthmann, Friederike: Literarische Kanones als Lektüremacht. In: Heydebrand (1998): S. 9 ff.
- Wüst, Christian: Zwiebeln in der Matte. In: Der Spiegel (48) 1998, S. 280 ff.
- Zeul, Mechthild: Carmen & Co. Weiblichkeit und Sexualität im Film. Stuttgart 1997.
- Zymner, Rüdiger: Anspielung und Kanon. In: Heydebrand (1998): S. 30 ff.

Quellen und Forschungen zur Literatur- und Kulturgeschichte

Gerhard Wolf
■ Von der Chronik zum Weltbuch
Sinn und Anspruch südwestdeutscher Hauschroniken am Ausgang des Mittelalters
2002. XII, 519 Seiten. Gebunden. ISBN 3-11-016805-7
Band 18 (252)

Julia Cloot
■ Geheime Texte
Jean Paul und die Musik
2001. IX, 346 Seiten. Gebunden. ISBN 3-11-016895-2
Band 17 (251)

Burkhard Moennighoff
■ Goethes Gedichttitel
2000. VI, 207 Seiten. Gebunden. ISBN 3-11-016758-1
Band 16 (250)

Steffen Martus
■ Friedrich von Hagedorn – Konstellationen der Aufklärung
1999. VIII, 582 Seiten. Gebunden. ISBN 3-11-016623-2
Band 15 (249)

Uta Störmer-Caysa
■ Gewissen und Buch
Über den Weg eines Begriffes in die deutsche Literatur des Mittelalters
1998. X, 438 Seiten. Gebunden. ISBN 3-11-016206-7
Band 14 (248)

de Gruyter
Berlin · New York

Bitte bestellen Sie bei Ihrer Buchhandlung oder direkt beim Verlag.

www.deGruyter.de

Quellen und Forschungen zur Literatur- und Kulturgeschichte

Bert Kasties
■ **J. M. R. Lenz unter dem Einfluß des frühkritischen Kant**
Ein Beitrag zur Neubestimmung des Sturm und Drang
2003. XII, 279 Seiten. Gebunden. ISBN 3-11-017700-5
Band 23 (257)

Sabine Mainberger
■ **Die Kunst des Aufzählens**
Elemente zu einer Poetik des Enumerativen
2002. X, 364 Seiten. Gebunden. ISBN 3-11-017246-1
Band 22 (256)

Silke Pasewalck
■ **„Die fünffingrige Hand"**
Die Bedeutung der sinnlichen Wahrnehmung beim späten Rilke
2002. X, 331 Seiten. Gebunden. ISBN 3-11-017265-8
Band 21 (255)

■ **Situationen des Erzählens**
Aspekte narrativer Praxis im Mittelalter
Herausgegeben von Ludger Lieb und Stephan Müller
2002. VIII, 290 Seiten. Gebunden. ISBN 3-11-017467-7
Band 20 (254)

Ansgar M. Cordie
■ **Raum und Zeit des Vaganten**
Formen der Weltaneignung im deutschen Schelmenroman des 17. Jahrhunderts
2001. XII, 632 Seiten. 44 Abbildungen. Gebunden. ISBN 3-11-017011-6
Band 19 (253)

de Gruyter
Berlin · New York

www.deGruyter.de

Bitte bestellen Sie bei Ihrer Buchhandlung oder direkt beim Verlag.